»Fremde Nähe«
Celan als Übersetzer

10. Mai bis 26. Oktober 1997
täglich 9 bis 17 Uhr
Schiller-Nationalmuseum Marbach

Ende Januar bis Mitte März 1998
Stadthaus Zürich

»Fremde Nähe«

Celan als Übersetzer

Eine Ausstellung
des Deutschen Literaturarchivs
in Verbindung mit dem Präsidialdepartement
der Stadt Zürich
im Schiller-Nationalmuseum Marbach am Neckar
und im Stadthaus Zürich

Marbacher Kataloge 50
Herausgegeben von Ulrich Ott
und Friedrich Pfäfflin

Ausstellung und Katalog
Axel Gellhaus
und Rolf Bücher, Sabria Filali, Peter Goßens,
Ute Harbusch, Thomas Heck, Christine Ivanović,
Andreas Lohr, Barbara Wiedemann
unter Mitarbeit von Petra Plättner
Photoarbeiten: Mathias Michaelis

ISBN 3-929146-66-5

Gesamtherstellung: Offizin Chr. Scheufele, Stuttgart

Vorwort

Es mag kühn erscheinen, einen Lyriker wie Paul Celan in einer Ausstellung zu beschreiben. Seine Gedichte schließen sich nicht leicht auf, sie bedürfen eines tiefgehenden, oft genug enträtselnden Lesens. Kann die besondere »Textform«, wie sie eine Marbacher Ausstellung samt ihrem Katalog bietet, dabei helfen? Kann dies geschehen, wenn der Dichter nicht einmal mit seinem ganzen Werk, sondern nur einem Teil, den Übersetzungen, in den Ausstellungsvitrinen vergegenwärtigt wird?

Es sind innere Gründe, nicht ein jubilarischer Anlaß, die unser Vorhaben rechtfertigen. Das Deutsche Literaturarchiv und das Schiller-Nationalmuseum haben eine ihrer zentralen Aufgaben darin, die deutschsprachige Literatur des zwanzigsten Jahrhunderts und der Gegenwart sammelnd und darstellend zu begleiten. Die Ständige Ausstellung im Schiller-Nationalmuseum führt gegenwärtig nicht über das Jahr 1950 hinaus. Die Literatur in der zweiten Hälfte unseres Jahrhunderts hat deshalb ihren besonderen Platz bei den wechselnden Ausstellungen. Die Marbacher Programme, jene der Publikationen eingeschlossen, führen indessen nicht in erster Linie vor, was ohnedies an der breiten Straße der Publikumsgunst liegt. Sie wollen auch für das Schwierige, für das Anspruchsvollste um Aufmerksamkeit werben. In diesem Sinne stellten wir 1993 Johannes Bobrowski vor, und nun ist es Paul Celan als Übersetzer, dem wir unsere Jahresausstellung widmen.

Obgleich es sich um den größten Lyriker deutscher Sprache in der Zeit nach dem Zweiten Weltkrieg handelt, hätten wir uns in diesem Fall von einer rein biographischen Darbietung nur wenig versprechen können. Sie wäre zwangsläufig im Äußeren verharrt, schon weil bei der Übergabe des Nachlasses an das Deutsche Literaturarchiv gegenüber privaten Aufzeichnungen Diskretion gewünscht und vereinbart worden ist. – Dann aber auch, weil so der allzu bequeme und oft genug nicht taugliche biographische Schlüssel zu den Gedichten nahegelegt worden wäre.

Mit Paul Celan als Übersetzer *gewinnen wir dagegen einen Blickwinkel, der eine gerade für diesen Dichter bestimmende Komponente ganz von selbst*

einschließt: die Begegnung. Celans Lyrik ist jedenfalls nicht in dem Sinne esoterisch, daß sie sich auf das vielberufene lyrische Ich zurückzöge. Im Gegenteil. Ihr Ausgangspunkt ist Begegnung. Das aber läßt sich an den eigenen Gedichten weniger gut anschaulich machen als an den lyrischen Übertragungen, die ihrerseits wiederum ein unauslösbarer Bestandteil des Celanschen Werkes sind. Die gegenseitige Durchdringung von Dichten und Übersetzen wird in der Ausstellung und in diesem Katalog immer wieder deutlich. So öffnet die hier zu gewinnende Kenntnis des Übersetzungswerkes von Paul Celan und die Erkenntnis seiner theoretischen Grundlagen, um die sich die Verfasser von Ausstellung und Katalog sehr bemüht haben, auch eine Tür zum lyrischen Werk. Daß darüber hinaus ein breites Bild der Weltliteratur entsteht, besonders jener der Moderne, daß das Übersetzen überhaupt als ein wichtiges, ja als ein oft besonders hervorragendes Element und Ereignis der Literatur ins Auge gefaßt wird, daß wir schließlich mit dieser Ausstellung an jene von 1982 – ›Weltliteratur. Die Lust am Übersetzen im Jahrhundert Goethes‹ – anknüpfen können, all dies ist uns als zusätzlicher Gewinn um so willkommener.
Der schriftliche Nachlaß und die Bibliothek von Paul Celan sind 1989 der ›Gesellschaft für Kultur und Wissenschaftsförderung Baden-Württemberg mbH‹ übereignet und in den Besitz des Deutschen Literaturarchivs in Marbach gegeben worden. Die hier sofort vorgenommene Sicherung und Erschließung kamen zunächst den beiden Editionen zugute, die im Suhrkamp Verlag erscheinen.

Axel Gellhaus, der seit dem Tod von Beda Allemann (1991) die von der Deutschen Forschungsgemeinschaft geförderte Historisch-kritische Ausgabe leitet, hat in den letzten beiden Jahren über drei Semester hin sein Oberseminar mit dem Übersetzungswerk von Paul Celan befaßt. Vier Doktoranden, die daran beteiligt waren – Sabria Filali, Peter Goßens, Ute Harbusch und Thomas Heck –, bildeten zusammen mit Gellhaus selbst und mit den Celan-Editoren Rolf Bücher und Andreas Lohr sowie den Celan-Forscherinnen Barbara Wiedemann und Christine Ivanović das Team, von dem die Ausstellung vorbereitet und der Katalog geschrieben worden ist. Wie die Aufgaben dabei im einzelnen verteilt wurden, ist dem Inhaltsverzeichnis am Schluß des Katalogs zu entnehmen. Dem Team um Axel Gellhaus gebührt also der erste Dank. Er gilt auch dafür, daß sich die Bearbeiter auf den nicht immer leicht zu findenden Kompromiß zwischen wissenschaftlicher Terminologie und der Rücksicht auf eine nicht fachlich vorgebildete Leserschaft des Katalogs eingelassen haben.

Großer Dank sei dann vor allem Eric Celan, dem Sohn des Dichters, dafür gesagt, daß er die Ausstellung durch sein Einverständnis mit dem Vorhaben im ganzen und den Zitaten aus unveröffentlichten Texten und Briefen, schließlich auch mit Leihgaben entscheidend gefördert hat. Daß wir in der Ausstellung an die unvergessene Gisèle Celan-Lestrange mit einigen ihrer Radierungen erinnern können, weil Paul Celan, ihr Mann, durch die Formulierung von Bildtiteln gleichsam zwischen den Künsten »übersetzt« hat, ist uns eine besondere Freude.

Gedankt sei allen, Institutionen und Personen, die uns das Zitieren von Texten, an denen sie Rechte haben, erlaubt, Leihgaben beigesteuert oder, wie Bertrand Badiou, hilfreichen Rat gegeben haben. Die vollständige Liste der Leihgeber findet sich am Schluß des Katalogs, einige seien hier besonderer Zuwendungen wegen genannt: Klaus und Nani Demus in Wien, Noëmi Ruth Kraft in Köln, Edith Silbermann in Düsseldorf, Thomas Sparr in Frankfurt und Erika Tophoven in Straelen und Paris. Unter den Institutionen sind der Suhrkamp Verlag hervorzuheben, auf dessen Großzügigkeit wir beim Wiedergeben von Texten angewiesen waren, die zu schützen ihm obliegt, und das Bukowina-Institut in Augsburg, das uns mit vielen Leihgaben geholfen hat.

Zuletzt sei ein Wort der Anerkennung ins Innere der Marbacher Häuser gerichtet. Wie bei jeder Ausstellung sind vieler Köpfe und vieler Hände Arbeit nötig gewesen. Bernd Birr hat handwerkliche Hilfen geleistet, Eva Dambacher Korrektur gelesen und die Titelaufnahmen überprüft, Beate Küsters die Vitrinen eingerichtet, Mathias Michaelis hat photographische Vorlagen angefertigt. Da das große Team erhöhte Anforderungen an koordinierende und mitgestaltende Aufgaben gestellt hat, seien diesmal auch Friedrich Pfäfflin und Petra Plättner ausdrücklich genannt.

Verbunden haben wir uns bei dieser Ausstellung, wie so oft, mit dem Präsidialdepartement der Stadt Zürich, das sich auch an den Kosten der Ausstellungsvorbereitung beteiligte. Dem Stadtpräsidenten Josef Estermann und Nicolas Baerlocher, dem Mitarbeiter, ist für die Hilfe zu danken.

Ulrich Ott

Fergendienst – Einleitende Gedanken zum Übersetzen bei Paul Celan

Auf der ersten Seite des kleinen Notizbuchs, das der 21jährige Paul Celan auf dem Weg ins Arbeitslager Tabăreşti mitnahm, steht ein Gedicht, eingetragen in Reinschrift mit blauer Tinte. Es ist gleichmäßig, ohne Korrektur geschrieben, und man ist geneigt anzunehmen, dies sei nicht erst im Lager geschehen. Das Gedicht handelt von Liebe und Abschied und ist eine Übersetzung des 57. Sonetts von William Shakespeare. Die Übertragung folgt der Vorlage wortgetreu. Vielleicht bis auf eine Stelle: Während bei Shakespeare der Abschied vom geliebten Du auf dessen Wunsch hin und zwar in einer noch unbestimmten Zeit gedacht, vorweggenommen wird: »When you have bid your servant once adieu« – so läßt Celan die Trennungsursache als anonyme Macht erscheinen: »wenn deinem Diener Abschied ward Befehl«. Die Abweichung scheint geringfügig, sie bleibt stumm, wirft der Leser nicht einen Blick auf das englische Sonett. Tut er es, wird gerade sie sprechend. Vielleicht ist nur um dieses Unterschieds willen die Übersetzung entstanden? Will man das Motiv des Übersetzers verstehen, wird man sehr genau hinsehen müssen. Der aufmerksame Leser steht also, sofern seine Sprachkenntnis es ihm erlaubt, im Zwischenraum zweier Texte. Er wird zum Mitübersetzer.

In jenem Notizbuch aus dem Lager folgen dem besagten Sonett eigene Gedichte Celans; sie sind, anders als die Übersetzung, meist datiert. Dieses Nebeneinander, das sich in dem frühen Dokument ergibt, bleibt für Celans gesamtes Schaffen kennzeichnend.

Der Umfang des zu beiden Werkgruppen hinterlassenen Materials im Nachlaß, ferner die Tatsache, daß Celan häufig in Zeitschriften einen Paralleldruck eigener Texte mit Übersetzungen arrangiert und bei Lesungen beide Bereiche seines Schaffens berücksichtigt hat, legt den Schluß nahe, daß das Übersetzen die andere Seite des einen, immer zugleich rezeptiven und produktiven Verhältnisses zur Literatur repräsentiert, untrennbar vom Wesen der eigenen Dichtung und biographisch fast gleichzeitig mit ihr erscheinend.

Aber der Komplex der Übersetzungen steht sehr im Schatten der Beschäftigung mit dem poetischen Werk Celans, ist vorerst weder editorisch noch analytisch angemessen vertreten. Bislang fehlen Modelle für eine kritische Edition der Genese literarischer Übersetzungen ebenso wie ausführliche Analysen der Übersetzungs-Verfahren Celans. Freilich existieren verdienstvolle Ansätze; genannt sei hier stellvertretend jene erste Monographie, die Leonard M. Olschner 1985 dem übersetzerischen Werk gewidmet hat. (Leonard M. Olschner: Der feste Buchstab. Erläuterungen zu Paul Celans Gedichtübertragungen. Göttingen u. a.: Vandenhoek & Ruprecht 1985)

Es gibt verschiedene Stufen des Übersetzens: Im einfachsten Fall wird ein beliebiger Text in eine fremde Sprache übertragen, weil der Auftraggeber oder Adressat der Ursprungssprache nicht mächtig ist. Man könnte geradezu von einer »Dienstleistung« des Übersetzers sprechen, von dessen mehr oder minder großer Sprachbeherrschung das Ergebnis letztlich abhängt.

Die anspruchsvollste Stufe ist jedoch die, bei der ein poetischer Text zu übertragen ist. Hier geht es nicht darum, Wörter auszutauschen, vielleicht nicht einmal in erster Linie darum, einem Sprachunkundigen eine Lesehilfe zu geben. Eine poetische Übersetzung ist zunächst Auslegung eines Textes, dessen Sinn nicht im Bereich des funktionalen Sprachgebrauchs aufgeht. Sie ist Lesevorgang und zugleich dessen Umschmelzung in eine neue Gestalt: Dokument einer Rezeption und einer Neuschöpfung. Martin Heidegger, an dessen Denken sich auch Celan immer wieder – teils zustimmend, teils ablehnend – orientierte, formulierte deshalb einmal so:

»Sage mir, was du vom Übersetzen hältst, und ich sage dir, wer du bist.«

Jedoch, mit dem Bewußtsein von der Bedeutung des Gegenstands allein ist noch nichts gewonnen. Denn: Was an einem vergleichsweise abstrakten Thema, wie es das »Übersetzen« vorderhand zu sein scheint, ist geeignet, in einer Ausstellung gezeigt zu werden?

Man kann doch nicht immer wieder ein Original, einen Entwurf und eine vollendete Übersetzung nebeneinander legen, auch wenn Celan alle diese Vorarbeiten gesammelt hat, auch wenn man in seiner Bibliothek alle Spuren eines schon übersetzenden Lesens noch findet.

*Es galt also, die papierenen Spuren ins Leben zurückzu*übersetzen, *zu fragen,* *was den Dichter bewegt hat, diesen oder jenen Autor in die deutsche Sprache hineinzutragen. Fragt man also nicht nur nach Texten, sondern nach existentiellen Motiven, beginnen die Materialien Geschichten und – ja – Geschichte zu erzählen. Man mußte nur genau hinsehen, ein wenig recherchieren, dann wurden die Dokumente plastisch. Es entsteht nicht nur eine kleine Bibliothek der Weltliteratur, wenn man nur einmal zusammenstellt, was Celan übertragen hat. Es entsteht eine biographische Spur, ein Lebenskonzept, zahlreiche Begegnungen in der Spannung von Fremdheit und Nähe, Wahlverwandtschaften zeichnen sich ab. Es ist, als ob sich das dialogische Prinzip, das Celan für seine eigene Dichtung in Anspruch genommen hat, hier, beim Übersetzer, selbst vollzieht. Die Bereitschaft zum Dialog aber fordert Aufmerksamkeit, sie verlangt, je nach dem Dialogpartner, immer wieder neue, besondere Reaktionen.*

Faszinierend am Thema ›Celan als Übersetzer‹ ist eben, daß sich hier ein breites Spektrum verschiedener Verfahren zeigt, von dem bei genauerer Analyse der Differenzen eine noch zu schreibende Typologie des Übersetzens ihren Ausgang nehmen könnte. Das zu Lebzeiten bisweilen zu hörende Urteil, Celan verwandle beim Übersetzen alles in Celan, trifft nachweisbar nicht zu. Sodann bietet sich dem an Celans Werk Interessierten auf dem vermeintlichen Nebenschauplatz die Chance, viel über die Denk- und Sehweise des Autors, über seine Lektüre, die Richtung seiner Aufmerksamkeit zu erfahren. Die Übersetzung ist ja insofern der Idealfall der Lektüre, als sich hier der Verstehensvorgang auf die eine oder andere Weise selbst wieder eine Form gibt, eine Schwestergestalt, freilich mit vollem Bewußtsein keine Zwillingsschwester, hervorbringt, im Durchgang durch die stillschweigend entfaltende Auslegung, deren Tendenz nun gleichsam zwischen den Zeilen steht.

Wollte man trotz alledem das Übersetzen im Verhältnis zum poetischen Werk als Begleit- oder Randerscheinung auffassen, so entsteht doch, wenn man die in Ausstellung und Katalog ausgebreiteten Materialien betrachtet, der Eindruck, dieses konstante Begleitphänomen sei der Horizont, der sich um das poetische Werk Paul Celans legt – oder, um ein anderes Bild zu gebrauchen, die Beleuchtung, unter der seine eigenen Gedichte Kontur gewinnen: Es handelt sich dabei manchmal um Gegenlicht, manchmal um Gewitterlicht oder

um jene schwarzen Sonnen, die den Dingen eine eigene Plastizität verleihen. Dies ist die der Dichtung wesensverwandte »kongenitale Dunkelheit«, wie Celan es in der ›Meridian‹-Rede sagt. Der Gestus der Ausstellung wäre also die Beschreibung einer Peripherie mit ausgesparter Mitte, dem poetischen Werk Celans, in der Gewißheit, daß sich von den verschiedenen Punkten der Horizontlinie aus immer wieder überraschende Zugänge zum Zentrum zeigen.
Sehen wir uns an, was Paul Celan tat. Was erfahren wir, wenn wir sein Übersetzen einmal nicht detailanalytisch, sondern, sagen wir, »phänomenologisch«, oder als Geste ansehen, wie es seine im Werk Georg Büchners gefundene poetologische Allegorie, Lucile, uns vorführt, eine Figur aus ›Dantons Tod‹ mit jener durch die Liebe verliehenen Begabung, das Gestalthafte eines Menschen wahrzunehmen: In seiner Bukarester Zeit hat Celan ins Rumänische übersetzt, russische Literatur und Kafkas Erzählungen. Aber seit der Flucht aus Rumänien gab es nur noch eine »Zielsprache« für alle übersetzerischen Bemühungen, das Deutsche. Vom Pariser Exil aus, der Stadt, die das Schiff im Wappen führt, leistet der poète autrichien aus dem deutschsprechenden Czernowitz im russisch-ukrainisch gewordenen Rumänien, Paul Celan, »Fergendienst«.
Was setzt er über? und: Worüber hinweg?
Was setzt er über? Das Fremde. Das so nah ist, wenn man diese Nähe erkennen will. Der Fährmann bringt sein Leben lang Fremdes in ein Land, das sich besonders darin hervorgetan hat, Narzißmus als Staatsmaxime zu feiern, das Fremde aus Angst zu ignorieren oder, wo dies nicht gelang, zu vernichten. In dieses vor kurzem noch von Spiegeln der Selbstgefälligkeit und Selbstüberhebung umstellte Land, deren blinde Reste für ihn überall noch sichtbar waren, brachte Celan – nicht er allein, er aber mit besonderer Unermüdlichkeit – das Fremde als eine Gestalt des Anderen nach Deutschland. Insofern hat das Übersetzen bei Celan auch eine utopisch-politische Dimension.
In diesem Sinne übersetzt Celan aus nicht weniger als sieben Sprachen ins Deutsche: dem Französischen, Russischen, Englischen und Amerikanischen, Italienischen, Rumänischen, Portugiesischen, Hebräischen.
Der Ferge setzt über. Aber was das andere Ufer erreicht, hat sich unterwegs verwandelt. Gelangt es an die andere Seite überhaupt noch als das Fremde,

Andere? Oder ist es dem Eigenen anverwandelt, täuschend ähnlich geworden? Dies wäre ja die »Aufgabe des Übersetzers«: dem Anderen sein Eigenstes zu bewahren, es sichtbar zu machen, da sich sonst keine Begegnung vollzieht, sondern simple Aneignung, oder in der Bewahrung des Anderen das Eigene in dessen Gestalt mitauszusprechen.

Und die zweite Frage: Worüber hinweg gilt es zu setzen? Celan spricht in Briefen zuweilen heideggerisch vom Abgrund zwischen den Sprachen; aber während Heidegger hier den seinsgeschichtlichen Abgrund im Sinne hat, denkt Celan sicher auch an den Abgrund der jüngsten »Zeitenschrunde«. Es ist nicht nur jene abstrakte hermeneutische Differenz zwischen den verschiedenen Sprachen und dem je verschiedenen Sprachdenken, das es dem Übersetzer verbietet, Wörter lexikalisch auszutauschen; es sind nicht nur geschichtliche Untiefen, die allerdings so bedeutend sein können, daß man von einer intrasprachlichen Übersetzung sprechen müßte, wollte man nur einen Text über ein, zwei Jahrhunderte hinweg in »dieselbe« Sprache transportieren; es ist vor allem der Abgrund, der jedesmal wieder zu überwinden war, wenn Celan deutschen Boden betrat.

Die Ausstellung versucht zunächst die Lebenssituationen Celans in Erinnerung zu rufen und anhand von Bildern und Dokumenten vorstellbar zu machen: Czernowitz, mit dem kurzen Studienaufenthalt in Tours, dann die verschiedenen Etappen seines Exils: Bukarest, Wien, Paris.

Schon die Anfänge sind geprägt durch Mehrsprachigkeit: Deutsch, Rumänisch, Hebräisch sind durch die Lebensumstände, den Schulunterricht gegeben, der Unterricht am Gymnasium bringt neben den alten Sprachen (Latein und Griechisch) das Französische hinzu, dann, unmittelbar nach der Schulzeit, widmet sich Paul Celan dem Englischen und Russischen, studiert für kürzere Zeit Romanistik und Anglistik – erfaßt Sprachen offensichtlich mit ungewöhnlicher Leichtigkeit.

Die Mehrsprachigkeit von Hause aus und die erzwungene Exilsituation legen es nahe, vom Übersetzen zu leben, lange bevor es zum poetischen Konzept wird. Letzteres geschieht in den Pariser Jahren; aber auch diese zweite Hälfte des Lebens ist zunächst durch den Beruf des Übersetzers, durch Auftragsarbeiten und den Deutschunterricht an der École Normale Supérieure geprägt.

Aber schon bald wächst in den Pariser Jahren auch der Wunsch, die Übersetzungen zu sammeln, sei es im Sinne einer »Phänomenologie des Poetischen«, sei es im Sinne des Dialog-Gedankens, den Celan in seiner Büchner-Preis-Rede ausführt. In diesem Zusammenhang wird Übersetzen zum Medium einer Begegnung, wie es am deutlichsten in der Auseinandersetzung mit dem Werk Ossip Mandelstamms geschieht.

Als Titel für eine Übersetzungssammlung notierte sich Celan selbst einmal die Wendung: »Fremde Nähe« – dies schien auch für die Ausstellung im Deutschen Literaturarchiv das passende Leitmotiv zu sein.

Die Ausstellung zeigt in ihrem Hauptteil einerseits die verschiedenen Aspekte des Übersetzens: den Beruf des Übersetzers, die Auftragsarbeiten, die Auseinandersetzung mit bestimmten Spielarten des Poetischen und schließlich die Übertragung solcher Werke, deren Nähe zum eigenen motivierend gewirkt hat. Aber es sollte auch gezeigt werden, wie Übersetzungen entstehen, wie der Übersetzer arbeitet und – wie er mit Verlegern verhandelt, wenn es um Honorare, Termine und Buchausstattungen ging.

Jener Komplex schließlich, der für Celans Leben so verheerende Auswirkungen hatte: der von Literaten und Kritikern übernommene Vorwurf, Yvan Goll plagiiert zu haben, durfte nicht fehlen, war er doch durch einen Übersetzungsauftrag ausgelöst worden.

Bei der Auswahl der gezeigten Stücke, die naturgemäß nur einen Bruchteil der vorhandenen Materialien ausmachen, stand nicht das Interesse im Vordergrund, dem vermeintlich »Wichtigsten« auch den meisten Platz einzuräumen. Es galt zu akzentuieren, Vielfalt der Aspekte zu zeigen, Aufmerksamkeit zu erwecken für Bereiche, die bislang weniger oder gar nicht beachtet wurden. Anders hätten die Übersetzungen aus dem Russischen sicher mehr Raum beanspruchen müssen. Gegenstände, die das Interesse der Forschung in den letzten Jahren auf sich zu ziehen begonnen haben, durften zugunsten unbeachteter Phänomene eher vernachlässigt werden.

Was durch die hier vorgenommenen Akzentuierungen entsteht, sind Ansätze einer neuen Periodisierung der übersetzerischen Arbeiten, zugleich sicher auch Möglichkeiten, die teilweise engen Zusammenhänge mit dem eigenen dichterischen Werk anders zu sehen.

Eine Schlüsselstellung nicht nur für die eigene Poetologie, sondern auch für die Poetik des Übersetzens kommt der Büchner-Preis-Rede ›Der Meridian‹ zu. In zeitlicher Nähe zu dieser Rede vom 22. Oktober 1960 steht die vielschichtige Genese des Gedichtbands ›Die Niemandsrose‹, in dem die Poetik der Begegnung *wie in keinem anderen Zyklus die Entstehung eigener Gedichte prägt.*
Die Kritik ist mit Celan zu seinen Lebzeiten nicht immer so einsichtsvoll umgegangen wie Werner Weber in seinem Artikel anläßlich der Übertragung der ›Jungen Parze‹ von Paul Valéry oder wie Peter Szondi im Zusammenhang mit der Shakespeare-Übersetzung. Celan hat die Kritik an seiner angeblich zu »celanischen« Manier nicht leichtgenommen, er hat die allzu schnellen Urteile, wie aus Briefen ersichtlich, offenbar als kulturpolitisches Phänomen im Nachkriegsdeutschland verstanden und sich selbst einmal in einer Nähe zu Hölderlin gesehen, als er sich notierte: »Am Mandelstamm zackernd, aufs neue« (Notizbuch 15, S. 50). Die Kritik hatte Hölderlin als Übersetzer zu dessen Lebzeiten mit Hohn und Spott bedacht; das »Zackern am Pindar« war Ausdruck des Urteils, das man glaubte, zu seinem Verfahren abgeben zu müssen. Erst viel später, mit einem ganz anderen Bewußtsein dessen, was Übersetzen sei, wurde der Sinn der Pindar- und Sophokles-Übersetzungen verstanden.
Nicht so lange wie im Falle Hölderlins dauerte es, bis ›Celan als Übersetzer‹ in seiner Bedeutung erkannt wurde. Schon bald nach seinem Tode avancierte er zum Klassiker dieses Metiers.
1988 wurde vom Deutschen Literaturfonds, Darmstadt, der mit inzwischen 20.000 DM dotierte Paul-Celan-Preis gestiftet, der jährlich zur Auszeichnung einer herausragenden Literaturübersetzung aus dem Französischen ins Deutsche, seit 1994 für Übersetzungen aus allen Sprachen verliehen wird.

Ausstellung und Katalog verdanken sich der Hilfsbereitschaft sämtlicher Abteilungen des Deutschen Literaturarchivs, denen die ungewöhnlich große Gruppe der »Ausstellungsmacher« einiges abverlangte. Die Mitarbeiter der Handschriftenabteilung leisteten unermüdlich Hilfestellung bei der Materialbeschaffung, ihr Leiter, Jochen Meyer, stellte zahlreiche Verbindungen her und ermöglichte auch das Unerwartete.

Den Mitarbeitern der Bibliotheksabteilung gilt unser Dank für die Unterstützung bei Recherchen, ihrem Leiter, Reinhard Tgahrt, außerdem für seinen Rat und seine Hilfe bei der Überarbeitung der Katalogtexte.
Speziellen Dank schulden wir der Museumsabteilung, insbesondere Petra Plättner und Friedrich Pfäfflin; sie hielten die Fäden in der Hand, schrieben viele Briefe in alle Welt; vor allem aber sorgten sie mit ihrer Erfahrung für den notwendigen Realismus. Friedrich Pfäfflin sei Anerkennung und Dank auch dafür ausgesprochen, daß er für die Beschaffung von Illustrationen zu den russischen Autoren nach Moskau und St. Petersburg gereist ist.
Dem ganzen Hause und seinem Leiter, Ulrich Ott, danken wir für das Vertrauen, das uns entgegengebracht wurde, all die kompetente Hilfe, die uns zuteil wurde, für das konstruktive Interesse in ungezählten Gesprächen. Es war jedem von uns eine Freude, ein solches Projekt in diesem Hause mitgestalten zu dürfen.

Axel Gellhaus

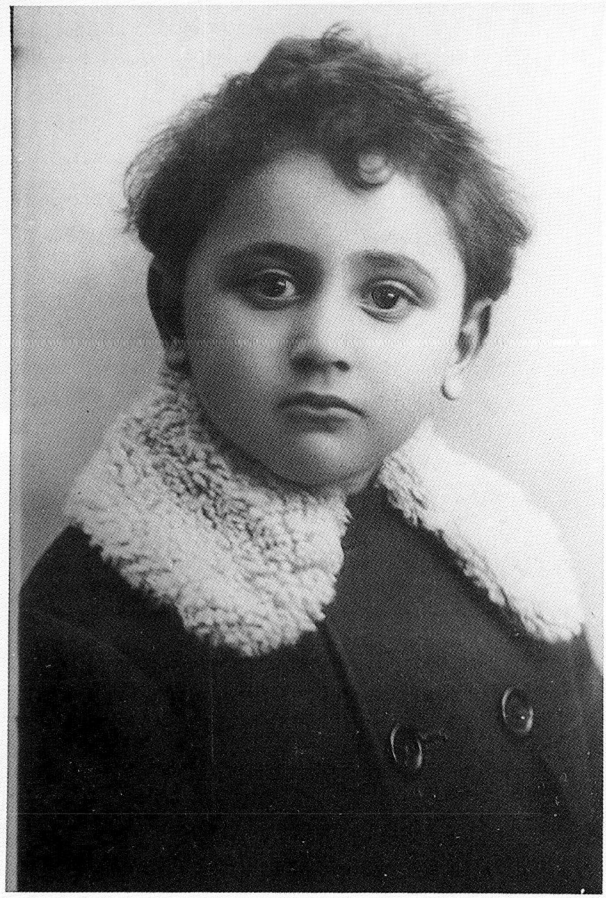

1 Paul Antschel, 1925
(Leihgabe: Ruth Kraft)

2 Czernowitz, 1929
In der dritten Klasse der Volksschule
In der Mitte Francisc Forst, der Lehrer
Paul Antschel in der zweiten Reihe, der zweite von links
(Leihgabe: Ruth Kraft)

3 Czernowitz, 1938
Die Klasse der Abiturienten
Paul Antschel, erste Reihe, zweiter von links
(Leihgabe: Ruth Kraft)

4 Der Abiturient, 1938
(Leihgabe: Edith Silbermann)

5 Der Abiturient, 1938
Detail aus dem Klassenphoto
(Leihgabe: Edith Silbermann)

6 In London, 1939
Nach einer Ferrotypie

7 Pestere Jalomicioarei, 1946
Paul Antschel und Lia Fingerhut, Petre Solomon,
Yvonne Hasan u.a.
(Leihgabe: Ruth Kraft)

8 Czernowitz, 1941
(Leihgabe: Ruth Kraft)

9 Bukarest, 1946
(Leihgabe: Ruth Kraft)

10 Bukarest, 1946
Paul Antschel und Leonid Miller

11 Bukarest, 1946
Paul Antschel und Petre Solomon

16 London, Tower-Bridge 1955
Paul Celan mit Nani und Klaus Demus
Die Aufnahme stammt von einem Straßenphotographen.
Nach Celans Tod bittet Ingeborg Bachmann Nani und Klaus Demus
um eine Vergrößerung des Celan-Bildausschnitts. Dieser
Ausschnitt wurde im Nachlaß Bachmanns aufgefunden und daraufhin
mehrfach ohne näheren Hinweis auf seine Herkunft publiziert.
(Leihgabe: Nani und Klaus Demus)

1–6 Paul Celan. 1920–1970. Eine Chronik Czernowitz • Tours • Bukarest • Wien • Paris • Der Übersetzer als Lehrer. Die Arbeit an der École Normale Supérieure

Czernowitz – Cernăuţi – Tschernowzy

Czernowitz liegt in »Halb-Asien«. Der Titel der berühmten Sammlung mit essayistischen ›Culturbildern‹ von Karl Emil Franzos (1848–1904), den Paul Celan in seiner Büchner-Preis-Rede einen »wiedergefundenen Landsmann« nennt, bezeichnet so jenes osteuropäische Gebiet, zu dem die Bukowina zählt. (Karl Emil Franzos: Aus Halb-Asien. Culturbilder aus Galizien, der Bukowina, Südrußland und Rumänien. Leipzig: Duncker & Humblot 1876) Czernowitz, das noch zwei Jahre vor Paul Celans Geburt zur Habsburger Monarchie gehörte, ist zwischen 1920 und 1944 eine Stadt mit überwiegend deutschsprechenden (160. bis 170. 000) Einwohnern: Deutschen, Rumänen, Ukrainern, polnischen und madjarischen Minderheiten; eine kulturelle Metropole mit einer ausgeprägten literarischen Bildung und Tradition.

1918 wird aus dem habsburgischen Czernowitz das rumänische Cernăuţi, 1944 das russisch-ukrainische Tschernowzy. Rose Ausländer (1901–1988) beschreibt in ihren ›Erinnerungen an eine Stadt‹ die Situation ihres Geburtsortes:

Eine buntschichtige Stadt, in der sich das germanische mit dem slawischen, lateinischen und jüdischen Kulturgut durchdrang.

Bis 1924 – obwohl die Bukowina schon 1918, nach dem ersten Weltkrieg, Rumänien zugesprochen wurde – war die Landessprache rumänisch und deutsch, nachher bis ans Ende des zweiten Weltkrieges war sie offiziell rumänisch, praktisch aber weiter deutsch. Deutsch war nicht nur die Umgangs- und Kultursprache, es war und blieb die Muttersprache des größten Teiles der Bevölkerung. Eigentlich blieb Czernowitz bis 1944 eine österreichische Stadt – seitdem gehört sie zur ukrainischen Sowjetrepublik.

Die verschiedenen Spracheinflüsse färbten natürlich auf das Bukowinaer Deutsch ab, zum Teil recht ungünstig. Aber es erfuhr auch eine Bereicherung durch neue Worte und Redewendungen. Es hatte eine besondere Physiognomie, sein eigenes Kolorit. Unter der Oberfläche des Sprechbaren lagen die tiefen, weitverzweigten Wurzeln der verschiedenartigen Kulturen, die vielfach ineinandergriffen und dem Wortlaub, dem Laut- und Bildgefühl Saft und Kraft zuführten. Mehr als ein Drittel der Bevölkerung war jüdisch, und das gab der Stadt eine besondere Färbung. Altjüdisches Volksgut, chassidi-

Gruss aus Czernowitz

Rathhaus

No. 457 Verlag von Leon König, Papierhdlg., Czernowitz

Rose Scherzer-Ausländer

CZERNOWITZ

Gestufte Stadt
im gruenen Reifrock.
Der Amseln ~~unverfaelschtes~~ Vokabular.

~~Der~~ Spiegelkarpfen
in Pfeffer, versulzt,
schwieg in fuenf Sprachen.

Die Zigeunerin
las unser Schicksal
in den Karten.

Schwarz-gelb.
Die Kinder der Monarchie
traeumten deutsche Kultur.

Legenden um den Baal Schem.
Aus Sadagura: die Wunder.

*

Nach dem roten Schachspiel
wechseln die Farben.

Der Walache erwacht-
schlaeft wieder ein.
Ein Siebenmeilenstiefel
steht vor seinem Bett-
flieht.

*

Im Ghetto
Gott hat abgedankt!

*

Erneutes Fahnenspiel.
Der Hammer schlaegt die Flucht entzwei.
Die Sichel macht die Zeit zu Heu.

17 Auf der gegenüberliegenden Seite: Rathaus in Czernowitz mit dem habsburgischen Doppeladler (Leihgabe: Bukowina-Institut, Augsburg)

18 Rose Ausländer: Typoskript (Leihgabe: Heinrich-Heine-Institut, Düsseldorf)

19 Czernowitz, Wassilkogasse, 1995. Photographie: Clemens Schülgen

20 Czernowitz, Masarykgasse, 1995. Photographie: Clemens Schülgen

sche Legenden »lagen in der Luft«, man atmete sie ein. Aus diesem barocken Sprachmilieu, aus dieser mythisch-mystischen Sphäre sind deutsche und jüdische Dichter und Schriftsteller hervorgegangen: Paul Celan, Alfred Margul-Sperber, Immanuel Weissglas, Rose Ausländer, Alfred Kittner, Georg Drozdowsky, David Goldfeld, Alfred Gong, Moses Rosenkranz, Gregor von Rezzori, der bedeutendste jiddische Lyriker Itzig Manger u. a. [...] Eine versunkene Stadt. Eine versunkene Welt. *(In: Rose Ausländer. Gesammelte Gedichte. Mit einem Essay von Jürgen P. Wallmann. Hrsg. von Hugo Ernst Käufer und Berndt Mosblech. Köln: Literarischer Verlag Braun (2. Auflage) 1977, S. 504–509)*

23. November 1920 Paul Celan wird als einziger Sohn des Leo Antschel-Teitler (*1890 in Schipenitz bei Czernowitz; † September/Oktober 1942 in Transnistrien) und dessen Ehefrau Fritzi (geb. Schrager, *1895 in Sadagora; † Winter 1942/43 in Transnistrien) geboren; erste Wohnung in Czernowitz: Wassilkogasse 5. *(Quelle, auch für die weiteren Mitteilungen: Israel Chalfen: Paul Celan. Eine Biographie seiner Jugend. Frankfurt am Main: Insel-Verlag 1979)*

1925 *Besuch des Meisler-Kindergartens, der Deutsch als Unterrichtssprache beibehalten hat.*

Herbst 1926 *Eintritt in die Volksschule, das Meisler-Institut, in dem deutsch unterrichtet wird.*

Herbst 1927 *Wechsel in die hebräische Volksschule ›Ssafa-Iwrija‹, da das Schulgeld für das Meisler-Institut nicht mehr aufgebracht werden kann; Unterrichtssprache: Hebräisch.*

Herbst 1930 *Eintritt in das rumänische Staatsgymnasium ›Liceul Ortodox de Băeţi‹, eine rumänische Eliteschule; Unterrichtssprache: Rumänisch; Sprachunterricht in Französisch; Fortsetzung des Unterrichtes in Hebräisch durch Privatlehrer.*

23. November 1933 *›Bar-Mizwa‹.*

Juni 1934 *Abschlußprüfung der Gymnasialunterstufe.*

September 1934 *Erster Besuch in Bukarest für einige Tage.*

Herbst 1934 *Zu Beginn des neuen Schuljahres* 1934/35 *Wechsel an das ›Liceul Marele Voevod Mihai‹, das ehemalige »Vierte oder Ukrainische Gymnasium«, das – besonders gegenüber den jüdischen Schülern – als das liberalste gilt; mit Beginn der sechsten Klasse: Deutschunterricht (deutsche Literaturgeschichte), Sprachunterricht in Rumänisch, Französisch, Lateinisch und, in den beiden letzten Jahren vor dem Reifezeugnis, Griechisch.*

Frühjahr 1935 *Umzug der Familie in eine Eigentumswohnung: Masarykgasse* 10 *in unmittelbarer Nähe des Gymnasiums.*

Sommer 1935 *Beteiligung an einem Treffen der ›Antifaschistischen Jugend‹.*

Winter 1937/38 *Letztes Schuljahr: Beginn der Beschäftigung mit dem Englischen.*

Juni 1938 *Baccalaureat (Abitur/Matura) und Entschluß zum Studium der Medizin in Tours an der ›École de Plein Exercice de Médecine et de Pharmacie‹ (Fächer: Physik, Chemie und Naturwissenschaften)*

9. November 1938 *Reise über Krakau und Berlin nach Paris; Aufenthalt bei Bruno Schrager, dem Bruder der Mutter.*

Ende November 1938 *Beginn der Studien in Tours.*

Osterferien 1939 *Reise nach London zu Tante Berta Antschel; Besuch im British Museum.*

22–25 Auf den folgenden Seiten: Abschriften von Geburtsurkunde und Abiturzeugnis (Leihgabe: Université de Tours, Faculté de Médecine)

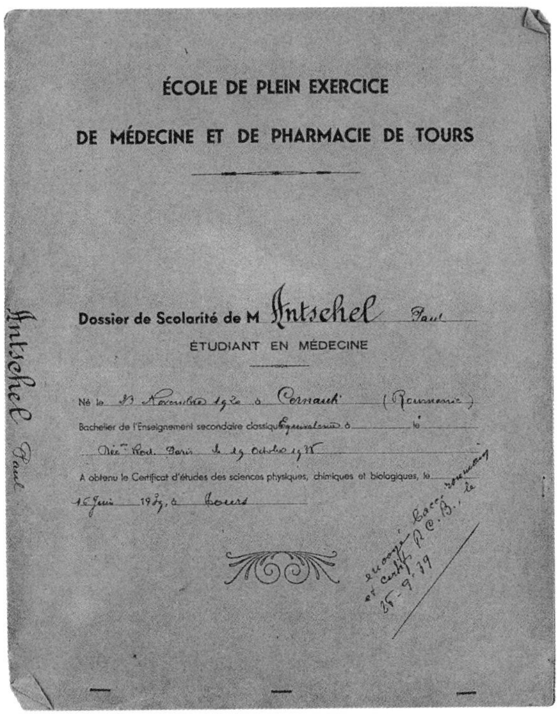
ÉCOLE DE PLEIN EXERCICE

DE MÉDECINE ET DE PHARMACIE DE TOURS

Dossier de Scolarité de M Antschel Paul

ÉTUDIANT EN MÉDECINE

Né le 23 Novembre 1920 à Cernauti (Roumanie)

Bachelier de l'Enseignement secondaire classique à le

A obtenu le Certificat d'études des sciences physiques, chimiques et biologiques, le

15 Juin 1939, à Tours

21 Studienbuch des Medizinstudenten Antschel in Tours, 1938 (Leihgabe: Université de Tours)

Traduction de la traduction ci-jointe

Traduction de la langue allemande. Nr. du procès-verbal de gestion 2963/922.

Certificat de Naissance

Extrait de la matricule des naissances, tome XXVIII, folio 438, de la Communauté israélite à Cernauti.

1/ Nr. courant – 180. – 2/ Naissance: jour, mois, année, lieu, Nr. de la maison: vingt-trois novembre 1920 – mil neuf cent vingt – Cernauti, rue Alexandre Vasilco 5. – 3/ Circoncision ou cérémonie du nom: jour, mois, année, lieu, Nr. de la maison: 1. XII. 1920. Cernauti, rue Alex. Vasilco 5. – 4.5/ Enfant: Nom: Paul, sexe (masc. fém.) – masculin, légitime, prétendu légitime, ou naissance illégitime: légitime. – 6/ Prénom et nom du père, son état, ses occupations et son domicile: Leibe Antschel, architecte, avec droit d'indigénat à Vassilev, arrondissement de Zastavna, fils illégitime de Chaje Antschel. – 7/ Prénom et nom de la mère, son état et son domicile, prénoms et nom, occupations et domicile de ses parents: Friedrika Antschel, fille légitime de Feibisch Schrager et de Edel, née Ehrlich. – 8. 9. 10/ Propre signature avec indication des occupations et du domicile des parrains ou témoins, des serviteurs du culte: Sprinze Berl, Dora Gellez; de celui qui a circoncis: Isak Lucher Schächter; de l'accoucheur ou de la sage-femme: Sprinze Berl. – 11/ Enfant mort-né: –

Observation: légitime, conformément au Registre des mariages de ce bureau de l'état civil, tome XII, folio 201, Nr. courant 90, mariage du 23/3 – 1920. – Pour conformité avec la matricule: Cernauti, le 23 novembre 1922. Cachet. L'officier de l'état civil israélite à Cernauti: ss/ Dr. Rosenfeld, substitut.

3 timbres roumains. Nr. 65-338. Cette traduction est conforme à l'original rédigé en langue allemande portant des timbres d'une valeur de 12 lei. Cachet: Prof. Léon Berger à Cernauti, traducteur autorisé par la Cour d'Appel pour les langues roumaine, française, allemande, anglaise, italienne, espagnole, ukrainienne et latine. –

Traduction certifiée conforme à la traduction de la langue allemande ci-jointe

Art. tarif.

AFFAIRES ÉTRANGÈRES – AGENCES CONSULAIRES

[Agence] Consulaire de France

Cernauti, le 11 Octobre 1938

L'Agent consulaire de France à Cernauti (Roumanie)

Traduction de l'original ci-joint

82486 Ministère de l'Instruction

photographie de l'élève – Cachet: Ministère de l'Education Nationale Roumanie – Inspectorat Régional Scolaire à Cernauti –

Diplôme

de Baccalauréat

de l'élève Antschel L. Paul, né en l'année 1920, le 23 Novembre dans la commune de Cernauti; département de Cernauti, fils de Leib Antschel, citoyen roumain, de nationalité juive, de religion mosaïque.

Nous, Ministre de l'Instruction, ayant en vue la conclusion de la Commission d'examen de Baccalauréat, tenue pendant la session d'été 1938 dans la ville de Cernauti, délivrons à l'élève Antschel L. Paul, qui a terminé le Lycée de garçons „Marele Voevod Mihai" à Cernauti, le présent Diplôme de Baccalauréat, section littéraire, obtenu avec la note moyenne de 6.70 (six 70/100), pour jouir de tous les droits accordés par la Loi et les Règlements en vigueur.

Pr. le Ministre de l'Instruction
– signature –

Le Président de la Commission
– signature –

Service de l'Enseignement
à Cernauti

Nr. 7126

Donné à Cernauti, le
5 Juillet 1938

Le Directeur de l'Ecole:
Eusebie Endan

Nr. de l'école: 343. –

Signature de l'élève:
– signature –

Vu pour légalisation de la signature apposée au recto de la présente feuille, signature de Monsieur Léon Berger, traducteur autorisé à Cernauti (Roumanie).

A Cernauti, le 11 octobre 1938

Nº
tarif

AFFAIRES ÉTRANGÈRES — AGENCES CONSULAIRES

L'Agent consulaire de France à Cernăuţi (Roumanie)

– au verso –

Situation matriculaire de l'élève Antschel L. Paul dans les classes du cours supérieur du lycée.

Matières	Année scolaire 1934/35 – Lycée „Mitropolite Silvestru" à Cernauti – Classe V	1935/36 – Lycée „Marele Voevod Mihai" à Cernauti – Cl. VI	1936/37 – Cl. VII	1937/38 – Cl. VIII
Religion	8.66	7.00	7.33	10.00
Langue roumaine	7.50	5.16	6.91	6.50
" latine	5.25	6.41	7.83	8.91
" française	9.00	7.16	7.41	7.58
" allemande	9.16	10.00	9.00	8.66
" grecque	./.	./.	6.33	8.00
Histoire	7.00	6.83	7.16	8.50
Philosophie	./.	6.83	6.00	7.66
Droit et Ec. polit.	./.	./.	6.66	8.00
Géographie	5.33	7.33	6.16	7.83
Mathématiques	5.75	5.00	5.66	./.
Sciences physico-chim.	5.16	5.50	5.16	./.
" naturelles	5.00	5.83	6.00	6.83
Hygiène	./.	./.	./.	7.00
Dessin	5.00	8.00	6.66	7.00
Musique vocale	5.00	8.00	7.33	./.
Éducation physique	8.66	9.00	6.33	8.66
Conduite	5.00	7.00	5.83	6.00
Fréquentation	très régulière	régulière	très régulière	
Langue italienne	10.00	./.	./.	
Moyenne générale	./.	7.07	6.58	7.79

Examen de Baccalauréat Année 1938

Notes des épreuves écrites:

L. roumaine – 7.00
" française – 7.00
" latine – 7.00

Notes des épreuves orales:

L. roumaine – 6.00
" française – 6.00
Histoire – 6.00
Géographie de la Roumanie – 6.00
Philosophie et Instr. civique – 7.00
Langue latine – 8.00
Sciences naturelles – 7.00

Moyenne générale – 6.70

Classé 4e sur 54 candidats qui ont réussi. Le secrétaire de la commission: – signature –

8 timbres roumains. – Cachet du Lycée. Le directeur – signature – Le secrétaire de l'École – signature.

Traduction certifiée conforme à l'original ci-joint en langue roumaine

Cernauti, le 11 Octobre 1938

Art. tarif.

AFFAIRES ÉTRANGÈRES AGENCES CONSULAIRES

L'Agent consulaire de France à Cernauti (Roumanie)

27 Auf der gegenüberliegenden Seite: Paul Antschel an die École de Médecine in Tours, 16.9.1939 (Leihgabe: Université de Tours)

Juli 1939 *Abschlußexamen des ersten Studienjahres und Rückkehr nach Czernowitz.*

16. September 1939 *Schreiben Paul Celans nach Tours, daß er sein Studium wegen des Krieges dort nicht wieder aufnehmen könne. Eine Fortsetzung des Medizinstudiums in Czernowitz ist wegen des bestehenden Numerus clausus' für Juden nicht möglich; Paul Celan schreibt sich an der Universität Czernowitz für Romanistik ein und beginnt ein offenbar sehr intensives Studium.*

20. Juni 1940 *Einmarsch der Roten Armee in Czernowitz; die rumänischen Einwohner der Stadt flüchten größtenteils; Paul Celan beginnt mit dem Erlernen des Russischen an der nun ukrainisch-russischen Universität.*

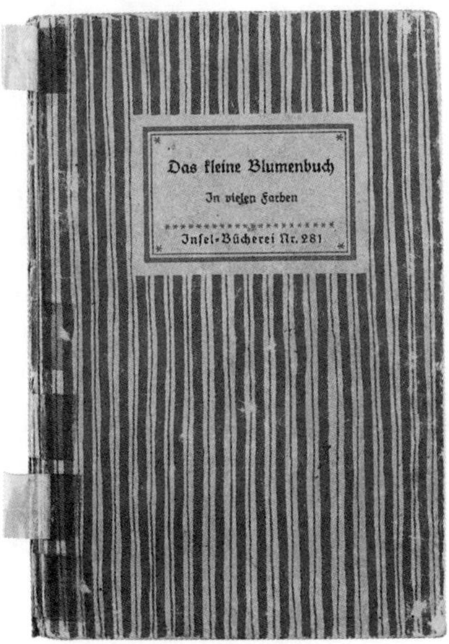

26 Celans Geschenk an Ruth Kraft

Sommer 1940 *Paul Celan lernt die Schauspielerin Ruth Lackner (spätere Kraft, *1920) kennen, der er Gedichte widmet; oft verwendet er darin Blumenmotive, für die ›Das kleine Blumenbuch‹ von Rudolf Koch und Fritz Kredel (Leipzig: Insel-Verlag [1933]. Insel-Bücherei 281) die Muster geliefert haben könnte. Der Band aus dem Besitz Celans enthält 58 Blumendarstellungen, wiedergegeben im Vielfarbdruck mit der Angabe des deutschen Namens der Pflanze. Paul Celan hat die Namen der jeweiligen Blume in zumeist vier Sprachen von Hand mit blauer Tinte in sehr sorgfältiger Schrift hinzugefügt: englisch, russisch, französisch und rumänisch; oft stehen mehrere Bezeichnungen aus einer Sprache untereinander. Eingelegt in den hinteren Buchdeckel findet sich eine getrocknete Herbstzeitlose, französisch: colchique (d'automne).*

In der frühen Dichtung Celans spielen Blumennamen eine große Rolle, so auch in den Gedichten, die Celan wohl während seines Zwangsaufenthaltes im Arbeitslager Tabăreşti (1943) schreibt.

13. Juni 1941 *Deportation von 4000 Czernowitzer Männern, Frauen und Kindern nach Sibirien durch die sowjetische Geheimpolizei (NKWD); drei Viertel der Deportierten sind Juden.*

5. Juli 1941 *Einmarsch rumänischer Truppen in Czernowitz (Rumänien ist unter dem Diktator Ion Antonescu im November 1940 dem Dreimächtepakt Deutschland, Italien und Japan beigetreten); Plünderungen und Ermordungen in der Stadt.*

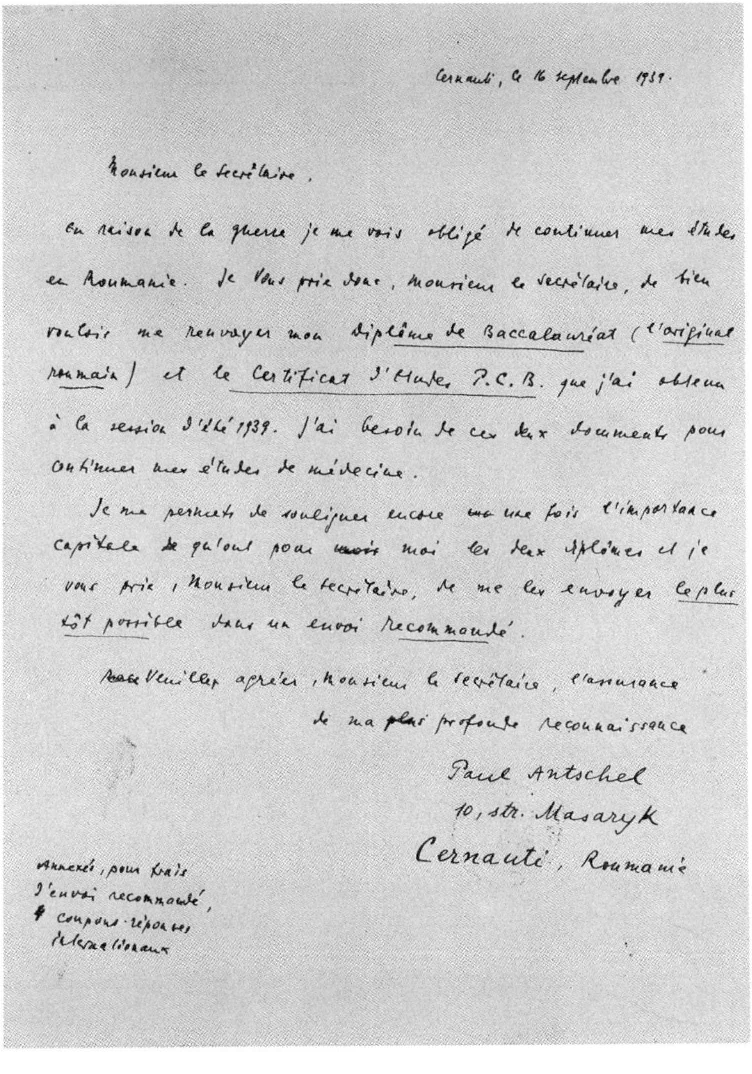

Cernauti, le 16 septembre 1939.

Monsieur le Secrétaire,

En raison de la guerre je me vois obligé de continuer mes études en Roumanie. Je Vous prie donc, Monsieur le Secrétaire, de bien vouloir me renvoyer mon diplôme de Baccalauréat (l'original roumain) et le Certificat d'Etudes P.C.B. que j'ai obtenu à la session d'été 1939. J'ai besoin de ces deux documents pour continuer mes études de médecine.

Je me permets de souligner encore une fois l'importance capitale qu'ont pour moi les deux diplômes et je vous prie, Monsieur le Secrétaire, de me les envoyer le plus tôt possible dans un envoi recommandé.

Veuillez agréer, Monsieur le Secrétaire, l'assurance de ma profonde reconnaissance

Paul Antschel
10, str. Masaryk
Cernauti, Roumanie

Annexé, pour frais d'envoi recommandé, 4 coupons-réponses internationaux

Daisy,

Bairn-wort, Ban-wort, Ban-wood.
Benner-gowan, Bone-flower.
Bruise-wort. Ewe-gowan,
Herb Margaret, Gowan,
Marguerite, May-gowan

(Bellis perennis var. prolifera:)
Apes-on-horse-back,
"Hen-and-Chickens" Daisy

маргаритка

Părăluțe

Pâquerette,
Petite Marguerite

2

Gänseblümchen

Maßliebchen, Tausendschön,
Osterblümchen, Sommertierchen,
Herzblümchen, Wundkraut

violet,
sweet violet

фиалка

violette

Toporaş, tămâioară,
viorea

Meadow Saffron,
Autumn, Fog, Meadow,
Michaelmas, or Purple Crocus,
Naked Ladies

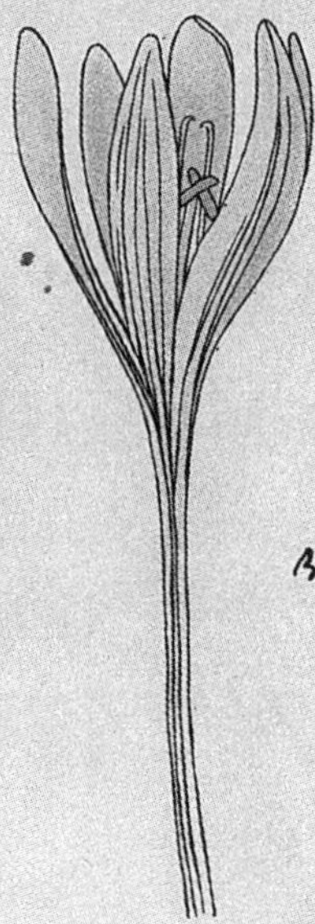

Brânduşă-de-toamnă

безвременица,
зимовик
осеник

Nackte Jungfer, Spinnblume, Wiesensafran,
Michaelsblume

Herbſtzeitloſe

colchique (d'automne),
dame-nue, tue-chien, chiennée
chien rage, veilleuse

28–31 Auf den vorangegangenen Seiten: Drei Seiten aus Rudolf Kochs ›Blumenbuch‹ und die eingelegte Herbstzeitlose

32 Einband, 1947

7. Juli 1941 *Beginn der Aktionen gegen Juden durch eine SS-Einsatzgruppe; zahlreiche Juden werden ermordet, der Große Tempel wird niedergebrannt; die rumänische Zivilverwaltung ist gehalten, die deutschen Judenverordnungen durchzusetzen: Juden verlieren das Bürgerrecht, müssen den gelben Stern tragen, Zwangsarbeit leisten und dürfen ab 18 Uhr ihre Wohnhäuser nicht mehr verlassen.*

11. Oktober 1941 *Errichtung des jüdischen Ghettos in der Czernowitzer Altstadt, dem alten Judenviertel (Judengasse und angrenzende Straßen): 45.000 Menschen werden auf diesem engen Raum zusammengedrängt, die Deportation nach Transnistrien, einem Gebiet zwischen Dnjestr und Bug, wird vorbereitet; bis auf 15.000 Juden, die für lebenswichtige Arbeiten und Dienste in der Stadt zurückbehalten werden, wird die große Mehrzahl deportiert; Paul Celan leistet Zwangsarbeit.*

Winter 1941/42 *Vorübergehende Stabilisierung der Situation für die Juden, die in der Stadt verblieben sind.*

Juni 1942 *Beginn neuer Aktionen gegen die jüdische Bevölkerung, die nun nach Transnistrien verbracht werden soll; Weigerung der Eltern Leo und Fritzi Antschel, sich zu verstecken; allein Paul macht von dem Angebot des rumänischen Industriellen Valentin Alexandrescu Gebrauch, sich in Räumen seiner Fabrik in der Mickiewicz-Gasse zu verstecken; die Eltern werden nach Transnistrien, zum südlichen Bug, deportiert, in ein Lager, das »Cariera de Piatră« (»Steinbruch«) genannt wird; ein Gedichtband von*

Celans Jugendfreund Immanuel Weissglas (1920–1979), der die Deportation ins Vernichtungslager überlebt, legt von dem Geschehen Zeugnis ab: ›Kariera am Bug. Gedichte‹ erscheint allerdings erst 1947 in Rumänien (Bukarest: Cartea Romanească 1947).

Weissglas leitet die Sammlung mit folgendem Hinweis ein:

Die Gedichte stehen hier als Meilensteine / die den schauerlichen Weg bezeichnen / den wir in den Jahren 1941/44 zwischen Dnjestr und Bug / in der Ukraine / gegangen sind.

Juli 1942 *Einrichtung eines Arbeitsdienstes für Männer zwischen 18 und 50 Jahren mit dem Ziel, die militärisch wichtigen Straßen in Altrumänien auszubauen; Paul Celan wird in einem Arbeitsbataillon in Tabăreşti, einem Dorf bei Buzău in der Moldau, eingesetzt; er notiert dort Gedichte in ein kleines Notizbuch, mit Daten* ***zwischen dem 11. März***

und 18. September 1943, *in mehreren Tintenfarben (blau, grün, schwarz) geschrieben: Auf der ersten Seite befindet sich in Reinschrift Celans Übersetzung des 57. Sonetts von Shakespeare, ›Being your slave‹. Da nicht zu vermuten ist, daß Celan eine Ausgabe der Sonette ins Arbeitslager hat mitnehmen können, ist die Übersetzung vermutlich noch vor oder im* ***Juni 1942*** *entstanden; er wird das übersetzte Sonett in das noch leere Notizbuch eingetragen haben, wie ein Programm:*

Kann, der dein Sklave ist, denn anders sein,
als wach in deiner Wünsche Stundenschlag?
Die Zeit ist ihm gering und gilt allein,
wenn ihm dein Wort den Dienst gebieten mag.
Nicht tadel ich die Stunde Welt-ohn-End,
wenn ich dir, Herrin, Glockenschläge zähl
Nicht ist die Zeit mir bitter, die uns trennt,
wenn deinem Diener Abschied ward Befehl.
Nicht wird mein Sinn, den Eifersucht geübt,
dich ahnungsvoll begleiten auf der Fahrt,
dein weher Knecht, den kein Gedanke trübt,
hat jener, die dir nah sind, Glück gewahrt.
Solch treuer Narr ist Liebe. Schlechter sinnt
sie nie. Was immer auch dein Herz beginnt.

Es folgen eigene Gedichte wie dies:

[Anemone nemorosa]

Die Buschwindröschen, die von Abend zittern,
blühn schimmernd unsrer Dunkelheit voraus.
Du schließ dein Aug vor meinem Mund, dem bittern,
aus meiner Hand, der leisen, nimm den Strauß.

Ist, was sie deinen Wangen übertragen,
nichts als der Frühling und das Regennaß?
Vielleicht, daß sie dem Blumengott entsagen,
daß ich mich, Kind, dir süßer überlaß ..

Die Osterblumen hängen mit dem Leben
und meinem Mund dir träumend am Gesicht.
Du aber fühlst noch nicht mein Herz daneben
sich heimlich sehnen nach Vergißmeinnicht.

13. IV. 43

September/Oktober 1942 *Paul Celan erfährt vom Tod des Vaters.*

Winter 1942/43 *Paul Celan erfährt vom Tod der Mutter.*

Februar 1944 *Auflösung der Arbeitslager; Paul Celan kehrt nach Czernowitz zurück und wohnt teilweise bei der Familie der Jugendfreundin Edith Horowitz, deren Vater eine der größten privaten Bibliotheken der Stadt besitzt.*

Februar 1944 *Paul Celan lernt die Dichterin Rose Ausländer, geb. Scherzer (1901–1988) kennen, die längere Zeit in New York gelebt hatte; ihre erste Buchpublikation ›Der Regenbogen‹ ist 1939 in Czernowitz erschienen; man liest sich gegenseitig Gedichte vor und spricht offensichtlich auch von Übersetzungen, wie die Abschrift einer frühen Shakespeare-Übersetzung Celans durch Rose Ausländer beweist. In ihrem Essay ›Alles kann Motiv sein‹ schreibt sie über die Jahre der Verfolgung:*

Der unerträglichen Realität gegenüber gab es zwei Verhaltensweisen: entweder man gab sich der Verzweiflung preis, oder man übersiedelte in eine andere Wirklichkeit, die geistige. Wir zum Tode verurteilten Juden waren unsagbar trostbedürftig. Und während wir den Tod erwarteten, wohnten manche von uns in Traumworten – unser traumatisches Heim in der Heimatlosigkeit. Schreiben war Leben, Überleben.

»... Auf den flüchtenden Kähnen / löschen die Wimpel den Traum, von den Himmeln ...« – »... daß die unsichtbaren Gestirne aufblühen.« Diese und viele andere Verse las mir ein junger Mann vor, den 1944 ein Freund zu mir brachte: Paul Antschel-Celan. Als Revanche las ich das nächste Mal meine neuentstandenen Gedichte, die er sehr lobte. *(Rose Ausländer: Hügel aus Äther unwiderruflich. Gedichte und Prosa 1966–1975. Frankfurt am Main: S. Fischer 1984, S. 286)*

Nachdem beide auf verschiedenen Wegen die Heimat verlassen haben, treffen sie sich viele Jahre später in Paris wieder; Rose Ausländer erinnert sich:

1957. Zwei Wochen Paris. Paul Celan lud mich mehrere Male zu sich ein, las mir viel Neuentstandenes vor, Gedichte, die später im ›Sprachgitter‹ erschienen sind. Er fragte nach meinen neuen Arbeiten. *(Rose Ausländer: Hügel aus Äther unwiderruflich. Gedichte und Prosa 1966–1975. Frankfurt am Main: S. Fischer 1984, S. 287)*

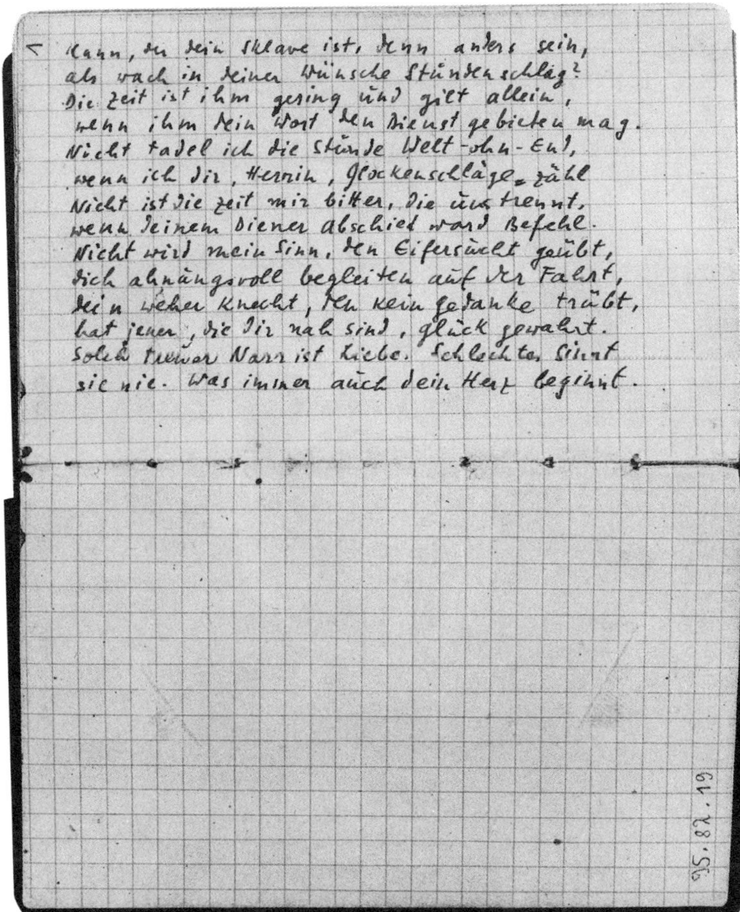

33 Notizbuch von 1942 mit dem Eintrag des 57. Sonetts von Shakespeare

34 Auf den folgenden Seiten: Celan und Rose Ausländer übersetzen Shakespeare, um 1944 (Leihgabe: Heinrich-Heine-Institut, Düsseldorf)

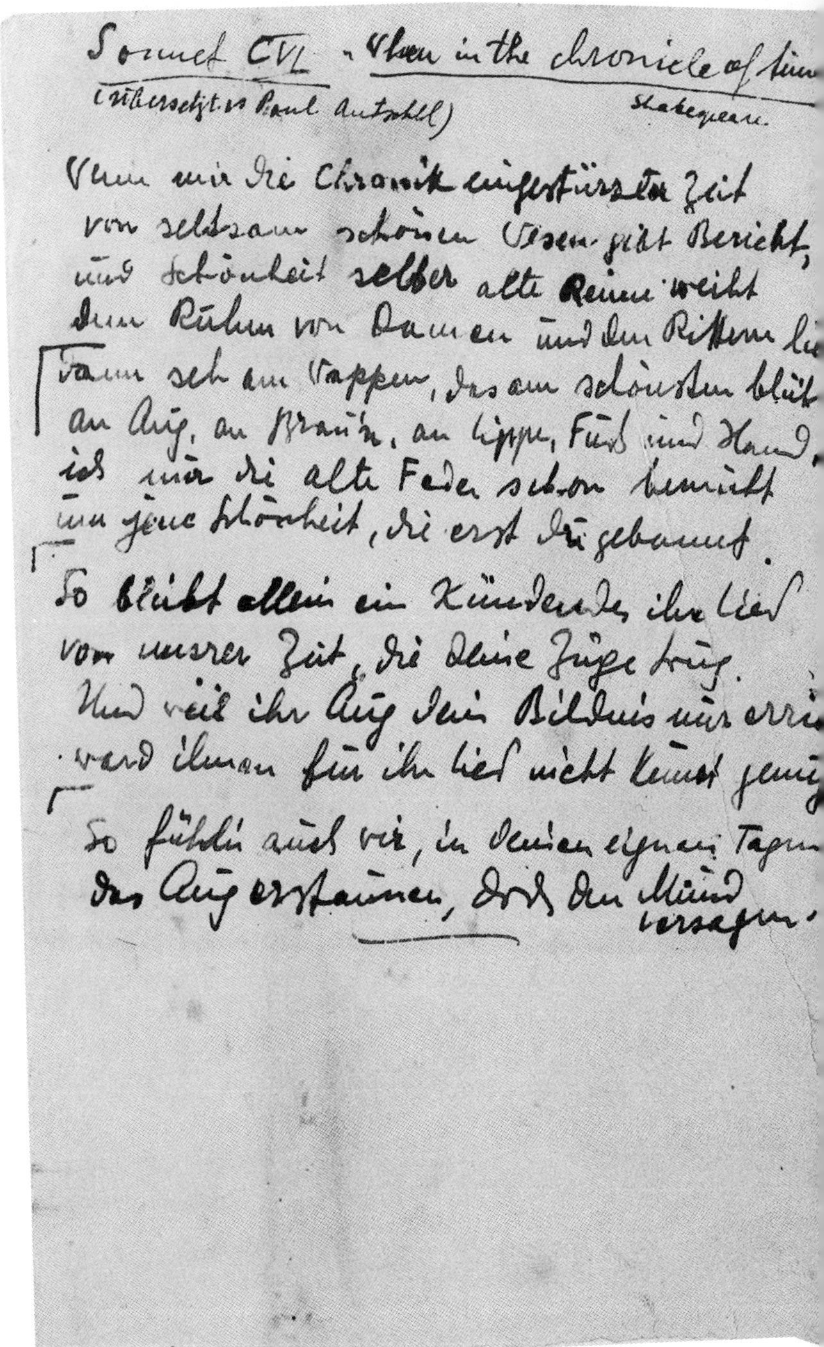
Sonnet CVI – When in the chronicle of tim[e]

(übersetzt v. Paul Antschel) Shakespeare.

Wenn mir die Chronik eingestürzter Zeit
von seltsam schönen Wesen gibt Bericht,
und Schönheit selber alte Reime weiht
dem Ruhm von Damen und den Rittern li[cht]
dann seh am Wappen, das am schönsten blüht
an Aug, an Braue, an Lippe, Fuß und Hand,
ich wär die alte Feder schon bemüht
um jene Schönheit, die erst du gebannt.
So bleibt allein ein Kündendes ihr Lied
von unsrer Zeit, die deine Züge trug.
Und weil ihr Aug dein Bildnis nur erri[et]
ward ihnen für ihr Lied nicht Kunst genug
So fühlen auch wir, in deinen eignen Tagen
das Aug erstaunen, doch den Mund versagen.

Die Macht des Gesanges

(Shakespeare)

(~~[illegible]~~)

Orpheus, der die Laute strich,
machte Bäume, Berge sich
tief verneigen, wenn er sang.
Sonne, Regen, Halme, Blume,
Lüpften froh zu seinem Ruhme
Ewigen Frühling war sein Klang.

die ihn
Was ihn hörten in der Höh,
und die Wogen in der See –:
Alles hielt den Atem an.
Die Musik ist solches Sein:
Sorge, ~~Herzens~~gram und Pein
schlafen ein in ihrem Bann.

—

Übersetzt von
Rose Ausländer

Im Nachlaß Rose Ausländers hat sich ein undatiertes Notizblatt erhalten, das möglicherweise noch in Czernowitz oder aber in Bukarest beschrieben wurde. Rose Ausländer notiert darauf die Übersetzung des 106. Shakespeare-Sonetts in der Übertragung von Paul Antschel:

Wenn mir die Chronik eingestürzter Zeit
von seltsam schönen Wesen gibt Bericht,
und Schönheit selber alte Reime weiht
dem Ruhm von Damen und den Rittern licht,

Dann seh am Wappen, das am schönsten blüht,
an Aug, an Brau'n, an Lippe, Fuß und Hand,
ich nur die alte Feder schon bemüht
um jene Schönheit, die erst du gebannt.

So bleibt allein ein Kündendes ihr Lied
von unsrer Zeit, die deine Züge trug.
Und weil ihr Aug dein Bildnis nur erriet,
ward ihnen für ihr Lied nicht Kunst genug:

So fühl'n auch wir, in deinen eignen Tagen,
das Aug erstaunen, doch den Mund versagen.

Daneben findet sich ihre Übersetzung eines »Die Macht des Gesanges« überschriebenen Gedichtes aus ›Henry VIII‹ (Transkription: bereinigte Fassung):

Orpheus, der die Laute strich,
machte Bäume, Berge sich
tief verneigen, wenn es sang.
Sonne, Regen, Halme, Blume
hüpften froh zu seinem Ruhme.
Ewiger Frühling war sein Klang.

Und die ihn hörten in der Höh,
auch die Wogen in der See:
Alles hielt den Atem an.
Die Musik ist solches Sein:
Sorge, Herzensgram und Pein
Schlafen ein in ihrem Bann.

Die Übersetzung des 106. Sonetts durch Celan gehört offensichtlich zu jenen Gedichten, die er Rose Ausländer bei den Begegnungen gezeigt hat. Mit dem Übersetzen von Shakespeare-Sonetten, aber auch von Gedichten eines Robert Frost, eines William Butler Yeats scheinen sich sowohl Rose Ausländer und Immanuel Weissglas als auch Alfred Margul-Sperber (1898–1967), den Celan in Bukarest kennenlernt, beschäftigt zu haben.
Von der Wiederbegegnung mit Rose Ausländer in Paris zeugt die Widmung Celans in einem Exemplar von ›Mohn und Gedächtnis‹.

Für Rose Ausländer,
der ich meine ersten Gedichte
zeigen durfte,
in Gedanken an die versunkene
Heimat und die fernen Freunde
Paul Celan
Paris, im November 1957.

April 1944 *Einzug der Roten Armee in Czernowitz; allmähliche Heimkehr der Überlebenden aus Transnistrien; Pauls Tante Regina Rones mit ihrer Familie ist dabei. Paul Celan erhält die Wohnung der Eltern zurück; unter den Zurückgekehrten sind auch Alfred Kittner (1906–1991), ein Lyriker aus der Bukowina, der schon 1938 einen ersten Gedichtband, ›Wolkenreiter‹, veröffentlicht hat, und Immanuel Weissglas.*

Herbst 1944 *Wiedereröffnung der ukrainisch-russischen Universität in Czernowitz; Celan entschließt sich nun zum Studium der Anglistik; um zusätzlich Geld zu verdienen, übersetzt er für die ukrainische Lokalzeitung Texte von ideologisch konformen rumänischen Autoren.*
Zusammenstellung einer ersten Auswahl seiner bis dahin entstandenen Gedichte.

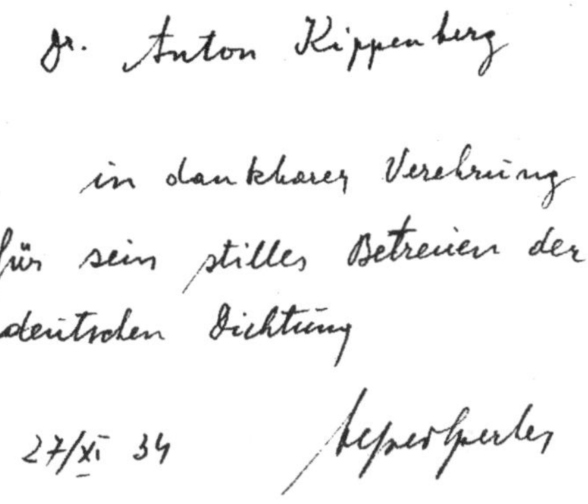
Dr. Anton Kippenberg
in dankbarer Verehrung
für sein stilles Betreuen der
deutschen Dichtung
27/XI 34

35 Die Widmung von ›Gleichnisse der Landschaft‹ (1934) an den Verleger Anton Kippenberg

36 Umschlag der Broschur

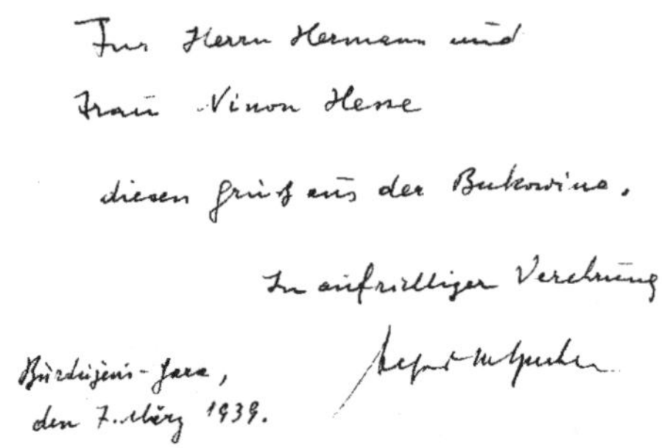

Für Herrn Hermann und
Frau Ninon Hesse
diesen Gruß aus der Bukowina.
In aufrichtiger Verehrung
Alfred Margul-Sperber
Burdujeni-Gara,
den 7. März 1939.

37 Widmung von ›Geheimnis und Verzicht‹ (1939) an Hermann und Ninon Hesse. Ninon Hesse, geb. Ausländer, stammte aus Czernowitz.

38 Umschlag der Broschur

Anfang 1945 *Beginn einer zweiten Sammlung, die abgeschlossen wird und einem Buch gleicht. Paul Celan benutzt einen Reklamekalender mit schwarzem Ledereinband und trägt in Reinschrift 97 Gedichte ein, die 1943/44 entstanden, in der Hoffnung auf eine erste Publikation. Ruth Lackner hat die Absicht, nach Bukarest auszuwandern, und soll die Gedichte Alfred Margul-Sperber zeigen, der sich als Dichter einen Namen gemacht und schon vor dem Krieg als Förderer für jüngere Autoren gewirkt hatte. Seinen 1939 erschienenen Gedichtband ›Geheimnis und Verzicht‹ (Cernăuţi: Literaria 1939) dürfte Paul Celan gekannt haben und vielleicht auch Sperbers erste Gedichtsammlung ›Gleichnisse der Landschaft.‹ (Storojimeţi: Im Selbstverlag des Verfassers), die schon 1934 herausgekommen war.*

April 1945 *Paul Antschel bereitet sich mit seinen Verwandten auf die Ausreise aus Czernowitz vor, offensichtlich von den russischen Behörden geduldet, die sich der jüdischen Bevölkerung unauffällig entledigen möchten. Das präzise Datum der Ausreise ist nicht bekannt.*

Bukarest

Juni 1945 *Paul Celan trifft in einem politisch brisanten Augenblick in der rumänischen Hauptstadt ein.*

Schon ein Jahr vorher, am 23. August 1944, hatte Rumänien nach einem von König Mihail I. unterstützten Putsch kapituliert und seine Truppen in der Tschechoslowakei und in Ungarn gegen den einstigen Verbündeten Deutschland eingesetzt. Ein Jahr später, im August 1945, versucht nun der gleiche König Mihail, den wachsenden Einfluß der Kommunisten (und damit der Sowjetunion) in der von ihm eingesetzten Regierung einzudämmen, indem er seine Unterschrift unter deren Dekrete verweigert. Erst im Januar 1946 entspannt sich die Situation: Nachdem auf Druck der Westmächte Oppositionspolitiker in die Regierung aufgenommen werden, gibt Mihail seinen Widerstand auf. Die Westmächte bekräftigen ihr Einverständnis mit der Regelung durch die Aufnahme diplomatischer Beziehungen, die mit der Sowjetunion schon längst (seit dem 6. August 1945) bestehen.

Paul Antschel – oder besser, in der von ihm für Publikationen verwendeten rumänisierten Schreibung, Paul Ancel – erlebt die Vorgänge um die Rolle der Opposition und das – von heute aus gesehen nur scheinbar – erfolgreiche Eintreten der Westmächte für die Demokratisierung Rumäniens sicherlich mit einem Gefühl der Erleichterung. Ihm, der mit seinem Weggang aus Czernowitz auch eine Entscheidung gegen die Sowjetunion getroffen hat (im Gegensatz etwa zu seinen Freunden Gustav Chomed und Erich Einhorn), kann die Unabhängigkeit seiner neuen Heimat von Stalins Machtbereich nicht gleichgültig gewesen sein. Ebenso aufmerksam dürfte er dann allerdings auch den Bukarester Prozeß gegen einen der Hauptkriegsverbrecher auf rumänischer Seite, General Antonescu, im Mai 1946 verfolgt haben.

Das Bukarest nach der »grevă regală« (»Königsstreik«) stellt sich dar als eine lebendige europäische Großstadt. Äußerlich ist das einstige »Paris des Ostens« durch den Bombenkrieg und durch ein schweres Erdbeben (1940) gezeichnet. Trotzdem sprüht die Stadt von den verschiedensten kulturellen Aktivitäten, die während der deutschen Besatzung durch Zensur eingeschränkt oder ganz unterbunden waren. Ancels Bukarester Freund Petre Solomon erinnert sich in seinem anschaulichen Bukarest-Kapitel ›Bucureştiul la ora lui Paul Celan‹ (Das Bukarest zur Stunde Paul Celans. In: Paul Celan. Dimensiunea românească. Bukarest: Editura Kriterion 1987, S. 22–48) an Konzerte weltbekannter Geiger wie Enescu, Oistrach, Schafran oder Menuhin, an Cocteau-Aufführungen im Theater und ›Casablanca‹ im Kino. In Hinblick auf Ancel besonders interessant sind die ausländischen Gäste, die sich in Vorträgen und Lesungen, meist in französischer Sprache, an ein breites francophones Publikum wenden: Tristan Tzara etwa, Louis Aragon und Elsa Triolet, Ilja Ehrenburg (der nicht nur einmal

RAME INCADRA
PATINE

in Bukarest war) und vor allem Paul Eluard. Auf literarischem Gebiet beginnt sofort nach dem Krieg eine Fülle von Zeitschriften zu erscheinen, als erste, schon seit November 1944, der durch den Avantgardisten Saşa Pană herausgegebene ›Orizont‹. Eine schon in der Vorkriegszeit sehr aktive Avantgarde tritt in Kleinstverlagen wie auch in Ausstellungen an die Öffentlichkeit.

20. Juni 1945 *Paul Ancel schreibt sich auf dem Einwohnermeldeamt in Bukarest ein. Die sechsseitige ›Einschreibebestätigung‹ vom* **9. Mai 1947** *[!] ist ein sprechendes Dokument aus dem Nachkriegsrumänien. Der Stempel »Eliberat dovada 1945« (»Ausweis ausgestellt 1945«) hält fest, wann Ancels erster Ausweis im rumänischen Kernland ausgestellt wurde – der ebenfalls erhalten ist. Die Adresse, Strada Roma Nr. 47bis, ist die einzige Adresse Ancels in Bukarest, die sich nachweisen läßt; sie erscheint ebenso in dem erwähnten Ausweis des Jahres 1945, der 1946 und 1947 durch Stempel verlängert wird. Die Strada Roma führt vom nördlichen Teil der Bukarester Ringstraße nach Norden bis zur Piaţa Dorobanţilor, von der es nicht mehr weit ist zur Seenkette, die sich am Nordrand der Stadt vorbeizieht. Seine Arbeitsstelle in der Calea Victoriei Nr. 120 kann Ancel wohl zu Fuß erreichen. Diese ist auf dem Ausweis durch den zweiten Stempel vermerkt: »Inscris la economatul Cartea-Rusă«, d. h. »eingetragen in« einem für Lebensmittelzuteilungen berechtigten »Wirtschaftsbetrieb«. In dieser Beziehung weicht der Personalausweis vom Juni 1945 noch ab, in dem eine*

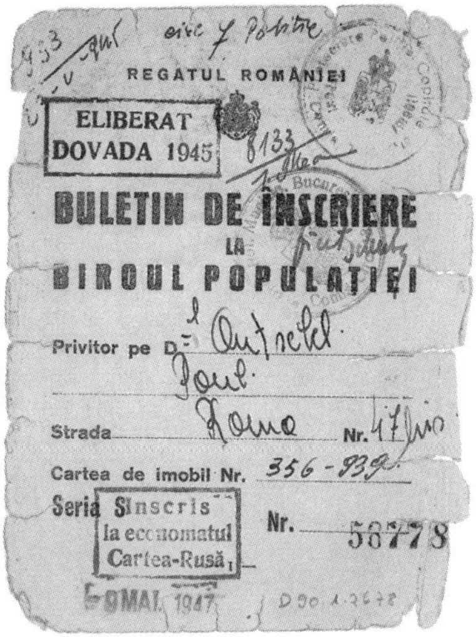
REGATUL ROMÂNIEI
ELIBERAT DOVADA 1945
BULETIN DE ÎNSCRIERE
LA
BIROUL POPULAȚIEI
Privitor pe D-l Antschel Paul
Strada Roma Nr. 47 bis
Cartea de imobil Nr. 356-939
Seria Nr. 58778
Inscris la economatul Cartea-Rusă
9 MAI 1947

›Scrisul liber‹ (›Die freie Schrift‹) genannte, wohl journalistische Organisation angegeben ist. Der runde Stempel der hauptstädtischen Polizeibehörde (›Prefectura Poliţiei Capitalei‹), der auch auf dem Photo zu sehen ist, zeigt Rumänien – durch das gekrönte Wappen – noch als »Regatul România« (so auch oben gedruckt), d. h. als Königreich Rumänien. Im Inneren des Ausweises wird die Person Ancels beschrieben, u.a. als Jude nach Volkszugehörigkeit und Konfession und, weil im rumänischen Cernăuţi geboren, als rumänischer Staatsbürger; er gilt als groß, hat eine glatte Stirn, braunes Haar, schwarze Augenbrauen, braune Augen und einen dunklen Teint. Und er unterschreibt »Paul Antschel«.

39 Auf der gegenüberliegenden Seite: Bukarest in der Nachkriegszeit (Leihgabe: Bukowina-Institut, Augsburg)

40 Paul Ancels polizeiliche Anmeldung in Bukarest, 1945

UNIVERSITATE DIN BUCUREŞTI

CARTE DE STUDENT

Loc pentru fotografia studentului

ANUL ŞCOLAR 194[illegible]

RECTOR SIMION STOILOV

Secretar General
G. Ianul

Semnătura Studentului

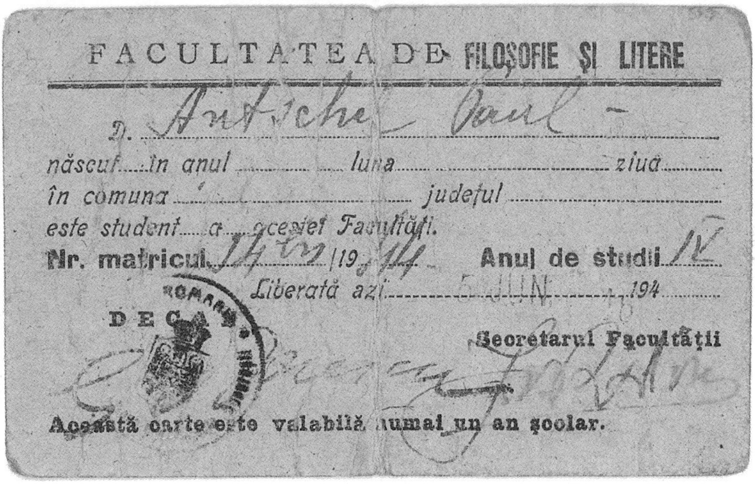

FACULTATEA DE FILOSOFIE ŞI LITERE

D. Antschel Paul –

născut în anul ... luna ... ziua ...

în comuna ... judeţul ...

este student a acestei Facultăţi.

Nr. matricul 14[illegible]/19 44 Anul de studii IV

Liberată azi 5 JUN 194

DECAN

Secretarul Facultăţii

Această carte este valabilă numai un an şcolar.

Sommer 1945/Herbst 1947 *Ancel bleibt vermutlich, wie ein erhaltener Studentenausweis belegt, während seiner Bukarester Zeit neben seinem Brotberuf an der Universität eingeschrieben. Ein Photo zeigt ihn mit dem aus Czernowitz stammenden Leonid Miller, vermutlich vor der Bukarester Universität; Miller war Ancel auch während des gemeinsamen Studiums in Tours begegnet.*

Herbst 1945 *Vermutlich schon nach wenigen Monaten findet Ancel die nicht unattraktive Stelle als Lektor und Übersetzer im Verlag ›Cartea Rusă‹ (›Das russische Buch‹); der Verlag widmet sich der Verbreitung russischsprachiger Literatur in Rumänien. Dort herrscht in dieser Hinsicht tatsächlich ein großer Nachholbedarf. Die Großen der russischen Literatur des 19. Jahrhunderts und die der Sowjetliteratur finden erst in diesen Jahren eine ihnen adäquate rumänische Form: Turgenev, Tolstoi, Lermontov, Čechov, Kuprin, Šolochov und viele andere. Paul Ancel beteiligt sich mit zwei beachtlichen Übersetzungen aus dem Russischen ins Rumänische.*

Im **August 1946** *erscheint die Übersetzung von Mihail Lermontovs Roman ›Geroj našego vremeni‹ / ›Un erou al timpului nostru‹ / ›Ein Held unserer Zeit‹ aus dem Jahr 1840, Ancels erste Publikation überhaupt (Bukarest: Cartea Rusă). Sie erscheint unter dem Namen Paul Ancel und ist offensichtlich so erfolgreich, daß 1949 eine zweite Auflage erscheinen kann. Dort ist allerdings sein Name – er hat inzwischen dem Land den Rücken gekehrt – durch ein nicht näher bestimmtes Autorenkollektiv ersetzt; auch in den späteren revidierten Auflagen von 1953, 1961 und 1969 bleibt sein Text die Grundlage.*

Die umfangreiche Arbeit, wie auch die im gleichen Jahr erschienene Übertragung von vier Erzählungen Anton Čechovs, zeigt einen souveränen Umgang mit dem Rumänischen. Den Vergleich mit seinen Übersetzerkollegen, deren Arbeiten er im übrigen bei Cartea Rusă auch als Lektor zu betreuen hat, braucht er nicht zu scheuen – darunter sind immerhin Namen wie Mihail Sadoveanu, Cezar Petrescu und später Tudor Arghezi. Er versucht außerdem, wohl innerhalb eines vorwiegend rumänischsprachigen literarischen Freundeskreises (Nina Cassian, Petre Solomon), in der Bukarester Zeit auch eigene Texte in dieser kleinen unter den europäischen Literatursprachen zu schreiben.

41/42 Auf der gegenüberliegenden Seite: Studentenausweis der Universität Bukarest, Vorder- und Rückseite

43 Mihail Lermontov: ›Ein Held unserer Zeit‹ in der Übersetzung von Paul Ancel

Cântec de dragoste

Când vor începe şi pentru tine nopţile dimineţa,
ochii noştri fodforescenţti vor coborî din pereţi,
nişte nuci sunătoare,
te vei juca cu ele şi se va revţarsa un val prin fereastră,
unicul nostru naufragiu, podea străvezie prin care vom privi
camera goală de sub camera noastră,
o vei mobila cu nucile tale şi-ţi voi pune părul perdea la fereastră,
va veni cineva şi'nsfârşit va fi inchiriată,
ne vom întoarce sus să ne'nnecăm acasă

Liebeslied // Wenn auch für dich die Nächte am Morgen beginnen, / steigen von den Wänden herab unsere leuchtenden Augen als klingende Nüsse, / dann spielst du mit ihnen, dann wälzt sich eine Woge durchs Fenster, / unser einziger Schiffbruch, die gläserne Diele, durch die wir dann sehen / das leere Zimmer unter unserem Zimmer, / mit deinen Nüssen richtest du's ein, und ich hänge als Vorhang dein Haar an das Fenster, / dann kommt endlich jemand, und es wird nun vermietet, / wir kehren nach oben zurück, um uns zuhaus zu ertränken. *(FW, S. 185, Übersetzung FW, S. 221: Barbara Wiedemann)*

Das 1946 oder 1947 entstandene Gedicht steht im Kontext der Bukarester Surrealistengruppen, aber auch in dem der eigenen gleichzeitigen deutschen Lyrik.
Formal entspricht es dem etwa gleichzeitig entstandenen Gedicht ›Erinnerung an Frankreich‹, das in dem ersten, in Wien erschienenen Gedichtband ›Der Sand aus den Urnen‹ gedruckt wird (S. 47). Der Text stammt nicht aus der Czernowitzer Zeit. Die von Celan selbst zweifelnd, vermutlich in den frühen sechziger Jahren, vorgenommene Datierung »(Cz.?)« trifft sicher nicht zu. Dagegen sind auf einer Bukarester Schreibmaschine getippte Typoskripte des Gedichts erhalten. Die nachträgliche Widmung an den Wiener Surrealisten Edgar Jené (1904–1984) zeigt die Zuordnung des Textes durch Celan selbst zu einem surrealistischen Kontext.
Obwohl Rumänien im **November 1946** *erste demokratische Wahlen abhält, obwohl im* **Januar/Februar 1947** *Friedensverträge mit allen ehemaligen Kriegsgegnern abgeschlossen werden, durch die Nordtranssilvanien Rumänien zugesprochen wird, ist die politische Situation im beginnenden Frühjahr 1947 keineswegs beruhigend.*
April 1947 *Beginn einer umfangreichen Verhaftungswelle von Oppositionspolitikern; im Juni wird die umstrittene Agrarreform vom März 1945 Gesetz, im Juli dann der private Markt auf dem*

ERINNERUNG AN FRANKREICH

Für Edgar Jené

Du denk mit mir: der Himmel von Paris, die große
Herbstzeitlose . . .
Wir kauften Herzen bei den Blumenmädchen.
Sie waren blau und blühten auf im Wasser.
Es fing zu regnen an in unsrer Stube
und unser Nachbar kam, Monsieur Le Songe, ein hager
Männlein.
Wir spielten Karten, ich verlor die Augensterne,
du liehst dein Haar mir, ich verlors, er schlug uns nieder.
Er trat zur Tür hinaus, der Regen folgt ihm.
Wir waren tot und konnten atmen.

44 Aus: ›Der Sand aus den Urnen‹, 1947

Agrarsektor – für die Lebensmittelversorgung nicht unwichtig – ausgeschaltet.
Die politischen Veränderungen sind den meisten von Ancels Publikationen des Jahres 1947 durchaus anzumerken: Eine Zeitschriftenrundschau in der ›Revista literară‹ (›Literarischen Zeitschrift‹) vom **16. März 1947**, *in der er sowjetische Publikationen aus dem Spätherbst und Winter 1946 vorstellt, zeigt, daß er den Schein linientreuer Literaturkritik wahren muß, um verdeckt das zu sagen, was er – und das ist z. T. recht kritisch – seinen Lesern sagen möchte. Die Ancel von Petre Solomon und Leonid Miller zugeschriebene Übersetzung von Konstantin Simonovs Stück ›Russkij vopros‹ / ›Chestiunea rusă‹ / ›Die russische Frage‹ bezeugt die verschärfte Situation.*
Dieser Übersetzungsauftrag ist literarisch mit der Prosa eines Lermontov oder Čechov nicht zu vergleichen. Den Moskauer Kulturfunktionären lag wohl an der schnellen Verbreitung des erst Ende 1946 in der sowjetischen Zeitschrift ›Zvezda‹ (Dezember, S. 74–112) veröffentlichten, prosowjetischen, antiamerikanischen Propagandastücks: 1947 erscheinen u.a. auch Übersetzungen in Berlin und Sydney, im Frühjahr 1948 wird das Stück in Wien gespielt. Weder Ancel noch später Celan haben sich zu dieser Arbeit bekannt. Celan hat von Paris aus Unterlagen zwar zu seiner Lermontov- und der Čechov-Übertragung angefordert und bekommen; ein Exemplar der Simonov-Übersetzung aber befindet sich nicht in der Nachlaß-Bibliothek. Der Übersetzername A. Pavel bietet Anhaltspunkte für eine Zuschreibung: »A.« für Ancel und die russische Form »Pavel« für Paul. Zudem fällt in Pavels Text manche Entscheidung auf, die für Ancel sprechen könnte: Am Beginn des 2. Aktes gibt der Übersetzer das Adjektiv »obydnyj« (kränkend, beleidigend), welches das Erstaunen der Rus-sen über die Vergeßlichkeit der Amerikaner gegenüber den durch die Deut-

schen begangenen Greueln beschreibt, mit »amar« (bitter) wieder – mit einem Wort also, das, aus der jüdischen Tradition kommend, für Celan immer mit der jüdischen Leidensgeschichte verbunden war.

N'aş spune că Ruşii sunt lipsiţi de facultatea de a zâmbi, dar la auzul cuvântului ›fascism‹, îşi pierd imediat orice simţ al humorului. Ei îşi amintesc prea bine ce înseamnă aceasta; mult mai bine ca noi. Cu câtă uimire amară m'au întrebat de sute de ori: Cum se poate că in America aţi şi uitat de aceastǎ?

Ich würde nicht sagen, daß den Russen die Fähigkeit zu lachen fehlt, aber beim Klang des Wortes ›Faschismus‹ verlieren sie sofort jeden Sinn für Humor. Sie erinnern sich zu gut daran, was das bedeutet; viel besser als wir. Mit welch bitterem Staunen habe ich mich hunderte von Malen gefragt: Wie ist es möglich, daß ihr in Amerika auch das vergessen habt?

Celan könnte im übrigen, aller stalinistischen Propaganda zum Trotz, ein besonderes Interesse für Simonov gehabt haben, der mit seinem Buch ›Lager' na Majdaneke‹ (›Das Lager in Maidanek‹) schon 1944 die Weltöffentlichkeit über die unvorstellbare Tötungsmaschinerie der deutschen Vernichtungslager unterrichtet hatte.

Mai 1947 *Als bei der Publikation von Solomons rumänischer Übersetzung der ›Todesfuge‹ unter dem Titel ›Tangoul morţii‹ von den Herausgebern der Zeitschrift ›Contemporanul‹ (2. Mai 1947) ein Hinweis auf die realen Hintergründe des Gedichts gefordert wurde – auch das ist im Rahmen der kulturpolitischen Veränderungen zu sehen –, war es Simonovs Bericht, auf den man mit der ausdrücklichen Nennung von Maidanek bei Lublin zurückgriff.*

Etwa gleichzeitig mit dieser Übersetzung erscheinen drei Gedichte in der internationalen Zeitschrift ›Agora‹. (›Das Gastmahl‹, ›Das Geheimnis der Farbe‹, ›Ein wasserfarbenes Wild‹. In: Agora, Mai 1947, S. 69–71) In den beiden Publikationen verwendet Ancel zum ersten Mal das aus der rumänischen Namensform Ancel gewonnene Pseudonym Celan.

Eine weitere Übersetzung A. Pavels, S. I. Galperins Propaganda-Abhandlung ›Viaţă şi moarte în lumina ştiinţei moderne‹ (›Leben und Tod im Licht der modernen Wissenschaft‹) (Bukarest: Cartea Rusǎ 1947) wird von Solomon und anderen nie als Ancels Übersetzung erwähnt. Sprachlich und stilisisch zeigt sie indessen ähnliche Befunde wie die Simonov-Übersetzung. Sie ist dort auffällig, wo es um die psychischen Folgen der Todesangst geht.

Wenn Ancel mit A. Pavel identisch ist, muß festgehalten werden: Er will diese Arbeiten weder unter seinem für literarische Übersetzungen verwendeten rumänisierten Namen Ancel, noch unter dem Pseudonym Celan, das er nur für eigene Gedichte verwendet, publizieren. Er schreibt sich und sein jüdisches Schicksal jedoch trotz dieser Reserven auch in jene Texte ein. Und schließlich: Hier ist er auf einem absoluten Tiefpunkt literarischer Qualität angelangt; um solcher Texte wil-

len hat er seinen Eintritt in die rumänische Literatur nicht versucht.

Die Verbindungen zwischen Alfred Margul-Sperber und dem Schweizer Publizisten Max Rychner eröffnen für Paul Celan einen Ausweg. Zehn Jahre später wird er sich daran erinnern, wenn er am 6. April 1957 Rychner dankbar zum 60. Geburtstag schreibt:

Sie haben mir, als Sie vor zehn Jahren jenen Brief an Alfred Sperber schrieben, geholfen, die Entscheidung zu treffen, der ich es verdanke, daß mir meine Heimat erhalten blieb: meine Sprache.

Denn damit, daß Sie damals ermutigten, was in mir nur Wunsch war und nach Worten tastender Gedanke, haben Sie diesem Wünschen und Tasten – denn ein solches ist es geblieben – das Morgen ermöglicht, das mein Heute und Hier ist, haben Sie mich herübergeholt aus einem Dort und Drüben, in dem ich, schreibend oder schweigend, kaum hätte ich selber bleiben können.

Die politischen Vorgänge in den letzten Monaten des Jahres 1947 geben dem Entschluß recht, das Land zu verlassen. Seit **Juli 1947** *wird die Planwirtschaft eingeführt. Im September beginnen die kommunistische und die sozialistische Partei Rumäniens eine Einheitspartei vorzubereiten. Am* **18./19. Oktober** *wird die Ablösung der ›Revista literară‹ durch die stramm stalinistisch ausgerichtete Zeitschrift ›Flacără‹ beschlossen, in der Celans Kollegin und Freundin Nina Cassian dann in erniedrigender Weise Selbstkritik an ihrem ersten Buch ›La scara 1/1‹ (›Im Maßstab 1:1‹) üben muß; der Band entstand gleichzeitig mit Ancels Bukarester Gedichten. Surrealismus darf es zu diesem Zeitpunkt in Rumänien schon nicht mehr geben.*

30. Dezember 1947 *König Mihail dankt ab. Die Volksrepublik Rumänien wird ausgerufen. Paul Celan hat das Land bereits einige Wochen vorher verlassen.*

Internationale Zone – Paul Celan in Wien

Wien ist die kürzeste Station auf dem Lebensweg Paul Celans. Sein Aufenthalt dort ist für seine literarische Entwicklung von nicht geringer Bedeutung.

Das Erreichbare, fern genug, hieß Wien. Sie wissen, wie es dann durch die Jahre auch um diese Erreichbarkeit bestellt war. *(GW III, S. 185)*

Gegen Ende des Jahres 1947 erreicht Paul Celan auf dem Fußweg über Ungarn die Metropole des ehemaligen Habsburgerreiches. Dort gibt es – trotz aller Probleme einer Großstadt der Nachkriegszeit – eine lebendige kulturelle Szene und damit für Celan die Hoffnung, nach den viel- und fremdsprachigen Stationen des bisherigen Lebensweges seine Lyrik einem deutschsprachigen Publikum vorzustellen:

Nun sind mir zwar Jessenin, Lautréamont und Rimbaud ebenso vertraut wie Hölderlin und Jean Paul und ich weiß, wieviel ich den Kulturen, durch die ich gehen mußte, verdanke, aber ich hätte es doch gern gehört, was meine Gedichte den Menschen bedeuten, in deren Sprache sie geschrieben sind. *(Paul Celan an Max Rychner, Paris, 24. Oktober 1948)*

Wien zeigt sich im Jahre 1947 *als eine Stadt des Wiederaufbaus. Trotz einer verhältnismäßig umfangreichen Zerstörung durch die alliierten Bombenangriffe, besonders durch den großen Luftangriff am* 12. *März* 1945, *und großer Engpässe in der Versorgung sind die Bewohner der Stadt von Aufbruchsgeist und einem Enthusiasmus des Neuanfangs erfüllt. Beeindruckendes Zeugnis des Wiederaufbaus ist die Inbetriebnahme des durch die Kriegswirren stark zerstörten Riesenrades am 25. Mai* 1947.

»Internationale Zone« wird der I. Bezirk Wiens in der Zeit der alliierten Besatzung genannt. Außerhalb des von Amerikanern, Engländern, Franzosen und Russen kontrollierten Innenstadtbereichs ist die Stadt in vier Sektoren unterteilt.

Die kulturelle Vielfalt der Stadt hat sich in der kurzen Zeit nach dem Krieg rasch wiederbelebt. Galerien, Verlage, auch die großen Theater sind bald nach dem Krieg wiedereröffnet worden. Als eine kurze »Ära kultureller Blüte« werden diese Jahre durchlebt, Jahre, »denen die Währungsreform im Dezember 1947 den Faden abschnitt«. (Hilde Spiel: Die österreichische Literatur nach 1945. Eine Einführung. In: Kindlers Literaturgeschichte der Gegenwart. Bd. 5. Die zeitgenössische Literatur Österreichs. Zürich, München: Kindler 1976, S. 58)

In diesen Monaten kulturellen Wandels, in einer Zeit, in der viele ambitionierte Versuche, die Kulturnation Österreich wiederzubeleben, ihr vorzeitiges Ende finden, erreicht Paul Celan Wien.

17. Dezember 1947 *Paul Celan trifft in der Republik Österreich ein. Nach einem kurzen Aufenthalt in einem Flüchtlingslager findet er wahrscheinlich am* **29. Dezember 1947** *eine Wohnung in der Wiener Innenstadt. Genaueres ist über diesen ersten Wohnsitz nicht bekannt. Zwei der Wohnungen Celans in Wien sind nachweisbar: das mit einem Freund*

45 Auf der gegenüberliegenden Seite: Wien, Prater. Riesenrad mit den ersten Gondeln, 1947 (Friedrich-Ebert-Stiftung, Bonn)

46 Militärpolizei der Alliierten Verwaltung in Wien (Österreichische Nationalbibliothek, Wien)

gemietete Zimmer in der Severingasse; die Unterkunft in der Pension Pohl auf der Rathausstraße 20.

Anfang Februar 1948 *erscheinen auf Bitten seines Bukarester Freundes und Mentors, Alfred Margul-Sperber, die ersten Gedichte Paul Celans im deutschen Sprachgebiet. Otto Basil (1901–1983) druckt sie im letzten Heft der von ihm herausgegebenen Zeitschrift ›Plan‹. In einem Brief, der dem postalisch übersandten Gedichtkonvolut beigelegt ist, schreibt Margul-Sperber über den jungen Dichter:*

Ohne Ihrem gewiß zuständigeren Urteil vorzugreifen, möchte ich Ihnen doch gerne sagen, daß Paul Celan *der* Dichter unserer west-östlichen Landschaft ist, den ich ein halbes Menschenalter von ihr erwartet habe und der diese Gläubigkeit reichlich lohnt. [...] Ich für mein bescheidenes Teil glaube, daß ›Der Sand aus den Urnen‹ das wichtigste deutsche Gedichtbuch dieser letzten Dezennien ist, das einzige lyrische Pendant des Kafka'schen Werkes... *(Alfred Margul-Sperber an Otto Basil. In: Plan, Folge 2, 1947/48, Nummer 6, S. 423)*

7. Februar 1948 *Etwa zur gleichen Zeit erscheinen sieben Gedichte Celans in dem von Max Rychner betreuten literarischen Teil der Schweizer Tageszeitung ›Die Tat‹. Auch Rychner war Celan durch Margul-*

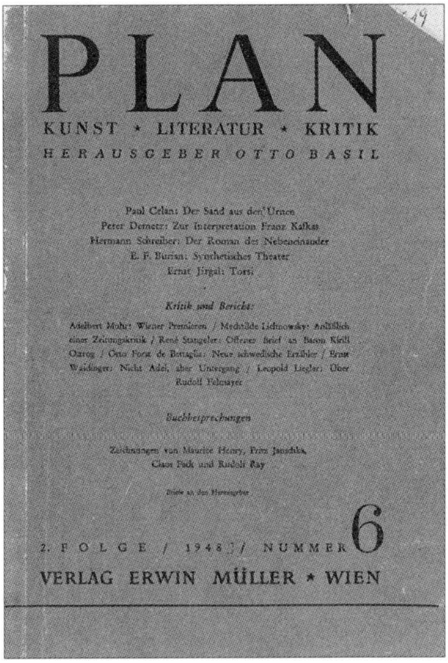
PLAN
KUNST * LITERATUR * KRITIK
HERAUSGEBER OTTO BASIL

Paul Celan: Der Sand aus den Urnen
Peter Demetz: Zur Interpretation Franz Kafkas
Hermann Schreiber: Der Roman des Nebeneinander
E. F. Burian: Synthetisches Theater
Ernst Jirgal: Torsi

Kritik und Berichte:

Adalbert Muhr: Wiener Premieren / Mechtilde Lichnowsky: Anläßlich einer Zeitungskritik / René Stangeler: Offener Brief an Baron Kirill Ozrog / Otto Forst de Battaglia: Neue schwedische Erzähler / Ernst Waldinger: Nicht Adel, aber Untergang / Leopold Liegler: Über Rudolf Felmayer

Buchbesprechungen

Zeichnungen von Maurice Henry, Fritz Janschka, Claus Pack und Rudolf Ray

Briefe an den Herausgeber

2. FOLGE / 1948 / NUMMER 6
VERLAG ERWIN MÜLLER * WIEN

Vorlesung surrealistischer Dichtung

Im Rahmen der surrealistischen Ausstellung in der A g a t h o n - G a l e r i e, I. Opernring 19, lesen am 3. April um 20 Uhr Erika Z i h a vom Theater in der Josefstadt, Werner R i e m e r - s c h m i d und Paul C e l a n aus Dichtungen surrealistischer Lyriker.

Sperber brieflich vorgestellt worden. Die Auswahl der Texte ist vor allem von den Kriterien einer Zeitungspublikation bestimmt:

Die Auswahl traf ich aus dem ganzen mir vorliegenden Vorrat. Ich war gehalten, mich auf Kurzzeilige zu beschränken, weil die gebrochenen Zeilen das fliessende, mit dem Rhythmus verbundene Lesen stören. Das ist schade, denn die langzeiligen Gedichte sind bei Ihnen von besonderer Beschwörung. Dann achtete ich auf Fülle der Themen. Ich will mich aber jetzt nicht rechtfertigen; Sie werden sehen. *(Max Rychner an Paul Celan, 24. Februar 1948)*

Durch solche Verbindungen gefördert, scheint Paul Celan in kürzester Zeit in der Wiener Literaturszene Fuß gefaßt zu haben. Er gilt nicht als einer von vielen schreibenden Immigranten, sondern wird schon bald als Dichter anerkannt.

3. April 1948 *Bei der Lesung anläßlich der ersten Ausstellung der ›Wiener Surrealisten‹ um den Maler Edgar Jené in der Agathon-Galerie, Opernring 19, notiert die Presse die Beteiligung Paul Celans.*

PAUL CELAN

Der Sand aus den Urnen

Gedichte

mit 2 Originallithographien von Edgar Jené

MCMXLVIII

47 Zeitungsausschnitt aus ›Weltpresse‹ (Wien), 2. April 1948

48 Umschlag des ›Plan‹, 1948. Das Heft wird mit 17 Gedichten Celans eröffnet.

49 Titelblatt des ersten Gedichtbandes, 1948

geschmacklosesten Einband, den ich je gesehen, und obendrein mit zwei Illustrationen eines Freundes, der Maler ist, und der es nicht unterlassen konnte, mein Buch mit zwei Beweisen äußerster Geschmacklosigkeit zu versehen. Und die Druckfehler waren von der entsetzlichsten Sorte! Ich war gezwungen, telegraphisch zu veranlassen, das Buch aus dem Verkehr zu ziehen. *(Paul Celan an Max Rychner, 24. Oktober 1948)*

Erst im März 1952 erhält Klaus Demus die endgültige Abrechnung des Sexl-Verlages. Ein Großteil der Auflage des Bandes (Auflage 500 Exemplare) war vernichtet worden, nur wenige Exemplare wurden verkauft und an die öffentlichen Bibliotheken geschickt.

50 Broschurumschlag des Romans (Leihgabe: Milo Dor)

51 Schutzumschlag des Romans

Im **Juli 1948** *verläßt Celan Wien mit dem Ziel Paris. Kurz vor seiner Abreise ist die erste eigenständige Publikation seiner Gedichte auf den Weg gebracht worden. Der Druck verzögert sich jedoch, so daß Celan schon in Paris lebt, als der Band erscheint: Der Sand aus den Urnen. Gedichte. Mit 2 Originallithographien von Edgar Jené. (Wien: A. Sexl 1948)*

Voller Zuversicht ging ich im Juli nach Paris und wartete. Später als vorgesehen, Ende September, erschien mein Buch. Wie groß war mein Entsetzen, als ich es bekam! Freunde hatten es übernommen, die notwendigen Korrekturen zu besorgen, denn es galt ja, keine Zeit mehr zu verlieren – und das Buch erschien voller Druckfehler, mit dem

Wien,den 19.III. 1952.

Herrn
Dr.Klaus D e m u s ,
Wien III.,Reisnerstrasse 61.

Sehr geehrter Herr Doktor !

Frau Erica Jené gab uns Auftrag,Ihnen die Abrechnung über den Gedichtband von Herrn Paul Celan
" Der Sand aus den Urnen "
zu senden.

Wir erhielten von der Buchbinderei Wicke
szt.nach Erscheinen am 15.1o.48. 3oo Expl.
von Frau Jené am 7.3.52. 34 "
zusammen 334 "

Verkauft haben wir	9 Expl.		
unberechnet als Pflichtexpl.:			
an Univ.Bibl.Wien	2 "		
an Nat.Bibl.Wien	3 "		
eingestampft durch Altpapiergrosshandel	32o "		
	334 "		
Verkaufserlös für 9 Expl.	je S 1o.-		S 9o.-
Erlös für Altpapier			56.-
			S 146.-

Diesen Betrag werden wir Ihnen anweisen.

Im **Sommer 1948** *erscheint der Essay ›Edgar Jené. Der Traum vom Traume‹ (Wien: Agathon-Verlag) über den surrealistischen Maler Edgar Jené, den »Illustrator« seiner Gedichte.*
*Mit dem Kunsthistoriker und Schriftsteller Klaus Demus (*1927), den er erst kurz vor der Abreise aus Wien kennenlernt, übrigens durch Ingeborg Bachmann (1926–1973), die mit Nani Demus befreundet ist, verbindet Paul Celan eine lange Freundschaft. Einer seiner umfangreichsten Briefwechsel zeugt davon.*

Zu diesem Zeitpunkt ist Celans kurzer Aufenthalt in Wien bereits in die österreichische Gegenwartsliteratur eingegangen: In Hans Weigels Schlüsselroman über seine Beziehung zu Ingeborg Bachmann (Unvollendete Symphonie. Innsbruck: Österreichische Verlagsanstalt 1951) sowie in Milo Dors und Reinhard Federmanns Kriminalroman ›Internationale Zone‹ (Frankfurt am Main, Wien: Forum-Verlag 1953) finden sich literarische Reminiszenzen an den zu dieser Zeit noch gar nicht so bekannten Dichter.

52 Abrechnung der Ringbuchhandlung A. Sexl, Wien, über ›Sand aus den Urnen‹ 19. März 1952

Paul Celan in Paris
»inmitten der Verluste dies eine: die Sprache«

Erreichbar, nah und unverloren blieb inmitten der Verluste dies eine: die Sprache. Sie, die Sprache, blieb unverloren, ja, trotz allem. [...] In dieser Sprache habe ich, in jenen Jahren und in den Jahren danach, Gedichte zu schreiben versucht: um zu sprechen, um mich zu orientieren, um zu erkunden, wo ich mich befand und wohin es mit mir wollte, um mir Wirklichkeit zu entwerfen. Es war, Sie sehen es, Ereignis, Bewegung, Unterwegssein, es war der Versuch, Richtung zu gewinnen. *(GW III, S. 185f.)*

Juli 1948 *Als Paul Celan in Paris eintrifft, besitzt er nicht viel: im Gepäck die gesammelten Werke von Jean Paul und ein zweibändiges Wörterbuch (deutsch-französisch und englisch-deutsch). Aus dieser Basis wächst in Paris eine Bibliothek.*

Ja, es sind jetzt v i e l e Bücher. Aber als ich nach Paris kam, waren es nur wenige: ein [...] gesammelter Jean Paul und ein zweibändiger Sachs-Villatte. Beides, das Gesammelte und das Zweibändige, hatte ich 1948 in Wien erstanden, für billiges (lies: ach so teures) Geld, in der Nähe der Pestsäule. – Aber [...] in Paris kam bald nach meiner Ankunft ein Buch hinzu, ein ältestes, ein Buch, das ich, als ich im Sommer 1939 aus Tours nach Czernowitz zurückfuhr, bei einem Bruder meiner Mutter gelassen hatte und der es, vor seiner Deportation, einer Bekannten zur Aufbewahrung gegeben hatte – : dieses Buch, das älteste meiner Bibliothek und zugleich auch eine meiner ältesten/augenfälligen Erinnerungen an Zuhause, ist die in blaues Leder gebundene Insel-Ausgabe des ›Faust‹. *(An Friedrich Michael, 11. März 1961)*

An Erica Jené-Lillegg, die Frau Jenés, schreibt Celan am **11. Oktober 1949** *aus Paris nach Wien:*

53 Auf der gegenüberliegenden Seite: Photographie Paris, Eiffelturm (Roger-Viollet, Paris)

54 Titelblatt

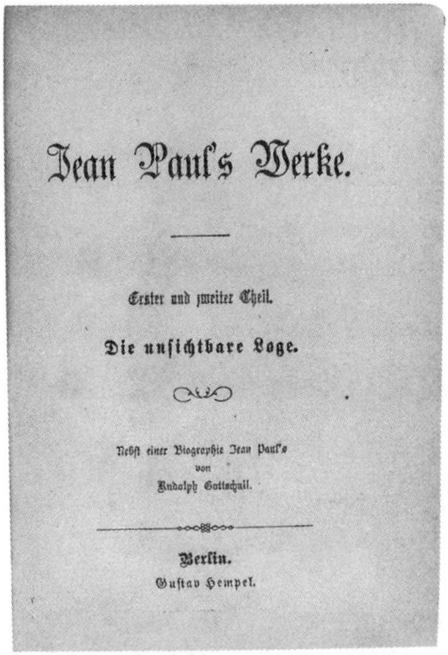
Jean Paul's Werke.

Erster und zweiter Theil.

Die unsichtbare Loge.

Nebst einer Biographie Jean Paul's
von
Rudolph Gottschall.

Berlin.
Gustav Hempel.

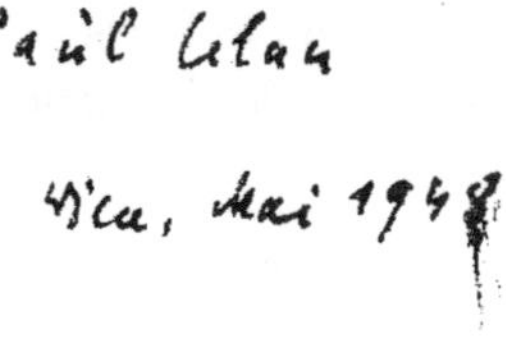

55 Einband

56 Erwerbungseintrag von Celan in seiner Jean Paul-Ausgabe

57 Auf der gegenüberliegenden Seite: Celan an Erica Jené-Lillegg, 11. Oktober 1949

[H]ier sind zwei Gedichte: eines von mir und eines von Apollinaire (in meiner Übersetzung).

Er schickt ein Paris-Gedicht mit dem Titel ›Rauchtopas‹ (»Paris, das Schifflein, liegt im Glas vor Anker« – dieses Gedicht wird erst 1952 in ›Mohn und Gedächtnis‹ unter dem Titel ›Auf hoher See‹ veröffentlicht). Dazu eine Übersetzung von Apollinaires Herbst-Gedicht ›Signe‹, samt französischem Originaltext.

1949 *Übersetzung von Jean Cocteau: Der goldene Vorhang. Brief an die Amerikaner. (Bad Salzig, Düsseldorf: Karl Rauch)*

1949 *Celan beginnt ein Studium der Germanistik und Allgemeinen Sprachwissenschaft, das er im* **Juli 1950** *mit dem Titel ›Licence ès-Lettres‹ abschließt. Danach nimmt er weiterhin an ›Études Supérieures‹ teil. Bis zum Studienjahr* **1952/53** *besitzt er einen Studentenausweis.*

1952 *Der zweite Gedichtband erscheint: Mohn und Gedächtnis. (Stuttgart: Deutsche Verlags-Anstalt) Er enthält fast den gesamten zweiten Teil der zurückgezogenen Sammlung ›Der Sand aus den Urnen‹, darunter auch die Gedichte ›Todesfuge‹ und ›Auf Reisen‹.*

1952–1954 *Übersetzungen aus dem Englischen für die deutsche Ausgabe der in vier Sprachen erscheinenden Dreimonatszeitschrift ›Perspektiven‹ (Frankfurt am Main: S. Fischer)*

15. Oktober 1952 *Erster Einbürgerungsantrag in Frankreich.*

Herbst 1952 *Paul Celan nimmt gemeinsam mit Ingeborg Bachmann an der Tagung der Gruppe 47 in Niendorf teil.*

Am **23. Dezember 1952** *heiraten Paul Celan und die Graphikerin Gisèle de Lestrange. Sie leben zunächst in der 32, rue des Écoles (Hotel d'Orléans) im 5. Arrondissement, wo Celan schon vor seiner Heirat gewohnt hatte; von 1953 bis 1955 in einem Zimmer in der rue de Lota (16e); danach einige Zeit bei den Schwiegereltern in der 29bis, rue Montevideo. 1957 beziehen sie die gemeinsame Wohnung in der 78, rue de Longchamp.*

Paris, den 11. Oktober 1949.

Liebe,

hier sind zwei Gedichte: eines von mir und eines von Apollinaire (in meiner Übersetzung).

Klaus – ich glaube, Klaus ist Parzival.

Alles Herzliche

Paul

•

RAUCHTOPAS

PARIS, DAS SCHIFFLEIN, LIEGT IM GLAS VOR ANKER:
HIER HALT ICH MIT DIR TAFEL, TRINK DIR ZU.
ICH TRINK SOLANG, BIS DIR MEIN HERZ ERDUNKELT,
SOLANGE, BIS PARIS AUF SEINER TRÄNE SCHWIMMT,
SOLANGE, BIS ES KURS NIMMT AUF DEN SCHLEIER KLARHEIT,
DER UNS DIE WELT VERHÜLLT, WO JEDES DU EIN AST IST,
AN DEM ICH HÄNGE ALS EIN BLATT, NIE ALS EIN MENSCH.

×

Guillaume Apollinaire:

SIGNE

JE SUIS SOUMIS AU CHEF DU SIGNE DE L'AUTOMNE
PARTANT J'AIME LES FRUITS JE DÉTESTE LES FLEURS
JE REGRETTE CHACUN DES BAISERS QUE JE DONNE
TEL UN NOYER GAULÉ DIT AU VENT SES DOULEURS

MON AUTOMNE ÉTERNELLE Ô MA SAISON MENTALE
LES MAINS DES AMANTES D'ANTAN JONCHENT TON SOL
UNE ÉPOUSE ME SUIT C'EST MON OMBRE FATALE
LES COLOMBES CE SOIR PRENNENT LEUR DERNIER VOL

DER HERBST HAT EINEN MEISTER DER ZEICHEN, DER MICH LENKT:
MEIN HERZ WEILT WO DIE FRÜCHTE, NICHT WO DIE BLUMEN SIND.
SO IST MIR LEID UM JEDEN DER KÜSSE, DIE ICH SCHENKT:
DIE NUSS IST ABGESCHLAGEN, DER NUSSBAUM KLAGTS DEM WIND.

DU EWIGE, DU HERBSTZEIT, DES DENKENS TAUSENDJAHR:
DIE HÄNDE, DIE MICH LIEBTEN, DU HÄUFST SIE OHNE ZAHL.
EIN SCHATTEN FOLGT – DIE EINE, DIE ANGETRAUT MIR WAR.
IM ABEND FLIEGT DIE TAUBE, SIE FLIEGT ZUM LETZENMAL.

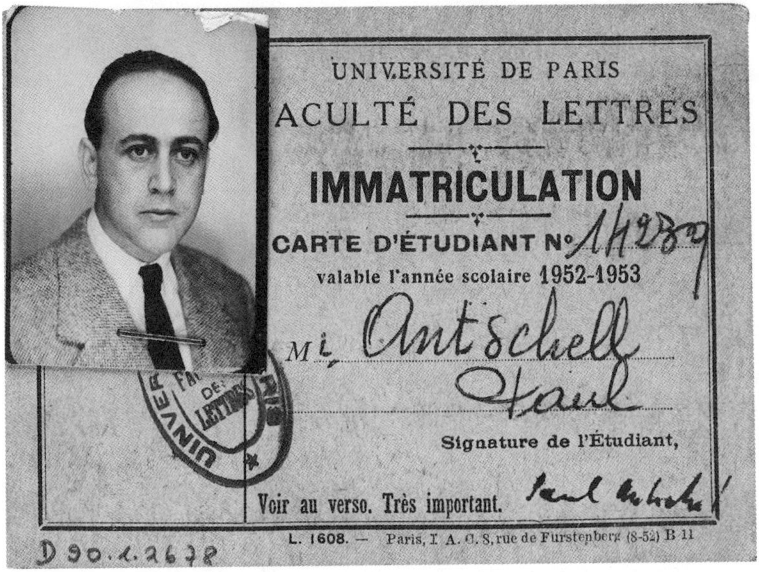

UNIVERSITÉ DE PARIS
ACULTÉ DES LETTRES
IMMATRICULATION
CARTE D'ÉTUDIANT N° 14289
valable l'année scolaire 1952-1953
M. Antschell
Paul
Signature de l'Étudiant,
Voir au verso. Très important.
L. 1608. — Paris, I. A. C. S, rue de Furstenberg (8-52) B 11
D 90.1.2678

58 Studentenausweis 1952/53 der Universität Paris

21. Juni 1953 *In einem Brief an den Minister für öffentliche Volksgesundheit, mit dem Celan seinen Antrag auf eine vorzeitige Einbürgerung in Frankreich wiederholt, gibt er seinen Namen mit »Paul Antschel dit Paul Celan« an und nennt sich »licencié ès-lettres, titulaire de quatre certificats d'Études supérieures, Professeur libre et Écrivain«. Er stellt den Antrag auf Namensänderung von »Antschel« zu »Celan«.*

Oktober 1953 *Geburt des Sohnes François, der aber nur wenige Tage lebt.*

GRABSCHRIFT FÜR FRANÇOIS

Die beiden Türen der Welt
stehen offen:
geöffnet von dir
in der Zwienacht.
Wir hören sie schlagen und schlagen
und tragen das ungewisse,
und tragen das Grün in dein Immer.

Oktober 1953 *(GW I, S. 105)*

1953 *Übersetzung von E. M. Cioran: Lehre vom Zerfall. Essays. (Hamburg: Rowohlt)*

1954 *Übersetzung von Pablo Picasso: Wie man die Wünsche beim Schwanz packt. Ein Drama in sechs Akten.*

7. April 1954 *Rundfunkinterview mit Karl Schwedhelm und Lesung (SDR)*

5. April 1955 *Eine ›Aufenthaltsbestätigung‹ führt Paul Antschel noch immer unter dem Status eines rumänischen Flüchtlings. Paul Celan unterhält im Postamt ›Paris 78‹ in der Rue de Montevideo eine Postfachadresse auf die Namen Antschel und Celan.*

6. Juni 1955 *Geburt des Sohnes Eric.*

17. Juli 1955 *Offizielles Datum der Einbürgerung von »Paul Antschel« mit der Bekanntgabe im ›Journal Officiel de la République Française‹.*

1955 *Der dritte Gedichtband erscheint: Von Schwelle zu Schwelle. Gedichte. (Stuttgart: Deutsche Verlags-Anstalt)*

1955 *Übersetzungen von Georges Simenon: ›Hier irrt Maigret‹ und ›Maigret und die schrecklichen Kinder‹. (Köln, Berlin: Kiepenheuer & Witsch)*

1956 *Literaturpreis des Kulturkreises im Bundesverband der Deutschen Industrie.*

1956 *Übersetzung von Jean Cayrol: Nacht und Nebel. Kommentar zum Film von Alain Resnais.*

April 1956 *Celan arbeitet einige Monate als Übersetzer im ›Bureau International du Travail‹ (B. I. T., Abteilung Übersetzung) in Genf.*

7. Februar 1957 *Lesung in Bremen.*

1957/58 *Mitarbeit an der in Rom erscheinenden Zeitschrift ›Botteghe Oscure‹, die halbjährlich in den Sprachen Italienisch, Französisch, Deutsch, Spanisch und Englisch erscheint und von Marguerite Caetani herausgegeben wird.*

Nun hat mir die Herausgeberin erlaubt, ihr gemeinsam mit Fräulein Ingeborg Bachmann […] bei der Auswahl der deutschen Texte behilflich zu sein. *(An Nelly Sachs, 13. Dezember 1957. In: Briefwechsel Celan/Sachs, S. 10)*

1958 *Literaturpreis der Freien Hansestadt Bremen.*

1958 *Übersetzung von Alexander Block: Die Zwölf. (Frankfurt am Main: S. Fischer)*

1958 *Übersetzung von Arthur Rimbaud: Bateau ivre. Das trunkene Schiff. (Wiesbaden: Insel-Verlag)*

1959 *Beginn seiner langjährigen Arbeit als Lektor an der École Normale Supérieure (ENS) in der rue d'Ulm, unweit des Pantheon.*

59 Ausweis der École Normale Supérieure (Leihgabe: ENS)

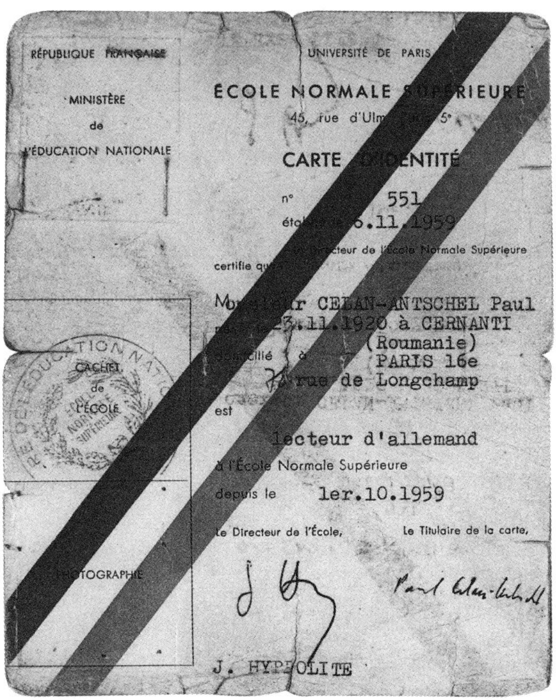
RÉPUBLIQUE FRANÇAISE
MINISTÈRE de l'ÉDUCATION NATIONALE
UNIVERSITÉ DE PARIS
ÉCOLE NORMALE SUPÉRIEURE
45, rue d'Ulm
CARTE D'IDENTITÉ
n° 551
6.11.1959
certifie que
Monsieur CELAN-ANTSCHEL Paul
23.11.1920 à CERNANTI (Roumanie)
PARIS 16e
rue de Longchamp
est
lecteur d'allemand
à l'École Normale Supérieure
depuis le 1er.10.1959
Le Directeur de l'École, Le Titulaire de la carte,
J. HYPPOLITE
CACHET de l'ÉCOLE
PHOTOGRAPHIE

ÉCOLE NORMALE SUPÉRIEURE

45 Rue d'Ulm, Paris-5e

NOTICE DE RENSEIGNEMENTS

fournie par les PROFESSEURS chargés de COURS ou de CONFÉRENCES

NOM (en capitales d'imprimerie) CELAN-ANTSCHEL

Prénoms (dans l'ordre de l'état civil) Paul

Date de naissance 23. 11. 1920

Lieu de naissance Cernauti (Roumanie)

Adresse personnelle ~~78 rue de Longchamp, Paris 16e~~ P01 39.63

6 avenue Emile Zola Paris 15e 828.92.78

Fonction lecteur d'allemand

Lieu d'exercice de la fonction École Normale Supérieure

Adresse du service payeur 24 R. Tournefort Paris 5e

~~Célibataire~~, marié, ~~veuf, divorcé~~ (rayer les mentions inutiles)

Numéro du compte courant postal Centre

Numéro du compte courant bancaire 80.306.071 Agence

Adresse indiquée sur l'intitulé de votre compte Crédit Privé, 5 rue Louis-le-Grand Paris 2e

Date à laquelle le Professeur a été chargé pour la première fois d'un cours ou d'une conférence à l'École

1959

Titres et travaux (au besoin joindre une notice).

der Sand aus den Urnen (Vienne 1948), Mohn und Gedächtnis (1952), von Schwelle zu Schwelle (1955), Sprachgitter (1959), Die Niemandsrose (1963), Atemkristall (1965). – Traduction en langue allemande: Arthur Rimbaud, Das trunkene Schiff (1958), Alexander Block, Die Zwölf (1958), Ossip Mandelstamm, Gedichte (1960), Sergej Jessenin, Gedichte (1961), René Char, Hypnos (1961), Henri Michaux, Dichtungen/Schriften (1965). etc.

Distinctions honorifiques (avec leur date) Prix de Littérature de la Ville de Brême (1958), Prix Georg Büchner (1960), grand Prix de Littérature de Rhénanie-Westfalie (1964)

Paris, le 15 décembre 1966

Signature Paul Celan-Antschel

L'Administration effectuera les règlements en fonction des dernières indications portées ci-dessus par l'intéressé à qui il appartient de signaler tout changement d'adresse ou de situation.

Der Übersetzer als Lehrer: Die Arbeit an der École Normale Supérieure

Die »Carte d'identité n° 551«, ausgestellt am 6. November 1959, belegt, daß Paul Celan seit dem 1. Oktober 1959 als »lecteur d'allemand« an der École Normale Supérieure tätig ist, angestellt mit einem Honorarvertrag ohne Pensionsberechtigung. Die neun Etiketten auf der Rückseite des Ausweises bestätigen die Fortsetzung der Beschäftigung bis zum Jahr 1967; aber auch danach, mit krankheitsbedingt größeren Lücken, ist Celan bis 1970 als Lektor für deutsche Sprache und Literatur an der Eliteschule, einer der ältesten und bedeutendsten der ›Grandes Écoles‹, tätig.

Den Materialien aus dem Nachlaß ist zu entnehmen, daß Celan auch deutsche Literaturgeschichte unterrichtet hat; so finden sich Notizen und Vorarbeiten zur älteren deutschen Literatur, zum deutschen Volkslied und zu Franz Kafkas Erzählungen. Hans Mayer erinnert sich an ein Büchner-Seminar an der ENS, das Celan bei seiner Büchner-Preis-Rede beeinflußt haben dürfte. (Hans Mayer: Vereinzelt Niederschläge. Kritik-Polemik. Pfullingen: Neske 1973, S. 160–171)
Bei den Texten, die Celan seinen Studenten in den kleinen Klassen zum Übersetzen vorlegt, handelt es sich um sorgfältig ausgewählte Partien von 30 bis 50 Zeilen Länge. Celans eigene Durchschläge weisen oftmals interlineare Übersetzungen einzelner Wendungen oder Zeilen auf, wie bei der hier abgebildeten Aufgabe aus Saint-Simons ›Vendôme‹, die das Datum »30. XI. 60« trägt.

60 Auf der gegenüberliegenden Seite: Personalbogen der ENS, 1966

61 Jahresmarken im Ausweis der ENS

62 Photographie des Panthéon über den Dächern der ENS (Roger-Viollet, Paris)

63 Auf der gegenüberliegenden Seite: Übersetzungsübung für die ENS mit Interlinearübersetzung Celans (Leihgabe: Erika Tophoven)

Andere Blätter sind nur mit einzelnen Marginalnotizen versehen; wieder andere sind auf zugehörigen Manuskriptseiten vollständig übersetzt mit zusätzlichen Vokabellisten und Wendungen.
Die Liste der übersetzten Autoren zeigt ein recht breites Spektrum französischer Literatur:
Aragon, Balzac, Barbey d'Aurevilly, Baudelaire, Beauvoir, Beckett, Bergson, Bernanos, Camus, Choderlos de Laclos, Claudel, Colette, Constantin-Weyer, Constant, des Forêts, Diderot, Duras, Fabre, Fargue, Flaubert, Gide, Huysmans, La Rochefoucauld, Leiris, Lévi-Strauss, Loti, Malraux, Martin du Gard, Maupassant, Mauriac, Merleau-Ponty, Michaux, Michelet, Montesquieu, Musset, Nerval, Nizan, Pascal, Pieyre de Mandiargues, Ponge, Proust, Retz, Rimbaud, Rolland, Rousseau, Saint-Exupéry, Saint-John Perse, Saint-Simon, Sarraute, Sartre, Schwob, Stendhal, Valéry, Vigny, Zola. Die mit blauem Kugelschreiber interlinear angeordnete Übersetzung verfährt selektiv, einige Stellen sind vollständig, andere nur punktuell auf bestimmte Wendungen bezogen übersetzt. (Abb. 63)

Es entsteht bezüglich der Textauswahl der Eindruck, daß Celan auch in diesem Bereich nicht etwa nur übersetzungstechnisch Reizvolles bespricht, sondern Dichtungen, die ihn aufgrund ihrer Thematik persönlich interessiert, ja – ohne daß dies den Schülern bewußt geworden sein wird – persönlich betroffen haben müssen. (Abb. 64)

95 30.XI.60

SAINT-SIMON, Vendôme

Il était d'une taille ordinaire pour la hauteur, un peu gros, mais vigoureux, fort et alerte; un visage fort noble et l'air haut; de la grâce naturelle dans le maintien et la parole; beaucoup d'esprit naturel qu'il n'avait jamais cultivé, une énonciation facile, soutenue d'une hardiesse naturelle, qui se tourna depuis en audace la plus effrénée; beaucoup de connaissance du monde, de la cour, des personnages successifs, et sous une apparente incurie, un soin et une adresse continuelle à en profiter en tout genre; surtout admirable courtisan, et qui sut tirer avantage jusque de ses plus grands vices, à l'abri du faible du roi pour sa naissance; poli par art, mais avec un choix et une mesure avare; insolent à l'excès dès qu'il crut le pouvoir oser impunément, et en même temps familier et populaire avec le commun, par une affectation qui voilait sa vanité et le faisait aimer du vulgaire; au fond, l'orgueil même, et un orgueil qui voulait tout, qui dévorait tout. A mesure que son rang s'éleva et que sa faveur augmenta, sa hauteur, son peu de ménagement, son opiniâtreté jusqu'à l'entêtement, tout cela crût à proportion, jusqu'à se rendre inutile toute espèce d'avis, et se rendre inaccessible qu'à un nombre très petit de familiers et à ses valets. La louange, puis l'admiration, enfin l'adoration furent le canal unique par lequel on put approcher ce demi-dieu, qui soutenait des thèses ineptes sans que personne osât, non pas contredire, mais ne pas approuver.

Sa paresse était à un point qui ne se peut concevoir. Il a pensé être enlevé plus d'une fois pour s'être opiniâtré dans un logement plus commode, mais trop éloigné, et risqué les succès de ses campagnes, donné même des avantages considérables à l'ennemi, par ne se pouvoir résoudre à quitter un camp où il se trouvait logé à son aise. Sa saleté était extrême, il en tirait vanité; les sots le trouvaient un homme simple. Il était plein de chiens et de chiennes dans son lit, qui y faisaient leurs petits à ses côtés.

ENS
24.IV.1963

Jules Michelet, La "Melancolia"

Il variait ce thème à l'infini, sans satisfaire son coeur, impuissant et vaincu par les réalités dans cette lutte laborieuse: Melancolia.

Enfin, dans un grand jour, échappant aux formes connues, et, par un effort stoïcien, faisant appel au moi, sans appui du passé, il grava d'un acier vainqueur le génie de la Renaissance, l'ange de la science et de l'art, couronné de laurier. Il l'entoura de ses puissants calculs, lui mit le compas dans la main, et autour les puissances de l'industrie, la balance et la lampe, le marteau, la scie, le rabot, les clous et les tenailles, des travaux commencés. Rien n'y manque, pas même les essais botaniques en petits vases; pas même les travaux de l'anatomie; une bête morte attend le scalpel. Ce n'est plus là l'atelier fantastique du magicien, de l'alchimiste, qui ne donnait rien que fumée. Non, ici tout est sérieux, formidablement vrai; c'est le laboratoire où la science est puissante, où chaque coup qu'elle frappe est une immortelle étincelle qui ne s'éteindra plus et reste un flambeau pour le monde.

L'être singulier et sans nom qui siège en ce chaos, ce beau géant qui, s'il n'était assis, passerait de cent pieds toutes les figures de Raphaël, ce génie dont les fortes ailes, d'un tour, franchiraient les deux pôles, qu'il est sombre pourtant! Et comment n'a-t-il pas la joie de son immense force? Pourquoi, d'un poing serré, accoudé au genou, dans un effort désespéré, cache-t-il la moitié de sa face admirable, de sorte qu'on ne voit guère que le noble profil, l'oeil profondément noir et plongeant dans la nuit?... Oh, fils de la lumière, que tu es triste!...et attristant!...Moi, j'avais cru que la lumière, c'était la joie!

– "Quoi! tu ne vois donc pas?" dirait-il, s'il parlait, s'il pouvait du fond de ce cuivre se retourner vers moi, "tu ne vois pas ce bloc mal équarri, de forme irrégulière, et que la divine géométrie ne ramènera pas au prisme des cristaux? Prismatique il était, régulier, harmonique. Qu'ai-je fait! Sans arriver à l'art, j'ai brisé la nature.

"La bête aussi qui fut vivante, qui gît là devant moi, alors elle semblait prête à révéler son secret, à m'expliquer la vie...Et, morte, elle s'est tue. Son sang figé refuse d'avouer le mystère où j'ai failli atteindre...Failli d'une seconde,- qui fut la mort, la nuit, et mon éternelle ignorance."

Eine weitere Aufgabe stammt aus einem Roman von Nathalie Sarraute. Zu dem Typoskript gehört ein Manuskriptkonvolut aus sechs Blättern, meist beidseitig beschrieben, mit Vokabelnotizen und einer zusammenhängenden Übersetzung der Textpassage. (Abb. 66) Celan benutzt hier offensichtlich eine vorliegende Übersetzung von Elmar Tophoven, der diese im Jahre 1969 veröffentlichte, verändert den deutschen Text jedoch leicht. (Nathalie Sarraute: Zwischen Leben und Tod. Roman. Übersetzt von Elmar Tophoven. Köln: Kiepenheuer & Witsch 1969)
Elmar Tophoven (1923–1989) wird sein Nachfolger an der ENS; schon während der letzten Jahre vertritt er Celan, der krankheitsbedingt häufiger aussetzen muß.
In einem Aufsatz aus dem Jahre 1995 erinnert sich der »Normalien« Jean-Pierre Lefebvre, heute selbst Dozent an der ENS, an seinen ehemaligen Lehrer Paul Celan:
Le souvenir que j'en ai est un peu différent: assis, dos à la fenêtre, dans son bureau (dont l'espace est annexé aujourd'hui aux langues anciennes), le visage donc toujours un peu dans une sorte de fausse pénombre, suçant une espèce de cachou.. Toujours attentif, doux, agréable avec nous, qui ignorions son œuvre, son travail,

64 Auf der gegenüberliegenden Seite: Übersetzungsübung für die ENS (Leihgabe: Erika Tophoven)

65 Elmar Tophoven Photographie Peter Willi (Leihgabe: Erika Tophoven)

99

Nathalie Sarraute, Entre la Vie et la Mort

"Moi tu sais bien, mon chéri, je n'ai aucun doute...Mais tu sais comment sont les gens. Ils exigent des preuves, des garanties, il leur faut des cautions..." Elle a l'attitude humble, l'air éploré de la mère venue rendre visite à son fils dans la prison où il attend d'être jugé...elle lui parle tout bas, elle chuchote presque, comme si elle avait peur d'être entendue par les gardiens... "C'est pris chez Frémiot, n'est-ce pas? Ça c'est vraiment un très bon signe..Mais dis-moi...Ses yeux aux reflets liquides où semblent toujours trembloter et miroiter des larmes parcourent anxieusement son visage, cherchent, palpent...Dis-moi, est-ce que Frémiot lui-même l'a lu?"

Il se force de contenir ce qui monte en lui, ce qui va percer dans son regard, se glisser dans les inflexions de sa voix, il faut écraser cela...maintenant, vu d'ici, ce n'est plus rien d'autre, absolument rien qu'une honte ridicule d'écolier, qu'une révolte, une rage d'enfant gâté, capricieux... il faut se soumettre à l'ordre, accepter de voir enfin les choses comme elles sont...voir ce visage levé vers lui, sillonné par toutes les rides que tracent sur le visage des mères aimantes, les sacrifices, soucis, veilles, soins, sollicitude et surveillance incessantes, appréhensions, doutes, espoirs insensés et déceptions... il passe ses doigts sur les cheveux encore blonds, si doux, douces plumes d'oiselet...seule la peau de ses joues, de son front a cette douceur, ce n'est pas comme de la vraie peau, c'est plus soyeux, plus doux que tout ce qui existe au monde... ses lèvres d'enfant l'effleurent, ses narines d'enfant aspirent son parfum, il a la fraîcheur des mousses humides, de la neige, de son manteau de fourrure poudré de flocons...il se penche vers elle... "Mais non maman, voyons, comment veux-tu? S'il fallait que Frémiot lui-même...tu te rends comte...il se penche encore plus bas...Mais tu sais, Burel...le sang afflue à son visage tant il se courbe...Burel l'a lu... - Ah Burel...qu'est-ce qu'il t'a dit? - Eh bien, il m'a dit qu'il aime beaucoup..." Elle entrouvre les lèvres, ses yeux s'agrandissent, sur tout son visage s'étale cett expression, qu'il connaît bien, de ravissement, cette béatitude d'extatique qui voit se dessiner au loin l'apparition, se tend pour percevoir sa voix... "Burel... c'est vrai!...mais comme c'est bien... elle renverse la tête, toute frémissante, ses doigts avides le serrent elle se cramponne à lui, elle lui enfonce dans la chair les longues pointes de ses ongles peints... Oh, qu'est-ce qu'il t'a dit encore? - Il m'a dit que c'est ce qu'il a lu de mieux depuis six mois." Sous le coup brutal qu'il vient de lui décocher pour la repousser, elle le lâche, elle tombe, elle s'affaisse, toute flasque, elle geint doucemen ... Elle est affalée devant lui, une masse tremblante offerte à ses coups... Il ne cherche plus à contenir ce qui monte en lui, jaillit, se répand dans son ricanement. Elle n'a pas l'air d'entendre, ses yeux vides fixent quelque chose au loin, elle hoche la tête, son visage se plisse, c'est le visage pitoyable d'un enfant qui s'apprête à fondre en larmes.

sa vie. Aujourd'hui je sais, trente ans après, grâce aux correspondances publiées, qu'il vivait alors séparé de sa famille, seul à quelques pas de l'école, et qu'il était très »dépressif«, mais nous ne percevions pas vraiment cet état. Nous étions incapables de reconnaître, sans doute, une vraie tristesse.

Certains, très peu, sont allés au-delà des limites de cette relation. Ses traductions: des merveilles. Il choisissait toujours des textes français superbes, modernes, attirants: Ponge (Le restaurant Lemeunier), Albert Camus (La pierre qui pousse), Sarraute (Tropismes), Lévi-Strauss (Anthropologie structurale), Sartre (Écrire), Valéry Larbaud, Baudelaire (Fusées), Henri Michaux (La nuit des Bulgares), Marguerite Duras (Le vice-consul), Proust (L'annonce du voyage à Florence), Choderlos de Laclos (Les liaisons dangereuses), J. H. Fabre (La mante), Valéry (Lettre d'un ami). La photocopieuse n'existait pas encore ici: il tapait toutes ces longues pages serrées lui-même à la machine sur papier pelure, juste le nombre qu'il fallait en comptant l'original. *(Jean Pierre Lefebvre: »Ich verulme, verulme –«. Paul Celan rue d'Ulm (1959–1970) – (autour d'un cours sur Tübingen, Jänner) In: L'École normale supérieure et l'Allemagne. Textes rassemblés par Michel Espagne. Leipzig: Leipziger Universitätsverlag 1995, S. 265–288. »Ich verulme, verulme« zitiert eine scherzhafte Anspielung auf seine Tätigkeit in der rue d'Ulm aus einem Brief Celans vom 18. April 1968 an Franz Wurm.)*

66 Auf der gegenüberliegenden Seite: Übersetzungsübung für die ENS (Leihgabe: Erika Tophoven)

Die Erinnerung, die ich an ihn habe, ist ein wenig anders: mit dem Rücken zum Fenster in seinem Arbeitszimmer sitzend (ein Raum, der heute zur Abteilung der alten Sprachen gehört), das Gesicht also stets in einer Art Halbdunkel, eine bestimmte Sorte Lakritz lutschend. Stets aufmerksam, sanft, liebenswürdig im Umgang mit uns, die wir von seinem Werk nichts wußten, seiner Arbeit, seinem Leben. Heute, dreißig Jahre später, weiß ich, dank der inzwischen publizierten Briefe, daß er damals getrennt von seiner Familie lebte, alleine, ein paar Schritte von der Schule entfernt, und daß er sehr »depressiv« gewesen ist, aber wir haben diesen Zustand an ihm nicht richtig wahrgenommen. Wir waren wohl nicht in der Lage, eine Trauer als solche zu erkennen.

Einige, ganz wenige, sind über den Rahmen dieser Beziehung hinausgekommen. Seine Übersetzungen: bewundernswürdig. Er wählte stets sehr schöne, moderne, anziehende französische Texte: Ponge (Le restaurant Lemeunier), Albert Camus (La pierre qui pousse), Sarraute (Tropismes), Lévi-Strauss (Anthropologie structurale), Sartre (Écrire), Valéry Larbaud, Baudelaire (Fusées), Henri Michaux (La nuit des Bulgares), Marguerite Duras (Le vice-consul), Proust (L'annonce du voyage à Florence), Choderlos de Laclos (Les liaisons dangereuses), J. H. Fabre (La mante), Valéry (Lettre d'un ami). Ein Kopiergerät gab es hier noch nicht: Er tippte alle diese langen engbeschriebenen Seiten selbst auf der Maschine mit Durchschlagpapier, exakt soviel wie er benötigte, einschließlich des Originals.

67 Hörsaal der ENS (Leihgabe: ENS, Paris)

68 Bibliothek der ENS (Leihgabe: ENS, Paris)

1959 *Der vierte Gedichtband erscheint: Sprachgitter. (Frankfurt am Main: S. Fischer)*

1959 *Übersetzung von Jean Bazaine: Notizen zur Malerei der Gegenwart. (Frankfurt am Main: S. Fischer)*

1959 *Mitübersetzer von René Char: Poésies. Dichtungen. Herausgegeben von Jean-Pierre Wilhelm unter Mitarbeit von Christoph Schwerin. Ins Deutsche übersetzt von Paul Celan, Johannes Hübner, Lothar Klünner und Jean-Pierre Wilhelm. (Frankfurt am Main: S. Fischer)*

1959 *Übersetzung von Ossip Mandelstamm: Gedichte. (Frankfurt am Main: S. Fischer)*

Frühjahr 1960 *Claire Goll löst durch einen Artikel in der Zeitschrift ›Baubudenpoet‹ eine Verleumdungskampagne gegen Celan aus. Ursprung der Plagiatsvorwürfe sind Übersetzungen Celans von Gedichten ihres Mannes Yvan Goll. Diese »Affaire« erschüttert Celan zutiefst und wird für ihn zum Maßstab bei der Einschätzung von »Freund« und »Feind«.*

13.–17. Juni 1960 *Besuch von Nelly Sachs (1891–1970) in Paris. »Hoffentlich hält Paris alles das bereit, was Du von ihm erwartest!« (An Nelly Sachs, 8. Juni 1960. In: Briefwechsel Celan/Sachs, S. 45) Wie vermutlich auch andere Paris-Gäste führt er sie zu den Kirchen St. Julien, St. Séverin und in die Sainte Chapelle, ins Quartier Latin, den Jardin du Luxembourg, nach Montmartre und ins Marais-Viertel.*

22. Oktober 1960 *Verleihung des Georg-Büchner-Preises in Darmstadt. Dort hält er die ›Meridian‹-Rede, in der er – Figuren und Motive Büchners aufgreifend – seine poetologische Position darlegt. (Frankfurt am Main: S. Fischer 1961)*

1960 *Übersetzung von Paul Valéry: Die junge Parze. (Wiesbaden: Insel-Verlag)*

1961 *Übersetzung von Jean Cayrol: Im Bereich einer Nacht. Roman. (Olten, Freiburg im Breisgau: Otto Walter)*

1961 *Übersetzung von Sergej Jessenin: Gedichte. (Frankfurt am Main: S. Fischer)*

1962 *Celan arbeitet erneut einige Monate als Übersetzer im ›Bureau International du Travail‹ (B. I. T., Abteilung Übersetzung) in Genf.*

1963 *Der fünfte Gedichtband erscheint: Die Niemandsrose. (Frankfurt am Main: S. Fischer)*

18. Juni 1963 *Lesung in der Pädagogischen Hochschule in Göttingen.*

1963 *In der ›Fischer-Bücherei‹ erscheint die Sammlung: Drei russische Dichter. Alexander Block, Ossip Mandelstamm, Sergej Jessenin. Übertragen von Paul Celan. (Frankfurt am Main, Hamburg: Fischer-Bücherei)*

1964 *Großer Kunstpreis des Landes Nordrhein-Westfalen.*

19. April bis 6. Mai 1966 *Im Pariser Goethe-Institut werden die bibliophile Edition ›Atemkristall‹ von Celan und 39 Radierungen von Gisèle Celan-Lestrange ausgestellt.*

1966 *Herausgeber von Henri Michaux, Dichtungen, Schriften I. Aufgrund der von Henri Michaux unter Mitwirkung von Christoph Schwerin getroffenen Auswahl in Übertragungen von Kurt Leonhard und eigenen Übertragungen heraus-*

gegeben von Paul Celan. (Frankfurt am Main: S. Fischer)

Oktober 1966 *Celan liest in Hamburg »›Die Zwölf‹ von Alexander Block, ›Die Verlangsamte‹ von Henri Michaux und einiges Eigene«. (An Franz Wurm, 24. Oktober 1966. In: Briefwechsel Celan/Wurm, S. 29)*

28.–30. Oktober 1966 *Reise nach Zürich; Lesung im Studio Zürich am 29. Oktober und im Theater am Hechtplatz am 30. Oktober.*

Anfang 1967 *Verschärfung der psychischen Erkrankung; Klinikaufenthalt. Danach kehrt Celan nicht mehr in die gemeinsame Wohnung zu seiner Familie in die rue de Longchamp zurück; er wohnt zunächst in der Klinik.*

24. Juli 1967 *Lesung an der Universität Freiburg.*

25. Juli 1967 *Treffen mit Martin Heidegger (1889–1976) in Todtnauberg (in der »Denkhütte« Heideggers). Von dieser Begegnung spricht Celans Gedicht ›Todtnauberg‹, das ein halbes Jahr später, im Januar 1968, in einem bibliophilen Separatdruck erscheint.*

1967 *Der sechste Gedichtband erscheint: Atemwende. (Frankfurt am Main: Suhrkamp)*

1967 *In der Insel-Bücherei erscheint: William Shakespeare: Einundzwanzig Sonette. Deutsch von Paul Celan. (Frankfurt am Main: Insel-Verlag)*

8.–22. September 1967 *Aufenthalt mit Franz Wurm (*1926) und dem Ehepaar Luzzi und Michael Wolgensinger in Tegna im Tessin.*

Ende 1967 *Begegnung mit dem Neurophysiologen und Physiker Moshé Feldenkrais (1904–1984) in Paris.*

Oktober 1967 *Lesung in Frankfurt.*

Dezember 1967 *Umzug in die rue Tournefort ins Quartier Latin, nahe der ENS.*

10.–14. Dezember 1967 *Besuch von Franz Wurm in Paris.*

Weihnachten 1967 *Aufenthalt in Berlin bei Walter Höllerer (*1922) und Peter Szondi (1929–1971).*

18. Dezember 1967 *Lesung bei Walter Höllerer im ›Studio der Akademie der Künste‹, am* **19.** *oder* **20. Dezember** *Lesung bei Peter Szondi (Seminar für Allgemeine und Vergleichende Literaturwissenschaft an der Freien Universität Berlin).*

14. Januar 1968 *Lesung im Bonner Juridicum, im Rahmen des ›Lyrischen Studios‹.*

3.–20. April 1968 *Celan verbringt – wie auch in anderen Jahren – über Ostern drei Wochen bei seiner Tante Berta Antschel in London.*

Die Maiunruhen 1968 in Paris verfolgt Celan aus nächster Nähe. Flugblätter aus dieser Zeit sammelt er in einer Mappe, notiert Datum und Fundort. Am **10. Mai 1968** *verbarrikadieren sich die streikenden Studenten und Solidarische im Quartier Latin. Die Barrikaden werden in der Nacht zum* **11. Mai** *mit äußerster Brutalität von der Polizei gestürmt. Eines der Notlazarette befindet sich in der École Normale Supérieure. Am* **13. Mai 1968** *findet eine Großdemonstration mit Generalstreik statt. ›Der Spiegel‹ berichtet am* **20. Mai***:*

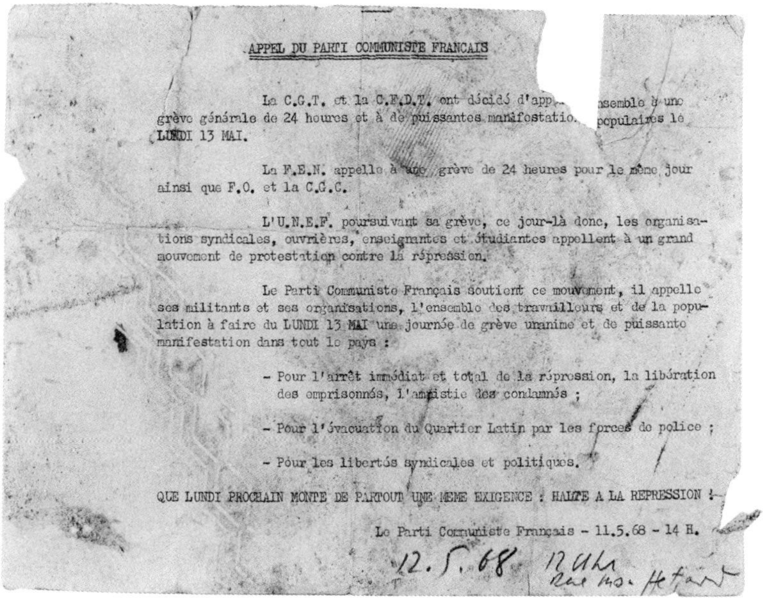

APPEL DU PARTI COMMUNISTE FRANCAIS

La C.G.T. et la C.F.D.T. ont décidé d'app... ensemble à une grève générale de 24 heures et à de puissantes manifestatio... populaires le LUNDI 13 MAI.

La F.E.N. appelle à une grève de 24 heures pour le même jour ainsi que F.O. et la C.G.C.

L'U.N.E.F. poursuivant sa grève, ce jour-là donc, les organisations syndicales, ouvrières, enseignantes et étudiantes appellent à un grand mouvement de protestation contre la répression.

Le Parti Communiste Français soutient ce mouvement, il appelle ses militants et ses organisations, l'ensemble des travailleurs et de la population à faire du LUNDI 13 MAI une journée de grève unanime et de puissante manifestation dans tout le pays :

- Pour l'arrêt immédiat et total de la répression, la libération des emprisonnés, l'amnistie des condamnés ;
- Pour l'évacuation du Quartier Latin par les forces de police ;
- Pour les libertés syndicales et politiques.

QUE LUNDI PROCHAIN MONTE DE PARTOUT UNE MEME EXIGENCE : HALTE A LA REPRESSION !

Le Parti Communiste Français - 11.5.68 - 14 H.

12.5.68 12 Uhr

Zehn Tage lang tobten in Paris Straßenschlachten, wie nie zuvor in der Nachkriegszeit. Polizei-Kolonnen der ›Compagnies républicaines de sécurité‹ (CRS) traten Ende der letzten Woche gegen etwa 30.000 Demonstranten im Universitätsviertel, dem Quartier Latin, an. Die Studenten hatten sich hinter Barrikaden aus umgestürzten Autos, Baugerüsten und Betonplatten verschanzt. *(S. 102)*

Celan verfolgt die Ereignisse zunächst mit Begeisterung, dann mit wachsender Skepsis:

[Paris] am keinsten Mai 1968

Lieber Franz,
Weil.
Weil die Titelseite von ›Minute‹ vor ein paar Tagen lautete: »Assez de ces enragés rouges! Qu'attend-on pour expulser l'allemand Cohn-Bendit, chef des commandos de vandales?« [...] Weil ich gestern im rororo-Bändchen ›Rebellion der Studenten etc.‹ den Aufsatz ›vom Antisemitismus zum Antikommunismus‹ von R. Dutschke gelesen habe – mit tiefstem Unbehagen. Weil, nach den Unruhen in Nanterre und Paris, zum Streik aufgerufen wurde und ich mitstreiken werde, wie sonst. [...] Weil ich vorhin, kontreskarpisch mahlzeitend, im Fernsehen auch den Karl Marx derblickt hab und zu meinem Tischgenossen gesagt hab: On finira par arriver à transplanter les têtes, mais il n'est pas sûr qu'on saura faire repousser les barbes. Weil ich nicht weiß, in welcher meiner Einsamkeiten ich dermaleinst werde verrecken dürfen: Grüße ich Sie

69 Flugblatt der französischen Kommunisten vom Mai 1968, von Celan gesammelt

herzlich Ihr Paul *(An Franz Wurm. In: Briefwechsel Celan/Wurm, S. 146f.)*

Am **12. Mai**, *dem Tag, an dem er das Flugblatt findet, schreibt er an Wurm:*

Dies, doch, schon heute: Auch in der Rue Tournefort gab es Barrikaden, hier waren auch die Anarchisten dabei. Nebenan, in der Rue du Pot-de-Fer, steht, es ist im Unterschied zu Ähnlichem, auch heute noch unausgestrichen, groß und rot: La société est une fleur carnivore. *(In: Briefwechsel Celan/Wurm, S. 149f.)*

Auf einem Typoskript zu dem Gedicht ›Auch der Runige‹ notiert sich Celan:

Vorgestern *[= der 12. Mai]* nacht, Contrescarpe der junge PC-Mann *[= Parti Communiste]*, der den linken Nationalsozialismus verteidigte. Gestern, 13., bei der Manifestation, die »ironischerweise« zum Hitlergruß ausgestreckten Arme hinter der schwarzen Fahne –; außerdem: neben dem Trotzki-Portr. im Hof der Sorbonne: CRS=SS (SS in Runenschrift) *(BCA 10. 2, S. 128)*

1968 *Der siebte Gedichtband erscheint: Fadensonnen. (Frankfurt am Main: Suhrkamp)*

1968 *Celan tritt (ab Heft 7) in den Herausgeberkreis der französischen Zeitschrift ›L'Éphémère‹ ein. Mitherausgeber sind Yves Bonnefoy (*1923), André du Bouchet (*1924), Louis-René des Forêts (*1918), Gaëtan Picon (1915–1976) und Jacques Dupin (*1927).*

1968 *Übersetzung von André du Bouchet: Vakante Glut. (Frankfurt am Main: Suhrkamp)*

1968 *Übersetzung von Jules Supervielle: Gedichte. (Frankfurt am Main: Insel-Verlag)*

1968 *Übersetzung von Giuseppe Ungaretti: Das verheißene Land. Das Merkbuch des Alten. (Frankfurt am Main: Insel-Verlag)*

Ende **Juni 1968** Lesereise hoch hinauf ins Gedeutsch, nach Kiel zunächst, dann komm ich runtergetingelt, rheinlich-mainlich, und am 15. Juli hat mich wohl Tübingen. *(An Franz Wurm, 28. März 1968. In: Briefwechsel Celan/Wurm, S. 136)*

Ostern 1969 *Besuch bei Tante Berta Antschel in London.*

22. Mai 1969 *Lesung in Braunschweig.*

30. Juni 1969 *Lesung in Kiel.*

4. Juli 1969 *Lesung in Bonn im ›Lyrischen Studio‹: »Am 4. Juli lese ich in Bonn Übersetzungen (Rimbaud, Mandelstamm, Michaux).« (An Siegfried Unseld, 19. Juni 1969)*

1969 *Als bibliophile Veröffentlichung mit 15 Radierungen von Gisèle Celan-Lestrange erscheint ›Schwarzmaut‹ (Vaduz: Brunidor)*

30. September bis 17. Oktober 1969 *Reise nach Israel. Am 14. Oktober hält Celan eine Ansprache vor dem Hebräischen Schriftstellerverband:*

Ich bin zu Ihnen nach Israel gekommen, weil ich das gebraucht habe. […] Und ich finde hier, in dieser äußeren und inneren Landschaft, viel von den Wahrheitszwängen, der Selbstevidenz und der weltoffenen Einmaligkeit großer Poesie. *(GW III, S. 203)*

An Franz Wurm schreibt Celan am 20. Oktober 1969:

Siebzehn Tage in Israel: meine intensivsten, seit Jahren. Wo soll ich jetzt hin mit diesem Dort? Paris, das sind die Härten und dann und wann ein kleines Gedicht. Möchte es doch einmal mehr sein. Dort, das war, zumal in Jerusalem, auch mein starkes Selbst. Umredet, umschwiegen, umlebt. *(In: Briefwechsel Celan/Wurm, S. 220)*

6. November 1969 *Endgültige Übersiedelung in die avenue Émile Zola.*

[...] ich stecke schon seit gestern im, wie Sie es nennen, neuen »Gewohn-«, ich schreibs mit freundlichst-originellem Bindestrich, denn ich will versuchen es dort, trotz Gelaut und Gelärm, auch trotz Geleer, »heitlich«, ja »heitlichst« – das muß es geben! – zu haben. *(An Franz Wurm, 7. November 1969. In: Briefwechsel Celan/Wurm, S. 222)*

Am **27. November 1969** *schreibt er an Wurm:*

Ich lasse mich belärmen, denke an meine letzte Reise zurück, an die Menschen und Dinge, denke an meine nächste Reise – wohin? Es ist zuviel Paris auf meinen athletischen Schultern (und ein Stückchen weiter drinnen). *(In: Briefwechsel Celan/ Wurm, S. 228f.)*

In der avenue Émile Zola begleiten Celan nur noch wenige Bücher. Franz Wurm erinnert sich: »Die Regale avenue Zola waren leer: drei, vier Bücher, kaum mehr: ein Band Hölderlin, ein Band Rilke, ein französisches Hand- oder Lehrbuch der Mineralogie, [...] sein Exemplar von ›Schwarzmaut‹«. (In: Briefwechsel Celan/ Wurm, S. 248)

März 1970 *Letzter, zweiwöchiger Besuch Franz Wurms bei Celan.*

21. März 1970 *Lesung auf der Tagung der Hölderlin-Gesellschaft in Stuttgart. Über die Reaktionen ist Celan enttäuscht:*

Die Lesung wurde totgeschwiegen oder als »unverständlich« abgetan. *(An Franz Wurm, 27. März 1970. In: Briefwechsel Celan/ Wurm, S. 239)*

26. März 1970 *Lesung im kleinen Kreis bei Gerhard Baumann in Freiburg; unter den Zuhörern Martin Heidegger.*

13. April 1970 bis 6. Juni 1970 *Ausstellung ›Jacques Dupin‹, Galerie Wünsche, Bonn. Für den Katalog übersetzt Celan den Gedichtzyklus ›Die Nacht, größer und größer‹ von Dupin.*

20. (oder 21.) April 1970 *Freitod in der Seine. Am 1. Mai wird der Leichnam gefunden und identifiziert.*

1970 *Der achte Gedichtband erscheint postum: Lichtzwang. (Frankfurt am Main: Suhrkamp)*

1971 *Der neunte Gedichtband erscheint: Schneepart. (Frankfurt am Main: Suhrkamp)*

Paul Celan

73 Brigitte Fischer, Gretel Adorno, Celan und Christoph von Schwerin
Frankfurt am Main, Oktober 1960
Photo: Wolfgang Oschatz, Wiesbaden
(Leihgabe: S. Fischer, Frankfurt am Main)

74 Auf den folgenden Seiten: Celan im S. Fischer Verlag, Frankfurt
Kontaktabzug. Oktober 1960
Photo: Wolfgang Oschatz, Wiesbaden
(Leihgabe: S. Fischer Frankfurt am Main)

ADOX R 17

6A
4
3
5A
2
ADOX R 17
4A

75 Mit Ruth Kraft
Paris, 1962

76 In der Pariser Wohnung, 1959
Photo: Gisèle Celan-Lestrange

77 Paris, 1963
Photo: Lutfi Özkök, Stamgatan
(Leihgabe: Lutfi Özkök)

78 Paris, 1963
Photo: Lutfi Özkök, Stamgatan
(Leihgabe: Lutfi Özkök)

79 Mit Gisèle Celan-Lestrange
Kestner-Gesellschaft, Hannover 1964
(Leihgabe: Eric Celan)

80/81 Tegna, 1967
Mit Franz Wurm
Photos: Luzzi Wolgensinger, Zürich
(Leihgabe: Luzzi Wolgensinger)

Briefe
des
Jahr
hunderts
dtv
dokumente

82/83 Mit Franz Wurm Tegna, Oktober 1967
Photos: Renate von Mangoldt
(Leihgabe: Renate von Mangoldt)

84 Tegna, Oktober 1967
Photo: Renate von Mangoldt
(Leihgabe: Renate von Mangoldt)

85 Tegna, Oktober 1967
Photo: Renate von Mangoldt
(Leihgabe: Renate von Mangoldt)

7 Richtungweisende Anfänge in Czernowitz und Bukarest

Das vielsprachige Czernowitz war eine Stadt der Übersetzer und der Übersetzungen. Im Alltag war das Vermitteln von einer in die andere der verschiedenen Verkehrssprachen eine Notwendigkeit. Der Horizont der literarisch Interessierten aber beschränkte sich nicht einmal auf die im täglichen Umgang wichtigen vier Sprachen: das Deutsche, das Rumänische, das Ukrainische und das Jiddische. Die Protagonisten der 1945 endgültig verschwundenen Literaturlandschaft Bukowina bewegten sich recht frei innerhalb der europäischen Literatur. Was ihnen nicht im Original zugänglich war, lasen sie in Übersetzungen.

1 Esenin: Poezii. Poeme

În romîneşte de George Lesnea
Postfaţa: Tamara Gane
(Gedichte. Poeme. Rumänisch von George Lesnea. Nachwort: Tamara Gane)
Bucureşti: Cartea Rusă 1957
(Aus der Bibliothek Paul Celan)

In einem Brief vom 10. April 1961 an J. Hellmut Freund, Lektor im S. Fischer Verlag, erinnert sich Paul Celan an seine frühe Lektüre eben dieser Jessenin-Übertragung:

ich habe Jessenin zum erstenmal als Sechzehn- oder Siebzehnjähriger gelesen, in der – durchaus beachtlichen – rumänischen Übersetzung von George Lesnea

George Lesneas zuerst 1937 erschienene Jessenin-Übertragung war nach den Arbeiten von Lucian Blaga (1928) und Zaharia Stancu (1934) bereits die dritte Jessenin-Übersetzung in Rumänien. Erinnert er sich richtig, so hat Celan das Buch sofort nach Erscheinen gelesen. Von Paris aus konnte er es dann neu beschaffen, als es im Verlag ›Cartea Rusă‹ wiederaufgelegt worden war, dem Verlag, in dem er selbst als Übersetzer und Lektor zwischen 1945 und 1947 gearbeitet hatte. Celan hat das Buch während seiner neuerlichen Beschäftigung mit Jessenin (1895–1925) Ende der fünfziger Jahre benutzt: Die erst zu diesem Zeitpunkt von ihm übersetzten Gedichte ›Vytkalcja na ozere‹ / ›Dort überm Teich‹ (GW V, S. 164f.) und ›Nivy cžaty‹ / ›Keine Halme mehr‹ (GW V, S. 186f.) sind dort angestrichen und z. T. kommentiert. Sich in Czernowitz mit originaler russischer Literatur zu versorgen, war nicht einfach: Texte symbolistischer Autoren waren unter Umständen zugänglich, zwei Übertragungen von Valerij Brjusov sind tatsächlich erhalten, Mandelstamm aber war auf keinen Fall in gedruckter Form zu bekommen. Auch Jessenins Werk hat Celan nicht nach einem offiziellen Druck für seine Übersetzungen verwenden können.

86/87 Frontispiz und Titelblatt der rumänischen Ausgabe (7.1)

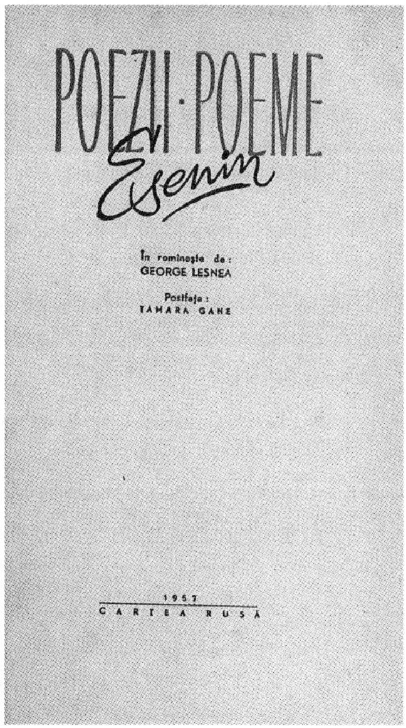

Übersetzen war für die Bukowiner Freunde und Zeitgenossen Paul Celans selbstverständlicher Teil ihrer schriftstellerischen Tätigkeit. Alfred Margul-Sperber hatte früher als jeder andere deutsche Autor T. S. Eliots 1922 erschienenes Poem ›The Waste Land‹ übertragen – am 1. November 1926 dankt ihm der Autor persönlich mit ausdrücklichem Lob dafür. (Teilabdruck in Ernest Wichner / Herbert Wiesner: In der Sprache der Mörder. Eine Literatur aus Czernowitz, Bukowina. Berlin: Literaturhaus 1993, S. 241) Die Übersetzung unter dem Titel ›Ödland‹ wurde allerdings erst im Sammelband seiner Übertragungen publiziert (Weltstimmen. Nachdichtungen von Alfred Margul-Sperber. Bukarest: Literaturverlag 1968, S. 74–86), den Paul Celan besaß. Margul-Sperber übersetzte ferner Gedichte französischer Symbolisten (Mallarmé, Valéry) und die jiddische Lyrik von Itzig Manger, mit dem sich auch Rose Ausländer befaßte. (Die Erde war ein atlasweißes Feld. Gedichte 1927–1956. Frankfurt am Main: S. Fischer 1985, S. 311–316) Immanuel Weissglas konnte schon als Zwanzigjähriger eine deutsche Übersetzung von Mihail Eminescus ›Luceafărul‹ / ›Der Abendstern‹ unter dem Titel ›Hyperion‹ mit einer Widmung an Tudor Arghezi in Bukarest veröffentlichen. (Bucureşti: Cartea Românească 1940. Mit einer Widmung an Tudor Arghezi: »der bewirkenden hohen Meisterschaft« und einem sehr selbstbewußten Vorwort) Selbst von der jungen Selma Meerbaum-Eisinger sind Übertragungen aus dem Jiddischen (Itzig Manger, Halper Lejvik) und Rumänischen (Discipol Mihnea) überliefert; sie wagte sich auch an Verlaine und übersetzte ihn nicht nur ins Deutsche, sondern auch ins Jiddische. (›Chanson d'automne‹; beide Übersetzungen in: Blütenlese. Hrsg. von Hersch Segal. Rechovot 1976, S. 51f., die deutsche auch in: Ich bin in Sehnsucht eingehüllt. Hrsg. und eingeleitet von Jürgen Serke. Hamburg: Hoffmann & Campe 1980, S. 91)

Celans Übertragungen aus der Czernowitzer und Bukarester Zeit überraschen vor allem durch ihre große sprachliche Vielfalt: Die 36 überlieferten Gedichte stammen von zehn Autoren und aus fünf Sprachen. Und aus jeder dieser Sprachen hat Celan später wieder übersetzt, nur das Portugiesische und das Italienische sind ihm damals noch nicht zugänglich.

Zu den möglicherweise noch in Frankreich oder im Rahmen des Romanistikstudiums angefertigten Übersetzungen gehören fünf Gedichte Verlaines (1844–1896). Die kleine Auswahl gibt einen guten Überblick über das Typische der verschiedenen Werkepochen.

2 Paul Verlaine: Im alten Garten vereinsamt im Eise

Deutsch von Paul Celan. Manuskript, 1 Heftblatt

Mit einer Ausnahme sind die Übertragungen auf Heftblättern bzw. in einem Heft überliefert. Das ausgestellte Blatt ist, anders als die meisten Übersetzungen und Entwürfe auch des jungen Celan, nicht als solche gekennzeichnet. Der Titel ›Colloque sentimental‹ fehlt. Die häufigen Korrekturen und die undeutliche Handschrift zeigen das Blatt als ersten, schnell oder unter ungünstigen Bedingungen notierten Entwurf:

Im alten Garten vereinsamt im Eise
~~trafen~~ fanden zwei Schatten gemeinsame Gleise

Den Herbst auf dem Munde, den Tod in den Blicken
hört man die heimlichen ~~reden~~ flüstern und nicken

Im alten Garten vereinsamt im Eise
gedenken die beiden verlassener Gleise

– Ist es dir ~~nicht als wär noch das Glühen~~?

Weißt ~~noch~~ du, wie uns die Entzückung umglühte –
Wüßt nicht, wozu mich solch Denken bemühte –

Du siehst mich noch immer, noch immer im Traum
und dein Herz klopft rascher dann, rascher. – Kaum.

Oh die unsägliche Wonne als ein
Kuß unsere Münder vereinte. – Mag sein.

Die Hoffnung wie ~~groß~~ froh sie im Blau sich wiegte
Die Hoffnung, sie floh ins Gewölk, die besiegte

Weit hat sie ihr Schritt ~~in~~ durch die Gräser gebracht
Es hört' sie ~~allein~~ einzig die stumme, die Nacht …

Celan wählt mit dem Schlußgedicht der ›Fêtes galantes‹ den wichtigen ironischen Abgesang auf die vorherrschende Stimmung und Form von Verlaines zweitem Gedichtband. Die deutsche Version paßt sich gut in die gleichzeitig in Czernowitz entstandenen Gedichte ein. Als Reimpaargedicht entspricht es einer sehr typischen Form des Frühwerks, die später nur noch als eine Form des Selbstzitats aufgegriffen wird. Auch die Bilder: der Garten im Herbst, Gräser, Nacht, Gewölk und Schatten, gehören dem typischen Wortschatz von Celans eigenen frühen Gedichten an. Mit Verlaine hat sich Celan später nicht wieder übersetzend beschäftigt.

Für den englischen Dichter Alfred Edward Housman hat er sich dagegen auch in der Pariser Zeit noch einmal interessiert. Aus dem 1922 erschienenen Gedichtband ›Last Poems‹ überträgt er insgesamt drei Gedichte, zwei davon als junger Mann: ›Grenadier‹ und ›The Half-Moon Westers Low, My Love‹ / ›Der Halbmond schwindet ganz, mein Lieb‹; eines, die thematisch dem frühen ›Grenadier‹ sehr ähnliche ›Grabschrift für ein Söldnerheer‹ (GW I, S. 411), in einer Zeit, in der er verstärkt gezwungen wurde, sich an seine Jugend und Jugenddichtung zu erinnern: im Dezember 1960.

3 A. E. Housman: Grenadier

Deutsch von Paul Celan. Vollständig gestrichenes Manuskript, 1 Heftblatt, 2 Seiten

Ausgestellt ist die Vorderseite mit den ersten drei Strophen und einer an Ruth Lackner (heute Kraft) gerichteten Bemerkung, die seine Unzufriedenheit erklärt: »Diese Übersetzung ist voller Fehler, Ruth. Kurz vor den Deportierungen habe ich das Gedicht gut übers., es ist aber verlorengegangen.«

Eine erste Fassung ist also vor Juni 1942, vielleicht sogar vor Oktober 1941 zu datieren. Eine Typoskriptfassung der Übertragung im Nachlaß von Alfred Margul-Sperber zeigt, daß auf der Grundlage des fehlerhaften Versuchs weitergearbeitet wurde. Die im ausgestellten Blatt an den Rand geschriebene Variante »der Sergeant« ist dort eingearbeitet. Der zweite Vers, »und der mich warb, der sprach:« heißt nun »und der Sergeant, der sprach:«. Celan kehrt also für den englischen zweiten Vers »The sergeant he did say« zu einer sehr wörtlichen Lösung zurück. Am deutlichsten ist in der maschinenschriftlichen Fassung die Schlußstrophe verändert. Aus

88/89 Auf den folgenden Seiten: Handschrift (7.3)

A. E. Housman: Grenadier

Die Königin ließ nach mir schaun,
und der mich warb, der sprach: der Sergeant
'Du wirst Soldat, mein Junge, traun,
für dreizehn Pence den Tag?'

Weil ich die dreizehn Pence nun krieg,
ließ ich mein Bündel hier,
marschiert ich hin, wo ich nun lieg
und nimmermehr marschier.

Mein Mund ist wund, mein Hemd ist naß,
mein Blut rinnt wo es mag,
Ich sterb und schulde keinem was
für dreizehn Pence den Tag.

Diese Übersetzung ist ja voller Fehler, Ruth. Kurz vor den Repolierungen habe ich das Gedicht gut übers., es ist aber verlorengegangen.

Sie holen neue nun herbei,
gleich morgen im Revier,
denn zwischen uns ists bald vorbei,
der Königin und mir

Ich setz nun meinen Sold herab,
denn all die Schlauheit, sag,
und all die List gibts nicht im Grab,
noch dreizehn Pence den Tag.

×

Ich setz nun meinen Sold herab,
denn all die Schlauheit, sag,
und all die List gibts nicht im Grab,
noch dreizehn Pence den Tag.

wird nun

Ich setz nun meinen Sold herab,
denn weder Weisheit, sag,
noch Wappen gibt es in dem Grab,
noch dreizehn Pence am Tag.

Die Korrektur im vorletzten Vers verändert den Sinn erheblich, kann sich aber durchaus auf den großen Bedeutungshof von »device« im entsprechenden englischen Vers, »Is neither knowledge nor device«, stützen. Celan wählt zunächst die Hauptbedeutung »Kunstgriff«, »Trick«, durch die das vorausstehende »Weisheit« ergänzt und präzisiert wird. In der zweiten Fassung entscheidet er sich dann aber für die nachgeordnete Bedeutung »Wappen« und gibt dem Schluß damit eine wichtige politische Nuance, die den kritischen Aspekt des ganzen Gedichts unterstreicht.

4 Franz Rosenzweig: Jehuda Halevi

Zweiundneunzig Hymnen und Gedichte
Deutsch. Mit einem Nachwort und mit Anmerkungen. Der sechzig Hymnen und Gedichte zweite Ausgabe
Berlin: Verlag Lambert Schneider [1927]
(Aus der Bibliothek Paul Celan)
Mit handschriftlichem Eintrag des Datums der Erwerbung:
»Paris, 30. Jänner 1960.«

Unter allen Übersetzungen des jungen Celan überrascht die zweier Gedichte des spanischen Juden Jehuda ben-Samuel Halevi vielleicht am meisten. Überraschend ist die Ausgangssprache, das Hebräische, mit dem sich Celan seit seiner Bar Mizwa, d. h. seit seinem vierzehnten Lebensjahr, nicht mehr intensiver befaßt hatte. Überraschend ist aber auch und vor allem das Interesse für einen Autor des 12. Jahrhunderts; Jehuda ist der älteste je von Celan übersetzte Autor. Im Nachlaß von Alfred Margul-Sperber sind neben Reinschriften auch Entwürfe zu diesen Übersetzungen erhalten, deren materielle Überlieferung uns eine Datierung erlaubt: Sie befinden sich auf der Rückseite eines Heftblattes mit der Übersetzung eines Gedichtes von Valerij Brjusov, die während des Studienjahres an der sowjetischen Universität 1944/45 entstanden sein dürfte. Die Wahl des jüdischen Dichters Jehuda könnte diese zeitliche Eingrenzung bestätigen. Lassen sich doch auch in den eigenen Gedichten des jungen Celan erst nach dem Tod der Eltern jüdische Themen finden. Zu denken wäre an das Psalm-Zitat im Gedicht ›An den Wassern Babels‹, das in einer früheren Fassung auch ›Chanson juive‹ hieß (FW, S. 70, 246), oder aber an »Jaakobs himmlisches Blut« und »das Lied von der Zeder« in ›Schwarze Flocken‹ (FW, S. 129). Die damals übersetzten Texte sind auch in der Jehuda-Übersetzung von Franz Rosenzweig enthalten, welche Celan in einer Zeit erworben hat, in der er zum ersten Mal wieder an Übersetzungen aus dem Hebräischen arbeitete – an Gedichten von David Rokeah.

Übersetzungen aus dem Werk des rumänischen Dichters Tudor Arghezi gehören neben Shakespeare, Yeats und Jessenin zu den frühen Arbeiten, zu denen sich Celan auch später noch bekannt hat. Am 30. Juli 1960 schreibt er an Alfred Margul-Sperber:

Gerne hätte ich auch Abschriften meiner Übertragungen von Gedichten Tudor Arghezis und Sergej Jessenins. (Ich bereite gerade, auf Grund der neuen Leningrader Ausgabe, eine Jessenin-Auswahl vor; auch Arghezi würde ich bei Gelegenheit gern publizieren.)

Bekommen hat er das Gewünschte offensichtlich nicht; keine frühe Jessenin- oder Arghezi-Übersetzung hat Spuren im Pariser Nachlaß hinterlassen; die Entwürfe und Reinschriften befinden sich ausnahmslos im Nachlaß Margul-Sperbers. Auch aus dem Plan einer Arghezi-Publikation ist nichts geworden. Wann die frühen Übersetzungen entstanden sind, etwa noch vor Celans Übersiedelung nach Bukarest, ist nicht belegt. Daß Arghezi unter den Czernowitzer Schülern gelesen wurde, ist durch Immanuel Weissglas überliefert. Vielleicht sind sich Celan und Arghezi auch in Bukarest begegnet.

5 Luc-André Marcel: Tudor Arghezi

Choix de textes. Bibliographie, portraits, fac-similés
Paris: Éditions Pierre Seghers 1963
(Poètes d'aujourd'hui. 104)
(Aus der Bibliothek Paul Celan)
Mit handschriftlicher Widmung von Tudor Arghezi: »Un tout petit peu/ de poésie, s'il s'en trouve,/ à Monsieur/ Paul Célan [sic]/ avec un tréssaillement du cœur./ Tudor Arghezi/ Paris. 21 février 1964.« (Ein klein bißchen Poesie, wenn welche drin ist, für Herrn Paul Celan mit einem Beben des Herzens. Tudor Arghezi Paris, 21. Februar 1964)

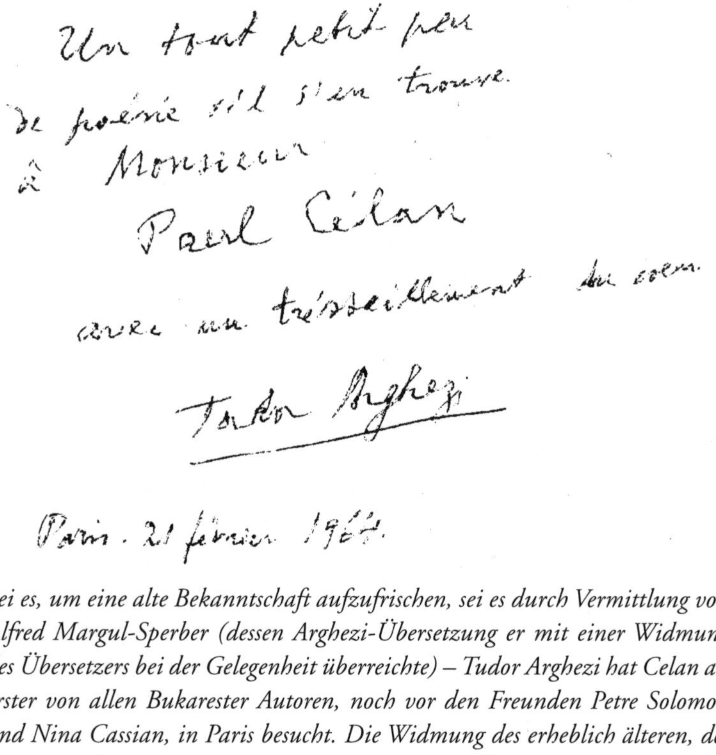
Un tout petit peu
de poésie s'il s'en trouve.
à Monsieur
Paul Célan
avec un tréssaillement du cœur.
Tudor Arghezi
Paris. 21 février 1964.

90 Widmung an Celan (7.5)

Sei es, um eine alte Bekanntschaft aufzufrischen, sei es durch Vermittlung von Alfred Margul-Sperber (dessen Arghezi-Übersetzung er mit einer Widmung des Übersetzers bei der Gelegenheit überreichte) – Tudor Arghezi hat Celan als erster von allen Bukarester Autoren, noch vor den Freunden Petre Solomon und Nina Cassian, in Paris besucht. Die Widmung des erheblich älteren, des damals auch viel erfolgreicheren Autors zeigt, bei aller Koketterie, daß er sich Celan durchaus nicht überlegen fühlte.

Die Übersetzungen von Paul Eluard (1895–1952) sind – abgesehen von den für den Verlag und für Freunde gemachten Übersetzungen ins Rumänische – die einzigen, die sich mit Sicherheit in die Bukarester Zeit datieren lassen. Als Antwort auf einen Fragebogen, den die Bordelaiser Zeitschrift ›Promesse‹ für eine Spezialnummer zu Eluards zehntem Todestag 1962 an verschiedene Autoren geschickt hatte, schreibt Celan ausführlich über seine Begegnung mit diesem wichtigen Vertreter des französischen Surrealismus:

6 Paul Celan an Hubert Juin

Paris, 7. oder 8. November 1962. Briefentwurf, 1 Blatt

J'aime beaucoup la poésie de Paul Eluard, mais je n'ai pu, pour le moment, lui rendre hommage qu'à ma manière, c'est-à-dire autrement qu'en répondant aux enquêtes. D'ailleurs – puisque vous me rappelez la Roumanie – c'est à Bucarest, après la guerre, que je l'ai connue [sic], grâce aux jeunes poètes roumains, dont un, au moins, est un ami commun: Petre Solomon. C'est là que j'avais traduit, en allemand, ›Capitale de la Douleur‹.

Ich mag Paul Eluards Dichtung sehr, aber vorläufig konnte ich ihm nur auf meine Weise Ehre erweisen, d.h. anders als indem ich auf Umfragen antworte. Nebenbei – weil Sie mich an Rumänien erinnern –, ich habe ihn in Bukarest nach dem Krieg kennengelernt, dank der jungen rumänischen Dichter, von denen einer zumindest ein gemeinsamer Freund ist: Petre Solomon. Dort hatte ich ›Capitale de la Douleur‹ ins Deutsche übersetzt.

Eluard war während Celans Bukarester Jahre Gast in der rumänischen Hauptstadt. Verschiedene Bekannte berichten von Celans Begeisterung für dessen Dichtung. Alfred Kittner schildert anschaulich Celans heftiges Engagement:

Mir war am Vormittag dieses Tages ein eben aus Paris eingetroffenes Exemplar von Paul Eluards ›Poésie ininterrompue‹ in die Hände geraten, die sich damals meinem Verständnis verschloß. Ich äußerte Paul gegenüber das Bedenken, daß meines Erachtens eine solche Form der Dichtung, die, unaufhaltsam über Stock und Stein hastend, jederzeit abgebrochen werden könnte, die Fortdauer der Poesie überhaupt gefährde. Paul nahm mir diese Äußerung sehr übel, und als ich auf seine Frage, wen ich denn in der französischen Lyrik über Eluard stelle, die Namen Baudelaire, Verlaine und Rimbaud nannte, geriet Paul wahrhaftig außer sich und erging sich, fast schreiend, in Schmähungen auf die Genannten, die er als elende Skribenten, Federfuchser oder ähnliches bezeichnete, was wieder mich in Rage versetzte. Es war ein höchst heftiger Wortwechsel, der sich dann auch auf die Straße hinausverpflanzte. *(Alfred Kittner: Erinnerungen an den jungen Paul Celan. In: Zeitschrift für Kulturaustausch, Jg. 32, 1982, H. 3, S. 219)*

Petre Solomon notiert in seinem Notizbuch einen Ausspruch Celans vor dem Besuch von Louis Aragon und Elsa Triolet Ende Juli 1947 in Bukarest (In: Paul Celan. Dimensiunea românească. Bukarest: Editura Kriterion 1987, S. 87)

Aragon: un mare poet. Eluard: un mare poet mare

Aragon: ein Großer Dichter. Eluard: ein großer Großer Dichter

Ob Celan, wie er im Brief an Juin andeutet, den ganzen Gedichtband ›Capitale de la Douleur‹ aus dem Jahr 1926 übersetzt hat, ist unklar und eher unwahrscheinlich. Alle dem Frühwerk zuzurechnenden Eluard-Übersetzungen basieren jedoch auf Texten aus eben dieser Sammlung. Dazu gehört auch:

7 Paul Eluard: Pablo Picasso

Deutsch von Paul Celan. Typoskript mit einem handschriftlichen Fragment von ›Die Hand voller Stunden‹, 1 Blatt

In die Augen springt die sprachliche Nähe zu seinen gleichzeitigen deutschsprachigen Gedichten: von den »Demanten« (›Ein Knirschen‹ (GW I, S. 24): »malt mit demantenem Sporn sein Bild an die Tore des Himmels«), über das »Antlitz« (›Marianne‹ (GW I, S. 14): »Fliederlos ist dein Haar, dein Antlitz aus Spiegelglas«) bis hin zur in den Bukarester Gedichten verschiedentlich verwendeten Verbform »ward«. Die Verbindung der Übersetzung mit dem eigenen Werk manifestiert sich aber auch ganz materiell auf dem gezeigten Dokument. Das typische, stark holzhaltige Nachkriegspapier trägt die Spuren einer mehrfachen Faltung auf Brieftaschengröße. So war das Blatt vielleicht parat für die Notiz:

Dein Haar ist nicht braun wir leben zusammen es dunkelt bis morgen
es dunkelt auch morgen ich zünde ein Licht an fürs Kindlein

Ihr erster Teil geht in das Gedicht ›Die Hand voller Stunden‹ ein, das später in ›Der Sand aus den Urnen‹ und ›Mohn und Gedächtnis‹ (GW I, S. 16) veröffentlicht wird:

Die Hand voller Stunden, so kamst du zu mir – ich sprach:
Dein Haar ist nicht braun.
So hobst du es leicht auf die Waage des Leids,
da war es schwerer als ich ...

Sie kommen auf Schiffen zu dir und laden es auf,
sie bieten es feil auf den Märkten der Lust –
Du lächelst zu mir aus der Tiefe, ich weine zu dir aus der Schale,
die leicht bleibt.
Ich weine: Dein Haar ist nicht braun, sie bieten das Wasser der See,
und du gibst ihnen Locken ...
Du flüsterst: Sie füllen die Welt schon mit mir,
und ich bleib dir ein Hohlweg im Herzen!
Du sagst: Leg das Blattwerk der Jahre zu dir – es ist Zeit,
daß du kommst und mich küssest!

Das Blattwerk der Jahre ist braun, dein Haar ist es nicht.

8 ›Surrealistische Publikationen‹

Wien ist wohl das einzige deutschsprachige Zentrum, das der Surrealismus je, wenigstens für eine sehr kurze Zeitspanne, gehabt hat. Die geschichtliche Situation ermöglicht eine Kolonie dieses Geistes französischer Kunst und Dichtung zu einem Zeitpunkt, da er in Paris freilich nicht mehr ganz neu ist.
Daran nicht unbeteiligt ist der aus dem Saarland stammende Maler Edgar Jené (1904–1984). Er hatte sich schon Anfang der dreißiger Jahre zum Surrealismus bekannt und 1935, nach der Volksabstimmung im Saarland für Hitler-Deutschland, wo seine Kunst als »entartet« galt, in Wien Zuflucht gesucht. Nach Jahren im Untergrund stellt er dort 1945 wieder aus und wird zu einer zentralen Figur für die junge Wiener Avantgarde der unmittelbaren Nachkriegszeit.
Die erste Nummer der Zeitschrift ›Surrealistische Publikationen‹ (1950) ist eine von zwei Manifestationen des Wiener Nachkriegssurrealismus, die mit dem Namen Paul Celan verbunden sind. Sein erster Gedichtband ›Der Sand aus den Urnen‹ (1948) läßt sich nur mit großer Einschränkung hinzurechnen. Lediglich die beiden darin enthaltenen Lithographien von Edgar Jené, nicht aber der Charakter der Gedichte, stellen eine Verbindung zum Surrealismus her. Und dennoch wird die hier zum erstenmal im Westen gedruckte ›Todesfuge‹ auch durch diesen Kontext als deutsches »surrealistisches« Gedicht schlechthin angesehen.
Celans poetischer Text ›Edgar Jené. Der Traum vom Traume‹ mit 30 Bildern Jenés erscheint 1948 und bezeugt Celans Interesse am Surrealismus, auch seine Verbindung mit den entsprechenden Kreisen. Wieder ist es Otto Basil, der im August 1948 die kurze Einführung zu diesem Gemeinschaftsprojekt von Celan und Jené schreibt und damit Celan entschieden fördert.
Dem Erscheinungsdatum nach gehören die ›Surrealistischen Publikationen‹ nicht mehr in Celans Wiener Epoche. Aber die Vorarbeiten dafür stammen noch aus den ersten Wochen des kurzen Aufenthalts in Wien. Für das tatsächliche Zustandekommen dieser kleinen deutschsprachigen Surrealismus-Anthologie war dann allerdings wesentlich der in der österreichischen Provinz als

Richter tätige Schriftsteller Max Hölzer verantwortlich. Zusammen mit Jené fungiert er als Herausgeber der ersten Nummer, deren Schlußredaktion wohl in den März 1950 fällt. Es folgt nur eine weitere Nummer im Jahre 1954.

1 Surrealistische Publikationen

Herausgegeben von Edgar Jené und Max Hölzer
Klagenfurt: Verlag Josef Haid. 1950, Heft 1, April
Titelbild nach einer Zeichnung von Edgar Jené

Das Titelbild sowie eine weitere Zeichnung von Edgar Jené waren bereits in ›Edgar Jené. Der Traum vom Traume‹ verwendet worden. Auch der Mitherausgeber Max Hölzer ist mit einem eigenen Text (›Ode an Breton‹) und einer Reihe von Übersetzungen (Breton, Pastoureau und Hénein) beteiligt.
Über die Entstehung der ›Surrealistischen Publikationen‹ schreibt Celan ausführlich am 11. Februar 1948 an Alfred Margul-Sperber, nachdem er im Dezember 1947 auf einer Karte nur seine Ankunft nach Bukarest gemeldet hatte:

Edgar Jené bereitet jetzt eine surrealistische Sondernummer des ›Plan‹ vor, die er im April nach Paris mitnehmen will (das Material dazu hat A. Breton geschickt, ich habe da auch eine Übersetzung eines kleinen Gedichtes von Aimé Césaire und eine mit Jené gemeinsam gezeichnete ›Lanze‹) zusammen mit meinem Buch. Ja, mit meinem Buch. Denn mein Buch, mit dessen Druck heute begonnen wurde, wird in fünf oder sechs Wochen fertig sein.

91 Umschlag-Banderole (8.1 und 8.5)

Die erste Manifestation der AVANTGARDE AUF GEISTIGEM UND SOZIALEM GEBIET in deutscher Sprache

92 Umschlag (8.1)

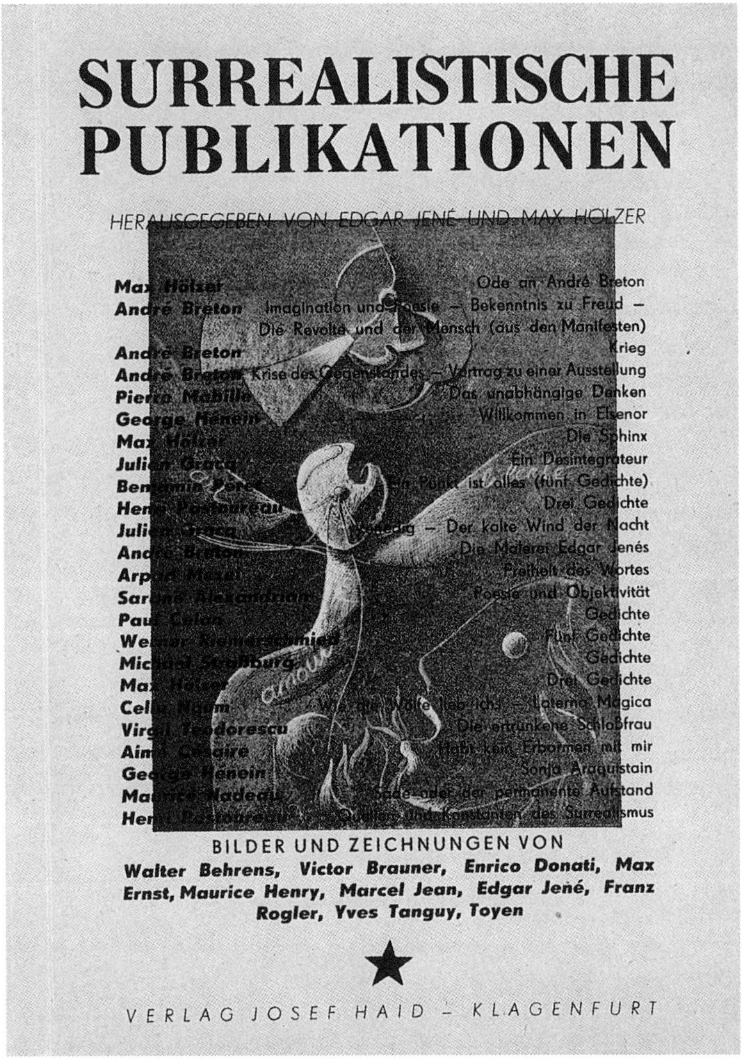

SURREALISTISCHE PUBLIKATIONEN

HERAUSGEGEBEN VON EDGAR JENÉ UND MAX HÖLZER

Max Hölzer — Ode an André Breton
André Breton — Imagination und Poesie — Bekenntnis zu Freud — Die Revolte und der Mensch (aus den Manifesten)
André Breton — Krieg
André Breton — Krise des Gegenstandes — Vortrag zu einer Ausstellung
Pierre Mabille — Das unabhängige Denken
George Henein — Willkommen in Elsenor
Max Hölzer — Die Sphinx
Julien Gracq — Ein Desintegrateur
Benjamin Péret — Ein Punkt ist alles (fünf Gedichte)
Henri Pastoureau — Drei Gedichte
Julien Gracq — Venedig — Der kalte Wind der Nacht
André Breton — Die Malerei Edgar Jenés
Arpad Mezei — Freiheit des Wortes
Sarane Alexandrian — Poesie und Objektivität
Paul Celan — Gedichte
Werner Riemerschmied — Fünf Gedichte
Michael Straßburg — Gedichte
Max Hölzer — Drei Gedichte
Cellu Naum — Wie die Wolke lieb ich's — Laterna Magica
Virgil Teodorescu — Die ertrunkene Schloßfrau
Aimé Césaire — Habt kein Erbarmen mit mir
George Henein — Sonja Araquistain
Maurice Nadeau — Sade oder der permanente Aufstand
Henri Pastoureau — Quellen und Konstanten des Surrealismus

BILDER UND ZEICHNUNGEN VON

Walter Behrens, Victor Brauner, Enrico Donati, Max Ernst, Maurice Henry, Marcel Jean, Edgar Jené, Franz Rogler, Yves Tanguy, Toyen

★

VERLAG JOSEF HAID – KLAGENFURT

Weder das »Buch«, d. h. ›Der Sand aus den Urnen‹, noch die »Sondernummer« waren im April 1948 fertig: Der ›Plan‹ hatte mittlerweile aufgehört zu existieren. Die Wirklichkeit also dämpfte den publizistischen Enthusiasmus. Nicht Erhofftes, sondern Wirkliches gibt aber Celans Bericht über direkte Kontakte des Herausgebers Jené zu André Breton (1896–1966) wieder. In der Tat kann das Heft nur z. T. als Selbstdarstellung des Wiener Nachkriegssurrealismus verstanden werden. Sowohl bei den Abbildungen wie auch bei den Texten sind die in Wien aktiven Künstler und Autoren in der absoluten Minderzahl: Außer den Herausgebern gehören dazu die Maler Walter Behrens und Franz Rogler sowie die Autoren Werner Riemerschmid, Michael Straßburg und eben Paul Celan. Celan trägt eine Folge von sechs eigenen Gedichten bei, von denen im übrigen nur das erste, ›Lob der Ferne‹, aus den sechs Wiener Monaten stammt; die anderen sind später entstanden. Den Hauptteil des Heftes bilden Übersetzungen, deren Auswahl eine Vermittlung Bretons mehr als wahrscheinlich macht. Texte etwa des Ungarn Arpad Mezei, der Rumänen Gellu Naum und Virgil Teodorescu oder des Ägypters Georges Hénein dürften in Wien nicht ohne weiteres zugänglich gewesen sein. Alle übersetzten Autoren und die nicht zum Wiener Kreis gehörenden Künstler aber hatten nachweislich Verbindungen zu André Breton im Zusammenhang mit der internationalen Surrealismus-Ausstellung 1947 in der Pariser Galerie Maeght aufgenommen. Und alle sind sie, die Schriftsteller vorwiegend mit theoretischen Texten, in einem Band vertreten, der parallel zur Ausstellung erschienen ist.

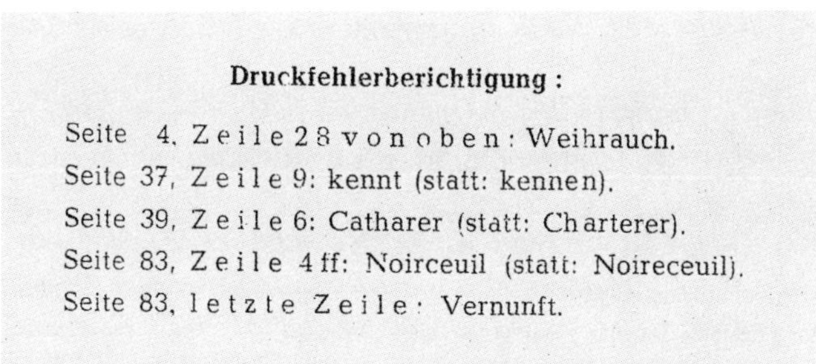

Druckfehlerberichtigung :

Seite 4, Zeile 28 von oben: Weihrauch.
Seite 37, Zeile 9: kennt (statt: kennen).
Seite 39, Zeile 6: Catharer (statt: Charterer).
Seite 83, Zeile 4 ff: Noirceuil (statt: Noireceuil).
Seite 83, letzte Zeile: Vernunft.

93 Beilage in den ›Surrealistischen Publikationen‹ (8.1)

2 Le surréalisme en 1947 – exposition internationale du surréalisme

Herausgegeben von André Breton und Marcel Duchamp
Paris: Éditions Pierre à feu 1947
Aufgeschlagen sind die Abbildungen von Marcel Duchamp:
Allégorie de genre 1944 und Max Ernst: Euclide 1945
Leihgabe: Kunstsammlung Nordrhein-Westfalen, Düsseldorf

Marcel Duchamp, der mit Breton schon die internationalen Surrealismus-Ausstellungen 1938 in Paris und 1942 in New York veranstaltet hatte, beteiligt sich auch 1947 an der Werkschau und ihrer Dokumentation. Max Ernst gehört zu den durch Breton vermittelten Künstlern, die zur Gestaltung der ›Surrealistischen Publikationen‹ beitragen; er ist dort (S. 62) mit der Graphik ›Flugzeugfressender Garten‹ vertreten.

Auch sonst verbinden sich Autoren und Künstler der ›Surrealistischen Publikationen‹ zu gemeinsamen Arbeiten:

3 Benjamin Péret: Feu central

Illustré par Yves Tanguy
Paris: Collection le quadrangle K éditeur 1947
Leihgabe: Bibliothèque littéraire Jacques Doucet, Paris

Der französische Dichter Benjamin Péret (1899–1959), einer der engsten und dauerhaftesten Freunde Bretons, und der Maler Yves Tanguy (1900–1955) hatten 1927 für die Publikation ›Dormir, dormir dans les pierres‹ (Schlafen, in den Steinen schlafen) zusammengearbeitet. Die zweite Gemeinschaftsproduktion enthält alle von Celan in den ›Surrealistischen Publikationen‹ übersetzten Gedichte aus dem Zyklus ›Un point c'est tout‹ / ›Ein Punkt ist alles‹ (GW V, S. 758–777). Tanguy ist in den ›Surrealistischen Publikationen‹ mit dem Bild ›Mein Leben weiß und schwarz‹ neben Celans Pastoureau-Übertragungen vertreten (S. 48f.).
Interessant ist die Art und Weise, wie Celan dem Freund Margul-Sperber, der selbst alles andere als surrealistische Interessen hatte, über Edgar Jené und den Wiener Nachkriegs-Surrealismus schreibt. Er schildert seine Teilnahme an surrealistischen Kreisen nicht als Neuigkeit; er unterscheidet nur einen Surrealis-

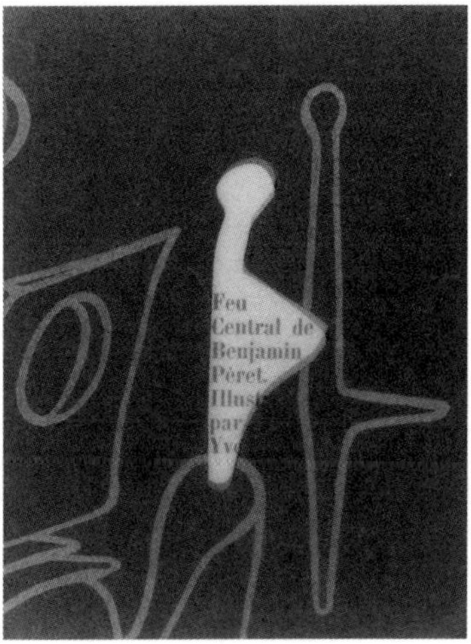

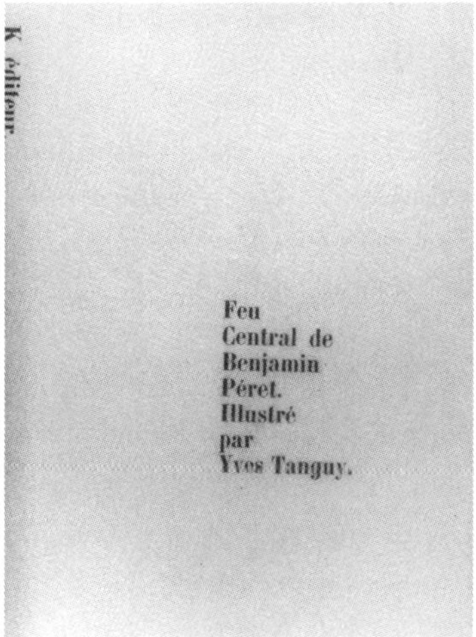

94/95 Umschlag und Titelblatt (8.3)

mus »hier« implizit von einem solchen »dort«, d. h. in Margul-Sperbers Bukarest. Freilich zeugt seine einer gewissen Ironie nicht entbehrende Beschreibung der Wiener Verhältnisse auch von Distanz:

Er [Jené] ist hier sozusagen der »Papst« des Surrealismus und ich bin nun sein einflußreichster (einziger) Kardinal. Allerdings habe ich ihm prophezeit, daß sein Vorgesetzter, der Heilige Petrus also, André Breton, ihn als Statthalter in Wien bestimmt nicht anerkennen wird, und schon gar nicht mich, der ich doch so Verwerfliches wie Reime gemacht habe.

Daß Paul Celan tatsächlich aktiv am Wiener Surrealismus teilgenommen hat, läßt sich anhand der zeitgenössischen Presse belegen. Der ›Wiener Kurier‹ vom 19. März 1947 kündigt für den 24. März die Eröffnung einer surrealistischen Ausstellung an und nennt in der sonst aus Malern bestehenden Gruppe ausdrücklich den »Schriftsteller Paul Celan«. (Wiens Surrealisten stellen aus, S. 4) Am 2. April 1948 erscheint ein ausführlicherer Bericht über die Wiener Ausstellung in der ›Österreichischen Zeitung‹:

4 If: Narrenfreiheit der Kunst

Zeitungsausschnitt
Aus: Österreichische Zeitung. 2. April 1948, Seite 5

Der Autor steht dem späten Wiener Surrealismus kritisch, ja ablehnend gegenüber. Er langweilt ihn ebenso wie Bretons Versuche, nach dem Krieg in Paris noch einmal zu beginnen:

Vier Maler stellen zwei Dutzend Bilder aus, drei Dutzend Besucher langweilen sich davor [...]
Ich habe im vergangenen Jahr die große retrospektive Ausstellung der Surrealisten in Paris besucht, und nichts war sosehr einer Todesanzeige dieser Malerei zu vergleichen wie diese Exposition.

»Nennenswert« unter den österreichischen Surrealisten ist allein der »begabte und eigenwillige Maler« Edgar Jené. Die weiteren Beteiligten Rudolf Neuwirth, Franz Rogler und Rudolf Pointner werden dagegen als Picasso- bzw. Kandinsky-Epigonen abgetan. Skeptisch wird auch Celans künstlerischer Beitrag beurteilt:

soll man die mit zwei Reißnägeln auf ein Blatt Papier genagelte Augenmaske als Werk bezeichnen?

Es ist zu vermuten, daß es sich auch bei der im Brief an Margul-Sperber erwähnten ›Lanze‹ tatsächlich um eine Zeichnung handelt und nicht, oder zumindest nicht nur, um einen gemeinsam mit Jené verfaßten surrealistischen Text. Celan schreibt kurz vor der Endredaktion des Heftes, am 8. März 1950 an die Jenés: »Ich hoffe, daß Edgar es mir nicht übel nimmt, wenn ich ausdrücklich bemerke, daß mir die Veröffentlichung der Lanze (in den Surrealistischen Publikationen) unerwünscht wäre.« (Jerry Glenn: Paul Celan in Wien. In: Die Pestsäule. In Memoriam Reinhard Federmann. Wien: Löcker & Wögenstein 1977, S. 104) Ob Celan die Publikation der Zeichnung oder die des Textes in dieser Weise ablehnt, geht aus der Briefstelle nicht klar hervor.
Der Kritiker der ›Österreichischen Zeitung‹ bleibt überaus skeptisch. Vielleicht aber hätte Celan seinen abschließenden Bemerkungen sogar zugestimmt:

Ueber dieser Ausstellung steht das ein wenig äußerliche, aber dekorative Motto: »Des Menschen Farbe ist Freiheit.« Lassen wir das malerisch

Effektvolle weg, bleiben wir bei der Freiheit. Sie gehört der Kunst wie den Menschen. Aber nicht die Narrenfreiheit von gestern, sondern die wirkliche Freiheit von morgen.

Mit einem kräftigen Farbeffekt arbeitet der Blickfang der ›Surrealistischen Publikationen‹:

5 Umschlag-Banderole

der ›Surrealistischen Publikationen‹. 1950. Heft 1, April

Die Formulierung: »erste Manifestation der AVANTGARDE AUF GEISTIGEM UND SOZIALEM GEBIET in deutscher Sprache« wird vor allem durch die Auswahl aus Manifesten und anderen theoretischen Texten Bretons eingelöst. Sie macht das erste Drittel des Heftes aus.

6 André Breton: Manifestes du Surréalisme

Paris: Jean-Jacques Pauvert éditeur 1962
(Aus der Bibliothek Paul Celan)

Für die ›Surrealistischen Publikationen‹ haben Max Hölzer, Edgar Jené und dessen Frau Erica Lillegg Passagen aus den theoretischen Schriften Bretons übersetzt. Sie betreffen die Poetik, die Politik und die Psychoanalyse. Celan (und nicht, wie im Inhaltsverzeichnis angegeben, Erica Lillegg) überträgt für die Auswahl eine Äußerung von André Breton über Jené. Er beschränkt sich im übrigen bei seinen Übertragungen in den ›Surrealistischen Publikationen‹ auf poetische Texte. Dieser vom Bild dominierte Beitrag, in dem die Kunst Jenés als »ein Leiervogel in der Alabasterscheibe eines Grottenfensters« figuriert, und das keineswegs trocken theoretische ›Willkommen in Elsenor‹ von Georges Hénein sind nur scheinbar Ausnahmen.

7 Cahiers du Sud

Marseille. Année 33, 1946, No. 280
Aufgeschlagen sind die Seiten 382/383: Virgil Teodorescu: La châteleine noyée. Trad. du roumain par Mlle J.R.; Charles-Henri Ford: Pour Estéban Frances. Trad. de l'anglais par L.-G. Gros
Leihgabe: Guy Flandre

Die drei Übersetzungen Celans von Gedichten der rumänischen Surrealisten Virgil Teodorescu und Gellu Naum dürften für lange die einzigen Spuren des rumänischen Surrealismus im deutschsprachigen Raum gewesen sein. Bisher war man davon ausgegangen, daß es sich hier um Übersetzungen aus dem Rumänischen handelt, die einzigen, die Celan je selbst veröffentlicht hat. Davon gingen auch die Herausgeber der ›Gesammelten Werke‹ aus, die die drei Übersetzungen mit rumänischen Vorlagen veröffentlichten. Die merkwürdigen, bei den hervorragenden Sprachkenntnissen kaum zu erklärenden Abweichungen gegenüber den rumänischen Originalen ließen jedoch andere, eventuell französische Übersetzungen als Grundlage vermuten. Dies ist z. B. bei dem von Edgar Jené übersetzten Text von Arpad Mezei, ›Freiheit des Wortes‹, der Fall, der keine Übersetzung aus dem Ungarischen ist, sondern auf dem französischen Beitrag im Textband zur Surrealismus-Ausstellung, ›Liberté du language‹ (Le surréalisme en 1947, S. 59–61), basiert. Die Grundlage für die Naum- und Teodorescu-Übersetzungen findet sich in den für den Surrealismus allgemein wichtigen ›Cahiers du Sud‹, die 1946 eine Reihe von ›Surréalistes étrangers‹ (gemeint sind Surrealisten aus nicht francophonen Literaturen) veröffentlichten. Darunter befinden sich u.a. die drei für die ›Surrealistischen Publikationen‹ übersetzten Gedichte der rumänischen Surrealisten Gellu Naum und Virgil Teodorescu, die Paul Celan wohl nicht persönlich gekannt hat. Die im Vergleich mit dem rumänischen Originaltext aufgefallenen »Fehler« Celans sind bereits in der französischen Vorlage zu beobachten, einschließlich der äußerlichen Abweichungen, d. h. der Zusammenfassung der beiden Strophen zu einer einzigen im Gedicht von Teodorescu.

Castelana Înecată

Părul tău e lampa acestei spelunci
Clătinăndu-se mă lasă în umbră
Îmi place când plouă să vorbesc despre el
Pentrucă e o focă întinsă la soare

Eu port pe umeri un columbar
Ca osul unei castelane înecate în mlăstini
Cenuşa e părul tău nedormit
Cenuşa de radiu străbătând întreaga trahee
O voi risipi în aerul marin
ca monezile aruncate de sus

(Aus dem 1945 in Bukarest erschienenen Gedichtband ›Blănurile oceanelor‹ / ›Die Pelze der Meere‹, S. 43)

La Châtelaine Noyée

Ta chevelure est la lampe de cet antre
S'agitant elle me laisse dans l'ombre
J'aime qu'il pleuve lorsque je parle d'elle
Car elle est un vaste foyer dans le soleil
Je porte sur mes épaules un colombier
Comme le corps d'une châtelaine noyée dans les marais
De cendre sont tes cheveux en insomnie
De cendre de rayons jaillissant à travers les trachées
Oh je m'éparpillerai dans l'air marin
Comme des pièces d'or jetées du haut du ciel

Die ertrunkene Schloßfrau

In dieser Höhle ist dein Haar die Lampe
Es flackert und ich habe Schatten
Ich wünsch mir Regen wenn ich von ihm rede
Ein Feuerkern im Sonnenrund sind deine Haare
Ich trag auf meinen Schultern einen Taubenschlag

Die Leiche einer Schloßfrau die im Sumpf ertrank
Aus Asche ist dein Haar das keinen Schlaf fand
Aus Strahlenasche durch ein Luftgefäß gequollen
Oh in den Wind vom Meer werd ich zerstieben
Gemünztes Gold das hoch vom Himmel fällt

(GW V, S. 551)

Die Übersetzungsfehler lassen keinen Zweifel. Rumänisch »focă« (Vers 4) z. B. bedeutet »Seehund«. Die französische Übersetzerin Mlle J. R. läßt sich vom lautlich nahen »foc« (Feuer) verführen und macht »foyer« (Feuerstätte) daraus; der vom Autor vorgesehene scharfe Kontrast zwischen dem das kalte Wasser suchenden Tier und der glühenden Sonne wird also zerstört. Celan motiviert sein Bild vom »Feuerkern im Sonnenrund« mit »un vaste foyer dans le soleil« (eine große Feuerstätte in der Sonne), es visuell und verbal verdichtend. Die beiden letzten Verse sind von Celan dem französischen Text exakt nachgebildet, angefangen vom einleitenden »Oh« bis zum Bild der vom Himmel fallenden bzw. geworfenen Goldstücke. Das »O« am Anfang des rumänischen Verses hat allerdings eine völlig andere syntaktische Funktion; es ist feminines Akkusativpronomen, auf »cenuşa« (Asche) bezogen: die Asche wird zerstreut, nicht das sprechende Ich. Und im rumänischen Schlußvers ist weder von Gold noch vom Himmel die Rede. Nicht »ca monezile aruncate de sus« (wie Münzen, von oben geworfen) ist Ausgangspunkt für das wesentlich expressivere »Gemünztes Gold das hoch vom Himmel fällt« bei Celan, sondern »Comme des pièces d'or jetées du haut du ciel« (wie Goldstücke, vom Himmel heruntergeworfen). Auffallend – und typisch – ist, daß Celan hier wie auch an anderer Stelle (Vers 6) den expliziten Wie-Vergleich vermeidet und es dem Leser überläßt, die Verbindungen zu ziehen.
Leider ist heute nicht zu klären, welcher Art und wie umfangreich das Material war, das Breton aus Paris geschickt hat. Wir wissen also nicht, woraus Celan wählen konnte. Hatte er für die Rumänen etwa noch andere als die in den ›Cahiers du Sud‹ publizierten Gedichte zur Verfügung? Welche Entscheidungsmöglichkeiten hatte er überhaupt? Die übersetzten Texte wirken – wie dem auch sei – heute z. T. wie eine sehr persönliche Wahl. Das gilt auch für

›Die ertrunkene Schloßfrau‹: Sowohl das brennende wie das aschene Haar aus Celans eigenen Gedichten, aus der ›Todesfuge‹ (GW I, S. 41f.) *oder aus ›Nachtstrahl‹* (GW I, S. 31), *ein Gedicht der Wiener Zeit, wirkt hier präsent. Gerade wegen dieses persönlichen Aspektes ist man versucht, besonders deutlich vom Ursprung abweichende Lösungen als eigenwillige Entscheidungen des Übersetzers, d. h. auch als seine persönliche Aussage zu deuten.*

So zeigt etwa die Césaire-Übertragung, die, so geht es aus dem Brief an Margul-Sperber hervor, zu den frühesten Arbeiten für das Heft gehört, ein sehr freies Umgehen mit der Vers- und Stropheneinteilung. Gerade dadurch aber geraten an verschiedenen Stellen, abweichend vom französischen Text, Elemente in die betonte Stellung am Versende, die der Aussage eine deutliche Nuancierung geben:

Vers 6/7 les étoiles mortes apaisées par des mains
merveilleuses jaillissent
de la pulpe de mes yeux

Vers 6 – 8 Aus meiner Augen Mark tritt ein toter
Stern um den andern getröstet
von Händen wunderbar

Das durch Singularbildung, vor allem aber durch eine starke Enjambement-Spannung hervorgehobene poetische Bild »toter / Stern« scheint aus der Erlebniswelt des Juden Paul Celan geboren. Aber gleichzeitig wirkt die neue formale Betonung von »wunderbar« in Verbindung mit »toter« auch als aufmerksamer Hinweis des Übersetzers auf den Titel des Bandes, dem der Text entnommen ist:

8 Aimé Césaire: Les armes miraculeuses

4e édition
Paris: Gallimard/nrf 1946
(Aus der Bibliothek Paul Celan)
Mit handschriftlicher Widmung von Aimé Césaire: »à Pierre Achille fraternellement parce que lui aussi, dans l'éblouissement des mirages, il a ressenti la grande secousse qui de temps en temps lance les Antilles nostalgiques à l'amoureux assaut de notre Afrique«

Celan hat den Band erst später antiquarisch erworben.
Möglicherweise sind auch die Übersetzungsfehler in Gedichten von Henri Pastoureau, über die sich der Autor in einem Brief an Stefan Reichert, den Herausgeber der ›Gesammelten Werke‹ Celans, vom 15. Dezember 1981 ausdrücklich beklagt, als eine recht bewußte Lektüre zu bewerten. Celan übersetzt in Pastoureaus ›Hommage à Arnold Böcklin‹ / ›Huldigung an Arnold Böcklin‹ (Surrealistische Publikationen, S. 48; GW IV, S. 764f.) z. B. das poetische Bild »un vieux centaure pie« (ein alter, gescheckter Zentaur), indem er nach Pastoureaus Meinung »pie« (gescheckt) und »pieux« (fromm) verwechselt: »ein alter, frommer Kentaur«. Die Lösung »fromm« ließe sich jedoch auch als Versuch des Übersetzers verstehen, die im Französischen zweifellos aufgrund des latenten Reimes mögliche Assoziation vieux/pieux in den deutschen Text einzubringen. Das Attribut »fromm« freilich gibt dem Bild einen anderen »surrealen« Reiz als die konkrete Vorstellung vom Schecken als Kentaur.
Trotzdem ist Vorsicht bei derartigen Interpretationen geboten. Gerade die Übersetzungen der ursprünglich rumänischen Gedichte zeigen, daß manche scheinbar sehr persönliche neue Aussage in der tatsächlichen Vorlage bereits vorhanden ist. Wenn der Schlußvers des Gedichtes ›Lanterna magică‹/›Laterna magica‹ von Gellu Naum (Aus: Culoarul Somnului. Bukarest 1944. Übersetzung in: Surrealistische Publikationen, S. 77; GW V, S. 546f.), »Am ajuns şi am uitat gestul potrivit« (ich bin angekommen und habe die passende Geste vergessen), in Celans Formulierung »ich bin allein ich weiß die Geste nicht die nottut«, auch noch so sehr auf seine persönliche Situation nach dem Verlassen Bukarests hindeuten mag, als er in Wien angekommen ist und sich so allein wie fremd fühlt – er übersetzt auf diese Weise einfach sehr präzise den französischen Satz »je suis seul et j'ai oublié le geste approprié« (ich bin allein und ich habe die passende Geste vergessen). Damit ist freilich nicht gesagt, daß ihn der seiner Situation scheinbar so angemessene Satz nicht zur Wahl dieses Gedichtes veranlaßt haben könnte.
Auch die Texte von Henri Pastoureau gehören zu denjenigen, die heute wie im Jahr 1948 kaum erreichbar sind und waren. Der Erstdruck in der von Georges Hénein gegründeten ägyptischen Zeitschrift ›La part du sable‹ vom 15. Februar 1947 war selbst dem Autor Pastoureau nicht mehr zugänglich,

als Stefan Reichert für den Übersetzungsteil der ›Gesammelten Werke‹ nach der Textvorlage suchte.

9 Henri Pastoureau: Trois poèmes Fragment résiduel. Hommage à Flaubert. Hommage à Arnold Böcklin

Eigenhändige Abschrift
Beilage des Briefs an Stefan Reichert, Saint-Pierre des Nids, 15. Dezember 1981
Leihgabe: Dierk Rodewald (Nachlaß Stefan Reichert)

Die Abschrift basiert auf eigenen Unterlagen, die vom Autor ausdrücklich als nicht mit dem Erstdruck übereinstimmend bezeichnet werden. Abweichungen gegenüber der von Celan verwendeten Vorlage sind hier also nicht nur möglich, sondern sogar wahrscheinlich.

10 La Part du Sable

le présent cahier de textes poétiques et critiques
achevé d'imprimer au Caire le 15 Février 1947
est édité par le mouvement »ART ET LIBERTÉ«
sous la direction personnelle de Georges Hénein
et Ramsès Younane
Umschlagillustrationen: Ramsès Younane
Leihgabe: Guy Flandre

Der Vergleich mit dem in Kairo gedruckten Text zeigt eindeutig diesen als Grundlage von Celans Übertragung. Deutlich wird das an der Übereinstimmung der Verseinteilung in den ›Fragments résiduels‹ ebenso wie am Wortlaut des letzten Textes ›Hommage à Arnold Böcklin‹:

Hommage à Arnold Böcklin

Il y avait une fois un vieux centaure pie qui se présenta chez un maréchal-ferrant. J'ai connu, près du gué, l'auberge et la forge où le maréchal aubergiste et ferrant recevait ses clients. Il y avait là une servante jolie, jeune et souillon. *(Manuskript; GW IV, S. 764)*

Hommage à Arnold Bocklin

Il était une fois un vieux Centaure pie qui se présenta chez le maréchal-ferrant. J'ai connu, près du gué, l'auberge et la forge où le maréchal aubergiste et ferrant reçut le Centaure. Il y avait dans cette auberge une servante jolie, jeune et souillon. *(La Part du Sable, S. 27)*

Huldigung an Arnold Böcklin

Es war einmal ein alter, frommer Kentaur, der sich bei einem Hufschmied vorstellte. Ich habe das Gasthaus und die Schmiede, nahe der Furt gekannt, wo der Gastwirt und Hufschmied den Kentaur empfing. In diesem Gasthaus gab es ein Dienstmädchen, jung, hübsch und schmutzig. *(Surrealistische Publikationen, S. 48; GW IV, S. 765)*

Angesichts von Celans Engagement im Wiener Nachkriegssurrealismus sollte die spätere große Empfindlichkeit Celans gegenüber Einordnungsversuchen seines früheren Werkes in den Surrealismus hinterfragt werden. Auch unter den in den ›Surrealistischen Publikationen‹ veröffentlichten eigenen Gedichten finden sich solche, deren Wirklichkeit in anderer Weise für den Leser greifbar war, als das in der Absicht »orthodoxer« Surrealisten lag:

In Ägypten

Du sollst zum Aug der Fremden sagen: Sei das Wasser.
Du sollst, die du im Wasser weißt, im Aug der Fremden suchen.
Du sollst sie rufen aus dem Wasser: Ruth! Noemi! Mirjam!
Du sollst sie schmücken, wenn du bei der Fremden liegst;
du sollst sie schmücken mit dem Wolkenhaar der Fremden.
Du sollst zu Ruth und Mirjam und Noemi sagen:
Seht ich schlaf bei ihr!
Du sollst die Fremde neben dir am schönsten schmücken.
Du sollst sie schmücken mit dem Schmerz um Ruth, um Mirjam und Noemi
Du sollst zur Fremden sagen:
Sieh, ich schlief bei diesen! *(Surrealistische Publikationen, S. 66)*

Die Distanzierung gegenüber den Einordnungsversuchen seiner Rezensenten hat freilich auch damit zu tun, daß von diesen Celans Surrealismus-Kontakt ausschließlich der Begegnung mit Yvan Goll zugeschrieben wird. Schon die Vorstellung aber, Yvan Goll könnte noch 1949 surrealistische Positionen vertreten haben, zeugt von mangelhaften Kenntnissen der Zusammenhänge und von den allgemeinen Schwierigkeiten der deutschen Nachkriegskritik, mit der in Deutschland so lange unterdrückten internationalen Avantgarde umzugehen.

96 Umschlag (8,10)

9 Picasso als Theaterautor

97 Pablo Picasso (9.1)

98 Picassos Titelschrift (9. 2)

Wenn unsereiner blödelt, erfindet er unnütze Berufe (Zitronenfalter, Nordseeschoner, Punktroller, Damenschlüpfer, Magenbitter) oder er fordert einen Zahlkellner auf, in einem Tiroler Alpental seinen Rachen zu säubern (Ober, gurgl im Ötztal) oder er lernt in stillen Stunden Chinesisch (Bru – der Kuß, Ju – das Geld, Lu – der Bub, Mie – der Macher, Elterl – ein Platz); wenn aber Picasso blödelt, kommt ein Theaterstück dabei heraus. Niemand kann sagen, warum Picasso dieses Theaterstück zusammengeblödelt hat. Aber es gibt zu denken, daß dies im Krieg geschah, als selbst die Optimisten nicht mehr zu hoffen wagten, Hitler würde aufgehalten werden können. Schwarzer Galgenhumor also, der damals vielleicht makabre Gelächter hervorrief (während er heute nur noch Atelierfest-Lustigkeit aufkommen läßt) – aber, jedenfalls, Humor.
(Zeitungsausschnitt aus einer Wiener Tageszeitung)

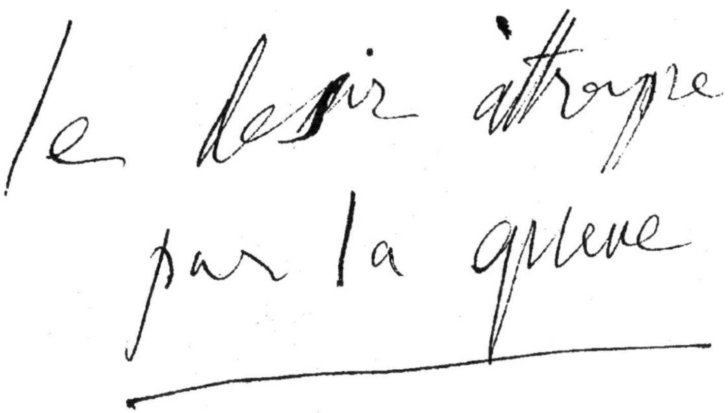

In seiner Besprechung von Picassos ›Wie man Wünsche beim Schwanz packt‹ bringt Peter Weiser all die Punkte auf den Punkt, die dieses »Stück, das keines ist«, vertrackt und verlockend zugleich machen. Der Autor ist kein Schrift-

99 Auf der gegenüberliegenden Seite: Autoportrait von oben (9. 2)

steller, sondern Maler. Aber der Autor ist nicht irgendwer, sondern Pablo Picasso (1881–1973). Das Kunstwerk besteht aus Dialogen und ist in (sechs) Akte und (acht) Szenen unterteilt, also ist es ein Theaterstück. Aber die Worte ergeben keinen Sinn und die Regieanweisungen sind unrealisierbar, also ist es kein Theaterstück. Das Ganze ist ein bloßer Scherz, denn Picasso läßt seiner Phantasie freien Lauf und jongliert kunstvoll mit Wortbildern und Sprachwitz. Das Ganze besitzt eine politische Botschaft, denn Picasso schreibt damit in dem von den Deutschen besetzten Paris gegen Hunger, Kälte, Bedrohung und Gewalt an. Von all dem bleibt heute nichts als blanker Unsinn übrig, der gar nichts bedeutet. Unabhängig davon bietet das Stück auch heute noch amüsante Unterhaltung.

1954 überträgt Celan »Picassos wilde Stückeetüde« für den Arche-Verlag. Die wichtigsten Stationen der Aufführungsgeschichte dieses »Unstücks« im deutschen Sprachgebiet liegen in Bern (1956), Wien (1962), Berlin und Heidelberg (1965). Später wird »des großen Malers Theaterjux« auch verfilmt (1971) und fürs Hörspiel eingerichtet (1980).

1 Pablo Picasso

in den Studios ›Sainte-Victorine‹ in Nizza, während der Dreharbeiten zu ›Le mystère Picasso‹ von Henri-Georges Clouzot
Photographie von Karl Flinker, 1956
Leihgabe: Pierre Brullé

Der Maler, Bildhauer, Töpfer, Bühnenbildner und Filmschauspieler Picasso war auch Schriftsteller. Schon 1935 schreibt er nach Art der Surrealisten sogenannte »automatische Texte«: dem Assoziationsstrom folgende Aneinanderreihungen von Wörtern und Sätzen, wobei eine Kontrolle durch das Bewußtsein im Idealfall völlig ausgeschlossen werden soll. Zum Teil hat er diese Technik auch in ›Le désir attrapé par la queue‹ angewandt, das im Januar 1941, also im ersten, kalten Pariser Besatzungswinter entsteht. Die Deutschen hatten Picasso, der nicht zuletzt erklärter Franco-Gegner war, Ausstellungsverbot erteilt, seine Gemälde mußten aus Galerien entfernt, sein Name aus Katalogen gestrichen werden.

PORTRAIT D L'AUTEUR

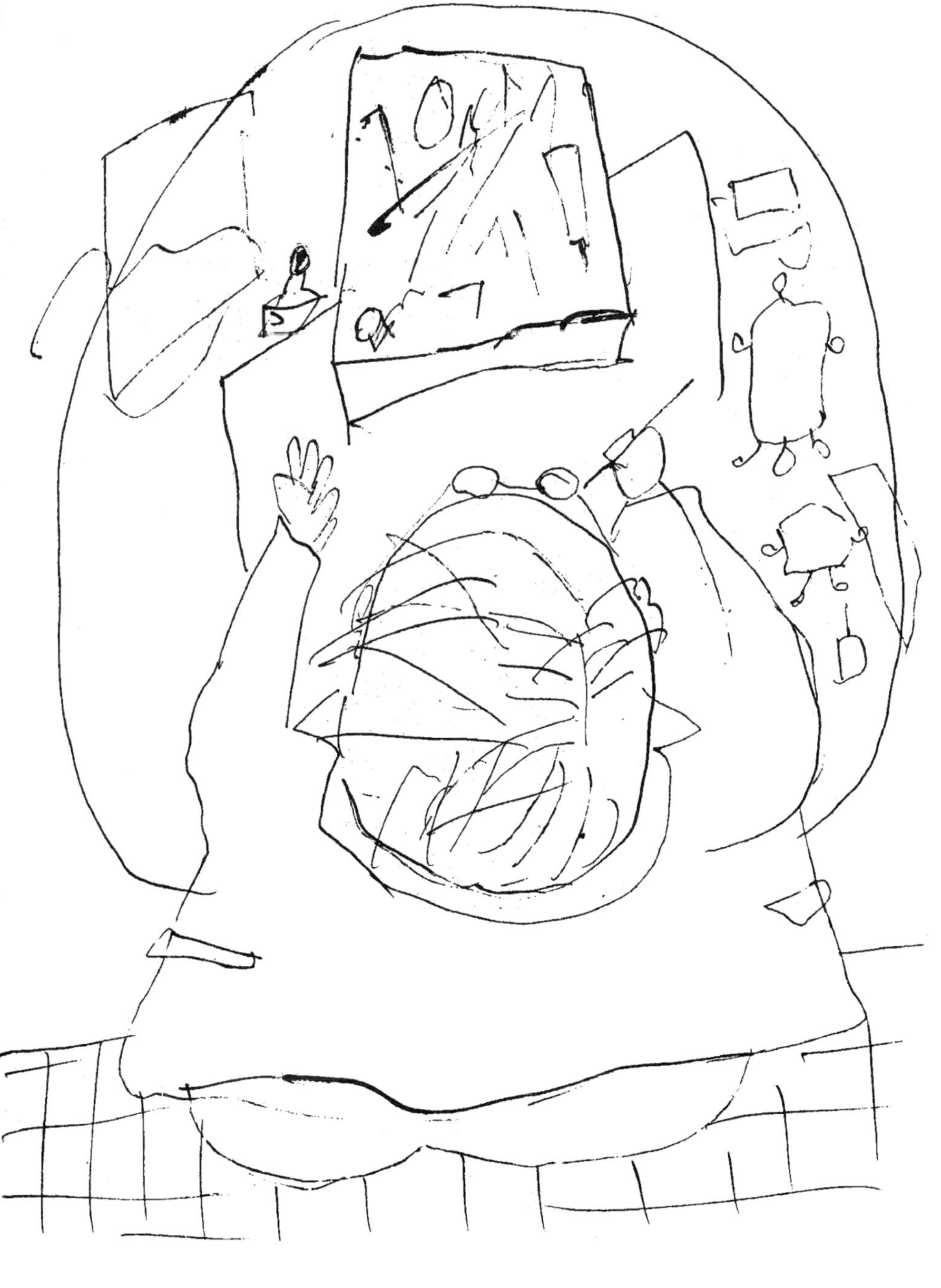

2 Pablo Picasso: Le désir attrapé par la queue

Faksimile des Autographs [Paris 1944]
Aufgeschlagen: Seite [4/5] mit Bühnenskizzen für den 1. und 2. Akt
Leihgabe: Privatsammlung

Am 14. Januar 1941, an einem der kalten, langen Abende, die einem anstrengenden Tagewerk an der Leinwand folgten, nahm er ein altes Schulheft zur Hand und bereitete eine Überraschung für seine Freunde vor, die sich niemand hätte träumen lassen. Er fing seine Arbeit ganz systematisch mit dem Titel an: ›Wie man Wünsche beim Schwanz packt‹, und schmückte das Blatt mit einer Federzeichnung, die das Porträt des Autors aus der Perspektive einer an der Decke sitzenden Fliege zeigt. Picasso hatte sich ein Stück ausgedacht, das als tragische Farce oder als Tragödie im Gewand der Farce erscheint. Die erste Szene des ersten Aktes wird von der Zeichnung eines gedeckten Tisches eingeleitet, auf dem eine Mahlzeit, bestehend aus Schinken, Fisch, Wein und einem Männerkopf auf einer Schüssel, zu sehen ist. Unter dem Tisch baumeln die Beine der in dem Spiel auftretenden Personen. [...] Freitag, den 17. Januar 1941, vier Tage, nachdem er begonnen hatte, zog Picasso einen Strich unter das Ende des letzten Aktes und schrieb: »Fin de la pièce.« [...] Drei Jahre später, im Frühjahr 1944, als die Besatzung solche Unternehmen noch gefahrvoll machte, wurde in der nahen Wohnung von Michel Leiris eine Lesung veranstaltet. Leiris übernahm die Rolle des Plumpfuß, während die übrigen Rollen von seiner Frau Louise Leiris, von Jean-Paul Sartre, Simone de Beauvoir, Raymond Queneau, Georges und Germaine Hugnet, Jean und Zanie Aubier und Dora Maar gelesen wurden. Camus fungierte als Regisseur. Kein Theaterensemble hätte Picassos Ansichten wohl mit mehr Verständnis und Vergnügen interpretieren können. Die Wiedergabe des Stückes war so ausgezeichnet, daß diese einzige Vorstellung im besetzten Paris von den Teilnehmern als ein Ereignis bezeichnet wurde, das als Beweis des Einvernehmens zwischen Dichtern und Malern ebenso denkwürdig war wie das Bankett, das 40 Jahre früher zu Ehren des Zöllners Rousseau stattgefunden hatte. Zudem hatte die Lesung noch den Beigeschmack einer geheimen Orgie, einer Herausforderung an die Feinde, die

100 Auf der gegenüberliegenden Seite: Aus dem Manuskript, mit Anweisungen zum Bühnenbild (9. 2)

l'oignon — le choix de cet hôtel comme lieu de rendez-vous et place publique des champs clos et faire de cet endroit n'est pas encore fait et nous devons examiner au microscope d'ambre pareille et pareille les pieds fatigués du sujet encore rien indécis

ACTE IIe

le gros pied — ne nous cachez pas si adroitement derrière le derrière de l'histoire que tout nous intéresse et nous imagine le choix des témoins est fait et bien fait nom d'une tringle et nous tous tant ... s'il échappe la fumée sur l'ombre portée du compte à régler au propriétaire

~~Scène~~ II

le silence — embaumant ses habits — qu'il fait chaud nom de dieu

la cousine — je n'ai déjà mis le chauffage tout à l'heure mais ça ne chauffe pas c'est inouï

l'oignon — il faudrait ramoner cette cheminée depuis elle fume

l'oignon — il serait préférable de construire l'année prochaine une plus jeune et avec en plus de souris et crapauds

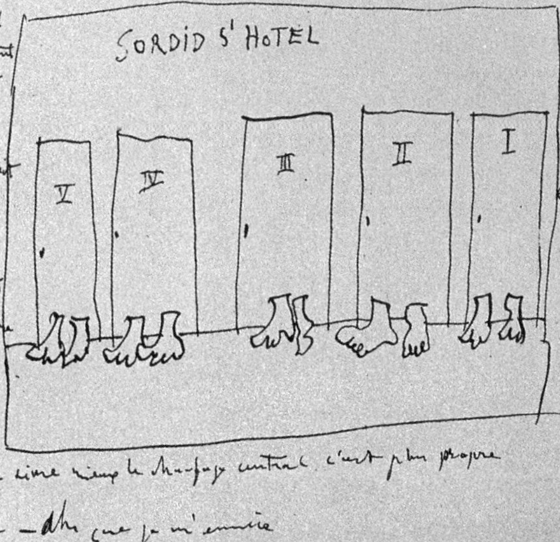

IIe acte

la tarte — moi je aime mieux le chauffage central c'est plus propre

l'angoisse maigre — ah que je m'ennuie

l'angoisse grasse — tais-toi on est en visite

le bout rond — au dodo au dodo savez-vous l'heure il est 2 hs — 1/4

Scène II

(changement de lumière) lumière l'orage

les rideaux s'agitant — quel orage quel nuit une véritable [...] une pestilencielle nuit de chine en porcelaine de chine

certainement une nuit culinaire une nuit de chine nuits [...] nuit de tonnerre dans mon ventre incongru

[...] (riant et pétant) [...] (musique du Saint-Jean (la danse macabre) (des pieds la même romance à tomber sur le plancher et des feux follets courent sur la scène) [...]

geglaubt hatten, Paris beherrschen zu können. *(Roland Penrose: Picasso. Leben und Werk. München: Piper 1961, S. 308)*

Die Lesung findet Mitte März statt. Später erscheint eine Faksimile-Ausgabe, die nur in wenigen Exemplaren hergestellt wurde. Am 6. Juni 1944, D-Day, landen die Alliierten an der Normandie-Küste, und im August kann de Gaulle in Paris einziehen. Picassos Stück wird gleich nach der Befreiung veröffentlicht. Im zweiten Heft der u. a. von Michel Leiris herausgegebenen Zeitschrift ›Messages‹ wird ›Le désir attrapé par la queue‹, unter Verwendung der in die Handschrift eingefügten Bühnenskizzen, zusammen mit Texten von Eluard, Queneau, Leiris, Mouloudji, Sartre, Prévert, Tardieu, »Cancale« – hinter dem Pseudonym verbirgt sich der Dichter Robert Desnos – und anderen abgedruckt. 1945 erscheint die Buchausgabe bei Gallimard. Zu einer französischen Aufführung des Werkes kommt es jedoch lange Zeit nicht. Die erste szenische Darstellung findet 1950 am Londoner Watergate Theatre statt, mit Louise Tounarche in der weiblichen Hauptrolle; 1955 wird es erneut in Amsterdam aufgeführt.

Ein Jahr vorher, im Frühjahr 1954, treffen sich Peter Schifferli, der Züricher Verleger der ›Arche‹, und Paul Celan in Paris.

3 Peter Schifferli an Paul Celan

Zürich, 19. März 1954. Brief, 1 Blatt

Sehr geehrter Herr Celan,
Es war für mich eine grosse Freude, dass ich Sie in Paris sehen durfte. Ich habe mir überlegt, was Sie für mich übersetzen könnten, und da ich weiss, dass Sie nicht einfach irgendeinen Roman übernehmen wollen, glaube ich doch, dass die Uebersetzung des Dramas von Picasso die reizvollste Aufgabe wäre.
Ich schicke ihnen mit der gleichen Post die Vorlage mit der Bitte um sorgfältige Behandlung, da es ein sehr seltenes Exemplar ist. Bitte schreiben Sie mir dann bald, ob Sie die Uebersetzung übernehmen können und bis

wann ich mit dem Abschluss rechnen kann. Auch im Hinblick auf das Honorar bitte ich um einen Hinweis.
Mit den besten Grüssen
Ihr Peter Schifferli

Picassos »Drama« ist beim Treffen der beiden wahrscheinlich schon im Gespräch. Womöglich hat Celan den Verleger um einen Übersetzungsauftrag gebeten und dieser ihm daraufhin verschiedene Titel genannt, bevor er ihm in seinem Brief nun einen endgültigen Vorschlag macht. Der Anstoß zu dieser Übersetzung geht vermutlich nicht von Celan selbst aus. Von einer bewußten Rückwendung Celans zum Surrealismus kann in diesem Zusammenhang keine Rede sein. Celan nimmt also offensichtlich den Vorschlag an und Elisabeth Schnack bietet ihm über das übliche Übersetzerhonorar von »im allgemeinen Fr. 4.– für 32 Zeilen […] im Hinblick auf die Schwierigkeit […] den Lyrikansatz von Fr. 6.– pro Seite à 32 Zeilen«. (10. April 1954)

Die Schwierigkeit einer Übertragung dieses Textes, der in den Monologen tatsächlich »lyrische« Qualitäten besitzt – Ernst Wurm spricht von »zu Szenen arrangierten Gedichten in Prosa« – liegt zum einen an der bereits erwähnten Technik der »écriture automatique«, die zur Folge hat, daß nicht in Worte gekleideter Inhalt, sondern dem Unterbewußtsein gehorchende, sich selbst fortzeugende Wortgruppen in eine andere Sprache zu übertragen sind. Zum anderen spielt Picasso ausgiebig mit dem Klang der Worte, mit Assonanzen und Reimeffekten, so daß der Übersetzer – vorausgesetzt, er will auch in diesem Punkt dem Original entsprechen – ähnliche Qualitäten in seiner Sprache suchen und finden muß.

4 Paul Celan an Peter Schifferli

Paris, 1. Mai 1954 (Poststempel 3. Mai 1954). Brief (Durchschlag), 1 Blatt

Celan berichtet Schifferli von seiner Arbeit:

Ich bin nun seit geraumer Zeit wieder in Paris und habe auch schon fleissig übersetzt. Eine erste Fassung ist nun beendet. Eine erste Fassung: der

Picasso-Text will nämlich nicht nur übersetzt, sondern auch – wenn ich ein Heidegger-Wort missbrauchen darf – übergesetzt sein.
Sie sehen: es handelt sich für mich – mitunter – um eine Art Fergendienst. Darf ich also hoffen, dass bei der Honorierung meiner Arbeit nicht nur die Zeilen, sondern auch die Ruderschläge gezählt werden?
Ich schicke Ihnen die endgültige Fassung spätestens am 15. Mai.
Wie sich der Fährmann seiner Aufgabe entledigt hat, zeigt die Über-Setzung der kurzen zweiten Szene des ersten Aktes. Die Darsteller sind – zwei Gardinen:

LES RIDEAUX, *s'agitant.*

Quel orage! Quelle nuit! Une véritable certainement nuit câline, une nuit de Chine, une nuit pestilentielle en porcelaine de Chine. Nuit de tonnerre dans mon ventre incongru.

DIE GARDINEN *(hin und her gerissen)*:

Welch ein Gewitter! Welch eine Nacht! Eine Nacht, so schmeichelnd und erlesen, eine wahre Nacht für Chinesen, eine Nacht voller Stunk und Prunk! Du Donnernacht in meinem ungehörigen Unterleib! *(GW IV, S. 14f.)*

Nachdem Celan, termingerecht, sein Manuskript dem Arche-Verlag geschickt hat, wird er Ende Mai gebeten, auch noch Picassos Gedichte zu übertragen. Schifferli sind wohl die Schwierigkeiten der Übersetzung bewußt, dementsprechend großzügig honoriert er Celan:

die Berechnung Ihres Honorars für die Picasso-Uebersetzung bereitet mir doch einige Schwierigkeiten. Das Ganze umfasst 777 Zeilen, wovon etwa 90 Zeilen Ueberschriften sind. Gemäss unserer Abmachung erhalten Sie Fr. 6.– pro Seite. (zu 32 Zeilen), also etwa Fr. 144.– aufgerundet. Für die vergeblichen Ruderschläge möchte ich Ihnen einen Zuschlag von nicht ganz einem Viertel offerieren, sodass Sie dann Fr. 180.– erhalten. Dies ist das höchste Honorar, das wir je bezahlt haben und Sie haben damit sogar Curtius übertroffen. Vielleicht kann ich Ihnen bald eine einfachere Uebersetzungsarbeit anvertrauen, damit Sie dann noch einmal einen Aus-

gleich haben. Wie kommen Sie mit den Gedichten zu Rande? Wenn es nicht geht, schreiben Sie es einfach, damit Sie nicht zu viel Mühe haben.

(30. Juni 1954)

Letztlich wird den einen Teil der Gedichte Celan und den anderen Elisabeth Schnack übertragen. 1954 erscheint ›Wie man Wünsche beim Schwanz packt‹ zusammen mit den Gedichten, einigen weiteren Texten von Picasso und zwei Essays über ihn in dem Band:

101 Einbandzeichnung, Rück- und Vorderseite von Pablo Picasso: Wort und Bekenntnis (9.5)

5 Pablo Picasso: Wort und Bekenntnis

Die gesammelten Zeugnisse und Dichtungen
Berechtigte Übertragung von Paul Celan (Drama und Gedichte) und Elisabeth Schnack (Bekenntnisse).
Zürich: Im Verlag der Arche 1954
(Aus der Bibliothek Paul Celan)
Darin: Wie man Wünsche beim Schwanz packt, S. 59–98

Wie Picasso den Band aufgenommen hat, wird von seinem Galeristen Daniel-Henry Kahnweiler übermittelt:

Picasso sprach heute morgen mit mir von Ihrem kleinen Büchlein, das ihm in der Ausstattung sehr gut gefällt; den Text kann er ja nicht lesen. Er wäre Ihnen sehr dankbar, um gefl. Zusendung von 20. Exemplaren dieses Buches. (Seine Adresse lautet: 7, rue des Grands Augustins, Paris 6e) Ich glaube sehr, dass es gut wäre, wenn Sie ihm diesen Gefallen tun würden.
(An Peter Schifferli, 25. Februar 1955; Archiv des Arche-Verlags)

Die deutsche Fassung des Stückes hat am 1. Dezember 1956 im Kleintheater in Bern Premiere – zur Feier von Picassos 75. Geburtstag.

6 Pablo Picasso: Wie man Wünsche am Schwanz packt

Plakat der Aufführung im Kleintheater, Kramgasse 6, Bern, 1. Dezember 1956
Leihgabe: Stiftung Schweizerische Theatersammlung, Bern

Das Berner Kleintheater ist kein festes Ensemble, sondern eine mit Berufsschauspielern durchmischte Spielgemeinschaft junger bernischer Intellektueller. Leiter ist der 26jährige Tänzer, Pantomime und Schauspieler Daniel Spoerri, der, unter dem Pseudonym Isaac Tarot verborgen, auch Regie führt und alternierend mit Michel Och-Salgo die männliche Hauptfigur, einen dilettierenden Dichter, verkörpert. Spoerri macht sich auch als bildender Künstler mit seinen »Fallenbildern« einen Namen.
Für »Kostüme und Übersetzung« zeichnet Meret Oppenheim, das »Meretlein« der Pariser Surrealisten, verantwortlich; sie war schon in den dreißiger Jahren berühmt geworden durch die Aktphotos von Man Ray. 1936 wurde in einer von Breton organisierten Ausstellung surrealistischer Objektkunst zum ersten Mal ihr ›Déjeuner en fourrure‹ gezeigt. (Die Idee zu diesem mit Fell besetzten

Frühstücksgeschirr soll übrigens in einem zufälligen Gespräch mit Picasso entstanden sein.) Seit 1948 lebt sie wieder in Bern.
Schon die abweichende Präposition im Titel – ›Wie man Wünsche am Schwanz packt‹ anstelle von ›Wie man Wünsche beim Schwanz packt‹ – läßt erkennen, daß in Bern nicht Celans Übersetzung zur Aufführung kommt. Bei ihm tragen die hier ›Dickfuß‹ (Le gros pied) und ›Stump‹ (Le bout rond) genannten Figuren die Namen ›Plumpfuß‹ und ›Klümpchen‹. Überdies wird das Personal um vier Gestalten reduziert. Es fehlen ›Die Zwiebel‹, ›Das Schweigen‹ und ›Die beiden Wauwaus‹. Wieweit der Berner Aufführung Celans Text dennoch zugrundelag, ließ sich nicht ermitteln.
Die meisten Rezensenten urteilen durchaus zustimmend über das Stück und erkennen in der Gestalt des Künstlers ›Dickfuß‹ beispielsweise eine »pfiffige Selbstparodie« modernen Künstlertums. Ganz anders dagegen und, in der Hitze des Kalten Krieges die Entstehungsumstände des Stückes völlig verkennend, äußert sich das ›Berner Tagblatt‹:
Der Maler Pablo Picasso hat auch ein Stück geschrieben: ›Wie man Wünsche am Schwanz packt‹. Es gehört in die Kategorie dramatischer Literatur, weil es aus Dialogen besteht. Will es den Menschen etwas sagen? Eine Handlung ist in der dreiviertelstündigen Szenenfolge um einen Dichter Dickfuss und dessen erotische Umgebung nicht zu ermitteln. Klaus Bremer, Dramaturg aus Darmstadt, hat der Aufführung nicht nur seine Gattin, die von ihrer Tätigkeit am Berner Stadttheater bekannte Nusch Bremer, als Mitwirkende »geliehen«, sondern zudem ein einführendes Wort geschrieben. Wesentlich für das Verständnis des Stückes, das bisher nur von einigen französischen Linksintellektuellen wie Sartre, Camus u.a. zu öffentlicher [sic] Lesung gelangt, aber noch nie szenisch dargestellt worden war, erscheint die Bemerkung, Passagen von Sinn begegneten Unsinn. In dieser Gleichwertung von Sinn und Unsinn liegt Picassos Schuld: sie entspringt der totalen Relativierung aller geistigen Werte – und ihr entspricht Picassos mangelnder Widerstand mit seiner sich modern dünkenden Gefolgschaft gegenüber einer Tyrannei, die sich seiner zur Aufweichung des Westens bedient. Poetische Stellen sind wie erratische Blöcke verstreut in der Wüste wüsten Leerlaufs. Dagegen darf zum

Ende der moskaugefällige ekstatische politische Ausruf nicht fehlen: »Werft mit aller Kraft die Taubenschwärme den Gewehrkugeln entgegen!« Diesen Grenzfall von Künstlerskepsis, Publikumsverachtung und Schizophrenie kennenlernen zu müssen, schien bis jetzt nur einem Spezialstudium vorbehalten: die Notwendigkeit, ihn weiteren Kreisen vorzustellen, wie auch den 75. Geburtstag seines Autor besonders zu begehen, besteht um so weniger, als dieser Autor blind an seinem salonkommunistischen Vertrauen zum Kreml festhält. *(fg. In: Berner Tagblatt, 3. Dezember 1956)*

1958 findet eine – weniger prominent besetzte – Leseaufführung des Stückes in Celans Übersetzung durch die ›tombe‹, ein kleines Wiesbadener literarisches Ensemble statt, mit jazz-musikalischer Auflockerung und über Lautsprecher eingeblendeten Gedichten, und 1961 wird es im Rahmen der ›Düsseldorfer Kammerspiele‹ von Studenten der Kunstakademie aufgeführt. Übernational zur Kenntnis genommen, ja, mit einem Schlag berühmt wird Picasso als Theaterautor jedoch erst 1962 dank der Inszenierung seines »Dramuletts« (Theo Buck) durch Veit Relin. Relin, 1926 in Linz geboren, Maler, Schauspieler, Bühnenbildner und Regisseur, hatte 1960 das Ateliertheater am Naschmarkt in Wien eröffnet und dort bereits ein anderes »Malerstück«, nämlich Kokoschkas ›Orpheus und Eurydike‹, mit Bühnenbildern des Autors, auf die Bühne gebracht.

7 Ateliertheater am Naschmarkt, Wien

Programmheft, Februar 1962
Leihgabe: Volker Kahmen

Über die Wiener Inszenierung, die ausgerechnet zur Faschingszeit Premiere hat, schreibt »egw« in der ›Welt‹ unter der Überschrift ›Plötzlich war Pablo Picasso Dramatiker‹:

Picasso erwacht eines Tages und sieht sich als gefeierter Bühnenautor, ohne daß er ein Stück geschrieben hat! Das muß ein seltsam wohliges Erwachen sein. Freilich hat er dem Ateliertheater auch volle Freiheit gegeben, seine lose Szenenfolge nach Gutdünken mit Zusätzen aus seinen Dichtungen und mit eigenen Einfällen auszustatten. Und er hatte in dem

Schauspieler Veit Relin, dem Begründer des Ateliertheaters, einen Bearbeiter gefunden, wie er nicht besser denkbar war. Man möchte fast sagen, einen auf seinem Fachgebiet kongenialen jungen Menschen, der die halbe Stunde Text, die ihm der Autor geliefert hatte, auf einen vollen und geistreich-amüsanten Theaterabend aufzublasen wußte – tatsächlich bunt und schillernd wie einen Ballon. Die schon im Titel des Stückes angedeutete Unterschwelligkeit wurde sorgfältig ausgewertet und erweitert, es fehlt weder an Derbheiten, die im Feuer der Phantasie geröstet werden, noch an Bocksprüngen. Die Musik Paul Angerers scheint auf mauszerfressenen Klavieren zu piepsen, von kurzgeschlossenen Hupen zu kommen, die eine Kuh verschluckt hat, oder gar von Fledermäusen auf dem Geigen-Strich herzurühren. Es geschieht im Grunde gar nichts, und doch unterhält man sich. *(21. Februar 1962)*

Zwei Wochen später, am 7. März 1962, fragt Paul Celan, der von all dem offensichtlich nicht unterrichtet worden war, brieflich bei Reinhard Federmann an:

Lieber Reinhard, eine kleine Zwischenfrage: In der ›Welt‹ [...], und zwar der vom 21. Februar, lese ich einen Bericht des Wiener Korrespondenten »egw« – ein Mann von Welt, denke ich –, dass im Theater am Naschmarkt die ›Wie man Wünsche beim Schwanz packt‹ betitelte Farce von Picasso mit Erfolg gespielt wird. Von einem Übersetzer ist da nicht die Rede, und so nehme ich an, dass es sich dabei keineswegs um meine im Verlag der (Jünger-, Benn-, Bergengruen-, Etc-)Arche erschienene Übersetzung von ›Le Désir attrappé [sic] par la Queue‹ handelt.

Federmann antwortet am 9. März 1962:

»egw« ist Erik Graf Wickenburg, ehemals Lektor der Wiener Niederlassung von S. Fischer [...]. Natürlich haben die Naschmarktler Deine Übersetzung genommen, es ist auch brav in allen Wiener Zeitungen gestanden, aber die liest Du ja nicht. *(Paul Celan: Briefe an Reinhard Federmann. In: Die Pestsäule, Jg. 1, 1972/74, H. 1, September 1972, S. 21)*

Tatsächlich heißt es in den Ausschnitten aus der Tagespresse, die Veit Relin Celan Ende April schließlich zukommen läßt, daß die Übersetzung »brillant«,

»virtuos« und »meisterhaft poetisch«, »vom Klang und Geist her herrlich französisch« und »ein Hexenstück an Witz und Treffsicherheit« sei. Am 5. Mai 1962 bedankt sich Celan persönlich beim Regisseur:

Ich freue mich zu hören, dass Sie mit dieser Aufführung Erfolg hatten, und bin mit den besten Wünschen für Sie und Ihre Mitarbeiter Ihr sehr ergebener Paul Celan.

In der Wiener Aufführung sind sämtliche Künste vereint. Vom Tonband erklingt Musik des Wiener Komponisten Paul Angerer, die Bühnenbilder von Henning Lorenz orientieren sich an den Originalskizzen Picassos, sogar ein Kasperletheater wird geboten.

8 Pablo Picasso: Wie man Wünsche beim Schwanz packt

3 Szenenphotos der Aufführung im Ateliertheater, Wien 1962
1. Akt, 1. Szene (von links nach rechts: Marina Ahlsen: 1. Wauwau; Estella Schmid: Die Torte; Magdalena Emesz: Das Klümpchen; Elke Claudius: Die Kusine; Friederike Weber: Die fette Angst; Antonio Lepeniotis: Das Schweigen; Gerda Svenneby: Die magere Angst; Gertrude Kaminsky: Die Zwiebel; Emanuel Schmied: Der Plumpfuß; Helmut Hron: 2. Wauwau). Photographie von Ernst Hausknost
2. Akt, 1. Szene. Photographie von Ernst Hausknost
3. Akt, 1. Szene (Emanuel Schmied: Der Plumpfuß). Photographie von Friedrich Klinsky
Leihgabe: Veit Relin

ERSTER AKT, ERSTE SZENE

DER PLUMPFUSS: So – jetzt aber Spaß beiseite! Wir haben ausgiebig sylvestert, Zwiebel; wir sind jetzt so weit, daß wir dem Kusinchen die Wahrheit ins Gesicht sagen können. Unsere Kebsehe hat eben ihre Ursachen oder ihre Folgen – darüber sollten wir uns ein für allemal Klarheit verschaffen. Wer Runzeln und verdreckte Sohlen hat, braucht sich deswegen vor dem Herrenreiter nicht zu verstecken – und wenn er noch soviel auf Anstand gibt! *(GW IV, S. 11)*

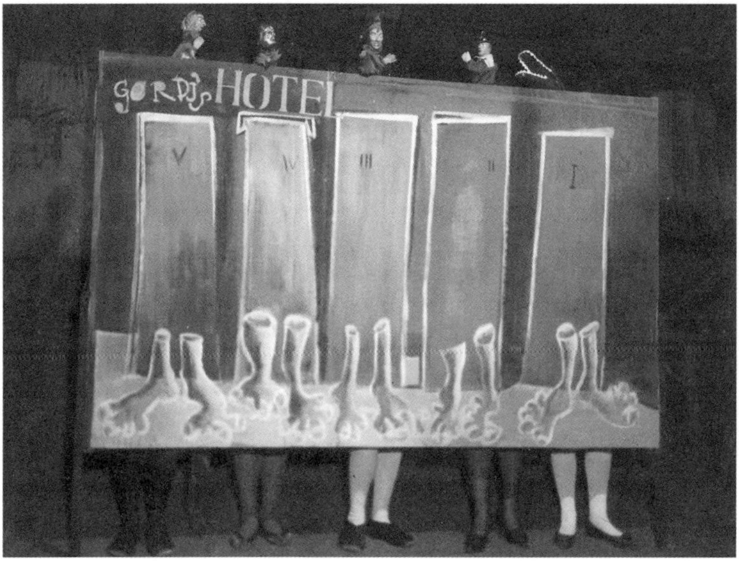

102 Szenenphoto
2. Akt, 1. Szene (9.8)

ZWEITER AKT, ERSTE SZENE

(Ein Flur im Hotel ›Zum Unrat‹)
(Vor den Zimmertüren die sich vor Schmerz zusammenkrampfenden Beine eines jeden Gastes.)
DIE BEIDEN BEINE VOR ZIMMER DREI:
Meine Frostbeulen! Meine Frostbeulen! Meine Frostbeulen!
DIE BEIDEN BEINE VOR ZIMMER FÜNF:
Meine Frostbeulen! Meine Frostbeulen!
DIE BEIDEN BEINE VOR ZIMMER EINS:
Meine Frostbeulen! Meine Frostbeulen! Meine Frostbeulen!
DIE BEIDEN BEINE VOR ZIMMER VIER:
Meine Frostbeulen! Meine Frostbeulen! Meine Frostbeulen!
DIE BEIDEN BEINE VOR ZIMMER ZWEI:
Meine Frostbeulen! Meine Frostbeulen! Meine Frostbeulen! *(GW IV, S. 17)*

103 Szenenphoto
1. Akt, 1. Szene (9.8)

DRITTER AKT, ERSTE SZENE

(Im Hintergrund ein schwarzer Vorhang. Schwarze Kulissen, ein schwarzer Teppich.)

DER PLUMPFUSS:

Wenn ich mir das so richtig überlege: Nichts geht über Hammelragout! Wobei ich allerdings meiner noch größeren Vorliebe für Rindfleisch mit Zwiebel- oder Burgundersauce durchaus eingedenk bleibe – zu verspeisen vornehmlich an Tagen schneerfüllter Glückseligkeit. Zubereiten muß es natürlich meine peinlich-genaue, meine bedachtsame, meine mir slavisch-sklavisch ergebene spanisch-maurische, aber auch eiweißharnende Köchin, meine von schönverteilten Küchendüften durchwehte, mir dienende Gebieterin. *(GW IV, S. 23)*

Das Ateliertheater bringt es auf über hundert ausverkaufte Vorstellungen. Der durchschlagende Erfolg der »Farce« des spanischen Malers veranlaßt den

Arche-Verlag, 1963 eine Einzelausgabe von ›Wie man Wünsche beim Schwanz packt‹ auf den Markt zu bringen. Im Herbst 1965 kommt es im Rahmen – oder eher am Rande – der Berliner Festwochen zu einer Aufführung des »Scherzdramas« durch ein Puppentheater:

Pablo Picasso griff zum Tintenstift und hat in einer von ihm selbst verfaßten Farce ›Wie man Wünsche beim Schwanz packt‹ sich selbst veralbert. P. K. Steinmann (Puppentheater ›die bühne‹ im Urania-Haus) alberte mit und verpuppentheaterte Picasso. [...] Wer etwas von Picassos Bildern weiß, wird Spaß an dieser Ironisierung haben, zumal Gliedmaßen durch die Luft fliegen, Hühneraugen aufleuchten und dicke, dünne, plumpe und spinöse Puppen sich im surrealistischen Hick-Hack unterhalten. Er wird nicht bei jedem ankommen. Jedenfalls ist sehr viel Mühe in dieses Experiment investiert. *(G. H. P. In: Nacht-Depesche, 2. Oktober 1965)*

Am 12. Dezember 1965 hat im Zimmertheater-Studio der Städtischen Bühne Heidelberg eine weitere Aufführung Premiere. Den ›Plumpfuß‹ spielt Hans Brenner, die ›Torte‹ Dagmar Sörensen. Der Regisseur Heinz Balthes verwendet für seine Inszenierung auch einige der Gedichtzeilen von Picasso, die Celan für den Band ›Wort und Bekenntnis‹ übertragen hatte.

9 Petru Dumitriu an Celan

15. Dezember 1965. Briefkarte

Lieber, sehr verehrter Herr Celan: Asta-i muzica ce-mi place!
Ihr P. Dumitriu

»Das ist eine Musik, die mir gefällt«, schreibt Herr Dumitriu und unterstreicht mit blauem Kugelschreiber die lobenden Töne des Rezensenten:

10 Gert Kalow: Pablo der Narr

›Wie man Wünsche beim Schwanz packt‹, im Zimmertheater Heidelberg
Aus: Frankfurter Allgemeine Zeitung, Jg. 17, 1965, Nr. 291, 15. Dezember

Und was denken wir, wenn wir uns nicht taub stellen, angesichts dieser Dokumentation einer Verbrüderung unter deutschen Bajonetten, von einem Spanier, der in Paris lebt, uns weitergegeben von einem Deutschen, der in Paris lebt und ein herrlicheres Deutsch schreibt als irgendeiner von uns hier zu Hause? Picassos Text in Paul Celans Übersetzung ist große Poesie.

Werner Gilles fragt sich allerdings,

ob der schöne Eifer und die liebevolle Mühe nicht hätte Besserem zuteil werden sollen als einem solchen Schmarren aus der Abfallkiste eines verspielten Genies? Ist es nicht vollauf genug, daß so etwas gedruckt wird? Muß man Stücke, die doch ganz offensichtlich niemals zur Aufführung, sondern allenfalls zur Ergötzung eines Kreises von Eingeweihten geschrieben wurden, auch noch auf die Bühne bringen? Würde dieses »Drama« auch gespielt werden, wenn der Verfasser Emil Schulze hieße und aus Treuenbrietzen stammte? *(In: Mannheimer Morgen, Jg. 20, Nr. 288, 14. Dezember 1965, S. 20)*

Nun, das Stück des Pablo Ruiz aus Málaga wird gespielt. 1967 kommt es im Rahmen des 4. Festivals von Saint-Tropez durch die Gruppe ›Soft Machines‹ endlich zur französischen Erstaufführung – elf Jahre nach der deutschen Erstaufführung. 1970 inszeniert es Marcel Schilb für die Frankfurter ›Katakombe‹. Am 24. Oktober 1971 wird im ZDF die Verfilmung durch Veit Relin in der Reihe ›Das kleine Fernsehspiel‹ gesendet, am 31. Oktober 1980 bringt es der Süddeutsche Rundfunk als Hörspiel, eingerichtet von Ulrich Raschke. Die Sprecher sind u.a. Manfred Krug, Johanna Liebeneiner und Peter Lieck. 1985 erscheint es erneut in angemessen aus dem Rahmen fallendem Format:

11 Pablo Picasso: Wie man Wünsche beim Schwanz packt

Berlin: Volk & Welt [1985]
(Lederbände in Kleinformat. Bd. 18)
Leihgabe: Barbara Wiedemann

1986 stellt es das BAL-Theater in München auf die Bühne. Dazu Christian Döring:

Weil ein Stück nicht »verstanden« werden will, braucht man nicht so zu tun, als sei es unverstehbar. *(taz, 29. Januar 1986)*

10 »Entdecker«: Felix Braun, Paul Celan, Hans Magnus Enzensberger

»Lebt gegenwärtig in Paris, wo er sich als Fabrikarbeiter, Dolmetscher und Übersetzer durchschlägt«. Die biographische Notiz in den ›Stimmen der Gegenwart‹ (Wien: Verlag Albrecht Dürer 1951, S. 168) *schildert Celans Lebensverhältnisse mit frappierender Lakonik. Mit seinen Brotberufen als »Übersetzer« und »Dolmetscher« kann Celan in Paris sein tägliches Auskommen finden. Als Dichter gerät er erst 1952 mit dem Band ›Mohn und Gedächtnis‹ in den Blick einer größeren Öffentlichkeit.*
Neben diesen Brotarbeiten findet er dennoch Gelegenheit, vielfach dank seiner Wiener Freunde und Förderer, Gedichte und Übersetzungen in Anthologien und Zeitschriften zu veröffentlichen, so daß er um diese Zeit eine zwar bescheidene, aber kontinuierliche Publikationsfolge vorweisen kann. Die Mitarbeit an den ›Surrealistischen Publikationen‹ von Edgar Jené und Max Hölzer (1950) steht noch in Zusammenhang mit seiner Wiener Zeit. Auch die Aufnahme seiner ersten Apollinaire-Übertragung in die von dem Österreicher Felix Braun (1885–1973) herausgegebene Anthologie ›Die Lyra des Orpheus‹ (1952) ist vermutlich durch die Verbindung mit Otto Basil zustande gekommen.
Felix Braun will mit seiner Sammlung verschollene oder vergessene Texte aus ihrem »Jahrhundertschlaf« (Einleitung, S. 14) *erwecken – ein solcher Blick in die Tiefe der Zeit kann jedoch zur Folge haben, daß manche Namen aus der jüngeren Vergangenheit übersehen werden. So müssen hier zwei Namen genannt werden, die erst durch Celan in den Kanon der Moderne eingeführt werden: Fernando Pessoa (1888–1935) und Ossip Mandelstamm (1891–1938). Als Übersetzer wird sich Celan immer wieder gegen das »Vergessen« dieser und anderer Dichter einsetzen. Mit seinen Übersetzungen scheint er so zugleich die Landkarte seiner literarischen Welt abstecken zu wollen.*

1 Die Lyra des Orpheus

Lyrik der Völker in deutscher Nachdichtung
Ausgewählt und eingeleitet von Felix Braun
Wien: Paul Zsolnay Verlag 1952
(Aus der Bibliothek Paul Celan)

Felix Braun beginnt seine Arbeit an der Sammlung ›Die Lyra des Orpheus‹ noch während der Emigration in England (1939–1951). Die an Goethes Begriff der »Weltliteratur« orientierte Auswahl bezeugt ein bei literarischen Exilanten häufig anzutreffendes Bedürfnis, sich in der bürgerlichen Kultur des neunzehnten und frühen zwanzigsten Jahrhunderts Halt zu verschaffen. Übersetzungen wie die von Maximilian Brand, Anton Eberz, Ferdinand Freiligrath, Richard Hamerling, Paul Heyse, Wilhelm Jordan, Heinrich Leuthold, Johannes Minckwitz und Adolf Strodtmann, deren Dichtungen vergessen sind, die aber als Übersetzer unschätzbare Entdeckungen in der Literatur aller Völker und Zeiten gemacht haben, werden gegen das totalitäre Gesicht der Kultur des nationalsozialistischen Deutschland gestellt. Über seine Entdeckungsreise in die poetische Welt des neunzehnten Jahrhunderts schreibt Braun in seiner Einleitung 1950:

Im Britischen Museum *[in dem sich die British Library befindet]* wurden mir ihre Bücher gereicht, und zuweilen bin ich ihr überhaupt erster Leser gewesen: denn unaufgeschnitten standen diese Bände seit über hundert Jahren in den Gestellen: so spät fand der Blick eines Nachgeborenen die edle Arbeit der vergangenen Dichter. Sie lebten in der Welt des Gedichts; die des eigenen reichte ihrem Wunsch, in allem Schönen zu Hause zu sein, nicht hin: darum mußten sie aus jeder geliebten Fremde seltene Blumen gewinnen für ihre Gärten, darin sie, die nichtsahnend Glücklichen, lustwandelten und auf wenig anderes sannen denn auf Verse. *(Einleitung, S. 10f.)*

»[N]icht vom fremden, sondern vom deutschen Gedicht« (S. 8) will Braun ausgehen, wobei das Goethesche Diktum, daß die »Nachdichtung das Original überbieten müsse« (S. 7), seinen Maßstab bildet.

Daß der höchste Geist der deutschen Poesie den Begriff und das Wort »Weltliteratur« geprägt hat, rechtfertigt dieses Buch. Denn in keiner anderen Sprache ist auch nur annähernd geleistet worden, was die deutsche aus der Welt heimgebracht und in sich einbezogen hat. Nicht einer der großen Dichter der anderen Völker, ja kaum einer der minder aufragenden, ist unübersetzt geblieben. Aber auch entfernteste, exotische Bereiche wurden von der edlen Neugier der nach der geistigen Besitzergreifung selbst der fremdesten Offenbarungen Verlangenden erspäht und ergründet. *(S. 11)*

›Die Lyra des Orpheus‹ versammelt lyrische Texte aus dem Altchinesischen, Indischen, Hebräischen, Griechischen, Lateinischen und allen größeren europäischen Nationalliteraturen in chronologischer Folge. In der Frankreich gewidmeten Abteilung steht zwischen Valérys ›Palme‹ (Rainer Maria Rilke) und Max Jacobs ›Blutfarbenem Mond‹ (Werner Riemerschmid) die Übersetzung von ›Clair de lune‹ des Guillaume Apollinaire. Celans Platz in der Reihe der großen Übersetzer des neunzehnten und zwanzigsten Jahrhunderts ist die Anerkennung seines großen literarischen Talents.

2 Guillaume Apollinaire

in der Redaktion der Zeitschrift ›Les Soirées de Paris‹
Photographie (Reproduktion), 1913
Leihgabe: Pierre-Marcel Adéma

Wilhelm Albert Wladimir Alexandre Apollinaire de Kostrowitzky wird als uneheliches Kind einer polnischen Adligen und eines italienischen Offiziers 1880 in Rom geboren. Er wächst zunächst zweisprachig im Italienischen und Polnischen auf, bis er 1887 mit seiner Mutter und seinem jüngeren Bruder nach Monaco übersiedelt und die Fremdsprache Französisch zu seiner eigenen macht. Ab 1899 lebt er als Ausländer – die französische Staatsbürgerschaft wird ihm erst 1916 zuerkannt – in Paris. Seine prekäre familiäre Situation und nationale Identität werden ihn zeitlebens beschäftigen. In Paris schließt Apollinaire bald Freundschaft mit Picasso und vielen Malern, die im Bateau Lavoir auf dem Montmartre verkehren. Durch Zeitschriftenartikel, Vorworte und Vorträge wird der »ami des peintres« zu einem der aktivsten Verteidiger der modernen Malerei und, wie Vlaminck sich ausdrückte, zur »Hebamme des Kubismus«. (Die Behauptung allerdings, er sei 1911 am Diebstahl der

›Mona Lisa‹ beteiligt gewesen, entspricht nicht der Wahrheit.) Die von Freunden eigens für ihn gegründete Zeitschrift ›Les Soirées de Paris‹, an der Apollinaire zunächst als Redakteur mitarbeitet, bevor er im Oktober 1913 ihr Direktor wird, spielt als Organ der fortschrittlichsten Positionen der modernen Malerei eine große Rolle für die moderne Kunst. Zu ihren prominenten Abonnenten zählen unter anderem Sonia Delaunay, de Chirico, Chagall, Picabia, Picasso, Léger, Zadkine, Archipenko, Cendrars, Modigliani, Max Jacob und viele italienische Futuristen.

Neben seiner Tätigkeit als Kunstkritiker schreibt Apollinaire auch Erzählungen, Romane, Theaterstücke und Gedichte. Sein Gedichtband ›Alcools‹, der 1913, also im gleichen Jahr wie seine wegweisende Studie über ›Die Maler des Kubismus‹ erscheint, kann als die erste bedeutende Lyriksammlung des Jahrhunderts bezeichnet werden. Sie enthält so berühmte Titel wie ›Zone‹ und ›Le Pont Mirabeau‹ und umgreift eine Themenvielfalt, die von mittelalterlichen Sagen und folkloristischen Liedern über romantische Herbst- und Liebesgedichte bis zur literarischen Darstellung gesellschaftlicher Außenseiter und moderner Großstadterfahrung reicht. Tradition und Moderne, das Vermächtnis des Symbolismus und die Erfahrung einer zunehmend technisierten Welt, bestimmen gleichermaßen nicht nur den Gedichtband ›Alcools‹, sondern das gesamte literarische Schaffen Apollinaires.

3 Guillaume Apollinaire: Alcools

Poèmes 1898–1913. Soixante-troisième édition
Paris: Gallimard/nrf 1927
(Aus der Bibliothek Paul Celan)
Mit Anstreichungen und Übersetzungsansätzen von Paul Celan
Aufgeschlagen Seite 147: Claire de lune

In Apollinaires Gedichtbuch ist manche Landschaft, manche Mondnacht in den Gesichtswinkel des modernen Menschen gerückt. Au fond sind wir ja doch alle sentimental, und unser Einspruch gegen alles Sentimentale ist ebenso verlogen wie jene Art von Sentimentalität, gegen den er sich mit Recht richten könnte. [...] Apollinaire, dieser vielleicht gegen seinen

104 Umschlag (10.3)

105 Guillaume Apollinaire (10.2)

Willen rabiat christliche polnische Jude französischer Sprache, ist ein romantischer Rationalist; aus diesem Zwiespalt heraus greift er nach den Dingen der Welt. *(F. M. Cahén: Rezension von ›Alcools‹. In: Die Bücherei Maiandros, 1. November 1913, S. 9f.)*

Fritz Max Cahén hat gleich nach seinem Erscheinen ›Zone‹, das Eröffnungsgedicht des Bandes, ins Deutsche übertragen. In den zwanziger Jahren erscheint vielleicht ein halbes Dutzend, in den Jahren 1948 bis 1952 ungefähr ein weiteres halbes Dutzend Übersetzungen einzelner Gedichte aus ›Alcools‹, darunter 1952 Celans Übertragung von ›Clair de lune‹. 1953 gibt Flora Klee-Palyi eine Auswahl aus verschiedenen Gedichtzyklen und Prosawerken Apollinaires heraus. Auch hier ist Celan mit einer Übersetzung aus ›Alcools‹, und zwar der von ›Signe‹ / ›Zeichen‹, beteiligt. Erst 1969 wird ›Alcools‹ durch Johannes Hübner und Lothar Klünner vollständig ins Deutsche übertragen.

›Clair de lune‹, eines der frühesten Stücke des Bandes, veranschaulicht beispielhaft Apollinaires Umgang mit der symbolistischen Tradition, deren dich-

terische Verfahren er zugleich aufgreift und bloßlegt. Im letzten Moment erst, bei der Korrektur der Druckfahnen zu ›Alcools‹, entscheidet er sich für den abgegriffenen, ja banalen Titel seines noch in regelmäßigen Alexandrinern geschriebenen Gedichts. Wie viele Mondscheinnächte, süß und traurig, haben die Dichter des Symbolismus nicht schon besungen? »Ein Dichter ohne Vergleich ist gar keiner«, behauptet Felix Braun in seinem Vorwort zur Sammlung ›Die Lyra des Orpheus‹ (S. 12). So beruht auch Apollinaires Gedicht auf einem konsequent durchgeführten Vergleich des sich über die Landschaft ergießenden Mondlichts mit flüssigem Honig. Fließendes Licht und tropfender Honig, nächtliche Sterne und schwärmende Bienen, Sternenstrahl und Bienenstachel werden wie zwei Bilder übereinandergelegt. Es ist nicht auszuschließen, daß die »Irren«, von deren Lippen das süßliche, klebrige Zeug fließt, die Dichter selber sind – wobei allerdings offen bleibt, ob sich Apollinaire nun zu ihnen rechnet oder nicht.

4 Guillaume Apollinaire: Mondschein

Deutsch von Paul Celan
Typoskript mit handschriftlicher Überarbeitung, 1 Blatt (Abb. 107)

Mond, Honig auf den Lippen der Irren – fliesst du sacht!
Ihr nimmersatten Gärten und Weiler heute nacht!
Schön schwärmen die Gestirne als Bienen durch das Blau;
es trieft vom Weingeranke ein lichter Honigtau.
Denn wie aus Himmelshöhen er leis herniederglitt,
bracht jeder Strahl des Mondes die Honigwabe mit.
Ich aber folg verstohlen dem süssen Abenteuer:
Arktur hat einen Stachel, mir bangt vor seinem Feuer!
Er legt' in meine Hände die Waben, die mich trogen:
den Seim hat aus der Rose der Winde er gesogen.

Schon in Czernowitz hat Celan ein Gedicht geschrieben, dem er den französischen Titel ›Clair de lune‹ gibt und das seinen Autor bereits als kritischen

»Mondscheindichter« ausweist. Die Übersetzung von Apollinaires ›Clair de lune‹, nun mit dem deutschen Titel ›Mondschein‹, erinnert an dieses Gedicht. Celan schreibt dort: »Wir triefen / von irgendeinem wehen Tau...« (FW, S. 47); jetzt heißt es: »es trieft vom Weingeranke ein lichter Honigtau«.
Die maschinenschriftliche Fassung der Übersetzung, die nur ganz geringfügig vom Druck in der Anthologie ›Die Lyra des Orpheus‹ abweicht, hat Celan offensichtlich zu einem späteren Zeitpunkt noch einmal überarbeitet:

will jeder Strahl des Mondes die süße Wabe sein
herniederschnein
Mond: Honig...
die Bienen: als Gestirne durchschwärmen sie das Blau
das Licht, den Honigtau
und finden in den Lauben den honiglichten Tau
Denn siehe, wie er sacht nun und sanft sich niedersenkt
ist jedem Strahl des Mondes die Wabe beigemengt
Heimlich entwerf ich mir nun ein süßes Abenteuer:
Arktur hat ein[en] Stachel, mir bangt vor seinem Feuer;
er legt' mir in die Hände die Waben, die mich trogen:
den Seim hatt aus der Rose der Winde er gesogen

Versucht Celan in der von Felix Braun veröffentlichten Übersetzung die Überlagerung der beiden Bildbereiche nach Möglichkeit zu vermeiden – an die Stelle des »rayon de miel« (Honigstrahl) setzt er »die Honigwabe«, statt von »miel lunaire« (Mondhonig) spricht er von »Seim« –, so wird in der handschriftlichen Überarbeitung das Bild gleichsam auf den Kopf gestellt, der kühne Vergleich gewissermaßen ad absurdum geführt: Nicht mehr nächtliche »Gestirne als Bienen«, sondern »Bienen: als Gestirne« fliegen nun durch das Blau.
Aus welcher Zeit könnte die Überarbeitung stammen? Am 15. April 1954, also zwei Jahre nach dem Abdruck von ›Mondschein‹ in ›Die Lyra des Orpheus‹, schickt Celan drei weitere Apollinaire-Übertragungen (›Schinderhannes‹, ›Der Abschied‹ und ›Salomé‹) an Rudolf Hirsch, der sie in die ›Neue Rundschau‹ auf-

nehmen möchte. Brieflich erwähnt Celan, daß er gerade mit der Übersetzung einiger Pessoa-Gedichte beschäftigt sei. Nun findet sich in der rechten oberen Ecke des Typoskripts von ›Mondschein‹, auf der auch die handschriftliche Überarbeitung steht, eine kleine, auf Pessoa bezogene Notiz (Abb. 107). Es ist also denkbar, daß Celan 1954, im Zusammenhang mit den drei anderen Apollinaire-Übertragungen, ›Mondschein‹ noch einmal überarbeitet hat – ohne daß die überarbeitete Fassung allerdings jemals publiziert worden wäre.
Auch die erwähnte Übersetzung von sieben Gedichten Fernando Pessoas erscheint erst zwei Jahre später, 1956, in der ›Neuen Rundschau‹. Sie bleibt eine der unbekanntesten Übersetzungen Celans, die jedoch, betrachtet man die heutige Popularität Pessoas, eine seiner folgenreichsten Funde hätte werden können.
Paul Celans Übersetzung von Gedichten Fernando Pessoas ist eine seiner ersten Arbeiten, bei denen er eine eigene Position als Entdecker und Vermittler fremdsprachiger Dichtung einnimmt. Waren seine bis zu diesem Zeitpunkt publizierten Übersetzungen für Sammelbände entstanden, so bietet sich dem jungen Dichter – berühmt und bewundert für seinen zweiten Gedichtband ›Mohn und Gedächtnis‹ – nun erstmals die Möglichkeit, für die Zeitschrift des S. Fischer-Verlages, ›Die Neue Rundschau‹, Autoren seiner Wahl zu übersetzen. Er kann so Dichter vorstellen, die die eigene Dichtung nicht einer bestimmten literarischen Schule zuordnen, sondern den Umriß eines spezifisch Celanschen Literaturkanons abbilden.

5 Fernando Pessoa auf dem Rossio, Lissabon

Photosequenz (Reproduktion)
Leihgabe: Casa Fernando Pessoa, Lissabon

Fernando Pessoa ist, betrachtet man seine Biographie und vor allem sein Psychogramm, sicherlich eine der interessantesten Gestalten in der literarischen Moderne. Der Umfang seines literarischen und philosophischen Schaffens ist bis heute nicht vollends entdeckt; auch die Vielfalt der von ihm unter verschiedenen Namen und in verschiedenen Handschriften geschriebenen Werke macht ihn zu einer schillernden, keiner literarischen Tradition zu-

106 Fernando Pessoa auf dem Rossio, Lissabon (10.5)

gehörigen Persönlichkeit. Schon Edouardo Roditi, mit dem Celan gemeinsam die Gedichte Pessoas übersetzte, weist in dem Vorwort zu der Übersetzung auf die außerordentlich vielschichtige Persönlichkeitsstruktur Pessoas hin:

Denn, nicht genug, daß Pessoa in zwei verschiedenen Sprachen dichtete und zwei grundverschiedenen literarischen Traditionen angehörte – der englischen Dichtung des neunzehnten Jahrhunderts und der portugiesischen Spätromantik, wie sie die Nachfolger des großen Dichters Guerra Junqueiro übten –, schrieb und veröffentlichte Pessoa darüber hinaus unter sechs verschiedenen Namen. Er bediente sich sechs deutlich unterschiedener dichterischer Ausdrucksformen, von denen jede einzelne eine klar für sich stehende Dichterpersönlichkeit, einen selbständigen *heterónimo*, wie Pessoa und seine Kritiker das zu nennen pflegten, glaubhaft zu machen bemüht war. *(Edouardo Roditi: Schein und Sein in Leben und Dichtung des Fernando Pessoa. In: Die Neue Rundschau, Jg. 67, 1956, H. 2/3, S. 395)*

107 Auf der gegenüberliegenden Seite: Celans Typoskript/ Manuskript mit einer Notiz zu Pessoa (10.4)

Die verschiedenen Heteronyme können allerdings auch in einem poetologischen Zusammenhang gesehen werden. Hier wird das heteronome Erscheinungsbild Pessoas im Rahmen der in der literarischen Moderne auftretenden Diskussionen um die ›Subjekt‹-Problematik dargestellt:

Mit Pessoa betritt eines der größten Sorgenkinder der modernen Literatur, das Ich, die Bühne und beginnt von sich zu sprechen und über sich nachzudenken. Dank der präzisen Diagnose, die einem psychoanalytischen Befund in nichts nachsteht, entpuppt sich die Heteronymie als nichts anderes als ein literarischer Vorgang, bei dem die vielen Menschen, die ein intelligenter und wacher Mensch zu sein vermutet, plötzlich Gestalt annehmen. Dem wäre eventuell noch hinzuzufügen, daß noch nie so sehr wie in unserer Epoche ein intelligenter und wacher Mensch Grund hatte zu glauben, viele Menschen gleichzeitig zu sein. Nerval konnte dem Publikum gerade noch rechtzeitig seinen Verdacht zuflüstern (»Je suis l'autre«), bevor sich der Vorhang über das neunzehnte Jahrhundert senkte, und der Kobold Rimbaud, der wie ein Meteor über die Bühne schoß, hatte in seinem Brief an Paul Demeney [sic] vom 15. Mai 1871 den subversiven Satz hinausgeschrien: »Je est un autre.« *(Antonio Tabucchi: Wer war Fernando Pessoa? München: Hanser 1992, S. 31f.)*

Die Vielschichtigkeit der heteronomen Gestalt Pessoas und ihre literarische Verarbeitung können das Interesse Celans für dessen Lyrik ausgelöst haben. Angeregt zu seiner Beschäftigung mit dem portugiesischen Dichter wurde er sicherlich durch die erste französischsprachige Übersetzung der Lyrik Pessoas, die 1952 in der ersten Nummer der Zeitschrift ›Exils‹ erscheint.

6 Exils

Revue semestrielle de poésie internationale
dirigée par Alain Bosquet et Edouard Roditi. No. 1
Paris: Librairie Stock 1952
(Aus der Bibliothek Paul Celan)

Diese Zeitschrift ist von Celans Mitübersetzer Edouardo Roditi herausgegeben worden und hat in Frankreich für einiges Aufsehen gesorgt. Das Titelblatt der Ausgabe versammelt die Avantgarde der europäischen Dichter. Armand Gui-

[illegible]

Guillaume Apollinaire:

MONDSCHEIN

Mond, Honig auf den Lippen der Irren - fliesst du sacht!
Ihr nimmersatten Gärten und Weiler heute nacht!
Schön schwärmen die Gestirne als Bienen durch das Blau;
es trieft vom Weingeranke ein lichter Honigtau.
Denn wie aus Himmelshöhen er leis herniederglitt,
bracht jeder Strahl des Mondes die Honigwabe mit.
Ich aber folg verstohlen dem süssen Abenteuer:
Arktur hat einen Stachel, mir bangt vor seinem Feuer!
Er legt' in meine Hände die Waben, die mich trogen:
Den Seim hat aus der Rose der Winde er gesogen.

Übertragen: von Paul Celan

soll jeder Strahl des Monds die süße Wabe sein

herniederschwein

Mond: Honig . . .

die Bienen: als Gestirne durchschwärmen sie das Blau;

und finden ~~im Geranke~~ das Licht, den Honigtau
in den Lauben den honiglichten Tau

Denn siehe, wie er sacht und sanft ~~herniederglitt~~ sich niedersenkt,

~~nahm jeder Strahl des Mondes die~~

ist jedem Strahl des Monds die Wabe beigemengt

~~Ich aber ich entwerfe ein heimlich Abenteuer~~

heimlich entwarf ich mir nun ein süßes Abenteuer:

Arktur hat ein Stachel, mir bangt vor seinem Feuer;

er legt mir in die Hände die Waben, die mich trogen:

Den Seim hat aus der Rose der Winde er gesogen

bert, der schon zehn Jahre zuvor auf das Werk von Pessoa in der Zeitschrift ›La Tunisie Francaise‹ (Tunis, 15. Februar 1942) aufmerksam gemacht hatte, legt in diesem Heft die erste Übersetzung ins Französische vor. In dem Vorwort zur deutschen Ausgabe schildert Roditi die Reaktionen der französischen Intellektuellen auf die Begegnung mit diesen Gedichten:

Unter dem Einfluß von Whitman, Baudelaire, Marinetti und seiner eigenen Gedichte, die er bereits unter dem Namen Alberto Caeiro – den Alvaro de Campos als seinen Meister ausgibt – veröffentlichte, schreibt Pessoa freie Verse, in denen er auf den Wegen des großstädtischen Spleens noch weiter vordringt als Guillaume Apollinaire in ›Zone‹, in ›Onirocritique‹ oder in seinem Stück ›Les mamelles de Tieresias‹ [sic].

Damit betritt Pessoa eine Traumwelt, in der die Surrealisten später so heimisch werden sollten. Es ist gewiß kein Zufall, daß André Breton, als er kürzlich die Übersetzung von ›A Tabaccaria‹ gelesen hatte, erklärte, daß es für ihn der größte dichterische Fund der letzten fünfzehn Jahre sei. *(Edouardo Roditi: Schein und Sein in Leben und Dichtung des Fernando Pessoa. In: Die Neue Rundschau, Jg. 67, 1956, H. 2/3, S. 396)*

Celan übersetzt im Frühjahr 1954 die Gedichte. Zur gleichen Zeit arbeitet er wahrscheinlich an seiner Apollinaire-Übertragung. Den Redakteur der ›Neuen Rundschau‹, Rudolf Hirsch, bittet er am 15. April 1954 um etwas zeitlichen Aufschub:

Was die Pessoa-Gedichte anlangt, so bitte ich Sie, mir noch zehn Tage Zeit zu lassen: drei oder vier Stücke wollen noch übertragen sein und gemeinsam mit Herrn Roditi durchgesehen werden.

Der Vermerk unter dem Erstdruck lautet entsprechend: »Unter Mitarbeit von Edouardo Roditi aus dem Portugiesischen übertragen von Paul Celan«. (Die Neue Rundschau, Jg. 67, 1956, H. 2/3, S. 410)

7 Fernando Pessoa: Einweihung des Neophyten

Deutsch von Paul Celan. Typoskript, mit handschriftlichen Anstreichungen Paul Celans, nicht datiert [1954], 1 Blatt

Celan scheint seinen Entwurf vor der endgültigen Reinschrift mit Edouardo Roditi korrigiert zu haben, um abschließend besonders die rhetorischen Strukturen für die Druckfassung auszuarbeiten. Die Übersetzung der Gedichte Pessoas durch Celan und Roditi wurde im deutschen Sprachgebiet zumeist übersehen. Zu Beginn der sechziger Jahre weckt die von Hans Magnus Enzensberger herausgegebene Anthologie ›Museum der modernen Poesie‹ (Frankfurt am Main: Suhrkamp 1960) das Interesse an den modernen Dichtern.

Enzensberger gibt in seinem ›Museum der modernen Poesie‹ dem Begriff »Weltliteratur« eine vollkommen neue Dimension: Nicht mehr ein Kanon poetischer Größen oder qualitativ bedeutender Übersetzer kennzeichnet die Zusammenstellung, sondern das sich aus dem Vergleich der verschiedenen Gedichte ergebende Bild einer »Weltsprache« prägt das Projekt Enzensbergers. »Der Prozeß der modernen Poesie [...] führt, mit einem Wort, zur Entstehung einer poetischen Weltsprache.« (Museum, S. 13) Nicht mehr das Deutsche ist die maßgebliche Instanz für die Auswahl:

Die poetische Weltsprache redet in vielen Zungen; sie bedient sich der Nationalsprachen als ihrer Dialekte. Ihre Chrestomathie *[Sammlung beispielhafter Texte]* kann sich deshalb nicht mit Übersetzungen begnügen. Sie muß ihnen den Originaltext gegenüberstellen. Deshalb ist das Buch in sechzehn Sprachen abgefaßt. *(Museum, S. 18)*

Auch Fritz Arnold zeigt zu dieser Zeit Interresse an Pessoa. Er plant, im Insel-Verlag eine Auswahl seiner Gedichte herauszubringen und will Celan dafür gewinnen:

Schließlich noch eine Frage: Sie haben vor Jahren mit Roditi zusammen Gedichte von Pessoa für die Rundschau übersetzt. Wir möchten jetzt gern einen Band ausgewählter Gedichte veröffentlichen und würden uns natürlich sehr freuen, wenn Sie Ihre damalige Zusammenarbeit mit Roditi fortsetzen könnten. Roditi ist ja nun wieder die längste Zeit des Jahres in Paris, so daß die äußeren Umstände diesem Plan nicht entgegenständen. *(Fritz Arnold an Paul Celan, 8. März 1961)*

Celan lehnt jedoch ab:

Soviel jedoch schon heute: die Übertragung der Pessoa-Gedichte kann ich nicht übernehmen, ich habe nämlich vor ein paar Wochen eine mir vom Limes Verlag angetragene Übersetzung der Lyrik Jorge Guilléns mit der Begründung abgelehnt, dass ich aus mir nur mittelbar zugänglichen Sprachen nicht übersetzen kann; ich muss also konsequent bleiben. *(An Fritz Arnold, 16. April 1961)*

8 Klaus U. Reinke: Enzensbergers Entdeckungen

Zeitungsausschnitt
Aus: Der Mittag, Nr. 131, 8. Juni 1963

1962 bringt der Suhrkamp Verlag die ersten Bände der Reihe ›Poesie‹ heraus: Neben einer Auswahl der Gedichte von David Rokeah, an der auch Paul Celan mitarbeitet, erscheint dort die erste größere Sammlung der Gedichte Pessoas in der Übersetzung von Georg Rudolf Lind. Dieser hat Pessoa auch schon für das ›Museum der modernen Poesie‹ übertragen. Seine Arbeit hat den Gedichten zu der Popularität verholfen, die ihnen heute zukommt. Außerdem ist Lind Herausgeber und Übersetzer einer zweiten Werkauswahl (1965) sowie der großen deutschsprachigen Pessoa-Ausgabe (ab 1985). Nach dem Erscheinen der Sammlung wird die Auswahl in der Reihe ›Poesie‹ als Verdienst von Hans Magnus Enzensberger gefeiert. Celans frühe Übersetzungen in der ›Neuen Rundschau‹ fielen in Vergessenheit – zu Unrecht.

11 Die Bitte eines Sterbenden – Übersetzungen für Yvan und Claire Goll

Mit dem im lothringischen St. Dié geborenen jüdischen Autor deutscher und französischer Sprache Yvan Goll (1891–1950) ist Paul Celan in dessen letzten Lebensmonaten in Verbindung. Er hatte bereits im September 1949 versucht, sich bei ihm mit einem Hinweis auf Alfred Margul-Sperber einzuführen, der Goll seit den zwanziger Jahren kannte. Vermittelt hat die Begegnung dann aber Yves Bonnefoy.

1 Yvan Goll

Photographie. Von einem Automaten-Paßphoto vergrößert mit der rückseitigen Aufschrift von Claire Goll:
»Yvan, quittant l'Hôpital Civil de Strasbourg, février 1949, aggrandissement d'une photo (photomaton) de Strasbourg«

Yvan Goll wird von September 1948 bis Januar 1949 im Hôpital Civil in Straßburg wegen seiner Leukämie behandelt. Nach Aufenthalten in Venedig und Zürich kommt Goll im Herbst 1949 nach Paris, wo Celan nun schon seit mehr als einem Jahr lebt.

Celan sucht in Goll wohl vor allem den deutsch-jüdischen Schicksalsgenossen, dem er seine Gedichte zeigen, bei dem er auf Verständnis hoffen kann. Auch für den todkranken Goll scheint die Begegnung mit dem Jüngeren anregend gewesen zu sein. In den Wochen zwischen dem ersten Besuch am 6. November 1949 und Golls Tod am 27. Februar 1950 entsteht in einer letzten produktiven Phase eine größere Anzahl deutscher Gedichte zu einem Band, für den er den Titel ›Neila‹ vorgesehen hatte. Zu der kreativen Atmosphäre wird beigetragen haben, daß Celan auf Golls Wunsch hin einige von dessen französischen Gedichten ins Deutsche überträgt, wohl vor allem aus dem gerade erst erschienenen Band ›Elégie d'Ihpétonga. Suivie de Masques de cendre‹. (Paris, Druckvermerk vom 30. Juni 1949)

108 Yvan Goll (11.1)
109 Einband (11.8)

Diese Übersetzungsarbeit fortzusetzen, ist eine Bitte des Sterbenden, an die sich Celan gebunden fühlt. Das Verhältnis Yvan Golls zu ihm muß bis zum Schluß vertrauensvoll gewesen sein: »Paul Celan, poète, habitant à Paris« (Paul Celan, Dichter, wohnhaft in Paris) ist in Golls letztem Testament vom 9. Februar 1950 als eine der fünf Personen eingesetzt, die für einen Fond Claire et Yvan Goll verantwortlich zeichnen, falls seine als Universalerbin eingesetzte Frau, Claire Goll (1891–1977), vor oder gleichzeitig mit ihm sterben sollte. Zu den in Celans und Golls Nachlaß erhaltenen Übersetzungskonvoluten gehört der 1949 erschienene Band mit Lithographien vor Pablo Picasso, die darin enthaltenen ›Masques de cendre‹ sind allerdings nur teilweise übersetzt. Die Arbeit stammt sicher vorwiegend aus dem Jahr vor Golls Tod.

Die Aufträge für die Übersetzung von zwei weiteren Bänden gehen wohl nicht auf Yvan Goll selbst zurück, sondern auf dessen Witwe Claire Goll. ›Les Géor-

giques Parisiennes‹ (Die Pariser Georgika) liegt im Februar 1950 noch nicht abgeschlossen vor. Die 1951 in Paris erschienene Buchausgabe ist nach Claire Golls eigenen Angaben in einem Brief an Celan vom 26. Januar 1952 stillschweigend, wohl auf der Grundlage der erhaltenen Entwürfe, von ihr ergänzt worden.

Problematischer noch ist der Auftrag für die 1934 in Paris zum ersten Mal erschienene Sammlung ›Chansons Malaises‹. Die Gedichte sind ursprünglich deutsch für Yvan Golls damalige Geliebte Paula Ludwig (1900–1974) geschrieben. Einige wenige können noch zwischen Ende 1932 und März 1933 in verschiedenen deutschen Zeitschriften gedruckt werden. Eine Buchausgabe ist in Deutschland nicht mehr möglich. Für eine französische Ausgabe übersetzt Yvan Goll einen Teil der Gedichte oder faßt sie neu, ohne daß dies dem Buch direkt zu entnehmen wäre. Da die Verbindung zu Paula Ludwig durch Krieg und Exil 1939 abgebrochen ist, gelten die deutschen Fassungen nach dem Krieg auch für Yvan Goll als verschollen. Sie gelangen erst 1953 wieder in den Besitz der aus Brasilien heimkehrenden Paula Ludwig. Claire Goll liegen nur die deutschen Zeitungsdrucke von 1932/33 vor. Ob sie Paul Celan über den Hintergrund unterrichtet hat, ist unklar. Seine Übertragung folgt jedenfalls ganz der französischen Erstausgabe. Das gilt auch für diejenigen Texte, deren deutsche Fassungen Claire Goll aus der Publikation in der ›Vossischen Zeitung‹ vom 30. Dezember 1932 bekannt sind und die sie in ihrer eigenen Übersetzung als Original-Fassungen präsentiert. (Yvan Goll: Pariser Georgika. Französisch und deutsch. Übertragung von Claire Goll. Darmstadt usw.: Luchterhand 1956)

Möglicherweise erfährt Celan erst aus einem Brief von Paula Ludwig an seinen Bekannten Peter Jokostra vom 29. September 1963, daß er sich auf eine Rückübersetzung von Übersetzungen eingelassen hatte.

Wo eine Veröffentlichung von Celans Übertragung der ›Elégie d'Ihpétonga‹ und der Auswahl aus ›Masques de cendre‹ vorgesehen war, ist nicht bekannt. Auch angebliche Rundfunklesungen der Übertragungen durch Claire Goll im Juni 1951 in Stuttgart und München lassen sich nicht nachweisen. Die am 4. September 1951 vom Süddeutschen Rundfunk Stuttgart gesendete Aufnahme vom 11. Juni 1951 etwa enthält keine Übersetzung Paul Celans. Seine deutschen Fassungen der ›Géorgiques Parisiennes‹ und die der ›Chansons

Malaises‹ dagegen legt Claire Goll dem Pflugverlag in St. Gallen vor, bei dem sie selbst schon publiziert hatte.
Das Gedicht ›Der rote Pfeffer schreit‹, das in mehreren Übersetzungs-Varianten vorliegt, eignet sich in besonderer Weise dazu, die allgemein recht schwierigen Verhältnisse deutlich zu machen, mit denen wir bei Celans Goll-Übersetzungen konfrontiert sind. Das deutsche Original von Goll für Paula Ludwig ist erhalten:

2 Yvan Goll: Der rote Pfeffer schreit

Manuskript (mit aufgeklebtem, gepreßtem Blatt), 1 Blatt
Datiert: »Paris, 22 2 33«

Der rote Pfeffer schreit
Seine Lippen können sich nicht mehr schliessen

Der blühende Vanillebusch
Ist eine Wolke von Sehnsucht geworden

Viele schwarze Wolken rollen über die Erde

Der Regenbaum
Hat mir seine erste Träne geschenkt

Die deutschen ›Malaiischen Lieder‹ sind zwischen 1932 und 1934 im intensiven Gespräch mit Paula Ludwig entstanden. Anschaulich wird dies in ihrem Briefwechsel. (Iwan Goll – Paula Ludwig: Ich sterbe mein Leben. Briefe 1931–1940. Hrsg. von Barbara Glauert-Hesse. Frankfurt am Main, Berlin: Limes Verlag im Ullstein-Verlag 1993) ›Der rote Pfeffer schreit‹ entsteht im Februar 1933 in Paris, als Paula Ludwig sich in Ehrwald aufhält. Eine wesentlich knappere, sehr stark abweichende Fassung vom 22. November 1932 hat sich ebenfalls erhalten:

Der rote Pfeffer schreit
Der schwarze Zimt wird böse
Der Regenbaum hält

Seine goldenen Tränen nicht mehr:
Mein ganzer Besitz
Verdirbt ohne dich

In Celans Nachlaß sind keine französischen Fassungen in handschriftlicher oder gedruckter Form erhalten. Vermutlich hat er nach der Erstausgabe gearbeitet, die bereits 1934 im »Poésie & Cie« genannten Selbstverlag Yvan Golls erschienen war.

3 Ivan Goll: Chansons Malaises

Paris: Éditions Poésie & Cie 1935
Mit einer eingeklebten Zeichnung als Frontispiz
Aufgeschlagen ist das 9. Chanson

Le poivre rouge crie
Il ne peut plus taire son désir

Le buisson de vanille
Est un nuage de volupté

Une tempête de cannelle envahit le monde

L'arbre de pluie
M'a jeté sa première larme

Die französische Fassung des Gedichts entspricht zwar recht dem deutschen Text, die erotischen Konnotationen sind jedoch im französischen Text deutlich stärker.
In einer Teilauflage der Ausgabe von 1935 finden sich Illustrationen von Paula Ludwig – ein indirekter Hinweis auf den Entstehungshintergrund:

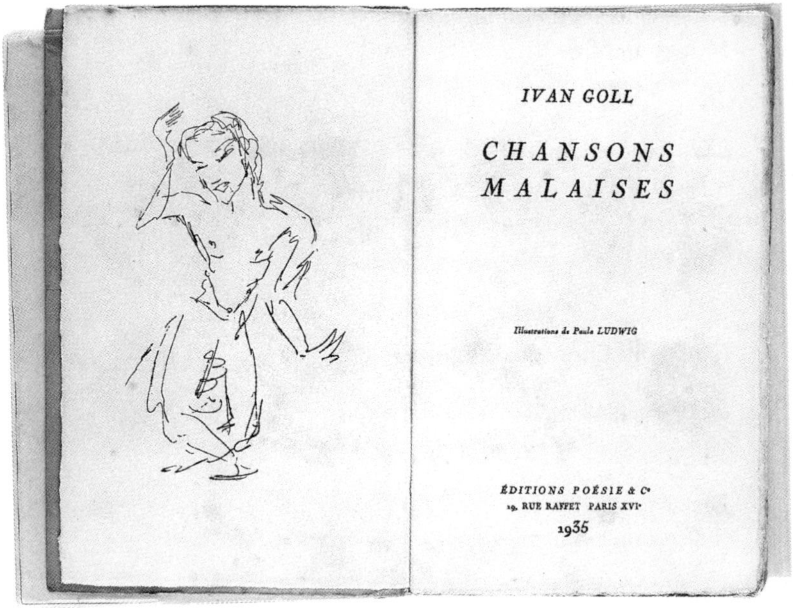

110/111 Frontispiz und Titelblatt (11.4)

4 **Ivan Goll: Chansons Malaises**

Illustrations de Paula Ludwig
Paris: Éditions Poésie & Cie 1935
Mit handschriftlicher Widmung des Autors:
»à Madame Duchemin en très sincère hommage«
(Aus der Bibliothek Yvan und Claire Goll)
Aufgeschlagen: Titelblatt und eine Zeichnung von Paula Ludwig als Frontispiz

Claire Goll findet diese Ausgabe wohl erst in Yvan Golls Nachlaß. Auch Celan war die Teilauflage mit den Illustrationen von Paula Ludwig sicher unbekannt, da er das auf Seite 21 durch eine Zeichnung ersetzte Gedicht ›Tu as planté devant ma porte‹ übertragen hat.

5 Yvan Goll: Der rote Pfeffer schreit. Ich bin die Erde

Deutsch von Paul Celan. Manuskript, 1 Blatt
Mit einer handschriftlichen Notiz von Claire Goll
(Nachlaß Claire Goll)

112 Auf der folgenden Seite: Manuskript von Paul Celan (11.5)

Celan trifft im Vergleich mit Yvan Golls eigener deutscher Version gerade die erotische Nuance der Vorlage:

Der rote Pfeffer schreit:
Sein Schweigen zerreißt vor Begierde

Der Vanillestrauch
ist eine Wollustwolke

Ein Zimtsturm tobt rund um die Erde

Der Regenbaum
ließ seine erste Träne
niederfallen auf mich

Als Manuskript haben sich von Paul Celan nur das 9., 14., dazu das 17. Lied (›Ich bin dein Bächlein‹) erhalten. Es sind dies gleichzeitig die einzigen Übertragungen aus ›Chansons Malaises‹, die eindeutig Paul Celan zugeschrieben werden können. Denn in seinem eigenen Nachlaß fehlt aus nicht bekannten Gründen jede Spur dieser Arbeit, zu der er sich aber immer bekannt hat. Das einzige vollständige Exemplar der Übertragung, ein Typoskript, stammt auch aus dem Nachlaß von Claire Goll. Im Vergleich zu den Manuskripten bietet es eine stark abweichende Fassung:

6 Yvan Goll: Der rote Pfeffer schrie auf

Deutsch von Paul Celan. Typoskriptdurchschlag, 1 Blatt
(Nachlaß Claire Goll)

Der rote Pfeffer schrie auf
vor Lust und Begierde.

Chansons Malaises

CH. M. ~~17~~ 9

DER ROTE PFEFFER SCHREIT:
SEIN SCHWEIGEN ZERREISST VOR BEGIERDE

DER VANILLENSTRAUCH
IST EINE WOLLUSTWOLKE

EIN ZIMTSTURM TOBT RUND UM DIE ERDE

DER REGENBAUM
LIESS SEINE ERSTE TRÄNE
NIEDERFALLEN AUF MICH

×

ICH BIN DIE ERDE (14)
DU DURCHPFLÜGST MICH
DU SÄST REIS DU SÄST FREUDE

SO LEICHT IST DEIN FUSS
DASS MEINE WIESEN SICH WIEGEN IM TANZ

VON DEINEM SCHEITEL STRÖMT SONNE
DOCH ~~WIRFST~~ WENN DU SCHATTEN WIRFST
SO FRIERT MICH WIE ES DIE TOTEN FRIERT

so erschauer ich wie man
im Tode erschauert

DEREINST WENN DU TIEFER MICH FURCHST
TUT DEIN GRAB SICH DIR AUF

×

Der Vanillenstrauch
ist ein Wollust-Gewoelk.

Ein Zimtgewitter tobt rund um die Erde.

Vom Regenbaum
fiel die erste Traene auf mich.

Claire Goll weist verschiedentlich darauf hin, daß von Celan angefertigte Übersetzungen gemeinsam durchgesehen und revidiert worden seien. Wohl nur im Fall der ›Géorgiques Parisiennes‹ hat er eine solche Revision abgelehnt. Beim Verlag wurde wohl die Typoskript-Version eingereicht. Vielleicht hat noch eine weitere Fassung vorgelegen. Dafür spricht eine Auswahl von vier Liedern (das neunte gehört nicht dazu), die Claire Goll mit der Bemerkung versehen hat: »Schlechte Übersetzung von Paul Celan vom Pflug Verlag, St. Gallen, zurückgewiesen«. Der Wortlaut von Claire Golls Bemerkung, die sie auch in ihrem im ›Baubudenpoet‹ veröffentlichten Brief wiederholt hat, wird von den erhaltenen Dokumenten nicht bestätigt. Im Fall der ›Chansons Malaises‹-Übertragung, und nur in diesem, hat der Verlag Celan gegenüber mit einer begründeten Ablehnung reagiert:

7 Franz Vetter (Pflugverlag) an Paul Celan

Thal/St. Gallen, 25. Dezember 1951. Brief, 1 Blatt

Der Brief wurde wahrscheinlich auf Veranlassung und eventuell auch im Beisein von Claire Goll geschrieben, die zumindest das Manuskript der ›Géorgiques Parisiennes‹ nach dem 22. Dezember 1951 persönlich überbracht hat. Vetter begründet seine Ablehnung sehr vorsichtig, ausdrücklich nicht mit mangelnder Qualität, sondern mit einer seiner Meinung nach zu starken Prägung der Übertragungen durch den Stil des Übersetzers. Er wolle, so schreibt er, »Yvan Goll verlegen und nicht eine zu entfernte Nachdichtung von Paul Celan«, betont aber auch: »Ich will nicht im leisesten Ihre Dichterbegabung herabmindern«. Wohl vor allem die anschließende Bemerkung: »Ich erwarte von Anfang an, daß eigentlich Frau Goll selber diese Dichtung übersetze«, läßt Paul Celan scharf reagieren. Da der Verlag nicht ihm, sondern Claire Goll sein Manuskript zurückgibt, droht er mit einer Klage, falls seine Übersetzung ohne seinen Namen oder aber eine andere Übersetzung der ›Chansons Malaises‹ veröffentlicht werde. (*An den Pflugverlag, 4. Janaur 1952*) *Noch im gleichen Jahr, in dem diese unhaltbare Drohung ausgesprochen wird, liegt im Pflugverlag eine solche Übersetzung vor:*

8 Yvan Goll: Malaiische Liebeslieder

Aus dem Französischen übertragen von Claire Goll
Thal/St. Gallen: Pflugverlag 1952
(Bücher der Ernte. Eine Sammlung neuer Dichtung aus dem Pflugverlag)
(Aus der Bibliothek Yvan und Claire Goll)

Der Wortlaut des 9. Liedes in dieser Übersetzung von Claire Goll entlarvt Vetters Argumentation als vorgeschobene Ausrede:

Der rote Pfeffer schrie auf
Er kann seine Gier nicht mehr zähmen
Der Vanillebusch
Ist eine Wolke von Sehnsucht
Ein Zimtsturm
Rast über die Erde weg
Der Regenbaum
Warf mir seine erste Träne zu

Zumindest in der Form entfernt sich diese Fassung weit vom Original. Die Bildungen »Der rote Pfeffer schrie auf«, »Zimtsturm« und »Regenbaum« aber finden sich bereits in den Celanschen Fassungen.
Trotz seiner Drohungen gegenüber dem Verlag scheint sich Celan zunächst jedenfalls nicht weiter um die Editionsgeschichte der deutschen ›Chansons Malaises‹ gekümmert zu haben: Ein Exemplar von Claire Golls Übersetzung ist in Celans Nachlaß nicht erhalten.

12 Die sogenannte Goll-Affäre

Paul Celan bricht seine Beziehungen zu Claire Goll ab, nachdem der Verleger die Übertragungen der ›Chansons Malaises‹ abgelehnt hat. Und gerade diese sind einer der Anlässe für die Plagiatsvorwürfe von Yvan Golls Witwe gegenüber Celan.

1 Claire Goll

Photographie von Christiansen, 1960
Mit der rückseitigen Beschriftung durch Claire Goll:
»Paris, Décembre 1960, 47 Rue Vaneau«

Unmittelbarer Auslöser für die sogenannte Goll-Affäre ist allerdings ein Hinweis des amerikanischen Germanisten Richard Exner, damals noch Student, gegenüber Claire Goll. Ihr erklärt er im August 1953, er sehe Ähnlichkeiten zwischen Yvan Golls Nachlaßband ›Traumkraut‹ (1951) und Celans Samm-

113 Claire Goll, Paris Oktober 1960. (12.1)

lung ›Mohn und Gedächtnis‹ (1952). Nachdem Claire Goll versucht hat, Celan noch Ende August 1953 in vervielfältigten Briefen an Verlage, Rundfunkanstalten und Kritiker bloßzustellen, nachdem sie einzelne Vorwürfe wieder 1956 in anonymen Briefen u.a. an Celan selbst geäußert hat, findet sie Anfang April 1960 in der eher satirischen als literarischen Münchner Zeitschrift ›Baubudenpoet‹ ein bereitwilliges Publikationsforum.

2 Baubudenpoet

Eine literarische Zeitschrift
Herausgeber: Susanne und Hans-Werner Sass
München: Arno Holz Verlag. 1960, Heft 5, März/April
Titelbild von Peter Nestler: ›Kleiner Soldat‹
(Aus der Bibliothek Paul Celan)
Mit Stempel »Belegnummer«

Ein Mitarbeiter, der unter dem Pseudonym Felix Mondstrahl publizierende Lyriker Richard Salis, druckt in dem Anfang April 1960 erscheinenden Heft einen Brief von Claire Goll unter der Überschrift ›Unbekanntes über Paul Celan‹ mit einer kleinen Einleitung vollständig ab. Dieser Brief reagiert auf Mondstrahls verletzenden Kommentar zu einigen wohlwollenden Rezensionen von Celans ›Sprachgitter‹, der unter dem Titel ›Statt einer Rezension: Zitate von Rezensionen‹ im 3. Heft vom November/Dezember 1959 erschienen war. Wie die Hefte im Nachlaß bezeugen, wurden Celan vom Herausgeber, der die in einer Auflage von knapp 2000 Exemplaren verlegte Zeitschrift weitgehend selbst finanzierte, jeweils unaufgefordert »Belegnummern« zugeschickt.
Soweit sie die Übersetzungen aus dem Werk Yvan Golls betreffen, zielen die Vorwürfe auf deren Qualität und den durch sie möglichen Kontakt mit Yvan Golls Werk. Goll habe »Celan vertrauensvoll Einblick in seine französischen und deutschen Manuskripte erlaubt«; übersetzt habe Celan »flüchtig und ungekonnt«, was der »Pflug Verlag Zürich als schlecht abgewiesen« habe. Damit argumentiert Claire Goll wider besseres Wissen. Celan reagiert auf die bald auch von anderer Seite aufgenommenen Angriffe mit dem Bemühen, den Bestand seines Werkes einschließlich seiner Übersetzungen zu sichern, d. h. verstreute Manuskripte und Drucke zu sammeln. Zum andern tut er alles, um

114 Umschlag. Umschlagzeichnung ›Kleiner Soldat‹ von Peter Nestler. Belegexemplar Celans (12.2)

der Öffentlichkeit seine Übersetzungen als gleichberechtigten Werkteil bewußt zu machen. Von ihm autorisierte bio-bibliographische Notizen zu Veröffentlichungen in Zeitschriften und Anthologien nach 1960 enthalten jetzt beispielsweise stets neben dem Band ›Der Sand aus den Urnen‹ und dem ›Meridian‹ einen festen Kanon von Übersetzungen: Rimbaud, Valéry, Block, Mandelstamm und, nach dessen Erscheinen im März 1961, Jessenin. Aufmerksam verfolgt er in der Presse die Würdigung, die seine Übersetzungen, ältere und aktuelle, erfahren. Schließlich beantwortet Celan die Anschuldigungen auf vielfältige Weise mit seinem Werk, in das auch die Übersetzungen einzubeziehen sind. Jede dieser Reaktionsformen hat im Nachlaß reichhaltige Spuren hinterlassen.

3 Société Française des Traducteurs (Dominique Aury) an Paul Celan

Bestätigung über das Depositum der drei Übersetzungen Paul Celans aus dem Werk von Yvan Goll
Paris, 1. August 1956. 1 Blatt auf Briefpapier des Übersetzerverbandes

Diese Depot-Bestätigung ist einer der ersten Versuche Celans, seine Urheberschaft für eine (und gerade diese) Übersetzungsarbeit zu sichern.

Le 1er août 1956

Je, soussignée, Dominique Aury, reçois en dépôt ce jour, au titre de Secrétaire Générale de la Société Française des Traducteurs, trois manuscrits ainsi dénommés:
(Traductions en allemand par Paul Celan de Poèmes d'Ivan Goll)

1) Pariser Georsgska [sic]
2) Liebeslieder Eines malaiischen Maedchens
3) Ihpetonga-Elegie und Aschenmasken.

Je les tiens à la disposition de Paul Celan, ou de ses ayant-droits [sic]

Dominique Aury.

adresse personnelle
10 rue Vavin – Paris 6e – Tel Dan 27.26

1. August 1956

Ich, die Unterzeichnerin Dominique Aury, erhalte als Depositum heute, in meiner Eigenschaft als Geschäftsführerin der Société Française des Traducteurs, drei folgendermaßen bezeichnete Manuskripte:
(Übersetzungen ins Deutsche durch Paul Celan von Gedichten Ivan Golls)

1) Pariser Georsgska

2) Liebeslieder Eines malaiischen Maedchens

3) Ihpetonga-Elegie und Aschenmasken

Ich stelle sie Paul Celan oder seinen Rechtsnachfolgern zur Disposition

Dominique Aury.

persönliche Adresse
10 rue Vavin – Paris 6^{e} – Tel Dan 27.26

Die Schreibfehler bei den deutschen Titeln rühren vermutlich von den mangelhaften Sprachkenntnissen der Bestätigenden her, sie könnten aber auch den Titel auf dem deponierten Manuskript wiedergeben (›Liebeslieder Eines malaiischen Maedchens‹). Das Depositum, das leider nach der Auflösung der Übersetzervereinigung verlorenging, ist als Reaktion auf einen anonymen Brief vom 8. Mai 1956 zu verstehen, der Celan über seinen damaligen Verlag, die Stuttgarter Deutsche Verlags-Anstalt, in Genf erreicht, und als dessen Urheberin Claire Goll nachgewiesen werden kann. Die dort Georg Maurer in den Mund gelegte Bezeichnung Celans als »Meisterplagiator« hat Maurer später selbst dementiert. *(Georg Maurer: Meisterplagiator? In: Die Welt, Jg. 15, 1960, Nr. 306, 31. Dezember, S. 56)*

Etwa vom Zeitpunkt dieser neuen Angriffe an datiert Celan sorgfältig alle Gedichte und Übersetzungen, einschließlich der Vorstufen. Die Sicherung des in Czernowitz und Bukarest entstandenen Frühwerks, zu dem ja der Yvan Goll vorgelegte Band ›Der Sand aus den Urnen‹ gehört, beginnt allerdings erst nach der Publikation des ›Baubudenpoet‹. Zwischen Sommer 1960 und Sommer 1962 erbittet Celan von Alfred Margul-Sperber und Petre Solomon Abschriften seiner frühen Gedichte und Übersetzungen; namentlich genannt sind Shakespeare, Yeats, Arghezi und Jessenin. Und er fragt nach den bibliographischen Angaben seiner Bukarester Publikationen, so zur Solomon'schen rumänischen Fassung der ›Todesfuge‹ und zu seinen russisch-rumänischen Übersetzungen. Zudem überträgt er in diesem Zeitraum u.a. Gedichte, die er vor 1944 schon einmal übersetzt hatte, Arbeiten, die ihm aber nicht bzw. noch nicht wieder vorlagen: Das ist neben Shakespeare-Sonetten etwa Jessenins ›Chorassan‹, das in einer Czernowitzer Fassung erhalten ist und das Celan trotzdem als eines der letzten Jessenin-Gedichte am 10. Juli 1960 noch einmal übersetzt.

Celans Jessenin-Übersetzung, von der die letzte der drei Entstehungsphasen in das Vierteljahr nach Claire Golls Brief im ›Baubudenpoet‹ fällt, erscheint im März 1961 auf dem Höhepunkt der Pressekampagne. Sie spielt im Zusammenhang der Goll-Affäre eine besondere Rolle.

Schon vor der Publikation seiner Jessenin-Ausgabe fürchtet Celan unautorisierte Nutznießer. Danach enttäuschen ihn die Presse-Reaktionen. ›Die Zeit‹ bringt am 19. Mai 1961 nicht etwa eine ausführliche Rezension, sondern einen Aufsatz von Karl Dedecius über das Problem des Übersetzens, in dem er auch auf seine Gründe, Jessenin zu übersetzen, eingeht. Dabei sind unkommentiert drei Übersetzungen von Jessenins Gedicht ›Osen'‹ / ›Herbst‹ von Adelheid Christoph, Paul Celan und Karl Dedecius zusammen mit einer nicht näher bestimmten Interlinearübersetzung abgedruckt. Dedecius' Artikel ist die Kurzfassung seiner ausführlicheren Abhandlung ›Slawische Lyrik – übersetzt – übertragen – nachgedichtet‹, die im Märzheft der Zeitschrift ›Osteuropa‹ veröffentlicht wird. Dort sind dieselben vier Übersetzungsbeispiele in den Text integriert, die Interlinearversion verantwortet Dedecius selbst. Und sie sind ausführlich kommentiert. Dedecius' Kritik an Celan erinnert dabei an den Ablehnungsbrief durch den Pflugverlag, denn er nennt Celans Fassung »eine westdeutsche dichterische Variante, die den volkstümlichen, ganz und gar unintellektuellen Jessenin verkennt, ihn wesentlich – vor allem syntaktisch – verändert, entfremdet (in diesem Fall celanisiert)«. (S. 174) ›Die Zeit‹-Veröffentlichung verzichtet auf solche Deutlichkeiten; sie wirkt vor allem durch den Zeitpunkt ihres Erscheinens und die kommentarlose Präsentation anderer Übersetzer. Die in Westdeutschland bis dahin einmalige Unternehmung einer Jessenin-Auswahl in diesem Umfang und durch einen einzigen Bearbeiter wird durch die unkommentierte »Inflation« von Übersetzernamen relativiert.

Adelheid Christoph ist eine von zwei Übersetzern der Ostberliner Ausgabe von 1958 (Sergej Jessenin: Liebstes Land, das Herz träumt leise. Gedichte, Nachdichtungen von Adelheid Christoph und Erwin Johannes Bach. Berlin: Verlag Kultur und Fortschritt 1958), Dedecius' Übertragung war bis dahin noch ungedruckt. Dedecius war freilich in einer schwierigen Situation; seine Auswahl sollte im Herbst des gleichen Jahres herauskommen, und die Arbeit daran war zum Zeitpunkt von Celans Veröffentlichung sicher schon weit fortgeschritten. (Sergej Jessenin: Gedichte. Übertragen von Karl Dedecius. Ebenhausen bei München: Langewiesche-Brandt 1961) Für Paul Celan aber wiederholte sich hier der Vorgang von 1952, selbst wenn er möglicherweise die Formulierungen aus dem ›Osteuropa‹-Aufsatz nicht einmal kannte.

5 Günther Busch: Zecher am Tisch der Geschichte

Photokopie eines Zeitungsausschnitts
Aus: Süddeutsche Zeitung, Jg. 17, 1961, Nr. 132, 3./4. Juni
Mit maschinenschriftlich ergänzter bibliographischer Angabe; am Rand handschriftliche Bemerkungen von Paul Celan

Mit der Erfahrung von Dedecius' ›Zeit‹-Artikel kommentiert Celan andere Pressestimmen, wie die hier ausgestellte Münchner Rezension seiner Jessenin-Auswahl, die nach der Kritik von Karl Krolow in der ›Deutschen Zeitung‹ (Unbegrenzte Schwermut, 22./23. April 1961) und der von Horst Bienek in der ›Frankfurter Allgemeinen Zeitung‹ (Der Dandy aus Rjasan, Jg. 13, 1961, Nr. 116, 20. Mai) die dritte in einer großen Tageszeitung sein dürfte. Mit der Randbemerkung »Dedecius-Vokabel« unterstellt Celan dem Rezensenten, die in Dedecius' Artikel enthaltenen Übersetzungen als Formulierungshilfen verwendet zu haben. Die Ausführungen von Günther Busch zu Jessenin, »der während der Revolutionsmonate dem Goldpirol und dem Wagenräderknarren A b s c h i e d s m e s s e n schrieb«, erinnert in der Tat eher an Dedecius' Formulierung bei der Übersetzung der Verse 3 und 4 des Gedichts ›Ja poslednij poët derevni‹ (Ich bin der letzte Dorfdichter) als an die Celans:

SÜDDEUTSCHE ZEITUNG vom 3./4. Juni 1961

Zecher am Tisch der Geschichte

Sergej Jessenin: Gedichte. Ausgewählt und aus dem Russischen übertragen von Paul Celan. Verlag S. Fischer, Frankfurt/M. 72 Seiten, geb. 7,80 DM.

Es herrscht kein Frieden in diesen Gedichten, keine Sabbatstille; obwohl sie die Katen, das Birkenlicht und die Hanffelder, also die idyllischen Requisiten der russischen Landschaft besingen, bohren ihre Metaphern im Zeitstoff, sind die Harmonikaseufzer, mit denen sie anheben, den Sturmsymbolen Lorcas verwandt — Folklore, die Menschheitsträumen nachsinnt. Jessenins Wiesen breiten sich im russischen Gouvernement Rjasan, seine Räusche und Flüche entstammen Moskauer Bordellen oder Literatencafés, die Gorki und Fedin peinlich genau beschrieben, und doch — „seine Kneipe war die Welt", er selbst ein Zecher am Tisch der Geschichte. Der von sich einmal sagte, er sei der letzte Dichter der Dörfer („Kein Lied nach meinem mehr, vom Dorf zu singen"), der während der Revolutionsmonate dem Goldpirol und dem Wagenräderknarren Abschiedsmessen schrieb, hat gleichwohl, zusammen mit Alexander Block, der Jessenins Talent entdeckte, und Majakowski, der dem Verfasser des Poems „Im Land der Taugenichtse" in widerwilliger Bewunderung anhing, Aufruhr und Feuersbrünste zu seinem Metier gemacht: „Ich hinterlasse die Fährte der Neuen Himmelfahrt." Ein Bauernjunge, der auszog, den Stern der Erlösung zu jagen; ein randalierender Merlin, der an ländlichen Paradiesen baute — „Ich streue, ein Dieb, umher im Heimatlosen".

[illegible]-Vokabel

Jessenins Lieder — wie diejenigen Lorcas — scheinen dem Humus der Volksdichtung entstiegen. Ein verhältnismäßig begrenztes Vokabular wird immer wieder mit neuen Bildenergien aufgeladen, durch rhythmische Verschiebungen und Einschnitte gestaut oder in Fluß gebracht („Abendbraue, schwarz, geschwungen. / Pferde — wessen? — stehn vorm Haus. / Jugend, nahes Gestern, bist vertrunken. / Liebe: gestern mir verglommen, aus.") Die Metaphern führen keine Vasenexistenz, sie partizipieren an mythischen Bedeutungen und zugleich am Stromstoß der Erkenntnis. Diese Gedichte sind kinetisch von Grund auf; sie wiederholen den Sehnsuchtslaut der Erde. Zeit der Natur wird Zeit der Geschichte, Geschichtszeit. Verwandlung lautet das Zauberwort. Landschaften, Dickichte, Szenerien — Jessenin bevölkert sie mit Gesten, Signalen, mit dem Schmuggelgut des Menschengedächtnisses. „Es schluchzen still die Birken / im weiß gewordenen Haar. / Wer starb hier? Wer verdarb hier? / Am End ich selber gar?"

? von wem übersetzt?

Der 1895 in Konstantinowo als Sohn einer Kulakenfamilie geborene Dichter kam 1915 nach Petersburg. Block, Sinaida Hippius und Kljujew förderten ihn. 1919 gründete Jessenin gemeinsam mit Marienhof und Scherschenewitsch die Imaginistenschule. Er führte eine unglücklich verlaufende Ehe mit der amerikanischen Tänzerin Isodora Duncan, heiratete ein zweites Mal (eine Enkelin Leo Tolstois), trieb sich in Salons und in Vorstadtkaschemmen herum, Dirnen trug er seine Verse vor, den Klageruf und den Jubelschrei. Während der Oktoberrevolution begrüßte er, in stolpernden, jauchzenden Strophen, den Anbruch einer neuen Ära, zu der er schließlich keinen Zutritt fand. Als die Bauernaufstände Antonows und Machnos niedergeschlagen wurden, verließ Jessenin den Bannkreis der Barrikaden, verzehrte er sich mehr und mehr in Zweifeln und Skandalen. Visionen, Alkohol und Verse — eine Vita von Villonschem Zuschnitt. An einem Dezembertag des Jahres 1925 schnitt Jessenin sich im Hotel Angleterre in Leningrad die Pulsadern auf, schrieb mit seinem eigenen Blut ein letztes Gedicht und erhängte sich dann am Lüster des Hotelzimmers. Seine hinterlassene Lyrik, Sprachträume wie die Gedichte Chlebnikows, wenngleich von viel poröserer Beschaffenheit, ist aus seinem Leben allein nicht zu erklären, obschon sie ohne dieses Leben, das bis auf seinen Bodensatz verbraucht wurde, nicht denkbar wäre. Sie ist, in diesem strengen Sinne, Ausdruckskunst, zitiertes Geschick, metaphorisch befestigte Erfahrung. Dieser Poet hat in seinen eigenen Versen Unterschlupf gesucht. Hat er ihn dort gefunden? Jessenins Gedichte sind voller Phantasiewunder; sie gleichen dem Holz, aus dem man Märchen schnitzt. Märchen und Rätsel, von denen wir leben. Es spricht für die Übersetzerintuition Paul Celans, daß in den deutschen Text diese Rätsel mit eingeschmolzen sind.

Günther Busch

Dedecius	das Birkenlaub singt Abschiedsmetten und weht mir Weihrauch auf den Weg.
Celan	Ich seh die Birke Weihrauchkessel schwingen; und wohn ihr bei – der Abschiedsliturgie. *(GW V, S. 219)*

115 Auf der gegenüberliegenden Seite: Von Celan kommentierte Rezension (12.5)

Wörtlich zitiert ist hier jedoch wohl eine dritte Lösung, die Celan offensichtlich nicht kennt oder erkennt, die 1958 in Ostberlin publizierte Version von Adelheid Christoph:

Birken, wir stehn bei der Abschiedsmesse,
wo Weihrauch in euren Blättern schwingt.
(Sergej Jessenin: Liebstes Land, das Herz träumt leise, S. 43)

Aus der spontanen Frage »Von wem übersetzt?« spricht im Folgenden dann nicht nur die ihm so oft vorgeworfene (Über)-Empfindlichkeit gegenüber einer Kritik, die von dem für deutsche Leser unentdeckten Jessenin handelt und nur mit abschließenden Floskeln von der Leistung des Übersetzers. Nein, der berechtigte Zorn erhitzt sich am unbekümmerten und undeklarierten Zitieren fremder Übersetzungen in einer solchen Rezension, die dann vom Leser dem besprochenen Buch zugeschrieben werden. Mit den Versen

Es schluchzen still die Birken
im weiß gewordnen Haar.
Wer starb hier? Wer verdarb hier?
Am End ich selber gar?

zitiert Günther Busch nämlich wiederum die Ostberliner Jessenin-Auswahl, in diesem Fall das Gedicht ›Klage‹ in der Übertragung von Erwin Johannes Bach. (S. 74) In der Auswahl von Celan ist es nicht enthalten.
Das Werk der frühen sechziger Jahre ist deutlicher Ausdruck Celans für die ihn zutiefst bewegenden Bedrängnisse. Die persönliche öffentliche Stellungnahme zu Claire Golls Vorwürfen konnte nur vermissen, wer diese Werk-Dimension

nicht wahrnahm. In seiner Übersetzungsarbeit beschäftigt Celan sich nicht nur einmal mit Texten, die von Wahrheit und Lüge oder vom Totgeschwiegenwerden sprechen, von den Verletzungen durch öffentliche Angriffe. Ein Text wie das am 5. Februar 1961 übersetzte 70. Sonett Shakespeares, das als Motto für den ersten Zyklus der ›Niemandsrose‹ vorgesehen war, liest sich fast wie eine Analyse der Ereignisse:

Nicht an dir liegts, daß sie dich schmähn und schmähen:
kaum zeigt sich Reines, schon wirds schlechtgemacht.
Wo Himmel blaun, da fliegen bald die Krähen.
Der Schönheit Zierde: Argwohn und Verdacht.

Verlästert du, geliebt auch von den Tagen:
ist Güte dein, dies alles mehrt sie bloß.
Die Knospe duftet und der Wurm muß nagen;
du bist ein Erstling und bist makellos.

Die vielen Hinterhalte schon in jungen Jahren:
du gingst hindurch, zuweilen siegtest du.
Dies ist dein Ruhm, der so wie keiner klare, –
den Mund der Neider schließt auch er nicht zu.

Du, müßtest du nicht so: beargwöhnt, sein,
im Reich der Herzen herrschtest du allein.

Freilich war dieser Text der Öffentlichkeit zu einer Zeit nicht zugänglich, wo sie ihn als eine persönliche Reaktion auf die Presse-Angriffe hätte verstehen können. Er wurde erst 1964 veröffentlicht. (Die Neue Rundschau, Jg. 75, 1964, H. 2, S. 209; GW V, S. 337) Anders ist das bei der seit Oktober 1962 bekannten Übersetzung des Gedichtes ›Babij Jar‹ von Jewgenij Jewtuschenko (gleichzeitig in: Almanach des S. Fischer Verlags 76. Frankfurt am Main 1962, S. 100–102, und in: Sinn und Form, Jg. 14, 1962, Heft 5/6, S. 729–731):

6 Jewgenij Jewtuschenko: Babij Jar

Deutsch von Paul Celan. Manuskript, 5 Blatt
Ausgestellt ist die erste Seite

Das Gedicht hat die Ermordung von 34.000 Juden durch deutsche SS-Kommandos in der Schlucht ›Babij Jar‹ bei Kiew im Herbst 1941 zum Thema. Der Erstdruck am 19. September 1961 erinnert an den zwanzigsten Jahrestag des Geschehens, vor allem aber auch an den offiziellen Antisemitismus in der UdSSR, der den Opfern ein Denkmal verweigerte. Das »Mne kažetcja sejčas – / ja judej« (»Ich glaube, ich bin jetzt / ein Jude«) gleich zu Anfang zeigt die Solidarität des Nicht-Juden Jewtuschenko mit den Opfern. Celan kann sich mit diesem Satz noch in ganz anderer Weise identifizieren. ›Babij Jar‹ erhält seine erneute Gültigkeit für den Übersetzer Paul Celan. In der Tat hat dieser die Art und Weise, wie Teile der Öffentlichkeit die Vorwürfe von Claire Goll aufgriffen, immer auch als eine antisemitisch begründete Denunziation verstanden.

Mne kažetsja, ėto Drejfus –
ėto ja.
Meščanstvo –
Moj donosčik i sud'ja.
Ja za rešetkoj.
Ja popal b kol'co.
Zatravlennyj,
oplevannyj,
obolgannyj.
I damočki s brjussel'skimi oborkami,
vizža, zontami tyčut mne v lico.

Dreyfus, auch er,
das bin ich.
Der Spießer
denunziert mich,
der Philister

Babij Jar

Über Babij Jar, da steht keinerlei Denkmal.
Ein steiler Hang – der eine, unbehauene Grabstein.
Mir ist angst.
ich bin alt heute,
so alt wie das jüdische Volk.
Ich ~~glaube~~, ich bin jetzt
~~Ich schlepp mich dorthin~~ ein Jude.
Wir ziehn aus Ägypten~~land~~ aus, ich zieh mit.
Man ~~hat~~ geläßt mich ans Kreuz ~~geschlagen~~ ich komm um;
und da, da seht ihr sie noch: die Spuren der Nägel.
Dreyfus, auch er,
das bin ich.
Der Spießer
denunziert mich,
der Philister
spricht mir das Urteil.
Hinter Gittern bin ich,
Umstellt. →|
Müdgehetzt.
Und bespien.
~~Hintergangen~~
Und verleumdet.
Und Dämchen, mit Brüsseler Spitzen behangen,
kommen und kreischen und stechen mir ins Gesicht
mit zierlichen Sonnenschirmen.

spricht mir das Urteil.
Hinter Gittern bin ich.
Umstellt.
Müdgehetzt.
Und bespien.
Und verleumdet.
Und es kommen Dämchen daher mit Brüsseler Spitzen,
und kreischen
und stechen mir ins Gesicht
mit Sonnenschirmchen. *(GW V, S. 280 f.)*

Celan betont, ohne sich vom Original zu entfernen, durch Verdoppelungen: Die Elemente »Spießer« und »Philister« stehen für den einen abstrakten Sammelausdruck »meščanstvo« (Spießertum), Celan ersetzt sie durch zwei Bezeichnungen für konkrete Menschen. Der zweiversige russische Satz am Schluß der zitierten Passage mit dem einzigen Prädikat »tyčut« (stoßen) wird schon in diesem Entwurf eine auf drei Verse gestreckte und durch die Verwendung von drei sich steigernden Verben lebendige und farbige Schilderung. Celan hat hier, das wird auch an seiner Art zu übersetzen deutlich, nicht irgendeinen Text übersetzt, sondern ein Gedicht, das ihn angeht.
Der damalige Feuilletonchef der ›Zeit‹, Rudolf Walter Leonhardt, hat das offensichtlich nicht verstanden, wenn er Celan unter Hinweis auf seine ›Babij Jar‹-Übersetzung zumuten wollte, innerhalb kürzester Zeit andere Jewtuschenko-Texte zu übersetzen, die er, Leonhard, für ihn ausgewählt hatte. (An Celan, 11. Januar 1963) Anlaß war eine Lesereise Jewtuschenkos durch die Bundesrepublik, für die gute Übersetzungen benötigt wurden. Celan kann auf solche Anträge nicht reagieren. Dafür sieht er am 19. Januar in einem Artikel voller sachlicher Fehler hinsichtlich der Vorgänge von Babij Jar eine von ihm nicht autorisierte Wiedergabe seiner eigenen Übertragung des Gedichts, neben anderen, von Leonhardt schnell beschafften. Auch hier eine Inflation von Übersetzern, die Celans Arbeit von 1962, seine schnelle und intensive Reaktion auf eine in Deutschland kaum rezipierte russische Publikation, banalisiert. Schon durch die rhetorische Titelfrage ›Was bedeutet Jewtuschenko als

116 Auf der gegenüberliegenden Seite: Jewgenij Jewtuschenko: ›Babij Jar‹. Übersetzt von Celan (12.6)

117/118 Auf den folgenden Seiten: Die Seiten 1 und 2 des Entwurfs von ›Huhediblu‹ aus der ›Niemandsrose‹

Lyriker?‹ mußte sich Celan – mit dem Wort seiner Übersetzung – »bespien« sehen.

Celan versteht die sogenannte Goll-Affäre als Übersetzungs-Affäre. Das wird an solchen Gedichten der Zeit besonders deutlich, in denen die Vorwürfe gerade durch das Zitat eigener Übersetzungen thematisiert werden.

7 Paul Celan: Huhediblu

Manuskript. Erste Seite eines Entwurfs, 1 Blatt

›Huhediblu‹ ist eines der polemischsten Gedichte der ›Niemandsrose‹, das auch eine ganze Reihe von Zeitgenossen kritisch anspricht: von den »Söhnen« des Will Vesper (»Söhne der Feme-Poeten vespern«) über Hans Magnus Enzensberger (»call it love«) bis zum O-Ton-Hörspiel. Dazu kommt eine Reihe von Anspielungen auf von Celan übersetzte Autoren und deren Gedichte. Sie geben – chronologisch gesehen – einen Überblick über das ganze Spektrum des von Celan bis dahin Übersetzten.

Bruder
Ossip, du liest, mit geblendeten,
hellsichtigen Augen Disparates –:

Mit »Ossip« spielt Celan auf den zuletzt übersetzten Autor an: Ossip Mandelstamm. Die letzten Übersetzungen für seine Textauswahl entstanden im Frühjahr 1959, gleichzeitig mit den ersten Gedichten für die ›Niemandsrose‹. Dem »Bruder« Mandelstamm hat Celan seine ›Niemandsrose‹ gewidmet, ihm, dem er sich tatsächlich verbunden gefühlt hat wie keinem anderen von ihm übersetzten Autor. Die deutliche Anspielung des Entwurfs meint Celan im publizierten Text zurücknehmen zu können oder verbergen zu müssen, nur den »Bruder« läßt er stehen (GW I, S. 275):

Bruder
Geblendet, Bruder
Erloschen, du liest,

AE 18.3,1 I

~~Oh, quand refleuriront les roses de septembre~~

... à l'allemande, avant ...

Schwer-, Schwer-, Schwer-
fälliges, auf
Vorwegen. – Die
Söhne der Feme-Poeten vespern, lurchen und vipern,
episteln. Geunktes, von Kindern, darauf
der Name Samael spürt, als ~~Ab~~-schrift
datiert vom ~~Nimmermehrsonntag~~ Nimmermeinsonntag im September
– wann blühen, wann,
wannblühendie, wannblühendiedie
Septemberrosen? Du tust, zitiert ein
Groß ~~gedrehter~~ gespiegelter, ~~Klein~~ les
~~rose, les~~
poètes pour
les cites après ~~–~~ wann? Wahnwann, Wan, ~~Wans~~,
Wansbek, ein Beil, die Erde, Zellas, ~~ein~~
Planet, – Brüder ~~du liest~~ Arnold, ~~Brüder~~
Orsi, du liest, mitgebleibteten, Hell-
sichtigen Augen ~~Disparates~~ Dis-parates –: wann blüht das Wann, ~~das~~
das Woher und Wohin und was
sich aus- ~~und~~ an- und dahin- und zu sich lebt
~~[illegible]~~ im Ohr: des Achsenbruchs tief im Innern
immer runden Wohnstatt Zerknirschung

D 90.1.112

Oh diese Galgen und Schädel, auf
Alraunenfluren gedeiht
das sozialversicherte Beiwort, ad-
jektivisch gehn sie dem Menschen zuliebe, Schellen,
so hört man, was
alles Dagegengelebte — Straf-
kolonien und Landstriche, bitte ins nächste
Dorf —: Nachtisch, Nachtisch! Frugal
sind die Henkersmahle am Main, kon-
temporan und geschlecht, Schinder-
hannes stabreimt, Julchen rülpst
existentiell. Das Fallbeil — all is
love. —
oh quand refleuriront, ô roses,
vos septembres?

Moisville, 13.9.62

dies hier, dies:
Dis-
parates –:

Ein ähnlicher Prozeß läßt sich bei der Anspielung auf eine Apollinaire-Übersetzung beobachten, die Celan 1954 veröffentlicht hat. Die Form des am Anfang unterstrichenen, aber nicht ausgestrichenen Zitats, »... à l'allemande, avant ...« macht es als Fragment deutlich. Für Celan Wichtiges aus dem Schluß von Apollinaires ›Schinderhannes‹ ist hier unausgesprochen gegenwärtig (Die Neue Rundschau, Jg. 65, 1954, H. 2, S. 318–321; GW IV, S. 786–789. Die Hervorhebungen im folgenden Zitat durch die Bearbeiterin):

Il faut ce soir que j'assassine
ce riche juif au bord du Rhin
Au clair des torches de résine
La fleur de mai c'est le florin

On mange alors toute la bande
Pète et rit pendant le dîner
Puis s'attendrit à l'allemande
Avant d'aller assassiner

Denn heut, wenns dunkel wird am Rheine,
bring ich den reichen Juden um.
Hell glänzt, wenn harzge Fackeln scheinen,
als Gulden jede Maienblum!

So hält man Tafel rund im Kreise
und f...t und lacht beim Abendschmaus.
und wird ganz schwach, nach deutscher Weise,
und geht und bläst ein Leben aus.

In der Druckfassung fehlt wiederum die direkte Anspielung auf gerade diese Stelle; der Name und Gedichttitel ›Schinderhannes‹ zusammen mit ›Julchen [...] rülpst‹, schon im Entwurf da, repräsentiert das Gedicht sehr viel allge-

meiner, unterdrückt den direkt antisemitischen Aspekt, der für die Wahl des Textes zur Übersetzung, aber vor allem auch für die Verwendung des Zitats im Kontext des Gedichts wesentlich ist.

Einzig das im vorliegenden Entwurf gestrichene Anfangszitat »Oh, quand refleuriront les roses de septembre«, das dann in der veränderten Form »Oh quand refleuriront, oh roses / vos septembres?« an den Schluß des Entwurfs gestellt wird, bleibt im gedruckten Gedicht (als ungeteilter Vers) vollständig erhalten. Auch in einer deutschen Fassung ist es – auf dieser ersten Entwurfsseite – zu lesen:

– wann blühen, wann,
wannblühendie, wannblühenwiederdie
September/rosen?

In einer ähnlich stotternden Form, in die der endgültige Gedichttitel als weiterer Störfaktor zusätzlich eingefügt wird, bleibt das Zitat an vergleichbarer Stelle der Endfassung stehen:

Wann,
wann blühen, wann,
wann blühen die, hühendiblüh,
huhediblu, ja sie, die September-
rosen?

Nur dieses Zitat reduziert Celan nicht in der Endfassung des Gedichts, nur für dieses Zitat gibt Celan zudem Ausgangstext und *Übersetzung, und zwar so, daß er quasi eine Rückübersetzung der eigenen deutschen Version gibt. Von Verlaines Original-Vers »Ah, quand refleuriront les roses de septembre!« (Übersetzung mit Original: Celan-Jahrbuch, Bd. 5, 1993, S. 288f.) weicht geringfügig die im Gedicht zitierte französische Fassung ab, die mit klagendem »Oh« beginnt und mit Fragezeichen endet. Aus der erwartungsvollen Hoffnung auf die zweite Rosenblüte im Herbst wird bei Celan eine von Sorge und Schmerz erfüllte Frage. Der dem deutschen Zitat unmittelbar vorausgehende »Nim-*

mermenschtag im September«, vielleicht der Tag der Nürnberger Rassengesetze (15. September 1935), vielleicht auch der Todestag der Mutter, des Vaters, ist hier mitzudenken. Nicht nur Verlaine, nicht nur eine eigene Übersetzung sind zitiert, in das Zitat hineinverwoben ist auch eine persönliche Begründung für dessen Wahl. Warum Celan hier nichts von der Direktheit der Anspielung zurücknimmt, scheint erklärbar: es handelt sich um den Schluß eines Sonetts aus Paul Verlaines ›Sagesse‹, das Paul Celan in seiner Czernowitzer Zeit übersetzt, aber – im Gegensatz zu den beiden anderen zitierten Übersetzungen – nie veröffentlicht hat. Hier gab es für seine Leser, so aufmerksam er sie sich wünschte, keine Möglichkeiten des Wiedererkennens. Und Celan zitiert, wenn auch durch Stottern gestört, die damals gewählte Form.

Merkwürdig ist die Art und Weise, wie gerade auf dem hier gezeigten Entwurf, im Zusammenhang mit einem weiteren französischen bisher nicht identifizierten Zitat, Inhaltliches an der handschriftlichen Form deutlich wird. Die Aussage »On tue [...] les [gestrichen: russes, les] poètes pour les citer après« (»man tötet die [Russen, die] Dichter, um sie hernach zu zitieren«; in der Druckfassung nur noch mit »on tue« angedeutet) wird am Beispiel des Verlaine-Verses demonstriert. Die Ausstreichung dieses Verses am Anfang vollzieht den Akt des »Tötens« nach, in der anschließenden deutschen Fassung ist er bis zur Unkenntlichkeit verändert. Am Schluß wird er dann aber doch noch gegeben, »zitiert«. »On tue« – das bezieht sich – vermittelt durch die erneute Frage »wann?« – zwar direkt auf die »Brüder« Arnold Zweig und Ossip Mandelstamm, aber Celan bezieht es in diesem Gedicht auch auf sich, auf das Mundtotmachen, Verschweigen, das er u.a. durch diejenigen erlebt, die sein Werk für ihre Zwecke benutzen. Und dazu gehört ganz sicher auch Claire Goll.

Alle drei zitierten Übersetzungen schließen eng an Celans Biographie an: Er übersetzt nicht irgendeinen Autor, sondern das Werk eines »Bruders«; er wählt ein Gedicht aus, das das Nebeneinander von Sentimentalität und Brutalität der ›Todesfuge‹ wiederaufnimmt; er reichert Verlaines September-Gedicht mit Schicksalhaftem an. Celan zeigt hier seinen Lesern, daß ein dichterisches Werk, das »seiner Daten eingedenk« bleibt (GW III, S. 196), niemals Plagiat sein kann.

13 Wie übersetzt man »Résistance«? René Char und Paul Eluard

Was ist »literarischer Widerstand«? Ist es möglich, ihn von »tatsächlichem Widerstand« zu unterscheiden? Oder reichen seine Erscheinungsformen nicht vielmehr von demonstrativem Schweigen über das Schreiben, Veröffentlichen, Verbreiten von Texten und die organisierte Vereinigung von Schriftstellern bis hin zum aktiven, bewaffneten Widerstand eines Dichters? Der heute geläufige Begriff der »Résistance-Literatur« jedenfalls setzt sich erst nach dem Krieg allmählich durch. Während der deutschen Okkupation spricht man in Frankreich auch von »poésie engagée«, von »poèmes datés« (datierten Gedichten) und von der »Antwort des Dichters auf das Ereignis« (»la réponse du poète à l'événement«) – und hier liegt die Verbindung zu Celans Verständnis von Dichtung. Auch er besteht auf der Aktualität und dem Wirklichkeitsbezug seiner Texte: »S' engager – n'est-ce pas, avant tout, répondre?« (Sich engagieren – heißt das nicht, vor allem, antworten?) (An Nina Cassian, 25. April 1962. In: George Guţu: Die rumänische Koordinate der Lyrik Paul Celans. Leipzig (Diss.) 1977, S. 359)

1 Paul Eluard und René Char in Gordes

Photographie von Valentine Hugo oder André Breton, 1930
Leihgabe: Musée d'art et d'histoire, Saint-Denis

René Char (1907–1988) und Paul Eluard (1895–1952) verbindet eine lebenslange Freundschaft. Beide gehören der surrealistischen Bewegung an, beide kehren ihr jedoch vor Kriegsbeginn wieder den Rücken. Beide geben verschiedene, ja geradezu gegensätzliche Antworten auf die Besetzung Frankreichs durch die deutsche Wehrmacht. Eluard bleibt im besetzten Paris, veröffentlicht und verbreitet dort Résistance-Gedichte und tritt Ende 1942 dem F. N. E. (Front National des Écrivains) bei, einer Untergrundbewegung von Schriftstellern im Widerstand. René Char dagegen hört auf zu publizieren und geht – nach dem deutschen Einmarsch 1940 als Kommunist denunziert – ab 1941/42 als »chef du secteur Durance-Sud de l'Armée secrète« in den Widerstand. 1943

119 Paul Eluard, Picasso, Raymond Queneau (mit Brille, die Hände in der Manteltasche) bei einer Demonstration zum Gedenken an die Naziopfer (13.8)

weitet sich sein Verantwortungsbereich auf das Département Basses-Alpes aus, und im Jahr darauf muß er nach Algier fliegen, um die anstehende Landung der alliierten Truppen in Südfrankreich zu unterstützen. Er versteckt die Tagebuchnotizen, die er 1943/44 im Widerstand schreibt, vor seinem Abflug nach Algerien in einer Kellermauer. Dort findet er sie nach seiner Rückkehr wieder. Ab 1944 publiziert er verstreut einzelne Stücke daraus; 1945 überarbeitet er diese Notizen, ändert ihre Zusammenstellung. 1946 erscheint die Einzelausgabe unter dem Titel ›Feuillets d'Hypnos‹. Sie sind Chars Freund Albert Camus gewidmet.

Paul Celan lernt René Char Anfang der fünfziger Jahre kennen, der ihm sein Buch zur Übertragung anvertraut. 1958 wird die Übersetzung in der ›Neuen Rundschau‹ (Jg. 69, 1958, H. 4, S. 565–601) erstmals veröffentlicht.

2 René Char: Feuillets d'Hypnos

2. Auflage
Paris: Gallimard/nrf 1946
(Collection espoir. Dirigée par Albert Camus)
(Aus der Bibliothek Paul Celan)
Mit handschriftlichen Interlinearübersetzungen von Paul Celan
Aufgeschlagen ist Seite 20/21

Die Tagebuchnotizen Chars gehören zu den bedeutendsten literarischen Zeugnissen der Résistance, nicht zuletzt weil sie als literarisches Dokument den Verzicht auf Literatur leisten und wehrhaftes politisches Handeln einfordern:

[19]

Le poète ne peut pas longtemps demeurer dans la stratosphère du Verbe. Il doit se lover dans de nouvelles larmes et pousser plus avant dans son ordre. *(S. 20)*

19

Der Dichter kann sich nicht lange in der Stratosphäre des WORTES aufhalten. Er muß sich in neue Tränen rollen, in ein Tau, und noch weiter in seine Ordnung hineindringen. *(GW IV, S. 449)*

Nicht eigens schon Poesie, sind die Aufzeichnungen Chars eher poetische Skizzen, Momentaufnahmen, Erinnerungsstützen, und sie helfen zu beobachten und zu erkennen:

La France a des réactions d'épave dérangée dans sa sieste. Pourvu que les caréniers et les charpentiers qui s'affairent dans le camp allié ne soient pas de nouveau naufrageurs! *(S. 21)*

Frankreich hat die Reaktionen eines in seiner Siesta gestörten Wracks. Wenn bloß die so geschäftigen Kielholer und Zimmerleute im Lager der Verbündeten nicht die neuen Strandräuber sind! *(GW IV, S. 451)*

In verantwortlicher Verteidigungshaltung muß der um Frankreich Kämpfende mitansehen, wie das Land als Ganzes schon wehrunfähig ist und seine Mittel zerschlagen sind. Dem Widerstand fehlt die breite Unterstützung. Zu diesen Beobachtungen kommt die Sorge, die vermeintlichen Helfer – es sind zahlreiche Kriminelle darunter – könnten der gemeinsamen Sache mehr schaden als nützen oder gar eingeschleuste Kollaborateure sein.

Blatt Nr. 22 spricht die zum aktiven Widerstand Unentschlossenen an:

AUX PRUDENTS: Il neige sur le maquis et c'est contre nous chasse perpétuelle. Vous dont la maison ne pleure pas, chez qui l'avarice écrase l'amour,

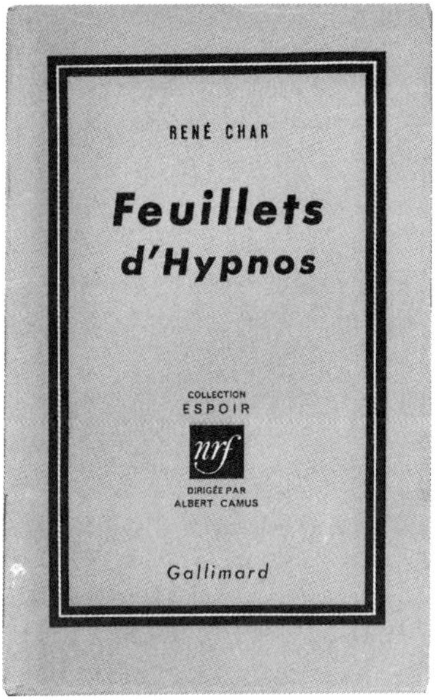

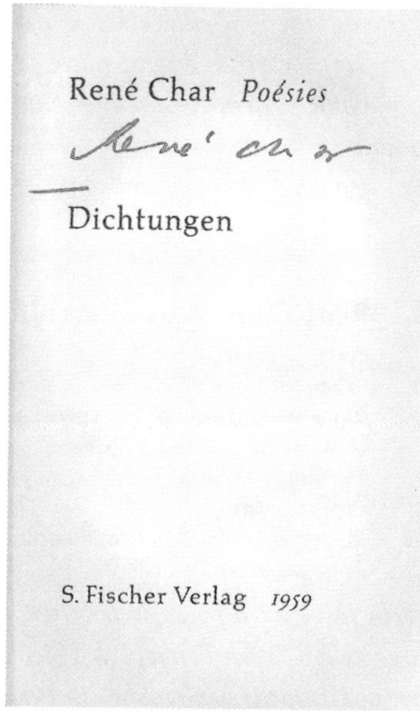

120 Umschlag (13.2)

121 Titelblatt (13.4)

dans la succession des journées chaudes, votre feu n'est qu'un garde-malade. Trop tard. Votre cancer a parlé. Le pays natal n'a plus de pouvoirs. *(S. 20f.)*

Celans erster handschriftlicher Übersetzungsversuch kommt der späteren Druckfassung dieses Abschnitts sehr nahe. In der 1959 veröffentlichten Übersetzung lautet die Passage dann:

DEN VORSICHTIGEN: Es fällt Schnee im Maquis, und es wird Jagd gemacht auf uns, unausgesetzt. Ihr in euren tränenlosen Häusern, mit eurem alle Liebe erstickenden Geiz darin, eurem warmen Tagaus–und–Tagein: euer Feuer ist ein Krankenwärter, sonst nichts. Zu spät. Der Krebs in euch hat gesprochen. Die Heimat hat keinerlei Macht mehr. *(René Char: Poésies. Dichtungen. Frankfurt am Main: S. Fischer 1959, S. 127)*

Wer die Freiheit wählt, der wählt Unbehaustheit, Kälte und Kampf. Die Männer um René Char haben nur diese Möglichkeit offen. Ungefähr zur gleichen Zeit muß Paul Celan die kaum weniger kalte Unfreiheit des Arbeitsla-

gers erdulden und auch erleben, daß seine Eltern, die sich nicht wie er rechtzeitig verstecken konnten, nach Transnistrien verschleppt werden und dort umkommen. René Char und Paul Celan: zwei Menschen in vergleichbar bedrohten Lebenssituationen, aber auch zwei völlig verschiedene Möglichkeiten, sich der Gefahr zu stellen.

3 René Char: À une sérénité crispée

Paris: Gallimard/nrf 1951
Exemplar Nr. 988 von 3250 auf »vélin Plumex« gedruckten Exemplaren
Vignetten gezeichnet von Louis Fernandez
(Aus der Bibliothek Paul Celan)
Mit handschriftlicher Widmung: »Pour Paul Celan/avec la sympathie/ très vive de/ R. Char«
Mit handschriftlichen Interlinearübersetzungen von Paul Celan
Aufgeschlagen ist Seite 22/23

Sechs Jahre nach Kriegsende tritt Char erneut mit einer Aphorismen-Sammlung an die Öffentlichkeit. Wie sich zeigt, setzt er durch diese Veröffentlichung seine »Dichtung der Revolte« in Friedenszeiten fort: ›À une sérénité crispée‹ ist, chronologisch betrachtet, der letzte von insgesamt drei Texten René Chars, die Paul Celan ins Deutsche überträgt.

Au centre de la poésie, un contradicteur t'attend. C'est ton souverain. Lutte loyalement contre lui. *(S. 22)*

Im Innersten der Dichtung erwartet dich ein wider dich Sprechender. Du bist ihm untertan. Bekämpfe ihn mit ehrlichen Waffen. *(René Char: Poésies. Dichtungen, S. 277)*

Die Dichtung wird zum Austragungsort von Kämpfen, der Gestus des Widerstandes bleibt erhalten.
Celan notiert sich in seinem Exemplar statt: »Du bist ihm untertan« zunächst: »Es ist dein Herr und Meister«. (S. 22) Damit werden Assoziationen an die ›Todesfuge‹ geweckt, die Celan in der gedruckten Fassung möglicherweise vermeiden will.
Mit ausführlichen Anmerkungen versieht er das Fragment, das nach seiner Zählung die Nummer 45 hat:

[45] Les yeux clos et dans l'effort de m'endormir, je vois luire au fond de mes paupières une braise qui est l'âme obstinée, l'épave clignotante du naufrage glorieux de ma journée. *(S. 22f.)*

Geschlossenen Auges und einzuschlafen bemüht, seh /erblicke/ ich / auf dem Grund meiner Lider einen Glutschein: Die es / nicht aufgeben wollende Seele, das blinzelnde /zwinkernde/ Wrack / inmitten des ruhmreichen Schiffbruchs meines Tages *(S. 22)*

Auf der folgenden Seite ergänzt er »das äugende Wrack«.

Wurde im ›Hypnos‹ noch »Frankreich« mit der Wrack- und Schiffbruch-Metapher in Verbindung gebracht, bezieht Char jetzt »épave« (»Wrack«) auf das Ich – ein Ich, das nach dem gesellschaftlichen Schiffbruch weiter die Revolte lebt, wodurch glaubwürdig wird, daß es auch vorher ernsthaft gegen das Scheitern der Gesellschaft aufbegehrt hat.

4 René Char: Poésies. Dichtungen

Vorwort von Albert Camus. Herausgegeben von Jean-Pierre Wilhelm unter Mitarbeit von Christoph Schwerin. Ins Deutsche übersetzt von Paul Celan, Johannes Hübner, Lothar Klünner und Jean-Pierre Wilhelm
Frankfurt am Main: S.Fischer Verlag 1959

*Celan ist nicht der erste Char-Übersetzer in Deutschland. Es sind vor allem Lothar Klünner (*1922), Johannes Hübner (1921–1977) und Jean-Pierre Wilhelm zu nennen, die schon vor Celan Texte von René Char ins Deutsche übertragen haben und deren Übersetzungsbeiträge mit denen von Celan die erste deutsche Ausgabe der ›Poésies‹ bilden. Den größten Anteil daran haben Lothar Klünner und Johannes Hübner. Sie hatten sich Anfang der fünfziger Jahre sogar per Autostopp auf den Weg nach Südfrankreich gemacht, um René Char kennenzulernen. Die sich anschließenden Begegnungen mündeten nicht nur in aufschlußreiche Gespräche, sondern führten zu poetologischen und übersetzungstheoretischen Erkenntnissen, die gerade Hermetismus-Diskussionen neue und wesentlich aggressionsfreiere Impulse geben könnten:*

Es war im Jahre 1953 oder 54 […], als Paul Celan, den wir in Paris aufgesucht hatten, uns fragte: »Sollte es nicht doch einen Schlüssel zur Poesie

122 René Char in Céreste, 1943, während seiner Zeit als Maquisard (Roger-Viollet, Paris)

René Chars geben, einen Schlüssel, der zu den hermetischen Texten einen Zugang verschafft?« Wir [Lothar Klünner und Johannes Hübner] schüttelten den Kopf. Einen Schlüssel könnte es schon deshalb nicht geben, weil der ja eine Verschlüsselung voraussetzte, also eine Verzerrung oder Verdunkelung eines ehemals klaren Bedeutungszusammenhangs. Nun, in diesem rigiden Sinne wollte es Celan auch nicht verstanden wissen; aber er bestand darauf, daß es eine Möglichkeit geben müsse, sich den Zugang zum Charschen Gedicht zu erleichtern. Erleichterungen – allerdings. Davon Gebrauch zu machen, hatte uns René Char selber empfohlen. Wie hilfreich war es für uns gewesen, den Ort und die Landschaft kennenzulernen, in der Char aufgewachsen war; die Stätten in der Provence zu sehen, die in seinen Kriegsgedichten eine Rolle spielten, als er Kommandant der Partisanen im Departement Basses-Alpes war. [...] Da mag einem Leser in Paris oder Berlin einiges dunkel erscheinen. Aber das sind Adiaphora, die mit dem Kernproblem der Charschen Dunkelheit nichts zu tun haben. Der Hermetismus, von dem Celan sprach, ist ja nichts anderes als der dunkle Rest, der verbleibt, wenn alles Intelligible am Tag ist. Der Wunsch, für jenen Rest einen Schlüssel, ein Sesamöffne-dich in die Hand zu bekommen, ist verständlich und legitim. Hinter dem Wunsch steht die Überzeugung, daß in jenem Rest mehr enthalten ist, als die »reine Subjektivität des Dichters«. Daß dort, wie die Nuß in der Schale, das Überpersönliche verborgen liegt, das uns alle angeht.

Daß es keinen Schlüssel gäbe, ist eine ebenso richtige wie voreilige Feststellung, die den Kern der Celanschen Frage nicht recht trifft. Zielt die Frage doch indirekt nach dem Wesen von Chars Dunkelheit. Schließlich ist Dunkelheit nicht gleich Dunkelheit. Für einen, der aus dem Hellen kommt, ist jede Dunkelheit Schwärze. Für einen, der aus dem Dunklen kommt, aus der eigenen Dunkelheit neben die fremde tritt, konturiert sich und nuanciert sich das Dunkel zu einem umfassenden Panorama. Zurücktreten ins eigene Dunkel ist also der erste Schritt, der den Zugang erleichtert, ja unter Umständen erst gewährt. *(Lothar Klünner: Schritte mit René Char. In: Die Neue Rundschau, Jg. 90, 1979, H. 3, S. 361f.)*

Celan, der oft genug seiner eigenen Gedichte wegen Hermetismus-Vorwürfe erdulden mußte, benutzt in der Überlieferung Klünners diesen Begriff mit dem Leser-Blick auf Char-Texte nun selbst, und, von Hübner und Klünner verstanden, ergibt sich daraus im Gespräch ein möglicher Zugang zu vermeintlich Verschlossenem. Das hier Gesagte hat aber nicht nur Konsequenzen für die Vorstellung von Hermetismus, sondern beleuchtet auch die Gratwanderung des Übersetzers, der oftmals einen Weg beschreiten muß, der ihn durch ein nuanciertes Dunkel führt.

›Poésies‹ leistet einen wesentlichen Beitrag dazu, Char in Deutschland bekannt zu machen. Ihm folgt 1968 ein zweiter Band ›René Char: Poésies. Dichtungen II‹ (S. Fischer Verlag), für den wiederum Hübner und Klünner, außerdem noch Gerd Henninger übersetzen, nicht aber Paul Celan.

5 Beispiele moderner Literatur. Fischer doppelpunkt

Verlagsprospekt des S. Fischer Verlags, Frankfurt am Main, 1963

In der Reihe ›Fischer doppelpunkt‹ erscheint, neben anderen modernen europäischen Autoren wie Ilse Aichinger, Antonin Artaud, Michel Butor, Italo Calvino, Petru Dumitriu, William Golding oder Witold Gombrowicz, 1963 auch eine Auswahl von René Char: ›Hypnos und andere Dichtungen‹, übersetzt von Paul Celan, Johannes Hübner, Lothar Klünner, Jean-Pierre Wilhelm und Franz Wurm. Dieser Band enthält auch Celans Fassung von ›À la santé du serpent‹, die Alfred Andersch im ersten Heft der ›Texte und Zeichen‹ (1955, S. 81–83) veröffentlichte.

123 Aus dem Prospekt (13.5)

René Char
Hypnos
und andere Dichtungen

Übersetzt von Paul Celan, Johannes Hübner, Lothar, Klünner, Jean-Pierre Wilhelm und Franz Wurm
124 Seiten DM 6,80

Die Auswahl wurde vom Autor selbst getroffen, ein Glücksfall, dem wir vielleicht verdanken, daß die berühmten Aufzeichnungen aus dem Maquis ›Hypnos‹ ungekürzt aufgenommen worden sind. Nicht nur der körperliche, auch der geistige Widerstand ist hier zur reinen Poesie erstarrt. Ernst Johann, F. A. Z.

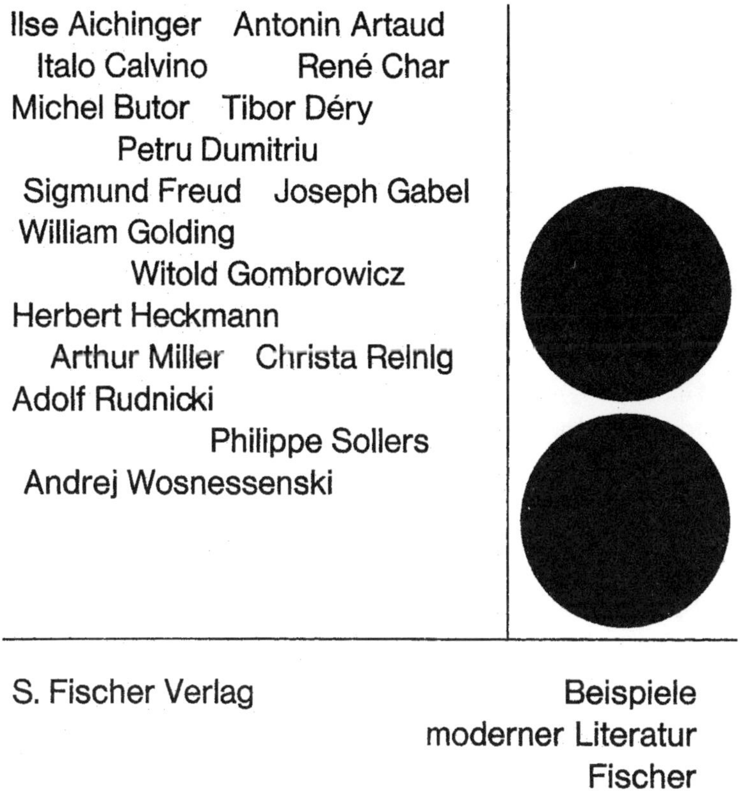
Ilse Aichinger Antonin Artaud
Italo Calvino René Char
Michel Butor Tibor Déry
Petru Dumitriu
Sigmund Freud Joseph Gabel
William Golding
Witold Gombrowicz
Herbert Heckmann
Arthur Miller Christa Reinig
Adolf Rudnicki
Philippe Sollers
Andrej Wosnessenski

S. Fischer Verlag

Beispiele
moderner Literatur
Fischer

124 Aus dem Prospekt (13.5)

›À la santé du serpent‹ ist Teil eines größeren Text-Zusammenhangs, der 1947 unter dem Titel ›Le poème pulvérisé‹ in Paris erscheint. (Paris: Fontaine) *›Das pulverisierte Gedicht‹, Titel der deutschen Übersetzung von Lothar Klünner und Johannes Hübner, ist sowohl in der Fischer-Ausgabe aus dem Jahre 1959 wie auch in Auszügen in der Auswahl von 1963 abgedruckt. Im Unterschied zu 1959 wird nun Celans ›Der Schlange zum Wohl‹ anstelle der Hübner/Klünner-Übersetzung veröffentlicht. Der Vergleich beider ›Hypnos‹-Fassungen*

zeigt so deutliche Unterschiede, daß man von einer Neubearbeitung Celans sprechen kann.
Was mögen die Hintergründe für Celans Überarbeitung gewesen sein? Wiederholt er durch erneutes Übersetzen seine Bemühungen um die Dichtungen des Freundes? Verdeutlicht er vielleicht gerade dadurch eine menschliche Distanz zu Char, dem er, um mit Lothar Klünner zu sprechen, aus dem eigenen Dunkel kommend, nicht in das seine folgen kann?

Nun zu ihrem Char-Projekt: Ich bin hier irgendwie unzuständig. [...] Ich habe, und darin bitte ich eine Hommage au Résistant zu erblicken, das Tagebuch aus dem Maquis übersetzt und dazu noch einiges Aphoristische. Mit den Gedichten René Chars hatte ich es schon immer schwer, und die deutschen Texte, die ihnen jetzt gegenüberstehen, sind, so gut sie gemeint sind, denn doch nur Wörtlichkeiten und Approximationen. So gastlich das Deutsche – im Gegensatz zum Französischen – auch sein mag, es hat nicht für alles Entsprechungen bereit.
Es gibt eben, bis zu dem Tage, wo das Wunder geschieht, Unübersetzbares – *(An Siegfried Unseld, 20. Dezember 1966 oder 1967?)*

Celan hat seine ›Hypnos‹-Übersetzung nie öffentlich gelesen, obgleich seine Leistung allgemein anerkannt wird.

6 René Char: Quelques Feuillets d'Hypnos

Édition facsimilée avec des illustrations originales de PAB
Alès: Pierre André Benoît 1957
Mit Widmung auf der letzten Seite: »Pour Yvonne / Zervos / PABenoît / Nov. 1957«
Leihgabe: Bibliothèque litteraire Jacques Doucet, Paris

1957 erscheint als kleinformatige bibliophile Ausgabe ›Quelques Feuillets d'Hypnos‹ mit sechs Textblättern und Originalillustrationen von Pierre André Benoît.
Wird damit die Botschaft Hypnos' zum preziösen Sammelstück, fällt Hypnos – auch der Deckname Chars im Widerstand – fällt Hypnos, der Gott des Schlafs, der Bruder Thanathos', des Todes und Sohn der Nacht, nun selbst in den Schlaf?

Unmißverständlich in seiner Geisteshaltung äußert sich Char 1962 in einem Brief Celan gegenüber:

C'est le revers de la poésie cette haine qui accompagne ceux qui la portent. Les nazis et les lâches, les circonstanciels et les inconsciants, les très-sûrs d'eux et les politiques de crèche, voilà la pâte avec laquelle se pétrit le pain que l'on voudrait nous obliger à manger. Non *(An Celan, 17. März 1962)*

Von der Poesie genau abseitig liegt dieser Haß, der alle diejenigen begleitet, die ihn in sich tragen. Nazis und Feiglinge, diejenigen, die ihr Fähnlein nach dem Wind drehen, die Ahnungslosen, die ihrer selbst so Sicheren und die Laufstallpolitiker: Das ist der Teig, mit welchem das Brot geknetet wird, das man uns gerne zwingen würde zu essen. Nein

Char kennt seine Feinde und er bekämpft sie:

je ne suis plus tourmenté par ces mêmes gens [...], j'ai creusé depuis quelques années une voie dans laquelle ils s'engouffrent, voie qui donne sur un vide à leur mesure. Croyant m'abattre, ils se tuent ... *(An Celan, 17. März 1962)*

werde ich nicht mehr gepeinigt von diesen selben Leuten [...], seit einigen Jahren habe ich einen Weg angelegt, auf dem sie einbrechen, einen Weg, der in eine ihnen angemessene Leere mündet. Indem sie glauben, mich zur Strecke zu bringen, töten sie sich.

René Char spricht hier als siegreicher Partisan. Celans Möglichkeiten des eigenen Widerstandes sahen sicher anders aus.

7 Paul Eluard: Poésie et vérité 1942

Paris: Les éditions de la main à plume 1942
(Aus der Bibliothek Paul Celan)
Mit handschriftlichem Eintrag auf der zweiten Seite: »Paris, am 11. September 1965«

»Dichtung und Wahrheit 1942« erscheint im zweiten Jahr der deutschen Besetzung von Paris. Celan ersteht die Originalausgabe, deren Preis ursprünglich fünf Francs beträgt, 1965 antiquarisch für 30 Francs. Ein zweites Exemplar dieses Heftes, das nur vierzehn Blatt umfaßt und weniger als postkartengroß ist, befindet sich ebenfalls in seiner Bibliothek. Das Eröffnungsgedicht des Heftes,

125 Umschlag (13.7)

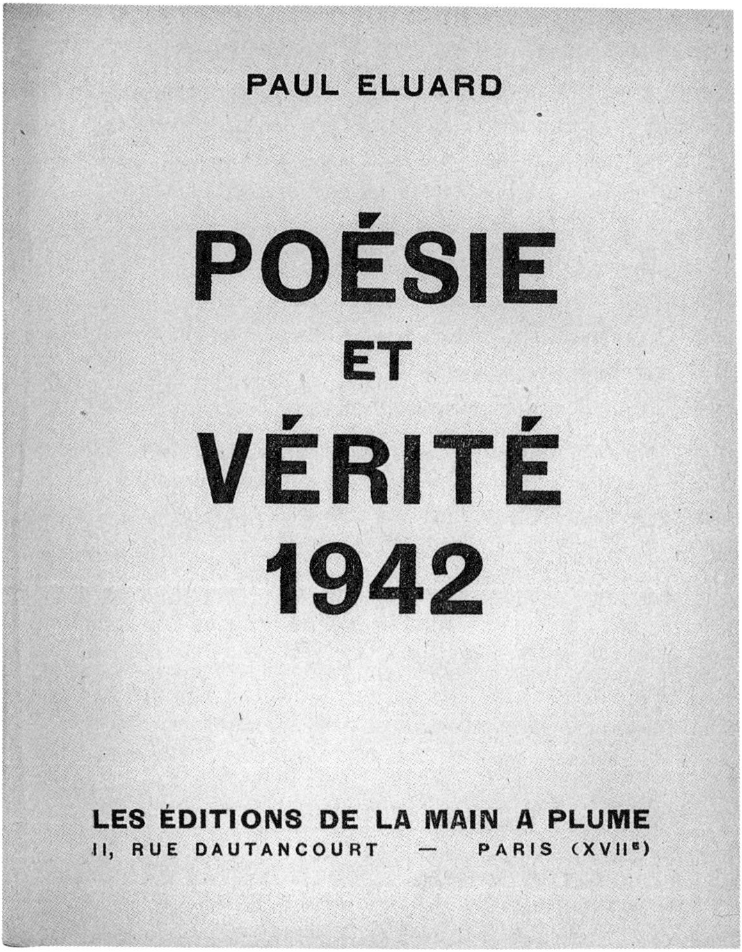

›Liberté‹, ist wohl eines der berühmtesten Widerstandsgedichte überhaupt. Es erscheint in Zeitschriften und Verlagen in Frankreich, London, Algier und der Schweiz, wird im Maquis verbreitet und von der Royal Air Force als Flugblatt über Frankreich abgeworfen. Eluard schreibt über seine Veröffentlichung:

Im Mai 1942 nimmt Noël Arnaud die Verantwortung auf sich, unter dem Titel ›Poésie et vérité 1942‹ in den Éditions de la Main à Plume ›La dernière nuit‹ und ein paar andere Gedichte zu veröffentlichen, deren Aussage keinen Zweifel an ihrem Ziel lassen kann: die Ausdrucksfreiheit wiederzuerlangen, um dem Besatzer zu schaden. Und in ganz Frankreich antworten einander Stimmen, welche singen, um das laute Murren des Biests zu übertönen, singen, auf daß die Lebenden triumphieren, auf daß die Schande vergeht. Singen, kämpfen, schreiben, sich schlagen und sich retten. Ein großes Zusammengehörigkeitsgefühl entsteht, das im Juli 1943 das Erscheinen des ersten Bandes von ›L'honneur des poètes‹ möglich machen wird. Doch mußte auch die Poesie in den Maquis. Allzu lange kann sie nicht ohne Gefahr mit den Worten spielen. Sie war imstande, alles zu verlieren, um nicht mehr zu spielen, sondern eins zu werden mit ihrem ewigen Widerschein: mit der sehr nackten und sehr armen, sehr brennenden und immer schönen Wahrheit. Und wenn ich »der immer schönen« sage, dann deshalb, weil sie zur einzigen Tugend wird, zum einzigen Gut. Und dieses Gut ist unschätzbar. *(Paul Eluard: Au rendez-vous allemand. Paris: Les Éditions de Minuit 1945, S. 66)*

Daß nicht nur der bewaffnete Kampf im Maquis, sondern auch das Eintreten für die »Ausdrucksfreiheit« Gefahren birgt, bezeugt ›La dernière nuit‹, das Schlußgedicht des Heftes. Es ist Eluards Reaktion auf den Tod von Jacques Decour, der, ein glänzender Germanist und Übersetzer von Goethe, Kleist und Carossa, als Verfasser des Manifestes des ›Front National des Écrivains‹ und Herausgeber der clandestinen Zeitschrift ›Les Lettres Françaises‹ von der französischen Polizei verhaftet, den Deutschen ausgeliefert und im Zuge einer Vergeltungsmaßnahme für kommunistische Attentate als Geisel erschossen wird. Ab 1943 veröffentlicht auch Eluard, der wieder in die kommunistische Partei eingetreten ist, Gedichte in ›Les Lettres Françaises‹. Von ihm stammt außer-

dem das Vorwort zu der im Untergrund-Verlag ›Les Éditions de Minuit‹ erscheinenden Anthologie ›L'Honneur des poètes‹, und zusammen mit Louis Parrot gründet er selbst eine illegal erscheinende Zeitschrift: ›L'éternelle revue‹. Freilich schreibt Eluard während der von Juni 1940 bis August 1944 dauernden Okkupation auch Gedichte, die nicht durch »das Ereignis« beeinflußt sind. Als »Handlungsreisender der Résistance« (Jean-Charles Gateau) jedoch setzt er sich fortwährend für das Erscheinen und die Verbreitung von Texten ein, die, wären sie bei einer Polizeikontrolle in seinem Koffer entdeckt worden, zu seiner Verhaftung hätten führen müssen.

8 Eluard, Picasso und der Front National Universitaire Demonstration zum Gedenken der Opfer der Naziherrschaft

Paris, Friedhof Père-Lachaise, 16. Oktober 1944
Photographie. Aus der Collection Roger-Viollet, Paris (Reproduktion)

Am 19. August 1944 wird in Paris das Signal zum Aufstand gegen die Besatzungsmacht gegeben. Dank der Unterstützung durch die Maquis-Bewegung wird die Stadt befreit. Leclerc, der Befehlshaber der französischen Panzerdivisionen, nimmt die Kapitulation des deutschen Stadtkommandanten von Choltitz entgegen, der Hitlers Befehl, Paris vollständig zu zerstören, nicht nachgekommen war. Knapp zwei Monate später defilieren Eluard und Picasso, Aragon und Elsa Triolet, Francis Ponge, Vercors, Raymond Queneau, André Tardieu, Charles Vildrac, Lucien Scheler, Gustave Cohen und 250. 000 weitere Personen auf dem Friedhof Père-Lachaise an einem zu Ehren der Gefallenen der Résistance errichteten Kenotaph vorüber. Eluards Résistance-Gedichte werden nun, nach der ›Libération‹, in vielen Zeitschriften gedruckt. Zum ersten Mal kann er von seinen Gedichten leben, ja, er wird zu einer ausgesprochenen Berühmtheit. Im befreiten Paris kann das Theaterstück, das Picasso während der Besatzung geschrieben hatte, endlich veröffentlicht werden, es erscheinen die beiden während des Krieges entstandenen Bände von René Char: ›Seuls demeurent‹ (1945) und ›Feuillets d'Hypnos‹ (1946), und es erscheint ›Au rendez-vous allemand‹, eine Sammlung von Eluards Widerstandsgedichten, in dessen zweite Auflage auch ›Poésie et vérité 1942‹ aufgenommen wird.

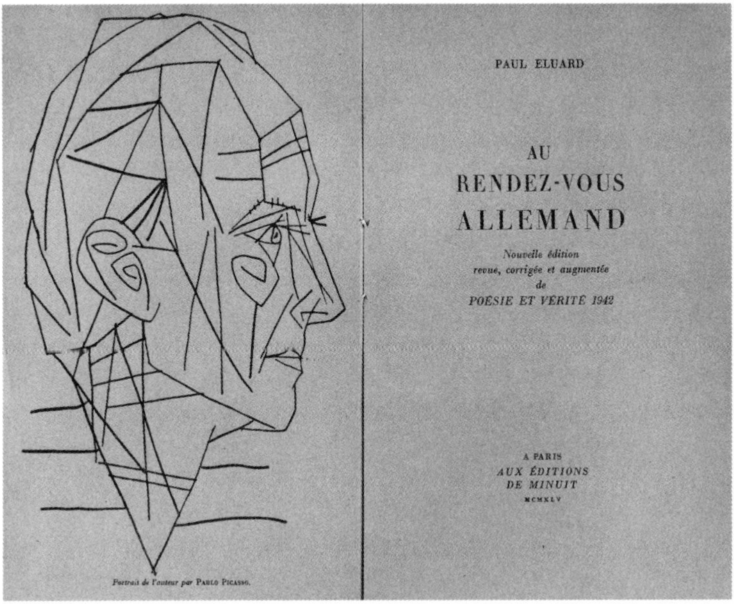

126 Frontispiz und Titelblatt (13.9)

9 Paul Eluard: Au rendez-vous allemand

Nouvelle édition revue, corrigée et augmentée de Poésie et vérité 1942
Paris: Les Éditions de Minuit 1945
(Aus der Bibliothek Paul Celan)
Besitzvermerk von »Gisèle de Lestrange / 27–4–46«
Mit Anstreichungen und Übersetzungsansätzen Celans zu ›Les armes de la douleur‹, S. 21–27
Aufgeschlagen: Frontispiz mit dem Portrait Eluards von Pablo Picasso

René Char reagiert erschüttert auf die Lektüre dieses Buches und bringt gegenüber seinem Verfasser in einem Brief vom 2. Februar 1945 seine Anerkennung zum Ausdruck. Im April widmet ihm Eluard die zweite Auflage mit den Worten: »Für René Char, der eine zerstörte Welt wiederherstellt, indem er ihr seine Richtschnur und sein Gesetz auferlegt, die Richtschnur aus Lilien und das Gesetz aus Ebenholz, von seinem alten Freund, Paul Eluard«. (J.-Ch. Gateau: Paul Eluard. Berlin: edition q 1994, S. 292) Wie mit Char verbindet Eluard auch mit Picasso eine tiefe Freundschaft.

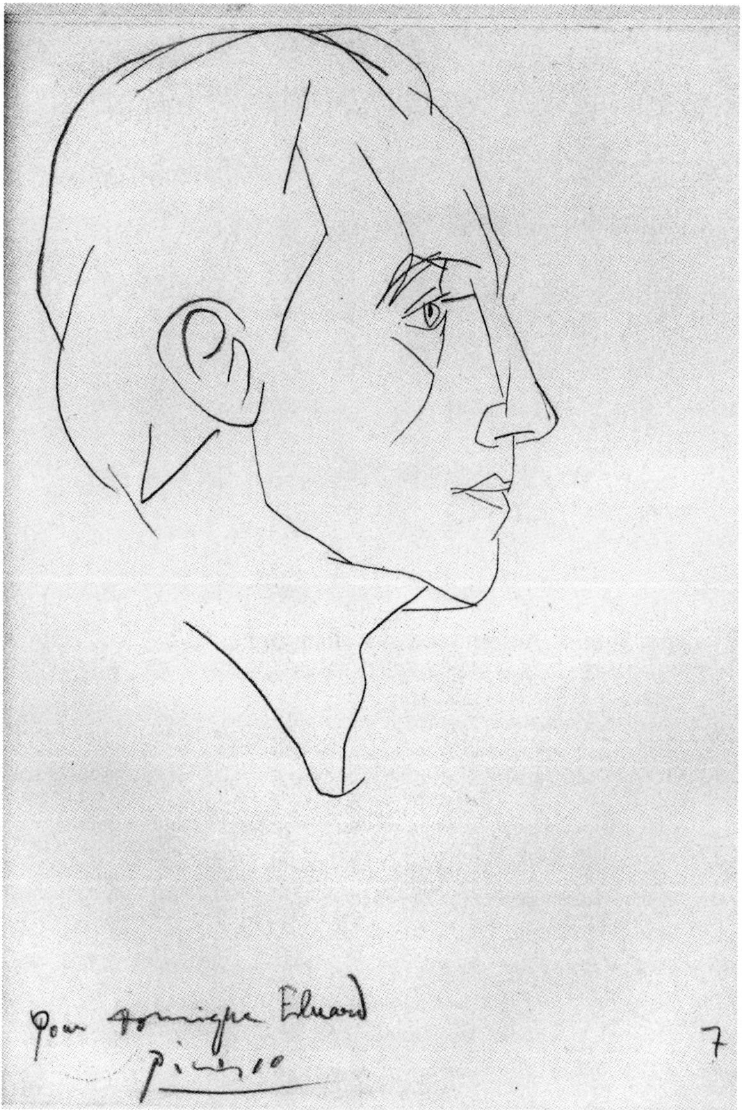

127 Pablo Picasso:
Paul Eluard (13.11)

128 Pablo Picasso:
Paul Eluard (13.10)

10 Pablo Picasso: Paul Eluard

Zeichnung
Signiert: »ce soir le 8 Janvier XXXVI. Picasso«
Leihgabe: Musée d'art et d'histoire, Saint-Denis

11 Pablo Picasso: Paul Eluard

Zeichnung, 1941
Signiert: »Pour Dominique Eluard Picasso«
Leihgabe: Musée d'art et d'histoire, Saint-Denis

Das Eluard-Porträt, das Picasso als Frontispiz für ›Au rendez-vous allemand‹ zeichnet, ist nur eines von vielen Beispielen, die das künstlerische wie auch das politische Einverständnis von Dichter und Maler bezeugen. ›La Victoire de Guernica‹ beispielsweise, das vorletzte Gedicht des Bandes, ist ebenso wie Picassos berühmtes Gemälde eine Antwort auf die Zerstörung Guernicas durch die Legion Condor der deutschen Luftwaffe am 26. April 1937.

12 Paul Eluard: Les Armes de la Douleur

Deutsch von Paul Celan. Unvollständiges Typoskript mit handschriftlichen Korrekturen, 4 Blatt
Ausgestellt ist Seite 1
Das Typoskript war eingelegt in ›Au rendez-vous allemand‹, S. 30/31 (Nr. 9)

Wie Aragons ›Ballade de celui qui chanta dans les supplices‹ antworten ›Les armes de la douleur‹, ›Die Waffen des Schmerzes‹, auf einen während der Besatzung nicht einmaligen Vorfall: die Erschießung französischer Geiseln durch die deutschen Besatzer. Das Gedicht spricht vom Haß auf den Haß, der die Liebe verhindert, von der Hoffnung, von Kollaborateuren wie von Partisanen, es spricht auch vom Töten als Mittel gegen den Tod durch die Henker. So beschreibt Eluard das Ereignis, welches ihn zu diesem Gedicht veranlaßte:

Auf die eine oder andere Art wird die Dichtung immer von der Wahrheit gestützt. […] Im April 1942 wurde ein siebzehnjähriger Schüler der École alsacienne, Lucien Legros, nach einer Kundgebung im Lycée Buffon verhaftet. Im Juni des gleichen Jahres stand er vor dem Gericht des französischen Staates und wurde zu lebenslänglicher Zwangsarbeit verurteilt, dann aber der Gestapo übergeben. Während der ganzen Zeit seiner Haft anerkannten die Deutschen seine Klugheit, seine Bildung und seine unbestreitbare Begabung als Musiker und Maler, bis zu dem Augenblick, da sie ihn zum Tode verurteilten. Inzwischen waren sein Vater und sein älterer Bruder verhaftet und direkt ins Fort von Romainville gebracht worden, wo sie im Laufe des Tages mit etwa hundert Geiseln erschossen werden sollten. Sie dankten ihre wunderbare Errettung nur der sofortigen Intervention eines Beamten, der mit dem Vater befreundet war. Anders aber ging es meinem jungen Freund: der hatte vor dem deutschen Gericht, als er seinen Fall verloren sah, sich laut zu seiner Überzeugung und zu seiner Liebe zu Frankreich bekannt und alles eingestanden, was er unseren Feinden hätte zufügen können ... Und als ob Deutschland großzügig sei, begnadigte Göring ihn ... Und da Deutschland kein Mitleid kennt, ließ ihn der gleiche Göring einige Tage darauf als Geisel hinrichten. Man mußte, beim Versuch, die Namen seiner Mittäter zu erfahren, ihn durch die furchtbare Folter abwechselnder Hoffnung und Verzweiflung jagen. Man folterte ihn körperlich und moralisch. Er wurde in Ivry mit vier seiner Kameraden beigesetzt: Jean Artus, Pierre Benoît, Pierre Greleau, Jacques Baudry. Sie hatten das gleiche Alter wie er. *(Au rendez-vous allemand, S. 69f.; deutsche Übersetzung nach: Stephan Hermlin: Gedichte und Nachdichtungen. Berlin: Aufbau Verlag 1990, S. 391f.)*

Celans Übersetzung von ›Les armes de la douleur‹ trägt kein Datum. Auf welches Ereignis mag er mit ihr geantwortet haben? Vergleicht man seinen Text mit dem Eluards, so fällt auf, daß er eine stärkere Aktualisierung des Geschehens vornimmt (»L'ennemi s'est révélé« / »Der Feind tritt zutag«), daß Gewißheit einem noch zu erfüllenden, einem vielleicht unerfüllbaren Anspruch weicht (»Nous embellissions la terre« / »die Erde sollt schöner werden, durch uns«) und daß Eluards trotz allem ungebrochene Kraft und Siegesgewißheit (»la passion de vaincre«) zu gebrochenem, leidvollem Erleben des Sieges wird, zur »Passion des Siegens«. Nicht entscheiden läßt sich, ob Celans Übersetzung unvollendet oder unvollständig ist. Das Typoskript bricht mit der vierten Sei-

te ab, die letzten drei Abschnitte des Gedichtes fehlen. Da jedoch die drei Schlußzeilen von Celans Hand im Buch selbst direkt unter den französischen Text geschrieben wurden, ist zumindest zu vermuten, daß die Übersetzung einmal vollständig war. So schließt die Übertragung in der handschriftlichen Fassung:

Ich sag was ich seh
was ich weiß
was wahr ist

13 Paul Celan: In memoriam Paul Eluard

Handschriftlicher Entwurf, datiert: »21. XI. 1957«
Eingetragen im Rückendeckel von: Poems of Gerard Manley Hopkins. Edited with notes by Robert Bridges. Second edition
London, New York, Toronto: Oxford University Press 1944
(Aus der Bibliothek Paul Celan)

In memoriam Paul Eluard

Lege dem Toten die Worte ins Grab,
die er sprach um zu leben
Bette sein Haupt zwischen sie
laß ihn fühlen die Zangen der Sehnsucht

Leg auf die Lider des Toten das Wort,
das sein Herz verweigerte einem,
der du zu ihm sagte,
das Wort
das sein Herz jenem andern verweigert
als man ihn knüpft an den Galgen der Zukunft.

Leg ihm dies Wort auf die Lider: vielleicht
füllt sich sein blaues
Aug mit der zweiten, tieferen Bläue seiner Schuld
und jener, der du zu ihm sagte,
träumt mit ihm: wir.

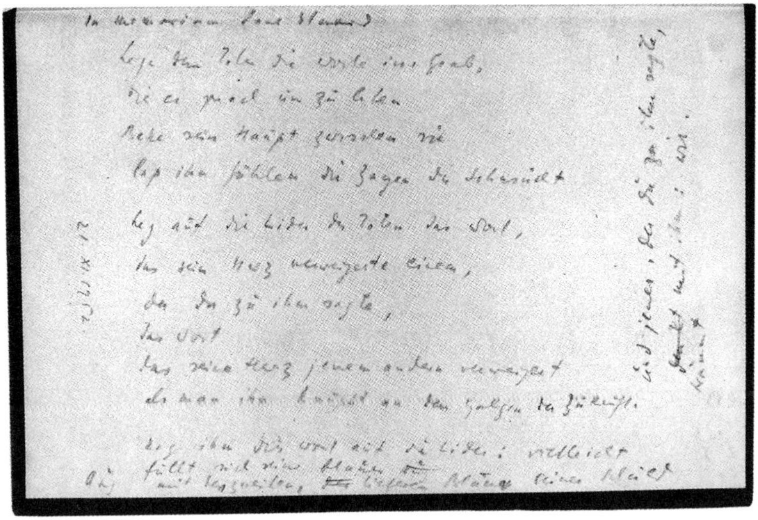

129 Paul Celan: In memoriam Paul Eluard (13.13)

Celan reagiert in diesem ersten, mit Bleistift in den Rückendeckel eines Bandes englischer Lyrik geschriebenen Entwurf von ›In memoriam Paul Eluard‹ auf drei Ereignisse. Im Juni 1950 fordert Breton von Eluard in einem offenen Brief, bei der tschechoslowakischen Regierung gegen die Hinrichtung des Dichters Zavis Kalandra zu protestieren, den beide 1935 bei ihrer gemeinsamen Pragreise kennengelernt hatten und der ihnen damals hilfreich zur Seite gestanden hat. Als Trotzkist ist Kalandra, der bereits Hitlers Arbeitslager überlebt hatte, nun nach einem »offiziellen« Schuldgeständnis von einem Prager Gericht zum Tode verurteilt worden. Eluard setzt sich aus einer Vielzahl von Gründen nicht für ihn ein; in der Presse wird folgende Äußerung von ihm verbreitet: »Ich habe zu sehr mit den Unschuldigen zu tun, die ihre Unschuld beteuern, als daß ich mich auch noch um die Schuldigen kümmern könnte, die ihre Schuld bekennen.« (J.-Ch. Gateau: Paul Eluard, S. 349) Am 18. November 1952 stirbt Eluard. Sein Leichnam wird zuerst in der ›Maison de la pensée française‹ und dann in der Eingangshalle von ›Ce soir‹ feierlich aufgebahrt. Am 20. November, zwei Tage vor seiner Beerdigung auf dem Friedhof Père-Lachaise, druckt die Zeitung ›Combat‹ im Rahmen einer ›Hommage à Paul Eluard‹ dessen Gedicht ›Mourir‹ ab, das mit den Zeilen schließt:

Aveugle aux ombres terrestres
Tu mourras les yeux ouverts.

Am folgenden Tag entsteht Celans Gedicht. Es ist sowohl eine Erinnerung an als auch eine Antwort auf den Dichter, den Celan seit seinem Studienjahr in Tours 1938/39 zutiefst bewunderte. Schon die Titelformel zeigt an, daß es sich um ein Totengedächtnis handelt. Zugleich gibt Celan mit seinem Text Antwort: Antwort auf die Schlußzeilen aus ›Mourir‹ – die Zeitungsseite des ›Combat‹ vom 20. November hat Celan in seinen Eluard-Band ›Choix de poèmes‹ eingelegt – und Antwort auf Eluards dem Dichter Kalandra verweigertes Wort. ›In memoriam Paul Eluard‹ wurde zusammen mit ›Schibboleth‹ 1955 zum ersten Mal in ›Texte und Zeichen‹ veröffentlicht. In einem Brief an den Herausgeber, Alfred Andersch, legt Celan jedoch großen Wert darauf, daß es unter dem Titel ›Gedichte‹ und nicht etwa unter dem Titel ›Politische Gedichte‹ abgedruckt werde. Auch ohne Kenntnis des Schicksals Kalandras erschließt sich Celans Text seinem Leser. Dadurch, daß der Name des tschechischen Dichters ungenannt bleibt, scheint das Gedicht vordergründig seine politische Dimension zu verlieren, unterstellt sich so jedoch gleichzeitig einem viel umfassenderen politischen Anspruch. Bezeichnend ist, daß in der endgültigen Fassung das Wort »Schuld« gestrichen wird. In einem Briefentwurf an Hubert Juin vom 8. November 1962 erinnert sich Celan, wie er dieses Gedicht schrieb, nachdem er in der ›Maison de la pensée‹ Eluard, diesem »so menschlichen, mit den Widersprüchen seiner – unserer Zeit auf so schmerzhafte Weise solidarischen Dichter« die letzte Ehre erwiesen habe:

Je me suis réjoui de rencontrer, par hasard, dans ›Les Lettres Françaises‹, une traduction de mon poème consacré à la mémoire de Paul Eluard – écrit après avoir rendu, à la Maison de la Pensée, »la larme à l'œil«, mais sans »rage au cœur«, un dernier hommage à ce Poète si humain, si douloureusement solidaire des contradictions de son époque – de notre époque.

14 ›Nacht und Nebel‹. Ein Film wird übersetzt

1956 kommt ein französischer Dokumentarfilm in den deutschen Kinoverleih, der in mancher Hinsicht ungewöhnlich ist: ›Nacht und Nebel‹ von Alain Resnais. Er handelt vom Genozid in den deutschen Konzentrationslagern. Seine schockierend sachliche Filmsprache bewirkt, daß der Titel zu einem Synonym für das Verbrechen an den europäischen Juden wird. Ungewöhnlich ist aber auch, daß er – nur wenige Jahre nach der nationalsozialistischen Katastrophe produziert – auf jegliches anklagende Pathos verzichtet. Er bleibt mit seinen Bildern bei den Opfern – weiß, daß sie nicht nur »einer Zeit und einem Lande angehören«. (GW IV, S. 99)
›Nuit et brouillard‹, die französische Originalfassung, beruht auf der Vorlage des Buches ›Tragédie de la déportation 1940–1945. Témoignages de survivants des camps de concentration allemands. Choisis et présentés par Olga Wormser et Henri Michel‹. (Paris: Hachette 1954) Wormser und Michel liefern auch die »historische Dokumentation« des Films. Sie gehören zum Vorstand des ›Comité d'histoire de la Deuxième Guerre Mondiale‹, in dessen Auftrag der Film hergestellt wird.
*Im November 1954 zeigt das ›Institut Pédagogique National‹ zudem eine Ausstellung über die Geschichte »des Widerstands, der Deportation und der Befreiung« der Franzosen. Sie fördert die Idee zu einem Dokumentarfilm. Der Filmproduzent Anatole Daumann beauftragt nach einem Besuch der Ausstellung Alain Resnais (*1922), den Film zu machen. Resnais stimmt unter der Bedingung zu, daß Jean Cayrol (*1911), der Häftling in Mauthausen war, beteiligt werde. (Joachim Seng: »Geh mit der Kunst in deine allereigenste Enge. Und setze dich frei.« Paul Celans Gedicht ›Engführung‹ und sein Bezug zu dem Film ›Nacht und Nebel‹ von Alain Resnais. Magisterarbeit. Frankfurt am Main 1992, S. 11f.)*
Auch Paul Celan hat die Ausstellung wohl besucht. Die französische Presse verschaffte ihr ein breites Echo. Er steht damals mit Jean Cayrol in Verbindung und arbeitet seit dem Frühjahr 1955 an der Übersetzung von Cayrols Buch ›L'espace d'une nuit‹. ›Im Bereich einer Nacht‹ ist erst Jahre später erschienen. (Olten, Freiburg im Breisgau: Walter 1961) Aber ganz unabhängig von dieser berufli-

130 Auf der gegenüberliegenden Seite: Filmplakat (14.1)

chen Verbindung zwischen Cayrol und Celan ist hier zu zeigen, wie sehr Celan den Filmauftrag zu seiner Sache macht.

1 Nacht und Nebel. Ein Film von Alain Resnais

Im Verleih der Rebus Film Berlin
Filmplakat der Argos/Como-Film, 1957
Leihgabe: Stiftung Deutsche Kinemathek, Berlin

Rebus Film Berlin erwirbt die Aufführungsrechte für die Bundesrepublik und West-Berlin von der französischen Argos-Film. Jean Cayrol schlägt Paul Celan als Übersetzer vor. Im Winter 1956 geht die deutsche Version in den Verleih, wie im französischen Original mit der Musik von Hanns Eisler, die eigens für den Film komponiert wurde. Der Sprecher ist Kurt Glass.
Resnais, einer der wichtigen Regisseure der Nouvelle Vague in Frankreich, mischt dokumentarisches Archivmaterial aus den Museen von Maidanek und Auschwitz mit Bildern aus der Nachkriegszeit, führt damit die Vergangenheit an die Gegenwart heran. Die Sequenzen verlangen von dem Betrachter die Auseinandersetzung mit dem Geschehenen. Dokumentarische Schwarz-Weiß-Aufnahmen, die den Zustand der Konzentrationslager im Jahre 1956 zeigen, wechseln mit Photodokumenten und Filmaufnahmen aus der Zeit des Nationalsozialismus. Der Film ist 32 Minuten kurz.

2 Außenansicht des Konzentrationslagers Auschwitz

Szenenphoto
Leihgabe: Stiftung Deutsche Kinemathek, Berlin

Die Bahngleise vor dem Konzentrationslager Auschwitz. Aus der Nahaufnahme des Gleiskörpers schwenkt die Kamera langsam in eine Totale mit dem Tor des Lagers. Der Sprecher kommentiert die Szene:

Dieselbe Bahnstrecke heute: Tageslicht und Sonne. Langsam schreitet man sie ab – auf der Suche wonach?
Nach einer Spur der Leichen?

NACHT
UND
Nebel
EIN FILM VON
ALAIN RESNAIS
REBUS-Filmverleih
ARGOS/COMO-FILM

131 Szenenphoto (14.2)

Oder nach den Fußstapfen der Auswaggonierten, die man mit Kolbenstößen zum Lager trieb, unter Hundegebell, von Scheinwerfern angestrahlt, im Hintergrund den Flammenschein der Krematorien – in einer jener nächtlichen Inszenierungen, wie sie die SS so liebte … *(GW IV, S. 79, 81)*

3 Nackte KZ-Häftlinge vor einem Güterwaggon

Szenenphoto
Leihgabe: Stiftung Deutsche Kinemathek, Berlin

Eine Folge von Photodokumenten zeigt Ansichten der Lagerwirklichkeit. Nach dem folgenden Kommentartext verharrt der Film einige Zeit, unterlegt nur mit der Musik von Hanns Eisler, auf dem Bild des »Appells« nackter Häftlinge vor einem Güterwaggon:

Alles ist Vorwand zu Schikanen, Späßen,
Demütigungen.
Ein Appell kann Stunden dauern. *(GW IV, S. 87)*

4 Rino Sanders: Viele mußten wieder umkehren. ›Nacht und Nebel‹ – ein großartiges filmisches Dokument

Zeitungsausschnitt
Aus: Die Welt, Jg. 12, 1957, Nr. 16, 19. Januar

In der französischen Originalversion kommt ›Nuit et brouillard‹ schon im Laufe des Jahres 1956 vereinzelt in deutschen Filmclubs zur Aufführung; so etwa im Berliner ›Capitol‹ im Rahmen des Filmfestivals im Juli 1956 oder beim Filmclub Bad Ems im Oktober. Karl Korn beklagt in der ›Frankfurter Allgemeinen Zeitung‹, daß er »nur vor eine Separatöffentlichkeit« komme. (Emser Pastillen. Kleiner Filmquerschnitt von einer Stippvisite bei den Filmclubs. In: Frankfurter Allgemeine Zeitung, Nr. 313, 16. Oktober 1956, S. 8)
*Am 19. Januar 1957 berichtet der damalige Rowohltlektor Rino Sanders (*1921) von einer Aufführung im überfüllten Saal der Hamburger Kunsthalle, der die Zuschauer nicht fassen konnte:*

Resnais hat Filmstücke und Aufnahmen aus den Konzentrationslagern und von den Bahnhöfen aller Länder Europas, wo die Unglücklichen bei Nacht und Nebel viehisch verfrachtet und an die Stätten befördert wurden, an denen man sie zu Tode quälte und zu Hekatomben vernichtete, durch wohlabgewogenen Schnitt mit filmischen Zeugissen verwoben, die gleich nach der Besetzung in den verschiedenen Lagern aufgenommen worden sind. René [sic] Cayrol hat den Text geschrieben. Die deutsche Fassung verdanken wir dem Lyriker Paul Celan: kein Pathos, kein Ressentiment, auch von ferne keine Phrase, ja nicht einmal Anklage. Es wird gesagt, was gesagt werden muß – kein Wort mehr, kein Wort weniger.

Seit der Film auf dem Markt ist, wird über ihn gestritten:

Sonnabend, 19. Januar 1957

Viele mußten wieder umkehren

„Nacht und Nebel" — ein großartiges filmisches Dokument

Sogar auf den Treppen des Saals in der Kunsthalle (750 Plätze) hockten die Menschen, sie standen dicht gedrängt bis hinauf zu den Türen, um endlich den französischen KZ-Dokumentarfilm „Nacht und Nebel" zu sehen, der auf Einspruch der Bundesregierung bei den Festspielen in Cannes abgesetzt wurde. — Und viele mußten wieder umkehren.

Dabei ist die Haltung derer, die die unvorstellbar grauenhaften Dokumente des menschlichen Satanismus in knapper Zusammenschau vereinigt haben, so souverän, so nobel, so lauter und weise, daß angesichts des Films jede Art politischer Erwägung einfach hinfällt, zu nichts wird. Einzig diese allein angemessene Haltung, die den Abgrund, in den wir zu blicken gezwungen werden, nur noch tiefer macht, hellt Alain Resnais' Werk auf, und sie rechtfertigt es auch.

Resnais hat Filmstücke und Aufnahmen aus den Konzentrationslagern und von den Bahnhöfen aller Länder Europas, wo die Unglücklichen bei Nacht und Nebel viehisch verfrachtet und an die Stätten befördert wurden, an denen man sie zu Tode quälte und zu Hekatomben vernichtete, durch wohlabgewogenen Schnitt mit filmischen Zeugnissen verwoben, die gleich nach der Besetzung in den verschiedenen Lagern aufgenommen worden sind.

René Cayrol hat den Text geschrieben. Die deutsche Fassung verdanken wir dem Lyriker Paul Celan: kein Pathos, kein Ressentiment, auch von ferne keine Phrase, ja nicht einmal Anklage. Es wird gesagt, was gesagt werden muß — kein Wort mehr, kein Wort weniger. Der Sprecher bewahrt gegenüber dem Ungeheuerlichen eine beinah unheimliche Sachlichkeit. Einmal nur hebt er die Stimme ein wenig, gegen Schluß, als vor Gericht die bestialischen Henker erklären, nur ausführende Organe gewesen zu sein, und ihre Unschuld zu beteuern wagen: „Wer hat denn Schuld?" Die taktvolle Musik Hanns Eislers steigert das Wort noch, doch vor allem weiß sie zu schweigen.

Man mag fragen, ob es denn sein muß, all dies noch einmal zu beschwören, das doch mit Fleiß verdrängt wurde, aber nichts feit dagegen, daß es sich wiederhole, außer dem einen: es nicht und niemals zu vergessen. Die Erschütterung, die von diesen dokumentarischen Bildern ausgeht, hat ändernde Kraft; doch selbst, wo sie nicht läutert, sondern nur vernichtet — was hilft es? Was hilft es, falls die physischen Grenzen des Zuschauers überschritten werden sollten, als Selbstschutz die Augen zu schließen und zu tun, als sei es nicht geschehen?

Man muß es doch wissen. Zwar hat sich jetzt ein Verleiher gefunden, doch noch kein Kino, das den Film zu zeigen bereit ist. In Hamburg wurde er vom Film-Club gebracht, gemeinsam mit der Europa Union, der Internationale der Kriegsdienstgegner und dem Internationalen Studentenbund. **Rino Sanders**

5 Karl Korn: Nacht und Nebel. Etwas über Filmdiplomatie

Aus: Frankfurter Allgemeine Zeitung, Jg.8, 1956, Nr.87, 13. April, S.6

132 Auf der gegenüberliegenden Seite: Pressestimme zum Film (14.4)

Schon bevor der Film in Frankreich freigegeben wird, müssen sich die Filmemacher Anfang 1956 Korrekturen der Geschichte gefallen lassen: Auf einer der verwendeten Dokumentaraufnahmen aus dem französischen Lager Pithiviers ist eindeutig ein uniformierter französischer Gendarm zu erkennen. Das widerspräche der Vorstellung, die Frankreich sich vom Widerstand gegen die Besatzer gemacht hat. Nach dem Zensureingriff sieht man anstelle der Kopfbedeckung einen schwarzen Balken.

Drastischere Maßnahmen muß sich der Film durch bundesdeutsche Politiker und Diplomaten gefallen lassen. ›Nuit et brouillard‹ steht auf dem Programm der Filmfestspiele in Cannes. Der deutsche Botschafter legt unter Berufung auf die im Programm der Festspiele festgelegte »Friedenspflicht« Protest beim Festspielkomitee ein. Karl Korn findet für diesen diplomatischen Schritt glimpfliche Worte der Erklärung:

Die Motive, die unsere Auswärtigen Dienste zu diesem Schritt veranlaßt haben mögen, sind nicht schwer zu erraten. Man hat sich vermutlich gesagt, daß es einen Mißklang mit psychologisch unliebsamen Folgen für die Deutschen geben werde, wenn man inmitten der aufgedonnerten Euphorie der Filmfestlichkeit plötzlich einen Dokumentarfilm über die Konzentrationslager zu sehen bekäme.

Der Vorwurf mangelnden Geschicks im Umgang mit der deutschen Geschichte wird auch in der ›Frankfurter Rundschau‹ laut. Sie überschreibt ihren Bericht umstandslos ›Der deutsche Reinfall in Cannes‹ (Jg. 12, 1956, Nr. 95, 23. April, S. 5) und erinnert daran, daß manche der damals Verantwortlichen noch heute in Amt und Würden seien.

« NUIT ET BROUILLARD » ÉCARTÉ DU FESTIVAL DE CANNES

Une protestation de Jean Cayrol

133 Die Schlagzeile von ›Le Monde‹ (14.6)

6 Jean Cayrol: ›Nuit et brouillard‹ écarté du festival de Cannes

Une protestation de Jean Cayrol
Zeitungsausschnitt aus: Le Monde, 11. April 1956

›Nuit et brouillard‹ wird von den Festspielen ausgeschlossen. Der französische Außenminister Christian Pineau und Maurice Lemaire, der Staatssekretär für Industrie und Wirtschaft, reagieren damit auf die Eingabe der deutschen Botschaft. Starker Protest innerhalb Frankreichs, besonders in intellektuellen Kreisen und von seiten der Kriegsopfervereinigungen, ist die Folge. In Cannes treten die Mitglieder des Auswahlkomitees zurück. (Seng, S. 15)
Jean Cayrol reagiert heftig: Er wirft Frankreich vor, den am eigenen Leib betroffenen Zeugen das Wort zu entziehen und aus der Geschichte jene Seiten zu entfernen, die nicht opportun sind. Er zieht die Parallele zwischen dem mit den Nazis kollaborierenden Frankreich und dem Frankreich der Nachkriegszeit: »Der Skandal bereitete sich vor, im Schatten; der Skandal ist da.« Die Deportierten seien lästig geworden und Frankreich mache sich zum »Komplizen des Horrors« und lege selbst einen Schleier von »Nacht und Nebel über unsere freundschaftlichen und herzlichen Beziehungen« zu Deutschland.
›Nuit et brouillard‹ wird nun mit Zustimmung von Lemaire im Einvernehmen mit Pineau außer Konkurrenz bis Ende April in Cannes gezeigt.

Am 18. April 1956 gibt es im Deutschen Bundestag ein Nachspiel:

7 Dr. Annemarie Renger (SPD)

während der Bundestagsdebatte am 7. Oktober 1954
Photographie: dpa

»Frau Abgeordnete Renger« stellt die Frage:

Trifft es zu, daß die Bundesregierung über den Botschafter in Paris bei dem Organisationskomitee der Canner Filmfestspiele wegen der Absetzung des französischen Dokumentarfilms ›Nacht und Nebel‹, der die nationalsozialistischen Verbrechen in den Konzentrationslagern anklagt, Schritte unternommen hat? Welche Gründe haben die Bundesregierung zu dieser Intervention bewogen?

134 Annemarie Renger im Deutschen Bundestag (14.7)

Ritter von Lex, Staatssekretär im Bundesministerium des Innern, räumt die Demarche der Pariser Botschaft ein und betont, Cannes sei nach Auffassung der Regierung nicht der »rechte Ort« für die Aufführung dieses Films, weil er »nur allzuleicht dazu beitragen kann, den durch die nationalsozialistischen Verbrechen erzeugten Haß gegen das Deutsche Volk in seiner Gesamtheit wieder zu beleben«.

In der politischen und publizistischen Debatte, die durch Annemarie Rengers Anfrage ausgelöst wird, ist die Erklärung des Bundespresse- und Informationsamtes überraschend, die am 11. Juli 1956 mitteilt, die Bundesregierung werde die Übersetzung des Filmtextes von ›Nuit et brouillard‹ ins Deutsche finanzieren. Das Amt sichert sich die Rechte für die nichtgewerbliche Nutzung des Films. Hundert Kopien stehen über die Bundeszentrale für Heimatdienst Interessenten im Bundesgebiet kostenlos zur Verfügung.

8 Jean Cayrol: Nuit et brouillard

Geheftetes Typoskript (Durchschlag) des Originaltextes mit handschriftlichen Übersetzungsnotizen von Paul Celan, 9 Blatt
Aufgeschlagen ist Blatt 1 verso und Blatt 2 recto

9 Jean Cayrol: Nacht und Nebel

Deutsch von Paul Celan. Typoskript, früher Entwurf mit handschriftlichen Korrekturen, 3 Blatt
Ausgestellt ist Seite 1

10 Jean Cayrol: Nacht und Nebel

Deutsch von Paul Celan. Typoskript, später Entwurf mit handschriftlichen Korrekturen, 13 Blatt
Ausgestellt ist Seite 2

Die drei Typoskripte Cayrols gewähren einen Einblick in die Übersetzungsarbeit. Nach vorläufigen Notizen, die Vokabeln, aber auch längere Formulierungen betreffen (Nr. 8), schreibt Celan seine Übersetzung mit der Maschine ab, korrigiert mit der Hand (Nr. 9), um dann den durchgehenden Prosatext wieder aufzulösen (Nr. 10).
Augenfällig sind Texteingriffe. Celan verändert die Herkunftsorte der Deportierten: Wo bei Cayrol »de Lodz, de Prague, de Bruxelles, d'Athènes, de Zagreb, d'Odessa ou de Rome« steht (Nr. 8), was im ersten Anlauf wörtlich übersetzt wird, verändert der Übersetzer »Odessa« in »Budapest«, aus »Szagreb«, das zunächst seinen deutschen Namen »Agram« erhält, wird »Wien«. (Nr. 10)

135 Aus dem Manuskript (14.10)

```
Aushebungen in Warschau,
Aussiedlungen aus Lodsch,
aus Prag, Brüssel, Agram Wien, Athen,
aus Budapest und Rom,
Razzia in der französischen Provinz,
Grossfahndung in Paris,
Deportierung von Widerstandskämpfern:
```

Celan greift aber nicht nur inhaltlich in seine Vorlage ein: Festzustellen ist die Umstrukturierung von Reihungen, Straffungen durch Auslassen von Details oder das Umstellen der Syntax. Zu beobachten ist die Tendenz, bildliches, d.h. übertragenes Sprechen zu verstärken.

Mehr Gewicht haben andere Aspekte. Es fällt auf, daß Cayrols Text sich in Rückblenden um den gezielten und stellvertretenden Nachvollzug der Entstehung und Entwicklung der Konzentrationslager bemüht. Der Film ruft durch seine Struktur, die Geschichte mit der Gegenwart zu konfrontieren, Zweifel beim Betrachter hervor: Ist unsere bunte Wirklichkeit real, wenn man sie mit den schwarz-weißen Dokumenten unterlegt? Celan verstärkt in seiner Übersetzung den Präsens Gebrauch, wodurch eine interpretierende Tendenz im Verhältnis zur Vorlage entsteht.

Die Übersetzung enthält überdies einige Textstellen, die nicht auf die französische Vorlage zurückgehen. »Ihre Zahl geht ins Unermeßliche« (GW IV, S. 91) – gemeint sind die Lagerinsassen – fügt der Übersetzer erklärend hinzu. Der Cayrol-Text suggeriert diese Feststellung, Celan spricht sie aus. »Steyr, Krupp, Heinkel, I.G. Farben, Siemens, Hermann Goering« heißen bei Cayrol die kriegswichtigen Unternehmen, die sich der Lagerhäftlinge bedienen. Celan fügt hinzu »und andere«. (GW IV, S. 94f.) Und man liest bei Cayrol: »Quelque part, parmi nous, il reste des kapos chanceux, des chefs récupérés, des dénonciateurs inconnus«, woraus Celan macht: »Irgendwo gibt es noch Kapos, die Glück hatten, Prominente, für die sich wieder Verwendung fand, Denunzianten, die unbekannt blieben; gibt es noch alle jene, die nie daran glauben wollten – oder nur von Zeit zu Zeit.« Aus »chefs récupérés« werden »Prominente, für die sich wieder Verwendung fand«, und es kommen noch hinzu »alle jene, die nie daran glauben wollten – oder nur von Zeit zu Zeit« (GW IV, S. 96f.) – für Celan eine der wichtigsten Behinderungen einer wahrhaftigen Auseinandersetzung mit Vergangenem. So gesehen schreibt sich Celan in den Überlieferungszusammenhang ein.

Wie gewichtig schließlich die Veränderung der Form sein, wie weit sie gehen kann, zeigt der Schluß: Nach der Auslassung des Nebensatzes »comme si on guérissait de la peste concentrationnaire«, die sich als Leerzeile im Text Celans abbildet und umzusetzen scheint, was der vorhergehende Satz sagt (»die wir dieses Bild entschwinden sehen und tun, als schöpften wir neue Hoffnung«), nach dieser Auslassung folgt als letztes Bild nach Auschwitz ein Vierzeiler – so etwas wie ein Gedicht:

als glaubten wir wirklich, daß all das nur
einer Zeit und *einem* Lande angehört,
uns, die wir vorbeisehen an den Dingen neben uns
und nicht hören, daß der Schrei nicht verstummt. *(GW IV, S. 98f.)*

Von vielem ist 1956 die Rede, wenn von Cayrols Kommmentar gesprochen wird, zu wenig von der Qualität des Textes selbst. Aber er ist es, der in Verbindung mit den Bildern des Films Vergessen unmöglich macht, Erinnerung wachruft, Gedenken fordert.

Ganz oben: der Kommandant. Er waltet den Bräuchen vor.
Er tut, als ob er vom Lager nichts wüßte …
Wer übrigens weiß schon etwas davon …?
Die Wirklichkeit der Lager: die sie geschaffen haben, ignorieren sie, und die sie erleiden, können sie nicht fassen. Und wir, die wir nun zu sehen versuchen, was übrig blieb …

Diese Holzblocks, diese dreistöckigen Bettgestelle, diese Schlupflöcher, wo man den Bissen herunterwürgte, wo selbst schlafen sich in Gefahr begeben hieß: kein Bild, keine Beschreibung gibt ihnen ihre wahre Dimension wieder: die ununterbrochene Angst. […]
Von Gefahren umlauerter, backsteinfarbener Schlaf … *(GW IV, S. 81–83)*

»Ich bin nicht schuld«, sagt der Kapo.
»Ich bin nicht schuld«, sagt der Offizier.
»Ich bin nicht schuld.«
Wer also ist schuld? […]
Wer von uns wacht hier und warnt uns, wenn die neuen Henker kommen?
Haben sie wirklich ein anderes Gesicht als wir? *(GW IV, S. 97)*

15 Der »Fall Simenon«

›Hier irrt Maigret‹, ›Maigret und die schrecklichen Kinder‹: Die »Simenons« sind Celans mit Abstand auflagenstärkste Übersetzungen ins Deutsche, zugleich die unauffälligsten. Die wenigsten der Krimi-Leser von 1955 werden sich für den Namen des Übersetzers interessiert, geschweige denn registriert haben, daß der auf der Rückseite des Titelblatts genannte »Paul Celan« gerade dabei war, sich als Lyriker einen Namen zu machen.
Beide »Brot-Arbeiten« sind unter Zeitdruck entstanden. Die französischen Neuerscheinungen von 1953 (›Maigret se trompe‹) und 1954 (›Maigret à l'école‹, beide verlegt von den Presses de la Cité, Paris) waren möglichst rasch auch auf den deutschen Markt zu bringen, um die 1954 startende Folge von Simenon-Serien des Verlages Kiepenheuer & Witsch nicht zu unterbrechen. Zumeist gemeinsam übersetzt von Hansjürgen Wille und Barbara Klau, kommen 1954 insgesamt sechs, 1955 vier Maigrets heraus (weitere Übersetzer der beiden ersten Jahre: Hermann Schreiber und Bernhard Jolles).
*Wie – durch wessen Vermittlung etwa – Celan zu Kiepenheuer & Witsch kam, läßt sich bis jetzt nicht feststellen. Noch bevor Briefe gewechselt wurden, war, mündlich in Köln, mit Joseph Caspar Witsch (1906–1967) die Zusammenarbeit vereinbart. Alexandra von Miquel (*1920) ist als Fremdsprachenlektorin Celans künftige Korrespondenzpartnerin. Sie ist »ein Lesegenie und Belesenheitswunder auch in fast beliebigen Sprachen« (Peter W. Jansen), seit 1949 im Verlag. Ihr erster Brief datiert vom 15. April 1954: »Heute haben wir Ihnen mit gleicher Post ein Simenon-Buch ›Maigret se trompe‹ geschickt, was wir gerne für die nächste Serie nehmen möchten.« Der Brief enthält eine Liste weiterer Simenon-Titel mit der Frage, welcher davon Celan ebenfalls zur Übersetzung geeignet scheine. Am 1. Mai antwortet er, daß er zwei Tage zuvor mit der Arbeit begonnen habe:*

ich hoffe, Ihnen bereits Anfang Juni meine Übersetzung vorlegen zu können. Hoffentlich ist auf diese Weise meine anfängliche Säumigkeit wenigstens zum Teil wieder gut gemacht!

136 Auf der gegenüberliegenden Seite: Verlagsvertrag (15.1)

Was die weiteren Simenon-Bände anlangt, so wäre ich Ihnen dankbar, wenn ich meine Wahl erst nach Beendung der ersten Übersetzung treffen dürfte.

Am 13. Mai schickt Kiepenheuer & Witsch einen Vertrag nach Paris, in dem der Titel des zweiten Romans noch offenbleibt. Für ›Maigret se trompe‹ erhält Celan ein Pauschalhonorar von 400,– DM, für das zweite Buch 600,– DM.

1 Verlagsvertrag

zwischen dem Verlag Kiepenheuer Witsch & Co., Köln, und Paul Celan, Paris. 13./28. Mai 1954, 1 Blatt

Das Honorar für das erste Buch ist nur scheinbar geringer, denn Celan hat, wie aus dem Begleitbrief hervorgeht, von Heinrich Böll, ebenfalls Autor bei Kiepenheuer & Witsch, bereits 200,– DM erhalten, die jetzt als Vorschuß verrechnet werden.

Der Vertrag geht unterschrieben am 28. Mai nach Köln zurück, zusammen mit Celans Ankündigung, es werde sich aufgrund einer unvorhergesehenen Englandreise

die Ablieferung des Manuskripts, die ich ursprünglich für Anfang Juni vorgesehen hatte, um zwei bis drei Wochen verzögern. Herr Dr. Witsch sagte mir aber, daß es mit der Drucklegung dieser Arbeit keine allzu große Eile hätte, ich hoffe also, nicht zu spät zu kommen. *(An Kiepenheuer & Witsch, 28. Mai 1954)*

Daß die Zeit knapper ist, als Celan annimmt, geht aus der Antwort vom 4. Juni hervor:

Es ist uns allerdings etwas unangenehm, daß Sie die Übersetzung erst Ende Juni abliefern können. Die nächste Serie MAIGRET soll zwar erst im Herbst erscheinen, aber die Herstellung dauert immer sehr lange, da wir langfristige Termine mit der Druckerei haben. Jedoch ist daran ja nun nichts zu ändern, für uns ist allerdings jeder Tag, den Sie das Manuskript früher schicken, gewonnen. *(Kiepenheuer & Witsch an Paul Celan, 4. Juni 1954)* verlag kiepenheuer & witsch · KÖLN · BERLIN

Zwischen Herrn Paul Celan, Paris 16, Rue de Montevideo,
Poste restante,
im folgenden kurz Übersetzer genannt,
einerseits,

und dem Verlag Kiepenheuer Witsch & Co., Köln-Marienburg,
Rondorferstr. 5,
im folgenden kurz Verlag genannt,
andererseits

wurde heute folgende Vereinbarung geschlossen:

§ 1

Der Übersetzer übernimmt für den Verlag die Übersetzung zweier Bücher von Georges Simenon in die deutsche Sprache, und zwar

MAIGRET SE TROMPE

und einen zweiten Roman, dessen Titel aber erst später festgelegt wird.

Der Übersetzer garantiert eine vollständige und sinngetreue Übersetzung des Werkes.

§ 2

Für diese Arbeit zahlt der Verlag dem Übersetzer

für MAIGRET SE TROMPE ein Pauschalhonorar von DM 400,-
und für das zweite Buch ein Pauschalhonorar von DM 600,-

Zahlung erfolgt bei Ablieferung des druckfertigen Manuskriptes.

§ 3

Der Übersetzer verpflichtet sich, die Fahnenkorrektur und Bogenrevision ohne besondere Vergütung zu übernehmen. Falls nachträgliche Korrekturen von dem Übersetzer in dem Fahnen- oder Umbruchexemplar vorgenommen werden, trägt der Übersetzer die Kosten solcher Korrekturen, wenn sie 10% der Satzkosten übersteigen.

§ 4

Der Übersetzer verpflichtet sich, sein Manuskript in zwei Exemplaren abzuliefern.

§ 5

Diese Vereinbarung wurde in zwei gleichlautenden Ausfertigungen unterzeichnet, von denen jede Partei eine erhalten hat.

Köln, den 13. Mai 1954 Paris, den 28. Mai 1954.

VERLAG KIEPENHEUER & WITSCH
ppa. Charlotte Ehlers

(Charlotte Ehlers)

Paul Celan

(Paul Celan)

ANSCHRIFT: KÖLN-MARIENBURG, RONDORFER STRASSE 5
RUF 35035 · TELEGR.-ADR.: KIEPENBÜCHER KÖLN · ZAHLUNGEN AN: VERLAG KIEPENHEUER, WITSCH & CO. GMBH
BANKKONTO: SPARKASSE DER STADT KÖLN 22/370 · POSTSCHECKKONTO KÖLN 21819

Am 25. Juni bittet, »um etwas von unserem MAIGRET-Manuskript zu hören«, Alexandra von Miquel, die ein paar Tage in Paris sein wird, um ein Treffen. Am 20. Juli, einige Wochen nach der Begegnung, sucht Celan erneut um Aufschub nach und verspricht das Manuskript für den 1. August:

heute ist der Zwanzigste, und die Simenon-Übersetzung müßte jetzt, müßte spätestens morgen auf Ihrem Schreibtisch liegen ... Stattdessen kommen diese Zeilen, um Sie zu bitten, mir noch ein paar Tage zu lassen, ein paar Tage, das heißt noch soviel als von diesem mich Lügen strafenden Juli noch übrig bleibt.
Ich hatte, als ich Ihnen das Manuskript für den Zwanzigsten versprach, nicht damit gerechnet, daß ich es noch einmal würde tippen müssen. Leider erwies sich dies aber als unumgänglich.

Nehmen Sie mir bitte diese neuerliche Verzögerung nicht allzu übel!

Das Treffen in Paris hat offenbar gute Stimmung gemacht. Alexandra von Miquel bringt es jedenfalls nicht fertig,

mit Ihnen zu schimpfen wegen der neuerlichen Verzögerung, aber ich hoffe doch, daß wir das Manuskript nun wirklich bald in Händen haben.
(3. August 1954)

Den zuletzt genannten Termin (1. August) hält Celan ein, und das Manuskript erfüllt die Erwartungen des Verlages.

2 Verlag Kiepenheuer & Witsch, Lektorat (Alexandra von Miquel) an Paul Celan

Köln, 12. August 1954. Brief und Durchschlag, 2 Blatt
Leihgabe des Durchschlags: Historisches Archiv der Stadt Köln

Alexandra von Miquel findet die Übersetzung »ganz ausgezeichnet«:

Ich habe heute schon mit Dr. Witsch am Telefon darüber gesprochen, der jetzt in Ferien ist. Er möchte das Manuskript auch noch lesen. Nun wollte ich Sie nur noch fragen, ob Sie Wert darauf legen, die Korrekturfahnen zu lesen, oder ob Sie das uns evtl. überlassen, da wir doch schon sehr unter Zeitdruck sind. Das Manuskript wird jetzt, bevor es in den Satz geht, noch

einmal gründlich auf Zeichensetzung und dergleichen Dinge hier von Dr. Wille, der diese Sachen macht, durchgesehen. Vielleicht werden dabei auch noch einige, sicher nicht wesentliche stilistische Korrekturen vorgenommen. Ich nehme doch an, daß Sie uns dabei plein pouvoir geben. Andererseits würde ich es auch verstehen, wenn Sie diese Korrekturen noch einmal selbst durchsehen möchten. In Erinnerung ist mir im Augenblick z. B. einmal ein Ausdruck wie »Einwohner des Hauses«, den Sie mehrfach verwenden, vielleicht wäre es da besser zu sagen »Mieter des Hauses«.
Ich selbst fahre jetzt nächste Woche ganz kurz in die Ferien, und wenn ich zurück bin, kann ich Ihnen dann hoffentlich über unsere nächsten Simenon-Pläne schreiben.

Celan stimmt dem Vorschlag gerne zu, bittet um die Überweisung des Honorars und fordert auch schon den zweiten Band an:

Darf ich nun um die Überweisung des Honorars bitten? Und bitte schicken Sie mir auch recht bald den zweiten Simenon-Band, damit ich Sie und Herrn Dr. Witsch nicht wieder allzu lange warten lasse. Unsere Vereinbarung sieht zwar keine Vorschüsse vor, aber ich möchte doch darum bitten, mir die Hälfte meines Honorars für die zweite Übersetzung womöglich schon jetzt, d.h. gleichzeitig mit dem Honorar für das bereits übersetzte Buch zu überweisen. Herr Dr. Witsch hatte die Freundlichkeit, mir dies für den Fall weiterer Übersetzungsarbeiten in Aussicht zu stellen.
(An Alexandra von Miquel, 24. August 1954; Historisches Archiv der Stadt Köln)

Drei Tage später sendet der Verlag den nächsten und neuesten Maigret zur Übersetzung nach Paris: ›Maigret à l'école‹; zudem steht ein weiterer Auftrag in Aussicht: Alexandra von Miquel würde Celan gerne für die Übersetzung des Romans »L'histoire de la rose de sable« (gemeint ist: ›L'histoire d'amour de la rose de sable‹) von Henry de Montherlant (1896–1972) gewinnen. Der Band soll voraussichtlich im Herbst 1955 erscheinen, bis Mai müßte man das Übersetzungsmanuskript »in Händen haben«. Die Entscheidung ist noch abhängig von der Unterzeichnung des Vertrags mit dem französischen Verlag. Spätestens im Oktober soll dies geklärt sein, vielleicht ließe sich das weitere ja bei einer neuerlichen persönlichen Begegnung besprechen:

Kommen Sie nicht bald einmal wieder gelegentlich nach Köln? Das wäre sehr nett, und mündlich lassen sich all die schwebenden Dinge sehr viel schneller erledigen. *(27. August 1954)*

Am 9. September 1954 teilt Frau von Miquel ihm mit, daß der Vorschuß vom Verleger genehmigt sei. Die Montherlant-Sache scheint gut zu stehen:

Dr. Witsch möchte Ihnen gern die Übersetzung geben, wir müssen – wie gesagt – nur noch den Vertrag abwarten.

Das zweite Simenon-Buch MAIGRET A L'ECOLE haben Sie hoffentlich inzwischen erhalten. Übrigens muß ich Ihnen noch sagen, daß wir in HIER IRRT MAIGRET doch die Bezeichnung Madame, Monsieur etc. in Frau, Herr usw. verwandelt haben, weil unsere anderen Simenon-Bücher auch die deutschen Bezeichnungen haben. Dr. Witsch möchte das gerne einheitlich bringen. Denken Sie bitte daran, daß wir von dem zweiten Simenon-Buch unbedingt eine Kopie der Übersetzung, also einen zweiten Durchschlag haben müssen.

Bevor er Paris für sechs Wochen Richtung Rhône-Mündung verläßt, sagt Celan die Montherlant-Übersetzung zu:

Ihre Briefe erreichten mich vorgestern, nach meiner Rückkehr aus der Bretagne, ebenso auch das neue Simenon-Buch, mit dessen Übersetzung ich zu dem von Ihnen in Aussicht genommenen Termin (dem 15. November) fertig zu werden hoffe.

Seit gestern ist nun auch der Roman von Montherlant in meinen Händen: gerne übernehme ich auch diesen Übersetzungsauftrag, bitte jedoch um nähere Einzelheiten bezüglich des (hoffentlich nicht zu knapp bemessenen) Honorars wie des Ablieferungstermins. Sie schreiben, der Zeitpunkt des Erscheinens sei für Frühjahr oder Herbst 1955 vorgesehen, was mich betrifft, so wäre es mir natürlich lieber, wenn es mit der Ablieferung des Manuskripts keine allzu große Eile hätte. Ich würde natürlich schon im November zu übersetzen beginnen, neben dieser Arbeit aber auch noch meine eigene Auseinandersetzung mit … der Schreibmaschine fortsetzen können. *(An Alexandra von Miquel, 17. September 1954; Historisches Archiv der Stadt Köln)*

137 Das Impressum der ersten Übersetzung (15.6b)

Titel der Originalausgabe:
Maigret se trompe
Deutsche Übersetzung von Paul Celan
Ungekürzte Ausgabe
Umschlag: Reinhold Meier

Auch mit dem zweiten ›Maigret‹ gerät Celan in Verzug; gut eine Woche nach dem vorgesehenen Termin erbittet er »auch diesmal Nachsicht, lassen Sie mir bitte noch zehn Tage!« (23. November 1954; Historisches Archiv der Stadt Köln)

Drei Wochen später, am 14. Dezember ist das Manuskript noch immer nicht im Verlag. Alexandra von Miquel beklagt die Verzögerung und muß ihm gleichzeitig eine Absage erteilen:

Inzwischen sind allerdings die 10 Tage schon wieder vorbei und ich hoffe, daß es nur an der Post liegt, daß wir das Manuskript noch nicht da haben. Ich weiß zwar, daß Sie ein vielbeschäftigter Mann sind, aber wir warten nun doch schon etwas ungeduldig auf das Simenon-Manuskript. Durch diese Verzögerungen werden unsere Produktionspläne immer wieder über den Haufen geworfen, und wir möchten doch noch mehrere Simenon-Bändchen mit Ihnen machen. Es ist möglich, daß wir in absehbarer Zeit auch einmal einen psychologischen Roman bringen werden, der Sie wahrscheinlich interessieren wird.

Nun muß ich Ihnen aber noch schreiben, daß sich leider der Montherlant-Plan zerschlagen hat. Ich schrieb Ihnen wohl schon, daß wir einen Übersetzer in Übereinstimmung mit dem Autor wählen müßten, und wir haben uns jetzt für Ernst Sander entschieden, der (a) schon sehr vertraut ist mit dem Werk Montherlant's und von diesem akzeptiert wurde und (b) in Deutschland in erreichbarer Nähe sitzt, was nun wiederum für uns bei diesem Buch sehr wichtig ist, weil wir nur noch einen sehr kurzen Termin bis zum Erscheinen haben. Das Ganze hatte sich leider so verzögert, da wir immer noch Schwierigkeiten mit dem Vertrag hatten. Ich hoffe, daß wir Ihnen keine zu große Enttäuschung bereiten, und ich hoffe ebenso, daß wir Ihnen dafür sehr bald ein anderes Buch zur Übersetzung geben können.

Montherlants Roman ›L'histoire d'amour de la rose de sable‹ (1954) erscheint, übersetzt von Ernst Sander, mit dem Titel ›Blüte im Sand‹ im folgenden Jahr.

Auch zu Beginn des neuen Jahres hat Celan noch nicht geliefert. Der Verlag greift zum Mittel telegraphischer Mahnung:

3 Verlag Kiepenheuer & Witsch an Paul Celan

Köln, 3. Januar 1955. Telegramm, 1 Blatt

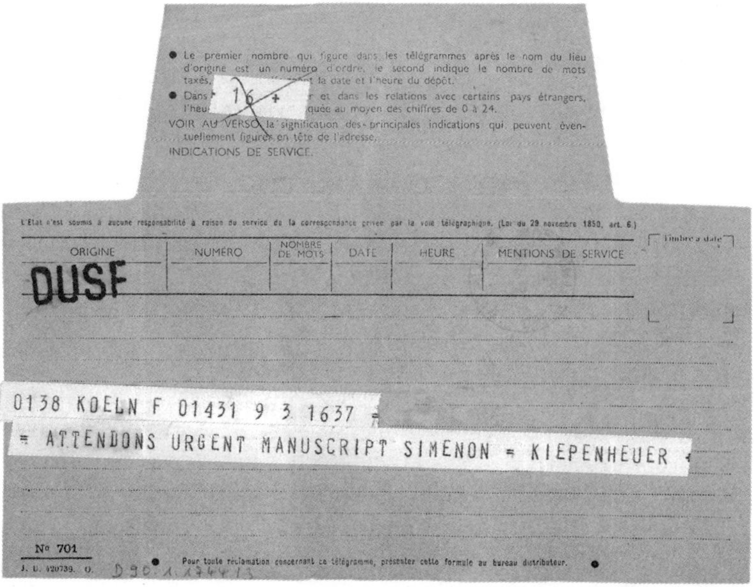

● Le premier nombre qui figure dans les télégrammes après le nom du lieu d'origine est un numéro d'ordre, le second indique le nombre de mots taxés, … la date et l'heure du dépôt.
● Dans … et dans les relations avec certains pays étrangers, l'heu… quée au moyen des chiffres de 0 à 24.
VOIR AU VERSO la signification des principales indications qui peuvent éventuellement figurer en tête de l'adresse.
INDICATIONS DE SERVICE.
16 +

L'Etat n'est soumis à aucune responsabilité à raison du service de la correspondance privée par la voie télégraphique. (Loi du 29 novembre 1850, art. 6.)

ORIGINE	NUMERO	NOMBRE DE MOTS	DATE	HEURE	MENTIONS DE SERVICE
DUSF					

Timbre à date

0138 KOELN F 01431 9 3 1637 =
= ATTENDONS URGENT MANUSCRIPT SIMENON = KIEPENHEUER +

N° 701
J. U. 120739. O. D 90 1. 17441 3
● Pour toute réclamation concernant ce télégramme, présenter cette formule au bureau distributeur. ●

138 Telegramm (15.3) *Celan reagiert am 5. Januar 1955 ebenfalls telegraphisch:*

excusez retard cause par maladie *(Historisches Archiv der Stadt Köln)*

Am 8. Januar gibt Celan dann das Manuskript per Einschreiben auf die Post. Und wartet auf Reaktion. Am 7. Februar fragt er bei »Fräulein von Miquel« vorsichtig nach:

ich bitte Sie zu entschuldigen, daß meine zweite Simenon-Übersetzung ohne jedes begleitende Wort zu Ihnen gelangte: ich wußte ein-fach nicht, was ich angesichts meines neuerlichen Versäumnisses überhaupt sagen durfte. Kurz nach meinem letzten Brief, der Sie und Herrn Dr. Witsch um eine kleine Verlängerung der Abschlußfrist bat, bedachte mich das umschwingende Jahr noch mit einer Mandelentzündung mit diversen unerfreulichen Verschnörkelungen, ich mußte die Arbeit unterbrechen, und so erhielten Sie das Manuskript erst Anfang Januar. Darf ich hoffen, daß Sie und Herr Dr. Witsch mir nicht allzu böse sind?

Ich wüßte nur allzugern, ob auch diese Übersetzung den Erwartungen des Verlages entsprochen hat – Darf ich Sie bitten, es mir zu sagen? Gleichzeitig ersuche ich Sie auch um Überweisung der zweiten Honorarhälfte (300 DM) an folgende Adresse: Paul Celan, c/o Banque Heine et Cie, 63 rue de la Victoire, Paris 9ᵉ. *(Historisches Archiv der Stadt Köln)*

Aber auch am 19. Februar hat er noch keine Antwort, wie er in einem Brief an Caspar Witsch betont; erst am 28. Februar wird sie auf den Weg gebracht – und fällt (wohl unerwartet) deutlich aus:

4 Verlag Kiepenheuer & Witsch (Alexandra von Miquel) an Paul Celan

Köln, 28. Februar 1955. Brief und Durchschlag, 2 Blatt
Leihgabe des Durchschlags: Historisches Archiv der Stadt Köln

Haben Sie schönen Dank für Ihren Brief vom 7. d. Mts. Die Verzögerung in der Ablieferung des Manuskriptes MAIGRET À L'ÉCOLE, im Januar statt im November, hat zwar unserer Herstellung ziemliche Schwierigkeiten gebracht und unsere Simenon-Pläne generell sehr gestört, aber wir hätten diesen Ärger schon heruntergeschluckt, auch schon mit Rücksicht darauf, dass Sie ja auch nichts dafür können, wenn Sie krank werden. Nur hat uns etwas anderes sehr bestürzt, und zwar die Tatsache, dass dieses Manuskript diesmal im Gegensatz zu der ersten Übersetzung HIER IRRT MAIGRET alles andere als druckfertig war. Ich habe es der Eile wegen nicht mehr lesen können, sondern unser Co-Lektor hat es bearbeitet und er war ganz entsetzt. Der Unterschied zu dem ersten Manuskript ist so krass, dass wir schon beinahe annehmen, Sie haben kaum selbst daran gearbeitet, sondern sich irgendeinen Dilettanten dafür genommen. Abgesehen vom Stil der Übersetzung war es für uns am erstaunlichsten festzustellen, dass im deutschen Manuskript MAIGRET À L'ÉCOLE zahlreiche Stellen vorkommen, die überhaupt nicht im französischen Original zu finden sind. Die also dazu gedichtet sind, oder sonst irgendwie verändert, ausgelassen u. drgl. Da wir nun sowieso schon sehr im Zeitdruck waren, musste die ganze Fassung in einem ziemlichen Tempo umgearbeitet werden. Sie können sich denken, dass wir nicht gerade sehr glücklich darüber waren. Wenn wir mehr Zeit gehabt hätten, hätten wir Ihnen das Manuskript zurückgeschickt.

Lieber Herr Celan, Sie werden verstehen, dass uns diese Art einer Zusammenarbeit natürlich sehr geärgert hat. Wenn es Sie interessiert, kann Herr Dr. Wille Ihnen später noch einmal gelegentlich einige Beispiele nennen. Ich kann Sie Ihnen jetzt hier auswendig nicht angeben; Dr. Wille hat mir nur einige Stichproben vorgelegt und ebenfalls Dr. Witsch, aber schon daraus scheint uns hervorzugehen, dass unmöglich Sie selbst diese Übersetzung gemacht haben können. Sie können mir glauben, dass ich diese Geschichte auch in Ihrem Interesse sehr bedaure. Ich kann es verstehen, wenn Sie nicht gerade besondere Freude an den MAIGRET-Übersetzungen haben, aber ich könnte es nicht verstehen, wenn Sie, nachdem Sie den Auftrag nun einmal übernommen haben, dann irgendeinen Dritten einschalten, und wenn das Ergebnis dann so ausfällt wie bei der Übersetzung MAIGRET À L'ÉCOLE. Dann wäre es schon besser, Sie sagen uns klar und deutlich, dass Ihnen der Simenon nicht liegt oder Ihnen keinen Spass macht.

Nach den letzten Erfahrungen möchte Herr Dr. Witsch jetzt natürlich zunächst keinen weiteren Übersetzungsauftrag Simenon an Sie vergeben, abgesehen davon, dass wir durch unseren Vertrag die MAIGRET-Serie zunächst etwas stoppen müssen.

Es ist mir sehr unangenehm, Ihnen diesen Brief schreiben zu müssen, ich tue so etwas höchst ungern, besonders bei Ihnen, aber Sie wollten ja selbst unseren Eindruck von der Übersetzung wissen. Da die Geschichte nun einmal passiert ist und inzwischen auch einigermassen repariert, hat es ja auch keinen Sinn, nachträglich lange verärgerte Briefe zu schreiben. Daher schlage ich vor, falls Sie es nicht vorziehen, uns irgendwelche Er-

klärungen zu geben, den »Fall Simenon« zu begraben. Ich persönlich würde mich dennoch freuen, wenn dieser Brief nicht dazu führt, dass wir unsere Beziehungen abbrechen, und wenn sich gelegentlich mal wieder irgendeine Form der Zusammenarbeit ergibt, bei der wir dann allein mit Ihnen zu tun haben.
Den Rest des Honorars von DM 300,– ist durch Credit Lyonnais an Sie überwiesen.

Die Antwort Celans:

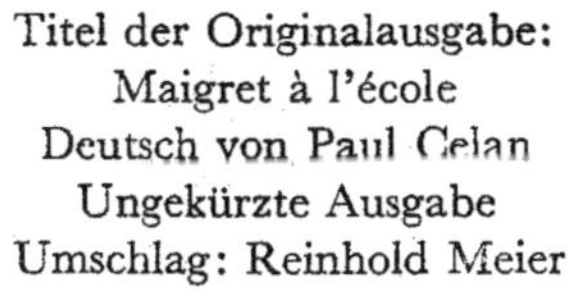
Titel der Originalausgabe:
Maigret à l'école
Deutsch von Paul Celan
Ungekürzte Ausgabe
Umschlag: Reinhold Meier

139 Das Impressum der zweiten Übersetzung (15.7b)

5 Paul Celan an Alexandra von Miquel

Paris, 9. März 1955. Brief, 1 Blatt
Leihgabe: Historisches Archiv der Stadt Köln

Ich muss nun doppelt bedauern, dass Sie mich so lange ohne Nachricht liessen: hätten Sie mir gleich nach Ablieferung meines Manuskripts gesagt, welche Aufnahme ihm zuteil wurde, so wäre es mir vielleicht noch möglich gewesen, die Uebersetzung mit den Gesichtspunkten des Lektorats in Einklang zu bringen.
Nun geben Sie mir Gelegenheit, mich als Uebersetzer einigermassen zu rehabilitieren, indem Sie die Vermutung äussern, ich hätte die mir anvertraute Arbeit irgendeinem »Dilettanten« überlassen … Dieser »Dilettant« bin jedoch leider ich selbst … Und wenn ich auch bekennen muss, dass mich der – meines Erachtens recht mediokre – Originaltext nicht eben inspirierte und ich ihn beim Uebersetzen nicht eben als ehrfurchtsgebietendes Kunstwerk ansah, so muss ich mich dennoch ein wenig gegen den Vorwurf verwahren, zahlreiche Stellen »hinzugedichtet« zu haben. Damit will ich jedoch das gewiss zuständigere Urteil Ihres Lektorats keineswegs in Frage stellen, angesichts der Härte dieses Urteils kann ich aber auch nicht umhin, Sie und Herrn Dr. Wille zu bitten, mir die inkriminierten Stellen, wenn möglich sogar das überarbeitete Manuskript zu zeigen, und zwar nicht etwa, um mit Ihnen über das Irreparable zu diskutieren – für Ihre freundliche Anregung, den »Fall Simenon« zu begraben, bin ich aufrichtig dankbar –, sondern um einiges daraus zu lernen.

140/141 Umschlag, Vorder- und Rückseite (15.b)

Wie sehr ich mich freuen würde, wenn Herr Dr. Witsch mir die Möglichkeit geben wollte, das Vertrauen des Verlages wiederzugewinnen, möchte ich nicht unerwähnt lassen.

In welchem Umfang Änderungen vorgenommen worden sind, läßt sich heute nicht mehr feststellen. Weder im Verlagsarchiv noch in Celans Nachlaß sind Manuskripte der »Maigrets« erhalten. (Nur einige Blätter, wahrscheinlich vom Oktober 1954, auf denen zumeist – wie zum Training – z. T. wohl aus deutschsprachigen Zeitungen stammende alltagssprachliche Vokabeln und Redewendungen notiert sind, ein paar Mal auch der Name »Simenon«, sind dort vorhanden.)

6a Georges Simenon: Maigret se trompe

Paris: U. G. E. Poche/Presses de la Cité 1995
Leihgabe: Rolf Bücher

142/143 Umschlag, Vorder- und Rückseite (15.7b)

b Georges Simenon: Hier irrt Maigret
Kriminalroman
Deutsche Übersetzung von Paul Celan
Ungekürzte Ausgabe
Köln, Berlin: Kiepenheuer & Witsch [1955]
Leihgabe: Rolf Bücher

c Georges Simenon: Hier irrt Maigret
Kriminalroman
Deutsche Übersetzung von Paul Celan
Ungekürzte Ausgabe
Köln, Berlin: Kiepenheuer & Witsch [1955]
Lizenzausgabe für den Bertelsmann Lesering
Leihgabe: Barbara Wiedemann

7a Georges Simenon: Maigret à l'école
Paris: U.G.E. Poche/Presses de la Cité 1995
Leihgabe: Rolf Bücher

b Georges Simenon: Maigret und die schrecklichen Kinder
Kriminalroman
Deutsch von Paul Celan
Ungekürzte Ausgabe
Köln, Berlin: Kiepenheuer & Witsch [1955]
Leihgabe: Rolf Bücher

c Georges Simenon: Maigret und die schrecklichen Kinder
Kriminalroman
Deutsche Übersetzung von Paul Celan
3. Auflage [1. Auflage 1966]
München: Wilhelm Heyne Verlag 1977
(Simenon-Kriminalromane. k 7)
Leihgabe: Andreas Lohr

d Georges Simenon: Maigret und die schrecklichen Kinder
Roman
Deutsch von Paul Celan
Zürich: Diogenes Verlag 1987
(detebe. 21574)
»Die 1955 erstmals erschienene Übersetzung wurde für diese Ausgabe durchgesehen und behutsam überarbeitet.«
Leihgabe: Rolf Bücher

Länger lieferbar ist der beanstandete und überarbeitete Text: Während bei der Neuausgabe im Diogenes Verlag Celans Übersetzung von ›Maigret se trompe‹ 1979 durch eine Übersetzung Elfriede Rieglers ersetzt wird (›Hier irrt Maigret‹. Zürich: Diogenes Verlag 1979) – wobei freilich Celans Version als Arbeitsgrundlage gedient haben mag –, wird der Text von ›Maigret und die schrecklichen Kinder‹ 1987 nur leicht verändert und Celan als Übersetzer weiterhin genannt.
Trotz der schlechten Erfahrungen ist Kiepenheuer & Witsch zu weiterer Zusammenarbeit bereit. Alexandra von Miquel fragt am 15. Februar 1957, ob Celan »wieder einmal Lust und Zeit zu einem SIMENON, diesmal zu keinem

MAIGRET, sondern zu einem der psychologischen Romane« habe. Allerdings sei der Termin sehr knapp. Am 18. Februar antwortet Celan:

Haben Sie herzlichen Dank für Ihre so freundlichen Zeilen. So gerne ich wieder einmal ein Buch für Ihren Verlag übersetzt hätte – ich kann es, da die Zeit dafür zu knapp bemessen ist, schon allein deshalb nicht, weil ich, eben dieses Zeitdrucks wegen, befürchten müßte, Sie meine letzte, recht »daneben gelungene« Simenon-Übersetzung, nicht ganz vergessen zu machen. Wie sehr ich mich freuen würde, dies bei anderer, vielleicht nicht allzu ferner Gelegenheit versuchen zu dürfen, brauche ich Ihnen wohl nicht zu sagen. *(Historisches Archiv der Stadt Köln)*

Zu einer erneuten Zusammenarbeit kommt es nicht. Celan übernimmt solche »Brot-Arbeiten« nicht mehr.

16 »Des Meers Gedicht!«
Arthur Rimbaud und das ›Trunkene Schiff‹

Die späten fünfziger und frühen sechziger Jahre sind für Celan eine überaus produktive Zeit. Die Gedichtbände ›Sprachgitter‹ (1959) und ›Die Niemandsrose‹ (1963) kommen heraus. 1958 wird er mit dem Literaturpreis der Stadt Bremen, 1960 mit dem Georg-Büchner-Preis der Darmstädter Akademie für Sprache und Dichtung ausgezeichnet. In beiden Fällen bedankt sich Celan mit grundsätzlichen Reden, die Selbstbeschreibungen genannt werden könnten. Auch die große Zahl von Übersetzungen steht in einem engen Zusammenhang mit seinem eigenen Werk.
Wie aus den von Celan datierten Entwürfen hervorgeht, entstehen zwischen Juli und Dezember 1957 Übersetzungen von Artaud, Baudelaire, Desnos, Eluard, Maeterlinck, Mallarmé, Michaux, Nerval, Rimbaud und Supervielle. Die schon allein vom Umfang her größte dieser Übertragungen ist zweifellos Rimbauds ›Trunkenes Schiff‹. Bewußt – und selbstbewußt – stellt sich Celan mit seiner Version in eine lange Reihe weiterer deutscher Fassungen dieses fulminanten Jugendgedichtes des sechzehnjährigen Arthur Rimbaud (1854–1891). Petre Solomon, seinem Freund aus der Bukarester Zeit, schreibt er am 17. Februar 1958:

ich habe eine Reihe von Gedichten geschrieben, die irgendwie anders sind als die bisher veröffentlichten, habe übersetzt – außer einigen unwichtigen Büchlein, die man zu übersetzen gezwungen ist – eine Reihe von französischen Gedichten, darunter auch ›Das trunkene Schiff‹ (die erste *echte* deutsche Fassung). *(Petre Solomon: Briefwechsel mit Paul Celan 1957–1962. In: Neue Literatur, Jg. 11, 1981, S. 74)*

1 a–f Rimbauds ›Bateau ivre‹ in deutschen Übersetzungen

Ausgestellt sind die folgenden Bände:

a **K. L. Ammer: Das trunkene Schiff**

In: Arthur Rimbaud. Leben und Dichtung. Übertragen von K. L. Ammer. Eingeleitet von Stefan Zweig. Leipzig: Insel-Verlag 1921 [1. Auflage 1907], S. 184–187 (Aus der Bibliothek Paul Celan)

144 Vignette von Richard Janthur zu Däublers Übertragung (16.1b)

b **Theodor Däubler: Das trunkne Schiff**

In: Almanach auf das Jahr 1920. Berlin: Verlag Fritz Gurlitt 1920, S. 89–93; überarbeitete Fassung von ›Das besoffne Schiff‹. In: Die weißen Blätter, Jg. 6, 1919, Heft 8, S. 351–354

c **Paul Zech: Das trunkene Schiff**

In: Das gesammelte Werk des Jean-Arthur Rimbaud. In freier deutscher Nachdichtung von Paul Zech. Leipzig: Wolkenwanderer-Verlag 1927, S. 167–171; zuvor in: Das neue Pathos, 1914, S. 57–59

145 Holzschnitt von Willi Geißler zur Übertragung von Paul Zech (16.1c)

d **Alfred Wolfenstein: Trunkenes Schiff**

In: Rimbaud. Leben, Werk, Briefe. Übertragen und herausgegeben von Alfred Wolfenstein. Berlin: Internationale Bibliothek 1930, S. 74–78; zuvor in: Die Weltbühne, Jg. 21, 1925, Heft 2, S. 130–132

e **Wilhelm Hausenstein: Trunkenes Schiff**

In: Das trunkene Schiff und andere französische Gedichte von Chénier bis Mallarmé. Deutsch von Wilhelm Hausenstein. Freiburg, München: Karl Alber 1950, S. 134–141; zuvor in: Die Wandlung, Jg. 1, 1945/46, S. 975–980

f **Bernhard Böschenstein, Jean Bollack: Das trunkene Schiff**

In: Von Baudelaire bis Saint-John Perse. Französische Gedichte und deutsche Prosaübertragungen. Frankfurt am Main, Hamburg: Fischer Bücherei 1962, S. 54–61 (Aus der Bibliothek Paul Celan)

g Duschan Derndarsky: Das trunkene Boot

In: Französische Gedichte aus sechs Jahrhunderten. Zweisprachen-Ausgabe. Herausgegeben von Fritz Schalk. Bremen: Carl Schünemann Verlag [1963] (Sammlung Dieterich Bd. 184), S.280–289
(Aus der Bibliothek Paul Celan)

Die Flut der Übersetzungen reicht von der Neuromantik der Jahrhundertwende über Expressionismus, Neue Sachlichkeit und die Nachkriegsjahre bis hin zur unmittelbaren Zeitgenossenschaft mit der Übertragung Celans, der sicher nicht alle, wohl aber die Mehrzahl dieser Fassungen kannte und einige davon selbst besaß. Die trunknen, trunkenen oder gar besoffnen Schiffe und Boote kommen in fünffüßigen Jamben, freien Rhythmen und Alexandrinern daher, sie sind zumeist – wie das Original – 25, zuweilen aber auch 21 oder 28 Strophen lang und lassen je nachdem aristokratische Weltenbummelei, Indianerromantik oder auch die Flotteneuphorie des deutschen Kaiserreichs anklingen.

Bestimmend für die deutsche Rezeption wird der expressionistische »Mythos Rimbaud«, der Leben und Werk in eins setzt, das ›Trunkene Schiff‹ als autobiographisches Dokument liest und seinen Autor als Befreier aus kleinbürgerlicher Banalität und als Märtyrer der Zivilisation feiert. Der Dichtergeneration der ›Menschheitsdämmerung‹, die auf Erneuerung durch Untergang hoffte, war nicht zuletzt die vermeintliche Nähe des ›Bateau ivre‹ zur eigenen Befindlichkeit von Bedeutung – ist das Gedicht doch die grandiose Vision eines Schiffbruchs, eines Untergangs.

2 Arthur Rimbaud

Photographie von Carjat, um 1871. Negativabzug von 1920
Leihgabe: Musée Arthur Rimbaud, Charleville

Rimbaud schreibt das ›Bateau ivre‹ wohl im Sommer oder Herbst 1871. Im Mai dieses Jahres entstehen die beiden sogenannten ›Lettres du voyant‹, die ›Seher-Briefe‹, in denen er seinem Rhetorik-Lehrer und einem mit diesem befreundeten Dichter seine Vorstellungen vom Dichten darlegt:

Ich sage, man muß *Seher* sein, muß sich *sehend* machen. *Sehend* macht sich der Dichter durch eine lange, unermeßliche und planmäßige *Aus-*

schweifung aller Sinne. Alle Formen der Liebe, der Qual, des Wahnsinns; er sucht eigens, er erschöpft an sich alle Gifte, um nur ihre Quintessenz zu bewahren. Unsägliche Tortur, für die er allen Glauben braucht, alle übermenschliche Kraft, bei der er unter allen der große Kranke wird, der große Verbrecher, der große Verdammte – , und der höchste Wissende! – Denn er kommt an im *Unbekannten*! Denn er hat seine Seele, die ohnehin reiche, mehr ausgebildet als jeder andere! Er kommt an im *Unbekannten*, und sollte ihm in seiner Bestürzung am Ende der Sinn seiner Visionen entgleiten, er hat sie gesehen! *(Arthur Rimbaud: Seher-Briefe / Lettres du voyant. Übersetzt und herausgegeben von Werner von Koppenfels. Mainz: Dieterich'sche Verlagsbuchhandlung 1990, S. 25/27)*

Das ›Bateau ivre‹ darf man sicher als einen Versuch Rimbauds ansehen, seine in den ›Seher-Briefen‹ entworfene Poetologie einzulösen. Das Gedicht zeichnet sich nicht formal oder thematisch, wohl aber durch seine die Logik auflösende Bildersprache und kühne Metaphorik aus. Wahrscheinlich wollte der noch nicht Siebzehnjährige auch ein Bravourstück in der Tasche haben, als er im September 1871, einer Einladung Verlaines folgend, den in Paris versammelten Dichterfürsten sein exakt 100 Zeilen langes Werk vorträgt.

Nach nur vier Jahren, die er daraufhin als »enfant terrible« und »Shakespeare enfant« in der literarischen Welt zubringt, beendet Rimbaud seine dichterische Laufbahn. Wenn er noch etwas schreibt, dann sind es Briefe, die er seiner Familie und seinen Freunden aus Österreich, der Schweiz, Deutschland, Skandinavien, Zypern, Ägypten, Sumatra und schließlich Abessinien schickt. Dort verdient er als Tagelöhner, Sprachlehrer und Händler sein Geld, bis er im Alter von 37 Jahren nach der Amputation eines Beines in einem Marseiller Krankenhaus stirbt.

3 Arthur Rimbaud in Abessinien

Photographie (Reproduktion). Harar, 1883
Leihgabe: Musée Arthur Rimbaud, Charleville

Von den beigefügten Bildern stellt mich das eine auf einer Terrasse des Hauses dar, das andere, auf dem ich gleichfalls aufrecht stehe, in einem

Kaffeegarten, ein drittes mit verschränkten Armen in einer Bananenpflanzung. Sie sind sehr blank geworden, durch das schlechte Waschwasser; später werde ich bessere Arbeit liefern. Es vermittelt Euch immerhin eine Erinnerung an mein Gesicht und eine Anschauung von der hiesigen Landschaft. Auf Wiedersehen. Rimbaud *(An seine Familie, 6. Mai 1883. In: Rimbaud. Leben, Werk, Briefe. Übertragen u. herausgegeben von Alfred Wolfenstein. Berlin: Internationale Bibliothek 1930, S. 248f.)*

4 Arthur Rimbaud: Das trunkene Schiff

Deutsch von Paul Celan. Beginn der Übersetzung. Handschriftlicher Entwurf.
Notizzettel, 1 Blatt

Hinab glitt ich die Flüsse, von träger Flut getragen
Da fühlte ich: es zogen die Treidler mich nicht mehr
Sie waren / boten, von Indianern ans Marterholz geschlagen,
Ein Ziel an buntem Pfahle, Gejohle um sich her.

Ich scherte mich den Teufel um Mannschaft und um Frachten
Wars Weizen, was ich führte, wars Wolle – einerlei

Hinunter gings die Flüsse, hinunter – ich war frei
/ ich trieb und ich war frei

Der Sturm sprach / gab, da zum / im Meer ich erwachte, seinen Segen
Ich hüpft, ein leichter Korken, zehn Nächte auf der Flut,
von der es heißt, sie wälze dem Untergang entgegen

die Lichter und Laternen, sie blieben unvermißt
die dummen Hafenlichter

Das kleine, aus einem Notizheft ausgerissene und in winziger Handschrift beschriebene Blatt stellt eine der frühesten Stufen von Celans Annäherung an Rimbauds Gedicht dar, und sicher ist dessen bloße Berühmtheit einer der Gründe, die ihn zu seiner Übersetzung veranlassen. Eine besondere Herausforderung bedeutet dabei zweifellos die überbordende Metaphorik der Vorlage.

In seiner Büchner-Preis-Rede wird Celan behaupten, das Gedicht sei »der Ort, wo alle Tropen und Metaphern ad absurdum geführt werden wollen« (GW III, S. 199), und seine Übertragung des ›Bateau ivre‹ läßt erkennen, daß er sich mit Rimbaud, dem »großen Magier der Metapher« (Harald Weinrich: Semantik der kühnen Metapher. In: Theorie der Metapher. Herausgegeben von Anselm Haverkamp. Darmstadt: Wissenschaftliche Buchgesellschaft 1983, S. 325), durchaus kritisch auseinandersetzt. Und doch ist Celans ›Trunkenes Schiff‹ nicht nur eine poetologische, sprachkritische Übersetzung. Neben Poes ›A Descent into the Maelström‹, Melvilles ›Moby Dick‹ und Mallarmés ›Un coup de dés‹ schildert das ›Bateau ivre‹ einen der prominentesten Schiffbrüche der literarischen Moderne. Diese Metapher als Ausdruck krisenhafter Moderneerfahrung erhält allerdings in der Dichtergeneration Paul Celans, die einen Weltuntergang nicht bloß herbeigesehnt oder leichtfertig heraufbeschworen hat, sondern am eigenen Leibe erleben mußte, eine neue Wertigkeit und eine besondere Zuspitzung, wie sowohl Celans eigene Dichtung als auch die Auswahl der von ihm übersetzten Texte und Autoren bezeugt; man denke nur an das von Mandelstamm übernommene Bild von der Dichtung als einer Flaschenpost, an Ungaretti, der einen seiner Gedichtzyklen ›Allegria di naufragi‹ (Freude der Schiffbrüche) betitelt und dessen ›Rezitativ des Palinurus‹ Celan übersetzt, oder an die Supervielle-Übertragungen ›Unterm offenen Meer‹ und ›Schiffbruch‹. Er sei »kein Feind von Untergängen«, schreibt Celan am 18. Juli 1957, wenige Tage vor Beginn der Arbeit am ›Trunkenen Schiff‹, an Alfred Andersch. »Hinab«, das erste Wort seiner Übersetzung, und das im Entwurf durch Wiederholung eigens betonte »hinunter« dürften dies bestätigen.

5 Arbeitsheft von Paul Celan mit Vorarbeiten zu Gedichtübersetzungen

Aufgeschlagen ist die Seite mit Entwürfen zur Übersetzung der 6., 8., 9. und 10. Strophe des ›Trunkenen Schiffs‹ sowie zur ersten Strophe des Gedichtes ›Airs‹ von Jules Supervielle
Datiert: »30/« [Juli 1957]

Klaus, mir ist, so glaube ich, ein »Wurf« geglückt: Die Übersetzung des ›Bateau Ivre‹. Zwei merkwürdige Tage waren's – am dritten kam dann

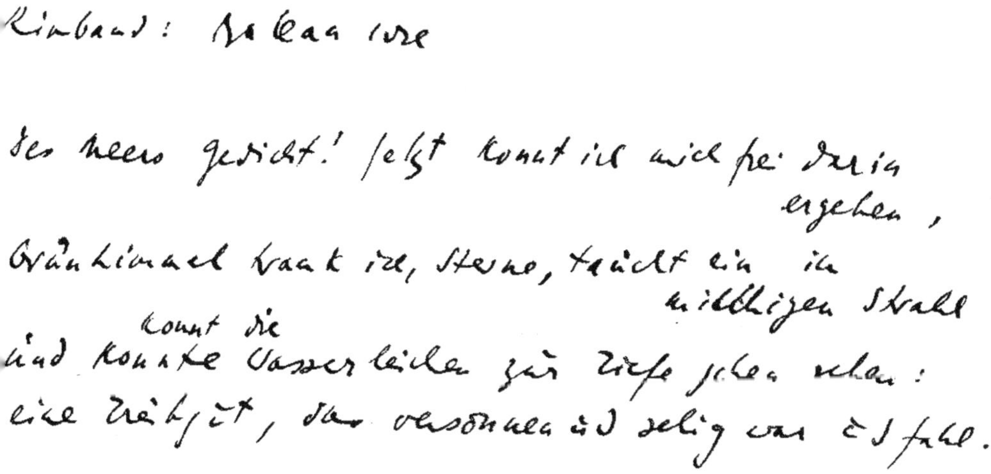
Rimbaud: Le bateau ivre

des Meers Gedicht! Jetzt konnt ich mich frei darin ergehen,
Grünhimmel trank ich, Sterne, taucht ein in milchigen Strahl
und ~~konnte~~ konnt die Wasserleichen zur Tiefe gehen sehn:
eine Treibgut, das versonnen und selig war und fahl.

146 Die Anfänge der Beschäftigung mit Rimbaud in einem Arbeitsheft (16.5)

noch die letzte Strophe hinzu. Hier ist das Schiff nun – sag mir, was Du davon hältst. Sei objektiv! *(An Klaus Demus, 3. August 1957)*

Celan meldet Klaus Demus den Abschluß der Übersetzung. Das Arbeitsheft, in dem er auch die Entstehungsdaten der einzelnen Abschnitte notiert, enthält die erste vollständige, handschriftliche Fassung des ›Trunkenen Schiffs‹ und außerdem noch die Vorstufen zu einer großen Zahl weiterer Übertragungen sowie zu Passagen einzelner Gedichte, die in den 1959 erscheinenden Band ›Sprachgitter‹ aufgenommen werden. So entstehen, den Datierungen zufolge, am 25. Juni Zeilen, die später in ›Schneebett‹ und im sechsten Abschnitt des Eröffnungsgedichtes von ›Sprachgitter‹ ihren Ort finden werden; am 3. und 4. Juli der Entwurf des fünften Abschnittes daraus: »Stimmen, kehlig, im Grus« (wobei in den Vorstufen die Nähe zu Formulierungen aus dem ›Trunkenen Schiff‹ noch deutlicher ist als in der endgültigen, publizierten Fassung); am 21. Juli Zeilen zu Desnos' ›Epitaph‹ und ›The Night of Loveless Nights‹ sowie zu ›Schneebett‹; am 23. Juli weitere Zeilen zu ›Epitaph‹; am 24. Juli Baudelaires ›Der Tod der Armen‹; am 25. und 26. Juli Ergänzungen dazu; am 27. Juli Michaux' ›Nausée ou C'est la mort qui vient‹; am 28. Juli Zeilen zu Nervals ›El Desdichado‹, zum ›Tod der Armen‹ und zu Yeats' ›The Wishes‹; am 29. Juli ›El Desdichado‹, Maeterlincks ›Und sollt er wiederkommen‹,

147 Aus dem Arbeitsheft (16.5)

Supervielles ›Airs‹ und die ersten acht Strophen, am 30. Juli die Strophen 9–24 des ›Trunkenen Schiffs‹ sowie die Überarbeitung der ersten Strophe von ›Airs‹; am 31. Juli die letzte Strophe des ›Trunkenen Schiffs‹; am 1. August acht Versionen von Rimbauds Vierzeiler ›L'étoile a pleuré rose‹; am 2. August eine neunte Version davon sowie die Übersetzungen zweier weiterer Rimbaud-Gedichte: ›Der Schläfer im Tal‹ und ›Träne‹; am 3. August die Neufassung eines Halbverses aus dem ›Trunkenen Schiff‹ und Wendungen, die in ›Matière de Bretagne‹ aus ›Sprachgitter‹ wieder anklingen werden; am 9. August einzelne Zeilen zu ›Epitaph‹ und zum ›Trunkenen Schiff‹ und schließlich, am 24. August, der Beginn von ›Windgerecht‹, ebenfalls aus ›Sprachgitter‹.

Daraus veröffentlicht werden von Celan in den Jahren 1958 bis 1960 die Übertragungen von Desnos' ›Epitaph‹, Baudelaires ›Der Tod der Armen‹, Nervals ›El Desdichado‹, Maeterlincks ›Und sollt er wiederkommen‹, Supervielles ›Airs‹ und natürlich das ›Trunkene Schiff‹. Celan schreibt die Übersetzungen dafür jeweils zunächst mit der Schreibmaschine ab und nimmt gegebenenfalls weitere handschriftliche Korrekturen vor. Daß auch der Vierzeiler ›Der Stern, blassrot‹, ›Der Schläfer im Tal‹ und ›Träne‹, die drei weiteren Rimbaud-Übertragungen also, in seinen Augen einen Grad der Gültigkeit erlangt haben, das läßt zum einen die Tatsache vermuten, daß er von allen dreien ebenfalls Typoskriptfassungen anfertigt. Zum anderen nimmt er sie auch in das zu dieser Zeit Gestalt annehmende Projekt einer Anthologie französischer Übersetzungen auf.

6 Arthur Rimbaud: Der Stern, blassrot hat er geweint

Deutsch von Paul Celan. Typoskript (Durchschlag) mit handschriftlichen Korrekturen, 1 Blatt
Datiert: »2.8.57«

Rimbaud

Der Stern, blassrot hat er geweint zuinnerst dir im Ohr.
Weiss ist von Hals zu Lende Unendlichkeit gerollt.
Das Meer hing, falbe Perle, an deiner Brüste Gold/deinem Hügelgold.
Der Mann: an deiner Flanke brach schwarz sein Blut hervor.

Rimbaud: <u>Der Schläfer im Tal</u>

Ein grüner Grund, ein Wasserlauf, der singt und der
die Gräser rings mit Silberland bedenkt.
Die Sonne, leuchtend, von den Gipfeln her.
Ein kleines Tal voll Strahlen, lichtgetränkt.

Jung, barhaupt, offenen Mundes: ein Soldat.
Sein Hals ruht, wo die frische Kresse blaut.
Er schläft, der Himmel über seiner Lagerstatt,
ins Grün gebettet, blass, von Helligkeit umtaut,

Die Füße zwischen Lilien, Lächeln um den Mund.
Das Kind, wie es, so lächelt es vielleicht, das kranke.
Natur, wieg warm ihn ein: ihn friert.

Die Nüster schaudert nicht mehr, duftberührt.
Die Hand liegt auf der Brust, hat Sonne und
ist still. Zwei Löcher starren rot an seiner
Flanke.

7 Arthur Rimbaud: Der Schläfer im Tal

Deutsch von Paul Celan. Typoskript (Durchschlag) mit handschriftlichen Korrekturen, 1 Blatt
Datiert: »2.8.57«

Rimbaud

Der Schläfer im Tal

Ein grüner Grund, ein Wasserlauf, der singt und der
die Gräser rings mit Silbertand bedenkt.
Die Sonne, leuchtend, von den Gipfeln her.
Ein kleines Tal voll Strahlen, lichtgetränkt.
[handschriftlich darüber: –durch–*]*

Jung, barhaupt, offnen Mundes: ein Soldat.
Sein Hals ruht, wo die frische Kresse blaut.
Er schläft, den Himmel über seiner Lagerstatt,
ins Grün gebettet, blass, von Helligkeit umtaut,

die Füsse zwischen Lilien, Lächeln um den Mund.
– Das Kind, wie er, so lächelt es wohl auch, das kranke. –
Natur, wieg warm ihn ein: ihn friert.

Die Nüster schaudert nicht mehr, duftberührt.
Die Hand liegt auf der Brust, hat Sonne und
ist still. Zwei Löcher starren rot an/aus seiner Flanke.

8 Arthur Rimbaud: »J'ai vu le soleil«/»Ich sah die Sonne hängen«

Druckfahne der Insel-Ausgabe (Nr. 9) mit handschriftlichen Korrekturen Celans
Aufgeschlagen sind die Strophen 9–11

Am 12. Juli 1958 schickt Celan die korrigierten Druckfahnen zurück an den Insel-Verlag. Er schreibt dazu an Fritz Arnold:

Nun soll das Trunkene Schiff endlich zu Ihnen zurück – hoffentlich erschrecken Sie nicht über die vielen Korrekturen im französischen Text!

Meiner Uebersetzung liegt die im Mercure de France erschienene kritische Ausgabe von H. de Bouillane de Lacoste zugrunde, sie weicht an mehreren Stellen von der Ihren ab, ich musste nun leider einiges richtigstellen. […] Eine Frage noch: dürfte ich die Rimbaud-Korrekturen noch ein zweites Mal lesen? Sie gehen Ihnen dann postwendend wieder zu.

9 Arthur Rimbaud: Bateau ivre. Das trunkene Schiff

Übertragen von Paul Celan
Wiesbaden: Insel-Verlag 1958
Gedruckt in 1500 Exemplaren
Aufgeschlagen: Handschriftliche Widmung von Paul Celan:
»Für Dr. Walter Georgi, / Batelier et Navigateur / nach meiner ersten Segelfahrt / in Dankbarkeit / Paul Celan / Zürich, im Juni 1959.«
Leihgabe: Walter Georgi

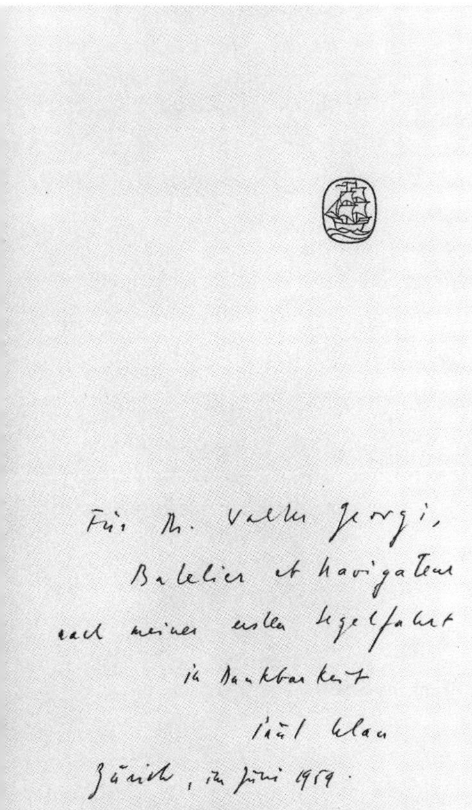

148/149 Widmung auf dem Schmutztitel für Dr. Walter Georgi und Einband (16.9)

Walter Georgi erinnert sich an die Umstände, auf die Celans Widmung anspielt:

Dem abendlichen Kneipengang vorausgegangen war ein nachmittägliches Treffen im alten Zürcher Wiener-Café ›Odeon‹, wo mich das schöne Wetter zum Vorschlag ermuntert hatte, eine Segelpartie mit den Gästen auf dem See zu machen, dem zugestimmt wurde. Mit bei dem kleinen Törn zwischen Zuerich und Küsnacht und Kilchberg war ein anderer deutscher Schriftsteller, mir bis dato unbekannt, der mit Celan aus Paris gekommen war zu einem Stopover in Zuerich und der mich jedoch, ich muss es gestehen, zunächst auf dem Boot mehr beeindruckte als Celan, vielleicht ob seiner düster wirkenden Zurückhaltung, die mich, auch von der Physiognomie her, an den jungen Rilke erinnern liess. Es war Günter Grass, damals mit der ›Blechtrommel‹ im Gepäck.

Am 21. November 1958 schreibt Celan an Fritz Arnold:

Um es ganz unumwunden zu sagen: ich kann mich mit dem Gedanken, dass dieses so schnell verkaufte Bändchen schon jetzt, nach einer einmaligen Auflage, aus dem Leben scheiden soll, wirklich nicht befreunden: ich hänge zu sehr an dieser Arbeit. Ich habe, als ich meinen Vertrag mit der Insel unterschrieb, keineswegs einen Vertrag über eine e i n m a l i g e Auflage des Bateau Ivre zu unterschreiben geglaubt und § 7 dieses Vertrags dahin interpretiert, dass für die zweite und die weiteren Auflagen eine neuerliche Vereinbarung zu treffen sei. Ich kann wirklich nicht glauben, dass meine Auslegung dieses Paragraphen eine andere sein könnte als die des Insel-Verlags.

§ 7 des im Mai 1958 zwischen Celan und dem Insel-Verlag geschlossenen Vertrages lautet:

Sollte die in § 1 genannte Ausgabe vergriffen sein, so werden sich die Vertragschließenden über eine weitere Verwendung der Übertragung verständigen.

Tatsächlich war ›Das trunkene Schiff‹ aber noch gar nicht vergriffen. Fritz Arnold benachrichtigt Celan am 26. März 1959:

Vom ›Trunkenen Schiff‹ sind, wie sich jetzt nach der Bestandsaufnahme herausgestellt hat, noch etwa 300 Exemplare vorhanden. Sie wissen ja, daß wir die erste Auflage von 1.500 Stück zurückgerufen und gegen die neue richtig gebundene Auflage ausgetauscht haben. Es sind jedoch nicht alle ursprünglichen Exemplare zurückgekommen. Für künftige Bibliographen wird sich also Anlaß zu klugen Fußnoten finden lassen. Sobald also dieser Bestand von 300 Stück zur Neige geht, wollen wir die Frage einer Neuauflage nochmals ernsthaft diskutieren. Sie werden rechtzeitig benachrichtigt werden und erhalten ja auch für diese restlichen Exemplare noch eine Abrechnung.

1961 sind noch 100 Exemplare der ersten Auflage vorhanden. Am 5. Juli 1963 schließlich teilt der Verleger Celan mit, daß der Rimbaud vergriffen sei und daß man ihm bald Vorschläge für eine Neuauflage machen werde. Auch Anneliese Botond, die Lektorin des Insel-Verlags, stellt eine Neuauflage, voraussichtlich für April 1964, in Aussicht. Celan antwortet ihr am 8. Januar 1964:

Ich freue mich, dass das Trunkene Schiff neu erscheinen soll. Mit dem Vorschlag von Herrn Dr. Hirsch, vier Strophen auf eine Seite zu setzen und den Band zu broschieren, bin ich gerne einverstanden.

Sie schreibt ihm daraufhin am 6. Februar 1964:

Meine Antwort auf Ihren letzten Brief hat sich etwas verzögert – verzeihen Sie es bitte – denn es bereitete uns einiges Kopfzerbrechen, den Ladenpreis für die neue Ausgabe Ihrer Rimbaud-Übertragung zu ermitteln. Der Band soll schön und gepflegt werden, fast bibliophilen Charakter haben, die Auflage kann nicht sehr hoch sein: wir haben nun einen Preis von ca. DM 12,– angesetzt, der Ihnen vielleicht hoch erscheinen wird, der aber dennoch, wie es vielleicht bei dieser Art von Publikationen nicht anders sein kann, recht knapp kalkuliert ist. Als Ausstattung haben wir französische Broschur vorgesehen. Leider kann ich Ihnen im Augenblick nichts Besseres vorlegen als diese Umschlag-Skizze, die Ihnen aber vielleicht einen Eindruck geben kann. (Der Untertitel ist nicht verbindlich. »Übersetzt von« müsste durch »Übertragen von« ersetzt werden. Die

150 Auf der gegenüberliegenden Seite: Entwurfszeichnung für einen Neudruck (16.10)

Formel »Deutsch von«, die Sie, glaube ich, vorziehen, wird allerdings nicht möglich sein, wenn wir »Französisch und Deutsch« schreiben. Dieser Hinweis sollte aber erhalten bleiben.) Dass die Auflage relativ gering ist, soll Sie nicht beunruhigen (die letzte betrug ebenfalls 1000 Exemplare, dazu 200, die als Rezensions- und Belegexemplare verwendet wurden), denn wir werden das Werk nachdrucken, bevor die Auflage vergriffen ist, und Sorge tragen, dass es ständig lieferbar bleibt.

10 Arthur Rimbaud: Das trunkene Schiff. Französisch und Deutsch. Übersetzt von Paul Celan. Insel

Entwurf des Titelblatts von Anneliese Botond, 1 Blatt
Anlage des Briefes an Celan vom 6. Februar 1964

Celan antwortet am 23. Februar 1964:

Mit den Bedingungen im Zusammenhang mit dem Trunkenen Schiff bin ich einverstanden; nur finde ich die Zahl der Rezensionsexemplare viel zu hoch. »Übertragen« ist mir lieber als »übersetzt«.

Zu einer separaten Neuauflage ist es dennoch nie gekommen. Noch am 8. Februar 1966 schreibt Celan an Siegfried Unseld, den Leiter des Suhrkamp Verlags, der den Insel-Verlag 1963 übernommen hatte:

›Das Trunkene Schiff‹ ist, wie Sie wissen, seit längerem vergriffen. Es ist eines der bedeutendsten Dokumente der Weltliteratur, und ich würde mich freuen, wenn, wie mir schon seinerzeit von der Insel vorgeschlagen wurde, die Übersetzung zusammen mit dem Originaltext als wohlfeile Broschüre (ähnlich wie Peter Szondis ›Der andere Pfeil‹) neu erschiene.

Und am 16. Januar 1967:

Zum ›Trunkenen Schiff‹: der Text, auch bei Gegenüberstellung der Originalfassung, ist zu kurz für eine Veröffentlichung in der Insel-Bücherei. Aber ich kann mir denken, dass es, als anspruchslos und sauber gedrucktes Heft, den Beifall Studierender finden wird. *(An Siegfried Unseld)*

16 Arthur Rimbaud und das ›Trunkene Schiff‹

17 ›Die junge Parze‹ von Paul Valéry

Anders als von Rimbauds ›Bateau ivre‹ gibt es von Paul Valérys (1871–1945) ›La jeune parque‹ nicht diese Fülle von Übersetzungen. Hier ist Celan bis heute der einzige, der eine vollständige Übertragung dieses Gedichtes ins Deutsche veröffentlicht hat. Es gilt im allgemeinen als das schwierigste der französischen Literatur. Mit 512 paargereimten Alexandrinern entspricht es vom Umfang her etwa dem Drittel einer Racineschen Tragödie. Einen großen Konkurrenten besitzt Celan bei dieser Unternehmung freilich doch: Rainer Maria Rilke (1875–1926). Dieser hatte, gleich nach Erscheinen, 1921, Valérys ›Le cimetière marin‹ gelesen, übersetzt und sich daraufhin alle verfügbaren Werke des Franzosen beschafft. In seinen letzten Lebensjahren überträgt er noch weitere 15 Gedichte aus dem Band ›Charmes‹, die großen Dialoge ›Eupalinos oder der Architekt‹ und ›Die Seele und der Tanz‹ sowie zwei kleinere Stücke, ›Tante Berthe‹ und ›Fragmente zum Narziß‹. Nur an einem Gedicht versucht er sich nicht:

Daß jemand die ›Jeune Parque‹ zu übersetzen wagen könnte, scheint mir unwahrscheinlich. *(Rainer Maria Rilke an Katharina Kippenberg, 9. Februar 1926. In: R. M. Rilke und Katharina Kippenberg: Briefwechsel. Wiesbaden: Insel-Verlag 1954, S. 572)*

Celans Valéry-Übertragung ist, neben einer Auseinandersetzung mit dessen Poetik, auch eine bewußt geführte Auseinandersetzung mit Rilke. Zudem wird sie in unerfreuliche Nähe zu den Folgen der 1960 erneut ausbrechenden Verleumdungskampagne von Claire Goll geraten.

1 Paul Valéry über Rilke

Zeitungsausschnitt
Aus: Neue Zürcher Zeitung, 16. Januar 1927
Literarische Beilage ›Zur Erinnerung an Rainer Maria Rilke‹

Paul Valéry hat in den Tagen nach dem Tod Rilkes Max Rychner die folgenden Erinnerungen an seinen Freund und Uebersetzer mündlich für das Erinnerungsblatt der ›N.Z.Z.‹ zur Verfügung gestellt. […] Ich kostete

151 Paul Valéry während der Arbeit an der ›Jungen Parze‹ (Photographie und Leihgabe: Jean-Loup Charmet)

die Verschiedenheiten unseres Wesens mit Vergnügen; denn wir waren in tiefer gegenseitiger Sympathie verbunden. Welch seltsame Verbindung, wir beiden! Doch ergänzten wir uns wechselseitig. [...] Ich habe ihm übrigens vieles zu danken. Durch ihn haben die Leser deutscher Sprache etwas von meiner Dichtung erfahren. Man sagt, seine Uebersetzungen seien bewunderungswürdig; ich kann es nicht beurteilen, ich bin aber dessen gewiß. Bei meinem jüngstvergangenen Aufenthalt in Berlin hat die bekannte Schauspielerin Elisabeth Bergner nach einem meiner Vorträge dem Zuhörerkreis einige meiner kleinen Gedichte in Rilkes Uebertragung gesprochen. Die Musik dieser Verse, die ich so gut kannte und zugleich nicht kannte, hat mich bezaubert. [...] Zum letztenmal habe ich Rilke im September gesehen, am Gestade des Genfersees. Ich weilte in Savoyen, in einem schönen Park nahe bei Thonon, der meinem Freund Jules Monod gehört; dieser hatte mich in liebenswürdiger Weise zu Gast geladen. Rilke hatte eben einen herrlichen Tag bei uns verbracht. Man hat uns beide noch auf die photographische Platte gebannt; Rilke lacht auf dem Bild, das ich mir aufbewahre.

152/153 Auf der gegenüberliegenden Seite: Rainer Maria Rilke und Paul Valéry vor der Büste Valérys von Julien P. Monod. Photographie: Julien P. Monod. Leihgabe: Bibliothèque Nationale de France

Auf der unteren Abbildung: Im Hintergrund Julien P. Monod (17. 2)

2 Paul Valéry und Rainer Maria Rilke

Photographie von Julien P. Monod, 1926
(Aus dem Nachlaß von Yvan und Claire Goll)

Die Bedeutung Rilkes für den jungen Celan kann kaum überschätzt werden. Rückblickend schreibt Celan am 2. Juni 1961 an Friedrich Michael, den früheren Leiter des Insel-Verlags:

An die Literaturgeschichte von Heinemann und an das darin vor wohl fünf Lustren aufgeschlagene Rilke-Gedicht habe ich in den letzten Wochen oft gedacht. »...und schreiten einzeln ins Imaginäre« –: das war für mich, den damals (und »manche Nacht«) bis zu Dehmel Gekommenen, d a s Ereignis. Und wie mich damals, auf der Strasse und im Gehen, die Enjambements aufregten! Es war in Czernowitz, hinter den Bergen also – wo es, einem deutschen [...] Sprichwort zum Trotz – dafür aber im Sinne einer sogenannten deutschen Akademie für *Sprache* und *Dichtung* – denn doch

keine Leute gegeben haben darf –, es war in Czernowitz und in der Armeniergasse, – ja, es war ein Ereignis. C'est là – erlauben Sie es dem Büchner-Leser Paul Celan, es mit diesen welschen Worten zu sagen –, c'est là, ma foi, que la poésie m'a enjambé!

Mit den Jahren macht die Verehrung allerdings einer wachsenden Distanzierung und kritischen Auseinandersetzung Platz. Einen späten Hinweis darauf geben seine Anstreichungen im Handexemplar des ›Insel-Almanachs auf das Jahr 1967‹, der ›Rainer Maria Rilke zum 40. Todestag‹ gewidmet ist:

Zwischen Frankreichs Moderne und Rußlands Futurismus liegt die klassische Insel der deutschen Lyrik, nicht zuletzt weil sie Rilke so bestimmte, so prägte; nur so kann es geschehen, daß in Deutschland Stramm, Goll und Celan als kühne *Outsider* erscheinen, die in einem gleichsam anderen Idiome arbeiten; in Wirklichkeit sind es ja sie, und nicht Rilke, die die charakteristischen Interessen der neueren europäischen Lyrik in deutscher Sprache artikulieren, Geist von Geist, Sprache von Sprache Rimbauds, Apollinaires, Majakowskis, Marinettis. *(Peter Demetz: In Sachen Rilke. In: Insel-Almanach auf das Jahr 1967. Frankfurt am Main 1966, S. 35)*

154 Auf der gegenüberliegenden Seite: Rilke und Valéry auf der Terrasse von Julien P. Monod (Photographie und Leihgabe: Bibliothèque Nationale de France) (17.2)

Ein unmittelbares Zeugnis seiner Beschäftigung mit dem Übersetzer Rilke sind Celans Anmerkungen zu dessen Übertragung von Valérys ›Der Friedhof am Meer‹.

3 Paul Valéry: Gedichte

Übertragen durch Rainer Maria Rilke
Wiesbaden: Insel-Verlag 1949
(Aus der Bibliothek Paul Celan)
Aufgeschlagen ist Seite 20/21: ›Der Friedhof am Meer‹, mit Randbemerkungen Celans

Celans Kommentar steigert sich von einer Häufung erregter Ausrufezeichen über Bemerkungen wie »Stundenbuch!«, »Rilkerei!« und »idiot!« bis hin zu einer eigenen Übersetzung der letzten Strophe des Gedichts.

Kommt sie hierher, so wird die Zukunft träge.
Der harte Käfer ist des Trocknen Säge;
alles ist aufgebrannt, verzehrt –, geht ein
in irgendwie gestrengere Essenzen . . .
Der Rausch des Nicht-Seins sprengt des Lebens Grenzen,
und Bitternis ist süß, und Geist ist rein.

Die Toten habens gut in diesen Brocken,
sie werden warm und ihr Geheimnis trocken.
Mittag dort oben, Mittag ohne Schwung,
denkt in sich selbst und ist sich selbst zum Lohne . . .
Haupt ohne Rest und ganz geschloßne Krone,
ich bin in dir die Spur Veränderung.

Großartige Seele, hoffst du noch, dir füge
sich eines, das nicht Farben dieser Lüge
besäße, die hier Gold und Woge leihn?
Wirst du noch singen, an die Luft verloren?
Geh, alles flieht! Mein Dasein ist voll Poren,
und auch die heilige Ungeduld geht ein!

4 Paul Valéry: La Jeune Parque

Paris: Librairie Gallimard / Éditions de la Nouvelle Revue Française 1927
(Aus der Bibliothek Paul Celan)
Mit handschriftlichen Übersetzungsversuchen der Widmung »À André Gide« auf den Seiten 4/5

155/156 Auf der gegenüberliegenden Seite: Lesespuren von Paul Celan in Rilkes Valéry-Übersetzung (17.3)

157/158 Umschläge (17.4 und 17.3)

Die Entstehungsumstände dieses Gedichtes, an dem Valéry rund vier Jahre lang, von 1913 bis 1917, arbeitet, schildert Werner Weber in seiner Besprechung von Celans Übertragung so:

In seinem einundzwanzigsten Lebensjahr, 1892, hat sich Valéry die Verskunst versagt. Er tritt auf den Denkweg, wo sich der Denkende zuschaut, wie »es« denkt; ›Introduction à la Méthode de Léonard de Vinci‹, ›Soirée avec M. Teste‹, ›Une Conquête méthodique‹ sind darauf sichtbare Wegmarken. Zwanzig Jahre später, 1913 (er sichtet und überprüft eben seine frühe Lyrik), nimmt er die Verskunst wieder auf. Er denkt an ein Gedicht, rezitativisch gebaut (à la Gluck), in einem einzigen langen Satz hinlaufend. Er beginnt; und es beginnt auch der Krieg. Die Arbeit am Gedicht

wird zur Arbeit gegen den Zeitgeist. Die Form wird als Sinn behauptet in einem Augenblick, da die Auflösung für den Unsinn dasteht. Im Zeitalter zusammenbrechender Sprache wird die Sprache als ein Haus des Seins gefeiert. Wo in der Welt die Emotionen nur das Unwesen freisetzen, soll jetzt im Gedicht der glasklare Geist seine harten Exerzitien bestehen, Stufe auf Stufe, um Wesen zu retten. *(Neue Zürcher Zeitung, 19. März 1960)*

In Celans Bibliothek findet sich viel Literatur von und über Valéry im Original und in Übersetzung; die Lesespuren bezeugen nicht nur die Arbeit an der ›Jungen Parze‹, sondern eine Auseinandersetzung mit der Poetologie dieses Autors, bei dem die Form wichtiger als der Gedanke ist und das »sujet« eines Gedichtes zur Nebensache wird. Schon Anfang Juli 1957 wird Celan vom Insel-Verlag gefragt, ob er bereit wäre, für die geplante deutsche Valéry-Ausgabe das eine oder andere Gedicht zu übertragen. Er sagt zu und äußert sein Interesse an den theoretischen Texten von Valéry. Dieses Projekt drängt die Idee der Gedichtübertragungen zunächst sogar in den Hintergrund, bis Celan seinen Lektor Fritz Arnold am 12. Juli 1958 wissen läßt:

was kann, was darf ich Ihnen zu Ihren Valéry-Plänen sagen? Sie wissen, wie sehr ich mich freuen würde, die Essays zu übersetzen (vor ein paar Tagen fiel mir in einer Buchhandlung der bei der Bollingen Press erschienene englische Band auf), aber – ich bin ein so langsamer Uebersetzer! Und dazu einer, der sich, wie Sie schreiben, in die »Russen« verliebt hat! Dieser Sommer soll im Zeichen Ossip Mandelstamms stehen, daneben will auch noch der längst fällige zweite Char-Band übertragen sein, vor Oktober kann ich wirklich nicht an neue Aufträge denken – seien Sie bitte nicht böse!

So ist von Valéry erst einmal nicht mehr die Rede. Ein halbes Jahr später jedoch, im Januar 1959, beginnt Celan die Übersetzung – nicht eines der Essays, sondern der ›Jungen Parze‹:

Eine weitere gute Nachricht: die Uebersetzung der ›Jeune Parque‹ ist mittlerweile bis zu einem Drittel gediehen, ich hatte jüngst Gelegenheit, sie Peter Szondi zu zeigen, auch Beda Allemann und Fritz Arnold, allen schien sie zu gefallen, ich möchte Sie Ihnen nun für die ›Rundschau‹ geben, in vierzehn Tagen etwa, d.h. wenn die ersten sechs Verse sich dem

Ganzen angeglichen haben. (Arnold versprach mir, Ihnen nach seiner Rückkehr zu sagen, dass die Insel die Rechte für die Veröffentlichung in der ›Rundschau‹ gerne freigebe.) *(An Rudolf Hirsch, 22. April 1959)*

Und am 19. Juni heißt es dann:

Hier sind nun, später als ich es Ihnen versprach, die ersten 173 Verse der Jeune Parque. (Insgesamt sinds 460 *[richtig: 512]*, ich bin bis Vers 278 gekommen.) Ich übersetze und übersetze, nicht immer jedoch mit der Begeisterung, die mich erfüllte, als ich Rimbaud und Mandelstamm übertrug; aber da ich nun so weit gekommen bin…

Am 15. Juli ist, der Datierung des Manuskripts zufolge, die Übersetzung abgeschlossen. Im Herbst 1959 erscheint ein erster Teil im dritten Heft der ›Neuen Rundschau‹, und für das kommende Jahr ist die Veröffentlichung der vollständigen Übersetzung beim Insel-Verlag vorgesehen, die Celan sich »einsprachig« wünscht. (An Fritz Arnold, 20. Oktober 1959)

Am 30. November wird das fertige Manuskript an Fritz Arnold abgeschickt, der sich am 4. Dezember 1959 bedankt:

der Brief, den Sie mir Ihrer Sendung des Manuskriptes der Jungen Parze beigelegt haben, hat mich ganz außerordentlich gefreut. Ich erinnere mich noch sehr gut an die Stunde am Luxembourg und mir wird nun nachträglich, jetzt da Ihre Leistung vorliegt, erst bange über meine Kühnheit, mit der ich Ihnen damals eine Übersetzung der Jeune Parque vorschlug. Was das bedeutet, kann ich erst jetzt, nachdem ich Ihre Übertragung gelesen habe, ganz ermessen.

5 Paul Valéry: Die junge Parze

Deutsch von Paul Celan
Druckvorlage. Typoskript (Durchschlag), 33 Blatt
Ausgestellt ist das handschriftliche Titelblatt
Datiert: »/Manuskript, 30. November 1959./«

Inwiefern weist nun diese Übertragung Spuren einer Auseinandersetzung, eines Sich-Messens mit Valéry, mit Rilke auf? Celan wählt zur Wiedergabe des französischen Alexandriners hier wie sonst auch einen jambischen Sechsheber

3
-1-

Paul Valéry

—

DIE JUNGE PARZE

—

Deutsch von Paul Celan

[Manuskript, 30. November 1959.]

mit einer zusätzlichen Silbe vor der Mittelzäsur; dieses metrische Schema behält er das gesamte Gedicht hindurch bei. Dadurch stellt er sich Valéry zumindest an die Seite, wohingegen Rilkes Nachdichtungen das einmal gewählte Metrum nicht immer bis zum Ende des Gedichtes durchhalten. Daß der deutsche Text widersprüchlich auf den französischen bezogen ist, zeigt sich schon allein daran, daß Celan in seiner Übertragung beinahe durchgängig die Wortarten ändert (Verben werden beispielsweise adjektiviert, Adjektive substantiviert) und auch den Fluß der Valéryschen Phrase durch Inversionen, Wortwiederholungen, Parenthesen, unreine Reime, Kommata, Gedankenstriche, Doppelpunkte bewußt ins Stocken bringt. Nach dem Erscheinen des ersten Teils der ›Jungen Parze‹ in der ›Neuen Rundschau‹ und vor der Fertigstellung des Manuskripts für die Buchausgabe fragt er sich in einem Brief vom 2. November 1959 an Fritz Arnold:

159 Auf der gegenüberliegenden Seite: Titelblatt der Druckvorlage (17.5)

vielleicht müsste die Interpunktion stellenweise stärker von der Valéry'schen abweichen, vielleicht sollten auch, wie bei Valéry, die Zeilen mit grossen Buchstaben beginnen. (Aber nein, hier muss ich mir gleich widersprechen: so wie ich ihn jetzt vor Augen habe, scheint mir der Text doch deutlicher zu sein.) [...] Zum Einband: ich bitte Sie, Herrn Dr. Michael und ganz besonders Herrn von Beauclair herzlich um einen einfachen – einfarbigen – Einband!

Friedrich Michael erwidert am 17. November 1959:

Was das Äußere des Buches angeht, so sollten Sie doch nicht unbedingt auf einem ganz schlichten Einband bestehen. Wir wollen gewiß nicht wieder ein Buntpapier wie beim Rimbaud benutzen – obgleich wir auch in früheren Jahren oft genug, beispielsweise die Erstausgaben von Rilkes Gedichten, in ein schön marmoriertes Papier eingebunden und damit einen guten Effekt gemacht haben. Etwas ins Auge Fallende muß aber geboten werden, wenn man für ein Buch von nur geringem Umfang einen Preis fordern will, der nun einmal notwendig ist. Wir werden eine Lösung suchen, mit der Sie einverstanden sein können, vor allem ein großes Format, schönes kräftiges Papier und möglicherweise eine Titelvignette aus Valérys eigener Werkstatt.

6 Paul Valéry: La Colonne au serpent

Federzeichnung, 1922
Leihgabe: Musée d'Art Moderne Richard Anacréon, Granville

Gotthard de Beauclair, der künstlerische Leiter des Insel-Verlags, sendet Celan den ersten Andruck des Buchumschlags zur Ansicht. Der ist damit nicht zufrieden:

Ich danke Ihnen für Ihre so freundlichen Zeilen, ich danke Ihnen für den Umschlagsentwurf zur Jungen Parze. Das so schöne Format, die so schöne, so reine Type, das wunderbare, so fein getönte Papier. Auch die so schön gezeichnete Schlangensäule. Und dennoch: ich fürchte – und Sie selbst schreiben ja »trotz Valérys geliebter und von ihm übernommener Schlangensäule« –, ich fürchte, dass gerade diese Illustration dem Missverständnis, es könnte sich bei diesem Gedicht um eine Allegorie handeln, Vorschub leistet, dass sie es in irgendeinem klassizistischen Ungefähr ansiedelt, im mittelbar Geschauten, dass sie es an einen Ort rückt, wo das Gedicht nicht mehr ganz bei sich selbst ist. Ut poesis... poesis! Trotz der von Valéry selbst so oft gezeichneten Schlangensäule, lieber Herr de Beauclair!

Ob ihn das allzu Bibliophile störte? Felix Hoffmann sollte nach Valérys Vorlage die Einbandvignette zeichnen:

Denn das Gedicht, das Gedicht schlechthin ist, Sie wissen es ja, heute von so vielen Seiten her bedroht, dass man es, wenn es noch eine Chance haben soll, ganz allein, ganz für sich sprechen lassen muss. Ob es nicht möglich wäre, an Stelle der Säule das Verlagssignet der Insel zu setzen. Ich verstehe, wie schwer es Ihnen und Herrn Felix Hoffmann fallen muss, diese Lösung ins Auge zu fassen; aber ich kann nicht umhin, Sie und Herrn Hoffmann darum zu bitten: um des Gedichtes willen, um seiner Gestalt – die ja Sprache und nur Sprache ist – willen. *(An Gotthard de Beauclair, 7. Februar 1960)*

Gotthard de Beauclair setzt die Argumente des Kaufmanns dagegen:

Um Ihnen zu verdeutlichen, wie auch scheinbar in aller Freiheit zu lösenden Fragen der Buchgestaltung ganz bestimmte und bestimmende

Gesetzmäßigkeiten zugrunde liegen, möchte ich Ihnen verraten, daß es nichts anderes war als der Wunsch, eine große zum Vorlesen anreizende Type für Ihr Gedicht zu verwenden, der zu allen weiteren Einzelheiten der Ihnen vorgelegten graphischen Konzeption führte. Die Größe der Type allein schon nämlich bestimmte [...] sogar auch den sparsamen Schmuck des Umschlags, weil ein solch großes Heftformat, nur mit ein paar spröden Zeilen bedeckt, eher nach einer Zeitschrift aussähe, jedenfalls aber weder den Sortimenter noch den Käufer reizen könnte, das so nüchtern Hingestellte als eine auch das Auge verlockende, von der Insel vermittelte Gabe zu empfinden. Hier muß ich gleich einschalten, daß der Gedanke, eine Zeichnung Valérys für den Umschlag zu verwenden, nicht von mir kam; wir waren uns im Verlag von vornherein einig, daß eine für DM 15.– anzubietende kartonierte Ausgabe geringen Umfangs sich auch schon im Schaufenster entsprechend präsentieren müsse. Wir glauben, lieber Herr Celan, daß Sie den speziellen Erfahrungen des Insel-Verlags, der ja auch ein gewisses, seine Freunde vertraut ansprechendes Verlagsgesicht zu wahren hat, in dieser Hinsicht ruhig das nötige Vertrauen schenken dürften. [...] Da in unseren Ankündigungen auch schon etwas über die Ausstattung gesagt werden mußte und die Valéry-Zeichnung dabei besonders erwähnt wurde, ist dem Insel-Verlag nach unser aller Ansicht schon hierdurch der Rückweg verbaut. [...] (Ob einer, wie Sie doch feststellen, weithin amusischen Zeit damit geholfen wird, daß man alle Hilfsbrücken negiert und auch noch optischen Kahlschlag empfiehlt, das ist ein Thema, über das ich mich persönlich gern einmal mündlich mit Ihnen unterhalten würde. Wenn ich daran glaubte, müßte ich freilich morgen meinen Beruf aufgeben und Schallplattenverkäufer werden. Wer aber läßt, vorlesend, die Dichtung wirklich »nur aus sich heraus wirken«, wessen Stimme noch verführt nicht auch?) *(An Paul Celan, 16. Februar 1960)*

7 Paul Valéry: Die junge Parze

Ins Deutsche übertragen von Paul Celan
Wiesbaden: Insel-Verlag 1960
»Dieser Übertragung liegt die Fassung in dem Band ›Poésies‹ (Paris 1942, Gallimard) zugrunde. [...] Die Einbandvignette zeichnete Felix Hoffmann nach einer Skizze von Paul Valéry«

Friedrich Michael sendet Celan am 5. März 1960 seine Glückwünsche zum Erscheinen der ›Jungen Parze‹:

Als Rilke Gedichte von Valéry übertragen hatte, schrieb er an Katharina Kippenberg: »nie haben mich Übersetzungen so stolz gemacht« – und das ist wohl das Gefühl, das auch Sie heute erfüllen kann. Ich hoffe, daß Sie aber auch mit dem Buch zufrieden sind, das wir Ihnen jetzt vorlegen. Das Ungewöhnliche dieser Dichtung schien mir auch ein ungewöhnliches Format zu rechtfertigen.

Den Glückwünschen legt Michael die Abschrift des Briefes von Rilke an Katharina Kippenberg (9. Februar 1926) bei, worin dieser eine Übersetzung der ›Jungen Parze‹ für »unwahrscheinlich« erklärt hatte. Doch ist Stolz keineswegs das Gefühl, das Celan erfüllt, wie ein aus dieser Zeit stammender Briefentwurf an seinen Bukarester Freund Petre Solomon zeigt:

Ces jours-ci paraît ma traduction de la Jeune Parque. C'est la première traduction allemande, Rilke lui-même tenait pour »invraisemblable« une telle traduction. Je pourrais en être fier – je ne le suis pas: ceux qui prétendent, en Allemagne comme ailleurs, aimer la poésie, sont les premiers à la tirer dans la boue lorsqu'elle apparaît.

In diesen Tagen erscheint meine Übersetzung der Jungen Parze. Es ist die erste deutsche Übertragung, Rilke selbst hielt eine solche Übersetzung für »unwahrscheinlich«. Ich könnte stolz darauf sein – ich bin es nicht: Diejenigen, die, in Deutschland und anderswo, so tun, als liebten sie die Dichtung, sind die ersten, die sie in den Schmutz ziehen, sobald sie zutage tritt.

160 Auf der gegenüberliegenden Seite: Schutzumschlag (17.7)

Genau zu der Zeit, als die ›Junge Parze‹ erscheint, erneuert Claire Goll ihre Plagiatsvorwürfe gegen Celan und weitet sie zu einer richtiggehenden Verleumdungskampagne aus. Um nicht unfreiwillig in den sich erhebenden Chor böswilliger oder auch nur gedankenloser Stimmen einzufallen, zieht der Dich-

PAUL VALÉRY

DIE JUNGE PARZE

Ins Deutsche übertragen

von Paul Celan

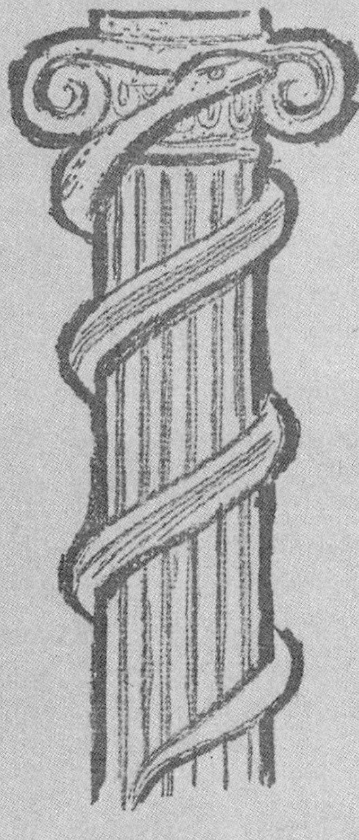

ter und Übersetzer Richard Moering (1894–1974), der unter dem Pseudonym Peter Gan veröffentlicht, auf Anraten von Fritz Arnold eine ursprünglich für den ›Merkur‹ bestimmte achtseitige Rezension von Celans Übertragung der ›Jungen Parze‹ zurück:

8 Richard Moering an Paul Celan

Hamburg, 9. Februar 1961. Brief, 1 Blatt

einliegende ›Besprechung‹ sollte eigentlich im April erscheinen. Inzwischen habe ich – zufällig und mit Entrüstung – von den Verdrießlichkeiten erfahren, mit denen Sie seit längerem behelligt werden, und habe daraufhin auf jede Veröffentlichung verzichtet. Sie würde mich der Gefahr unerwünschter Zustimmung von unbehaglichster Seite ausgesetzt haben. Statt dessen erlaube ich mir, Ihnen meinen Aufsatz, von dessen Existenz ich Sie unterrichtet weiß, persönlich zu übersenden. Ich sende Ihnen, in Erinnerung an unsere Begegnung in Paris, die besten Grüße und würde mich aufrichtig freuen, wieder einmal von Ihnen zu hören.

Die bereits korrigierten Druckfahnen hat Moering seinem Brief beigelegt:

Francis de Miomandre hat einmal bemerkt, daß er die ›Jeune Parque‹ erst dann richtig, und dann auch fast mühelos, verstanden habe, als er sie auswendig gelernt hatte – eine Beobachtung, deren Richtigkeit der geneigte Leser, gegebenenfalls, nachprüfen kann. Sie wird begreiflich, wenn man überlegt, daß gewisse Wahrheiten uns nur sub specie der Schönheit und gewisse Inhalte nur sub specie der Form vernehmbar werden – eine Wahrheit, die Valérys längstes und schwerstes Gedicht mit jedem Vers, auf jeder Zeile bestätigt und betätigt. Rhythmus, Reim, Klang und Bild, Metaphern und Mythen – alle helfen mit, den Gedanken sichtbar, fühlbar zu machen und ihn weiter bis an sein Ziel zu führen. Es ist daher die Haupt-, ja, die einzige Aufgabe des Nachdichters, das Gleiche, soweit möglich, im Deutschen zu leisten. Ist es ihm gelungen? […] In Valérys Versen weht, in Celans Versen holpert es. […] Celan weicht die Melodie wie den Gedanken auf. Ein letztes Beispiel:

Il eût connu pourtant le plus tendre des nids!
Car toute à la faveur de mes membres unis,
Vierge, je fus dans l'ombre une adorable offrande...
(Vers 431–444)

Doch wie, wär' er gekommen, hätt's weich ihn hier empfangen!
Denn ich, ich Jungfrau lag hier, ich lag, mit Gliedern, schlanken,
im Schatten, hingegeben, geopfert, dargebracht...

Wie klingen die französischen, wie knarren die deutschen Verse! Wie fühllos wird, im ersten Vers, das »wie« abgerissen von dem ihm zugehörenden »weich«! Wie wird das schlichte »Vierge« durch das dreimalige »ich, ich – ich« um allen jungfräulichen Charme gebracht. Wie hinkt die Inversion »mit Gliedern, schlanken« hinterher – von dem Unreim »empfangen – schlanken« ganz zu schweigen! Und was bleibt übrig von der »adorable offrande«, nach dem der Dichter sie dreifach »hingegeben, geopfert und dargebracht« hat – der Silbenzahl zuliebe! [...] Gereimte Prosa und ungereimter Inhalt, die sich wechselseitig zwischen Ausdruck und Aussage in die Nesseln setzen. [...]

Zusammenfassend ist zu sagen, daß der deutsche Text, auch wenn man ihn, wie sich's gehört, großzügig und unbefangen in einem Zuge liest und, dankbar für das Geleistete, die durchaus unvermeidlichen Härten und Schwächen übersieht und überhört, dennoch nicht singen will, weil die emsige Nachtigall die Eierschalen des labor improbus nicht abzuschütteln vermag und auf jeder Seite zwar den Kenner und Könner, aber auch das Gedicht verrät. Es kommt hinzu, daß jeder Leser (auch ein französischer) in dem Gedicht auf Stellen stößt, die sich allen Deutungsversuchen mehr oder minder entziehen. Valéry selber hat auf solche Dunkelheiten als auf ein gelegentliches Versagen seiner zwiespältigen Anstrengungen hingewiesen: »Je ne veux jamais être obscur, et quand je le suis – je veux dire: pour un lecteur lettré, et non superficiel – je le suis par l'impuissance de ne pas l'être«. Es wäre ungerecht, der deutschen Übertragung entsprechende unvermeidliche Dunkelheiten vorwerfen zu wollen. Impossibilium nulla obligatio.

Celan hat die zwar harte, aber auch gründliche Kritik offensichtlich zur Kenntnis genommen, denn manche Hinweise des Rezensenten – wie auch eine weitere Besprechung durch Karl August Horst in der ›Frankfurter Allgemeinen Zeitung‹ vom 9. April 1960 – wird er bei seiner Überarbeitung der Übersetzung berücksichtigen. Anders als beim ›Trunkenen Schiff‹ kommt es im Fall der ›Jungen Parze‹ nämlich zu einer Neuauflage: 1964 erscheint die Übertragung, diesmal zusammen mit dem französischen Originaltext, als »Insel-Bändchen«.

9 Paul Valéry: La jeune parque. Die junge Parze

Französisch und deutsch. Übertragen von Paul Celan
Frankfurt am Main: Insel-Verlag 1964
(Insel-Bücherei Nr. 808)

Welchen Stellenwert Celan seinen – manchen seiner – Übertragungen beimißt, das zeigt die Tatsache, daß er bei Lesungen keineswegs nur eigene Gedichte, sondern auch seine Übersetzungen vorträgt. Die ›Junge Parze‹ hatte er sogar noch vor ihrer Drucklegung, im Januar 1960, bei einem Besuch des Insel-Verlags in Wiesbaden einem kleinen Zuhörerkreis vorgelesen. Und auch im Radio sind seine Übersetzungen zu hören:

10 Abrechnung über Rundfunkhonorare

Anlage eines Briefes von Anneliese Botond an Paul Celan, 20. September 1965, 1 Blatt

161 Abrechnung (17.20)

Rundfunkhonorare

20.6.1960	NDR, Junge Parze	DM 48,--
17.4.1961	Radio Bremen, Das Trunkene Schiff	DM 51,20
30.8.1961	Südwestfunk, Junge Parze	DM 57,22
31.3.1963	NDR, Junge Parze	DM 224,--
19.10.1963	Hess. Rundfunk, Junge Parze	DM 128,--

Frau Botond, Lektorin beim Insel-Verlag, schreibt dazu:

In der Anlage schicke ich Ihnen die Aufstellung aller Rundfunksendungen der ›Jungen Parze‹ und des ›Trunkenen Schiffs‹. Seither sind keine Sendehonorare mehr bei uns eingegangen. Und es ist nicht zu vermuten, dass unhonorierte Sendungen stattgefunden hätten. Die Rundfunkanstalten sind in dieser Hinsicht honett. Ils ont d'ailleurs de quoi l'être.

Die angegebenen Daten sind nicht die der Sendungen, sondern der Überweisungen. Die erste Lesung der ›Jungen Parze‹ findet am 23. Mai 1960 im Nachtprogramm des NDR 3 statt (Sprecher: Richard Lauffen), die des ›Trunkenen Schiffs‹ am 22. März 1961 im Rahmen einer von der Redaktion Studio Bremen veranstalteten Reihe mit dem Titel ›Der Aufruhr der Dichter‹. In der ›Arthur Rimbaud oder die Gewalt der Vision‹ überschriebenen Sendung liest Will Quadflieg Celans Übertragung des ›Trunkenen Schiffs‹. Die Sendung wird am 18. November 1961 im ›Sonnabendstudio‹ wiederholt. Am 30. Juli 1961 widmet Edgar Hettich im zweiten Programm des Südwestfunks einen Beitrag aus der Reihe ›Lyrik der Zeit‹ der Celanschen Valéry-Übertragung (Sprecher: Henny Schneider-Wenzel und Ludwig Thiesen). Der NDR bringt am 4. März 1963 erneut die ›Junge Parze‹, und die Sendung des Hessischen Rundfunks schließlich findet am 2. Oktober 1964 – nicht 1963 – statt.

Welche Bedeutung Celan selbst seiner Übertragung der ›Jungen Parze‹ beimißt, zeigt seine Antwort (31. Juli 1960) an Gero von Wilpert, der ihn im Juni 1960 für seine Bibliographie ›Erstausgaben deutscher Dichtung‹ bittet, die beigefügten Angaben zu Cocteau, Block, Rimbaud, Bazaine, Char und Mandelstamm zu überprüfen:

Gewiss, ich habe alles von Ihnen Erwähnte übersetzt. Aber: in vielen Fällen handelte es sich dabei – und nicht nur dabei – um Übersetzungsaufträge, die ich wohl oder übel annehmen musste: das Übersetzen war durch lange Jahre hindurch mein »Hauptberuf«; er ist es nicht mehr. Und nun wollte ich Sie bitten, in Ihrer Bibliograpie nur diejenigen Dichtungen zu nennen, die ich aus wirklicher Neigung, d.h. nicht auf Grund irgendeines Auftrages von Seiten der Verlage, übertragen habe. Es sind die folgenden:

162 Einband (17.9)

Alexander Block, Die Zwölf
Arthur Rimbaud, Das trunkene Schiff
Ossip Mandelstamm, Gedichte
Paul Valéry, Die junge Parze. A.d.Frz. 34 S.
Wiesbaden: Insel 1960

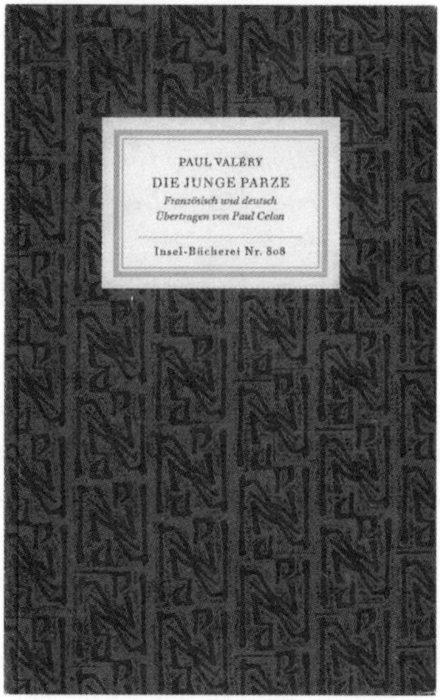

Kyrillisches. Übersetzungen aus dem Russischen 1958–1961

Zwischen den großen Übersetzungen aus dem Französischen – Rimbauds ›Bateau ivre‹ und Valérys ›La jeune parque‹ – wendet sich Celan im Laufe des Jahres 1958 wieder dem Russischen zu. Er übersetzt eines der bekanntesten Poeme des russischen Symbolisten Alexander Block, er nimmt die eigenen frühen Jessenin-Übersetzungen wieder auf und er entdeckt den bis dahin in Deutschland unbekannten Dichter Ossip Mandelstamm, der dann nicht zuletzt durch seine Bemühungen eine zunehmende Beachtung finden wird. Diese drei Autoren bilden das Zentrum von Celans Übersetzen um 1960 überhaupt: 1958 erscheinen Blocks ›Die Zwölf‹, 1959 eine 41 Texte umfassende Auswahl ›Gedichte‹ von Ossip Mandelstamm und 1961 schließlich ein ähnlich umfangreicher Band ›Gedichte‹ von Sergej Jessenin. Die neue Ausgabe der Übersetzungen schon zwei Jahre später in der Sammlung ›Drei russische Dichter‹ belegt die große Anerkennung, die seine Arbeit in der Öffentlichkeit erfahren hat; sie markiert aber auch den Abschluß der kurzen, von Russischem geprägten übersetzerischen Phase im Werk Celans.
Texte anderer russischer Dichter werden in Zeitschriften oder Almanachen publiziert – so 1962 das Gedicht ›Ein Bach‹ von Konstantin Slutschewskij im ›Insel-Almanach‹, oder Jewgenij Jewtuschenkos berühmtes Gedicht ›Babij Jar‹, das ebenfalls 1962 sowohl im S. Fischer-Almanach als auch in ›Sinn und Form‹ erscheint – oder werden von Celan gar nicht erst zur Veröffentlichung gegeben, wie Pasternaks ›Abfahrt‹ oder die fragmentarische Übersetzung von Majakowskijs ›Wirbelknochenflöte‹. Als ihn in den späten sechziger Jahren Peter Urban zur Beteiligung an einer Chlebnikow-Übersetzungsanthologie auffordert, stellt sich heraus, daß Celan sich auch mit diesem Autor schon früh beschäftigt hat. Chlebnikow ist der einzige russische Dichter, von dem er nach 1963 noch einmal einige Gedichte übersetzt.
Das im wesentlichen also nicht mehr als drei Jahre anhaltende, dabei aber höchst intensive Übersetzen aus dem Russischen hat für Celans eigenes Werk

eine unvergleichliche Bedeutung. In eben jenen Jahren entstehen neben den poetologisch so wichtigen Texten ›Gespräch im Gebirg‹ (1959) und ›Der Meridian‹ (1960) zugleich auch die Gedichte, die 1963 in dem Gedichtband ›Die Niemandsrose‹ erscheinen werden. Diese Koinzidenz, diese enge Wechselbeziehung von übersetztem und originärem Werk, läßt sich so deutlich für keine andere Werkphase Celans belegen. Sie kulminiert im Werk und in der Person Mandelstamms, dessen Andenken ›Die Niemandsrose‹ gewidmet ist. Ihm kommt von allen Autoren, die Celan überhaupt übersetzt und denen er – in der Lektüre oder im Leben – in dem ihm eigenen Sinne »begegnet«, eine »einmalige« Bedeutung zu.

Es vollzieht sich hier bei Celan der Übergang von einer vornehmlich ästhetisch zu einer zugleich existentiell motivierten Übersetzungsarbeit. An die Stelle der Übertragung großer Einzelwerke europäischer Symbolisten – zu denen auch Block zählt – tritt nun die stärker durch eine Art »Schicksalsgemeinschaft« begründete Annäherung an die bedeutendsten Dichter der russischen Revolutionszeit, deren physische wie geistige Existenz von den politischen Ereignissen ihrer Epoche vernichtet worden ist. Celan versucht – angesichts der sein eigenes Leben bestimmenden historischen Entwicklungen – in der Hinwendung zu Russischem, übersetzend wie im eigenen Gedicht, eine Art virtueller »Heimkehr«. Das läßt sich bereits an der Auswahl der von Jessenin übersetzten Gedichte zeigen, mit denen Celan auch die eigene Lebensspur zurückverfolgt, einen melancholisch getönten Weg von der Großstadt Paris zurück in die östliche Heimat; er selbst spricht in diesem Zusammenhang mehrfach vom »Abtragen einer Schuld«. Das ist auch an der späteren Ablehnung bestimmter Autoren – Majakowskij oder Pasternak – zu erkennen, aus deren Werk es (bis vor kurzem unbekannte) Übersetzungsversuche Celans gibt. Vor allem aber wird es deutlich in der ausdrücklichen »Verbrüderung« mit Mandelstamm, den ein unveröffentlichtes Gedichtfragment »Bruder Ossip« nennt, dem er sich, poetisch und existentiell, verwandt fühlt. Die besondere Art solcher Annäherung an die russische Dichtung wurde am ehesten von denen erkannt, die selbst in Rußland lebten oder aus Rußland kamen. Nicht wenige Zeugnisse im Nachlaß Celans belegen die positive Resonanz, die Celans Übersetzungen bei ihnen hervorgerufen haben.

Gerade das Übersetzen aus dem Russischen ist für Celan alles andere als äußerlich begründet oder pragmatisch auf die Bedürfnisse eines Buchmarkts ausgerichtet, der sich zur selben Zeit – zumindest was Übersetzungen aus dem Russischen betrifft – geradezu inflationär entwickelt. Nur mit Vorbehalten nimmt Celan 1960 eine ihm vom S. Fischer Verlag angetragene Beratertätigkeit für mögliche Publikationen aus der russischen Literatur an und löst dieses Verhältnis schon ein Jahr später wieder. Sein »Rückzug« ist auch als eine Reaktion auf jene »Alles-und-Jedes-Übersetzer« zu verstehen, die sich hier – oft ohne die nötige sprachliche Kompetenz – verstärkt zeigen und von den vornehmlich politisch geprägten Bedingungen der Rezeption russischer Literatur in Deutschland profitieren. Ein Beispiel dafür ist die Verbreitung der Schriften von Majakowskij und Pasternak, die Celan aufmerksam verfolgt und über die er sich in zahlreichen Briefen kritisch äußert.
Seine Kenntnisse in russischer Literatur verdankt Celan einem jahrelangen intensiven Selbststudium, das er nach zwei Semestern an der zeitweise sowjetischen Universität Czernowitz Anfang der vierziger, dann in der zweiten Hälfte der fünfziger Jahre in Paris wieder aufnimmt. Die umfangreichen, auch wissenschaftliche Darstellungen einschließenden Bestände seiner dafür zusammengetragenen russischen Bibliothek verraten den deutlichen Schwerpunkt von Celans Interesse bei den Dichtern der Revolutionszeit, vor allem aber bei den Werken Ossip Mandelstamms. »Das Übersetzen Mandelstamms ins Deutsche hat für mich keine geringere Bedeutung als mein eigenes Dichten«, soll Celan gegenüber Emmanuil Raïs geäußert haben, eine Wendung, die in seinen Briefen wiederkehrt und dort auch auf die Werke Blocks und vor allem Jessenins bezogen wird. Daß er hier an die Grenze des ihm Möglichen stoßen konnte, deutet Celan in einem Brief an den amerikanischen Slawisten Gleb Struve in der bewußt offen gehaltenen Formulierung an: »... mais combien est-il donc difficile de traduire Марина цветаева!« (aber wie schwer ist es doch, Marina Zwetajewa zu übersetzen!). Werk und Erscheinung der von ihm hochgeschätzten, aber nicht mehr übersetzten russischen Dichterin Marina Zwetajewa lassen die Dimension des Unerreichbaren in Celans Übersetzen aus dem Russischen erkennen.

18 »Im Lichte der Utopie«: Alexander Block und Sergej Jessenin

Der dem Symbolismus zugehörige Dichter Alexander Block (1880–1921) und der zumeist als russischer »Bauerndichter« verstandene Sergej Jessenin (1895–1925) werden nicht oft in einem Atemzug genannt. In Celans Blick treten beide zusammen als Zeitgenossen der epochalen Wende, die sich in den ersten beiden Jahrzehnten des zwanzigsten Jahrhunderts vollzog und für die sie beide dichterisches Zeugnis abgelegt haben.

Während Celan von Block nur ein einziges Gedicht übersetzt – das ein Jahr nach der Oktoberrevolution entstandene Poem ›Die Zwölf‹, eine der bedeutendsten russischen Dichtungen über dieses Ereignis –, überträgt er von Jessenin eine ganze Reihe von Gedichten, in der Mehrzahl Texte, die sich mit der neuen Zeit auseinandersetzen und die den »Verlust des Individuums« auf oft bedrückende Weise zum Ausdruck bringen. Hier ist es Celans ausdrückliches Anliegen, »[de] rétablir l'image du poète proche de la Révolution d'octobre« (das Bild des der Oktoberrevolution nahestehenden Dichters wiederherzustellen). (Solomon, S. 62) *Jessenin wie Block werden vom utopischen stärker als vom ideologischen Gehalt der Revolution ergriffen. Die nicht selten blasphemische Überhöhung ihrer Texte hat bei den Zeitgenossen viel Kritik hervorgerufen, weil in ihnen der Aufschrei gegen die Determination durch die Geschichte und das Beharren auf der geistigen Autonomie des Subjekts stärker wirkt als das – erwartete – Lob auf die Revolution. Eben dieser Gestus aber ist es, der Celan offensichtlich fasziniert. Er hat Parallelen in Texten anderer russischer Autoren, mit denen er sich zur selben Zeit beschäftigt, bei Majakowskij, bei Chlebnikow. Er hat Parallelen auch in der zur gleichen Zeit entstehenden Büchner-Preis-Rede. Die Auflösung historischen Geschehens in absurde Bilder, die Dialektik von Verachtung und Faszination, wie sie sich im Poem von Alexander Block wie in vielen Gedichten Jessenins artikuliert, hat augenscheinlich auch einzelne Grundgedanken des ›Meridian‹ mitgeprägt. Die an ihrem Schluß aufscheinende Rede von der »Utopie« begegnet uns wieder im Kontext der Übersetzungen aus dem Russischen. In der Aufhebung des anarchischen Treibens der zwölf Rot-*

163 Auf der gegenüberliegenden Seite: Alexander Block. (S. Fischer Verlag)

gardisten durch die am Ende erscheinende Christusfigur problematisiert Block eindringlich auch die mythisch-religiösen Utopien der russischen Vergangenheit. Noch pointierter versucht dies Jessenin in ›Inonien‹, ein Text, in welchem zugleich die vom Westen her eindringenden technisch-modernistisch geprägten und politisch wirksamen Utopien der Gegenwart einbezogen werden. Celan selbst faßt die Ambivalenz der ›Zwölf‹ in einer rhetorischen Wendung zusammen: »Mythos? Dokument? Hymne oder Satire auf die Revolution? Man erblickt beides darin – in beiden Lagern«. (GW V, S. 623) *Und er weist bei Jessenin schließlich ausdrücklich auf »die dem Russischen so eigentümlichen sozialen und religiösen Utopien« hin, die dessen Gedichte begleiten. Sie kehren in Celans eigenen Gedichten wieder – »im Lichte der Utopie«.* (GW III, S. 202)

1 Alexander Block

Photographie von Moisseg Nappelbaum (Reproduktion)
Leihgabe: Puschkinskij dom, St. Petersburg

Der aus einer alten, hochgebildeten Petersburger Familie stammende Dichter Alexander Block repräsentiert mit seinem Werk und mit seiner Persönlichkeit wie kaum ein anderer den Untergang der alten und den Anbruch der neuen Zeit in Rußland. Diese »Zeitenwende« ist nicht nur Thema der ›Zwölf‹, das Gedicht führt sie auch in einer ambivalenten sprachlichen Gestalt vor: verschiedenste Ausdrucksebenen vom Straßenjargon bis zur Liturgie stehen hier oft unverbunden nebeneinander. Die unerhörten übersetzerischen Schwierigkeiten, die nur durch subtilste sprachliche Modulation gelöst werden können, machen das Poem über seine historische Aktualität hinaus zu einem exzeptionellen Gegenstand, zu einem Prüfstein für das Übersetzen russischer Dichtung. Eben dieser hohe Anspruch mag Celan motiviert haben, sich nach Rimbauds ›Bateau ivre‹ (1957 abgeschlossen) einem ähnlich komplexen Text aus dem Russischen zuzuwenden. Den Bezug zum ›Bateau ivre‹ stellt Celan selbst in mehreren Briefen an Rudolf Hirsch immer wieder her, als er die Übersetzung dem S. Fischer Verlag zur Veröffentlichung vorlegt. Am 5. Februar 1958 schreibt er:

Aber: ich kann Ihnen, schon jetzt, etwas anderes geben, eine Übersetzung aus dem Russischen, die, wie ich glaube, an Bedeutung – ich meine das Original – nicht allzu weit hinter dem Bateau Ivre zurücksteht: Die Zwölf von Alexander Block. *(An Rudolf Hirsch)*

Zwei Tage später heißt es:

Die Zwölf sind übersetzt, ich bin, wie beim Bateau Ivre, ein wenig stolz auf diese Arbeit, ein wenig stolz und recht ungeduldig – ich möchte das Gedicht schon heute, noch bevor Ihre Antwort da ist, auf Ihren Tisch legen. Eine Bitte, lieber Herr Dr. Hirsch: lassen Sie's ein Buch werden! Ich bin sicher, dass eine Veröffentlichung in Buchform Chancen hat, auch jenseits der Demarkationslinien. (Auch eine Vertonung halte ich für denkbar).

Nachdem der Text vom Verlag angenommen worden und der Band bereits in der Produktion ist, fragt Celan am 26. Juli 1958 bei Hirsch:

ist es allzu prätentiös, wenn ich Sie bitte, auf dem Einband mit ganz kleinen Buchstaben zu erwähnen, daß ich der Übersetzer der Zwölf bin *[dazu Anmerkung unten auf dem Blatt:]* Übertragen von Paul Celan wäre vielleicht das Beste. Die Insel hat es beim ›Bateau Ivre‹ getan, und für mich wäre damit die Vorstellung wahr, daß die Zwölf, anders als diese oder jene Übersetzung, ein wenig mein Buch sind.

Blocks Poem ist das erste russische Werk, das Celan in Paris als ganzes zu übertragen sucht. Dieser Weg zurück zum Russischen ist für ihn nicht selbstverständlich, gerade weil seine Übersetzertätigkeit in Bukarest im Zeichen »offizieller« Sowjetliteratur stand. Emmanuel Raïs, ein wichtiger Vermittler russischer Literatur für Paul Celan, erinnert sich:

Irgendwie zeigte mir Celan seine Übersetzung des ›Trunkenen Schiffs‹ von Rimbaud ins Deutsche. Ich war überrascht von der ungewöhnlich hohen Qualität dieser Übersetzung, die zugleich sehr kühn und sehr originalgetreu war. Ich fragte ihn damals, wenn Du Dich schon mit Übersetzungen befaßt, warum übersetzt Du dann nicht russische Dichter, die dem deutschen Publikum weit weniger bekannt sind als Rimbaud. Er antwortete mir darauf, daß seiner Meinung nach die russischen Dichter kein Interesse verdienten, um von einer Übersetzung erst gar nicht zu sprechen. *(In: Ivanović, S. 68)*

164/165 Umschlag mit Holzstich von W. M. Masjutin (18.2)

Celan mußte erst die ›Unterdrückten Stimmen‹ der russischen Literatur kennenlernen, um zum Übersetzen zurückzukehren. Es ist wohl kein Zufall, daß er mit einem der bedeutendsten Gedichte der russischen Moderne beginnt. Denn zu dieser Zeit beschäftigt ihn auch Valérys ›Jeune parque‹, das dritte der großen Gedichte moderner Poesie, denen er »sich stellt«, und seine Übersetzungstradition. Wie um die Gedichte von Rimbaud und Valéry hat man sich auch um ›Die Zwölf‹ schon bald nach ihrem Erscheinen 1918 übersetzerisch bemüht. Heute gehört dieses Gedicht zu den meistübersetzten Texten russischer Dichtung. Leonard Olschner notiert elf Gesamtübersetzungen; als Celan den Text überträgt, liegen bereits sechs vor. (Olschner, S. 214) Daß Celan diese Tradition sehr wohl und ganz bewußt wahrgenommen hat, belegt seine Handbibliothek. In eine 1947 erschienene Ausgabe der ›Gesammelten Dichtungen‹ von Alexander Block in der Übersetzung von Johannes von Guenther notiert Celan mit Bleistift eigene Übersetzungen. Neben weiteren Übertragungen des Poems von Alexander Kaempfe und – ins Französische – von Yves Sidersky findet sich in der Bibliothek der Band

2 Alexander Block: Die Zwölf

Übertragen von Wolfgang E. Groeger
Illustrationen von W. N. Masjutin, Moskau
Berlin: Newa-Verlag 1921
(Aus der Bibliothek Paul Celan)

Diese frühe, in Blocks Todesjahr veröffentlichte Übertragung galt lange Zeit als maßgeblich; Fritz Mierau bezeichnet sie noch 1977 als die – neben der Celanschen – einzig gültige. (Fritz Mierau: Sturmgesang und Maskenspiel. In: Alexandr Blok: Die Zwölf. Ein Poem. Deutsche Nachdichtung von Paul Celan. Leipzig: Reclam 1977) Sie ist in einem der damals zahlreichen russischen Verlage in Berlin erschienen, dabei erinnert der Name ›Newa‹ unmißverständlich an Petersburg. Schon die Illustration auf dem Titelblatt unterstreicht das Revolutionsthema in zeitgemäßer Stilisierung. Zugleich appelliert die plakative Aufmachung an die in Deutschland bis in die Mitte der zwanziger Jahre weitverbreitete Sympathie für die russische Arbeiterbewegung. Die Vereinnahmung des Poems und seine Deutung als reines Revolutionsgedicht bestimmten von Anfang an seine Aufnahme und machten diesen Text in Deutschland fast bekannter als das dichterische Hauptwerk. Andererseits verhinderten sie eine nähere Betrachtung der komplexen poetischen Struktur, in der Block weit über die für den Symbolismus sonst so charakteristischen poetischen Verfahren hinausging.

Ganz anders werden ›Die Zwölf‹ präsentiert in einer von Celan wohl ebenfalls antiquarisch erworbenen russischen Ausgabe, die in nur 250 Exemplaren in Paris erschienen ist:

3 Aleksandr Blok: Dvenadcat'. Skify

(Die Zwölf. Die Skythen)
S četyrnadcat'i illjustracijami N. Gončarovoj i M. Larionova.
(Mit vierzehn Illustrationen von N. Gontscharowa und M. Larionow)
Paris: Chudožestvennoe izdatel'stvo Mišen' 1920
(Aus der Bibliothek Paul Celan)

Im Gegensatz zur deutschen Ausgabe präsentiert sich das russische Bändchen schlicht und auf das Wort konzentriert. Bewußt wird noch die alte Orthographie verwendet; dabei zeigt die gewählte Type eine zeitgenössisch-moderne

Stilisierung. Während der von sowjetrussischem Einfluß geprägte deutsche Band auf die Dramatik zeitgenössischer Revolutionsgraphik setzt, verzichtet die in Paris herausgegebene Ausgabe auf diesen Gestus und setzt – insbesondere in der Kombination der ›Zwölf‹ mit Blocks letztem Poem, den wenige Tage nach jenen entstandenen ›Skythen‹ – auf die Aussagekraft der Gedichttitel selbst. In seinem Inneren allerdings ist das Bändchen mit vierzehn Illustrationen von Natalija Gontscharowa und Michail Larionow ausgestattet.
Damit werden Blocks Gedichte nun ganz bewußt in den Kontext der bereits im Exil befindlichen künstlerischen Avantgarde Rußlands gerückt: Gontscharowa und Larionow lebten seit 1915/16 in Paris und wurden vor allem durch ihre Bühnenausstattungen für Djagilevs ›Ballets russes‹ international berühmt, in denen sie eine moderne künstlerische Darstellung mit russischer Volkskunst zu verbinden suchten. Beide Bände sind bereits im Exil hergestellt worden. Nebeneinander dokumentieren sie eindringlich die verschiedenen Wege, die solche in Rußland entstandene Dichtung zu gehen hatte, stehen auch für die Menschen, die sie mit sich trugen.
Die durch die Pariser Ausgabe dokumentierte Verbindung der ›Zwölf‹ mit den ›Skythen‹ ist nicht nur entstehungsgeschichtlich begründet. Sie verweist auf zeitgenössische Gedankengänge, die das Revolutionsgeschehen mit einer anderen »Bewegung« verknüpfen. Nach den Darstellungen des russischen Sozialrevolutionärs Iwanow-Razumnik sei das russische Volk ein nur halb europäisches und halb asiatisches Volk, das sich auf sein »Skythentum« besinnen müsse, um zu seiner eigentlichen Bestimmung zu gelangen. In diesem Zusammenhang wird die Revolution von ihm positiv gedeutet als Befreiung Rußlands von der jahrhundertelangen Bevormundung durch Europa. Wie die Zeugnisse aus dem Nachlaß belegen, ist Celan mit der Bedeutung der skythischen »Ideologie« wohl vertraut; sie klingt an in der Wendung »skythisch zusammengereimt« im Gedicht ›Und mit dem Buch aus Tarussa‹. (GW I, S. 288)
Celan, der sich also der russischen Dichtung zunächst vom Symbolismus her zu nähern versucht, geht von diesem eher ästhetisch begründeten Interesse schnell über zu einer künstlerischen Auseinandersetzung mit dem Phänomen der Revolution als Zeitenwende, wie sie das Block-Gedicht paradigmatisch vorführt. Damit wendet er sich zugleich auch ab von der in der Diskussion um

Mallarmé auf die Spitze getriebenen Frage nach der reinen Kunst und hin zu einer das Existentielle treffenden Dichtung. Einem Brief an Hans Magnus Enzensberger vom 4. Juni 1958 fügt Celan in Klammern die Bemerkung an:

Bei Fischer erscheint auch im Herbst eine Uebersetzung aus dem Russischen: ›Die Zwölf‹ von Alexander Block; sie wird Ihnen Freude machen und, wie ich hoffe, ein paar Anhänger der »reinen Poesie« ärgern.

Daß die Beschäftigung mit Blocks Poem mit dem Erscheinen der Übersetzung nicht abgeschlossen ist, zeigt Celans Belegexemplar, in das später noch zahlreiche Korrekturen eingearbeitet worden sind.

4 Alexander Block: Die Zwölf

Aus dem Russischen übertragen von Paul Celan
Frankfurt am Main: S. Fischer Verlag 1958
(Aus der Bibliothek Paul Celan)
Mit zahlreichen handschriftlichen Korrekturen

Wie in anderen Fällen kümmert sich Celan sehr sorgfältig um die Druckanordnung und Herstellung des Bandes. Am 20. Juli 1958 schickt er die Fahnenkorrekturen und das eigens formulierte Vorwort zur Ausgabe ›Die Zwölf‹ an den Verlag zurück. In seinem Begleitschreiben heißt es:

Nun habe ich mich, in den letzten Tagen, wieder mit den ZWÖLF beschäftigt, dabei stiess ich, neben manchem anderen, in der Nationalbibliothek auch auf eine alte Ausgabe des Poems, die Druckanordnung ist dort eine andere als die der Ausgewählten Werke (die ursprünglich meiner Übertragung zugrunde lag), ich selbst hatte sie mir, als ich das Gedicht übersetzte, ähnlich vorgestellt, sie gewinnt durch die Symmetrie des Satzspiegels an Prägnanz – ich habe nun meine Übersetzung dieser Gestalt des Gedichts angeglichen, d.h. die Zeilen so untereinander stehen lassen, dass die Zeilenhälften zu beiden Seiten der (die römische Ziffer fortsetzenden) Senkrechten gleich lang bleiben. Dem Setzer habe ich diese Anordnung durch eine Zeichnung auf der ersten Seite der Korrektur veranschaulicht; um alles noch deutlicher zu machen, schrieb ich dann das ganze Gedicht noch einmal mit der Hand unter das Gedruckte.

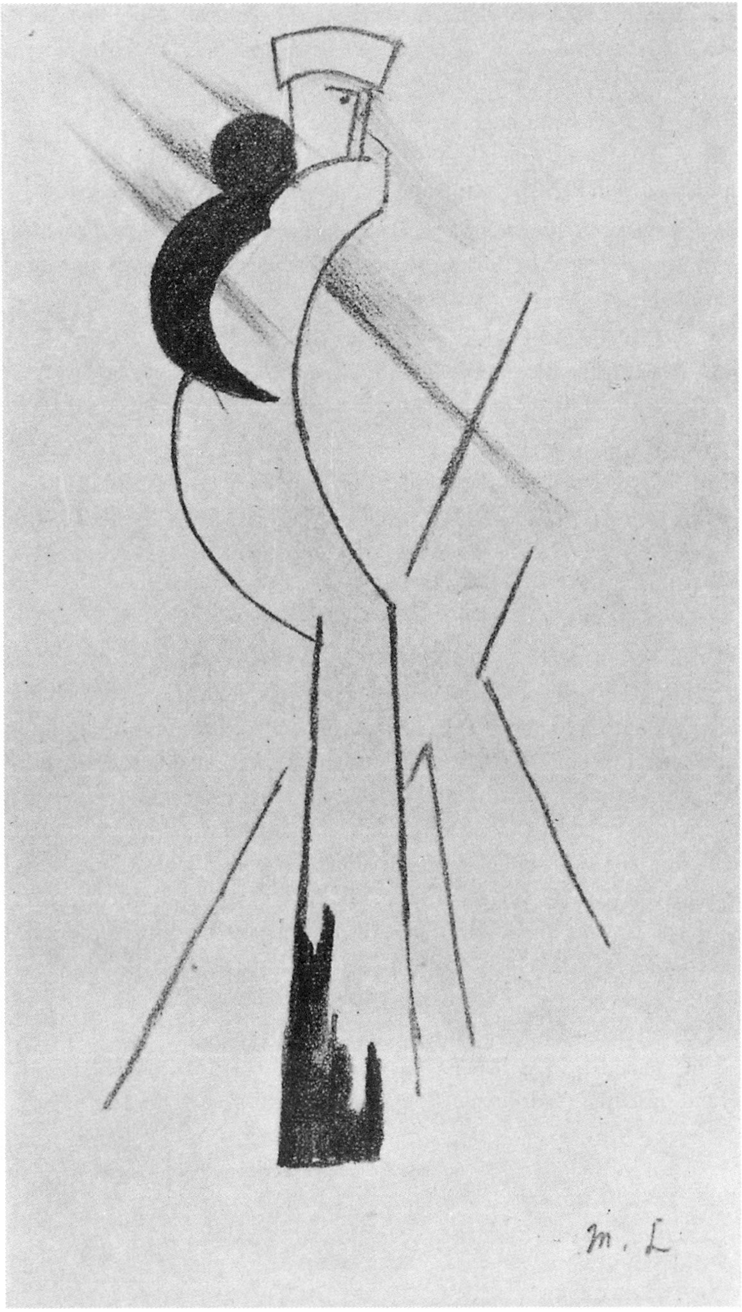
M. L

Celans Interesse gilt allein diesem Poem Blocks, das er »aus wirklicher Neigung, d. h. nicht aufgrund irgendeines Auftrages von seiten der Verlage, übertragen« hat. (An Gero von Wilpert, 31. Juli 1960) *In einem Brief an J. Hiller von Gaertringen vom 19. August 1960 erwähnt er ein einige Monate zuvor an ihn ergangenes – und offensichtlich abgelehntes – Angebot, Blocks poetisches Hauptwerk ›Njesnakomka‹ / ›Gedichte an eine Unbekannte‹ zu übersetzen und beteuert noch einmal: »Ich bin, glaube[n] Sie es mir, kein Alles-und-Jedes-Übersetzer; keine meiner bisherigen Übertragungen aus dem Russischen geht auf irgendeinen ›Auftrag‹ zurück.«*

166 Auf der gegenüberliegenden Seite: Illustration von Michail Larionow aus der Block-Ausgabe von 1920 (18. 3)

Den historisch wie sprachlich exzeptionellen Charakter der ›Zwölf‹ hat Celan sehr ernst genommen. Sein Übersetzen begleitet ein akribisches Studium des Textes, das sich im Unterschied zu den anderen Übersetzungen aus dem Russischen anhand einer Vielzahl erhaltener Aufzeichnungen, Exzerpte und Notizen zwar nicht völlig rekonstruieren, wohl aber umfassend dokumentieren läßt. Im handschriftlichen Nachlaß sind neben einzelnen Blättern mehrere Notizbücher erhalten, die voller Exzerpte aus den Bänden seiner russischen Bibliothek, aber auch aus Büchern sind, die Celan offenbar in der Bibliothèque Nationale eingesehen hat. Zu diesen Notizkonvoluten gehört auch das folgende:

5 Paul Celan: Aufzeichnungen zu Alexander Block

Manuskript [1958]. Notizblock, davon 19 Seiten mit handschriftlichen Notizen
Aufgeschlagen ist das Blatt mit russischem Exzerpt in kyrillischer Schrift und der Quellenangabe

Die Aufzeichnungen enthalten vor allem Hinweise auf Publikationen, welche die unmittelbare Aufnahme des Poems durch die Zeitgenossen belegen, immer wieder auf Trotzkijs Schrift ›Literatura i revoljucija‹ / ›Die Literatur und die Revolution‹ (1928), daneben etwa Bemerkungen von Nikolaj Gumiljow (des Begründers des Akmeismus): »Christus – künstlich-literarischer Effekt« aus dessen ›Pis'ma o russkoj poėzii‹ / ›Brief über die russische Dichtung‹, erschienen 1919 in der Zeitschrift ›Apollon‹, aber auch Einschlägiges aus deutschsprachigen Publikationen von Übersetzern wie Alexander Eliasberg (Russische Literaturgeschichte in Einzelporträts. München: Beck 1922) *oder Arthur Luther* (Geschichte

167 Auf der gegenüberliegenden Seite: Notizblock-Eintrag, Originalgröße (18.5)

der russischen Literatur. Leipzig: Bibliographisches Institut 1924), schließlich Stichworte zu Sprache und Struktur des Gedichts, etwa: »Musik«; »Gassenhauer und Wörter der Straße«; »Gegensatzpaar: Schwarzer Abend // weißer Schnee«. Besondere Aufmerksamkeit widmet Celan, den zeitgenössischen Diskussionen folgend, der Rolle der Christusfigur, die am Ende des Poems als Anführer der zwölf Rotgardisten auftritt:

... Gehn und schreiten, schreiten, gehen –
Hungerhund prescht hinterher.
Vorn die Fahne, blutig, wehend,
Und, unsichtbar – denn es schneit –,
Einer noch, der ist gefeit,
Sturmfern, sanft, so schreitet er,
Schneeglanz, perlend, um sich her,
Rosenweiß sein Kränzlein ist –
Vorne gehet Jesus Christ. *(GW V, S. 45)*

Dazu notiert er aus Blocks Tagebuch in kyrillischer Schrift den – hier übersetzten – Eintrag:

Die Religion ist ein Trugbild (die Popen usw.). Ein schrecklicher Gedanke dieser Tage: es geht nicht darum, daß die Rotgardisten Christus unwürdig sind; vielmehr liegt das Problem darin, daß gerade Er mit ihnen geht, und es sollte doch ein Anderer mit ihnen gehen.

Eine ambivalente Haltung gegenüber der von ihm selbst gewählten Schlußwendung zeigt Block in zahlreichen Einträgen seines Tagebuchs; ihnen gilt offenbar Celans besonderes Interesse, wie es das Exzerpt an der aufgeschlagenen Stelle des Notizblocks belegt:

Tagebuch, II. S. 112
12 *März* 1918*:*

»Razve... Ja tol'ko konstatiroval fakt: esli vgljadet'sja v stol'by mjateli na tom puti, to uvidiš ›Iisusa Christa‹. No ja inogda sam gluboko ne navižu ėtot žnstvennyj prizrak.«

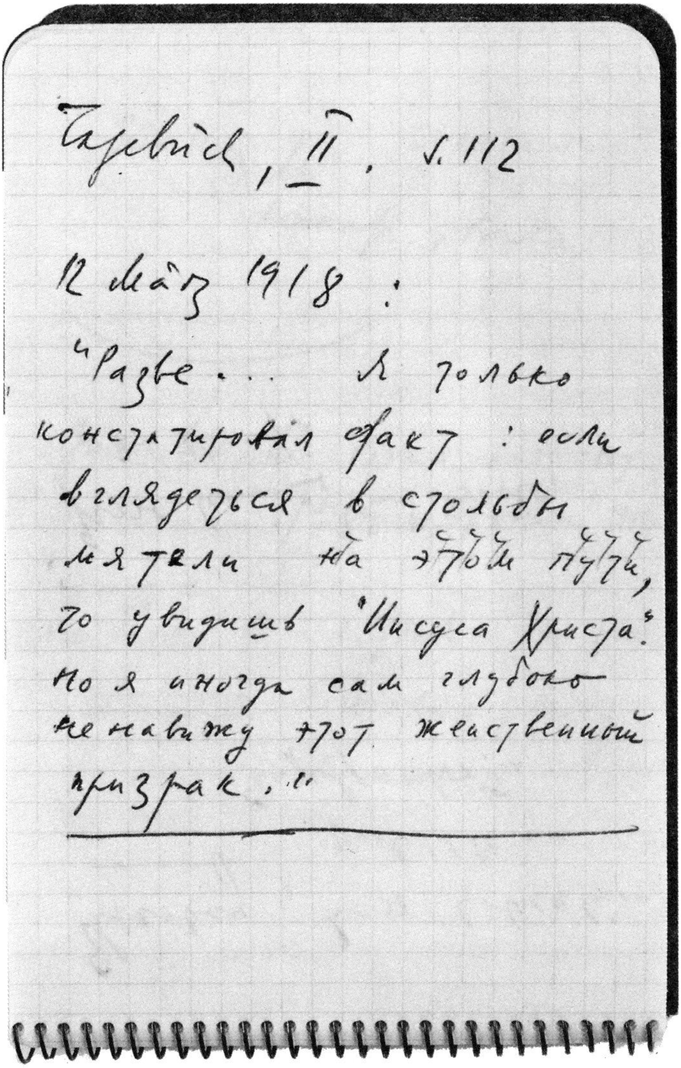

»Vielleicht… Ich habe nur die Tatsache festgestellt: wenn man sich die ›Säulen‹ genau anschaut, die auf diesem Weg zerdrückt wurden, dann schaut man ›Jesus Christus‹. Aber manchmal hasse ich selbst diese frauenhafte Erscheinung.«

Die hier – am Jahrestag der ersten Revolution – von Block notierte Eintragung reflektiert noch einmal im Umkreis der Ereignisse des Tages auf die die Rezeption des Gedichts so intensiv begleitende Diskussion um die Christusgestalt. Blocks eigene ambivalente Haltung in Verbindung mit dem weitgehenden Unverständnis der Zeitgenossen für diese Schlußlösung dokumentiert für Celan ganz offensichtlich ein Phänomen, das dem in der Büchner-Preis-Rede zitierten Aufruf Luciles: »Es lebe der König!« nicht allzu fern steht – auch Block kennt diese »für die Gegenwart des Menschlichen zeugende Majestät des Absurden«. (GW III, S. 190)

Die Tagebücher Blocks spielen unter den von Celan beim Übersetzen herangezogenen Werken eine so herausragende Rolle, weil sich dort wichtige Überlegungen des Menschen Block finden, die zum Verständnis des Poems unerläßlich scheinen. Celan selbst hat sich später niemals substantiell zu dem übersetzten Text geäußert, mit Ausnahme der einführenden Worte, die er der Block-Übersetzung vorangestellt hat. Und gerade hier beruft er sich gleich zweimal auf Tagebucheinträge Blocks:

›Die Zwölf‹, neben den ›Skythen‹ das letzte Werk des Dichters, entstanden kurz nach der Oktoberrevolution, mitten im Bürgerkrieg, in der Zeit zwischen dem 8. und dem 28. Januar 1918. »Im Einklang mit den Elementen« (so berichtet eine Tagebuch-Notiz Blocks) niedergeschrieben, wuchs das Gedicht von seiner Mitte her [...] *(GW V, S. 623)*

Daß das Gedicht von den Zeitgenossen noch nicht »richtig« verstanden werden konnte, deutet Celan ebenfalls mit den Worten des Autors an:

Block selbst notierte in seinem Tagebuch: »Wir wollen sehen, was die Zeit daraus macht. Mag sein, daß alle Politik so voller Schmutz ist, daß ein einziger Tropfen davon alles übrige trübt und zersetzt; mag sein, daß sie den Sinn des Gedichts dennoch nicht völlig zerstört; und, wer weiß, vielleicht erweist sie sich letzten Endes als das Ferment, das bewirkt, daß ›Die Zwölf‹ eines Tages wiedergelesen werden, in einer andern Zeit als der unsern...« *(GW V, S. 623)*

Mit diesem Zitat schließt Celan sein Vorwort. Er selbst hat die umstrittene Christusgestalt, die Ausgangs- und Mittelpunkt der Diskussionen um das

Gedicht gewesen ist, in keiner seiner Äußerungen zu dem Gedicht erwähnt. Mit der Blockschen Wendung vom »Schmutz« der »Politik«, die auf die Rezeption der Dichtung Einfluß nimmt, verweist Celan dagegen unmißverständlich auf den Umgang damit überhaupt, seine eigene nicht ausgenommen.

Anders als über Block hat sich Celan über Jessenin mehrfach emphatisch geäußert. Über das Übersetzen selbst berichtet er am 11. August 1960 in einem Brief an Nelly Sachs:

Es ist still hier, Nelly, still auch dann, wenn Eric, der ja ebensowenig wie sein Vater in einem fort *schreiben* kann, durch die Zimmer geritten kommt, auf Pferden und Kamelen [...] Ich selbst muß mich dann, ob ich will oder nicht, ebenfalls auf Ziegenrücken durch die Landschaft bewegen, was mir angesichts der Möbel, will sagen *Berge* nun doch nicht ganz leicht fällt. Aber ich habe schon viel dazugelernt, ich mache Fortschritte, glaub mir das, Eric wirds Dir sicherlich bestätigen! Zuweilen wird auch gerastet, und ich darf dann zu den Jessenin-Gedichten zurück, deren Übersetzung dank Erics Anleitung im Reiten ebenfalls Fortschritte macht, nicht im gestrecktesten Galopp freilich, aber doch zumindest in einem recht beachtlichen Tempo. *(Briefwechsel Celan/Sachs, S. 56)*

Auf dieses Bild vom Übersetzen als Reiten kommt Celan übrigens in Gedichten des gleichzeitig entstehenden eigenen Gedichtbandes ›Die Niemandsrose‹ mehrfach zurück. In dem nach den ersten Jessenin-Übersetzungen verfaßten Gedicht ›Bei Wein und Verlorenheit‹ heißt es – in verhüllter Anspielung auch auf Blocks ›Die Zwölf‹ – »ich ritt durch den Schnee, hörst du,/ ich ritt Gott in die Ferne – die Nähe, er sang«. Deutlicher bezieht dann das Gedicht ›Und mit dem Buch aus Tarussa‹ das Bild des Reitens auf die Übersetzungen aus dem Russischen: »Kyrillisches, Freunde, auch das,/ ritt ich über die Seine,/ ritts übern Rhein«. Doch die Parenthese deutet bereits an, daß in dem Gesagten der Rückblick auf etwas Abgeschlossenes, hinter Celan Liegendes zum Ausdruck gebracht wird.

168/169 Umschläge (18.4 und 18.9)

6 Natan Altmann: Sergej Jessenin

Bleistift auf Papier, 35 x 22,2 cm. 1926
Leihgabe: Staatliches Literaturmuseum Moskau

7 Isadora Duncan mit ihrem Gatten, dem russischen Dichter Sergej Jessenin

Postkarte
Eingelegt nach Seite 130 in dem Band: Sergej Esenin: Stichotvorenija 1910 – 1925 [Gedichte]. Pod redakciej i so vstupitel'noj stat'ej Georgija Ivanova. Pariž: Knigoizdatel'stvo vozroždenie – La Renaissance o. J.

Im Gegensatz zum Großstädter Alexander Block stammte Sergej Jessenin aus der bäuerlichen, von volkstümlicher Religiosität geprägten Provinz. Als er 1915, im Alter von zwanzig Jahren nach Petersburg kommt, gesellt er sich zunächst zu den sogenannten »Bauerndichtern« um Nikolaj Kljujew. Er führt ein ausschweifendes Leben und er heiratet, was Aufsehen erregt, die amerikanische Tänzerin Isadora Duncan, mit der er eine Weltreise macht.

Die in der Presse breitgetretenen Skandalgeschichten Jessenins schaden dem öffentlichen Ansehen des durch sein angenehmes Äußeres und seine eingängigen Verse sonst sehr beliebten jungen Dichters. Enttäuscht von der westlichen Welt trennt er sich schließlich von seiner berühmten Frau und kehrt 1924 nach Rußland zurück. Dem städtischen wie dem dörflichen Leben gleichermaßen entfremdet, flüchtet er sich auf Reisen. In völliger Verzweiflung soll er sich im Dezember 1925 im Alter von dreißig Jahren in einem Leningrader Hotelzimmer das Leben genommen haben. Majakowskij hat diesen Selbstmord in einem aufsehenerregenden Gedicht verurteilt. Alle diese Umstände haben zu einer mehrere Jahrzehnte anhaltenden offiziellen Ablehnung Jessenins geführt. Sein scheinbar an Exzessen reiches Leben war der Ausdruck eines höchst ambivalenten Verhältnisses zu den Veränderungen in Rußland; in seiner ›Ispoved' chuligana‹, ›Beichte eines Hooligans‹ gestaltet Jessenin – »Sohn Rußlands« und sein »bester Poet« – noch einmal dieses Mißverhältnis zwischen dem »letzten Dichter des Dorfes«, als der er sich versteht, und dem weitgehenden Un-

170 Postkarte (18. 7)

171 Umschlag (18. 8)

Isadora Duncan mit ihrem Gatten, dem russischen Dichter Sergej Jessenin

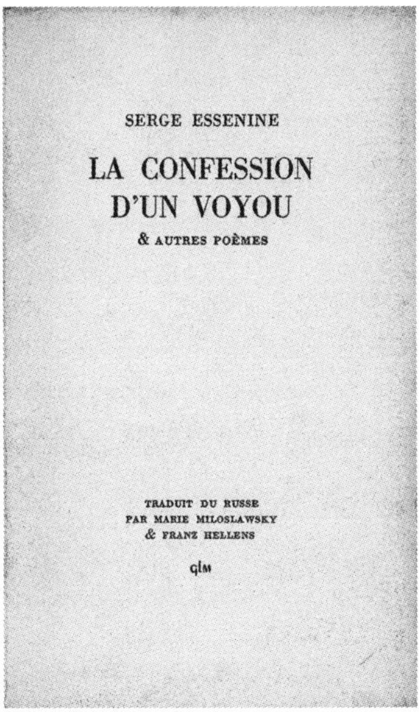

SERGE ESSENINE

LA CONFESSION D'UN VOYOU

& AUTRES POÈMES

TRADUIT DU RUSSE PAR MARIE MILOSLAWSKY & FRANZ HELLENS

GLM

verständnis, das ihm in der Öffentlichkeit entgegengebracht wird. Dieses von Jessenins Freunden erst nach seinem Tod 1931 publizierte Gedicht scheint durch seinen Titel – und ganz im Gegensatz zu seinem Ton – das klischeehafte Bild, das man sich von dem Dichter gemacht hat, zu bestätigen. Es wird erneut bemüht in einer kleinen französischen Auswahl seiner Gedichte, die wohl die erste Jessenin-Ausgabe ist, die Celan in Paris erwirbt:

172 Auf der gegenüberliegenden Seite: Sergej Jessenin. Zeichnung von Natan Altmann (18.6)

8 Serge Essenine: La confession d'un voyou

& autres poèmes
Traduit du russe par Marie Miloslawsky & Franz Hellens
Paris: Guy Lévis Mano 1956
Exemplar 341 von 1200
(Aus der Bibliothek Paul Celan)
Mit dem Datum der Erwerbung: »Paris, 8.2.58.«

Ganz anders argumentiert Sophie Lafitte in einer drei Jahre später von ihr herausgegebenen Jessenin-Auswahl. Nach Auskunft von Eric Celan findet sich in ihrem Vorwort eine von Celan angestrichene Passage:

En toute impartialité il faut cependant admettre qu'Essénine a, dans la poésie russe, une place à part et que l'amour passionné des foules n'est pas le fait du hasard, mais a des raisons permanentes et profondes. Depuis Pouchkine, aucun poète ne fut aussi profondément populaire, aussi proche, aussi immédiatement accessible, aussi émouvant pour tout lecteur, quel que soit son niveau intellectuel et son degré de culture. *(Sophie Lafitte: Serge Essénine. Une étude. Choix de textes, bibliographie, portraits. Paris 1959, S. 19)*

Bei aller Unparteilichkeit muß man zugestehen, daß Jessenin in der russischen Dichtung eine Sonderstellung einnimmt und daß die leidenschaftliche Liebe der Menge kein Ergebnis des Zufalls ist, sondern dauerhafte und tiefgehende Ursachen hat. Seit Puschkin war kein Dichter so sehr im Volk bekannt und beliebt, so nah, so unmittelbar zugänglich und so bewegend für jeden Leser, wie intellektuell und gebildet er auch gewesen sein mochte.

Auf Jessenins Reise in den Kaukasus entsteht einer seiner letzten Gedichtzyklen, ›Persidskie motivi‹ / ›Persische Motive‹, eben jene Gedichte, die Celan als erste übertragen hat. Kurz vor seinem Tod schreibt Jessenin das berühmte

Abschiedsgedicht, das auch Celans Auswahl beschließt: Auf der Rückseite eines Typoskripts der unvollendet gebliebenen Übersetzung von Jessenins Poem ›Der schwarze Mensch‹ notiert Celan einen ersten Entwurf:

Freund, leb wohl! Mein Freund, auf Wiedersehen!
Unverlorner! Ich vergesse nichts.

Vorbestimmt, so wars, du weißts, dies Gehen.
Da's so war: ein Wiedersehn versprichts.

Freund, kein Wort mehr! Freund! Die Hand? Nein, keine.
Falt die Stirn nicht! Gib mir nicht die Hand.

Leben – nun, auch das war schon einmal.
war schon mal da.
ist altbekannt

Später, am 10. April 1961, schreibt Celan in einem Brief an J. Hellmut Freund:
Meridiane, – ja, das gibt es, quia absurdum. Und »meridianhaft« mag auch dies sein: daß Sie in Ihrem Brief auch von jenem letzten Jessenin-Gedicht sprechen, in dem sich, als Wort, Ihr Name wiederfindet. (Worte im Gedicht: das wollen ja immer Namen sein.)

Angesichts des skandalumwitterten Lebens hat man dem ästhetisch innovativen Charakter der Dichtung Jessenins zu wenig Beachtung geschenkt. Er hat bereits 1919 in Moskau gemeinsam mit Wladimir Scherschenewitsch die literarische Vereinigung der Imaginisten gegründet. Äußerst formbezogen und auf die ›Schönheit‹ der Dichtung konzentriert, proklamiert diese avantgardistische Gruppierung die Kraft der Bilder als Zentrum von Vers und Strophe, fordert neue, originelle, aber dem Konkreten verhaftete Vergleiche und Metaphern. So macht die eindringliche Bildersprache einen wesentlichen Teil der Wirkung von Jessenins Versen aus.

Im Unterschied zu einer von Rußland ausgehenden popularisierenden Rezeption, die insbesondere auch den Ton der meisten deutschen Jessenin-Übersetzungen prägt und in Jessenin vor allem den volkstümlich-melancholischen russischen Bauerndichter sieht, wird Celan sehr bald aufmerksam auf den ästhetischen Anspruch wie auf die utopisch-revolutionären Implikationen der Gedichte. Das wohl wichtigste Beispiel dafür ist das 1918 entstandene Gedicht ›Inonija‹ / ›Inonien‹, das Celan in seine Auswahl aufnimmt. Es ist einer der längsten Texte, die er überhaupt aus dem Russischen übertragen und der einzige, dem er eigenhändig eine Anmerkung des Übersetzers angefügt hat.

9 Sergej Jessenin: Gedichte

Ausgewählt und übertragen von Paul Celan
Frankfurt am Main: S. Fischer Verlag 1961
Leihgabe: Eric Celan

10 Sergej Jessenin: Inonien

Deutsch von Paul Celan. Druckfahne 11 für den 1961 erschienenen Band (Nr. 9). Mit einem angeklebten Korrekturzettel von Paul Celan

Angeklebt ist die in der Druckfassung am Schluß des Gedichts folgende Erläuterung (vgl. GW V, S. 213):

Inonien (*Inonija*), von *inoi'*, »ander«, also »Anderland«, – Utopia.
Kitesch (*Kit'ež*), versunkene Stadt der russ. Volkssage
Radonesh (*Ra'donež*), gemeint ist der hl. Sergius von Radonesch (1314–1392)

Diese Bemerkungen haben zwar zuerst den Zweck, den Leser der deutschen Fassung mit Namen aus der russischen Mythologie und Geschichte vertraut zu machen; zugleich geben sie einen versteckten Hinweis auf die tiefere Bedeutsamkeit der Eingangsverse des Poems, wo Celan in der Übersetzung den Namen Jessenins auf dessen Vornamen Sergej verkürzt und damit die Verbindung zum Heiligen Sergius verstärkt hat:

Ne ustrašusja gibeli,
Ni kopij, ni strel doždej, –
Tak govorit po biblii
Prorok Esenin Sergej.

Ich fürcht nicht das Untergehen,
nicht Regenpfeil noch -speer.
»Sergej läßt es geschehen«,
So spricht und kündet er. *(GW V, S. 195)* .

Vor allem stellen sie eine Verbindung her zu Celans eigener Rede von der »Utopie« in der Büchner-Preis-Rede, an der er parallel zur Übersetzung – ihren Abschluß datiert er auf den 14. Juli 1960 – gearbeitet hat.
Für Celans Jessenin-Verständnis spielt offenbar der Austausch mit den Wiener Freunden Milo Dor und Reinhard Federmann eine Rolle; beide befassen sich zur selben Zeit ebenfalls übersetzerisch und in eigenen Werken mit den Dichtern Rußlands und besonders mit Jessenin. Ein wohl gemeinsam verfaßter Text über Jessenin als ›Villon in der Sowjetunion‹ wird von Federmann in einer Grazer Zeitschrift veröffentlicht; eine fast textidentische Fassung als Manuskript einer Rundfunksendung von Milo Dor ist in Celans Nachlaß erhalten. Die Gedichte Jessenins werden dabei sämtlich in der Übersetzung Celans zitiert, wofür dieser auch ein Honorar erhalten hat (vgl. den Brief an Reinhard Federmann vom 3. März 1962: »Was das Jessenin-Honorar betrifft, so bitte ich Dich, es an den S(amfried bzw. Gottmuel) Fischer Verlag überweisen zu lassen: da, also durchaus im Rechten, liegen nämlich die Rechte.«). Einen anderen Freund bringt dann Celan ins Spiel. In einem längeren Brief an Rudolf Hirsch vom 3. Januar 1961 bemerkt er:

Auch Klaus Demus gefallen die Übersetzungen, er schrieb es mir soeben, und nun komme ich, von seinem Brief her, auf einen Einfall: Könnte nicht, sofern Klaus Demus damit einverstanden ist, eine Stelle aus diesem Brief auf die erste »Klappe« gesetzt werden? Ich lege diesen Zeilen eine Abschrift dieser Briefstelle bei.

11 Klaus Demus: Entwurf für den Klappentext

von: Sergej Jessenin ›Gedichte‹ (Nr. 9). Typoskript (Durchschlag), 1 Blatt
Mit einer an Rudolf Hirsch gerichteten Bemerkung von Paul Celan
Beilage zum Brief von Paul Celan an Rudolf Hirsch, 3. Januar 1961

173 Klappentext-entwurf von Klaus Demus (18.11)

Jessenin -Klappe 1

Das schmerzlich-wunderbare Russland und die in Seligkeit und Bitternis zerrissene Stimme, die es singt und schluchzt: wie sehr vergegenwärtigt sich das, geht nah, geht nach. Das geliebte und gescholtne Russland, beides mehr, als eine anderer verstehen könnte, masslos innerlich u d furchtbar, aus dem es keinen Ausweg gibt als den Einweg, das weggeworfne und als solches behaltne, die knirschend unter den Fuss getretne, doch so wie nirgends durchsternte Erde.

"Inonia", dies grosse Gedicht, mit der grössten der russischen Gebärden, der, die wüst aufwärtsgreift und zerbricht, weil das, das die Zärtlichkeit ist, Gebet aus dem Leugnen ersteht und Wüstes und Liebliches zugleich vom Mund geht zwischen so gru dloser Erde und so grundlosem Himmel.

K l a u s   D e m u s

Lieber Herr Doktor Hirsch! Das ist denn doch zu schön, als dass es auf eine "Klappe" kommen sollte! Ob es nicht, als "Brief an Paul Celan", an den Anfang (oder das Ende) des Buches gestellt werden sollte? Bitte fragen Sie Klaus Demus!

(Auf die Klappen kämmen dann nur die Titel meiner bei Ihnen erschienen Ubertragungen aus dem Russischen und 'Sprachgitter'.)

Wie so oft kann der Verlag Celans besonderen Wünschen nicht nachkommen. Der Band erscheint mit einem anderen, nicht gezeichneten, wohl von Celan selbst verfaßten Klappentext:

»Eine durch und durch russische Begabung ... ein Instrument der Poesie« – so nennt Maxim Gorki den 1895 im Gouvernement Rjasan als Sohn von Bauern geborenen SERGEJ JESSENIN, der seinem an literarischen Erfolgen, aber auch an »Vernichtungen und Pein« reichen Leben 1926 [sic] in Leningrad selbst ein Ende setzte. Die Poesie Blocks und Kljujews, der um jene Zeit aufkommende – vom westlichen so verschiedene – russische Futurismus, die grandiosen Sprachträume Chlebnikows, der gemeinsam mit Marienhof und Scherschenewitsch begründete Imaginismus, die dem Russischen so eigentümlichen sozialen und religiösen Utopien, – all das begleitet diese Gedichte. Was jedoch ihr Wesen ausmacht, ist etwas ebenso Selbstverständliches wie Seltenes: sie haben Atem und Schicksal; sie sind beseelt.

Im Unterschied zu Blocks ›Die Zwölf‹ und zu den ›Gedichten‹ Ossip Mandelstamms hat Celan für die Jessenin-Auswahl keinen autorisierten Einführungstext drucken lassen. Wäre man seinem Wunsch gefolgt, hätte man den Freund Klaus Demus sprechen lassen, wäre sein ›Brief an Paul Celan‹ ein Pendant gewesen zu Jessenins Dichtung selbst, zu dessen oben zitiertem Abschiedsgedicht ›Freund, leb wohl‹.

›In meiner Heimat leb ich nicht mehr gern‹ (GW V, S. 173) *ist das erste Gedicht von Jessenin, das Celan im Februar 1958, also im unmittelbaren Anschluß an ›Die Zwölf‹, übersetzt; die letzte datierte Jessenin-Übersetzung ist das Gedicht ›Fort ging ich‹* (GW V, S. 215) *vom 15. Juli 1960. Insgesamt übersetzt Celan in diesem Zeitraum von mehr als zwei Jahren 31 Gedichte von Jessenin, blockweise immer im Wechsel mit den sehr viel zügiger übertragenen Texten von Mandelstamm. Dazu kommen zwei Übersetzungen von größeren Poemen des Dichters (›Der schwarze Mensch‹ und ›Verklärung‹), die jedoch Fragment bleiben. Der Jessenin-Band erscheint dann 1961 als letzter der drei Gedichtbände – erst zwei Jahre nach dem Mandelstamm-Bändchen. Die doch recht umfangreiche Jessenin-Auswahl hätte, wie es scheint, durchaus noch erweitert werden können. Celan bittet Alfred Margul-Sperber am 30. Juli 1960 – also*

bereits bei Abschluß der Arbeiten – um »Abschriften meiner Übertragungen von Gedichten […] Sergej Jessenins« mit der Begründung: »Ich bereite gerade, auf Grund der neuen Leningrader Ausgabe, eine Jessenin-Auswahl vor«. (Briefe an Alfred Margul-Sperber. In: Neue Literatur, Jg. 26, 1975, Heft 7, S. 56) Diese in Celans Bibliothek erhaltene Ausgabe weist im Inhaltsverzeichnis eine Fülle von Notizen auf:

12 Sergej Esenin: Stichotvorenija i poėmy

(Gedichte und Poeme)
Vstupitel'naja stat'ja, podgotovka teksta i primečanija A. I. Dymšica
Leningrad: Sovetskij Pisatel' 1956
(Bibliotėka Poėta. Bol'šaja serija, vtoroe izdanie)
(Aus der Bibliothek Paul Celan)
Aufgeschlagen ist Seite 432/433: Inhaltsverzeichnis mit zahlreichen Anstreichungen und Marginalien

174 Inhaltsverzeichnis der Jessenin-Ausgabe von 1956 mit Bemerkungen zu übersetzten Gedichten (18.12)

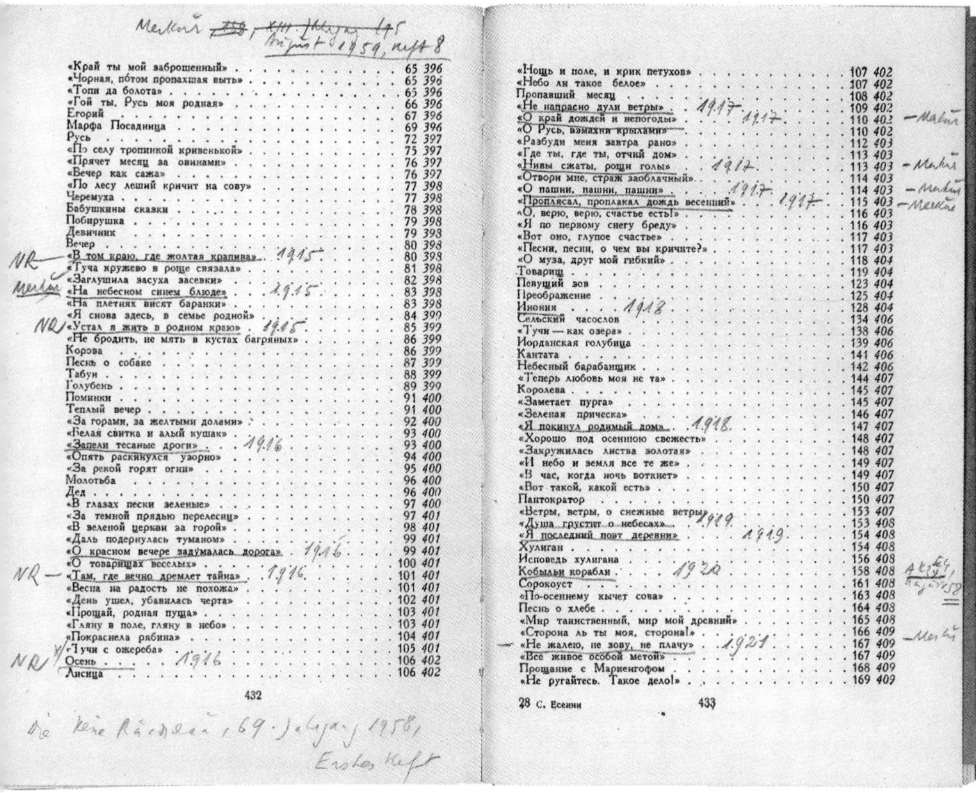

Dieser Band ist Celans Übersetzungsvorlage für Jessenin; alle in seiner Auswahl präsentierten Gedichte sind in ihm enthalten. Die in den Manuskripten und Typoskripten der Übersetzungen häufig vermerkten Seitenzahlen beziehen sich daher alle auf diese Ausgabe. Die im Inhaltsverzeichnis von Celan notierten Angaben »NR« und »Merkur« verweisen auf die Vorabdrucke in der ›Neuen Rundschau‹ (Jg. 69, 1958, Heft 1, S. 31–35) und im ›Merkur‹ (Jg. 13, 1958, Heft 138, S. 717–721). Die nach einzelnen Titeln notierten Jahreszahlen sind von Celan vermutlich im Hinblick auf die Buchausgabe notiert worden, da er Jessenins Gedichte (wie die von Mandelstamm auch) chronologisch in der Reihenfolge ihrer Entstehung anordnet. Damit entspricht Celan in seinen Übersetzungsausgaben einem Ordnungsprinzip, dem er auch in seinen eigenen Gedichtbänden in der Regel folgt.

Nachdem er das Manuskript schon mehrfach angekündigt und auch schon einzelne Gedichte für Vorabdrucke zur Verfügung gestellt hat, teilt Celan am 10. Juli 1960 Rudolf Hirsch mit:

Gestern habe ich meine Jessenin-Mappe durchgesehen: eine etwa fünfzig Seiten starke Auswahl ist bereits da (insgesamt 28 Gedichte); es ist ein schöner Band.

Und neunzehn Tage später:

der Jessenin-Band ist fertig. Er wird wohl etwas umfangreicher sein als der Mandelstamm: achtzig, vielleicht neunzig Seiten. Nun soll das Manuskript ein wenig ruhen – ich will es Ihnen im Dezember schicken, im Frühjahr kanns dann erscheinen. *(An Rudolf Hirsch, 29. Juli 1960)*

Erst am 17. Dezember 1960 wird das Manuskript dann druckfertig; am 25. Februar 1961 gibt Celan das Imprimatur, ausgeliefert wird der Band im März 1961. Diese Verzögerung der Ausgabe, die auch schon im Herbst 1960 hätte erscheinen können, hat nicht wenig zu tun mit Celans seit dem Sommer 1960 zunehmender Gespanntheit im Zusammenhang der Goll-Affäre und wohl auch mit der Büchner-Preis-Verleihung. Zwei große Jessenin-Übersetzungen, die er in diesem Sommer beginnt, kann er nicht mehr zu Ende führen. Und die Diskussion in den Briefen mit Klaus Wagenbach, dem damaligen Lektor bei S. Fischer, die das Erscheinen der Ausgabe zunächst in Frage stellt, liest sich wie ein böses Omen für die problematische Aufnahme des Bändchens bei einzelnen Rezensenten.

Jessenins Stimme klingt für Celan auf bestimmte Weise »heimatlich«, erinnert ihn an seine Czernowitzer Anfänge; seine Gedichte haben für Celan Ende der fünfziger Jahre den Glanz von etwas »Wiedergefundenem«, dem er sich nun nicht ohne Emotionen zuwenden kann.

Dazu gehören auch seine frühen Übersetzungen; eines der schon in Czernowitz übersetzten Gedichte überträgt er nun erneut – ›Chorassan‹, am 10. Juli 1960 (GW V, S. 263).

Dieses Gedicht gehört zu dem Zyklus, auf den er sich in einem Brief an Petre Solomon vom 30. Juli 1960 bezieht:

les traductions dont je te parle – ce sont, surtout, des poèmes de cycle ›persan‹ – me permettraient de présenter au public allemand un choix plus complet de ce grand poète russe. – Tu voulais d'ailleurs m'envoyer les traductions de Essénine par Zaharia Stancu: je te prie de le faire.

Die Übersetzungen, um die es geht – vor allem sind dies Gedichte aus dem Persischen Zyklus –, würden es mir gestatten, den deutschen Lesern eine vollständigere Auswahl dieses großen russischen Dichters vorzustellen. – Du wolltest mir übrigens die Jessenin-Übersetzungen von Zaharia Stancu schicken. Ich bitte dich: tu es!

Offensichtlich haben weder der Band von Stancu noch die eigenen Übersetzungsmanuskripte Celan je erreicht. Ohne sie wiedersehen zu können, bricht er die Jessenin-Übersetzungen ab, wie die unvollendet gebliebenen Gedichte nahelegen.

In dem bereits zitierten Brief an J. Hellmut Freund vom 10. April 1961 blickt er zurück:

Die Jessenin-Gedichte: ich habe, indem ich sie übersetzte, eine alte Schuld abgetragen. Auch hier wars, wie so oft – wie in den letzten Monaten immer öfter –, eine Heimkehr. Denn, sehen Sie: ich habe Jessenin zum erstenmal als sechzehn- oder siebzehnjähriger gelesen, in der – durchaus beachtlichen – rumänischen Übersetzung von George Lesnea; dann, ich war zwanzig und Student der sowjetischen Universität Czernowitz – die vor »abgelebten«, also nahen Zeiten neben Dorpat die östlichste deutsche Universität war –, dann kamen diese Verse wieder, russisch dies-

mal, von Hand zu Hand weitergereicht als Schulheft, wieder und wieder abgeschrieben, zuweilen auch »aufgesagt«.
Ich weiß, diese Verse sind nicht, wie die Mandelstamm'schen, auf rauher Höhe angesiedelt – und doch: wie heutig, bei all ihrem Gestern – nein, vielleicht vor lauter ins Heute genommenem Gestern.

19 Die »vergeudeten Dichter«: Majakowskij – Pasternak – Chlebnikow

Von Wladimir Majakowskij (1893–1930), Boris Pasternak (1890–1960) und Welimir Chlebnikow (1885–1922) übersetzt Celan zwischen 1958 und 1961 vereinzelte Gedichte. Diese Übersetzungen sind (mit einer Ausnahme) erst postum veröffentlicht worden. Von ihnen wissen zu seinen Lebzeiten nur wenige; lediglich Celans lebhaftes Interesse an Chlebnikow hat Peter Urban immer wieder betont.

Einem an russischer Literatur interessierten Leser Ende der fünfziger Jahre machen viele Schwierigkeiten zu schaffen: vor allem Hemmnisse bei der Beschaffung von Texten und Informationen über russische Autoren, die auf die politische Situation zwischen Kaltem Krieg und Tauwetter zurückzuführen sind, aber auch Polemiken und Auseinandersetzungen, die 1958 einen Höhepunkt in der durch die Nobelpreis-Verleihung ausgelösten Pasternak-Affäre erreichen. Daß Celan Anthologien und Werkausgaben in mehreren Sprachen zusammenzutragen sucht, hat gute Gründe; auch daß er auf die seltenen Bestände seiner schon bald umfangreichen russischen Bibliothek hinweist. So bietet er Anfang Juni 1958 Hans Magnus Enzensberger Hilfe bei der Vorbereitung von dessen ›Museum der modernen Poesie‹ an: »Ich besitze viele russische Lyrikbände, ich will Ihnen, wenn Sie mir die Ihnen zur Verfügung stehenden Übersetzungen schicken, gerne mit ein paar Hinweisen helfen.«

In den Bänden einliegende Zeitungsausschnitte, wie die in einer italienischen Pasternak-Ausgabe gefundene umfangreiche Sammlung, enthalten auf andere Weise nicht zu erlangende Nachrichten über einzelne Autoren und ihre Rezeption. Daß das Übersetzen häufig schon bei der Lektüre beginnt, zeigen wiederholt erste Übersetzungsansätze, die er mit Bleistift in einzelne Bände notiert; nicht immer findet sich dazu auch ein Typoskript. So weist Celans russische Majakowskij-Ausgabe auch Einträge zum Gedicht ›Wolke in Hosen‹ auf, dessen Fortsetzung die von ihm zumindest fragmentarisch übersetzte ›Wirbelknochenflöte‹ bildet. Während diese Marginalien vereinzelt geblieben sind, bezeugen zahlreiche Notizen und Exzerpte in den Arbeitsheften, daß sich Celan mit Chlebnikow lange und intensiv beschäftigt hat.

Alle drei Dichter gehören im weitesten Sinne zur Bewegung des russischen Futurismus, Chlebnikow und Majakowskij sind seine wichtigsten Repräsentanten, Pasternak steht dem Futurismus nahe, ist aber an keiner der zeitgenössischen Avantgardebewegungen aktiv beteiligt. Auffällig ist, daß Celan sich bei allen drei Autoren nicht unbedingt für die den Zeitgenossen als repräsentativ geltenden Texte interessiert: von Majakowskij beginnt er ein großes vorrevolutionäres Poem zu übersetzen, von Pasternak überträgt er dessen Gedicht ›Otplytie‹ / ›Abfahrt‹, das jener bei seiner Abreise aus Rußland ins vermeintliche Exil verfaßt hat; von Chlebnikow wählt er neben den ›Sieben‹, einem an Blocks ›Die Zwölf‹ erinnernden Revolutionspoem in futuristischer Manier, das Gedicht ›Das eine Buch‹, eine hypertrophe Prophezeiung der neuen Dichtung.

Mit Chlebnikow widmet sich Celan einem der herausragendsten Talente der russischen Avantgarde überhaupt, der allerdings in Rußland schlecht ediert und im Westen so gut wie gar nicht bekannt war. Von den bei weitem populäreren Autoren Majakowskij und Pasternak dagegen wendet er sich bald wieder ab, auch dies ein Hinweis darauf, daß Celan mit seinen Übersetzungen alles andere will als sich einem schnell etablierten Rezeptionsschema einfügen. Weder der linksrevolutionär tönende Majakowskij noch der im Westen zum Märtyrer stilisierte Pasternak entsprechen seinen eigenen Vorstellungen einer Annäherung an Rußland, wie sie die Block- und Jessenin-Übersetzungen repräsentieren und wie Celan sie in der »Begegnung« mit Mandelstamm auch poetologisch begründet. Es sind nach dem von Celan zitierten berühmten Wort von Roman Jakobson die »von ihrer Generation vergeudeten Dichter«, denen er sich zuwendet, zu denen Pasternak eben nicht gehört und unter denen Majakowskij ideologisch mißbraucht worden ist. Chlebnikow allein, von dem Celan Ende der fünfziger Jahre nur ein einziges russisches Buch besitzt, ist politisch unberührt geblieben; auf dieses ästhetische Potential wird er später noch einmal produktiv zurückgreifen.

Erstaunlicherweise scheint Majakowskij der erste russische Autor gewesen zu sein, an dessen Übersetzung Celan in Paris denkt. Im Zusammenhang mit anderen Übersetzungsprojekten – darunter einer Camus-Übersetzung – schreibt Celan schon am 9. März 1955 an Peter Schifferli, dem Inhaber des Schweizer Arche-Verlags (in dem ein Jahr zuvor die Picasso-Übersetzungen erschienen sind):

Gleichzeitig möchte ich Sie auch daran erinnern, dass Sie meinen Vorschlag, das Majakowski-Poem ›Die Wolke in Hosen‹ ins Deutsche zu übersetzen, in Erwägung bringen wollten.

Dieser Vorschlag ist ernst gemeint, so darf man aus den in Celans Bibliothek erhaltenen Majakowskij-Ausgaben schließen. Das Gedicht findet sich in einer erst 1955 in Moskau herausgekommenen zweibändigen Majakowskij-Auswahl, die Celan wohl in ›Writers and Artists Workshop‹ in der Rue de la Bûcherie in Paris erworben hat. Der zweite Band dieser Ausgabe beginnt mit dem Poem ›Oblako v štanach. Tetraptych‹ / ›Wolke in Hosen. Tetraptichon‹; er weist nur bei diesem Gedicht zahlreiche Übersetzungsnotizen auf.

1 Vladimir Majakovskij: Izbrannye proizvedenija v dvuch tomach. Tom vtoroj: Poėmy. P'esy. Kak delat' stichi?

(Ausgewählte Werke in zwei Bänden. Zweiter Band: Poeme. Lieder. Wie macht man Verse?)
Sostavlenie, podgotovka teksta i primečanija V. O. Percova
Moskva: Gosudarstvennoe izdatel'stvo chudožestvennoj literatury 1955
(Aus der Bibliothek Paul Celan)
Aufgeschlagen sind Titelblatt und Frontispiz (Photoportrait von Majakowskij, 1925)

Celans besonderes Interesse für dieses ganz dem Futurismus verpflichtete, vorrevolutionäre Poem Majakowskijs belegen weitere Übersetzungen in seinem Besitz. Neben zwei französischen Ausgaben findet sich in seiner Bibliothek auch die deutsche Übertragung von Alfred Edgar Thoß (der auch Block übersetzt hat), die 1949 mit einem Vorwort von Stephan Hermlin im ostdeutschen Verlag ›Volk und Welt‹ neu herausgegeben worden ist, allesamt Bände, die Celan wohl ganz gezielt antiquarisch erworben hat. Solch ein gezieltes Interesse läßt sich für keinen weiteren Text von Majakowskij bei Celan feststellen.

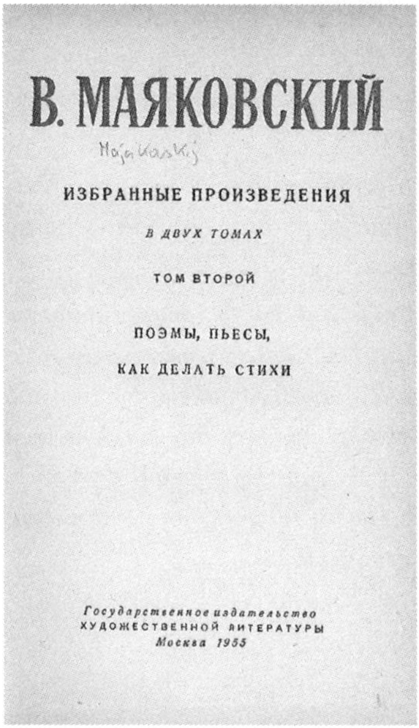

175 Titelblatt des 2. Bandes der Majakowskij-Ausgabe von 1955 (19.1)

176 Umschlag von Vladimir Markov: Unterdrückte Stimme von 1955 (19.2)

Und doch ist es ein anderer Band, der ihn zum Übersetzen anregt und dem für Celans Rezeption russischer Dichtung überhaupt wohl eine Schlüsselrolle zukommt:

2 Vladimir Markov: Priglušënnye golosa. Poėzija za železnym zanavesom

(Unterdrückte Stimmen. Poesie hinter dem Eisernen Vorhang)
N'ju-Jork: Izdatel'stvo imeni Čechova 1952
(Aus der Bibliothek Paul Celan)
Mit dem Datum der Erwerbung: »Paris, 2. Dezember 1958.«
Nach Seite 200 eingelegt ein Zeitungsausschnitt mit dem handschriftlichen Vermerk »T[imes]L[iterary]S[upplement]«; es handelt sich um einen Leserbrief des Slawisten und Mandelstamm-Herausgebers Gleb Struve, der darin auf die wichtige Rolle der vorliegenden Sammlung für die Verbreitung »unterdrückter« Dichter hinweist.

Der Band ist nicht nur die Vorlage für die einzige Majakowskij-Übersetzung Celans; er eröffnet ihm auch den Blick für weitere Autoren, die ihn in der Folge immer wieder beschäftigen, darunter Chlebnikow. Zum ersten Mal werden hier auch wichtige Übersetzungen ins Russische gedruckt, die diese Dichter gemacht haben und die für Celan Bedeutung gewinnen; dabei interesssieren ihn weniger die hier präsentierten Arbeiten Pasternaks als die Übersetzungen der Dichter Lozinskij (Dante) und Maršak (Shakespeare), die er dann auch als Buchausgaben erwirbt. Celans Übersetzung, für die es im handschriftlichen Nachlaß ein auf den 6. Juli 1960 datiertes Typoskript gibt, steht unter dem Vorzeichen der »vergeudeten Dichter« – und damit im Gegensatz zur landläufigen Majakowskij-Diskussion. Damals hat Celan auch die Abschiedsgedichte von Jessenin übersetzt und dessen autobiographisch geprägtes Poem ›Schwarzer Mensch‹ zu übersetzen begonnen, ohne es abschließen zu können. Verse von beiden Autoren lassen sich auf Celans eigene Lebenssituation beziehen, auch wenn er zu der katastrophalen Konsequenz, die diese daraus gezogen haben sollen, noch nicht bereit ist. »Es hat dieser Mensch da gelebt im Lande/ der Erz-/Scharlatane und Buben.// Es hat einen Schnee, dieses Land,/ einen Dezemberschnee, einen/ teuflisch weissen« heißt es in der Jessenin-Übersetzung, und bei Majakowskij finden sich die Verse:

Soll ich nicht, denk ich jetzt
öfter und öfter,
soll ich nicht lieber
hinter mein Leben den Schlußpunkt,
den Kugelpunkt setzen?

3 Wladimir Majakowskij: Die Wirbelknochenflöte

Deutsch von Paul Celan. Typoskript mit handschriftlichen Korrekturen, 3 Blatt. Datiert: »6.7.60«
Ausgestellt ist das erste Blatt

Im Juli 1960, als Celan Jessenin und Majakowskij übersetzt, arbeitet er zugleich an der Büchner-Preis-Rede. Unter seinen Entwürfen findet sich auch eine Notiz zu Majakowskij, der dann in der endgültigen Fassung der Rede nicht mehr genannt wird:

Majakowskij: einer, den das Schicksal, wie Lenz, in Moskau ereilt, in Gestalt einer selbst abgefeuerten Kugel – man kann das ja nicht immer den anderen überlassen – , Majakowskij –

Celan bezieht also offensichtlich die beiden Lebensläufe aufeinander und, wenn man so will, das Fragment seiner Übersetzung auf Georg Büchners Fragment gebliebene ›Lenz‹-Erzählung. Auf demselben Blatt notiert er: »Das Gedicht ist das sich Vorschreibende – das einem Vorgeschriebene – man muß ihm, mit seinem Leben, folgen«. Majakowskijs Lebensweg folgt Celan weiter unten in einer zweiten Notiz:

Es ist heute zur Mode geworden, sich die Frage zu beantworten, wie man Gedichte macht; man sollte sich eher fragen, wie man dazu kommt, sich eine solche Frage zu stellen – Einer, dem diese Frage Schicksal war – ›Wie macht man Verse?‹ hat M a j a k o w s k i j sich in einer bestimmten Stunde zu fragen versucht – er ist mit dieser Frage dorthin gela *[Text bricht ab]* – der Kahn seiner Liebe ist am Sosein (und nicht-anders-sein-wollen) des menschlichen Alltags zerschellt …

Hier zitiert Celan nicht nur die wohl meistdiskutierte Schrift Majakowskijs ›Kak delat' stichi?‹, sondern auch einen Vers aus dem von Majakowskij hinterlassenen Abschiedsgedicht (»der Kahn seiner Liebe ist am Sosein…«). Doch hat er die Passage schließlich nicht in den ›Meridian‹ aufgenommen, auch sein Übersetzungsinteresse an diesem Autor geht nach 1960 zurück. Die erweiterte Neuauflage der zweibändigen russischen Majakowski-Ausgabe, die 1963 erscheint, weist jedenfalls keine Lektürespuren Celans mehr auf.

Zu dieser »Abwendung« von Majakowskij tragen nicht nur die politischen Entwicklungen in den westeuropäischen Ländern wie in der Sowjetunion selbst am Ende der »Tauwetter«-Periode bei. Ein besonderes Problem sind die auch in Westdeutschland seit 1959 und dann vor allem während der sechziger Jahre in zahlreichen Bänden erscheinenden Majakowskij-Übersetzungen von Hugo Huppert (1902–1982). Huppert, der in Moskau den Dichter noch persönlich kennengelernt hat, gilt als »autorisierter« Übersetzer; noch heute stam-

men die meisten greifbaren deutschen Majakowskij-Übersetzungen aus seiner Feder. In seiner Vermittlung aber dominiert der revolutionäre Majakowskij deutlich über den Avantgardisten. Als einzige Stelle in der von Huppert verfaßten rororo-Monographie markiert Celan das für die Geschichte der Majakowskij-Rezeption so folgenreiche Zeugnis Stalins, der über Majakowskij gesagt haben soll, er sei »der beste, begabteste Dichter unserer Sowjet-Epoche [...] Es ist ein Verbrechen, seinem Gedächtnis und seinem Werk teilnahmslos gegenüberzustehen.« Durch solche einseitige Zuordnung gerät Majakowskij – durchaus der damaligen sowjetrussischen Lesart konform – auch in Westdeutschland sozusagen in stalinistische Gesellschaft, während er für Celan mit Roman Jakobson einer jener »vergeudeten Dichter« ist, zu denen er in seiner ›Notiz des Übersetzers‹ zur Mandelstamm-Auswahl auch Gumiljow, Chlebnikow, Jessenin und Zwetajewa zählt. (GW V, S. 623) Jene historisch gewordene Wendung Jakobsons stammt aus seinem Nekrolog auf Majakowskij; Celan hat eine Schreibmaschinenabschrift davon in einer seiner russischen Anthologien aufbewahrt.

Nach einer persönlichen Begegnung mit Hugo Huppert 1966 formuliert Paul Celan eine den Stalinismus radikal ablehnende Position. Dabei scheint der Besuch Hupperts kurz nach Weihnachten in Paris durchaus freundlich verlaufen zu sein; Huppert überläßt Celan seine Majakowskij-Monographie sowie die ›Erinnerungen an Majakowskij‹, die er Celan »In aller Herzlichkeit« widmet. Zwei Tage später, am 28. Dezember 1966, schreibt Celan ihm jedoch:

Gern hätte ich Ihre Widmung erwidert – ich kann es nicht: Sie verteidigen in Ihrer Monographie und auch in Ihren Erinnerungen, explizit und implizit, stalinistische Positionen. Sie wissen, dass der eine meiner Gedichtbände, die ich, auf Ihren freundlich geäußerten Wunsch hin, signieren sollte, dem Andenken Ossip Mandelstamms gewidmet ist und dass er auch Marina Zwetajewas gedenkt; darüber hinaus versucht er, wie die ihm voraufgegangenen Gedichte und Übersetzungen, gegen alles Stalinistische, a u c h gegen alles Stalinistische zu stehen.

Nun muß ich Ihnen also die drei Bücher unsigniert zurückgeben. Möge sich, auf diese Weise, aufs neue die – durch Lektüre und Gespräch differenzierte – Hoffnung dokumentieren, dass eines Tages tiefere Erkenntnis einen Weg zu erwiderter Herzlichkeit freilegt.

Eine ähnliche Problematik, allerdings durch die aktuellen Ereignisse noch verschärft, bestimmt und belastet auch Celans Verhältnis zu Boris Pasternaks Dichtung. Pasternak wird, nach dem Erscheinen seines Romans ›Doktor Schiwago‹ und der kurz darauf erfolgenden Verleihung des Nobelpreises in der zweiten Hälfte des Jahres 1958 zu einem in West und Ost gleichermaßen vieldiskutierten Autor; die Preisverleihung selbst muß als politischer Akt verstanden werden. Sie hat für Pasternak persönlich katastrophale Konsequenzen; zwei Jahre später stirbt er kurz nach seinem siebzigsten Geburtstag in Peredelkino vor den Toren Moskaus, wohin er sich wegen der »Affäre« hat zurückziehen müsssen.

4 Boris Pasternak

Photographie, 1942
Leihgabe: S. Fischer Verlag

Die plötzliche »Entdeckung« Pasternaks in Westeuropa führt auch in Deutschland zu einer geradezu inflationären Beschäftigung mit dem Autor; das poetische Werk wird dagegen kaum wahrgenommen. Hier nimmt Celan ähnlich wie bei Majakowskij offensichtlich schon früh eine differenzierte Haltung ein; er kennt die Gedichte Pasternaks aus dem sogenannten ›Silbernen Zeitalter‹, jener poetisch so fruchtbaren Epoche der russischen Dichtung in den ersten Jahrzehnten des 20. Jahrhunderts. Noch vor dem Beginn der Affäre erwirbt Celan die damals umfangreichste Pasternak-Ausgabe auf dem europäischen Buchmarkt, ein – wie später der ›Doktor Schiwago‹ auch – zuerst in Italien erschienener Band:

5 Boris Pasternak: Poesie

Introduzione, traduzione e note di Angelo Maria Ripellino
Torino: Giulio Einaudi Editore 1957
(Nuova collana di poeti tradotti con testo a fronte. 9)

(Aus der Bibliothek Paul Celan)
Mit dem Datum der Erwerbung: »Paris, 21. Februar 1958.«
Zahlreiche einliegende Zeitungsauschnitte in vier Sprachen

177 Boris Pasternak, 1942 (19.4)

In dieser Ausgabe ist auch das undatierte Typoskript einer Pasternak-Übersetzung gefunden worden. Das übersetzte Gedicht ›Otplytie‹ / ›Abfahrt‹ stammt aus dem Jahr 1922; es bezieht sich auf Pasternaks Abfahrt aus Petersburg, auf dem Weg ins vermeintliche Exil in Deutschland, aus dem er jedoch schon wenige Monate später wieder nach Rußland zurückkehrt.

Das Schwatzen von Salztropfen, hörbar.
Angedeutet: Räderwerk, dumpf.
Es geht seitwärts hinaus aus dem Hafen,
lautlos hinter den Speichern.

Platschen, echolos, wieder und wieder.
Ein Stöhnen: das blassrosa Meer

läuft auseinander, es glüht
weithin, wie Birkenrinde.

Das Gedicht ist erneut Zeugnis jener historisch so bewegten Zeit, die auf die Biographie der meisten Dichter Rußlands tragischen Einfluß genommen hat. In diesem Sinne schreibt Celan am 31. Oktober 1958 an Rudolf Hirsch: »Pasternak – das ist ... ach, das ist alles noch viel, viel furchtbarer und tragischer, als man es zu sehen bereit ist...«. Zunächst scheint Celan sich Pasternak 1958 zu nähern, bis der Dichter Ende des Jahres so plötzlich »in aller Munde« ist. Noch im Juli korrespondiert Celan mit Gerhard Mauz vom S. Fischer Verlag über vergebliche Versuche, die Pasternak-Übersetzungen von Reinhold von Walther zu verbessern, wie es ihm wohl angetragen worden ist, und schlägt vor, zum Vergleich die besser geglückten französischen Übertragungen heranzuziehen:

sie sind einfacher in der Diktion, die Thematik – auf die es Pasternak (vgl. Esquisse d'une Autobiographie) so sehr ankommt, er kapituliert hier nicht vor dem Reim. *(An Gerhard Mauz, Juli 1958)*

Dieser kleine Hinweis verrät schon Kennerschaft. Im selben Brief äußert er aber auch seine Enttäuschung bei der Lektüre des ›Doktor Schiwago‹; bezeichnenderweise steht keine Ausgabe des Romans in seiner Bibliothek (neben den autobiographischen Schriften besitzt Celan nur Gedichtbände). Obwohl er Anfang der sechziger Jahre noch einige russische Lyrikausgaben Pasternaks erwirbt, übersetzt er nichts mehr von ihm.

Hart und auch ungerecht klingt dann sein Urteil über Pasternak in einem Brief vom 4. Dezember 1958 an Harald Hartung (der einen Aufsatz über Pasternak angekündigt hatte):

Ich bin des Russischen einigermaßen mächtig, ich verdanke die Bekanntschaft mit der Lyrik Pasternaks nicht den scheinheilig daherschwatzenden »Kulturträgern« unserer so abendländischen Welt. Der »Schiwago« ist alles andere als ein grosses Buch. Und Pasternak hat auch allerlei Geschichtelchen geschrieben, in denen er ganz hübsch ins Horn des »Slaventums« stösst. (Ich frage: was ist das denn, die »russische Erde«?) Aber:

178 Ein Quodlibet aus den Beilagen von Pasternaks ›Poesie‹ (19.5)

Pasternak, d.h. Pasternaks Literaturgläubigkeit, sein Hochmut, sein »Russentum«, seine als Klassik bezeichneten schöngereimten Banalitäten im Schiwago, die Datscha, der photographierte Ha[n]dkuss des Nachbars, der Briefwechsel mit der westlichen Prominenz – all das sind ebenfalls Produkte des Stalinismus, all das zeugt, auf das tragischste, von der Isoliertheit des Geistes in Russland. Kennen Sie das Schicksal Majakowskijs? Jessenins? Isaak Babels? Boris Pilnjaks?

Einer der grössten russischen Lyriker dieses Jahrhunderts, Ossip Mandelstamm, wurde, nachdem er aus der sibirischen Deportation zurückkehrte, von Deutschen ermordet (er war Jude, wie Pasternak). [...]

Urteilen Sie nicht vorschnell, auch nicht im Zusammenhang dieser so widerlichen Pasternak-Affäre.

Offensichtlich ist es das Schicksal der »vergeudeten Dichter«, das Celan dem Dichter Pasternak, der alle Widrigkeiten der Zeit überlebt hat, nicht verzeihen kann.

Er sammelt Zeitungsartikel über die Preisverleihung und dann auch zahlreiche Nachrufe. Unter diesen aufgehobenen Ausschnitten muß die offenbar aus der in Paris erscheinenden russischen Zeitschrift ›Russkaja mysl'‹ stammende Todesanzeige hervorgehoben werden, mit der zu einem orthodoxen Trauergottesdienst am 8. Juni 1960 in der Alexander-Newskij-Kathedrale in Paris eingeladen wird. Pasternak entstammte einer jüdischen Familie, ist aber russisch-orthodox getauft worden; er hat selbst versucht – unter anderem im ›Schiwago‹ – das Christentum als Fortsetzung des Judentums zu deuten. Das muß Celan weit von ihm entfernen. Esther Cameron überliefert aus einem Gespräch noch 1969, Celan schätze »Pasternak ganz besonders nicht, auch wegen seiner Bemerkung, die Juden sollten doch endlich zum Christentum übergehen«. (E. Cameron: Erinnerung an Paul Celan. In: W. Hamacher/W. Menninghaus: Paul Celan, S. 339) Die Verbindung des Russischen mit dem jüdischen Schicksal wird für Celan spätestens seit seiner intensiven Beschäftigung mit Mandelstamm wegweisend und sie bestimmt auch seine Übersetzungen. 1962 gibt er einem seiner Gedichte das in kyrillischen Buchstaben gesetzte russische Motto »все лоэты жибы« (»Alle Dichter sind Juden«). Marina Zwetajewa, an deren Verse sich diese Wendung anlehnt und »deren Existenz sich, wie die so vieler Grosser der russischen Dichtung mit ihren Gedichten deckte, war Nichtjüdin«, das hebt Celan in einem Brief an Peter Jokostra vom 3. Januar 1963 eigens hervor. Pasternak, der Mandelstamm wie Zwetajewa nahe gewesen ist, scheint für ihn diese Einheit von Dichtung und Lebensweg nicht zu verbür-

gen. Sie aber ist für Celan die conditio sine qua non einer Annäherung an die russische Dichtung.

6 N. I. Kylbin: Velemir Chlebnikov

Lithographie, 1913
Leihgabe: Staatliches Literaturmuseum, Moskau

Der dritte Autor, den Celan neben Mandelstamm zu den »vergeudeten Dichtern« zählt und aus dessen Werk er mehrere Texte übersetzt, ist Welemir Chlebnikow. Chlebnikow gehört zu den Begründern des russischen Futurismus, unterscheidet sich jedoch deutlich von Majakowskij, ja kann geradezu als dessen »Gegenpol« (Peter Urban) gelten. Er ist politisch engagiert, aber nicht ideologisch fixiert. Seine Dichtungen, Prosatexte, Pamphlete und dramatischen Entwürfe gehorchen einer poetischen Diktion, die einzigartig ist. Chlebnikow tritt auf die Bühne der russischen Avantgarde ohne Vorbild, und er verläßt sie ohne Nachfolger. Er hat innovativ vor allem als ein Dichter von Neologismen gewirkt, als »Entdecker« alter und geheimer Verbindungen der Wörter untereinander, die auch die Sprachgrenzen überschreiten können. Celan hat an diesem in Deutschland immer noch wenig bekannten Autor dessen, wie er es nennt, Zugang zum »Archetypischen« fasziniert. Celan faßt Chlebnikows Erscheinung als ebenso genial wie typisch auf und geht damit weit über das Interesse für die sprachspielerische Organisation von dessen Texten hinaus, die Chlebnikow bei den Vertretern der konkreten Poesie in Deutschland während der sechziger und frühen siebziger Jahren einige Popularität eingebracht hat.

Celan liest Gedichte von Chlebnikow wohl zuerst in der Anthologie von Markov (Nr. 2), dann auch in einer sowjetischen Anthologie von 1957. Erst 1960 erscheinen zwei Auswahlausgaben der Gedichte in russischer und in französischer Sprache, in Leningrad und Paris:

7 V. Chlebnikov: Stichotvorenija i poėmy

(Gedichte und Poeme)
Vstupitel'naja stat'ja, podgotovka teksta i primečanija N. Stepanova
Leningrad: Sovetskij pisatel' 1960
(Biblioteka poėta. Malaja serija)
(Aus der Bibliothek Paul Celan)

8 Velimir Khlebnikov: »KA«

textes choisis, traduits du russe et présentés par Benjamin Goriély
Paris: Editions Emmanuel Vitte 1960
(Aus der Bibliothek Paul Celan)
Mit dem Datum der Erwerbung: »2 juillet 1960«
Mit gedruckter Würdigung von Majakowski auf dem Titelblatt: »notre Maître à tous«

In der sowjetrussischen Ausgabe verweist die mehrfache Notiz »Ka« in Verbindung mit einer Seitenzahl darauf, daß Celan beide Ausgaben parallel nutzt; er ist es gewohnt, auch französische Übersetzungen heranzuziehen. Vor dem Erscheinen dieser Bücher, noch auf der Suche nach Informationen, stößt Celan 1959 auf eine schon fünf Jahre zuvor erschienene Zeitschrift, in der Wladimir Markov, der Herausgeber der Anthologie ›Unterdrückte Stimmen‹ (Nr. 3) einen umfangreichen Artikel über Chlebnikow publiziert hat. Dieser Beitrag begründet Celans Chlebnikow-Verständnis – er datiert die Lektüre am Ende des Artikels auf den »28. 9. 59« – weil sein Urteil bis dahin aufgrund eingeschränkter Kenntnisse noch nicht festgelegt, Chlebnikow noch nicht als Urheber nur von »Lautdichtung« »abgestempelt« ist. Markov stellt Chlebnikows »Sprachspiele« als ein ernstes, sprachtheoretisch durchdachtes und begründetes System dar; zugleich bezieht er sich auf die Biographie Chlebnikows, die dessen oft absurd erscheinenden Umgang mit Sprache als konsequente Reaktion auf die historische Situation begreifen lassen: »Verrückt war Chlebnikov nicht,« schreibt Markov, »aber er war ein Wahnsinniger – wie Blake, Hölderlin, Van Gogh und andere«, und er nennt ihn einen »jüngeren Bruder von Don Quichote und Fürst Myškin«. Daß Celans Chlebnikow-Bild in diesen Jahren aber nicht nur durch die Lektüre des Markov-Aufsatzes geprägt ist, bezeugen handschriftliche russische Aufzeichnungen in einem Notizheft:

179 Auf der gegenüberliegenden Seite: Velimir Chlebnikov, Lithographie von N. I. Kylbin (19.6)

HK
1913

9 Paul Celan: Exzerpte und Notizen zur russischen Literatur, vor allem zu Mandelstamm und Chlebnikow

Manuskript. Grünes Schulheft
Aufgeschlagen ist das Exzerpt aus Roman Jakobsons Schrift: Novejšaja russkaja poėzija. Nabrosok pervyj. Viktor Chlebnikov (Die neuere russische Poesie. Erster Versuch. V. Chlebnikov). Praga: Tipografija ›Politika‹ 1921

Das Heft führt in eindrucksvoller Weise vor, wie selbstverständlich Celan Exzerpte in russischer Sprache und in kyrillischer Schrift sind. Aufzeichnungen dieser Art scheint Celan bei seinem Studium in der Bibliothèque Nationale gemacht zu haben. Denn der exzerpierte Beitrag von Jakobson – eine der wichtigsten wissenschaftlichen Untersuchungen zur Dichtung des russischen Futurismus – steht zwar in Celans privater Bibliothek, das gänzlich unaufgeschnittene Exemplar ist aber von Celan vermutlich erst nach seiner Lektüre antiquarisch erworben und dann nicht mehr gelesen worden. Er exzerpiert in dieses Heft nicht nur Literarhistorisches; er schreibt auch einzelne Gedichte Chlebnikows ab, wie etwa ›Bobeobi sangen die Lippen‹, ein berühmtes »Lautgedicht«, oder aber das von ihm erst zehn Jahre später übersetzte Gedicht ›Das Heupferdchen‹:

180 Chlebnikows Gedicht ›Das Heupferdchen‹ in der Abschrift von Celan (19.9)

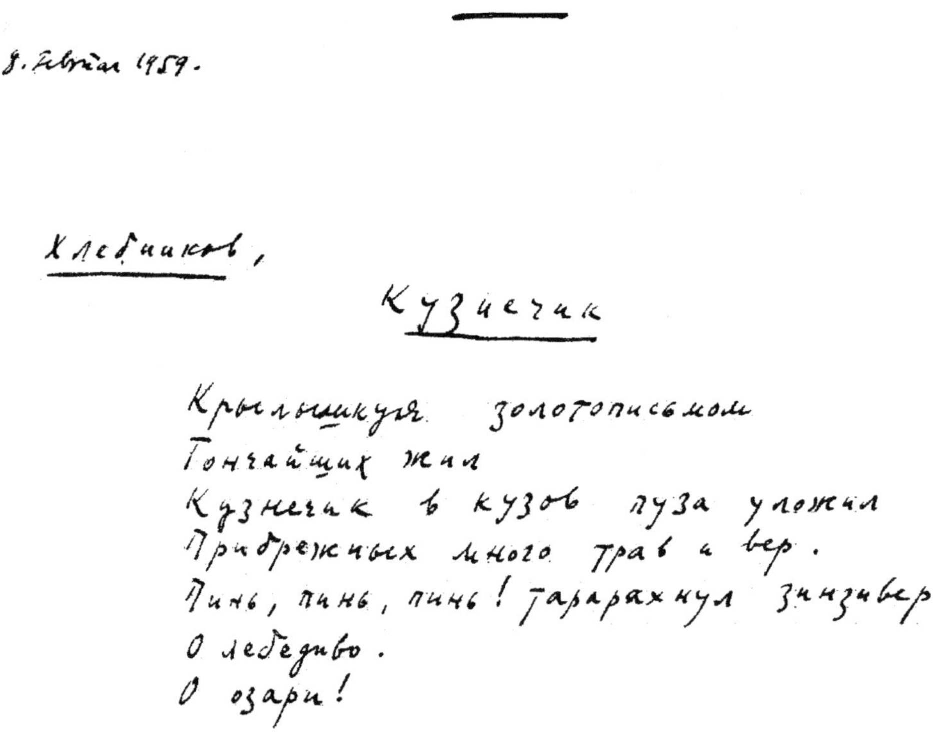
8. Februar 1959.

Хлебников,

Кузнечик

Крылышкуя золотописьмом
Тончайших жил
Кузнечик в кузов пуза уложил
Прибрежных много трав и вер.
Пинь, пинь, пинь! тарарахнул зинзивер
О лебедиво.
О озари!

Flügelchend mit dem Goldbrief
aus feinstem Faserwerk,
packte das Heupferdchen seinen Wanst korbvoll
mit Ufernem: Schilfen und Gräsern
Pinj, pinj, pinj! pardauzte die Roßpappel.
O schwanings.
O aufschein! *(GW V, S. 297)*

Trotzdem ist Vladimir Markov wohl einer der wichtigsten Vermittler für ihn gewesen, in seinen Publikationen, aber auch in seiner Person. Nachdem dieser ihm am 7. Mai 1960 einen kurzen freundlichen Brief zu seinen Übersetzungen aus dem Russischen geschickt und einen eigenen kleinen Gedichtband beigelegt hat, dankt Celan überschwenglich (versieht sich dabei aber im Datum):

78, rue de Longchamp — Paris, am 31. Mai 1961

Lieber Wladimir Markow,

haben Sie herzlichen, herzlichsten Dank!

Für die ›Gurilevskie Romansy‹, für dieses so ergreifend-verhaltene »Davon« – also von-Rußland-Sprechen – »No Rossii net na svete« *[Aber Rußland gibt es nicht auf Erden]* – also ist es. Ja, es ist: denn wie wäre es mir, dem Nicht-Russen – immerhin, und das mag vielleicht mehr sein als ein Scherz: eine meiner Urgroßmütter kam aus dem Russischen –, wie wäre es denn sonst möglich, das [sic] ich, mitten in diesem weiß Gott nichtrussischen Paris, die russische Dichtung als das mir Nahe und Nächste erlebte, daß ich – Sie haben es, als einziger, gesehen! – hier diese Begegnung erleben durfte: die Begegnung mit Mandelstamm! Und dann, über diese Begegnung, die Begegnung mit Ihnen. Lassen Sie mich das so nennen, wie ich das mir Verbliebene, das mir zuinnerst Verbliebene zu nennen gewagt habe – lassen Sie es mich das nennen. [(Kunst, – das ist, so sehr man sie auch beherrschen muß, nicht das Entscheidende; erst wo sie ins Kunst-lose tritt,] *[der letzte Satz ist wieder durchgestrichen]*
Sehen Sie, als Sie an der Universität Leningrad studierten, war ich Student

an einer anderen sowjetischen Universität: an der Universität Czernowitz. (Von daher stammt auch meine Begegnung mit Jessenin – ich habe, indem ich ihn übersetzt habe, jetzt diese – alte – Schuld abgetragen – und so auch Ihre utopische Vorstellung wahrgemacht, von der Sie in ›Priglušennye Golosa‹ sprechen: Mandelstamm und Jessenin.)
Sie sagen, man könne nur davon träumen, daß ich auch Chlebnikov übersetze – ich träume schon seit Jahren davon; Ihr Chlebnikov-Aufsatz in ›Grani‹ hat sehr dazu beigetragen. Aber: es ist ein Traum. An einigem habe ich mich bereits versucht – über den Versuch bin ich nicht hinausgekommen. Seltsamerweise sind es nicht jene Aspekte dieser Dichtung, die man – ich vereinfache jetzt, ich weiß, – als die »wortschöpferischen« bezeichnen könnte, die mich bei Chlebnikow ansprechen. Es ist – ich suche ein Wort, und eines genügt hier nicht –, es ist etwas, das man vielleicht das »Archetypische« nennen darf. Ich glaube, daß Chlebnikow hier wie kaum einer Zugänge hatte.
Vielleicht führt mich eine Zeit auch dorthin, d. h. so weit. Mittlerweile – erlauben Sie mir, es Ihnen so zu sagen –, mittlerweile beschäftigen mich meine Zeitgenossen, zumal die deutschen unter ihnen, mit ... ihrer Niedertracht.
(»Mandelstamm«– und Meridianhaft auch das ... ich bin bestohlen worden – jetzt hallt es durch die Gasse: »haltet den Dieb!«)
Ja, ich muß von meiner Urgroßmutter denn doch mehr Russisches mitbekommen haben, ob man – und ich selbst – mir glauben möchte. Meine Frau, die Französin ist – aber auch Französinnen sind, zumal durch deutsche Lyriker, die von hinter den Bergen kommen, russifizierbar –, meine Frau hat es mich schon oft sagen hören: im Grunde bin ich wohl ein russischer Dichter ...
Ich grüße Sie herzlich, lieber Wladimir Markow!
Ihr Paul Celan

Dieser Brief ist eines der seltenen Zeugnisse seines geradezu emphatischen Verhältnisses zur russischen Dichtung, »als das mir Nahe und Nächste«. Daß er mit seinen Übersetzungsversuchen tatsächlich jenseits jenes »wortschöpferischen« Chlebnikow-Verständnisses ansetzt, belegt sein erster Versuch, der am

6. November 1960 entsteht. Aus der einzigen russischen Chlebnikow-Ausgabe, die ihm zu diesem Zeitpunkt vorliegt, übersetzt er das Gedicht ›Das eine Buch‹ (GW V, S. 309–311), ohne die fertige Übersetzung allerdings – wie die anderen abgeschlossenen Übersetzungen aus dem Russischen – sogleich zum Druck zu geben.

181 Frühester Beleg für eine Chlebnikov-Übersetzung Celans vom 6. November 1960

Das Eine Buch - 3 -

Auf dem Umschlag, geschrieben

von des Schöpfers Hand:

mein Namen , in hellblauen Lettern.

Ja ja,

~~Jawohl~~, du bist nicht achtsam beim Lesen -

sieh näher hin, schärfer,

zerstreut, das bist du, du liest mit Tagedieb-Augen.
Gleichwie
Lektionen in Gottes Gesetz

sind diese Gebirgsketten, diese

riesigen Meere.

Dies Eine Buch:

[illegible]

bald ~~liest du es, bald.~~

In diesen Seiten schnellt der Wal,

der Adler umsegelt das Eckblatt und kommt

niedergeschwebt auf die Wellen des Meers, auf die Brüste der Meere,

um auszuruhn auf der Bettstatt des ~~anderen~~ See- Adlers.

[illegible]?

[illegible]?

1920. auf des Seeadlers Eckblatt

6. XI. 60

Erst 1967, als Peter Urban für das ›Kursbuch‹ ein ›Dossier Chlebnikow‹ vorbereitet, wird überraschend bekannt, daß Celan auch diesen Autor schon übersetzt hat. Urban erinnert sich: »Paul Celan, frisch zu Suhrkamp übergewechselt, rückte mit seiner Fassung des Gedichts ›Das eine Buch‹ heraus, als im Gespräch der Name Chlebnikov fiel.« (In: Velimir Chlebnikov: Werke. Poesie. Prosa. Schriften. Briefe. Hrsg. von P. Urban. Reinbek bei Hamburg: Rowohlt 1972, S. 639) Die Übersetzung erscheint dann im Rahmen der ersten Vorstellung des Autors in Deutschland in diesem ›Kursbuch‹-Dossier (1967, Heft 10, S. 46f.); es ist die einzige Chlebnikow-Übersetzung, die Celan zu Lebzeiten veröffentlicht hat. Urban bemüht sich nach dem Erscheinen des Dossiers um die Vorbereitung einer repräsentativen deutschen Chlebnikow-Ausgabe. Er konzipiert sie als eine Art ›Übersetzungsanthologie‹, an der mehrere deutsche Dichter beteiligt sein sollten, von denen Urban annimmt, daß sie »ein Verhältnis zu Chlebnikow hätten haben müssen« (ebd.), unter ihnen Hans Magnus Enzensberger, Franz Mon, Gerhard Rühm und Oskar Pastior. Urban wird nicht müde, auch Celan zum erneuten Übersetzen zu ermuntern. Mehrere Briefe, die im Sommer 1969 zwischen den beiden hin- und hergehen, begleiten das sukzessive Entstehen weiterer Chlebnikow-Übertragungen Celans. Nur wenige Typoskripte sind datiert. Urban glaubt sich zu erinnern, daß die Übersetzung des Poems ›Semero‹ / ›Sieben‹ (GW V, S. 302–307) ebenfalls schon vor dem gemeinsamen Projekt entstanden ist; als er Celan in einem Brief am 16. Juni 1969 vom Stand des Unternehmens berichtet, liegt ihm neben den beiden genannten Manuskripten erst die Übersetzung von ›Vozdušnyj vozduchan‹ / ›Luftiger Luftold‹ (GW V, S. 294f.) vor. Drei Tage später schickt Celan ihm außerdem seine Version von ›cernyj ljubir'‹, das Gedicht ›Schwarzlieb‹ (GW V, S. 300f.).
Es folgen noch zwei Gedichte. Celan erwirbt zwar 1969 die ersten beiden Bände der ein Jahr zuvor in München erschienenen großen Chlebnikow-Ausgabe, aber hat sich von den ihn zehn Jahre zuvor beschäftigenden Dichtungen und deren historischen Kontexten unterdessen doch weit entfernt. Detaillierte stilistische Untersuchungen von Celans Spätwerk mögen in Einzelfällen engere Beziehungen zum Werk des Spracherneuerers per se ergeben; eigentlich kommt dieses Projekt für Celan aber zu spät. Er, der jahrelang davon »träumt«, Chlebnikow zu übersetzen, kann das Erscheinen der spektakulären Chlebnikow-Ausgabe im Jahr 1972 nicht mehr erleben.

20 »Da sah ich dich, Mandelstamm«

Der Dichter, zu dem Celan von allen übersetzten Autoren die wohl größte Nähe empfindet, ist Ossip Mandelstamm (1891–1938). Die Bekanntschaft mit seiner Dichtung scheint geradezu schlagartig vieles in Celans eigenem Dichtungsverständnis zu verändern; sein Interesse für die russische Literatur orientiert sich von nun an fast nur noch an diesem einen Autor.

Mandelstamm wird schon in jungen Jahren zu einem der führenden Dichter des sich von Symbolismus und Futurismus gleichermaßen abgrenzenden Akmeismus. Nach Studienaufenthalten in Paris und Heidelberg erlangt er Aufmerksamkeit und Anerkennung mit zwei Gedichtbänden: ›Kamen'‹ (Der Stein) und ›Tristia‹, sowie durch eine Reihe von programmatischen Essays, wie ›Utro Akmeizma‹ (Der Morgen des Akmeismus). Seit 1928 sieht er sich Repressalien ausgesetzt, die er teils durch sein Verhalten in der Öffentlichkeit provoziert, teils aber auch mit einem unberechtigten Plagiatsvorwurf zusammenhängen. Als 1934 ein im kleinen Kreis rezitiertes Epigramm auf Stalin publik wird, läßt dieser Mandelstamm verhaften. Weil auch Pasternak zu vermitteln versucht, wird er nur für einige Jahre nach Woronesch verbannt und darf dann nach Moskau zurückkehren; Leningrad bleibt ihm jedoch verschlossen. Bald nach seiner Rückkehr wird er 1937 wiederum verhaftet und nach Sibirien deportiert, wo er vermutlich am 27. Dezember 1938 den Tod findet.

Celans Interesse für Mandelstamm geht weit über das Übersetzen hinaus; es gilt gleichermaßen seiner Person wie seiner Dichtung. Die Gestalt des verfolgten jüdischen Dichters repräsentiert für ihn den modernen Dichter überhaupt, dessen Schicksal von Verfolgung und Exil geprägt ist. »Dem Andenken Ossip Mandelstamms« ist Celans vierter Gedichtband ›Die Niemandsrose‹ gewidmet, der in mehreren Gedichten die Person Mandelstamm anruft. Seine Beschäftigung mit der akmeistischen Dichtung ist dabei deutlich von einem auf das eigene Gedicht zielenden poetologischen Interesse bestimmt. 1960 verfaßt er das Skript für eine im Norddeutschen Rundfunk ausgestrahlte Sendung über ›Die Dichtung Ossip Mandelstamms‹. In diesem Text sind bereits wesentliche Formulierungen aus der wenige Monate später vorgetragenen Büchner-Preis-Rede enthalten, in der

182/183 Umschlag und Widmung an den Sohn Eric (Ausschnitt aus der Seite) (20.1)

er den Ort des Gedichts überhaupt zu bestimmen sucht. Grundbegriffe der Poetik (die »Flaschenpost« der Bremer Rede; der Begriff der »Begegnung«) wie der poetischen Topographie (»Stein«; »Schwarzerde«) sind den beiden wesensverwandten Dichtern gemeinsam. Anderes wird Celan vermutlich durch die Beschäftigung mit Mandelstamm erst vermittelt (ein neuer Blick auf die klassische Antike; die Dante- und die Petrarca-Verehrung). Die Texte Mandelstamms erweisen sich für Celan als gesamteuropäisches Lehrwerk; sie erleichtern seine eigene Ortsbestimmung zwischen Östlichem und Westlichem, in Vergangenheit und Gegenwart.

Kaum hat Celan dessen Gedichte kennengelernt, beginnt er auch schon zu übersetzen; zunächst 1958 noch parallel zur Arbeit an Block und Jessenin, dann sie ablösend, kommt es bereits im April 1959 zu einem Abschluß in der gedruckten Sammlung:

1 Ossip Mandelstamm: Gedichte

Aus dem Russischen übertragen von Paul Celan.
Frankfurt am Main: S. Fischer Verlag 1959
Mit handschriftlicher Widmung von Paul Celan: »Eric Celan novembre 1959.«
Leihgabe: Eric Celan

Schon früh äußert Celan die Absicht, von Mandelstamm einen eigenen Band zu veröffentlichen, am 4. und 5. Juni 1958 gleich in etlichen Briefen mit ähnlichem Wortlaut. Hans Magnus Enzensberger teilt er mit:

Vielleicht kann ich Ihnen Russisches geben, ich habe nämlich in der letzten Zeit viel aus dem Russischen übersetzt, vor allem den ganz unerhörten Ossip Mandelstamm und Sergej Jessenin. Halten Sie mich aber bitte nicht für knauserig, wenn ich auch hier ein Aber laut werden lasse: ich wünsche mir, so viel von diesen beiden Lyrikern zu übersetzen, dass es eines, hoffentlich nicht allzu fernen, Tages richtige Gedichtbände werden. *(An Hans Magnus Enzensberger, 4. Juni 1958)*

Am nächsten Tag schickt er einen Brief an Rudolf Hirsch:

Ausser meinen eigenen möchte ich Ihnen noch ein zweites, allerdings unvollständiges Manuskript vorlegen: die Gedichte, die grossartigen Gedichte von Ossip Mandelstamm, an deren Uebertragung ich seit ein paar Wochen arbeite. Mandelstamm ist wohl der grösste russische Lyriker der letzten Jahrzehnte, er ist d e r Metaphysiker, ich bin ein wenig stolz, ihn gefunden und übersetzt zu haben. Bisher ist mir die Uebertragung von sechzehn Gedichten geglückt, es sollen vierzig oder fünfzig werden, der Band könnte dann im Herbst 1959 im S. Fischer Verlag erscheinen. Darf ich Ihnen das bisher Uebersetzte schon jetzt schicken? *(An Rudolf Hirsch, 5. Juni 1958)*

Celan liegt an einer raschen Publikation; die Aussicht darauf scheint ihn zu beflügeln. Am 22. April 1959 kann er Hirsch melden:

Eine gute Nachricht: die Mandelstamm-Uebertragung ist abgeschlossen, es sind vierzig Gedichte, alles Wesentliche ist übersetzt, überall ist die Form des Originals gewahrt, das Gereimte ist gereimt geblieben, überall, auch in den (recht zahlreichen) langen Gedichten. Mein Eindruck, dass Mandelstamm zu den Größten zählt, hat sich vertieft.

2 Osip Mandel'štam: Kamen'

(Der Stein)
Pervaja kniga stichov (Der erste Gedichtband)
Moskva-Petrograd: Gosudarstvennoe izdatel'stvo 1923
(Biblioteka sovremennoj russkoj literatury)
(Aus der Bibliothek Paul Celan)

Celans Auswahl von 41 übersetzten Gedichten folgt konsequent der Anordnung der Gedichte in Mandelstamms Originalzyklen ›Der Stein‹ (1913), ›Tristia‹ (1922) und ›Gedichte‹ (1928). Er erwirbt, vermutlich schon seit 1955, alle Ausgaben, wenn möglich sogar die Erstdrucke. Von Mandelstamms 1913 erschienenem ersten Gedichtband ›Kamen'‹ besitzt Celan die zweite und die dritte Auflage, die, jeweils, um einige Gedichte erweitert, 1916 und 1923 herausgekommen sind. Hinter dem russischen Titel ›Kamen'‹ verbirgt sich anagrammatisch das griechische Wort »akme« (Höhepunkt, Blütezeit), das der von Mandelstamm mitbegründeten avantgardistischen Strömung, dem Akmeismus, seinen Namen gab. Das wird schon im klassizistischen Titelblatt der Erstausgabe angedeutet. Der programmatische Anspruch wird in den folgenden Ausgaben allerdings zurückgenommen.
Während die zweite Auflage auf eine Titelillustration ganz verzichtet, steht die dritte, 1923 im Staatsverlag erschienene, Ausgabe schon ganz im Zeichen der zeitgenössischen Kunstauffassung: der Name des Autors und des Staatsverlags rahmen in gleichgroßen Typen den Titel, der in eines der abgegriffensten Symbole sozialistischer Kunst integriert wird, eine aufgehende Sonne. Weil dadurch der erste und der letzte Buchstabe gleichsam isoliert erscheinen, ergibt sich eine unfreiwillig komische Verschiebung des Titels von ›Kamen'‹ zu »amen« – das absurde Zeugnis einer Kunstpräsentation, welche die Kunst ihrer Ursprünge beraubt hat.
Celan lernt in der Auseinandersetzung mit Mandelstamm vieles von dem begreifen, was ihn selbst bedrängt; vieles davon kann er poetisch fruchtbar machen oder poetologisch gültig formulieren:

Eines Tages hoffe ich einen richtigen Essay über Mandelstamm für die Rundschau schreiben zu können: ich habe mir schon zahlreiche Notizen gemacht *(An Rudolf Hirsch, Juni 1959)*

3 Paul Celan: Aufzeichnung zu Mandelstamm

Manuskript, 2 Blatt
Ausgestellt ist die erste Seite

Eine Notiz – sie zielt wohl auch auf das eigene Werk – lautet:

Mandelstamm –

Und so wird man auch verstehen, daß die Gedichte M's nicht, wie man verschiedentlich von ihnen sagte, »hermetisch« sind, sondern vielmehr offen, weit aufgetan dem Auge, das sie in ihrer ganzen Zeittiefe zu begreifen versucht.

Schluß: DES MENSCHEN ORT – EIN ORT IM ALL

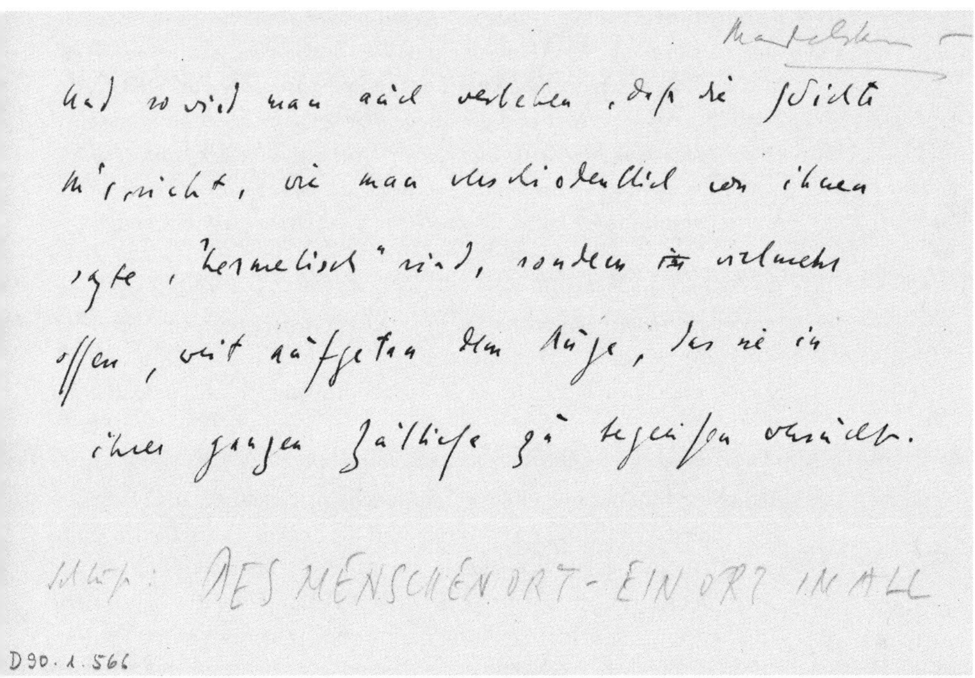
Mandelstamm –
Und so wird man auch verstehen, daß die Gedichte M's nicht, wie man verschiedentlich von ihnen sagte, „hermetisch" sind, sondern vielmehr offen, weit aufgetan dem Auge, das sie in ihrer ganzen Zeittiefe zu begreifen versucht.
Schluß: DES MENSCHEN ORT – EIN ORT IM ALL
D90.1.566

184 Notiz Celans zu Ossip Mandelstamm (20.3)

An die ›Mandelstamm-Euphorie‹ Celans erinnert sich Alexej Struve, der in Paris eine russische Buchhandlung führt, in einem Brief an seinen Bruder, den Mandelstamm-Herausgeber Gleb Struve, vom 15. März 1961:

I have known Celan for about two years. To begin with, I used to help him in various ways. Then he »fell in love« with Mandelstam and brought [sic] from me all his works I had. [...] He is preparing translations from Esenin. But his idol [...] is M[andelstam]. *(In: Victor Terras, Karl S. Weimar: Mandelstamm and Celan. A Postscript. Germano-Slavica, Jg. 2, 1978, Heft 5, S. 360)*

Ich kannte Celan ungefähr zwei Jahre lang. Anfänglich half ich ihm auf vielerlei Weise. Dann ›verliebte‹ er sich in Mandelstamm und kaufte [?] bei mir alle Ausgaben seiner Werke, die ich hatte. [...] Er bereitet Übersetzungen von Jessenin vor. Aber sein Idol [...] ist M[andelstamm].

Schon die Wortwahl Struves zeigt an, in welchem Maß Celan sich dem russischen Dichter verbunden fühlt. Er erkennt immer deutlicher in Verleumdung und Verbannung, die Mandelstamms Weg bestimmen, das exemplarische Schicksal des modernen jüdischen Dichters und darin zugleich sein eigenes. Die 1960 auf den Höhepunkt getriebene Plagiatsaffäre erscheint präformiert in der Biographie Mandelstamms. Sie ist Ende der fünfziger Jahre noch keinesfalls vollständig bekannt. Hier scheut Celan keine Mühen, sich Informationen vor allem über das Ende des Dichters zu verschaffen, Erkundigungen einzuholen, etwa nach Mandelstamms Heidelberger Studienaufenthalt. (Herbert Heckmann hat noch 1962 offensichtlich im Auftrag Celans nach entsprechenden Eintragungen im ›Studien- und Sittenzeugnis‹ der Universität Heidelberg geforscht und teilt Celan in einem Brief vom 16. Mai 1962 die gefundenen Daten mit.) Hermann Kasack berichtet Celan am 29. Februar 1960 von einer Reise nach Moskau, die er als Präsident der Deutschen Akademie für Sprache und Dichtung unternommen hat:

Als ich in Moskau mit einigen Schriftstellern, Gelehrten und Literaten den Namen Mandelstamm erwähnte, war die Reaktion verschieden. Einige hörten darüber hinweg, andere waren freudig überrascht, als sie von Ihren Übersetzungen hörten. Über Mandelstamms unglückliches Ende bestehen nur Gerüchte; er dürfte an einem Ort seiner politischen Verbannung ums Leben gekommen sein. Sein Name steht in keiner neueren

Literaturgeschichte und gehört zu denen, die auch heute nicht offiziell genannt werden können.

Zeitpunkt und Umstände von Mandelstamms Tod sind lange im Ungewissen geblieben; erst die Darstellung von Ilja Ehrenburg, der sich auf den Bericht eines aus dem Exil zurückgekehrten ehemaligen Mithäftlings von Mandelstamm beruft, gilt als ziemlich sichere Bestätigung dafür, daß Mandelstamm Ende Dezember 1938 in einem Durchgangslager bei Wladiwostok den Tod fand. Celan kennt diese Version aus den 1961 in Moskau erschienenen Erinnerungen Ehrenburgs und teilt, was er gerade erfährt, sogleich mit:

Etwas Wichtiges, lieber Herr Dr. Hirsch: In der Zeitschrift ›Novyj Mir‹ erscheinen die Erinnerungen Ilja Ehrenburgs. Ich glaube, der S. Fischer Verlag sollte die Rechte erwerben – das Buch dürfte bald erscheinen. In Heft 1, 1961 ist, ich höre es eben, viel von Mandelstamm die Rede. *(An Rudolf Hirsch, 26. Februar 1961)*

Bis zum Bekanntwerden dieses Berichts gibt es nur Vermutungen; die Suche nach zuverlässigen Angaben verbindet eine kleine Gruppe von Mandelstamm-Liebhabern in ganz Europa. Anfang März 1959 erhält Celan Nachrichten von Hans Jürgen Leep (Der Bund, Wuppertal):

Lieber Herr Celan, den beigefügten Text habe ich Ihnen aus ›The Times Literary Supplement‹ abgeschrieben – Sie interessieren sich doch gleichfalls für Mandelstamm, und da wird es Ihnen vielleicht willkommen sein zu erfahren, dass es auch noch andere gibt, die am Schicksal des Dichters Anteil nehmen.

Er legt die Abschrift eines Leserbriefs von Peter Russell in der Nummer vom 19. Dezember 1958 bei:

I am engaged in translating into English the complete poems and a selection of prose of the Russian poet Osip Mandelshtam. Considering the very high praise bestowed on this poet by Prince Mirsky in his History of Russian Literature and by other Russian critics, the paucity of material about the man and his life is quite extraordinary. Indeed, from 1932 onwards nothing certain is known about him, except that his death occured during the war. No two accounts of his death agree – some saying that he died in Russian custody, some that he was murdered by the Germans, and others that he died a natural death after his deportation to the East.

I would be immensely grateful if anyone who knew Mandelshtam personally, or who has any special knowledge of him, would be kind enough to communicate with me. If anyone has unpublished manuscripts, letters, photographs or other documents relating to him, or even magazine articles about his life or work, I shall be most grateful to hear from him.

Ich bin damit befaßt, alle Gedichte und eine Prosaauswahl des russischen Dichters Ossip Mandelstamm ins Englische zu übertragen. Wenn ich bedenke, welch hohes Lob diesem Dichter durch Prinz Mirsky in seiner ›Geschichte der russischen Literatur‹ und durch andere russische Kritiker zuteil wurde, sind die Zeugnisse vom Menschen und seinem Leben außerordentlich spärlich. Tatsächlich ist von 1932 an nichts mit Gewißheit über ihn bekannt, außer daß er in den Kriegsjahren starb.

Nicht zwei Berichte über seinen Tod stimmen überein – einige behaupten, daß er in russischer Haft starb, andere, daß er von den Deutschen ermordet wurde, wieder andere, daß er nach seiner Verbannung in den Osten eines natürlichen Todes starb.

Ich wäre unermeßlich dankbar, wenn jemand, der Mandelstamm persönlich kannte oder etwas Besonderes von ihm weiß, die Freundlichkeit besäße, mit mir in Verbindung zu treten. Sollte irgendjemand unveröffentlichte Manuskripte besitzen, Briefe, Photographien oder andere Dokumente, die sich auf ihn beziehen, oder selbst Zeitschriftenartikel zu seinem Leben und Werk, so wäre ich außerordentlich dankbar, von ihm zu hören.

Russell selbst hat schon am 14. Januar 1959 die Verbindung mit Celan aufgenommen, durch Vermittlung von Werner Kraft (auch er ein Leser dieser Zeitung). Celan antwortet am 29. Januar 1959 und teilt ihm nicht ohne Stolz seine selbst ermittelten umfangreichen biographischen und bibliographischen Daten mit, setzt die Korrespondenz aber nicht fort, als er erfährt, daß Russell über seine Versandbuchhandlung auch antisemitische Schriften verbreitet.

In seiner eigenen Darstellung, die er als ›Notiz des Übersetzers‹ der Auswahl von 1959 beigibt, muß er sich noch auf jene Mutmaßungen über Mandelstamms Tod einlassen. So heißt es in einem Entwurf,

er sollte, einer unter vielen andern (und vielleicht der bedeutendste unter ihnen) zu jenen russischen Dichtern gehören, von denen Roman Jakobson sagte, daß sie »von ihrer Generation vergeudet und vertan« worden seien –: im Zuge der ›Säuberungen‹ der Stalin-Ära wurde Ossip Mandelstamm nach Sibirien verbannt (verschiedenen Berichten zufolge soll er im

Exil gestorben sein. Ein anderer, auch von ›The Times Literary Supplement‹ wiedergegebener Bericht, wonach Mandelstamm, kurz vor Kriegsausbruch aus Sibirien zurückgekehrt, an dem von der deutschen Wehrmacht besetzten Teil Rußlands das Schicksal so vieler anderer Juden teilen mußte, wartet zur Stunde noch der Bestätigung.

Und abgewandelt dann in der gedruckten Fassung:

Im Verlauf der stalinschen ›Säuberungen‹ der dreißiger Jahre wurde Mandelstamm nach Sibirien deportiert. Ob er dort den Tod fand oder, wie auch ›The Times Literary Supplement‹ zu berichten wußte, nach seiner Rückkehr aus Sibirien in dem von den Armeen Hitlers besetzten Teil Rußlands das Schicksal so vieler anderer Juden teilen mußte: dies endgültig zu beantworten, ist zur Stunde noch nicht möglich. *(GW V, S. 624)*

In einem anderen Entwurf ist diesem letzten Satz die Bemerkung angefügt: »(Dass beides zum Möglichen gehört: darüber nachzudenken, ist Pflicht.)« Sie wird erst bei der Fahnenkorrektur von Celan wieder gestrichen. Ebenfalls auf ›The Times Literary Supplement‹ als Quelle verweist die weitaus schärfer und eindeutiger formulierte biographische Notiz, die 1960 den Übersetzungen von vier Mandelstamm-Gedichten (›Bahnhofskonzert‹; ›Schlaflosigkeit. Homer‹; ›Der Hufeisenfinder‹; ›Der erste Januar 1924‹) in Enzensbergers ›Museum der modernen Poesie‹ angefügt ist:

Über seine Schicksale nach 1932 ist nicht viel bekannt. Ein Epigramm auf Stalin, heißt es, habe ihm die Verbannung eingetragen. In den späten dreißiger Jahren sei er nach Moskau zurückgekehrt, doch 1939 von neuem verhaftet worden. Manche Quellen geben 1937 als sein Todesjahr an, nach anderen ist er 1938 in Wladiwostok gestorben; wahrscheinlicher ist, daß er bis 1943 gelebt hat und in einem stalinistischen Konzentrationslager, oder, wie ›The Times Literary Supplement‹ vermutet, unter der deutschen Besatzung von Himmlers Henkern ermordet worden ist. *(S. 402)*

Wenn Celan hier seine Ausdrucksweise verschärft, von »stalinistischen Konzentrationslagern« und »Himmlers Henkern« spricht und die Jahreszahlen verschiebt, bedrängt ihn auch eine andere Erinnerung: im Winter 1942/43 sind auch seine Eltern in einem deutschen Vernichtungslager in der Ukraine

185 Korrektur von der Hand Celans in den Mandelstamm-Gedichten im Bibliotheks-Exemplar der École Normale Surérieure, Paris (20.1)

umgebracht worden. Erst Jahre später hat Celan die Frage nach Mandelstamms Tod für sich entschieden. In einem von der Bibliothek der École Normale Supérieure in Paris verwahrten Exemplar seiner Mandelstamm-Übersetzungen streicht er den letzten Satz und fügt die Notiz hinzu:

Ossip Mandelstamm starb 1938 in Sibirien.

/ 1964 / P. C.

dreißiger Jahre wurde Mandelstamm nach Sibirien deportiert. ~~Ob er dort den Tod fand oder, wie auch ›The Times Literary Supplement‹ zu berichten wußte, nach seiner Rückkehr aus Sibirien in dem von den Armeen Hitlers besetzten Teil Rußlands das Schicksal so vieler anderer Juden teilen mußte: dies endgültig zu beantworten, ist zur Stunde noch nicht möglich.~~ ×/

Der geistesgeschichtliche Kontext der Dichtung Ossip Mandelstamms, an der neben Russischem auch Jüdisches, Griechisches und Lateinisches teilhat, die in ihnen mitsprechende religiöse und philosophische Gedankenwelt, ist bislang zu großen Teilen noch unerschlossen. (Die in diesem Zusammenhang zumeist erwähnte Zugehörigkeit des Dichters zu den ›Akmeisten‹ macht nur einen der Aspekte dieser in jeder Hinsicht ungewöhnlichen Dichtung sichtbar.)

Der mit diesem Buch dem deutschsprachigen Leser vorgelegten Auswahl – sie ist, neben einzelnen Übertragungen ins Italienische, Französische, Englische und Deutsche, die erste größere fremdsprachige Auswahl in Buchform – soll zunächst die Chance gegeben sein, die unter den vielen die erste jeder Dichtung bleibt: die des bloßen Vorhandenseins.

9. Mai 1959 P. C.

× Ossip Mandelstamm starb 1938 in Sibirien

/1964/ P. C.

Ein aus dem Umkreis der ›Niemandsrose‹ stammendes Gedichtfragment erinnert an das sibirische Exil des Petersburger Dichters, mit Anlehnung an den Bericht Ehrenburgs, in dem es heißt:

Anfang 1952 suchte mich von Merkulow, ein Agronom aus Briansk, auf und berichtete, wie Mandelstamm 1940 starb – zehntausend Kilometer von seiner Heimatstadt entfernt; todkrank saß er am Lagerfeuer und las Petrarcas Sonette. *(Ilja Ehrenburg: Menschen, Jahre, Leben. Autobiographie. München: Kindler 1962, S. 407)*

OSSIP MANDELSTAMM

War es Eis – was wars

Wars das Eis – was wars,
woran er noch glaubte?
Er, der Petrarca las,
laut, in Sibirien.

Einer kam heim nach Brjansk,

Hier bricht das Gedicht ab. Die Heimkehr, die dem Kaufmann aus Brjansk gelingt und die Mandelstamm verweigert wird, sucht Celan ihm in seinen Übersetzungen und dann in seinen eigenen Gedichten zu gewähren.
Ursprünglich hat Celan wohl durchaus erwogen, den ganzen Mandelstamm oder zumindest dessen autorisierte Gedichtbände vollständig zu übertragen, das lassen jedenfalls neben entsprechenden Vermerken in seinen Mandelstamm-Ausgaben auch Entwürfe von Titelblättern oder Listen der bereits übersetzten und der noch zu übersetzenden Gedichte vermuten. Am 29. Februar 1960 schreibt er an Gleb Struve: »J'aimerais, bien sûr, traduire d'autres poèmes, traduire son admirable prose; mais un tel travail comporte bien des attentes …« (Ich würde auf jeden Fall gerne andere Gedichte übersetzen, seine bewundernswerte Prosa; aber eine solche Arbeit bringt einige Wartezeiten mit sich …) (W. Hamacher / W. Menninghaus: Paul Celan, S. 13) Was auch immer eine Fortsetzung verhindert hat – die Arbeit am ›Meridian‹, andere Übersetzungen, die Goll-Affäre, die Rezensionen der Jessenin-Ausgabe – es wird nicht mehr viel daraus; übersetzt

hat Celan nur noch wenige Stücke. Dafür öffnet sich ihm aber nun ein anderer Zugang, im eigenen und durch das eigene Gedicht. Ein überraschender, im Sommer 1961 bekanntgewordener Fund hat dazu beigetragen:

4 Vozdušnye puti (Aerial ways). Al'manach II

(Luftwege. Almanach II)
Redaktor-izdatel' R. N. Grinberg
N'ju-Jork: 1961
Mit dem Datum der Erwerbung: »Paris, am 20. Juni 1961.«
(Aus der Bibliothek Paul Celan)
Mit zahlreichen Anstreichungen sowie Übersetzungsnotizen zu mehreren Mandelstamm-Gedichten
Der Band enthält u. a. ein Portrait von O. Mandel'štam und 57 Gedichte aus seinem Nachlaß (die sogenannten Woronescher Hefte), sowie wissenschaftliche Beiträge mehrerer bekannter Autoren, unter ihnen auch Vladimir Markov

In diesem zweiten Band eines in den Vereinigten Staaten zu Ehren von Boris Pasternak herausgegebenen Almanachs, der von 1960 bis 1965 in insgesamt fünf Jahrgängen erscheint, werden erstmals auf russisch die Nachlaßgedichte Ossip Mandelstamms veröffentlicht, die jener während seines Exils in Woronesch geschrieben hat. Die Begegnung mit ihnen wird für Celan geradezu zu einer Epiphanie. Mehrere seiner eigenen in diesem Sommer entstehenden Gedichte stehen ganz offensichtlich im Bann dieses Erlebnisses, auch das Gedicht ›Nachmittag mit Zirkus und Zitadelle‹ (GW I, S. 261), dessen erster Entwurf lautet:

5 Paul Celan: Himmelfahrt 1961

Manuskript. Briefumschlag mit Entwurf zum Gedicht ›Nachmittag mit Zirkus und Zitadelle‹

Was Celan früher übersetzt hat, greift er nun auf; er knüpft an seine unter anderen Vorzeichen entstandenen früheren Übersetzungen an und überführt ihren dichterischen Ertrag ins eigene Werk. So zeigen sich denn immer wieder Korrespondenzen, auch in dieser Epiphanie; sie nimmt die Lichtmetaphorik

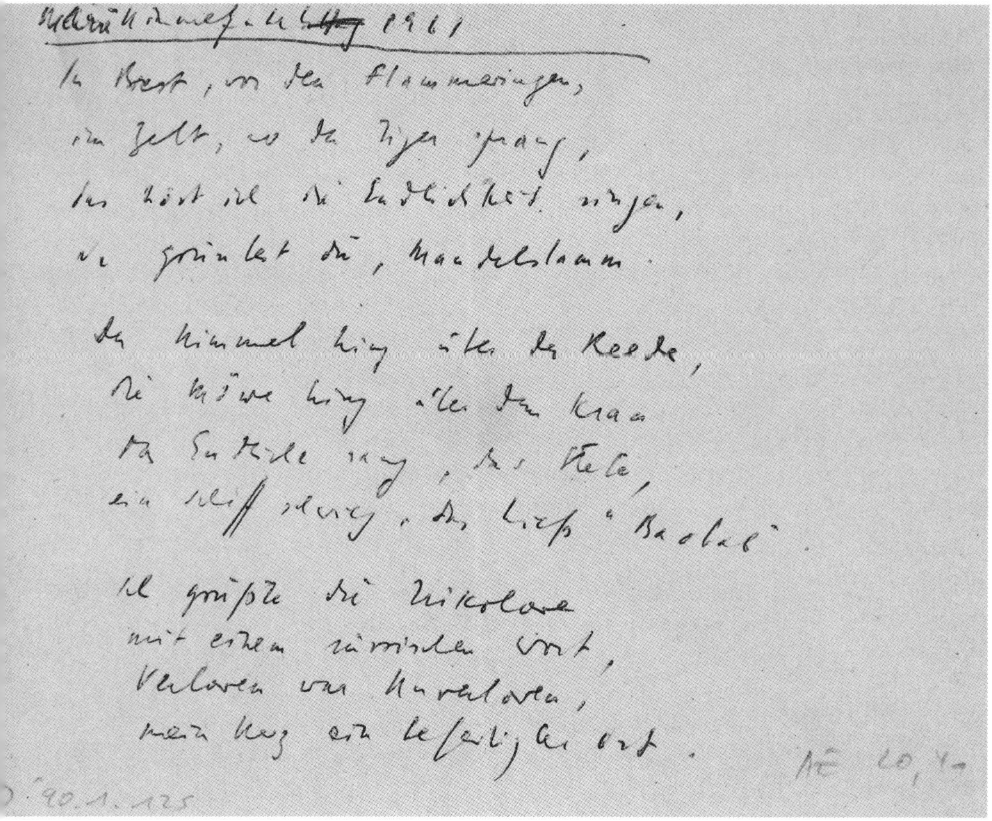

In Brest, vor den Flammeringen,
im Zelt, wo der Tiger sprang,
da hört ich die Endlichkeit singen,
da grüntest du, Mandelstamm.

Der Himmel hing über der Reede,
die Möwe hing über dem Kran.
Das Endliche sang, das Stete,
ein Schiff stieg, der hieß 'Baobab'.

Ich grüßte die Trikolore
mit einem russischen Wort,
Verloren war Unverloren,
mein Herz ein befestigter Ort.

in Mandelstamms Gedicht ›Ihr Schwestern Schwer und Zart‹ (»die gestern helle Sonne – schwarz trägt man sie vorbei«) auf und wendet sie, im Bild der Flammen, ins Dramatische (»Bruder/ Geblendet, Bruder/ Erloschen« heißt es dann in einem späteren Gedicht; GW I, S. 275). Das erste im Januar 1959 übersetzte Gedicht Mandelstamms präludiert geradezu Grundgedanken von Celans 1963 erschienenem Gedichtband ›Die Niemandsrose‹: »Die Zeit – gepflügt, die Rose, die nun zu Erde ward …« Hier wird auf eine poe-

186 Ossip Mandelstamm: Nachmittag mit Zirkus und Zitadelle. Übersetzungsentwurf auf Briefumschlag (20.5)

187 Auf der gegenüberliegenden Seite: Entwurf eines Widmungsblattes für Mandelstamm (20.6)

tologisch zentrale Metapher Mandelstamms angespielt: »Poesie ist ein Pflug, der die Zeit in der Weise aufreißt, daß ihre Tiefenschichten, ihre Schwarzerde zutage tritt«. (Ossip Mandelstam: Über den Gesprächspartner. Gesammelte Essays I. 1913–1924. Aus dem Russischen übertragen und herausgegeben von Ralph Dutli. Zürich: Ammann 1991, S. 84) Das Bild greift Celan mehrfach auf, etwa in seinem Gedicht ›Schwarzerde‹:

Schwarzerde, schwarze
Erde du, Stunden-
mutter
Verzweiflung:

Ein aus der Hand und ihrer
Wunde dir Zu-
geborenes schließt
deine Kelche. *(GW I, S. 241)*

188 Ossip Mandelstamm. Scherenschnitt von Elena S. Kruglikowa (20.7)

Die Rose ist eine poetologische Metapher, die – neben dem Stein – für den Akmeismus programmatische Bedeutung hat: »Der Akmeismus entstand aus einer Absage: ›Weg vom Symbolismus, es lebe die lebendige Rose!‹ So lautete die ursprüngliche Losung.« (Ossip Mandelstam: Über den Gesprächspartner, S. 128) Wenn Celan seinen Gedichtband ›Die Niemandsrose‹ nennt, so ist auch daran zu denken. Dieses Vermächtnis wird von Celan buchstäblich umgesetzt in den Plan, dem Andenken Mandelstamms den eigenen Gedichtband zu widmen. Mehrere Varianten für diese Widmung sind im Nachlaß erhalten, darunter das folgende:

6 Paul Celan: Entwurf eines Widmungsblattes zum Gedichtband ›Die Niemandsrose‹

Typoskript, 1 Blatt

Die genannte Silhouette erscheint auf mehreren Entwürfen.

(M-Silhouette)

O S S I P   M A N D E L S T A M M

Dem Dichter,
Dem Menschen

IN MEMORIAM

AETERNAM

7 Elena S. Kruglikova: Ossip Mandelstamm

Scherenschnitt, zwanziger Jahre
Leihgabe: Staatliches Literaturmuseum, Moskau

Nach einem Brief vom 3. Juni 1959 an Rudolf Hirsch hat Celan die Silhoutte zunächst für den Übersetzungsband vorgesehen:

Der Schattenriß M.[andelstamm]'s, von dem ich Ihnen erzählte – und der wohl der angemessenste »Schmuck« dieses Buches, das ja auch ein Grabmal ist, wäre, findet sich in: Leonid I. Strakhowsky, Craftsmen of the Word. Harvard University Press, Cambridge 1949 (das Buch findet sich auch in der Pariser Nationalbibliothek) Vielleicht können Sie den Band noch rechtzeitig aus Amerika kommen lassen – durch einen Bekannten, nicht über den Buchhändler, denn das dauert zu lange – und den Kopf Mandelstamms auf dem Einband, eventuell auch auf dem Umschlag abbilden lassen.

8 Ossip Mandelstamm: Zwei Gedichte aus dem Nachlaß

Aus dem Russischen von Paul Celan
Typoskripte der Übersetzungen ›Im Herzen des Bergs‹, ›Wo's mich nicht gibt‹, 2 Blatt
Druckvorlagen für die Veröffentlichung in der ›Neuen Rundschau‹ (Jg. 74, 1963, Heft 1, S. 54)

Nicht nur den Gedichtband ›Die Niemandsrose‹, auch den Vorabdruck einzelner Gedichte aus dem erst einige Monate später ausgelieferten Buch im ersten Heft der ›Neuen Rundschau‹ 1963 widmet Celan »Dem Andenken Mandelstamms«. Auf besondere Anweisung von Celan folgen sie auf die beiden einzigen Gedichte, die Celan aus dem Almanach ›Vozdušnye puti‹ übersetzt hat: ›Vnutri gory bezdejstvuet kumir‹ / ›Im Herzen des Bergs‹ (GW V, S. 155) und ›O, kak že ja choču‹ / ›Wo's mich nicht gibt‹ (GW V, S. 157): »eine Bitte, auch heute: Die Mandelstamm-Verse müssen vor den meinen stehen«. (An Gottfried Bermann Fischer, 4. Dezember 1962)

9 Paul Celan: Gedichte. Dem Andenken Ossip Mandelstamms

Typoskript, 2 Blatt
Ausgestellt ist Seite 1: ›Eine Gauner- und Ganovenweise‹
Druckvorlage für den Vorabdruck von Gedichten der ›Niemandsrose‹ in der ›Neuen Rundschau‹ (Jg. 74, 1963, Heft 1, S. 55ff.)

Im Druck wird die von Celan erbetene Reihenfolge bewahrt; sie weicht von der späteren Anordnung der Gedichte im Band ›Die Niemandsrose‹ deutlich ab. Die von Celan in mehreren Briefen an Gottfried Bermann Fischer eigens geforderte Druckanordnung von übersetzten und eigenen Gedichten weist in Verbindung mit der Widmung deutlich auf die enge Beziehung Celans zu Mandelstamm hin, wenn auch indirekt verhüllt, denn die im Band enthaltenen Mandelstamm ansprechenden Gedichte fehlen in der Vorauswahl. Unverborgen zeigen Gedichtentwürfe die Nähe Celans zum Menschen, zum »Bruder Ossip«:

189 Paul Celan: Gedichtentwurf auf Briefumschlag (20.11)

10 Paul Celan: Bruder Ossip

Manuskript. Fragmentarischer Entwurf auf einem Briefumschlag
Datiert: »21. 6. 61«

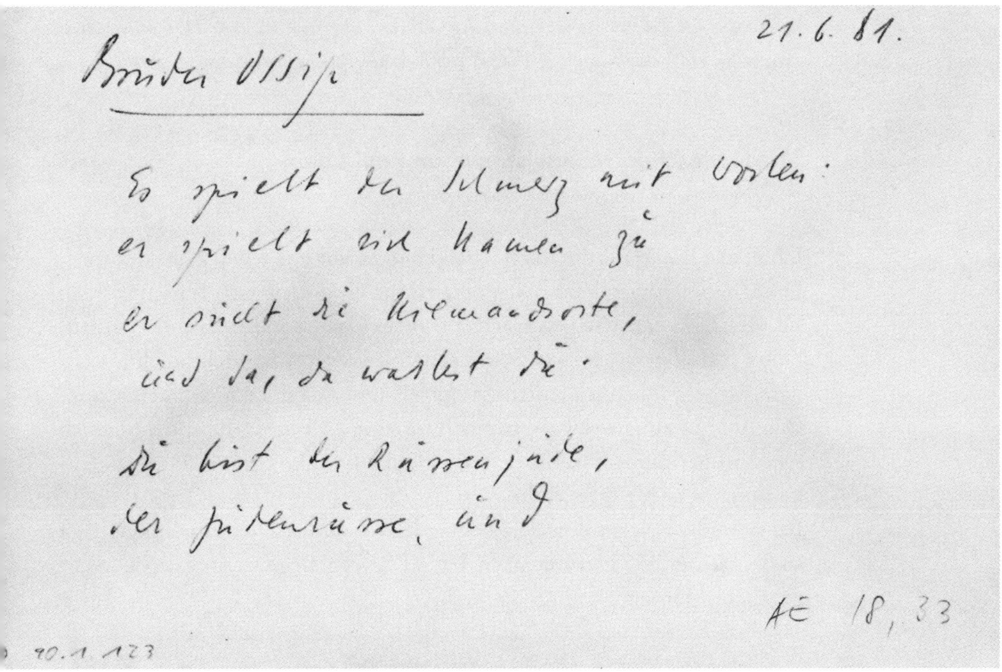
21.6.61.

Bruder Ossip

Es spielt der Schmerz mit Worten:
er spielt sich Namen zu
er spielt die Niemandsorte,
und da, da wartest du.

Du bist der Russenjude,
der [illegible], und

AE 18, 33

20.1.123

Dieser familiarisierende Umgang mit Mandelstamm im Gedicht kehrt auch in Briefen wieder, in denen nur mehr von »Ossip« die Rede ist.
Celan bemüht sich nun auch, die Übersetzungen den Freunden Mandelstamms und seiner Witwe Nadeschda Mandelstamm zugänglich zu machen:

Vor ein paar Monaten habe ich I. Ehrenburg meine Übersetzung der Gedichte seines Freundes Ossip geschickt, an die Adresse der Zeitschrift ›Novyi Mir‹, voller Zuversicht. Eine Antwort ist nicht gekommen, ich mutmaße, daß mir da irgendeine westliche Kreatur, vielleicht sogar aus dem Umkreis meines Frankfurter Verlegers (der meine Bücher bestens sabotiert) in die Quere gekommen ist. Und dabei hätte ich Ossips Witwe, die in der Nähe Moskaus leben soll, so gern ihr Buch gegeben, auf deutsch! *(An Gustav Chomed, »Paris, am 26. Feber 1962«)*

Entgegen seinen Befürchtungen sind diese Bemühungen doch erfolgreich gewesen; zwar ist keine Antwort von Ilja Ehrenburg überliefert, aber schließlich erreicht Celan doch noch ein Brief der Witwe von Ossip Mandelstamm:

11 Nadeschda Mandelstamm an Paul Celan

Moskau, 12. Juli 1962.
Brief, 1 Blatt mit Umschlag

Ich danke Ihnen für die Bücher. Ich habe sie vor einer Woche bekommen. Die Übersetzungen kannte ich bereits; Ilja Grigorjewitsch Ehrenburg gab sie mir. Und Ihre Gedichte – das frühere Buch hatte man mir ebenfalls schon früher gezeigt. Es ist etwas ganz Neues für mich. Ich möchte nicht daran gehen, über die Gedichte zu urteilen – es ist doch nicht meine Sprache. Aber in einigen Übersetzungen (›Meine Zeit‹, zum Beispiel) höre ich eine Intonation heraus, die dem Original sehr nahe kommt, und ich danke Ihnen sehr für Ihre Mühe.
Bei uns gibt es jetzt sehr viele Leute, die von dieser Dichtung hingerissen sind. Meiner Erinnerung nach hat es solche Begeisterung noch nicht gegeben. Man lebt leichter dadurch.

21 »Die Freiheit, die da dämmert«

Die von Nadeschda Mandelstamm so schlicht formulierte positive Reaktion auf Celans Übersetzungen findet ihre Entsprechung in anderen Äußerungen, die ihn von russischer Seite her erreichen. Sie kommen von denjenigen, die sich auf ihre Weise um das Nachleben der Dichtung Mandelstamms verdient gemacht haben. Einer von ihnen ist der erste Herausgeber der Werke Mandelstamms, Gleb Struve, den Celan wohl nie persönlich kennenlernt (obwohl Struve während seiner Europareise im Frühjahr 1960 um ein Treffen mit Celan bemüht ist), mit dem er aber auf verschiedene Weise Verbindung aufnimmt. Im Nachlaß sind mehrere Briefe Struves an Celan erhalten, die dessen Bewunderung insbesondere für die Mandelstamm-Übertragungen zum Ausdruck bringen. Er versucht auch, Celan für die Übersetzung weiterer Autoren zu gewinnen, unter ihnen Marina Zwetajewa, Boris Pasternak und Nikolaj Zabolockij.

190 Brief: Vladimir Markow an Paul Celan, Umschlag (21.1)

Auch Vladimir Markov, ein anderer bedeutender Slavist, äußert sich über Celans Übersetzungen, gleich auf zweifache Weise. Über den S. Fischer Verlag erreicht Celan ein am 11. Mai 1960 in Los Angeles aufgegebenes kurzes Schreiben Markovs:

1 Vladimir Markov an Paul Celan

Los Angeles, 7. Mai 1960.
Brief, 2 Blatt mit Umschlag

Hochverehrter Herr Celan!

Haben Sie großen Dank für die Übersendung der Mandelstamm- und Block-Übersetzungen, welche (besonders erstere) mir ein wahres Vergnügen bereitet haben. Seien Sie noch mehr bedankt dafür, daß Sie ›Sprachgitter‹ geschickt haben.
Ich bin Ihr Leser und ein Verehrer Ihrer Dichtung seit dem Erscheinen von ›Mohn und Gedächtnis‹.
Erlauben Sie mir, Ihnen zum Dank mein Gedicht zu senden.
Verzeihen Sie, daß ich auf russisch schreibe. Ich kann Deutsch mühelos lesen, aber schon zehn Jahre lang habe ich es weder gesprochen noch geschrieben und ich fürchte Fehler zu machen.

Das die Sendung begleitende Werk Markovs ist in der Bibliothek Celans erhalten: das mit der Widmung »An Paul Celan from V. Markov 7/V/1960« versehene Büchlein ›Gurilevskie romansy‹ (Gurilevsche Romanzen), das 1960 in Paris erschienen ist.
Markov erwähnt in seinem Brief allerdings nicht, daß er Celan schon früher für seine Übersetzungen ›gedankt‹ hat. Bereits 1959 ist in der russischen Zeitschrift ›Grani‹ seine große Rezension erschienen, die Celan auch wahrgenommen hat:

2 Grani. Žurnal literatury, iskusstva, nauki i obščestvenno-političeskoj mysli

(Schliffe. Zeitschrift für Literatur, Kunst und politisch-gesellschaftliche Fragen)
Nr. 44. Redakcija E. Romanov
Frankfurt am Main: Posev 1959
(Aus der Bibliothek Paul Celan)
Aufgeschlagen ist Seite 227: ›Paul' Celan i ego perevody russkich poėtov‹ (Paul Celan und seine Übersetzungen russischer Dichter). Rezension von Vladimir Markov

Die Rezension Markovs, eine der kompetentesten und subtilsten, ist von der Forschung kaum bemerkt worden:

Wenn die Erinnerung an literarische Sensationen verblaßt ist, die Maschine der politischen Propaganda nicht mehr funktioniert und in den Vorlieben der Leser das unvermeidliche Korrektiv der Zeit wirksam ist, dann (wer weiß?) mag sich Mandelstamm als der Dichter mit der anhaltendsten Reputation erweisen, anhaltender als Pasternak, Majakowskij und Jessenin. Bis jetzt blieb der Klang dieses Namens stumm für diejenigen Liebhaber der Dichtung, die nicht in der Lage sind, russische Verse zu lesen. Vereinzelte Übersetzungen in die vier europäischen Hauptsprachen zählen nicht. Nun aber ist ein ganzer Band mit Übersetzungen Mandelstamms ins Deutsche erschienen. […] Freilich sind hier nicht alle seiner besten Gedichte vorgestellt (in ›Tristia‹, zum Beispiel, fehlen die Gedichte ›Geisterhaft das Flimmern auf der Bühne‹, ›In Petersburg‹, ›Ein Strom von goldenem Honig‹, ›Feodosija‹), doch sind 50 Seiten Text völlig ausreichend für die Bekanntschaft mit dem Dichter, umso mehr als die Übersetzungen wunderschön sind. Dieses Buch ist ein Ereignis im Bereich der Übersetzungen, für die »Mandelstammianer« ebenso wie für den dichterischen Werdegang Paul Celans. […]
Jeder, der Mandelstamm gelesen hat, weiß, wie schwierig, ja fast unmöglich es ist, sich diese hohe Feierlichkeit des Rhythmus, die dabei ohne Schwere ist, in einer anderen Sprache vorzustellen, diese Durchsichtigkeit seiner frühen und die Üppigkeit seiner späten Gedichte, diese unfaßbare Kette von Assoziationen und das Schillern seiner Bilderwelt. Es gelingt Celan fast immer – wobei er den Sinn und die Struktur des Originals

bewahrt – all dies so zu fügen, daß es im Deutschen ebenfalls wie hohe Dichtung klingt. Er findet einfache Wörter, die so frisch klingen, als wären sie zum ersten Mal auf Deutsch geschrieben. Hier zum Beispiel der berühmte Vierzeiler, der den Zyklus ›Der Stein‹ eröffnet:

Der hohle Laut, behutsam, der
Frucht, die vom Ast sich loslöst, die
unendliche, die Melodie
des Wälderschweigens um ihn her.

Es ist nicht schwer zu bemerken, daß die Zeilen›sprünge‹ (Enjambements) bei den Artikeln nicht mandelstammtypisch sind (sie sind auch für Celan erst in seinen späten Gedichten so charakteristisch), aber sie stören nicht, sie unterstreichen vielmehr »die unendliche Melodie« (ein überflüssiger Beweis dafür, daß Enjambements die Phrase nicht nur »brechen«, indem sie das Ende des Verses betonen – wie dies gewöhnlich angenommen wird –, vielmehr vermögen sie auch zwei oder mehrere Verse in einen einzigen zusammenfließen zu lassen, wobei der Eindruck des Unendlichen, Endlosen erzeugt wird [...]).
Ein anderer individueller Zug, den Celan Mandelstamm verleiht, ist die Vorliebe zum Stakkato von Nominal- oder von unvollständigen Sätzen. Manchmal paßt das ausgezeichnet, wie zum Beispiel zu Beginn des Gedichts ›Diebsvolk, nachts‹

Diebsvolk, nachts, in der Spelunke.
Brettspiel. Dieser, jener Stein.
Eierspeise. Mönche, trunken.
Leergebechert ist der Wein,

gelegentlich jedoch führt das auch zu einer Verzerrung: für Mandelstamm war eher ein erhabenes Legato typisch. Hier ist auch das größere Raffinement gegenüber dem Original zu erwähnen, mit dem Celan die Interpunktion setzt:

Auf dem Turm: Chimären raufen
(Na bašne sporili Chimery)

Der Sternenhimmel. Drunter: Beduinen
(Pod zvezdnym nebom beduiny)

Dadurch wird Mandelstamm schöner und schärfer, die Intonation wird bereichert – aber zugleich verliert sich das »Schwebende« und von den viel zu häufigen Einschnitten wird die »Linie« verletzt. Das betrifft auch die Rhythmen, die bei Mandelstamm vergleichsweise selten ihre Originalität preisgeben. Die Rhythmen, die Celan für ihn findet, kommen eher an Pasternak heran (vergiftet: Ägypten).
Der Name Pasternak ist hier nicht zufällig aufgetaucht. Den Übersetzer Pasternak kennzeichnete gleichfalls eine häufige Stilisierung des Originals »nach seiner Manier«, eine Zuspitzung und Modernisierung. Darüber mag man die Stirn runzeln, man kann aber nicht bestreiten, daß Pasternak bei dieser Gelegenheit seine Übersetzungen zu Angelegenheiten der zeitgenössischen Dichtung gemacht hat. In seinen Übersetzungen gibt es nichts Museales, was bei anderen unausweichlich ist, und wenn man seinen ›Faust‹ liest, so scheint es, als wäre er gestern erst niedergeschrieben worden.
Es ist interessant, wie Mandelstamm bei Celan auch dadurch neu erscheint, daß er die weniger bekannten Gedichte nicht selten am besten übersetzt. In solchen Übersetzungen ist Celan häufig nicht nur wortwörtlich genau, sondern er vermeidet auch seine Manierismen, und dann erreicht er authentische Höhen. So zum Beispiel ist in den Gedichten ›Die Städte, die da blühn‹ und ›Es tilgen Flammenzungen‹ die Intonation des Mandelstammschen Zyklus ›Der Stein‹ auf eine Weise eingefangen, die an ein Wunder grenzt. Andererseits sind bei einem so hochberühmten Werk wie ›Schlaflosigkeit. Homer…‹ bei aller Genauigkeit Erhabenheit und Herrlichkeit verloren gegangen und der geniale Schluß ist einfach verwischt. Abgesehen davon verlegt Celan hier (und in einigen anderen Übersetzungen) die alexandrinische Zäsur auf irgendeinen italienischen

oder altfranzösischen Ton – mit einer überflüssigen Silbe (meines Erachtens ist dies auch für den deutschen Vers untypisch).
Zu den mißlungenen oder nicht völlig geglückten Übersetzungen sind auch zu rechnen ›Keine Worte‹ (es ist irgendwie blaß und schlaff), ›O Himmel‹ (genau, aber zu wortreich), ›Ihr Schwestern Schwer und Zart‹ (die Rhythmen sind überhaupt nicht wiederzuerkennen, nicht entsprechend der mandelstammschen Bilderfolge, im Original ist das alles leichter und unauffälliger). Im Gedicht ›Venedig‹ verkürzt Celan aus irgendeinem Grund den jeweils letzten Vers in jeder Strophe nicht, er trennt in übertriebener Weise die Adjektive von den Substantiven und verfällt häufig in Weitschweifigkeit (zum Beispiel findet sich für das Original »I prekrasnoe lico« [und das schöne Gesicht] in der Übersetzung »Das menschliche, das Antlitz, das herrliche Gesicht«).
Prachtvoll in ihrer Genauigkeit sind dafür die Gedichte ›Silentium‹, ›Man gab mir einen Körper‹, ›Der Schritt der Pferde‹ (dort am Anfang mehr Unruhe als bei Mandelstamm und genauere Worte), ›Dein Gesicht, das quälend umrißlose‹, ›Diese Nacht, nicht gutzumachen‹ und viele andere.
Manchmal erscheint ein Vers bei Celan (und bemerkenswerte Verse begegnen einem auch in den Übersetzungen, die nicht völlig gelungen sind) im wahrsten Sinne des Wortes besser, plastischer, genauer als bei Mandelstamm:

Bett aus schwülen Finsternissen
(Dušnyj sumrak kroet lože)

Sie ist noch nicht, ist unentstanden
(Ona ešče ne rodilas')

Von dem Doppelt- und Gespiegeltsein
(I dvojnym bytiem otražennym)

Gibt es in den Übersetzungen Celans sinnentstellende Fehler? In der Tat fällt es bei der merkwürdigen Schönheit häufig auch dem Russen schwer,

die Kette der Figuren in den Versen Mandelstamms zu verbinden und zu verstehen; einige Stellen akzeptiert man einfach gutgläubig wegen ihrer Schönheit. Bei Celan gibt es Fälle, wo man an der Richtigkeit der Übersetzung zweifelt, obwohl er in diesen strittigen Details auf seine Weise logisch ist, und, wie ein echter Dichter, alles bis zuende denkt und dabei »keine Nähte offen« läßt. [...]
All diese Nörgeleien vermögen nicht die Hauptsache zu verstellen: in den Übersetzungen Celans sind 90% der Schönheit und des Sinns des Originals erhalten und Mandelstamm wird in ihnen ein so großer, tragischer und schwieriger Dichter wie er es auch im Russischen ist. Mit Schrecken stellt man sich vor, was gewesen wäre, wenn dieses Buch, wie es immer wieder geschieht, ein dichterisch unbegabter Professor für russische Literatur oder ein dilettantischer Dichter »nach dem Wörterbuch« übersetzt, dabei das Original gar nicht völlig verstanden und doch »seine eigene Idee« zu dieser Dichtung gehabt hätte.
Celan ist wie ein bewunderungswürdiger Pianist, der einen großen Komponisten spielt: irgendwo nimmt er eine falsche Note, irgendwo setzt er einen ganz individuellen Akzent; aber er spielt wunderbar und unvergeßlich. Bleibt nur zu träumen, daß er weitere große russische Dichter übersetzt, die langsam des Wartens auf gute Übersetzer müde werden – so zum Beispiel Zwetajewa, Georgij Ivanov, Zabolockij.

Die politische Dimension der Übersetzungen Celans darf angesichts solcher Texte wie Blocks ›Die Zwölf‹ oder vieler Gedichte Mandelstamms und Jessenins nicht unterschätzt werden. Die Revolution hat für Celan eine utopische Begründung – ihr sucht er bei Block, bei Majakowskij, bei Jessenin (als Aufschrei der menschlichen Kreatur gegen die Gewalt der Geschichte), aber auch bei Chlebnikow (als Plädoyer für die Autonomie des Wortes) zu folgen. Von ihnen allen ist erstaunlicherweise Mandelstamm derjenige, der schon ganz früh die Revolution am Elementarsten erfaßt hat. Ilja Ehrenburg schreibt darüber:

Damals aber begriffen viele Schriftsteller der älteren Generation und auch etliche Altersgenossen von mir noch nicht, innerhalb welcher Maßstäbe sich die Zeitereignisse abspielen. Doch gerade damals schrieb ein junger

Petersburger Dichter, den viele für einen lebensfernen Salonlyriker und Pseudoklassizisten hielten, der kränkelnde und scheue Ossip Mandelstamm, die herrlichen Verse:

> Die Freiheit, die da dämmert, lasst uns preisen,
> dies grosse, dieses Dämmerjahr.
> Hinab die holzbeschwerten Reusen:
> dies Wasser – keins, das schwärzer war.
> In Finsterjahre trittst du, taub und dicht,
> du Volk, du Sonne-und-Gericht. [...]
> *(Menschen, Jahre, Leben. München: Kindler 1962, S. 317)*

3 Ossip Mandelstamm: Die Freiheit, die da dämmert

Deutsch von Paul Celan. Entwurf. Typoskript mit handschriftlichen Korrekturen, 1 Blatt

Auf dem Typoskript ist am rechten Rand unten die Notiz »ERIC« zu sehen; dieser Eintrag und die von da an ›abstürzenden‹ Zeilen »erklären« einen ›Eingriff‹ von Celans damals vierjährigem Sohn; im Brief an Nelly Sachs vom 11. August 1960 hat Celan humorvoll-hintersinnig davon berichtet, wie Eric das Übersetzen seines Vaters aus dem Russischen begleitet.

Denselben Titel wie das Gedicht trägt eine Rundfunksendung Celans über Mandelstamm, die am 19. März 1960 im Norddeutschen Rundfunk gesendet wird. Am 3. Februar hatte der zuständige Redakteur Wilhelm Asche bei ihm angefragt:

Am 19. März haben wir eine 20 Minuten-Sendung mit Gedichten von Ossip Mandelstamm im Programm. Freilich soll die knappe Hälfte davon ein biographisch-analytischer Kommentar über den Autor sein. Sie würden uns eine große Freude machen, wenn Sie selbst die Auswahl der von Ihnen übersetzten Gedichte träfen, für ungefähr 10 Minuten Sendezeit, und vor allem: uns einen Text über Ossip Mandelstamm schrieben, ungefähr 8 Minuten lang (4 Maschinenseiten à 30 Zeilen). Wollen Sie so liebenswürdig sein, mir möglichst umgehend zu antworten, ob wir mit Ihrem Beitrag rechnen dürfen?

191 Auf der gegenüberliegenden Seite: Typoskript eines Mandelstamm-Gedichts, übersetzt von Celan (21.3)

Mandelstamm, 105 (S. 94)

Die Freiheit, die da dämmert, lasst uns preisen,
dies grosse, dieses Dämmerjahr.
Hinab die ~~blei~~holzbeschwerten Reusen:
dies Wasser - keins, das schwärzer war.
In Finsterjahre trittst du, taub und dicht,
du Volk, du Sonne-und-Gericht.

Das Schicksalsjoch, ihr Brüder, lasst uns preisen,
das,der dem Volk vorangeht, trägt, gebückt.
Das Joch der Macht, das düstre, lasst uns preisen,
das Unerträgliche, das uns zu Boden drückt.
Wer, Zeit, ein Herz hat, hört damit, versteht:
er hört dein Schiff, Zeit, das zur Tiefe geht.

Die Schwalben-Phalanx, kampfbereit, geschlossen -
- wir, Brüder, schlossen sie zusammen,wir
- wir ordneten die Reihen, Brüder, wir -
Und seht: die Sonne! Fort! ERIC

- wir schlossen sie zusammen, wir -

Die Schwalben-Phalanx, kampfbereit, ~~xxxxxxxxxx~~, die Schwalben
- wir schlossen sie zusammen - seht:
die Sonne - fort! ~~Und seht: das Toben~~
im Aufbruch, tausendstimmig - seht! ~~xxxxxxxxxxxxxxxxxx~~ Die Elemente, alle:

Das Netz, die Dämmrung: dicht;. Kein Tag erglimmt.
Die Sonne - unsichtbar. Die Erde schwimmt.

192 Honorarabrechnung (21.4)

Was Celan hier so nüchtern-präzise angetragen wird, führt zur ersten Niederschrift von Gedanken, die er dann in der Büchner-Preis-Rede wieder aufnimmt. Innerhalb weniger Wochen soll Celan seine Position zu Mandelstamm formulieren – und schreibt seine Poetik des Gedichts. Celan sagt das Manuskript für den 5. März zu. Asche läßt ihm prinzipiell freie Hand für die Auswahl und Kommentierung der Gedichte, fragt dabei zugleich an, ob Celan den Text der Radiosendung im Rahmen einer »Gefälligkeitsaufnahme« in Paris auf Band sprechen möchte. Auf ein Telegramm, in dem er wegen der für den 11. März angesetzten Aufnahme dringend den Text anmahnt, antwortet Celan am 8. März 1960:

vorhin kam Ihr Telegramm – entschuldigen Sie bitte die Verzögerung! Mir war der Text über den Kopf gewachsen, ihn zu kürzen war schwerer als ihn zu schreiben.
Ich habe die Sendung für zwei Sprecher eingerichtet – das lässt sich aber leicht ändern, d.h. aufheben oder variieren.
Gegen Ende des Textes finden Sie ein langes Gedicht – bitte kürzen Sie es nicht! Eines der langen Gedichte musste in die Sendung!
Hoffentlich habe ich Ihre Erwartungen nicht enttäuscht! [...]
Dass ich von der Möglichkeit einer »Gefälligkeitsaufnahme« beim hiesigen Rundfunk keinen Gebrauch machte, hat einen einfachen Grund: die schlechten Erfahrungen, die ich machen musste, als ich mit einigen anderen Autoren, darunter Karl Krolow, Gedichte las. Da sprachen nämlich nicht nur die Türen mit, sondern auch einer der Herren Redakteure, der selbst Gedichte machte, und zwar, im Gegensatz zu den Lesenden, »verständliche« Gedichte...

4 Verpflichtungsschein des Norddeutschen Rundfunks für Paul Celan

Hannover, 28. März 1960. 1 Blatt
Für die Benutzung des Werkes: »Ms. ›Die Freiheit, die da dämmert‹. Gedichte von Ossip Mandelstamm«

NDR **NORDDEUTSCHER RUNDFUNK**

Gemeinnützige Anstalt des öffentlichen Rechts

Hannover, Rudolf-von-Bennigsen-Ufer 22

FUNKHAUS HANNOVER

Fernsprechnummer 8 65 21
Fernschreibnummer 09 22809
Deutsche Bank AG. Hannover
Postscheckkonto: Hannover 11

6521

Herrn
Paul C e l a n

P a r i s 16 /FRANKREICH
78, Rue de Longchamp

Programm-Verwaltung
Konto-Nr. Jü/4613/0321

Verpflichtungsschein Datum 28. März 1960

Ständiger Wohnsitz: s.o.

Für die Benutzung des Werkes: Ms. "Die Freiheit, die da dämmert"
Gedichte von Ossip Mandelstamm
Bd. 32 920 v. 17.3.60

in der Sendung: s.o.

am: 19.3.60 - 22.10-22.30 Uhr

vereinbaren wir mit Ihnen zu den umstehend aufgeführten Bedingungen:

a) ein Ausarbeitungshonorar von	DM	150.--
b) eine Sendegebühr von	DM	150.--
insgesamt	DM	300.--

-Steuerabzug entfällt, wenn d.Voraussetzungen z.Doppelbesteuerungs-abkommen gegeben sind.

in Worten: Deutsche Mark dreihundert -.-.-.-.-.-.-.-.-.-.-.-.-.-.-.-.-.-.-.

Zur Beachtung
Die Kasse zahlt oder überweist das Honorar erst nach Eingang beifolgender Bestätigungskarte. Bei Barzahlung ist dieses Schreiben, auf Anfordern auch ein Personalausweis, vorzulegen.

Norddeutscher Rundfunk
i.V. i.V.

Kassenstunden von Montag bis Freitag 9–12.30 und 13.30–16 Uhr.

1054

Celan hat die auf UKW ausgestrahlte Sendung wohl nie gehört und wie es scheint auch kein Band vom Sender erhalten; Asche schickt ihm lediglich zwei weitere Abschriften seines Manuskriptes mit dem Sendetermin (19. März 1960 von 22.10 bis 22.30 Uhr). Er hat der Sendung den Titel ›Die Freiheit, die da dämmert / Gedichte von Ossip Mandelstamm, aus dem Russischen übertragen und eingeleitet von Paul Celan‹ gegeben.

Etwa in der Mitte der Sendung wird das Gedicht ›Die Freiheit, die da dämmert‹ vorgetragen. Ihm hat Celan Sätze vorangestellt, die das für ihn Wesentliche zusammenfassen:

Mandelstamm hat, wie die meisten russischen Dichter – wie Block, wie Brjussow, wie Bjelyj, wie Chlebnikow, wie Majakowskij, wie Jessenin – die Revolution begrüßt. Sein Sozialismus ist ein Sozialismus ethisch-religiöser Prägung; er schreibt sich von Herzen, von Michaïlowskij, von Kropotkin her; und nicht von ungefähr hat sich der Dichter in den Jahren vor der Revolution mit den Schriften Tschaadajews, Leontjews, Rosanows und Gerschensons befaßt. Politisch steht er der Partei der Linken Sozialrevolutionäre nahe.

Die Revolution ist ihm – und hier bekundet sich ein dem russischen Denken eigentümlicher chiliastischer Zug – der Anbruch des Anderen, der Aufstand der Unteren, die Erhebung der Kreatur – eine Umwälzung von geradezu kosmischem Ausmaß. Sie hebt die Erde aus den Angeln […] *(In: Ossip Mandelstam: Im Luftgrab. Ein Lesebuch. Mit Beiträgen von Paul Celan, Pier Paolo Pasolini, Philippe Jaccottet, Joseph Brodsky. Herausgegeben von Ralph Dutli. Zürich: Ammann 1988, S. 75)*

Der Text der Rundfunksendung ist zum Ausgangspunkt der späteren ›Meridian‹-Rede geworden. Wenn dort das Gedicht dezidiert als »im Geheimnis der Begegnung« stehend beschrieben wird, hat die Begegnung mit der Dichtung Mandelstamms unschätzbaren Anteil daran.

Sie schließt auch die Schicksalsgenossen Mandelstamms ein. Ein Entwurf zu dem 1962 entstandenen und in ›Die Niemandsrose‹ erstmals veröffentlichten Gedicht ›In eins‹ lautet:

5 Paul Celan: Wohin ich

Vorstufe zu dem Gedicht ›In eins‹. Typoskript mit handschriftlichem Motto in kyrillischer Schrift, 1 Blatt

Wohin ich
dich mit dem Meinen nahm, da
hellt ein Gedanke auf im
Eislicht des Kreuzers ›Aurora‹:

Petropolis, aller
Unvergessenen Wander-
stadt liegt dir
toskanisch zu Herzen.

Die Bruderhand winkt uns
mit der von den wortgrossen Augen
genommenen Binde.

Friede den Hütten!

23. – 28. 1. 62.

Hier erinnert Celan mit der Wendung »aller / Unvergessenen Wander- / stadt« auch an die anderen russischen Dichter. Während in der gedruckten Fassung dann mehrere »revolutionäre« Ereignisse »in eins« gedacht werden, bezieht sich der Entwurf zunächst nur auf Rußland, d. h. auf Petersburg in seiner von Mandelstamm gern gebrauchten klassizistischen Namensform »Petropolis«. Angeredet wird »Bruder Ossip«; wieder hat das Beschriebene den Charakter einer Epiphanie (»da / hellt ein Gedanke auf im / Eislicht«). Zugleich erinnert »toskanisch« in Verbindung mit »Eislicht« an die sibirischen Rezitationen des Petrarca-Übersetzers Mandelstamm. Celan hat sich diesen Gestus – hier als Winken, grüßend oder mahnend – wahrhaftig »zu Herzen« genommen, zumal er darin ein schon von Mandelstamm verwendetes multilinguales Wortspiel (russisch »toska« heißt Heimweh, Sehnsucht) wiederholt. Petersburg, die Stadt der Revolution, die Stadt der »drei russischen Dichter«, erscheint als »Petropolis« als imaginärer Ort einer Begegnung, die für Celan

/Walliser Elegie/

В Петербурге мы
сойдемся снова
/О.М./

Wohin ich
dich mit dem Meinen nahm, da
hellt ein Gedanke auf im
Eislicht des Kreuzers 'Aurora':

Petropolis, aller
Unvergessenen Wander-
stadt liegt dir
toskanisch zu Herzen.

Die Bruderhand winkt uns
mit der von den wortgrossen Augen
genommenen Binde.

Friede den Hütten!
23. - 28.1.62.

193 Typoskript. Oben rechts ein Mandelstamm-Zitat: »In Petersburg kommen wir wieder zusammen.« (21.5)

Verpflichtung wird. Verpflichtung zu einer Dichtung im Zeichen jener Revolution, die nur »Friede den Hütten!« fordert und danach nichts mehr. Mit der Hand hat er auf dem Typoskript als Motto in kyrillischer Schrift einen Vers Mandelstamms notiert:

В Петербурге мы сойдемся снова /О.М./
[In Petersburg kommen wir wieder zusammen].

Es ist der erste Vers eines von Celan erst fünf Jahre später, am 27. Oktober 1967, übersetzten Gedichts, der letzten Übersetzung aus dem Werk Mandelstamms überhaupt (erschienen am 24. Dezember 1967 in der Weihnachtsausgabe der ›Neuen Zürcher Zeitung‹, vgl. auch GW V, S. 159/161):
Der handschriftliche Entwurf beginnt:

Mandelstamm, В Петербурге

Petersburg: es führt uns neu zusammen,
so als hätten wir die Sonne hier verscharrt
~~als wärs der Sonne~~
und es tritt, zum erstenmal, uns auf die Lippen
jenes selge, deutungslose Wort. Sammetschwärze
In der Sowjetnacht, in deren ~~samtner Schwärz~~ ,
und im Samt der Leere weltenweit
singen sie, der selgen Frauen urverwandte Augen,
und es blüht die Blume ohne Tod und Zeit
[…]

Schon in Celans erster Mandelstamm-Ausgabe ist das Gedicht von ihm doppelt markiert worden; Markov hat es in seiner Rezension noch vermissen müssen.
Der handschriftliche Entwurf weicht von der gedruckten Fassung ab: statt ursprünglich »In der Sowjetnacht« heißt es später »In der Jännernacht«. Mit dieser noch einmal in Vers 16 zu beobachtenden Korrektur wiederholt Celan ein mehrfaches Changieren Mandelstamms zwischen »sowjetisch« und »Januar«. Während jedoch für diesen »sowjetisch« eine politische Kritik einschließt (und mit Rücksicht auf die Zensur von ihm später in »Januar« neutralisiert wird), bedeutet für Celan gerade das Nennen dieses Monats – mit Blick auf den »20. Jänner« – ein Politikum, weshalb er diese Variante schließlich für die Druckfassung seiner Übersetzung vorzieht: eine oder vielmehr seine Aktualisierung des Gedichts.

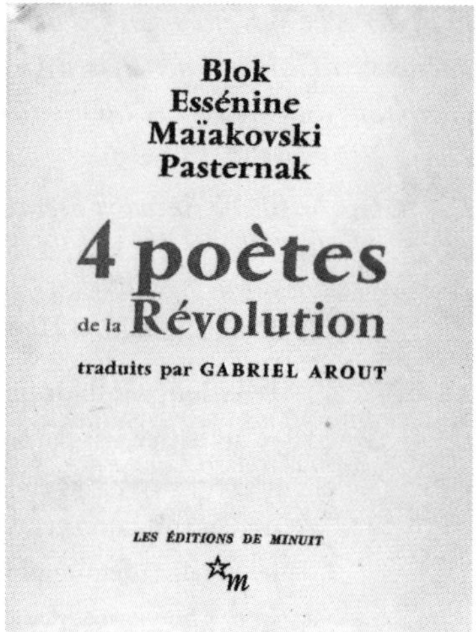

194/195 Broschurumschläge (21.6 und 21.7)

6 Quatre poètes russes

V. Maïakovsky. B. Pasternak. A. Blok. S. Essénine
Texte russe présenté et traduit par Armand Robin
Paris: Éditions du seuil 1949
(Le don des langues)
(Aus der Bibliothek Paul Celan)
Mit handschriftlichen Übersetzungsnotizen zu Alexander Blocks ›Die Zwölf‹

7 Blok. Essénine. Maïakovski. Pasternak

4 poètes de la révolution
Traduit par Gabriel Arout
Paris: Les Éditions de Minuit 1967
(Aus der Bibliothek Paul Celan)
Mit dem Datum der Erwerbung, vermutlich von Gisèle Celan-Lestrange: »18. mai 1975«

Die beiden in Celans nachgelassener Bibliothek erhaltenen Bände gehören zusammen, obwohl es fraglich ist, ob er den zweiten überhaupt besessen hat. Wahrscheinlich hat Gisèle Celan-Lestrange den Band 1975 erworben, wie andere Bücher, die seiner Liebe zu russischer Dichtung folgen, etwa eine mehrbändige französische Zwetajewa-Ausgabe.

Die beiden Anthologien binden jeweils dieselben vier Autoren zusammen, die nach literarästhetischen Kriterien nicht unbedingt zusammengehören, wohl aber unter dem Aspekt Revolution. In dem früheren, nur wenige Jahre nach dem Krieg edierten Band wird der Begriff jedoch vorsichtig ausgespart, die Nachnamen der Autoren stehen klein gedruckt unter dem Titel, ihre Vornamen sind abgekürzt. Die Ausgabe ist zweisprachig angelegt, eine kleine und feine Auswahl für den gebildeten Leser, der des Russischen ein wenig mächtig ist. In diesen Band hat Celan Übersetzungsnotizen zu ›Die Zwölf‹ notiert: »Halt Schritt, halt Schritt mit der Revolution / du denkst doch nicht, sie schlafen schon«; er muß eines seiner ersten russischen Bücher gewesen sein. 1967 dagegen, am Vorabend der Frankreich wie Deutschland gleichermaßen bewe

196 ›Quatre poètes russes‹ mit Übersetzungsnotizen zu Blocks ›Die Zwölf‹ (21.6)

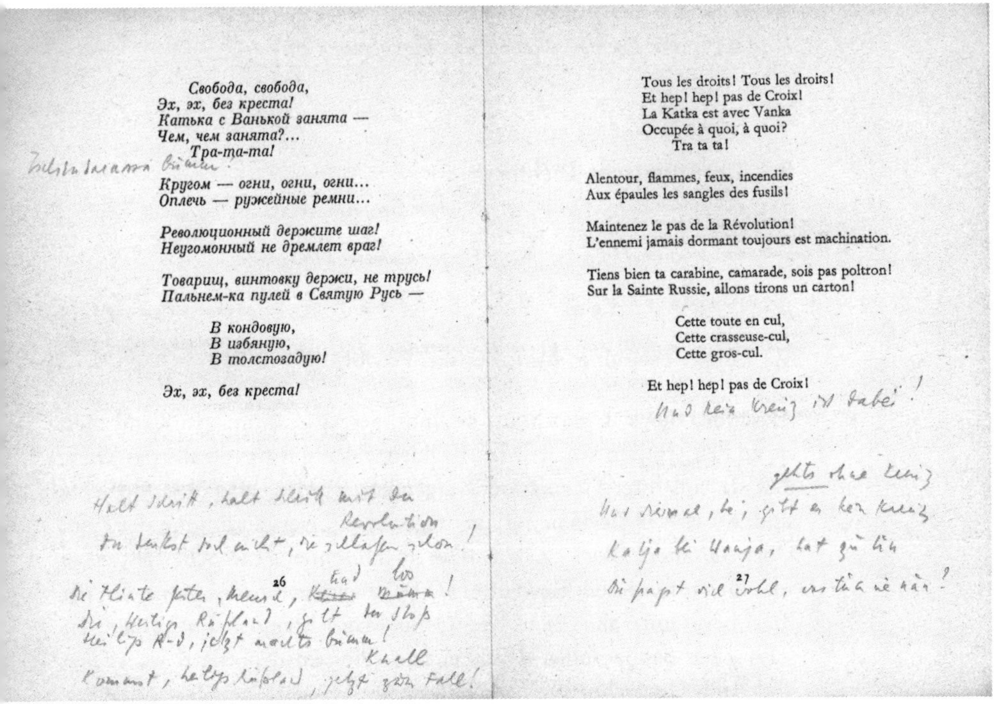

Свобода, свобода,
Эх, эх, без креста!
Катька с Ванькой занята —
Чем, чем занята?...
Тра-та-та!

Кругом — огни, огни, огни...
Оплечь — ружейные ремни...

Революционный держите шаг!
Неугомонный не дремлет враг!

Товарищ, винтовку держи, не трусь!
Пальнем-ка пулей в Святую Русь —

В кондовую,
В избяную,
В толстозадую!

Эх, эх, без креста!

Halt Schritt, halt Schritt mit der Revolution
du denkst doch nicht, sie schlafen schon!

26

Tous les droits! Tous les droits!
Et hep! hep! pas de Croix!
La Katka est avec Vanka
Occupée à quoi, à quoi?
Tra ta ta!

Alentour, flammes, feux, incendies
Aux épaules les sangles des fusils!

Maintenez le pas de la Révolution!
L'ennemi jamais dormant toujours est machination.

Tiens bien ta carabine, camarade, sois pas poltron!
Sur la Sainte Russie, allons tirons un carton!

Cette toute en cul,
Cette crasseuse-cul,
Cette gros-cul.

Et hep! hep! pas de Croix!

Und kein Kreuz ist dabei!

27

genden Studentenunruhen, wird der Titel ›4 poètes de la Révolution‹ programmatisch eingesetzt, die Namen der Autoren – ohne Vornamen – stehen wie Schlagworte über dem rot gedruckten Titel, aus dem »Révolution« noch besonders hervorgehoben ist. Der Band präsentiert die Gedichte nur noch in französischer Übersetzung – keine Ausgabe mehr für den Liebhaber der Dichtung, eine Ausgabe für den politisch engagierten Intellektuellen.

Celans Bändchen ›Drei russische Dichter‹, in welchem er 1963 die zuvor erschienenen Übersetzungen von Block, Mandelstamm und Jessenin noch einmal zusammenfaßt, mag auf den ersten Titel anspielen. Majakowskij und Pasternak sind aus den oben dargestellten Gründen nicht vertreten, Mandelstamm als die zentrale Figur von Celans russischen Lektüren bildet die Mitte. In seiner Sammlung verschiebt er den Akzent von den vier Dichtern der Revolution auf drei Revolutionsdichter, Autoren, denen die ›Zeitenwende‹ in Rußland nicht nur Thema, sondern Schicksal gewesen ist.

8 Drei russische Dichter

Alexander Block. Ossip Mandelstamm. Sergej Jessenin
Übertragen von Paul Celan
Frankfurt am Main, Hamburg: Fischer Bücherei 1963
(Fischer Bücherei. 510)
Leihgabe: Eric Celan

Der Ausgabe steht ein kurzer einführender Text voran, der im wesentlichen einen Verschnitt aus den Einführungen der früheren Ausgaben gibt:

Alexander Block, Ossip Mandelstamm, Sergej Jessenin – Rußland muß sie zu den größten seiner Lyriker zählen. Zwar gilt für sie alle das Wort, daß sie von ihrer Generation »vergeudet« wurden, aber ihre Gedichte sind, wie es Paul Celan nennt, im ›tragischen Einverständnis mit der Zeit‹. Über Alexander Blocks Zyklus ›Die Zwölf‹ schreibt Leo Schestow, er sei »das De profundis der Revolution«. Das ›tragische Einverständnis mit der Zeit‹ bestimmte auch den Weg Ossip Mandelstamms: Im Verlauf der stalinschen Säuberungen wurde er nach Sibirien deportiert, wo er den Tod fand. Und schließlich Sergej Jessenin – er setzte seinem an literari-

schen Erfolgen, aber auch ›Vernichtungen und Pein‹ reichen Leben in Leningrad selbst ein Ende.
Drei russische Dichter ... Block notiert in seinem Tagebuch: »Wir wollen sehen, was die Zeit daraus macht. Mag sein, daß alle Politik so voller Schmutz ist, daß ein einziger Tropfen davon alles übrige trübt und zersetzt; mag sein, daß sie den Sinn des Gedichts dennoch nicht völlig zerstört.« Daß das Werk von Block, Mandelstamm und Jessenin aus den Wirrnissen jener Tage in unsere Zeit hinübergerettet werden konnte und daß der Reichtum des russischen Originals in der deutschen Übertragung erhalten blieb, ist Paul Celan zu danken. In diesen Übertragungen wird deutlich, in welchem Maße diese Gedichte uns Heutige angehen.

Offenkundig hat Celan den Klappentext (der erste, der auch den Übersetzer rühmt) mitformuliert. Nicht wenige Aufzeichnungen im Nachlaß belegen die Mühe, die Celan sich mit diesem Text gemacht hat. Biographische Daten und bibliographische Angaben, wie sie im Anhang der Ausgabe zu jedem der drei Autoren gemacht werden, gehen auf diese Notizen zurück; die Literaturangaben verraten eine ungewöhnliche Detailkenntnis. Das meiste davon wird allerdings nicht in die Druckfassung übernommen. Dreierlei wird auf den schnell hingeschriebenen Blättern immer wieder berührt: Petersburg, die Revolution und »die eine Hand des Übersetzers«. Ein typisches Blatt als Beispiel:

9 Paul Celan: Entwurf zum Klappentext für die Ausgabe ›Drei russische Dichter‹

Manuskript, 1 Blatt

Klappentext:
Zwölf Schestow-Zitat De Profundis
Swjatopolk-Mirski
Mandelstamm:
Herzschlag und Äon
tragisches Einverständnis
Jessenin: Gorkij – Zitat

Hinweis auf das allen gemeinsame Tragische
und jeweils anderen Daseinsakzent
Die Revolution
aus der Hand eines einzigen Übersetzers

Celan notiert in diesen Entwürfen neben den Ausgaben auch die benutzten literarhistorischen Quellen, so etwa die ›History of Russian Literature‹ von Dmitrij Fürst Swjatopolk-Mirsky, ein Standardwerk zur russischen Literaturgeschichte, das Celan in einer Ausgabe von 1949 besitzt. Das Schestow-Zitat hat er nicht einer der zahlreichen Schestow-Ausgaben in seinem Besitz entnommen, sondern auch dem »Vorwort des Übersetzers« in der gezeigten Ausgabe der ›Zwölf‹ von 1921. Wolf E. Groeger hat es dort als Motto vorangestellt:

»Die Zwölf – das ›de profundis‹ der
russischen Revolution.« Leo Schestow

Zu Mandelstamm notiert Celan zwei Grundgedanken seiner »Notiz des Übersetzers« zur Ausgabe ›Gedichte‹ von 1959 (GW V, S. 623f.); für Jessenin verweist er auf das den Klappentext zur Jessenin-Auswahl einleitende »Gorkij-Zitat«: »Eine durch und durch russische Begabung … ein Instrument der Poesie«. Wie wichtig Celan gerade die letzte Wendung gewesen ist, überliefert ein Jugendfreund, nach dessen Erinnerung Celan über Jessenin gesagt haben soll, dieser sei »eher ein Instrument als ein Mensch, das die Natur speziell für die Natur geschaffen hat, damit so die endlose Melancholie der Steppe spreche […]«. (Horia Deleanu: Erinnerung an Paul Celan. In: Zeitschrift für Kulturaustausch Jg. 32, 1982, H. 3, S. 216) Die Notizen auf dem Blatt unten formulieren Gedanken, die in fast allen Entwürfen regelmäßig wiederkehren. So heißt es an anderen Stellen: »Die Revolution: das tragische Miterleben als allen dreien, jeweils existentielle Suche sich niederschlagendes, Gemeinsames« , oder zu Mandelstamm: »Revolution – als kosmisches – eschatologisches Ereignis […] das tragische Einverständnis« oder »Hinweis auf das Tragische in verschiedenartigstem Daseinsakzent als das den 3 Gemeinsame«, und »die Revolution, nicht nur die russische«.

Celans Aufzeichnungen – die sich von der feierlichen Würdigung im Klappentext beträchtlich unterscheiden – haben Gewicht als sonst nur sparsam

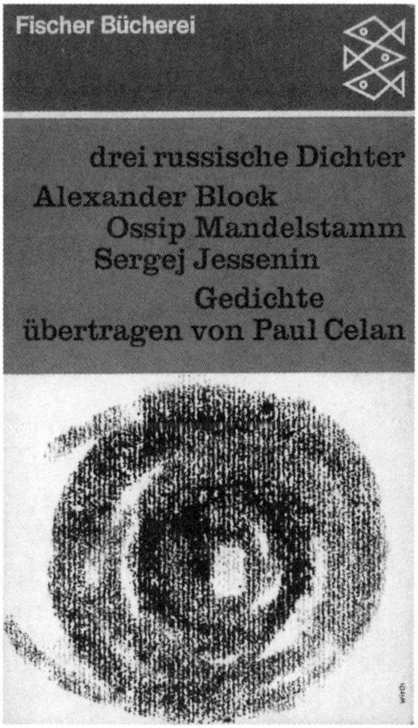

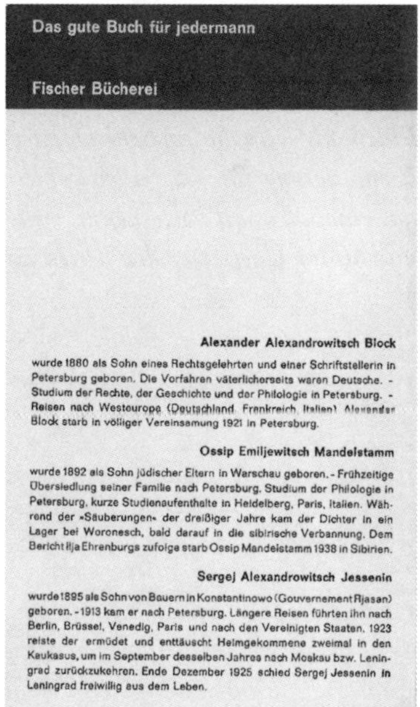
Das gute Buch für jedermann

Fischer Bücherei

Alexander Alexandrowitsch Block

wurde 1880 als Sohn eines Rechtsgelehrten und einer Schriftstellerin in Petersburg geboren. Die Vorfahren väterlicherseits waren Deutsche. – Studium der Rechte, der Geschichte und der Philologie in Petersburg. – Reisen nach Westeuropa (Deutschland, Frankreich, Italien). Alexander Block starb in völliger Vereinsamung 1921 in Petersburg.

Ossip Emiljewitsch Mandelstamm

wurde 1892 als Sohn jüdischer Eltern in Warschau geboren. – Frühzeitige Übersiedlung seiner Familie nach Petersburg. Studium der Philologie in Petersburg, kurze Studienaufenthalte in Heidelberg, Paris, Italien. Während der »Säuberungen« der dreißiger Jahre kam der Dichter in ein Lager bei Woronesch, bald darauf in die sibirische Verbannung. Dem Bericht Ilja Ehrenburgs zufolge starb Ossip Mandelstamm 1938 in Sibirien.

Sergej Alexandrowitsch Jessenin

wurde 1895 als Sohn von Bauern in Konstantinowo (Gouvernement Rjasan) geboren. – 1913 kam er nach Petersburg. Längere Reisen führten ihn nach Berlin, Brüssel, Venedig, Paris und nach den Vereinigten Staaten. 1923 reiste der ermüdet und enttäuscht Heimgekommene zweimal in den Kaukasus, um im September desselben Jahres nach Moskau bzw. Leningrad zurückzukehren. Ende Dezember 1925 schied Sergej Jessenin in Leningrad freiwillig aus dem Leben.

197/198 Vorder- und Rückseite des Taschenbuches (21.8)

bekanntgewordene Zeugnisse seiner Reflexion über das Übersetzen russischer Dichtung überhaupt. Das ja auch marktorientierte, also nur akzidentielle Zusammenbinden der drei Dichter in einer Taschenbuchausgabe erhält durch Celan eine auch poetologisch relevante Wendung. Die am Schluß angefügte – und in die Druckfassung nicht aufgenommene – Wendung »aus der Hand eines einzigen Übersetzers« wird auf einem anderen Blatt aus dem Entwurfkonvolut noch schärfer pointiert:

die eine Hand des Übersetzers:
die Empedokleische Sympathie –
– nihil humani me alienum esse –: die Dichtung

Hier wird das für Celans Poetik (auch von Mandelstamm her) so wichtige Motiv der Hand auf das Übersetzen bezogen, wobei die »Hand des Überset-

zers« nicht nur »eine« ist (im Gegensatz zu den drei übersetzten Dichtern), sondern vor allem in ihrer einenden Kraft erscheint. »Die Empedokleische Sympathie« ist dabei ganz wörtlich zu verstehen als »sym-pathein«, als Mitleiden, als Teilhabe am Schicksal der Dichter. Es ist die wohl einzig adäquate Formulierung für »das allen gemeinsame Tragische«; Celan, der sich selbst mehrmals »russkij poėt« nennt, stellt sich hier als vierter »russischer Dichter« und als ihr Übersetzer den dreien zur Seite.

22 Celans russische Bibliothek

Celans Bibliothek wird seit 1990 im Deutschen Literaturarchiv bewahrt und steht dort dem interessierten Forscher zur Einsicht offen. Die meisten der hier versammelten Bände sind literarische Werke aus mehr als neun Sprachen. Der umfangreiche Bestand weist allein für die russische Literatur über 500 Titel auf, eine kleine russische Bibliothek, über die ein 1996 erschienenes kommentiertes Verzeichnis berichtet. (»Kyrillisches, Freunde, auch das ... «. Die russische Bibliothek Paul Celans im Deutschen Literaturarchiv Marbach. Aufgezeichnet, beschrieben und kommentiert von Christine Ivanović. Marbach am Neckar: Deutsche Schillergesellschaft 1996. [Verzeichnisse. Berichte. Informationen. 21])

Diese Bibliothek dokumentiert Celans umfassendes Interesse für die russische Literatur, das weit über die von ihm übersetzten Werke und deren Autoren hinausgeht. Erworben hat er die Bände in der Regel Ende der fünfziger und Anfang der sechziger Jahre, also zur Zeit seiner intensiven übersetzerischen Beschäftigung mit »Kyrillischem«. Als er kaum noch aus dem Russischen übersetzt, erwirbt er auch seltener russische Bücher.

In vielen Fällen können einzelne Bände als eine Art »Kommentar« vor allem zu den Übersetzungen, aber auch zu Gedichten oder poetologischen Äußerungen Celans herangezogen werden. Ein solches Werk ist zum Beispiel der Almanach ›Tarusskie stranicy‹ (Blätter aus Tarussa), den Celan 1962 von seinem Jugendfreund Erich Einhorn aus Moskau zugesandt bekommt und auf den sein Gedicht ›Und mit dem Buch aus Tarussa‹ anspielt. Auch finden sich hier die Bücher, aus denen Celan zitiert, oft an hervorgehobener Stelle, wie etwa das bei Leo Schestow vermutlich in der französischen Ausgabe ›Les révélations de la mort‹ gefundene Wort von Pascal, an das Celan im ›Meridian‹ erinnert. So belegt auch diese Bibliothek, die unter der Abteilung »Russika« Werke in mehr als fünf Sprachen versammelt, Celans generell polyglotten Zugang zur Literatur.

Oft hat Celan Zeitungsausschnitte, Artikel oder sogar Entwürfe zu Übersetzungen oder eigenen Gedichten in die Bücher gelegt. So findet sich in der italienischen Pasternak-Ausgabe das Typoskript einer einzelnen Pasternak-

Übersetzung Celans, oder in der von Alexander Bogolepow herausgegebenen Anthologie ›Russkaja lirika ot Žukovskogo do Bunina‹ die mit Bleistift eingetragene Übersetzung eines Gedichts von Konstantin Slutschewskij, die Celan 1963 im ›Insel-Almanach‹ publiziert und zu der es im handschriftlichen Nachlaß kein Manuskript gibt. Den Entwurf eines eigenen, unveröffentlichten Gedichts hat er schließlich in eine Ausgabe der Erzählungen von Michail Soschtschenko geschrieben, in einen Band also, der, wie viele andere, unmittelbar wenig mit Celans Übersetzungen zu tun hat.

Seine russische Bibliothek trägt auch Züge einer Liebhaberbibliothek. Dazu gehört beispielsweise eine Übersetzung des altrussischen ›Igor-Lieds‹ von Rilke, dazu gehören »Prachtausgaben« wie die großformatige Ausgabe von Gogols ›Mertvye duši‹ (Die toten Seelen) oder die 1921 in Berlin erschienene Übersetzung von Puschkins ›Pique Dame‹. Was aussieht wie eine Prachtausgabe, kann sich jedoch auch als ein von Celan intensiv studiertes Arbeitsexemplar erweisen, wie etwa die russische Version von Dante Alighieris ›Divina commedia‹. Gerade diese Ausgabe zeigt eindrucksvoll, wie Celan seine vielsprachige Kompetenz auch in der Lektüre nutzt, indem er ein Werk gleich in mehreren Sprachen liest. Eher Liebhaberwert hat dagegen die selbst der Mandelstamm-Forschung nahezu unbekannte kleine Übersetzung von Arthur Schnitzlers ›Fridolin‹, die Mandelstamm 1926 angefertigt hat: auch sie ein Zeichen der Zuneigung Celans zu diesem Dichter.

Die folgenden Abbildungen zeigen Entwürfe und Reinschriften einiger publizierter Übersetzungen in der Handschrift Paul Celans. Der Druckvermerk bezieht sich auf die erste Veröffentlichung.

Seite 381/382

Ossip Mandelstamm: In Petersburg. Manuskript mit Vokabelnotizen zwischen den einzelnen Strophen. Vorder- und Rückseite. In: Neue Zürcher Zeitung, 23. Dezember 1967, Blatt 16, Seite 3.

Seite 383/384

Ossip Mandelstamm: Die steigenden Zeiten. Manuskript mit Vokabelnotizen zwischen den einzelnen Strophen. Vorder- und Rückseite. In: Drei russische Dichter. Alexander Block, Ossip Mandelstamm, Sergeij Jessenin. Frankfurt am Main: S. Fischer Verlag 1963, S. 76.

Seite 385

Guillaume Apollinaire: Lebewohl. Manuskript (Abschrift für Klaus Demus). In: Die Neue Rundschau, Jg. 65, 1954, Seite 321.

Seite 386

Arthur Rimbaud: Wiedergefunden. Manuskript der Übersetzung. In: Almanach S. Fischer Verlag. Das vierundsiebzigste Jahr. Frankfurt am Main: S. Fischer Verlag 1960, Seite 81.

Seite 387

Arthur Rimbaud: Elle est retrouvee. Typoskript der Übersetzung. Datierung: »26. 12. 57.«, für die Korrekturen notiert Celan: »31. 5. 1960«. In: Almanach S. Fischer Verlag. Das vierundsiebzigste Jahr. Frankfurt am Main: S. Fischer Verlag 1960, Seite 81.

Seite 388

Gérard de Nerval: Les Cydalises. Manuskript der Übersetzung. In: Die Neue Rundschau, Jg. 69, 1958, Heft 1, Seite 119.

Seite 401

William Shakespeare: Das siebzigste Sonett. Am 5. Februar 1961 ins Deutsche übertragen von Paul Celan. (Abschrift für Klaus Demus). In: Die Neue Rundschau, Jg. 75, 1964, Heft 2, Seite 209.

Seite 402

William Shakespeare: Sonett 79. Manuskript mit dem Versfuß der ersten Zeile. In: Die Neue Rundschau, Jg. 75, 1964, Heft 2, Seite 210/211.

Seite 403

Jules Supervielle: Vivre. Typoskript. In: Neue Zürcher Zeitung, 3. Dezember 1960, Blatt 20.

Seite 404

Robert Desnos: Das letzte Gedicht. Typoskript. Mit einer Korrektur zu der Übersetzung von Desnos' ›Epitaph‹. In: Merkur, Jg. 12, 1958, Heft 123, Seite 423.

Seite 405

Giuseppe Ungaretti: Variationen über nichts. Manuskript. In: Giuseppe Ungaretti. Das verheißene Land. Das Merkbuch des Alten. Deutsch von Paul Celan. Frankfurt am Main: Insel-Verlag 1968, Seite 55.

Seite 406

Giuseppe Ungaretti. Dichters Geheimnis. Manuskript. In: Giuseppe Ungaretti. Das verheißene Land. Das Merkbuch des Alten. Deutsch von Paul Celan. Frankfurt am Main: Insel-Verlag 1968, Seite 57.

Seite 407

Emily Dickinson: My life closed twicve before ist closed. In: Die Neue Rundschau, Jg. 72, 1961, Heft 1, Seite 36.

Seite 408

David Rokeah: Der Monat Cheschwan. Typoskript von David Rokeah. Manuskript der Übersetzung von Paul Celan. In: Akzente, Jg. 27, 1980, Heft 1, Seite 57.

Mandelstamm, В Петербурге

Petersburg: es fügt uns neu zusammen,
so als hätten wir die Sonne dort verscharrt
~~als wärs die Sonne~~
und es tritt, zum erstenmal, uns auf die Lippen
jenes selige, deutungslose Wort.
In der Sowjetnacht, in deren ~~samtner Schwärze~~ sammetschwarze,
und im Samt der leere weltenweit
singen sie, der seligen Frauen unverwandte Augen,
und es blüht die Blume ohne Tod und Zeit

мчаться – schießen, – jagen, – stürmen
rennen

Petersburg, die wilde Katze, krümmt den Rücken,
auf der Brücke die Patrouille steht bereit,
nur ein böser Motor rast noch ~~[illegible]~~ durch den Nebel
und du hörst ~~ihn~~ wie er, ~~einen~~ ein Kuckuck, schreit.
He, ich brauche kein ~~Papier~~ Schein, die Nächte zu passieren,
vor den Posten hier ~~ist mir nicht bang~~, hab ich keine Furcht,
Für das, das Wort, das selig-deutungslose
bete ich, die Sowjetnächte ~~lang~~ hindurch.

ворох: Haufen, Menge

Leicht und theatralisch hört ich rascheln,
hör ein mädchenhaftes „ach" —
und die Rosen ~~Todlos~~ todlos sind ~~[illegible]~~ in Kypris' Händen,
unverblühbar, tausendfach

199/200 Ossip Mandelstamm: In Petersburg *(GW V, S. 159/161)*

gelangweilt,
Wir, ~~verlangweilt~~, wärmen uns am Feuer
und es ziehn, wer weiß, Jahrhunderte vorbei,
und der selgen Frauen unverwandte (unverbrannte) Hände
sammeln sie, die leichte Asche, ein.

грядка → гряда – Beet; Reihe, Kette
пышный, üppig, prunkvoll, prachtvoll
шифоньерка – Chiffonière
взбить = rühren, zu Schaum schlagen
aufklopfen, aufschütteln
aufkämmen

~~zoo~~
заводной – aufzieh = zum Aufziehen
mechanisch
низменный – tiefliegend
niedrig, niederträchtig
святоша = Scheinheilige, Frömmling
крутой – steil
jäh, plötzlich
hart, schroff
üppig aufgeschlagen ~~das~~ sind mit
irgendwo * dort im Parkett, ~~die~~ roten Reihen

üppig, in den Logen dort, die Chiffonièren
irgendwo auch das Parkett, mit roten Reihn
~~eine~~ jene Puppe, aufziehbar, des Offiziers;
nichts für ~~Seelen schwarze:~~
Seelenschwärze, nichts für Frömmelein
Nun, im schwarzen Samt der weltenweiten Leere
geh und hör die Geigen, sieh und hör,
singen: sie, der selgen Frauen jähe Schultern,
und die nächtge Sonne, du bemerkst sie nicht.

Мандельштам, За гремучую доблесть / В.В. S. 22 /

—

Den ~~steigenden~~ schreitenden Zeilen zum höheren Ruhm,
Dir, Mensch, zur unsterblichen ~~Ehre~~ Glorie
bracht ich beim Festmahl der Väter mich um
den ~~tief~~ Platz; ~~es~~ ging mir Frohsinn und Ehre verloren.

~~Ein Wolfshund, so fällt sie, die Zeit,~~ Das Wolfshund-Jahrhundert, es fällt mich jetzt an

Doch bin ich ~~nicht~~ kein Wolf von Geblüt
nicht wölfischen Bluts
Stammes
Art

Komm, ich bin die Mütze –

Mein Wolfshund-Jahrhundert ~~fällt über mich her~~ – mich packts, mich befällts,
Doch bin ich nicht wölfischen Bluts
Mich Mütze – stopf mich in den Ärmel, den Pelz
sibirischer Steppenglut.

201/202 Ossip Mandelstamm: Die schreitenden Zeilen *(GW V, S. 153)*

Den Geiern, die kommen, zum höheren Ruhm,
Dir, Mensch, zur unsterblichen Glorie,
bracht ich ~~mich~~ beim Festmahl der Väter mich um
mein Teil; ging mir Frohsinn und Ehre verloren.

Das Wolfshund-Jahrhundert – mich packts, mich befällts,
doch bin ich nicht wölfischen Bluts.
Komm, stopf mich, der Mütze gleich tief in den Pelz
sibirischer Steppenglut.

Apollinaire:

Lebewohl

Ich pflückt den Halm vom Kraut der Heide
Der Herbst ist tot sei eingedenk
Auf Erden schreiten wir nun beide
O Duft der Zeit o Halm der Heide
Und daß ich warten werde denk

203 Guillaume Apollinaire: L'Adieu *(GW IV, S. 791)*

Wiedergefunden! Was?
~~Was?~~ Die Ewigkeit!
Beides, ~~Sonne und~~ Meer — Das Sonnendurchwachsene ~~[illegible]~~ Meer,
~~Zu zweit!~~ Die ~~meerhafte~~ Helligkeit.

Du tatst das Gelübde, ich
hielts mit ewiger Seele
Einsam ~~die Kälte~~ [um ~~die~~ Nacht] um mich
~~Feiertage, die schwelten~~,
Der Tag ~~die Tage~~ ein Schwellen
~~Die Tage~~ [war] ein Feuer, das schwelte.

Löst dich also, bist frei,
menschlichen ~~Stimmen~~ [Zuruf] enthoben
Sie streben, du bist nicht dabei,
du fliegst jetzt, oben...

Kein Hoffen mehr, kein
Orietur
Wissen, geduldigsein
auf ~~den~~ Todesspur.

Kein Morgen ~~mehr~~, ihr
seidigen ~~glühenden~~ Kohlen
glühen, wie ihr!
Dies ist befohlen

204 Arthur Rimbaud: Wiedergefunden! *(GW IV, S. 111)*

A r t h u r   R i m b a u d

ELLE EST RETROUVEE

31. 5. 1960

Wiedergefunden! Wer?
Die Ewigkeit!
Verwoben Sonne und Meer.
~~zu~~ E i n e ~~r~~ Helligkeit.

Tatst das Gelübde, ~~ich~~ du
~~hielts~~, mit ewiger Seele.
Nacht war, einsam, um mich,
der Tag - ein Schwelen.

halt es, du ewige Seele!
~~Nacht ist, wie Nacht~~ immerzu,
der Tag - ein Schwelen.

Löst dich also, bist frei -
Kein menschliches Für noch Gegen.
Sie streben, du bist nicht dabei,
fliegst jetzt, wegen...

Kein Hoffen ~~und~~ mehr. Kein
Orietur.
Wissen, Geduldigsein
auf Todesspur.

Kein Morgen mehr, ihr
seidigen Kohlen.
Glühen, wie ihr:
~~dies ist~~ als Pflicht, befohlen.

!! vgl. Fass. Saison, S. 74

(vgl. Fass. Poésie, S. 200

Wiedergefunden! Wer?
Die Ewigkeit!
Verwoben Sonne und Meer!
~~zu~~ E i n e ~~r~~ Helligkeit.

30. Oktober 195

Gérard de Nerval: Les Cydalises

Die Liebenden, Geliebten,
wo sind sie? Gräberfern.
Sie sind die Seligeren,
sie wohnen gut und gern.

Sie sind in Engelsnähe,
im Haus ~~ist himmelblau~~, [im lichtesten Blau]
sie singen Lob und ~~Lieder~~ Preisung
Unsrer Lieben Frau.

~~ist lichtestes Blau~~

O Bleiche, mir Verlobte!
O Jungfrau, kaum erblüht!
Ich ließ dich deine Liebe,
im Schmerz bist du verglüht!

O Ewigkeit, o Liebe,
die aus dem Aug dir sprach.
O Fackel Welt, erloschen –
im Himmel neu entfacht!

23 Poetologie des Übersetzens: »Fremde Nähe«. Übersetzen – die andere Seite der Dichtung

Titel für den Band »Übertragungen«: FREMDE NÄHE

Celan notiert dies im Jahre 1966. Aber der Plan ist älter. Schon acht Jahre zuvor ist in Briefen die Rede von einer Anthologie französischer Lyrik, die allmählich entstehen und im Insel-Verlag erscheinen soll.

Gegenüber Joachim Moras, dem Mitbegründer und Mitherausgeber des ›Merkur‹, entwickelt Celan am 4. Juni 1958 seine Überlegungen:

Im Herbst dieses Jahres erscheint bei der Insel meine Übersetzung des ›Bateau Ivre‹ von Rimbaud; der S. Fischer Verlag bringt, ebenfalls in diesem Herbst, eine Übersetzung aus dem Russischen: ›Die Zwölf‹ von Alexander Block. Im Rahmen der Gesamtausgabe des Werkes von René Char erscheinen die von mir übersetzten Schriften ›À une Sérénité crispée‹ und ›Feuillets d'Hypnos‹.

Ich habe in den letzten Wochen viel Russisches übersetzt, hauptsächlich Ossip Mandelstamm und Sergej Jessenin. Wahrscheinlich werde ich im nächsten Jahr einen Band Mandelstamm veröffentlichen können. (Mandelstamm ist wohl d e r Lyriker, d e r Metaphysiker.)

Und dann kündigt er sein Vorhaben an, eine »Anthologie französischer Lyrik«:

Neben diesen Arbeiten wächst auch, langsam, meine Anthologie französischer Lyrik. Und hoffentlich lässt sich auch noch einiges andere verwirklichen.

Auf einer nicht datierten Liste, vermutlich aus der Zeit zwischen 1955 und 1957, stellt Celan die bis dahin von ihm übersetzten Texte für die »Französische Anthologie« zusammen.

Ausgeführt wird der Plan nicht. Wann und aus welchen Gründen Celan das Vorhaben aufgegeben hat, ist nicht klar. Denkbar ist, daß sich bald mehrere Projekte überkreuzen. So äußert er auch die Absicht, eine Studie zur ›Phänomenologie des Poetischen‹ zu verfassen, bei der vermutlich die von ihm übersetzten Autoren und seine eigenen Übertragungen keine geringe Rolle gespielt haben dürften. Jedenfalls kann man sagen, daß die Auswahl der von Celan übertragenen Autoren z. B. des französischen Symbolismus teilweise eher einem »phänomenologischen« Interesse verpflichtet ist als der Empfindung besonders großer Nähe zur eigenen Dichtung. Ja, zuweilen mag der Versuch einer Abgrenzung gegenüber bestimmten artifiziellen Tendenzen der Dichtung das vorherrschende Motiv gewesen sein.

Später plant Celan erneut eine Sammlung mit Übersetzungen, die nun nicht mehr nur französische Poesie enthalten soll. Wie ein solcher Band ausgesehen hätte, das zeichnet sich in einem Brief vom 28. November 1969 an Klaus Reichert andeutungsweise ab. Reichert arbeitet gerade selbst an Übersetzungen von Gedichten des amerikanischen Schriftstellers Charles Olson (1910–1970):

Zum Übersetzungsband: nach Literaturen, ja, das wäre ein Gesichtspunkt. (Entstehungsdaten sind zu umständlich, auch zu biographisch, ich wüßte sie auch nur in einzelnen Fällen anzugeben.) Lebenszeiten, E p o c h e n, das eher; die ältesten zuerst, dann hinunter und hinauf zu den jüngsten; dies am ehesten. [...] Und was halten Sie vom Zeitpunkt der Publikation? Gar so »lürisch« siehts ja zur Zeit nicht aus in Ihren, meinen und unsern Zonen – Olson mis à part, evidemment. Wir können natürlich auch 1971 ins Auge fassen – um nicht zu sagen: 2071.

Scherz – Schmerz? – beiseite: ich glaube, wir sollten jetzt rangehn an diese Sache. And make the best of it.

Zwei weitere undatierte Notizen betreffen die Vorgehensweise bei dem Projekt, an dem Celan zeitweise offenbar auch andere Übersetzer beteiligen will:

Entdeckertum: eine Aufgabe, die dem deutschen Herausgeber, mag er auch in Paris leben, schlechthin nicht zusteht. Sollte – was ich mir zu hoffen erlaube – diese Anthologie auch zu einem buchhändlerischen Erfolg werden, so können die Jüngeren und Jüngsten in einem später erscheinenden zweiten Band zum Wort kommen.

ich möchte keinem Übersetzer den Rang ablaufen.

Zuerst: Sichtung des bereits Vorhandenen

Dann: Kontakt mit Übersetzern, die einsichtsvoll genug sind, um sich gegeben[en]falls über kleinere Fehlinterpretationen aufklären zu lassen Schließlich: Übersetzungsaufträge

Welche Bedeutung jenseits aller materiellen Notwendigkeiten, die sich in den fünfziger Jahren zwangsläufig auch mit den übersetzerischen Auftragsarbeiten verbinden, das Übersetzen für Celan hat, geht aus der Bitte an den Literaturwissenschaftler Beda Allemann hervor: Die Übertragungen sollen bei einer Werkausgabe ausdrücklich einbezogen werden. Erst nach seinem Tode kann also im Rahmen der fünfbändigen Werkausgabe die Idee jener Übersetzungssammlung verwirklicht werden, und, da eine solche Ausgabe eigenen Gesetzen verpflichtet ist, sicherlich anders als Celan selbst sie gestaltet haben würde.

Daß Celans übersetzerische Tätigkeit mit seiner eigenen poetischen Arbeit und mit seiner theoretischen Auffassung von der Dichtung eng verknüpft ist, deutet schon der Titelentwurf »Fremde Nähe« an. Der genauere Sinn dieser Wendung erschließt sich aus seinem einzigen ausführlicheren Entwurf zur Theorie der Dichtung, der Rede mit dem Titel ›Der Meridian‹, gehalten anläßlich der Verleihung des Georg-Büchner-Preises in Darmstadt, am 22. Oktober 1960. Was Celan in dieser Rede einen »Meridian« nennt, beruht auf der Wahrnehmung einer existentiellen Verbundenheit und Nähe zwischen Individuen: es ist eine gedachte Linie.

Die Empfindung von »Meridianhaftem« teilt Celan auch in Briefen zuweilen einem Freund mit; diese bei aller Fremdheit oder Andersheit empfundene Nähe wird für den Übersetzer immer wieder zur Motivation und zum bestimmenden Prinzip seiner Arbeit.

1 Paul Celan: Der Meridian

Rede anläßlich der Verleihung des Georg-Büchner-Preises
Darmstadt, am 22. Oktober 1960
Frankfurt am Main: S. Fischer Verlag 1961
Auf dem hinteren Umschlag werden die vier Gedichtbände Celans neben den fünf Bänden der Übersetzungen in gleicher typographischer Anordnung genannt.

2 Paul Celan bei der Büchner-Preis-Verleihung

Darmstadt, 22. Oktober 1960. Photographie von Pit Ludwig

207 Auf der gegenüberliegenden Seite: Umschlag des Heftes (23.1)

Einzelne Sätze aus der Büchner-Preis-Rede belegen, daß Celans Dichtung im Zeichen der Begegnung zwischen Individuen steht:

Aber das Gedicht spricht ja! Es bleibt seiner Daten eingedenk, aber – es spricht. Gewiß, es spricht immer nur in seiner eigenen, allereigensten Sache.

Aber ich denke [...] daß es von jeher zu den Hoffnungen des Gedichts gehört, gerade auf diese Weise auch in *fremder* – nein, dieses Wort kann ich jetzt nicht mehr gebrauchen –, gerade auf diese Weise *in eines Anderen Sache* zu sprechen – wer weiß, vielleicht in eines *ganz Anderen* Sache. [...] Vielleicht, so muß ich mir jetzt sagen, – vielleicht ist sogar ein Zusammentreffen dieses »ganz Anderen« – ich gebrauche hier ein bekanntes Hilfswort – mit einem nicht allzu fernen, einem ganz nahen »anderen« denkbar – immer und wieder denkbar.

Das Gedicht verweilt oder verhofft – ein auf die Kreatur zu beziehendes Wort – bei solchen Gedanken. [...] Dann wäre das Gedicht – deutlicher noch als bisher – gestaltgewordene Sprache eines Einzelnen, – und seinem innersten Wesen nach Gegenwart und Präsenz.

Das Gedicht ist einsam. Es ist einsam und unterwegs. Wer es schreibt, bleibt ihm mitgegeben.

Aber steht das Gedicht nicht gerade dadurch, also schon hier, in der Begegnung – *im Geheimnis der Begegnung*? *(S. 16–18)*

Im Manuskript einer Rundfunksendung über die Dichtung Ossip Mandelstamms, ausgestrahlt im NDR am 19. März 1960, nimmt Celan zahlreiche Formulierungen seines ›Meridian‹ wörtlich vorweg. Hier hatte ja eine Begegnung stattgefunden, die sich nicht nur in den Übersetzungen und dem Rundfunkessay artikuliert, sondern auch im gleichzeitig entstehenden Gedichtband ›Die Niemandsrose‹, der als ganzer »Dem Andenken Ossip Mandelstamms« gewidmet ist. Im Rundfunkessay schreibt Celan über den »Bruder Ossip«:

Diese Gedichte sind die Gedichte eines Wahrnehmenden und Aufmerksamen, dem Erscheinenden Zugewandten, das Erscheinende Befragenden und Ansprechenden; sie sind G e s p r ä c h. Im Raum dieses Gesprächs konstituiert sich das Angesprochene, vergegenwärtigt es sich, versammelt es sich um das es ansprechende und nennende Ich. Aber in diese Gegen-

PAUL CELAN

DER MERIDIAN

Rede anläßlich der Verleihung

des Georg-Büchner-Preises 1960

S. Fischer Verlag

wart bringt das Angesprochene und durch Nennung gleichsam zum Du Gewordene sein Anders- und Fremdsein mit. Noch im Hier und Jetzt des Gedichts, noch in dieser Unmittelbarkeit und Nähe läßt es seine Ferne mitsprechen, bewahrt es das ihm Eigenste: seine Zeit. *(In: Ossip Mandelstamm: Im Luftgrab. Ein Lesebuch. Zürich: Ammann 1988, S. 72)*

Die Überschneidung von eigener poetischer Arbeit und Übersetzung im Zeichen der Begegnung ist zu keinem Zeitpunkt ausgeprägter als während der Entstehung des Bandes ›Die Niemandsrose‹. Ein Beispiel dafür sind die mehrfach wechselnden Motti in der Genese des Gedichts ›Eine Gauner- und Ganovenweise / gesungen zu Paris emprès Pontoise / von Paul Celan / aus Czernowitz bei Sadagora‹. Der Titel spielt auf François Villon an, dessen Geburtsort Pontoise zur heimlichen Metropole aufgewertet wird (Paris bei Pontoise) und bildet parallel dazu: Czernowitz bei Sadagora. Diese kleine Stadt ist der Geburtsort der Mutter Celans, seit dem neunzehnten Jahrhundert Sitz des Oberrabbiners und ein Zentrum des Chassidismus, ihren Einwohnern sagte man nach, sie seien Gauner und Ganoven. Aber Celan spielt auch mit anderen Beziehungen, setzt handschriftlich als Motto ein Zitat des russischen Symbolisten Fjodor Sologub (1863–1927) und eines von Ossip Mandelstamm ein. Eine weitere Fassung verändert gar den Gedichttitel dergestalt, daß der Verfasser sich den Beinamen »Russkij Poët in Partibus nemetskich infidelium« (Russischer Dichter in den Landen der ungläubigen Deutschen) gibt.

Das Gedicht ›Es ist alles anders‹ führt die Begegnung mit Ossip Mandelstamm so weit, daß es zu einem imaginären Gliedertausch kommt; die entsprechenden Zeilen des Gedichts lauten:

> Die Silbermünze auf deiner Zunge schmilzt,
> sie schmeckt nach Morgen, nach Immer, ein Weg
> nach Rußland steigt dir ins Herz,
> die karelische Birke
> hat
> gewartet,
> der Name Ossip kommt auf dich zu, du erzählst ihm,
> was er schon weiß, er nimmt es, er nimmt es dir ab, mit Händen,

du löst ihm den Arm von der Schulter, den rechten, den linken,
du heftest die deinen an ihre Stelle, mit Händen, mit Fingern,
mit Linien,

– was abriß, wächst wieder zusammen –
da hast du sie, da nimm sie dir, da hast du alle beide,
den Namen, den Namen, die Hand, die Hand,
da nimm sie dir zum Unterpfand,
er nimmt auch das, und du hast
wieder, was dein ist, was sein war,
[...] *(GW I, S. 284)*

Fremdheit und Nähe sind einerseits die Pole der Begegnungs-Poetologie, die in besonderer Weise für die Haltung maßgebend ist, mit der Celan sich der Aufgabe des Übersetzens annimmt.
Er hat diese Wendung, respektive Variationen davon, einmal aber auch auf das Verhältnis zwischen den Sprachen, bzw. verschiedenen historischen Stufen einer Sprache bezogen – und zwar während der Arbeiten an einer ›Pariser Elegie‹, einem Gedichtkomplex, der in den Umkreis des Zyklus ›Die Niemandsrose‹ gehört, später aber nicht in die Druckfassung des Bandes übernommen wurde. Hier formuliert er auf einem Blatt mit Notizen u.a. einen Gedanken dazu. Daß er sich auch mit Sprachgeschichte beschäftigt, zeigt am Schluß der Verweis auf Littré's ›Dictionnaire de la langue française‹ (1863–77):

Hättest du das in der eigenen Sprache: das ~~Fremdnahe~~ Nah-Gefremdete – ein AltJudenDeutsch aus einem Mitthimmelsüden, aus der Atem-Provence –: so –:

zitieren: Littré – Übersetzung ins Altfranzösische

Die ungewöhlich hohe Motivation zur Beschäftigung mit dem Übersetzen und den damit verbundenen Problemen ist aber nicht allein aus der Begegnungs-Poetologie heraus zu erklären, sondern dürfte zugleich in einem fundamentalen Interesse für das Phänomen der Sprachen und ihrem Verhältnis zueinander zu suchen sein. Die Frage nach Fremdheit und Nähe ist letztlich ein hermeneutisches, ein Erkenntnisproblem.

Eine spezifisch dichtungstheoretische Problematik im Zusammenhang mit der »Aufgabe des Übersetzers« wird sichtbar, wenn man berücksichtigt, daß nach Celans Auffassung das Gedicht etwas Unwiederholbares, Einmaliges ist. Wie aber ist dann Übersetzen möglich? Wo stößt der Übersetzer an seine Grenzen? Auf eine Umfrage der Librairie Flinker (Paris), bei der zum »Problem der Zweisprachigkeit« Stellung genommen werden sollte, antwortet Celan 1961:

An Zweisprachigkeit in der Dichtung glaube ich nicht. [...] Dichtung – das ist das schicksalhaft Einmalige der Sprache. [...] also nicht das Zweimalige. *(GW III, S. 175)*

Die paradoxe Bedingung des Übersetzens wäre somit: Wiederholung des Unwiederholbaren. Und es gibt eine Reihe von eigenen Gedichten Celans, in denen von eben dieser Unmöglichkeit die Rede zu sein scheint. So thematisiert das Gedicht ›Und mit dem Buch aus Tarussa‹, welches mit einem Kyrillisch geschriebenen Motto beginnt, jenem »Alle Dichter sind Juden« der Marina Zwetajewa, das Übersetzen als Hinüberreiten: »Kyrillisches, Freunde, auch das / ritt ich über die Seine, / ritts übern Rhein.« Dasselbe Gedicht nimmt später wohl noch einmal drastisch Bezug auf das Übersetzen, wenn es vom »Nebenwort« handelt, das »ein Ruderknecht nachknirscht«. (GW I, S. 289)

Im Anschluß an seine Übersetzung der ›Jeune parque‹ von Paul Valéry hat Celan dieses Problem in einem Brief an Werner Weber reflektiert. Der Feuilletonchef der ›Neuen Zürcher Zeitung‹ hatte Celans Übersetzung bewundernd besprochen, seine sprachliche Leistung genau analysiert, aber auch den Zusammenhang von Sprache und Moral bei Valéry und Celan hervorgehoben, indem er schreibt:

Paul Celan hat mit dem Alexandriner, bei dem eine siebente Silbe in die Pause hineinschwingt, ein Richtmaß gefunden, das den Fortlauf des inneren Gesprächs, rezitativisch gedacht, schwebend zwischen Sprechen und Singen, nicht zwängt.

Paul Valéry hat das Gedicht ›La Jeune Parque‹ André Gide gewidmet: »Depuis bien des années j'avais laissé l'art des vers; essayant de m'y astreindre encore, j'ai fait cet exercice que je te dédie.« Es war ein Gruß an den Weggenossen, dem die Sprache eine Sache der Moral war. Gibt es einen besseren Augenblick, gerade daran zu erinnern, als es der jetzige ist?

Paul Celan hat den Augenblick erkannt: das ist seine zweite Leistung. Ein Unternehmen wie das seine hier, schwierig bis zur Unlösbarkeit, muß Fragen und Wünsche offenlassen. Celan zaubert weder sich selbst noch uns darüber hinweg – seine »Fehler« sind Plätze, wo das Wissen, die Arbeit und die Demut erst recht sichtbar werden, mit denen er sich Valérys Gedicht verschrieb. Uns bleibt Bewunderung, Dank. *(Neue Zürcher Zeitung, 19. März 1960)*

In einem Brief an Werner Weber bedankt sich Celan für dessen so aufmerksame Lektüre. Darüber hinaus entwirft er hier eine Art Poetologie der Übersetzens:

3 Paul Celan an Werner Weber

Paris, 26. März 1960. Brief, 4 Karten, 7 Seiten
Leihgabe: Werner Weber

haben Sie herzlichen Dank für Ihren Brief, herzlichen Dank für die so freundlichen Worte, mit denen Sie die ›Junge Parze‹ bedacht haben!

Gedichte sind Geschenke. Mir erscheint es noch heute wunderbar, daß dieses Gedicht zu mir kam; hätte ich, wie vor zwei Jahren, die Frage zu beantworten, ob ich die ›Jeune Parque‹ für übersetzbar hielte, ich würde das, wie damals, verneinen. Gedichte – ja, Gedichte s i n d Geschenke; Geschenke – aus wessen Hand?

Denn die Sprachen, so sehr sie einander zu entsprechen scheinen, sind verschieden – geschieden durch Abgründe. (Freilich, es gibt auch heute noch – nach so vielen Gedichten! – die Vielen (darunter eine ganze Reihe von Pseudophilologen), die, wenn sie Übertragungen von Gedichten lesen, irgendein vermeintliches »höheres Esperanto« im Auge haben, und zwar – ich habe das oft beobachtet – am »deutlichsten« dann, wenn sie weder die eine noch die andere Sprache beherrschen.) Ja, das Gedicht, das übertragene Gedicht muß, wenn es in der zweiten Sprache noch einmal dasein will, dieses Anders- und Verschiedenseins, dieses G e s c h i e d e n - s e i n s eingedenk bleiben.

Bedenken Sie, sehr verehrter Herr Dr. Werner Weber, die *Vielsilbigkeit*, die *Schwersilbigkeit* des Deutschen im Vergleich mit dem Französischen! Daß es mir gelang, unter Hinzunahme einer *einzigen* Silbe auszukommen, d.h. das im Französischen Wort Gewordene noch einmal in seiner – dichterischen – Wörtlichkeit zu aktualisieren: das danke ich – verzeihen Sie die Emphase –, das danke ich ... den Göttern.
Darf ich hier auch noch sagen, daß diese Übersetzung auch für mich eine *Übung* war, ein »exercice«? Ja, es war ein Exerzitium, es waren *Exerzitien*, es war, wenn ich hier ein Wort Martin Heideggers mitsprechen lassen darf, ein *Warten auf den Zuspruch der Sprache*. Ihre Gedanken zum »Augenblick« des Gedichts: das berührt mich, inmitten all des in der letzten Zeit Erfahrenen und Wahrgenommenen (und im Hinblick auf das wohl noch Wahrzunehmende), besonders. Sprache, zumal im Gedicht, ist Ethos – Ethos als schicksalhafter Wahrheitsentwurf. (Und wenn es nur diese – gewiß nicht einer kleinräumigen »Subjektivität« zuzuschreibende – Erfahrung gäbe: daß man der Wahrheit des Gedichts *nachleben* muß, – wenn es nur *diese* Erfahrung gäbe (und es gibt sie!), sie könnte genügen. Aber wieviele sind es denn heute, die solche Aspekte des Dichterischen überhaupt wahrnehmen? Die das Gedicht wahrnehmen als menschliche – und mithin einmalige und vom Geheimnis der Einmaligkeit begleitete – *Präsenz*? Wieviele sind es wohl, die mit dem Wort zu schweigen wissen, bei ihm bleiben, wenn es im Intervall steht, in seinen »Höfen«, in seiner – schlüsselfernen – Offenheit, das Stimmhafte aus dem Stimmlosen fällend, in der Systole die Diastole verdeutlichend, welt- und unendlichkeitssüchtig zugleich – Sprache, wie Valéry einmal sagt, *in statu nascendi*, freiwerdende Sprache, Sprache der Seelenmonade Mensch – und, wenn ich auch noch das hinzufügen darf, Sprache in statu moriendi, Sprache dessen, der Welt zu gewinnen sucht, weil er – ich glaube, das ist ein uralter Traum der Poesie – *weltfrei* zu werden hofft, frei von Kontingenz.
Aber wo bin ich jetzt mit diesen Worten? Wir haben bereits eine kybernetische Lyrik – wir werden bald wohl auch – es lebe die »Folgerichtigkeit«! – eine lyrische Kybernetik haben ...

Keine Sprache mehr, kein Gespräch mehr – nein, Information, Wortsysteme mit genauer Angabe der Wellenlänge für den »Empfang«, keimfreies formal designing für einstellbare Komplex-Augen

Die Vorstellung des Abgrunds zwischen der einen und der anderen Sprache hatte auch Martin Heidegger beschäftigt:

Hier wird das Übersetzen zu einem Übersetzen an das andere Ufer, das kaum bekannt ist und jenseits eines breiten Stromes liegt. Da gibt es leicht eine Irrfahrt und zumeist endet sie mit einem Schiffbruch. *(Heraklit. 1. Der Anfang des abendländischen Denkens. Freiburger Vorlesung vom Sommersemester 1943. Gesamtausgabe Bd. 55. Frankfurt am Main: Klostermann 1979, S. 45)*

Celan übernimmt diesen Gedanken Heideggers und verwendet das Bild des Fergendienstes in einigen seiner Gedichte und Briefe, so auch an Peter Schifferli, den Leiter des Arche Verlags in Zürich, dem er am 1. April 1954 im Zusammenhang seiner Picasso-Übertragung mitteilt:

Ich bin nun seit geraumer Zeit wieder in Paris und habe auch schon fleissig übersetzt. Eine erste Fassung ist nun beendet. Eine erste Fassung: der Picasso-Text will nämlich nicht nur übersetzt, sondern auch – wenn ich ein Heidegger-Wort missbrauchen darf – übergesetzt sein.
Sie sehen: es handelt sich für mich – mitunter – um eine Art Fergendienst. Darf ich also hoffen, dass bei der Honorierung meiner Arbeit nicht nur die Zeilen, sondern auch die Ruderschläge gezählt werden?

Daß die Betonung der prinzipiellen Schwierigkeit bei der Übertragung eines Gedichtes, das Bild des zu überquerenden Abgrundes und die stets drohende Möglichkeit der »Irrfahrt« oder des »Schiffbruchs« keine bloß rhetorischen Versatzstücke sind, wird am deutlichsten dort sichtbar, wo ein Projekt abgebrochen werden muß, oder – was hin und wieder geschieht – ein Gedicht als unübersetzbar eingeschätzt wird. So scheitert Celan nach seinem eigenen Urteil an der Übertragung der Poesie der amerikanischen Lyrikerin Marianne Moore (1887–1972), von der er zuvor bereits in der Zeitschrift ›Perspektiven‹ (1952, H. 1, S. 130–139) vier Gedichte übersetzt hatte. An den deutschen Verleger des Werkes von Marianne Moore, Max Niedermayer vom Limes Verlag, der Celan mit der Übersetzung beauftragt hat, schickt er am 16. Juli 1953 eine

Absage, die gerade deshalb bemerkenswert ist, weil es sich um eine Auftragsarbeit handelt. Offenbar hat er sich der Aufgabe nicht bloß technisch entledigen wollen; er schlägt am Schluß seines Briefes u.a. Werner Riemerschmid als möglichen Übersetzer vor, der dann tatsächlich an der Entstehung des Moore-Bandes im Limes Verlag beteiligt ist:

heute kam Ihr Brief vom 11. 7. – ich sass gerade über den Moore-Gedichten und versuchte zu übersetzen – Got[t] weiss, dass ich seit Wochen nichts anderes tue, dass ich unablässig versuche, mir einen Zugang zu dieser Poesie zu verschaffen, dass ich Gedicht um Gedicht abtaste, in der Hoffnung, dass das Dichterische dieser Dichtung sich mir endlich erschliessen würde – und dass ich zu keinerlei Resultat gelangen kann. Eigentlich hatte ich schon zu Beginn starke Zweifel gehabt. In meiner Not wusste ich mir damals keinen besseren Rat, als dem äusseren Zwang zu vertrauen, und so nahm ich kurzerhand Ihre Bedingungen an und liess mir sogar ein Drittel des Honorars anzahlen. Und noch vorgestern, nach zahllosen verzweifelten Versuchen, schrieb ich Ihnen, dass ich die Arbeit Mitte September abgeschlossen haben würde …

Heute kam nun Ihr Brief, ich holte das bereits Übersetzte hervor, um es gegen Ihre so gerechtfertigten Vorwürfe abzuwägen – und musste erkennen, dass es bei weitem nicht schwer genug war, ja dass es so gut wie überhaupt kein Gewicht hatte. Nein, die Poesie von Miss Moore will sich mir wahrhaftig nicht erschliessen, der Schlüssel zu ihr bleibt unaufgefunden. Ich weiss jetzt nur allzu gut, wie sehr ich der Dichterin Unrecht täte, wenn ich mich darauf versteifte, weiterzuübersetzen. Denn was ich bereits übersetzt habe, ist Prosa, ein wenig zurechtgestutzt und rhythmisch arrangiert, aber immerhin doch nur Prosa.

William Shakespeare, Das siebzigste Sonett

—

Nicht deine Schuld, daß sie dich schmähn und schmähen:
kaum zeigt sich Reines, schon wirds schlecht gemacht.
Wo Himmel blaun, da fliegen bald die Krähen.
Der Schönheit Zierde: Argwohn und Verdacht.

Verlästert du, geliebt auch von den Tagen:
ist Güte dein, dies alles mehrt sie bloß.
Die Knospe duftet, und der Wurm muß nagen;
du bist ein Erstling und bist makellos.

Die vielen Hinterhalte schon in jungen Jahren:
du gingst hindurch, zuweilen siegtest du.
Dies ist dein Ruhm, der so wie keiner klare, –
den Mund der Neider schließt auch er nicht zu.

Du, müßtest du nicht so: beargwöhnt sein,
im Reich der Augen ~~Herzen~~ herrschtest du allein.

—

Am 5. Februar 1961 ins Deutsche übertragen
von Paul Celan

—

An Klaus Demus, zum 30. Juni 1961.

79

Als ich allein

Als ich um Hilfe zu dir kam, allein,
da warst du meinem Vers allein gewogen.
Doch jetzt, da will mein Vers kein Vers mehr sein,
die Muse, siech, ist fort –, ist fortgezogen.

Was ~~dir~~ deiner würdig wär, ich weiß, das ~~wär~~ [sollt]
nicht dieser Feder ~~hier~~ Werk sein. Doch ~~es hatten~~ [~~war~~ es hatte,]
was ~~du~~ [er] erfand, der [Geist aus ~~Hand~~ dir aus] ~~Dichter Hand aus dir~~ geholt.
~~Dieselbe soll er dir zurückerstatten.~~
Der Dichter nahm's, es wieder zu erstatten.

Er leiht dir Tugend. Dieses Wort, er stahl's
dir, deinem Sein. [Er kann dir] ~~Hat~~ Schönheit ~~?~~ geben:
die stammt von dir, er raubte, abermals
~~Hat alles Rühmen kommt aus deinem Leben.~~
Er rühmt und preist: er tauchte in dein Leben.

So dank ihm nicht für seiner Worte Reihn:
was er dir schuldet, es ist dein und dein.

209 William Shakespeare: 79. Sonett *(GW V, S. 341)*

Jules Supervielle

V I V R E

Ich habe meinen Fuss
aufs Herz der Nacht gesetzt:
nun komm ich nicht mehr frei,
ich häng im Sternennetz.

Die Fernen zwischen mir
und meiner Hand, die schreibt.
Fern leb ich, fern dem Bett,
das Form und Stütze bleibt.

Du und dein Duft, du Tag
in Kreuzes-Pein! Und ihr,
ihr Vögel aus dem Wald,
ihr lau Umwehten friert!

Aus den Bäumen, ach, fallt ihr und fallt.

Ins Deutsche übertragen von Paul Celan

25.6.1960.

Robert Desnos

DAS LETZTE GEDICHT

Vor lauter Von-dir-Träumen,
lauter Gehn, lauter Sprechen
mit deinem Schatten,
lauter Ihn-Lieben,
bleibt mir nun nichts mehr von dir,
bleibt mir nur dies:
der Schatten Schatten zu sein,
das Schatten-Schemen,
das ein und aus geht
bei deinem sonnigen Leben.

Ins Deutsche übertragen von Paul Celan

Nachtrag zu 'Epitaph':
statt "Die Zeit, durch die ich musste, lebt sie in eurem Sinn":

Die Zeit, die mich nicht losliess, bewegt sie euren Sinn?

211 Robert Desnos: »Das letzte Gedicht« *(GW IV, S. 803)*

Variationen über nichts

—

Dies Nichts an Sand, das die stumme
Sanduhr durchrinnt und hingeht und sich setzt
und jene Spuren, flüchtig, auf dem Inkarnat,
die Spuren einer Wolke auf dem Inkarnat, das hinstirbt...

Dann eine Hand, die kehrt die Sanduhr um,
des Sandes Rückkehr zur Bewegung,
das Sich-zu-Silber-Fügen, stumm, der einen Wolke
beim ersten fahlen Aufzucken des Tags...

Die Hand im Schatten kippt die Sanduhr um,
und jenes Nichts an Sand, das stille
hindurchrinnt, es ist alles, was man nie mehr hört,
und, da's gehört wird, geht es nicht ins Dunkel ein.

x

212 Giuseppe Ungaretti: Variationen über nichts *(GW V, S. 471)*

Dichters Geheimnis

Ich habe die Nacht zur Freundin, nur sie.
Die ich mit ihr durchmessen kann, immer,
von Nu zu Nu, es sind unvergeßliche Stunden;
eine Zeit, die mein Herzschlag durchsagt,
wie's mir gefällt, ablenkungslos

Es geschieht, daß ich spüre,
während sie ~~neu unternimmt~~
von den Schatten loszukommen sucht, (wieder,)
wie die Hoffnung, unwandelbar,
in mir aufs neue das Feuer aufspürt
und in der Stille
deinen Erden-Gesten
– so sehr geliebt, daß sie mir unsterblich schienen –
zurück- und zurückreicht:
das Licht.

x

E. D. My life closed twice before its close

—

Mein Leben: zweimal fiels ins Schloß,
eh's zufiel; nun, ~~wir bleibt~~ ich will
~~nun~~ jetzt sehn, ob die Unsterblichkeit
ein Drittes ~~mir~~ noch enthüllt,
hoffnungslos und groß wie nie.
so ohne Hoffnung und so groß.
~~wie jenes: Himmel, was~~
~~wir von dir wissen, Abschied ists~~
Abschied, das ists, was wir
vom Himmel wissen

—

und Hölle ~~schon~~ uns genug.

ohne Trost
so ~~hoffnungslos~~/ und groß wie nie.
Abschied, das ist, was uns,
der Himmel, an dir wißbar ist,
und Hölle ~~uns~~ ists genug.

214 Emily Dickinson: My life close twice before its close *(GW V, S. 385)*

Der Monat Cheschwan

חשון

Dürres Holz: liest du jetzt auf
das ~~gebst du jetzt sammeln~~
~~Wunde um Wunde~~
~~Die Alle~~ Wunden, die man dir schlug:
~~ist dein Gedächtnis~~
das denkst du zusammen.

~~Zaunpfähle, spitz~~
~~Die~~ Stechenden Zäune ~~Zaunpfähle im~~
diesem Liebes-November
Der Apfel, gestohlen, ~~mit der~~
wie ein Apfel schmeckt und anders ~~anders~~
Das gehäufte ~~Die Schütte~~ Stroh auf niemandes Brache.

Disteln kommen gewirbelt ~~wirbeln daher~~ – sie wecken dir deine
Sinne.
Ein Regen kommt, spät.
Dürres Holz:
das liest du jetzt auf.
Die Wunden, die man dir schlug:
das denkst du zusammen.

זרדים תערם
ותזכר פצעיך.
דקירת גדרות בחשון אהבה.
טעמו היתר של תפוח גנוב.
מצעי=תבן בהפקר שדה שלף.
סחפת ברקנים תחריף חושיך.
גשם אפיל.
זרדים תערם
ותזכר פצעיך.

1958

215 David Rokeah: Der Monat Cheschwan *(GW V, S. 609)*

24 »Rencontre/Begegnung«: Übersetzen für Gisèle

1952 heiraten Paul Celan und die französische Malerin und Graphikerin Gisèle de Lestrange (1927–1991). Sie hatte die Pariser Akademie Julian besucht und dort zwischen 1945 und 1949 Zeichnen und Malen studiert. Von 1954 bis 1957 nimmt sie im Atelier Johnny Friedlaenders Unterricht im Radieren. Seit 1957 arbeitet sie im eigenen Atelier und stellt ihre Werke in der Gruppe oder in Einzelausstellungen regelmäßig aus.
So liegt eine Zusammenarbeit nahe, die sich auch darin äußert, daß die bei der Radierung verwendeten Techniken im poetischen Vokabular Celans erscheinen. Für eine größere Anzahl von Radierungen findet Paul Celan französisch-deutsche Doppeltitel, wie bei einigen der folgenden Beispiele:

1 **Gisèle Celan-Lestrange: Souvenir de Hollande/Erinnerung an Holland**
E. A. Nr. XVI von XXX. Radierung. 1964. 29,5 x 25,7 cm
Leihgabe: Eric Celan

2 **Gisèle Celan-Lestrange: Souffle combattant/Kämpfender Atem**
Épreuve d'artiste. Radierung. 1964. 49,5 x 32,9 cm
Leihgabe: Eric Celan

3 **Gisèle Celan-Lestrange: Sens contraire/Gegensinn**
Nr. 22 von 30. Radierung. 1966. 31,8 x 39,7 cm
Leihgabe: Eric Celan

4 **Gisèle Celan-Lestrange: Forces et Puissances/Gewalten und Mächte**
Nr. 21 von 30. Radierung. 1966. 31,7 x 25 cm
Leihgabe: Eric Celan

5 **Gisèle Celan-Lestrange: Rencontre/Begegnung**
Nr. 9 von 40. Radierung. 1958. 30 x 40 cm
Leihgabe: Eric Celan

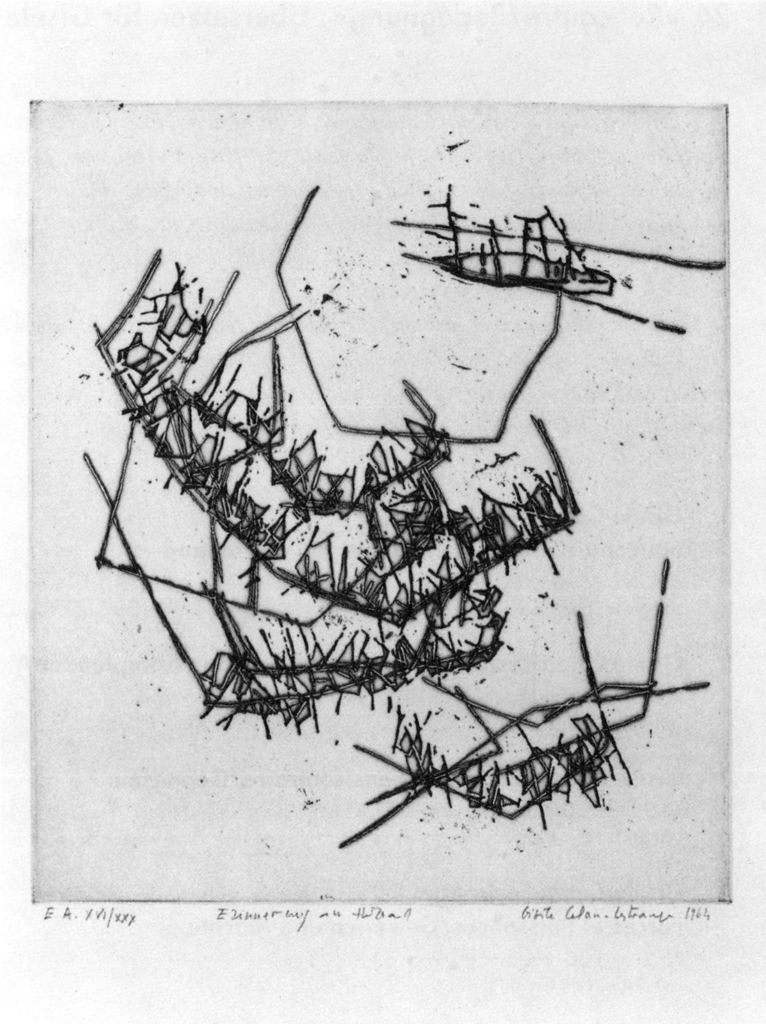

217 Gisèle Celan Lestrange: Souvenir de Hollande/ Erinnerung an Holland, 1964

218 Gisèle Celan Lestrange: Sens contraire/ Gegensinn, 1966

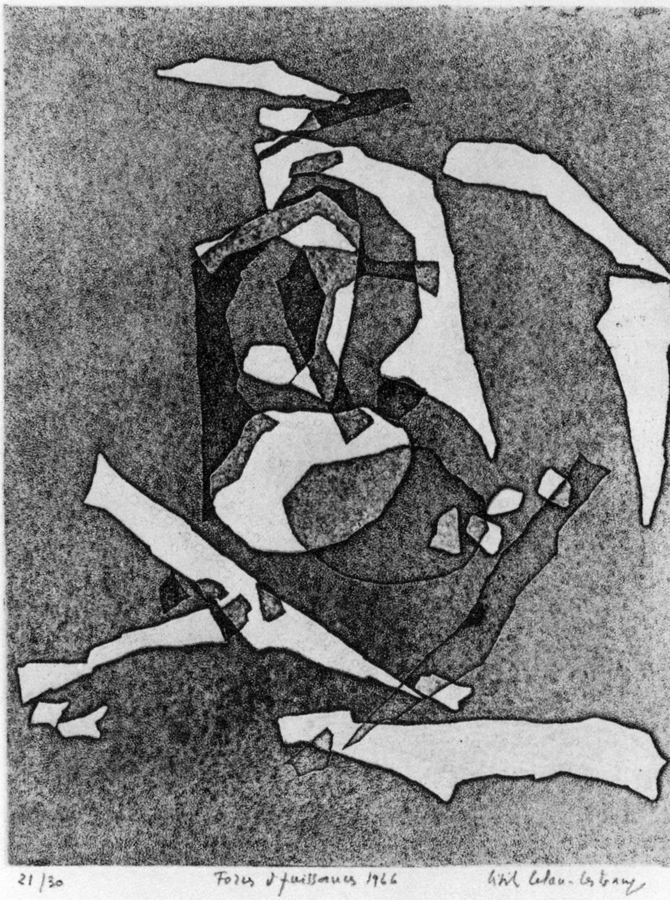

219 Gisèle Celan Lestrange: Forces et Puissances/ Gewalten und Mächte, 1966

220 Gisèle Celan
Lestrange: Rencontre/
Begegnung, 1958

221 Auf der gegenüberliegenden Seite: Gisèle Celan-Lestrange, 1964 (24.7)

6 Paul Celan und Gisèle Celan-Lestrange

während der Ausstellung von Gisèle Celan-Lestrange in der Kestner-Gesellschaft Hannover, 1964. Photographie
Leihgabe: Eric Celan

7 Gisèle Celan-Lestrange

auf der Eröffnung ihrer Ausstellung in der Galerie Dorothea Loehr, Frankfurt am Main, 18. Juli 1964. Photographie von Puttnies, Offenbach
Leihgabe: Eric Celan

Celan hat während seines kurzen Bukarester Aufenthaltes, 1945–1947, ins Rumänische übersetzt. Später übersetzt er nur noch in eine Sprache: das Deutsche. Die Ausnahmen fallen ins Auge. Einige wenige Gedichte übersetzt er für Gisèle ins Französische. Ein Beispiel aus der aufgegebenen Sammlung ›Eingedunkelt‹ ist das Gedicht ›Oder es kommt‹. Es entstand nach Celans eigener Datierung am 8. April 1966 und bildete ursprünglich die Schlußstrophe eines Gedichts mit dem Titel ›Narbenwahr‹. (Die Gedichte aus dem Nachlaß. Hrsg. von Bertrand Badiou, Jean-Claude Rambach und Barbara Wiedemann. Anmerkungen von Barbara Wiedemann und Bertrand Badiou. Frankfurt am Main: Suhrkamp 1997, S. 125, 429f.) Veröffentlicht wurde ›Oder es kommt‹ erst im Rahmen der Nachlaßpublikation der Gedichte aus dem Umkreis ›Eingedunkelt‹. (Eingedunkelt und Gedichte aus dem Umkreis von Eingedunkelt. Hrsg. von Bertrand Badiou und Jean-Claude Rambach. Frankfurt am Main: Suhrkamp 1991, S. 26) Nachdem der Text sich aus seinem Entstehungskontext gelöst hatte und zu einem eigenen Gedicht geworden war, begann Celan ihn ins Französische zu übersetzen.

8 Paul Celan: Oder es kommt / Ou bien s'en vient

Zwei Entwürfe und Reinschrift. Manuskript, 3 Blatt

25 Das Werkzeug des Übersetzers

Steht man vor der Bibliothek Paul Celans und blättert in den Büchern, stößt man immer wieder auf die Spuren des Lesers Paul Celan. Sie ist nicht das Museum eines Bibliophilen, sondern vor allem eines: Werkzeug des Dichters und Übersetzers. Hier finden sich die Grundlagen seines umfangreichen literarischen, philosophischen und naturwissenschaftlichen Wissens: Nachschlagewerke zu vielen von ihm übersetzten Sprachen, etwa das ›Brockhaus Bildwörterbuch Englisch-Deutsch‹ oder die französischen Wörterbücher von ›Sachs Villatte‹; leicht zugängliches Grundwissen über Naturwissenschaft und Kulturgeschichte.

Schaut man genauer hin, so lebt die Bibliothek – immer noch: Zeitungsausschnitte, Postkarten und Zeichnungen, Manuskripte und Widmungen anderer Autoren offenbaren oftmals erstaunliche Zusammenhänge. So etwa die Widmung Heimito von Doderers in dem Exemplar der ›Strudlhofstiege‹ (München: Biederstein 1953): »Für Paul Celan / in herzlichem Gedenken, / Heimito v Doderer / München, im / Dezember 1954«. Celan ist kein Sammler. Die Lektüre nimmt keinerlei Rücksichten auf den bibliophilen Wert einer Ausgabe. Seine Auseinandersetzung mit dem genauen Wortlaut der Dichter und Denker, besonders des zwanzigsten Jahrhunderts, hat in den Texten deutliche Spuren hinterlassen. Sei es eine Assoziation zu Henri Michaux (»Gelebt werden: Beispiel: Michaux«), die Celan in seiner Freud-Ausgabe notiert. (Gesammelte Werke. Bd. 13. 5. Aufl. Frankfurt am Main: S. Fischer 1967, S. 251) Oder etwa die Analyse sämtlicher(!) Farbmetaphern in einem Band mit den Dichtungen Georg Trakls (Die Dichtungen. 6. Aufl. Salzburg: Otto Müller 1948), bei dem ihm auch die Nähe dieser Gedichte zu seinen eigenen Werken auffällt. Zu dem Vers »Im seinem Grab spielt der weiße Magier mit seinen Schlangen« im Gedicht ›Psalm‹ notiert er »Seltsam! vgl. Todesfuge« (S. 65).

Ein Blick in die Bibliothek zeigt nicht nur den inspirierten, sondern auch den unruhigen, wachen Dichter (das »Zitter-Gras«, wie er auf einem Lesezeichen genannt wird), der immer bemüht ist, seine handwerklichen, sprachlichen Fähigkeiten als Dichter und Übersetzer weiterzuentwickeln.

26 William Shakespeare: Einundzwanzig Sonette I

Die Beschäftigung Celans mit den Sonetten von William Shakespeare (1564–1616) erstreckt sich über einen Zeitraum von mehr als zwanzig Jahren. Mit keiner anderen der von ihm übertragenen Dichtungen hat er sich länger auseinandergesetzt. Die Intensität seiner Bemühungen entspricht der Bedeutung, die den Sonetten seit jeher auch im deutschen Sprachraum zugemessen wurde. Zu verzeichnen sind an die fünfzig Gesamtübertragungen ins Deutsche – darunter die von Karl Lachmann (1820), Gottlob Regis (1836) und die ›Umdichtung‹ der Sonette durch Stefan George (1909). In die Reihe dieser Übersetzer, die zu den bedeutendsten zählen, stellt sich Celan mit seiner Übertragung von ›Einundzwanzig Sonetten‹, die er 1967 in der Insel-Bücherei publiziert.

1 Shakespeare's Tragedy of Cymbeline

With Preface, Glossary etc. by Israel Gollancz M. A.
London: I. M. Dent & Sons LD / New York: E. P. Dutton & Co. 1922
(Aus der Bibliothek Paul Celan)
Aufgeschlagen sind Frontispiz (›The Chandos-Portrait‹) und Titelblatt

Die schöne ›Cymbeline‹-Ausgabe ist ein Geschenk des damaligen Insel-Lektors Klaus Reichert. Er überreicht sie Celan während der Drucklegung der ›Einundzwanzig Sonette‹:

in der Hoffnung, daß sie Ihnen gefällt und daß sie Sie, vielleicht, irgendwann einmal verführt, diese oder jene Stelle zu übertragen. [...] Im Sommer erzählte mir jemand, Sie hätten auch Teile aus Antony and Cleopatra übersetzt. Ich weiß nicht, ob das stimmt. Aber das weiß ich, daß ich mir keinen denken könnte, der eine genauere Sprache für diese Dichtung hätte als Sie. *(Klaus Reichert an Paul Celan, 25. November 1966)*

Das ›Chandos-Portrait‹ Shakespeares gilt als nicht authentisch, und ›Cymbeline‹ wurde von Celan nicht übertragen – immerhin aber Teile der Anfangs- und der Schlußszene von ›Antony and Cleopatra‹. Dieser Versuch hat sich im

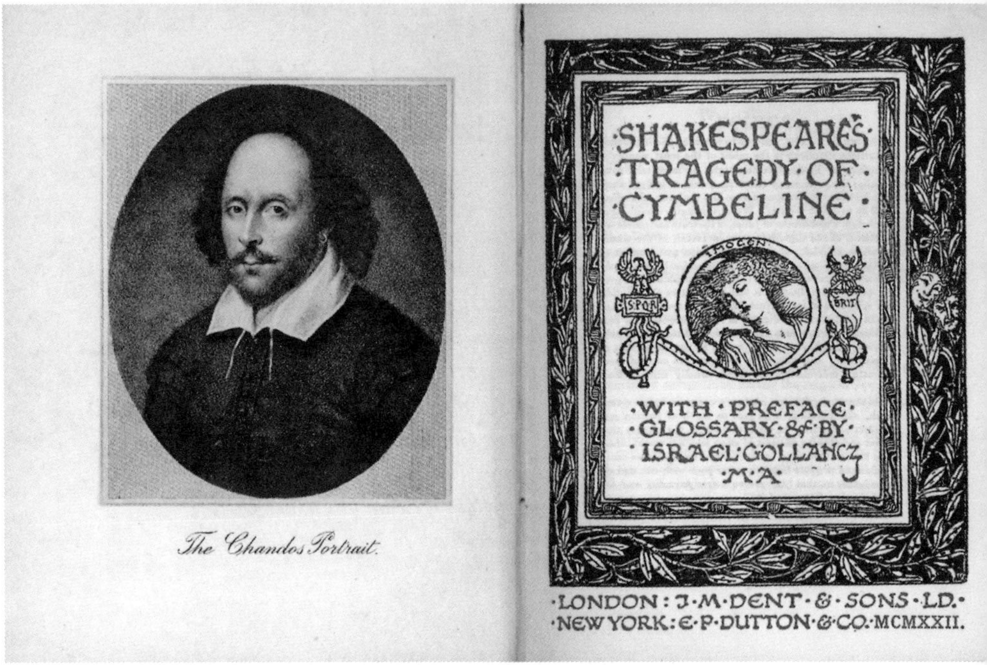

222 Die ›Cymbeline-Ausgabe Shakespeares‹. Frontispiz und Titel (26.1)

Nachlaß erhalten. Sonst hat Celan ausschließlich Sonette übersetzt – über einen langen Zeitraum hinweg.
Die frühesten Übertragungen von Shakespeare-Sonetten gehen zurück bis in seine Zeit in Rumänien. Bei seiner Ausreise 1945 hatte Paul Antschel dem Mentor Alfred Margul-Sperber und einigen anderen Freunden seine Manuskripte zur Aufbewahrung anvertraut.

2 William Shakespeare: How heavy do I journey on the way

Sonett 50. Deutsch von Paul Celan. Briefkarte (Reproduktion), 1 Blatt
Original: Rumänisches Literaturmuseum, Bukarest (Nachlaß Alfred Margul-Sperber)

3 William Shakespeare: Thine eyes I love

Sonett 132. Deutsch von Paul Celan. Briefkarte (Reproduktion), 1 Blatt
Original: Rumänisches Literaturmuseum, Bukarest (Nachlaß Alfred Margul-Sperber)

Überliefert sind fünf unpubliziert gebliebene Sonette (No. 34, 109, 117, 130, 132) sowie vier weitere Stücke, die, in anderer Version, in die späteren Sammlungen aufgenommen wurden (No. 50, 57, 106, 116).
Einiges spricht für die Annahme, diese Niederschriften seien um 1944 – angeregt vielleicht durch Celans Anglistikstudien, vielleicht durch seinen damaligen Freundes- und Bekanntenkreis – noch in Czernowitz entstanden und im Jahr darauf Margul-Sperber in Bukarest vorgelegt worden. Eine der Übersetzungen, die des 57. Sonetts, ist bereits für eine frühere Zeit bezeugt – in jenem Notizbuch, das Paul Antschel im Arbeitslager bei sich getragen haben soll.

4 William Shakespeare: Sonette

Englisch und Deutsch. In der Übertragung von Gottlob Regis
Herausgegeben und mit einem Nachwort versehen von E. A. Greeven
Hamburg: Marion von Schröder Verlag 1945
(Aus der Bibliothek Paul Celan)
Mit handschriftlicher Widmung: »Hermann Lenz / zum 26. 2. 1950 / Alfred Greeven« und Eintragungen von Paul Celan
Aufgeschlagen ist Seite 94/95: Sonett 90

5 William Shakespeare: Sonnette

Umdichtung von Stefan George
Berlin: Georg Bondi 1909
(Aus der Bibliothek Paul Celan)

Zwar soll sich Celan um 1938/39 in Tours kritisch über die Sonett-Übertragungen Georges, Gundolfs und Kraus' geäußert haben (Chalfen, S. 83). Die Übersetzungsleistungen von Gottlob Regis (1791–1854) und Stefan George (1868–1933), dessen Übertragung in seiner Bibliothek gleich zweimal vorhanden ist, dürften ihm dennoch schon früh vorbildhaft präsent gewesen sein. Vom Einfluß Georges auf seine eigenen dichterischen Anfänge hat Celan selbst gesprochen.
In der Einleitung zu seiner ›Umdichtung‹ der Sonette schreibt George (S. [5]):

223 Vorwort von Stefan George in der Typographie von Melchior Lechter (26.5)

Von den gründen weshalb Shakespeares Sonnette bei uns noch wenig gewürdigt wurden· ist abgesehn von der anforderung sehr hohen verse-verständnisses der wichtigste innere: dass unsre gewohnheit alle dichtung durchaus ›romantisch‹ sieht· diese vierzehnzeiler aber· obwohl oberste dichtung· durchaus ›unromantisch‹ sind. Der äussere betrifft den gegenstand. Hier wurde jahrhundertlang von herausgebern und auslegern unfruchtbar gestritten· was spiel und was gefühl sei· wer der blonde jüngling und wer die schwarze dame der lezten abteilung: hier haben sie geraten· gerenkt und geirrt bis zum völligen verhören des seelen-tones. Nicht nur in der fortpflanzungsreihe [I–XVII] wo freilich der geist mehr verborgen liegt – nein durchgängig entdeckten die mehr stumpfen gehirne in auftrag gearbeitete stilübungen· die mehr niedrigen ihren ganzen eignen ekel: kaum eines aber erkannte den gehalt: die anbetung vor der schönheit und den glühenden verewigungsdrang. Unsrer tage haben sich menschen und dichter unverhohlen ausgesprochen: im mittelpunkte der sonnettenfolge steht in allen lagen und stufen die leidenschaftliche hingabe des dichters an seinen freund. Dies hat man hinzunehmen auch wo man nicht versteht und es ist gleich töricht mit tadeln wie mit rettungen zu beflecken was einer der grössten Irdischen für gut befand. Zumal verstofflichte und verhirnlichte zeitalter haben kein recht an diesem punkt worte zu machen da sie nicht einmal etwas ahnen können von der weltschaffenden kraft der übergeschlechtlichen Liebe.

6 William Shakespeare: Sonnett LVII.

Deutsch von Paul Celan. Manuskript mit dem englischen Text auf der Rückseite, 1 Blatt
Ausgestellt ist die Vorderseite

224 Frühe Übersetzung des 57. Sonetts, 1947 (26.6)

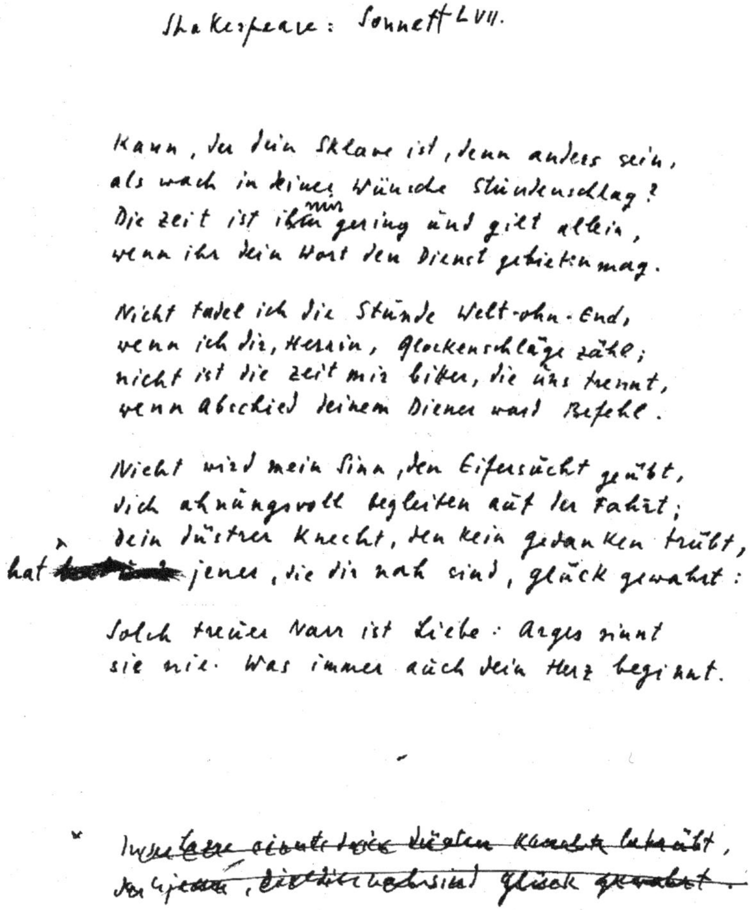

Shakespeare: Sonnett LVII.

Kann, der dein Sklave ist, denn anders sein,
als wach in deiner Wünsche Stundenschlag?
Die Zeit ist ~~ihm~~ nur gering und gilt allein,
wenn ihr dein Wort den Dienst gebieten mag.

Nicht tadel ich die Stunde Welt-ohn-End,
wenn ich dir, Herrin, Glockenschläge zähle;
nicht ist die Zeit mir bitter, die uns trennt,
wenn Abschied deinem Diener ward Befehl.

Nicht wird mein Sinn, den Eifersucht geübt,
sich ahnungsvoll begleiten auf der Fahrt;
dein düstrer Knecht, den kein Gedanken trübt,
hat ~~[illegible]~~ jenen, die dir nah sind, Glück gewahrt:

Solch treuer Narr ist Liebe: Arges sinnt
sie nie. Was immer auch dein Herz beginnt.

~~[illegible]~~,
~~[illegible]~~ Glück ~~gewahrt~~.

225 Die englische Vorlage für Celan (26.6)

LVII

Being your slave, what should I do but tend
Upon the hours and times of your desire?
I have no precious time at all to spend,
Nor services to do, till you require.
Nor dare I chide the world-without-end hour,
Whilst I, my sovereign, watch the clock for you,
Nor think the bitterness of absence sour,
When you have bid your servant once adieu;
Nor dare I question with my jealous thought
Where you may be, or your affairs suppose;
But, like a sad slave, stay and think of nough
Save, where you are how happy you make those
So true a fool is love, that in your will
(Though you do anything) he thinks no ill.

Das Blatt gehört zu den Manuskripten, die Celan 1947 vor seiner Ausreise aus Bukarest Ruth Kraft übergeben hatte.

7 William Shakespeare: Da ich dein Sklave bin …

Sonett 57. Deutsch von Paul Celan. Entwurf. Manuskript, 1 Blatt, 2 Seiten
Ausgestellt ist die Vorderseite

57

Da ich dein Sklave bin, ~~was~~ kann ich tun, als bang
auf deinen Wunsche ~~Stund~~ Zeit und [illegible] Stunde ~~warten~~ harren?
Es wird die Zeit mir nie, die kostbarste [illegible], lang

~~Da ich dein Sklave bin, was tun, als bang
zu harr'n auf deiner Wünsche Zeit und Stunden
Mir wird die Zeit, die kostbare, nicht lang
Ich tue Dienst – ich lauf, wo du befunden~~ (über „wo“: wie)

~~Die~~ Der Stunde ohne End – ihr bin ich nimmer gram
~~Die Uhr im Aug, Gebieter~~

Da ich dein Sklave bin, was kann ich tun, als deinen
Wünschen entgegenharren ~~vor Zeit und Stundenschlage~~ die Stunden lang, die Tage?
~~Nicht kann die Zeit, die~~
Die Zeit, die kostbarste, ~~kann~~ will mir nicht lang erscheinen
~~Noch bin ich Dienst~~ Bist Dienst? Keinerlei, eh Du's mir aufgetragen

Die ~~Stunde~~ Fristen, so bloß, wo ich nicht zu schelten (über „schelten“: ~~schmähen~~)
[illegible] ~~Frist~~ wofür [illegible] Frist [illegible] den Zeiger kreisen
oben ich, mein ~~[illegible]~~, ~~[illegible]~~ bis [illegible] ~~Blicken~~
– [illegible] kann mir nimmer
~~Nicht kann~~ Bitterkeit ~~mit~~ [illegible] bitter gelten
wenn du das Abschiedswort ~~[illegible]~~ [illegible] [illegible]
gesprochen

226/227 Auf dieser und der folgenden Seite: Entwurf einer neuen Übersetzung des 57. Sonetts, Vorder- und Rückseite (26.7)

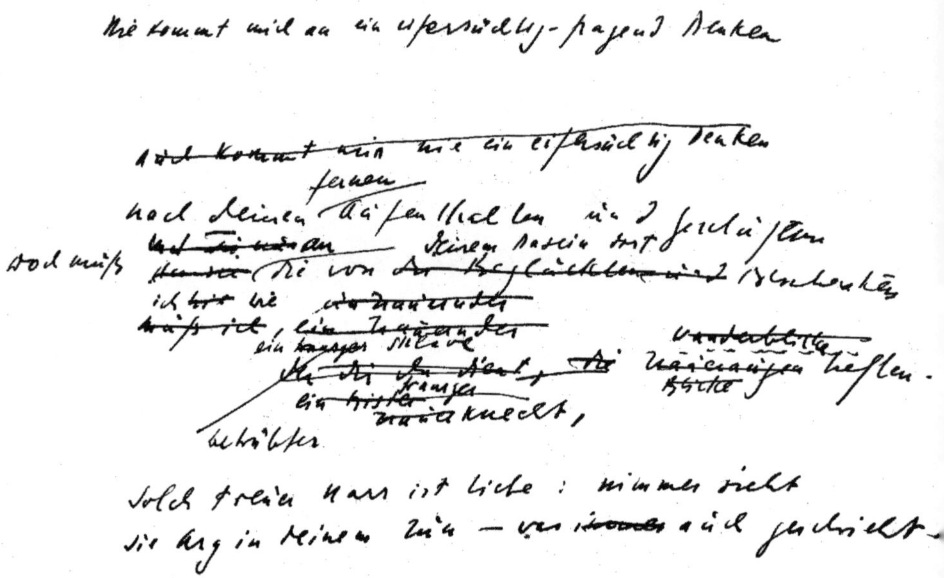

8 William Shakespeare: Da ich dein Sklave bin …

Sonett 57. Deutsch von Paul Celan. Entwurf. Typoskript mit handschriftlichen Korrekturen, 1 Blatt

Datiert: »2. 11. 63«

Shakespeare, 57

228 weiterer Entwurf zur Übertragung des 57. Sonetts, November 1963 (26.8)

Da ich dein Sklave bin, was kann ich tun, als deinen
Wünschen entgegenharr'n die Stunden lang, die Tage?
Die Zeit, die kostbarste, ~~will mir nicht lang erscheinen~~ ist mir eine Gleiche.
Und Dienste? Keinerlei, eh du's mir aufgetragen.

~~Die Fristen, die, wag ich nicht~~

Die Fristen, ~~endlos lang~~ weltenlang, ich wag sie nicht zu schelten,
wenn ich, mein Herr und Fürst, ~~verfolg~~ nachgeh der Zeiger Kreisen.
Abwesenheit - sie kann mir nimmer bitter gelten,
wenn du das Abschiedswort gesprochen vor der Reise.

Kein Fragen kommt mich an, kein eifersücht'ges Denken
~~nach~~ da deinem Aufenthalt, dem Fernsein, die Geschäfte.
Doch muss an jene dort, an die von dir Beschenkten,
dein trauriger, dein Knecht die leeren Blicke heften.

Solch treuer Narr ist Liebe: nimmer sieht
sie Arg in deinem Tun - was auch geschieht.

2.11.63

Die veröffentlichten Übertragungen der Shakespeare-Sonette hat Celan auf den Manuskripten wie Typoskripten in der Regel datiert:

1. Sonett	*5. Februar 1961*
2.	*11. Februar 1961*
3.	*11. Februar 1961*
4.	*11. Februar 1961*
5.	*12. Februar 1961*
6.	*undatiert*
18.	*undatiert*
29.	*undatiert*
43.	*10. Dezember 1963*
50.	*31. Oktober 1963*
57.	*21. November 1963*
60.	*10. Dezember 1963*
65.	*31. Oktober 1963*
70.	*5. Februar 1961*
71.	*5. Februar 1961*
79.	*31. Oktober 1963*
81.	*31. Oktober 1963*
90.	*21./23. September 1959*
105.	*1. November 1963*
106.	*1. November 1963*
107.	*29. November 1966 und 21. Dezember 1966*
115.	*31. Oktober 1963*
116.	*31. Oktober 1963*
119.	*31. Oktober 1963*
130.	*undatiert*
137.	*14. Februar 1960*

Die einzelnen Etappen von Celans Beschäftigung mit den Sonetten seit den späten fünfziger Jahren werden durch drei Veröffentlichungen markiert: 1960 erscheinen in der ›Neuen Rundschau‹ die Übertragungen von Sonett 90 und 137

(Jg. 71, H. 1, S. 98f.), 1964 ebenfalls in der ›Neuen Rundschau‹ ›Achtzehn Sonette. Zum 400. Geburtstag William Shakespeares‹ (Jg. 75, H. 2, S. 204–213; es sind dies die Sonette 1, 2, 3, 4, 5, 43, 50, 57, 60, 65, 70, 71, 79, 105, 106, 115, 116, 119), und 1967 werden diese Übersetzungen, um das 107. ergänzt, als ›Einundzwanzig Sonette‹ in der Insel-Bücherei herausgebracht. Allem Anschein nach gibt es in der zweiten Jahreshälfte 1959 eine Vereinbarung zwischen Celan und Rudolf Hirsch, damals Leiter des S. Fischer Verlags in Frankfurt, zwei Sonett-Übersetzungen für die ›Neue Rundschau‹ betreffend. Am 31. Januar 1960 übersendet Celan das 90. Sonett an Hirsch, der ihm am 9. Februar antwortet:

Zunächst meinen Dank für das so schön übersetzte neunzigste Sonett. Ich habe es erst ein Mal gelesen und freue mich schon jetzt auf die Veröffentlichung.

Das 137. Sonett schickt Celan am 16. Februar an den Verlag.

Die zweite Arbeitsphase von 1961 bis 1963 wird durch ein Projekt des NDR zur Feier von Shakespeares 400. Geburtstag angeregt und mündet in die zweite ›Rundschau‹-Veröffentlichung.
Am 23. September 1963 meldet sich Ernst Schnabel, selbst Schriftsteller und damals mit Rolf Liebermann Leiter des Dritten Programms des NDR, bei Paul Celan, nachdem er ihn zuvor – vergeblich – für eine Mitgliedschaft in der Berliner Akademie der Künste zu gewinnen versucht hatte, mit der Frage,

was wir zu Shakespeares 400. Geburtstag im April des kommenden Jahres machen könnten. […] Nun ist die Idee einer neuen Übersetzung der Shakespeare-Sonette aufgetaucht. Würden Sie sich dafür interessieren? […] Da wir in der Sendung Übersetzung u n d Urtext zugleich lesen lassen würden, genügten 20 bis 30 Sonette, die Sie […] natürlich selbst auswählen können. […] Falls Sie diese Arbeit nur dann übernehmen würden, wenn Ihnen eines Tages die Möglichkeit geschaffen würde, das ganze Werk zu übersetzen, so würde ich Ihnen […] den Übersetzungsauftrag des Norddeutschen Rundfunks für alle Sonette beschaffen können. […]

PS Verzeihen Sie, daß ich die Honorarfrage noch nicht angeschnitten habe. […] Ich glaube aber sicher, Ihnen versprechen zu können, daß mir die […] beteiligten Sender die Möglichkeit geben, Ihnen einen komfortablen Vorschlag zu machen.

Celan antwortet am 9. Oktober 1963:

verzeihen Sie bitte diese Säumigkeit, die nicht zuletzt auch ein Zögern war. Ich habe tatsächlich vor Jahren ein paar Shakespeare-Sonette übersetzt – einige vor über zwanzig Jahren, aber die sind in Rumänien geblieben und wohl verloren –, zwei der jüngeren Übersetzungen sind auch einmal in der Neuen Rundschau erschienen, später, vor etwa zwei Jahren, kamen dann ein paar weitere hinzu – insgesamt werden es wohl acht oder neun sein –, mein erster Gedanke war, Ihren so ehrenvollen Auftrag zu übernehmen, zwanzig Sonette schienen ja, von den bereits vorhandenen neun Stück her, durchaus im Bereich des Möglichen zu liegen, aber jetzt, nachdem ich mich wieder hineinzuarbeiten versucht habe, auch nach dem Wiederlesen der Regis'schen, George'schen und zweier anderer Übertragungen, muß ich mir sagen, daß ich Ihnen keine feste Zusage geben darf. Was kann ich Ihnen also versprechen? Nur daß ich weiter zu übersetzen versuchen will und Ihnen dann etwa Mitte Februar sagen möchte, was ich Ihnen für die Sendung geben kann. *(An Ernst Schnabel)*

Bei der ersten der »zwei anderen Übertragungen« handelt es sich um die von Otto Gildemeister, zuerst erschienen 1871; in Celans Bibliothek existiert eine Ausgabe von 1960. (Shakespeare: The Sonnets/Sonette. Deutsche Übertragung von Otto Gildemeister. Frankfurt, Hamburg: Fischer Bücherei 1960) Sie trägt zum englischen Text den Vermerk: »Dieser Ausgabe liegt die Quarto-Ausgabe von 1609 zugrunde. Abweichungen in der Lesart gehen über Rechtschreibung und Interpunktion nicht hinaus.« Die zweite in der Bibliothek vorhandene deutsche Übersetzung ist die von Therese Robinson (zuerst 1927) in der ›Tempel‹-Ausgabe. (Shakespeares Werke Englisch und Deutsch. Bd. 6. Hrsg. von Levin L. Schücking. Berlin, Darmstadt: Der Tempel-Verlag 1955) Angestrichen ist dort das Sonett 107. Nach Auskunft von Klaus Reichert kannte Celan vielleicht auch die Übersetzung von Rolf-Dietrich Keil, erschienen 1959, sowie die von Eduard Saenger (zuerst 1909).
Schnabel ist indes hocherfreut über Celans Antwort. Am 24. November wendet er sich erneut an ihn:

dieser neue Brief in unserer alten Sache ist kein Versuch, Sie durch Beharrlichkeit bis zu einem endgültigen JA zu ermüden […]: wir haben uns überlegt, was die Arbeit für Sie vielleicht attraktiver machen könnte und Ihnen zugleich garantierte, daß sie nicht halbwegs vergeblich getan ist: der NDR wäre bereit, Ihre Übersetzung von etwa 20 Shakespeare-Sonetten nicht nur im Dritten Programm des NDR und SFB, sondern auch in einem seiner Hauptprogramme zu senden. […] Unter diesen Umständen könnte Ihnen der NDR von vornherein für eine dreimalige Ausstrahlung insgesamt ein Honorar von DM 300,– pro Sonett anbieten.

Celan dankt am 10. Dezember 1963 »für das so großzügige Honorar-Angebot«:

Ich bin froh, Ihnen sagen zu können, daß es mir gelungen ist, die bereits vorhandenen Übersetzungen um einige weitere zu vermehren – insgesamt sind es jetzt fünfzehn Sonette. Bis Jahresende hoffe ich, alle zwanzig Sonette übertragen zu haben; dann gebe ich sie Ihnen, und Sie sagen mir, wie Sie sie finden, d. h. ob sie gesendet werden können. (Da ich vier deutsche Übersetzungen vor mir liegen habe, besteht die Schwierigkeit unter anderm auch darin, daß ich all dem aus dem Weg gehen muß, manchmal auch verschiedenen vom Original vorgeprägten, ja zudiktierten Wendungen.) […]
Vor drei Tagen hatte ich Gelegenheit, Herrn Dr. Bermann Fischer in Frankfurt auf Ihre Vorbereitungen für das Shakespeare-Jubiläum aufmerksam zu machen; ich denke, daß er sich an Sie wenden wird, um sich von Ihnen im Zusammenhang mit der Neuen Rundschau beraten zu lassen. […]
In einer meiner Schubladen liegen seit mehreren Jahren die übersetzten Schluß-Szenen von ›Antonius und Cleopatra‹ – würde Sie das interessieren? *(An Ernst Schnabel)*

Celans Brief vom 24. Dezember 1963 bringt Schnabel dann »die versprochenen zwanzig Shakespeare-Sonette: I, II, III, IV, V, XLIII, L, LVII, LX, LXV, LXX, LXXI, LXXIX, XC, CV, CVI, CXV, CXVI, CXIX, CXXXVII«:

Mir ging es beim Übersetzen vor allem auch um eine natürlichere – also ungezwungene, ungestelzte – und, wenn ich so sagen darf, heutigere Diktion. An mehreren Stellen werden Sie Assonanzen begegnen; dazu hat sich seinerzeit auch Regis verstehen müssen.

Am 31. Dezember 1963 unterbreitet Schnabel dem Übersetzer den Vorschlag:

Wir möchten die Gedichte öffentlich lesen lassen und zwar am Abend des 400. Geburtstages von Shakespeare (23. 4. 1964). Diese Veranstaltung wird direkt übertragen werden auf der Mittelwelle des NDR und WDR und am Abend darauf [...] von mir im Dritten Programm des Norddeutschen Rundfunks und des Senders Freies Berlin wiederholt. Damit wären zwei der von vornherein vereinbarten drei Sendungen erledigt [...].

Was die Lesung selbst betrifft, so gibt es da ebenfalls zwei Möglichkeiten. Die einfachere: Sie selbst lesen die 20 Sonette, unterbrochen dann und wann von einem sehr guten englischen Schauspieler, der alle drei, vier Übersetzungen eines der Sonette im Original beisteuern würde. Das Ganze wird etwa 40 bis 50 Minuten dauern und, damit es nicht zu einförmig wirkt, etwa in der Mitte von einer 10-Minuten-Einlage elisabethanischer Musik unterbrochen sein.

Für den Fall, daß Celan keine »Lust« hat, alle 20 Sonette zu lesen, schlägt er ihm vor,

Sie selbst lesen nur 3 oder 4 Sonette, sagen wir das erste, das fünfte, das elfte, das siebenzehnte – alle andern werden von einem guten deutschen Schauspieler gelesen.

Celan entscheidet sich am 15. Januar 1964, alle Sonette selbst zu lesen.
Doch im Laufe des Februar kommt es auf Wunsch der NDR-Programmdirektion zu einer Änderung der Disposition. Man versucht, den berühmten Shakespeare-Darsteller Sir John Gielgud für die Lesung zu engagieren, und möchte ihn, »um auch zwei verschiedene Shakespeare-Auffassungen und nicht nur Original und Übersetzung einander gegenüberzustellen, mit einem deutschen Schauspieler entsprechenden Kalibers konfrontieren.« (Ernst Schnabel an Paul Celan, 3. Februar 1964)
Die Gedenksendung geht unter dem Titel ›Die Rose Schönheit soll nicht sterben‹ am 23. und 24. April 1964 als Mitschnitt der öffentlichen Veranstaltung vom 23. April im Großen Saal der Hamburger Kunsthalle über den Äther. Sprecher sind Gisela Mattishent, Werner Veigel und Richard Johnson, nicht Gielgud. Ernst Schnabel trägt eine wohl von ihm selbst verfaßte Einführung

vor – ursprünglich einmal war auch Celan um einen »Vorspruch auf die Sonette« gebeten worden. Er hatte dies jedoch, wie auch eine Einladung Schnabels, die Veranstaltung zu besuchen, abgelehnt, da er nach Rom und Mailand fährt. Er bittet aber,

den Sprecher darauf aufmerksam zu machen, daß ich meinen Namen nicht französisch ausspreche, sondern tselan, also ohne Nasallaut am Ende und mit Betonung auf der ersten Silbe. *(An Ernst Schnabel, 23. Februar 1964)*

Indes kümmert er sich bereits zu Beginn des Jahres um die Drucklegung seiner Sonett-Übertragungen. Am »13. Jänner 1964« bietet er sie Gottfried Bermann Fischer zur Veröffentlichung an:

Ich habe für die Shakespeare-Jubiläumssendung, die Ernst Schnabel im Dritten Programm des N.W.R. veranstaltet, zwanzig Shakespeare-Sonette beigesteuert, davon achtzehn bisher unveröffentlichte. Soll ich sie Ihnen für die Rundschau schicken? Vielleicht wäre das ein geeigneter Beitrag für das Jubiläumsheft der Zeitschrift; aber vielleicht könnten die Übersetzungen auch im Aprilheft der Rundschau erscheinen, also zum Shakespeare-Jubiläum.

Die neu übersetzten achtzehn Sonette erscheinen 1964 im zweiten Heft der ›Neuen Rundschau‹.

In einem Notizbuch wohl aus der zweiten Jahreshälfte 1965 vermerkt der Dichter anläßlich einer Besprechung mit Siegfried Unseld und Klaus Reichert: »Wunsch von Reichert: Sonette Shakespeare.« Klaus Reichert, ehemals Lektor im Insel-Verlag und heute Professor für Anglistik in Frankfurt, verfolgt den Plan eines Separatdrucks von Celans Shakespeare-Übertragungen im Insel-Verlag. Ende November 1966 schlägt er eine zweisprachige Ausgabe in der Insel-Bücherei vor. Celan nimmt den Vorschlag an und fügt den in der NDR-Veranstaltung gelesenen 20 Übersetzungen eine weitere, die des 107. Sonetts, hinzu.

Anläßlich der Fahnenkorrektur für die ›Einundzwanzig Sonette‹, wie das Insel-Bändchen heißen wird, meldet er am 14. Juli 1967 philologische Bedenken an:

Die Sonette: [...] die englischen Texte ließ ich, da ich gleich beim ersten Sonett auf Interpunktionsunterschiede stieß – mir ist im Augenblick nur die zweisprachige Ausgabe mit der Regis'schen Übersetzung zur Hand – unangetastet; bitte übernehmen Sie an Hand einer einwandfreien Ausgabe die Revision –.

Den englischen Text wird Klaus Reichert nach der neueren kommentierten Ausgabe der Sonette durch W. G. Ingram und Th. Redpath (London: University of London 1964) *redigieren. Er gesteht allerdings, behutsam in die Zeichensetzung eingegriffen zu haben, um Differenzen in der Übersetzung nicht allzu störend wirken zu lassen. Celan selbst scheint nämlich in der Tat zumindest eine Zeitlang die erwähnte, in der Interpunktion abweichende zweisprachige Regis-Ausgabe als Arbeitsexemplar verwendet zu haben. Dort sind, mit unterschiedlichen Schreibmaterialien, folgende Sonettnummern des englischen Textes angestrichen: 50 (mit Druckfehlerkorrektur in Zeile 3: case/ease – von Celan?); 57; 65 (mit Druckfehlerkorrektur in Zeile 2: o'er sways/o'er-sways – von Celan?); 66 keine Anstreichung, jedoch handschriftliche Markierung der Strophengrenzen im englischen Text, im deutschen Text nur unter dem zweiten Quartett; 70; 79; 90 keine Anstreichung, jedoch unter dem deutschen Text ein Übersetzungsansatz des ersten Quartetts von Celans Hand:*

Mußt du mich hassen, haß mich ungesäumt,
gesell der Welt dich zu, die mir den Weg vertritt,
Groll mit dem Los, [das grollt],
[*?*] es, knick mich, der sich bäumt
ihn

Vielleicht hat Celan zunächst – genauer: zu Anfang der Arbeitsphase von 1961 bis 1963 – an eine fortlaufende Übertragung der Sonette gedacht, diesen Plan aber schon 1961 beiseite gelegt – für immer? Weshalb sonst fehlen in diesem Exemplar weitere Anstreichungen? Eine andere Ausgabe (*Shakespeare's Sonnets. Edited with an Introduction and Notes by A. L. Rowse. London: Macmillan & Co. 1964*)*, die sich in seiner Bibliothek befindet, könnte er ebenfalls, aufgrund ihres Erschei-*

nungsdatums jedoch höchstens noch für das 107. Sonett hinzugezogen haben. *(vgl. die Datenliste)*

Was die Übersetzungen selbst mit philologischer Akribie gemein haben könnten – es wird wenigstens andeutungsweise noch davon die Rede sein. Daß sich die Frage nach der genauen Gestalt von Celans Grundtext in jedem Fall lohnt, zeigt eine Gegenüberstellung der englischen Fassungen des Insel-Bandes und der Regis-Ausgabe im Vergleich mit Celans Übersetzung. Sonett 116, Zeile 2, lautet:

Insel: Admit impediments: love is not love
Regis: Admit impediments. Love is not love
Celan: kein Hemmnis gelten. Liebe wär nicht sie,

Und Sonett 105, Zeile 9:

Insel: ›Fair, kind, and true‹ is all my argument –
Regis: ›Fair, kind, and true‹, is all my argument,
Celan: »Schön, gut und treu«, das singe ich und singe.

Könnte es sein, daß an dieser so intensiv diskutierten Stelle Celans Sprachgebung durch ein Komma mitfixiert ist?

Textsynopse und Textgenese

Textsynopse

Die vorstehenden Ausführungen könnten implizit auch als Beitrag zu einem entstehungsgeschichtlichen »Kommentar« verstanden werden, wie er im Zusammenhang einer historisch-kritischen Edition vorzusehen ist. Auf eine wissenschaftliche Textdarstellung wird hier verzichtet. Indes soll die Synopse einen Vergleich der Übertragungen Regis', Georges und Celans auf einen Blick möglich machen.

Regis-George-Celan: Sonett 57

Regis	Dein Sklave, der ich bin, wie wär ich freier,
George	Ich bin dein sklave der nur auf die stunden
Shakespeare	Beeing your slave, what should I do but tend
Celan früh	Kann, der dein Sklave ist, denn anders sein,
Celan spät	Da ich dein Sklave bin, was kann ich tun, als deinen
Regis	Als wenn ich Stund und Zeit wahrnehme, die du liebst?
George	Und zeiten deiner lust zu harren weiss.
Shakespeare	Upon the hours and times of your desire?
Celan früh	als wach in deiner Wünsche Stundenschlag?
Celan spät	Wünschen entgegenharrn die Stunden lang, die Tage?
Regis	Sonst acht ich keinen Dienst und keine Stunde teuer,
George	Nie bin ich an kostbare zeit gebunden
Shakespeare	I have no precious time at all to spend,
Celan früh	Die Zeit ist /ihm/ mir gering und gilt allein,
Celan spät	Die Zeit, die kostbarste, ist mir wie irgendeine.
Regis	Als wenn du etwas mir zu dienen gibst:
George	Noch einen dienst wenn nicht auf dein geheiss.
Shakespeare	Nor services to do, till you require.

Celan früh wenn ihr dein Wort den Dienst gebieten mag.
Celan spät Und Dienste? Keinerlei, eh du's mir aufgetragen.

Regis Noch wag ich, Stund auf Stund am Zeiger nach dir zählend,
George Nicht schelt ich auf die endlos lange frist
Shakespeare Nor dare I chide the world-without-end hour,
Celan früh Nicht tadel ich die Stunde Welt-ohn-End,
Celan spät Die Fristen, weltenlang, ich wag sie nicht zu schelten,

Regis Mein Fürst, die endlos lange Zeit zu schmähn;
George Wenn ich · gebieter · deinthalb schau zur uhr
Shakespeare Whilst I, my sovereign, watch the clock for you,
Celan früh wenn ich dir, Herrin, Glockenschläge zähl;
Celan spät wenn ich, mein Herr und Fürst, verfolg der Zeiger Kreisen.

Regis Der Trennung Bitterkeiten mir verhehlend,
George Noch denk ich wie die ferne bitter ist
Shakespeare Nor think the bitterness of absence sour
Celan früh nicht ist die Zeit mir bitter, die uns trennt,
Celan spät Abwesenheit – sie kann mir nimmer bitter gelten,

Regis Wenn scheidend dich dein Knecht nur einmal grüßen sehn:
George Wenn dann dein knecht auf deinen wink entfuhr.
Shakespeare When you have bid your servant once adieu;
Celan früh wenn Abschied deinem Diener ward Befehl.
Celan spät wenn du das Abschiedswort gesprochen vor der Reise.

Regis Noch grübl ich eifersüchtig nach der Spur,
George Nicht wagt mein eifersüchtiger sinn die frag
Shakespeare Nor dare I question with my jealous thougt
Celan früh Nicht wird mein Sinn, den Eifersucht geübt,
Celan spät Kein Fragen kommt mich an, kein eifersüchtig Denken

Regis Wohin du gehst, was deine Absicht ist;
George Wo du nun bist · an welch geschäft du eilst..
Shakespeare Where you may be, or your affairs suppose,

Celan früh	dich ahnungsvoll begleiten auf der Fahrt;
Celan spät	an deinem Aufenthalt, das Fernsein, die Geschäfte.
Regis	Still harrend sinnt der arme Diener nur,
George	Ich harre · ein betrübter sklav · und sag
Shakespeare	But, like a sad slave, stay and think of nought
Celan früh	a dein düstrer Knecht, den kein Gedanken trübt,
	b Ins Leere sinnt dein düstrer Knecht betrübt,
Celan spät	Doch muß an jene dort, an die von dir Beschenkten,
Regis	Wie glücklich die sein werden, wo du bist.
George	Mir bloss wie du beglückst wo du grad weilst.
Shakespeare	Save where you are how happy you make those.
Celan früh	a /und//hat/ hat jener, die dir nah sind, Glück gewahrt:
	b /der/er jener, die dir nah sind, Glück gewahrt.
Celan spät	dein trauriger, dein Knecht die leeren Blicke heften.
Regis	Ein so gutherz'ger Narr ist Liebe; sei
George	Solch treuer narr ist liebe: ihr ist recht
Shakespeare	So true a fool is love that in your will,
Celan früh	Solch treuer Narr ist Liebe: Arges sinnt
Celan spät	Solch treuer Narr ist Liebe: nimmer sieht
Regis	Auch was es sei dein Tun, er hat kein Arg dabei.
George	Was du auch wünschest · niemals denkt sie schlecht.
Shakespeare	Though you do anything, he thinks no ill.
Celan früh	sie nie. Was immer auch dein Herz beginnt.
Celan spät	sie Arg in deinem Tun – was auch geschieht.

Textgenese

Der aufmerksame Betrachter wird an den Handschriften Details finden, die in einer Transkription vielleicht deutlicher vor Augen träten. So, wenn in der sechsten Zeile des 57. Sonetts Celan das Shakespeare'sche »my sovereign« zuerst, einigermaßen unverfroren, aber in schöner persönlicher Gestik, mit »Herrin« übersetzt – später dann »mein Herrscher«, »mein Fürst«, »mein Herr und Fürst«.

Andererseits könnte auch in einer wissenschaftlichen Textdarstellung – oder gerade in dieser – etwas von dem verlorengehen, was man die »Atmosphäre« einer Handschrift nennen möchte. Damit ist nicht die Darstellung der Schreibvorgänge selbst gemeint. Die Editorik verfügt über Verfahren, diese in einem textkritisch und textgenetisch verstandenen Sinn genau wiederzugeben. Aber von einem solchen kritischen Informationssystem her auf die »sinnliche« Qualität des Manuskripts zurückzuschließen, verlangt nicht nur eine sehr abstrakte Darstellungstechnik – sondern vom Benutzer einer solchen textgenetischen Edition auch die Bereitschaft und das Vermögen, derartige Informationen in ein anschauliches Bild des Manuskripts zurückzuübersetzen – was freilich vollständig nie gelingen kann, auch nicht mit Hilfe von Handschriften-Faksimiles.

Es ist leicht zu sehen, an welchen Stellen in den gezeigten Manuskripten der Übersetzungsvorgang zunächst flüssig abläuft und sich dann staut. Auch den Typoskripten ist bei genauerer Beobachtung anzusehen, wie der Übersetzer spontan in die Maschine reimt; wie eine Textrhythmik sich herstellt, die dann in einzelnen Zeilen und Zeilengruppen ins Stocken gerät; wie später mit Füller und Bleistift eingegriffen wird. All dieses ließe sich in textkritischer Darstellung sehr augenfällig machen.

Enstehung der späteren Fassung des Manuskripts: Sonett 57

A 1 Da ich dein Sklave bin, was kann ich tun, als bang
2 auf deiner Wünsche [Stund] und [Z] Stunde [warten]?
Zeit harren
A 3 Es wird die Zeit mir nie, die kostbarste [, zu] ,nicht, lang
Ansatz B gestrichen:
B 1 Da ich dein Sklave bin, was tun, als bang
2 zu harr'n auf deiner Wünsche Zeit und Stunden
3 mir wird die Zeit, die kostbarste, nicht lang
4 Ich tue Dienst – ich tu, was du befunden
wie
5 [Die] Stunde ohne End – ihr bin ich nimmer gram
Der
B 6 Die Uhr im Aug, Gebieter
C 1 Da ich dein Sklave bin, was kann ich tun, als deinen
2 Wünschen entgegenharrn [nach Zeit und Stundenschlage?]
die Stunden lang, die Tage?
3 [Nicht kann die Zeit, die]
Die Zeit, die kostbarste, [kann] mir nicht lang erscheinen
will
4 [Noch tu ich Dienst] , eh du's mir aufgetragen
Und Dienste? Keinerlei
5 Die [Stunde] , anderes, wag ich nicht zu schelten
Fristen [schmähen]
6 wenn ich, mein [Herrscher] , [der Uhr folg mit] den [Augen]
[Blicken]
[Fürst] Herr und Fürst verfolg der Zeiger Kreisen
7 [nicht kann] Abwesenheit [mir] bitter gelten
[als]
mir
– sie kann mir nimmer

C 8 wenn du das Abschiedswort [sprichst] vor der Reise
gesprochen

D 1 [Auch kommt mir nie ein eifersüchtig Denken]
Nie kommt mich an ein eifersüchtig Denken
2 Nach deinen Aufenthalten und Geschäften
fernen
3 [An] [sie] die von [dir Beglückten und] Beschenkten
[An sie nun] deinem Dasein dort
[Und –]
Doch muß an
4 [muß ich] [ein Trauernder]
ich [hier] [ein Trauernder]
ein [traurger] Sklave
betrübter
[der dir da dient,] [die] [Traueraugen] heften.
wie ein [trister]
[Trauer] Knecht Wanderblicke
traurger [Blicke]
5 Solch treuer Narr ist Liebe: nimmer sieht
D 6 sie Arg in deinem Tun – was [immer] auch geschieht.

27 William Shakespeare: Einundzwanzig Sonette II

1967 erscheinen ›Einundzwanzig Sonette‹ Shakespeares mit Celans Übertragung als Nummer 898 der Insel-Bücherei. Bemerkenswert ist, daß Celan den Bestand der bereits veröffentlichten Übersetzungen um ein einziges Stück vermehrt und somit nicht achtzehn oder zwanzig, sondern einundzwanzig – nämlich dreimal sieben – Gedichte für die Publikation vorsieht. Auffällig ist auch, daß er für eine Erweiterung des Textbestandes nicht auf die bereits in Czernowitz und/oder Bukarest übersetzten Stücke zurückgreift, sondern mit dem 107. Sonett ein neues hinzufügt, das zudem als eines der schwierigsten des gesamten Zyklus gilt. Die Anregung dazu geht von Franz Wurm aus.

1 Paul Celan und Franz Wurm in Tegna

September 1967. Photographie von Luzzi Wolgensinger
Leihgabe: Franz Wurm

Franz Wurm, geboren 1926 in Prag, von seinen Eltern 1939 eben noch nach England in Sicherheit gebracht, Lyriker und Übersetzer in Zürich, steht seit 1960 mit Celan in brieflichem, dann auch in persönlichem Kontakt. Beider Briefwechsel gibt Zeugnis von enger, im gemeinsamen Verständnis von Dichtung begründeter Beziehung. Wohl auch im Zusammenhang einer geplanten Radiosendung in Zürich (Franz Wurm ist zu dieser Zeit dort Rundfunkredakteur) – fragt Wurm in einem Brief, der vom 12./19. November 1966 datiert ist:

Mir kam also in den Sinn: sollten Sie *Lust* haben, ›Antonius & Cleopatra‹ zu Ende zu übersetzen, so wollte ich mich herzlich gern bemühn, daß es Ihnen ermöglicht würde. Es ist mir zwar gar nicht richtig, daß ich mich mit derlei Vorschlägen zwischen Sie u. Ihre eigene Produktion dränge, u. es ist ja auch nur eine Frage. [...]
Haben Sie (das gehört schon nicht mehr zum »Geschäft«), haben Sie auch das Sonett cvii übersetzt? *(Briefwechsel Celan/Wurm, S. 42)*

Am 23. November 1966 antwortet Celan:

Das Sonett CVII lese ich wieder und wieder – wer weiß ob ich es übersetzen kann. (An eine Übersetzung von ›Antony and Cleopatra‹ kann ich vorderhand nicht denken – leider.) *(Briefwechsel Celan/Wurm, S. 47)*

Keine Woche später hat er das Sonett übersetzt.

2 William Shakespeare: der Mond, der sterbliche, verschattete …

Sonett 107. Deutsch von Paul Celan. Entwurf. Typoskript mit handschriftlichen Korrekturen, 1 Blatt
Datiert: »29. Xi. 66«

3 William Shakespeare: Sonett CVII

Deutsch von Paul Celan. Entwurf. Typoskript mit handschriftlicher Korrektur und Ergänzung (datiert: »21. XII. 66«), 1 Blatt

Eine Abschrift seiner Übertragung schickt er am 21. Dezember 1966 an Wurm mit der Bemerkung:

Nehmen Sie, als Gruß unter vielen andern, die beiliegende Übersetzung des Sonetts CVII: sie geht auf Ihren Hinweis, Ihre Frage, Ihre Anregung zurück.– *(Briefwechsel Celan/Wurm, S. 55)*

Am 10. Januar 1967 überreicht Franz Wurm Celan einen Band der Reihe ›The New Shakespeare‹ – mit Widmung:

4 [William Shakespeare:] The Sonnets

The Works of Shakespeare. Edited for the Syndics of the Cambridge University Press by John Dover Wilson
Cambridge: University Press 1966
(Aus der Bibliothek Paul Celan)
Mit beigelegter handschriftlicher Widmung von Franz Wurm an Paul Celan: »– including a fair translation / of xxi Sonnets / by / Paul Celan / and finding their way home / herewith / into the hand of their rightful / owner / 10. i. 67 f. w.«

Klaus Reichert, der als Lektor des Insel-Verlags die Veröffentlichung der ›Einundzwanzig Sonette‹ angeregt hat und betreut, äußert sich ausdrücklich zur Übertragung des 107. Sonetts:

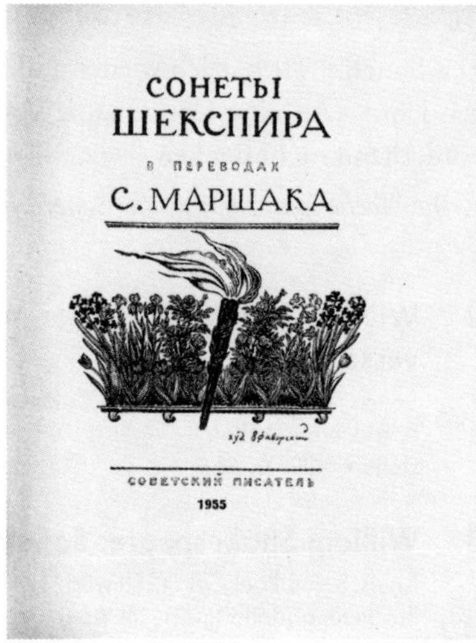

229/230 Titelblätter der von Celan benutzten Vorlagen (27.4 und 27.6)

Das unveröffentlichte ist die Nummer 107, eines der dunkelsten. In meiner neuesten kritischen Ausgabe werden für einzelne Vokabeln bis zu 6 verschiedene Bedeutungen angegeben. Mir ist einfach unfaßbar, wie komplex Sie übersetzen. Manchmal ist ja die ganze Variationsbreite des Originals ins Deutsche geholt! Eine kleine Nörgelei hätte ich für die letzte Zeile des 2. Quartetts, wo es heißt: »And peace proclaims olives of endless age.« Sie sagen: »Und mit dem alterslosen Ölzweig kommt der Frieden.« Hier ist es schön, für Shakespeare ja auch typisch, daß das gewohnte Bild auf den Kopf gestellt wird. Nicht der Ölzweig verkündet den Frieden, sondern der Frieden proklamiert, wie ein Herold, das Uraltwerden der Ölbäume. *(An Paul Celan, 9. Mai 1967)*

Am 29. Mai, der Umbruch ist bereits gemacht, bittet Celan den Lektor für die fragliche achte Zeile um Rat:

Eben lese ich bei Regis: »Und Friedens Ölzweig lächelt ewgem Bunde« – recht flach für einen Mann wie Regis. – Nun, vielleicht finde ich etwas mit Ihrer Hilfe.

Reichert schickt Hilfe – den 1964 erschienenen Kommentar von Ingram und Redpath, eine weitere Übersetzung und eine eigene Idee:

Was die Shakespeare-Stelle angeht, so lege ich Ihnen das fragliche Sonett in der Xerokopie nach einer neueren kommentierten Ausgabe bei, ebenso Ihre Übertragung und zum Vergleich die Fassung Georges. Um im Reim zu bleiben, könnte die zweite Hälfte Ihrer Zeile 8 vielleicht heißen: »...verheißt der Frieden.« Die erste Hälfte läßt sich in meinem Hirn noch nicht rhythmisieren. *(20. Juni 1967)*

Nur zwei Tage später meldet ihm Celan:

CVII: ich habe allerlei Versuche mit dem von Ihnen vorgeschlagenen »...verheißt der Frieden.« angestellt, aber ich komme dabei auf einen fünfzehnsilbigen Vers und damit ins Unmögliche. Es muß also, so wollens wohl die Götter, bei »Und mit dem alterslosen Ölzweig kommt der Frieden.« bleiben. Zu den Sonetten überhaupt: ich muß Korrektur lesen, denn ich habe irgendwo Tippfehler stehn lassen. *(22. Juni 1967)*

Noch ein letztes Mal kommt Celan auf das Problem zurück:

Zu CVII: Denkbar wäre »Den alterslosen Ölzweig ruft nun aus der Friede.« Aber das hieße, obgleich bei »proclaims« sozusagen nächstliegend, den George'schen Fund übernehmen und dazu das Füllsel – »nun«. Bleiben wir bei der ersten Fassung, sie hat, kompensatorisch, den Vorteil der einfacheren Diktion. *(27. Juni 1967)*

Und dabei wird es dann auch bleiben.

5 William Shakespeare: Einundzwanzig Sonette

Deutsch von Paul Celan
Frankfurt am Main: Insel Verlag 1967
(Insel-Bücherei Nr. 898)
Aufgeschlagen ist Seite 38/39: Sonett CVII

Bei alldem bleibt allerdings die eine wichtige Frage – die wichtigste? – offen: die nach den Motiven für die Übertragung jener einundzwanzig Sonette. Franz Wurm hatte die Übersetzung des 107. Sonetts offenbar im rechten Moment provoziert. Über die Gründe Celans, die Herausforderung anzunehmen, ist damit aber nichts, oder nur wenig gesagt. Auch ein gelegentlicher Hinweis auf die Stimmungslage, in der eine solche Übertragung entstanden sein mag, gibt noch keine zureichende Antwort – etwa in einem Brief an Rolf Schroers vom »16. Feber 1961«:

es gibt Stunden, wo ich tatsächlich frei bin, au milieu des huées. Aber nur Stunden. So vor ein paar Tagen, während der Übersetzung des siebzigsten Shakespeare-Sonetts. Das hilft… und wandert dann, in Begleitung des Endesgefertigten, zu den übrigen Vergeblichkeiten.

Hierher gehört auch ein Ausspruch Celans aus seinem letzten Lebensjahr, von dem Otto Pöggeler berichtet: »Shakespeare sei ihm immer – anders auch als die Sprache von Goethes ›Iphigenie‹ – nahegeblieben und ein Trost gewesen.«

(Rainer Lengeler: Shakespeares Sonette in deutscher Übersetzung. Stefan George und Paul Celan. Opladen: Westdeutscher Verlag 1989, S. 31)

6 Sonety Šekspira v perevodach S. Maršaka

(Die Sonette Shakespeares in der Übersetzung von S[amuil] Maršak)
Moskva: Sovetskij pisatel' 1955
(Aus der Bibliothek Paul Celan)
Aufgeschlagen ist das Titelblatt

Neben der russischen Übersetzung Samuil Maršaks und den erwähnten deutschen Ausgaben finden sich in Celans Bibliothek noch zwei französische Übertragungen:

– Charles-Marie Garnier: Les sonnets de Shakespeare. Essai d'une interpretation en vers français. Paris: Cahiers de la Quinzaine o. J.

– William Shakespeare: Les Sonnets. Traduction de Charles-Marie Garnier. Paris: Société les belles lettres 1927. (Exemplar z. T. nicht aufgeschnitten; Anstreichung bei Sonett 61)

Zur russischen Sonett-Übersetzung von Maršak schreibt Celan am 26. Februar 1962 dem Jugendfreund Gustav Chomed:

Auch ich lese, wie Du, viel Russisches, auch Shakespeare-Übertragungen – zumal die der Sonette durch Samuil Marschak: es ist eine große Übertragung, ja es ist noch mehr: es ist, wie alle wirkliche Dichtung, eine geistige Tat.

Offenbar ist es das, was Celan als Übersetzer vorschwebt: die Transposition einer vorgefundenen sprachlichen Wirklichkeit in eine andere – die eigene – als »geistige Tat«; Übersetzung als eine der eigenen Dichtung selbst völlig gleichwertig zugeordnete kreative Handlung. Nicht die Herstellung einer in irgendeinem sprachtechnischen Sinn wörtlichen Entsprechung scheint sein Anliegen – bei aller deutlichen Bemühung um philologische Genauigkeit, die nicht unbedingt mit einem Begriff vordergründiger »Originaltreue« gleichzusetzen wäre. Auch die vielsprachige Ausrichtung macht dies deutlich: Übersetzung kann sprachliche Identität kaum herstellen – wohl aber sprachliche Äquivalenzen, die, für den Fall einer möglichen Aneignung, das neue Gedicht nach Maßgabe seines Vorbildes als gültig, die Übersetzung dann als geglückt erscheinen ließen.

Zeitig schon sehen wir Celan darum bemüht, seine Arbeit einem Empfängerkreis bekannt zu machen, von dem er sich gutwillige Aufnahme und Verständnis erhoffen kann. Keineswegs handelt es sich dabei nur um persönliche Freunde, von denen eine wohlwollende Aufnahme ohnehin zu erwarten ist. Stets und mit beachtlichem Geschick ist er bestrebt, direkt in den literarischen Betrieb hinein zu wirken – keineswegs resigniert in einem ihm ja nicht nur wohlgesonnenen Umfeld. Auf einer vorläufigen Empfängerliste notiert er sich am 19. Januar 1967, Monate vor Erscheinen des Insel-Bändchens, erste Namen für die Versendung von Beleg- oder Widmungsexemplaren. 231 (27.7)

7 Paul Celan: Empfängerliste für die »Shakespeare-Sonette«

Manuskript, 1 Blatt

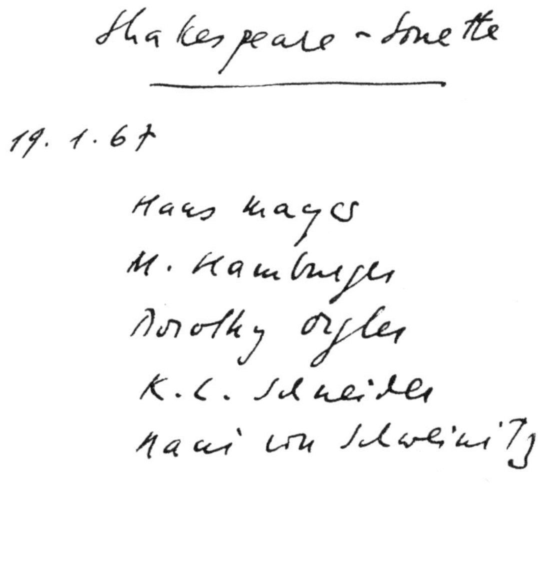

Shakespeare-Sonette
19. 1. 67
Hans Mayer
M[ichael] Hamburger
Dorothy Orgler
K[arl] L[udwig] Schneider
Nani von Schweinitz

Unter den fünf Namen sind die von zwei Ordinarien der Germanistik (Hans Mayer und Karl Ludwig Schneider) und der der Initiatorin des ›Lyrischen Studios Bonn‹ (Nani von Schweinitz) – hier hat es doch den Anschein, als sei dem Übersetzer die Darreichung des neuen Werks nicht vordringlich eine Privatsache, sondern eher ein gezielter Schritt auf die genau bestimmte Öffentlichkeit hin.

In der literarischen Kritik ist die Übersetzung der ›Einundzwanzig Sonette‹ keineswegs unumstritten.

8 Johannes Kleinstück: Celan übersetzt Shakespeare

Zeitungsausschnitt
Aus: Frankfurter Allgemeine Zeitung, Nr. 29, 3. Februar 1968

Wie eine Übersetzungskritik aussehen kann, die nicht von einem wie auch immer zu bestimmenden Begriff von Originaltreue ausgeht, hat Peter Szondi vorgeführt. Sein richtungweisender Neuansatz zur Beurteilung von Celans Shakespeare-Übertragungen, ja zur Beurteilung von Celans übersetzerischem Werk

232 Widerspruch gegen Celans Sonett-Übertragung (27. 8)

Celan übersetzt Shakespeare

„Einundzwanzig Sonette"

Die 154 Sonette, die 1609 in London unter Shakespeares Namen erschienen, sind die am meisten diskutierte Gedichtsammlung der englischen Literatur. Zwar wird ihre Authentizität, anders als die der Dramen, kaum angezweifelt: Aber was sagen sie über seine Persönlichkeit, über sein Empfinden aus? Gab Shakespeare mit ihnen den Schlüssel, der die Pforte zu seinem Innern aufsperrt? Oder dachte er gar nicht an Selbstdarstellung, huldigte er nur einer poetischen Mode?

Man hat viel gemeint und erklärt: Feststellen läßt sich, daß die Sonette in drei Themengruppen gegliedert sind. Die erste (1—17) variiert die Aufforderung an einen jungen Mann, Nachkommen zu erzeugen, um seiner Schönheit Dauer zu verleihen; die zweite, umfangreichste (18—126) handelt von der bewundernden Liebe zu diesem schönen Jüngling, die dritte von einer dunklen Dame, die den Dichter fasziniert: Hier, so scheint es, spricht unmißverständlich individuelles Erleben, die Qual und Leidenschaft des Menschen Shakespeare. Aber jede biographische Interpretation greift ins Leere, konstruiert haltlose Herzensromane; deswegen begnügen sich manche Leser mit der Dichtung, die kunstvoll traditionelle Motive aufnimmt, mit Worten, Konventionen und sogar Gefühlen spielt, ohne daß sie zur bloßen Artistik wird: Vielmehr schafft sie Klanggebilde und Sinnbezüge, die zum Nachdenken und zum Neuprägen verlocken.

Zahlreiche Übersetzer haben sich an Shakespeares Sonetten versucht. Stefan George, der ihren Inhalt als „die anbetung vor der schönheit und den glühenden verewigungsdrang" erkannte, hat den ganzen Zyklus nachgedichtet. Paul Celan hat jetzt einundzwanzig Sonette übertragen. Ein Prinzip der Auswahl ist nicht erkennbar, es sei denn das negative des Weglassens: Von den an die dunkle Dame gerichteten Sonetten ist keines übersetzt und nur wenige von den berühmten Anthologiestücken. Offenbar ging es Celan — er verzichtet auf die übliche erläuternde Einführung — allein um die Kunst, vielleicht auch um die Kunstfertigkeit.

Er hat die strenge Form des Originals, die zum Reim, Metrum und Konzentration zwingt, beizubehalten gesucht; Shakespeare soll wie Shakespeare sprechen und braucht sich nicht der freien, an keine unpersönliche Norm gebundenen lyrischen Diktion Celans anzupassen. Das verdient Anerkennung, aber das Bemühen um Exaktheit verleitet auch zum Ungenauen.

Die *minutes* (in Sonett 60) werden zu „Stunden", die sich auf „entschwunden" reimen; Konjunktionen werden unterdrückt, syntaktische Fügungen abgeändert, Gedankenstriche eingeschoben, weil der Satz sonst zu lang geriete. Manchmal, wenn er die Füll des zu Sagenden nicht in einen knap pen jambischen Fünfheber presse kann, behilft sich Celan mit der Alexandriner, zum Beispiel 107, wo e „Incertainties now crown themselve assur'd" mit „Das Schwankende vo einst? Gekrönt und unbedingt" über setzt. Dabei staut er den Fluß des Ver ses, betont die Antithese zu sehr — un beraubt sie zugleich ihrer Pointierun („incertainties — assur'd"). Doch selbs Stefan George, den Celan vermutlic konsultiert hat, bewältigt die Schwie rigkeit nicht, wenn er sagt: „Das reic der schwankungen ward nun gewiß' Glücklicher, geradezu ausgezeichne formuliert Rolf-Dietrich Keil (Diede richs Taschenausgaben 17, 1959): „Un sichres krönt sich selbst nun als gewiß' der aber auch auf den Binnenreir „now crown" verzichtet, verzichte muß: Die vollkommene Übersetzun gibt es nicht und kann es, wie ma weiß, nicht geben.

Bestehen bleibt der Anreiz für de Übersetzer, sich am vollkommenen Ge dicht zu messen, ihm das Höchstmaß a Musikalität für die eigene Sprache ab zugewinnen. Ist er ein Dichter vor Range Paul Celans, dann leuchtet zu weilen in den nachgebildeten Verse der Glanz des Ursprünglichen auf.

JOHANNES KLEINSTÜC

William Shakespeare: „Einundzwanzi Sonette". Deutsch von Paul Celan. Insel Verlag, Frankfurt am Main 1967. Insel Bücherei Nr. 898, 50 S., br. 3,— DM.

überhaupt, hat von verschiedenen Seiten Widerspruch herausgefordert. Die Übersetzungsthematik ausweitend, oder aufhebend, befindet Rainer Lengeler: Diese Übertragungen stehen auf eigenen Füßen, sie enthalten ihren Sinn in sich und brauchen die Krücke nicht, daß sie Übersetzungen Shakespeares sind, und dies unabhängig von der Frage, daß uns dieser Sinn heute schon oder erst in hundert Jahren aufgeht. *(Lengeler, S. 42)* 233 Einband (27. 5)

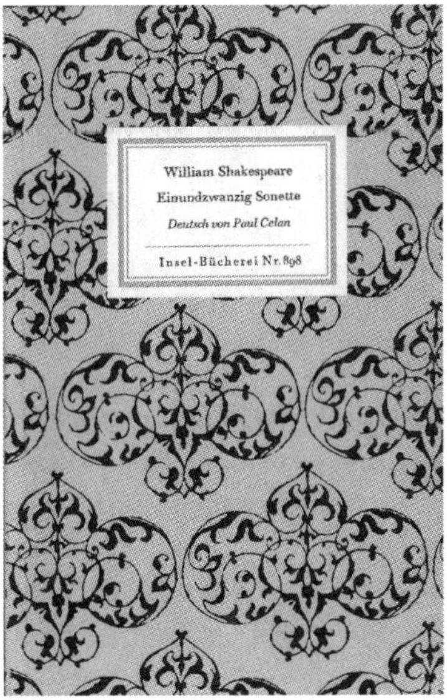

28 Die Arbeit des Interpreten: Peter Szondi

Peter Szondi veröffentlicht 1971 in der Zeitschrift ›Sprache im technischen Zeitalter‹ (Heft 37, S. 9–25) eine Interpretation der Übertragung des 105. Shakespeare-Sonetts unter dem Titel ›Poetry of constancy – Poetik der Beständigkeit‹. Diese Arbeit ist zum Musterfall einer Poetologie des Celanschen Übersetzens geworden. Von ihr haben sich viele, die nach Szondi kamen, leiten lassen. Seine sprachphilosophischen und übersetzungstheoretischen Thesen sind – vielleicht zusammen mit den Überlegungen von Walter Benjamin und Celans eigenen Äußerungen – eine wichtige Ausgangsposition für das Verständnis des dichterischen Werks von Paul Celan überhaupt.

1 Peter Szondi bei dem Treffen der Gruppe 47 in Berlin

Photographie, 1965. Hans Schwab-Felisch, Reinhard Baumgart, Uwe Johnson, Peter Rühmkorf, Peter Szondi

In der zweiten Hälfte der sechziger Jahre wird mit der Berufung Peter Szondis der neue Lehrstuhl für Allgemeine und Vergleichende Literaturwissenschaft an der Freien Universität Berlin begründet. Die Komparatistik steckt in den Kinderschuhen, und Szondi versucht in der Universität seine Vorstellungen einer die »Schranken der Nationalliteraturen« überwindenden Literaturwissenschaft zu entwickeln.

Dieser Geist eines grenzüberschreitenden Austausches »der Erfahrungen und Erkenntnisse von dem, was Literatur ist und unter welchen Bedingungen sie entsteht und wirksam wird« (Eberhard Lämmert: Peter Szondi – Ein Rückblick zu seinem 65. Geburtstag. In: Poetica, Jg. 26, 1994, S. 11; vgl. zu diesem Thema auch: Jean Bollack: Zukunft im Vergangenen. Peter Szondis materiale Hermeneutik. In: Deutsche Vierteljahrsschrift für Literaturwissenschaft und Geistesgeschichte, Jg. 64, 1990, S. 370–390), läßt das Berliner Seminar innerhalb kurzer Zeit zum Anziehungspunkt werden, in Berlin und bald weit darüber hinaus. Wichtige, bis heute diskutierte Forschungsansätze – wie etwa die Vorträge von Jean Bollack, Jean Starobinski und Hans Wismann – werden hier erstmals vorgestellt und diskutiert. Auch Autorenlesungen im

Seminar tragen zur Attraktivität solcher Lehrveranstaltungen bei. 1967 spricht Paul Celan »bei winterlich beschlagenen Fensterscheiben […] mit kaum erhobener Stimme seine jüngsten Gedichte in eine erwartungsvolle Stille« (Lämmert, S. 11) vor Kollegen und Studenten. Der Dialog und die gemeinsame Arbeit an verschiedenen Projekten bestimmen die Ausbildung. Szondi übernimmt in seiner Funktion als Lehrender vor allem die Rolle des Vermittlers von wissenschaftlicher Theorie und Literatur. Im Austausch mit den Studenten revidiert und erweitert er die theoretischen Grundlagen seiner philologischen Methode, die besonders seine Arbeiten über Paul Celan beeinflußt haben.

234 Hans Schwab-Felisch, Reinhard Baumgart, Uwe Johnson, Peter Rühmkorf und Peter Szondi bei der Gruppe 47 (28.1)

2 Arbeitsheft von Peter Szondi zur Übersetzungstheorie

Französisches Ringbuch mit Notizen zu den Seminaren ›Zur Theorie der literarischen Übersetzung‹ und ›Zur Praxis der literarischen Übersetzung‹, Wintersemester 1969/70

Das Seminar ›Zur Theorie der literarischen Übersetzung‹ erprobt manche Überlegungen, die in den genannten Aufsatz über Shakespeare eingehen. Am Anfang steht ein Überblick über die historischen Texte zur Übersetzung, von Luther bis Schleiermacher. Anschließend werden vor allem zwei moderne Positionen der Übersetzungstheorie besprochen: Walter Benjamins vielzitierter Aufsatz ›Die Aufgabe des Übersetzers‹; daneben stehen linguistische Positionen der Übersetzungsforschung, besonders der Aufsatz ›On Linguistic Aspects of Translation‹ von Roman Jakobson.

3 Charles Baudelaire: Tableaux Parisiens

Deutsche Übertragung mit einem Vorwort über die Aufgabe des Übersetzers von Walter Benjamin
Heidelberg: Verlag von Richard Weissbach 1923

Benjamins Vorwort stellt eine der folgenreichsten sprachphilosophischen Überlegungen in diesem Jahrhundert dar. Seine Differenzierungen zwischen der »Art des Meinens« und der »Intention auf die Sprache« werden, gefördert durch die Diskussionen der Strukturalisten und Poststrukturalisten, erst in den letzten Jahren annähernd erkannt. Als einer der ersten setzt sich Peter Szondi mit Benjamins Argumentation auseinander. Entscheidend für seine Theorie sind dabei dessen Äußerungen über die Verwandtschaft der Sprachen und die ›Aufgabe des Übersetzers‹:

Dieses Gesetz, eines der grundlegenden der Sprachphilosophie, genau zu fassen, ist in der Intention vom Gemeinten die Art des Meinens zu unterscheiden. In »Brot« und »pain« ist das Gemeinte zwar dasselbe, die Art, es zu meinen, dagegen nicht. *(Benjamin, S. XI)*

Wie nämlich die Übersetzung eine eigene Form ist, so läßt sich auch die Aufgabe des Übersetzers als eine eigene fassen und genau von der des Dichters unterscheiden. Sie besteht darin, diejenige Intention auf die

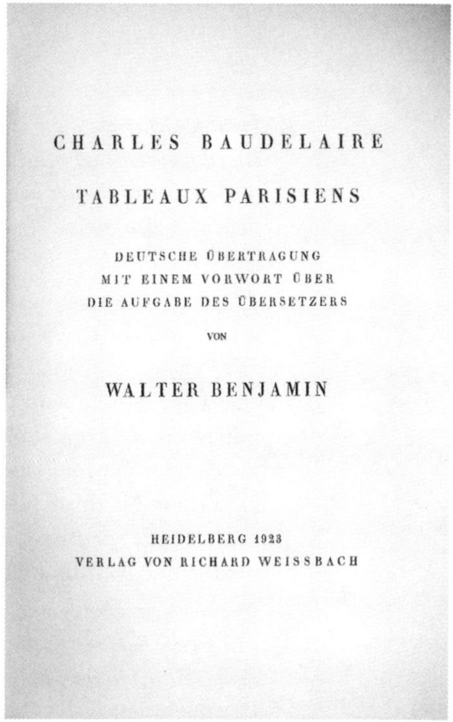

CHARLES BAUDELAIRE

TABLEAUX PARISIENS

DEUTSCHE ÜBERTRAGUNG
MIT EINEM VORWORT ÜBER
DIE AUFGABE DES ÜBERSETZERS

VON

WALTER BENJAMIN

HEIDELBERG 1923
VERLAG VON RICHARD WEISSBACH

235/236 Einband mit Titelei (28. 3)

Sprache, in die übersetzt wird, zu finden, von der aus in ihr das Echo des Originals erweckt wird. Hierin liegt ein vom Dichtwerk durchaus unterscheidender Zug der Übersetzung, weil dessen Intention niemals auf die Sprache als solche, ihre Totalität, geht, sondern allein unmittelbar auf bestimmte sprachliche Gehaltszusammenhänge. Die Übersetzung aber sieht sich nicht wie die Dichtung gleichsam im innern Bergwald der Sprache selbst, sondern außerhalb desselben, ihm gegenüber und ohne ihn zu betreten ruft sie das Original hinein, an demjenigen einzigen Orte hinein, wo jeweils das Echo in der eigenen den Widerhall eines Werkes der fremden Sprache zu geben vermag. *(Benjamin, S.XIII)*

Szondi übernimmt die Benjaminschen Thesen, ergänzt sie aber durch die Erkenntnisse der strukturalistischen Linguistik. Besonders Roman Jakobsons Ausführungen sind hier von Bedeutung. Die spekulativen Elemente der Benjaminschen Theorie werden bei Jakobson durch die Suche nach äquivalenten

Sprachcodes ersetzt. Die Übersetzung ist nicht wie bei Benjamin »auf ein letztes, endgültiges und entscheidendes Stadium aller Sprachfügung« ausgerichtet. (Benjamin, S. XII) Szondi löst sich vielmehr von den sprachtheologischen Dimensionen des Benjaminschen Modells und betont – ganz im Sinne Roman Jakobsons – die Gleichwertigkeit von Original und Übersetzung:

Zwischen Übertragung und Original steht hier *(in Celans Übersetzung des Sonettes 105)* vielmehr der Wandel dessen, was in Benjamins Abhandlung über *Die Aufgabe des Übersetzers* die *Intention auf die Sprache* heißt. Worin sich eine Übertragung vom Original unterscheiden nicht nur darf, sondern soll, ist die *Art des Meinens*. Der Begriff des »Meinens« zielt auf die Struktur der Sprache, auf eine Relation, deren beide Glieder aber nicht verbindlich mit je einem Namen zu versehen sind, weil solche Namen immer schon eine je spezifische Relation beider, d. h. eine bestimmte Konzeption der Meinungsstruktur von Sprache implizieren. *(Szondi, S. 11f.)*

In einer Anmerkung erläutert Szondi den Unterschied seiner Übersetzungsanalyse zu Benjamins Ausführungen und weist auf die linguistische Komponente seines Interpretationsansatzes hin:

Der Begriff »Intention auf die Sprache« wird im folgenden insofern nicht im streng Benjaminschen Sinn verwendet, als er vom sprachtheologischen Hintergrund von Benjamins Denken abgelöst ist und Konzeptionen der neueren Linguistik in ihn eingegangen sind. »Intention auf die Sprache« ließe sich für die folgenden Ausführungen definieren als das Gerichtetsein des Bewußtseins auf die Sprache, d. h. als die allem Sprechen vorausliegende Sprachkonzeption; als die Art des Meinens, welche die Sprachverwendung prägt. *(Szondi, Anm. 5, S. 12)*

Das Interesse an den theoretischen und praktischen Grundlagen der Übersetzungsproblematik entwickelte sich bei Szondi und seinen Studenten schon im Sommersemester 1969. In dem Seminar ›Einführung in die Vergleichende Literaturwissenschaft‹ beschäftigen sie sich in den Sitzungen vom 12., 19. und 26. Juni 1969 intensiv mit Celans Übersetzung des Shakespeare-Sonettes ›When forty winters…‹.

4 Shakespeare: Sonnets. II

Deutsch von Paul Celan
Hektographie, 1 Blatt. Mit handschriftlichen Anmerkungen von Peter Szondi

Die Analyse des Textes gibt zumindest einen kleinen Einblick in die Arbeitsweise Szondis. Der Vergleich zwischen Original und Übersetzung wird unter dem Kriterium der Adäquatheit vorgenommen. Besonders interessieren ihn dabei Veränderungen, Ergänzungen und Streichungen, die Celans Übersetzung vom Original unterscheiden. Verschiedene Anstreichungen weisen auf rhetorisch-stilistische und lexikalische Auffälligkeiten hin. Ergänzt man diese Notizen mit den Aufzeichnungen zum Seminar, so läßt sich der Verlauf der Diskussionen ein wenig nachvollziehen. Die inhaltliche Ebene des Gedichtes wird auf Grundlage der intensiven Beschäftigung mit dem ›Petrarkismus‹, der Thema des Hauptseminars im Wintersemester 1967/68 war, analysiert.
Im Vergleich der Shakespeare-Übertragung mit den Gedichten aus der ›Niemandsrose‹ versucht man, Celans Bemühungen um die Übersetzung von Metaphern, eine der größten Schwierigkeiten, herauszuarbeiten und so die typischen Elemente seines Sprechens zu erkennen.

5 Peter Szondi: Die Ausdrücklichkeit des Originals

Manuskript, 2 Blatt. Notiert auf der Rückseite eines Briefpapierbogens des Hotels Waldhaus Dolder, Zürich
Ausgestellt ist die erste Seite

Szondi notiert die auffallenden Unterschiede zwischen Original und Übersetzung. Der deutsche Text wird auf Auslassungen, Wiederholungen und andere Veränderungen hin untersucht. Auf der unteren Hälfte stehen erste Interpretationsansätze: Die Bedeutung der Verse 13 und 14 des Sonetts, die später im Mittelpunkt des Aufsatzes stehen, wird festgehalten:

1. Betonung des eigenen Dichtens in 13–14
   Dasselbe im ganzen Gedicht
2. Der metasemantische Ausdruck in 13–14
   Dasselbe im ganzen Gedicht
3. Jakobson: poetische Funktion mit dem Thema
   zusammenfallend.

237 Auf den folgenden Seiten: Szondis Analyse der Celan-Übersetzung des 2. Sonetts (28. 4)

—— : unübersetzt

~~ : verändert

Shakespeare: Sonnets

II

When forty winters shall besiege thy brow,
And dig deep trenches in thy beauty's field,
Thy youth's proud livery, so gaz'd on now,
Will be a totter'd weed of small worth held:

Then being ask'd where all thy beauty lies,
Where all the treasure of thy lusty days,
To say within thine own deep sunken eyes
Were an all-eating shame, and thriftless prai

How much more praise deserv'd thy beauty's us
If thou couldst answer: 'This fair child of m
Shall sum my count, and make my old excuse',
Proving his beauty by succession thine!

This were to be new made when thou art old,
An see thy blood warm when thou feel'st it co

3: livery 3: gazed 4: tattered 5: asked
6: days; 7: eyes, 9: deserved 9: use,
10: answer 11: excuse' 12: thine. 14: An
10-11: Malone's quotation-marks (1790)

tattered : zerfetzt

weed : Kleid (auch: Unkraut)

lusty : rüstig, kräftig, frisch, leb

thriftless: 1) nutzlos, wertlos; 2) verschwen

sum : 1) vollenden, 2) zusammenzähle

my old excuse = excuse for being o

—— : hinzugefügt
~~ : verändert

ch von Paul Celan)

II

Wenn vierzig Winter deine Stirn umdrängen,
der Schönheit Flur voll Furchen steht, verheert,
und deiner Jugend Kleid, dran soviel Augen hängen,
ist Plunder, Kram, und keinen Groschen wert,

wirst, da sie dich nach ihr, der Schönheit, fragen,
nach all der Tage und der Schätze Ort,
du dies: "Beim eingesunknen Auge" sagen?
So spräche Scham, ein Unwort wär dies Wort.

Ein Wort sprächst du, der Schönheit angemessen,
indem du sprächst: "Mein ists, dies schöne Kind.
Es setzt mich fort, ich bin, bin unvergessen.
Seht, wie die Schönheit mit ihm neu beginnt."

So wärst du, altgeworden, nimmer alt.
Wer sagt, dein Blut verebbe? Nein, es wallt.

Adj. + Subst. → Subst. (Subst.)
Poss.-Pr. → Pers.-Pr.
Phrase → Wort
Metaphern →
→ Sprechen / Wort thematisiert

In seinem Aufsatz führt Szondi diese Notizen später aus:

Fair, kind, and true, have often lived alone.
Which three till now, never kept seat in one.

»Schön, gut und treu« so oft getrennt, geschieden.
In Einem will ich drei zusammenschmieden.

[...] Worin sich die von Celan ins Werk gesetzte Intention auf die Sprache von der Shakespearschen unterscheidet, kann aus den Mitteln abgeleitet werden, deren sich Celan zum Ausdruck der Dispersion wie des Gegensatzes zwischen ihr und der Vereinigung bedient. Übersetzt er *have often lived alone* mit *so oft getrennt, geschieden*, so ergänzt er den diskursiven Aussagemodus durch einen anderen, dessen poetische Energie die Diskursivität in den Hintergrund drängt. Denn was die traditionelle Stilkritik als emphatisch gebrauchte variierende Wiederholung begreifen würde (*getrennt, geschieden*), dient dazu, die Zäsuren zwischen *»Schön, gut und treu«* auf anderem als bloß lexikalischem Weg auszudrücken. Die neuere Linguistik hat auf den Begriff gebracht, was auch der Leser früherer Zeiten bei der Analyse seiner Rezeption einer Wortgruppe wie *getrennt, geschieden* müßte registriert haben können, wenn – und das ist die Frage – eine solche Wendung, eine solche Weise der Intention auf die Sprache, vor der Moderne überhaupt auftrat. *(Szondi, S. 13)*

In seinen ersten Versuchen war Szondis Blick auf die Übersetzung noch von der »Ausdrücklichkeit« in der Sprache des Originals geleitet. Die Kenntnis der Methoden von Celans Übersetzen bringt ihn dazu, seine Perspektive zu ändern. In der Fortarbeit an dem Essay verdeutlicht er seine Vorstellungen von der ›Arbeit des Interpreten‹.

6 Peter Szondi: [Geborgener Vers]

Typoskript, 1 Blatt
Mit Korrekturen von Peter Szondi

Ausgehend von seiner abschließenden These entwickelt Szondi in mehreren Stufen den endgültigen Titel:

In der Übertragung eines Gedichts [...] hat er [...] an die Stelle des traditionellen symbolistischen Gedichts, das von sich selber handelt, das sich selbst zum Gegenstand hat, ein Gedicht gesetzt, das von sich selbst nicht mehr handelt, sondern es ist. Ein Gedicht, das nicht mehr von sich selbst spricht, sondern dessen Sprache in dem *geborgen* ist, was es seinem Gegenstand, was es sich selber zuschreibt: *in der Beständigkeit*. *(Szondi, S. 25)*

Die Titelüberlegungen bilden den Argumentationsvorgang ab:

G e b o r g e n e r V e r s

Diesem Titel stellt er noch zwei Varianten zur (linken) Seite:

O d e r : Beständiger Vers

O d e r : Beständigkeit des (von) Versen

Die letzte Möglichkeit – nachträglich mit der Schreibmaschine über die erste Überschrift gesetzt – kommt der endgültigen Fassung recht nahe, denn es ist die deutsche Fassung des späteren Titels:

POESIE DER BESTAENDIGKEIT – POETIK DER BESTAENDIGKEIT

Auf späteren Typoskripten heißt es dann, wie im Erstdruck:

Poetry of constancy – Poetik der Beständigkeit

Auch der Untertitel des Aufsatzes wird verändert:

Celans Übertragung des Shakespearesonetts 105

In einer Überarbeitungstufe erweitert Szondi den Untertitel und deutet das Ziel seiner Bemühungen an:

Celans Übertragung von Shakespeares Sonett CV und ihre sprachtheoretischen Voraussetzungen

Die Ergänzung wird dann ebenfalls verworfen. Im Erstdruck heißt es schließlich:

Celans Übertragung von Shakespeares Sonett 105

Geht seine Analyse in der ersten Notiz noch vom Original aus, so setzt er in der ersten Fassung des ausgestellten Blattes einen deutlichen Akzent auf die Übersetzung. Erst in der letzten Fassung der späteren Überschrift kommt er dazu, die beiden zueinander gehörigen Teile der Übersetzung – Original und Übersetzung – gleich zu werten. Die Druckfassung der Überschrift betont zudem noch die beiden sprachlichen Dimensionen. Siegfried Unseld gegenüber rechtfertigt Szondi den Titel:

Was den Titel ›Poetik der Beständigkeit‹ betrifft, so ist er als Bestandteil der Überschrift des Aufsatzes über Celans Shakespeareübersetzung gerechtfertigt und, wie ich glaube, genau, obwohl auch hier die Shakespeare-Celansche »constancy« und Jakobsons equivalence-Prinzip zusammengefaßt sind, d.h. eine erste Metaphorisierung vorliegt. *(An Siegfried Unseld, 16. Februar 1971. In: Peter Szondi: Briefe. Herausgegeben von Christoph König und Thomas Sparr. Frankfurt am Main: Suhrkamp 1993, S. 338)*

7 Peter Szondi: Poetry of constancy – Poetik der Beständigkeit

Celans Übertragung von Shakespeares Sonett 105
In: Sprache im technischen Zeitalter, 1971, Heft 37, Januar–März, Seite 9–25
Leihgabe: Peter Goßens

Nach dem Tod von Paul Celan beginnt Szondi mit der Arbeit an einem Buch über dessen Werk. Die 1972 als postumes Fragment von Jean Bollack u. a. herausgegebenen ›Celan-Studien‹ enthalten als ersten Teil den Aufsatz über die Shakespeare-Übersetzung. In den Weihnachtstagen 1970, drei Jahre nach Celans Besuch in Berlin, wird Szondi mit seinem Aufsatz fertig. In einem Brief berichtet er Jean Bollack über die letzten Tage seiner Arbeit daran, über die sprachphilosophischen Grundlagen und seinen Wunsch nach einer baldigen Publikation:

Je me suis donc précipité, le lendemain du dernier jour de travail à l'Université avant Noël, sur mon bureau et j'ai écrit un article sur la traduction du sonnet 105 de Shakespeare par Paul. Je crois qu'il n'est pas mauvais. Fortement influencé par une lecture de Jakobson, Derrida – et Benjamin, bien sûr. Pour le moment, cela s'appelle »Poésie de la constance, poétique de la constance.« Terminé trop tard pour les Et.[udes] Germaniques, il sera publié ou dans une revue allemande ou en plaquette. Certainement pas dans la NR où le sieur Hartung, profitant de l'occasion, a écrit une fois de plus des lignes écœurantes sur Paul.

Ich bin also, am ersten Tag der Weihnachtsferien, an meinen Schreibtisch gestürzt und habe einen Aufsatz über Pauls Übersetzung des 105. Shakespeare-Sonettes geschrieben. Ich glaube, daß er nicht schlecht ist. Ein starker Einfluß von Jakobson, Derrida – und Benjamin, natürlich. Im Augenblick nennt er sich »Poesie der Beständigkeit, Poetik der Beständigkeit.« Er ist leider zu spät für die Et.[udes] Germaniques fertig geworden und wird entweder in einer deutschen Zeitschrift oder als Einzeldruck erscheinen. Sicherlich nicht in der NR [Neuen Rundschau] wo Sir Hartung die Gelegenheit genutzt und wieder einmal ekelhafte Zeilen über Paul geschrieben hat. *(An Jean Bollack, 29. Dezember 1970. In: Peter Szondi: Briefe, S. 320)*

Kurze Zeit später entstehen auch die Aufsätze ›Lecture de Strette‹ (Januar 1971) und ›Eden‹ (April-September 1971). Szondi will mit seiner Arbeit an den Gedichten Celans ein Versprechen einlösen, das er ihm bei ihrem letzten Treffen am 17. März 1970 gegeben hat. Andere Vorhaben treten in dieser Zeit in den Hintergrund, und er konzentriert sich ganz auf die Fertigstellung der ›Celan-Studien‹, die sein Freitod am 18.(?) Oktober 1971 nicht mehr zuläßt.

29 »Engel in Grau«: Emily Dickinson

Unter den rund sechzig von Celan übertragenen Autoren sind, was immer man in solchem Zahlenverhältnis auch gespiegelt sehen mag, nur zwei Frauen, beide Amerikanerinnen: die Zeitgenossin Marianne Moore, zu deren Werk Celan, wie er im Brief vom 16. Juli 1953 an den Limes-Verleger Max Niedermayer gestehen mußte, keinen rechten poetischen Zugang finden konnte, und, aus dem neunzehnten Jahrhundert, Emily Dickinson.

1 Emily Dickinson

Portrait. Frontispiz aus Celans Exemplar von:
The Complete Poems of Emily Dickinson (Nr. 2)

Was die Wirkung des Werks angeht, ist auch Emily Dickinson eine Autorin eher des zwanzigsten Jahrhunderts. Zu ihren Lebzeiten (1830–1886) sind nicht mehr als sieben Gedichte erschienen, und auch diese nur anonym. Nach der ersten schmalen Buchausgabe (›Poems‹) 1890 wird ihr Nachlaß nur zögerlich publiziert – und was erscheint, ist häufig zurechtgestutzt.
›The complete poems of Emily Dickinson‹ erscheinen erstmals 1924, doch erst drei Jahrzehnte später, 1955, mit einer dreibändigen kritischen Ausgabe von Thomas H. Johnson, werden die, sage und schreibe, 1775 Gedichte in – so weit wie möglich – authentischer Gestalt zugänglich und damit auch erst das Ausmaß der Ungewöhnlichkeit dieser Schreibweise vollends sichtbar. Durch ihre Publikationsgeschichte konnte Emily Dickinson in den fünfziger Jahren geradezu als Lyrikerin der Gegenwart erscheinen, nicht nur im deutschsprachigen Raum.
Unverkennbar ist eine gewisse Sprödigkeit oder formale Zurückhaltung ihrer Gedichte, die als Ungefügtheit, aber auch als Unfügsamkeit, gar als Verweigerung traditioneller, im neunzehnten Jahrhundert noch kaum gebrochener Melodik wahrgenommen wird. Auch die häufige Verwendung unreiner Reime trägt zu diesem Eindruck bei.

238 Auf der gegenüberliegenden Seite: Emily Dickinson (29.1)

E. Dickinson.

Charakteristisch auch ihre Tendenz zur inhaltlichen und syntaktischen Elliptik, zur Lakonie, epigrammatischen Zuspitzung und Paradoxie. Neben thematischen Vorlieben – ein Großteil der Gedichte ist »metaphysisch« grun-diert, hat Gott oder Tod zum Thema – können jene syntaktischen, rhythmischen, sprachlichen Besonderheiten eine Nähe Celans zu Emily Dickinson erwarten lassen. 1958, in seiner ›Antwort auf eine Umfrage der Librairie Flinker‹, hat er die Situation der deutschen Lyrik folgendermaßen beschrieben:

Ihre Sprache ist nüchterner, faktischer geworden, sie mißtraut dem »Schönen«, sie versucht, wahr zu sein. Es ist also, wenn ich, das Polychrome des scheinbar Aktuellen im Auge behaltend, im Bereich des Visuellen nach einem Wort suchen darf, eine »grauere« Sprache, eine Sprache, die unter anderem auch ihre »Musikalität« an einem Ort angesiedelt wissen will, wo sie nichts mehr mit jenem »Wohlklang« gemein hat, der noch mit und neben dem Furchtbarsten mehr oder minder unbekümmert einhertönte. *(GW III, S. 167)*

Lag es nicht nahe, in Emily Dickinson, dem »Engel in Grau« (Maria Mathi) eine Vorläuferin auf der Suche nach einer anderen Sprache zu sehen?

Der Anstoß, Gedichte von Marianne Moore zu übersetzen, geht von der Redaktion der Zeitschrift ›Perspektiven‹ und von Edouardo Roditi, dem Mitglied im beratenden Komitee der Zeitschrift, aus. Für Emiliy Dickinson ergreift Celan selbst die Initiative. Bei Gelegenheit einer Lesung im S. Fischer Verlag im Frühjahr 1959 hatte er Hans-Geert Falkenberg u.a. »die Übersetzung von einigen Gedichten von Emily Dickensen [!]« in Aussicht gestellt, woran der Lektor und Redakteur des Verlags-Almanachs in einem etwas ungeduldigen Brief an Celan vom 15. April 1959 erinnert. Im Herbst des Jahres erscheint dann erstmals, im Almanach ›Das 73. Jahr‹, eine Dickinson-Übertragung Celans im Druck. (Frankfurt am Main: S. Fischer, S. 59)
Darüber, wann und wie Celan auf Dickinson aufmerksam geworden ist, sind einstweilen nur Vermutungen möglich. Vielleicht hat Alfred Margul-Sperber für eine erste oder doch nähere Bekanntschaft gesorgt; dieser hat mindestens drei Dickinson-Übertragungen publiziert – eine dieser ›Nachdichtungen‹, das

Gedicht ›Erwartung‹, erschien 1947, im ›silberboot‹ von Ernst Schönwiese – also noch zu Celans Bukarester Zeit. (Jg. 3, 1947, H. 7, S. 380)
Selbstverständlich sind Celan die in den fünfziger Jahren auch in Frankreich zunehmenden Bemühungen um Emily Dickinson nicht entgangen. Zwar finden sich in seiner Bibliothek keine Belege dafür, doch deuten entsprechende Vermerke in den Übersetzungsmanuskripten darauf hin. Jedenfalls hat Celan eine 1956 in Aubier verlegte, englisch/französische Auswahl mit 146 Gedichten konsultiert. (Poèmes Choisis. Übersetzt und eingeleitet von P. Messiaen. Aubier: Éditions Montaigne) *Auch Veröffentlichungen von Alain Bosquet werden eine Rolle gespielt haben; vor allem der in der prominenten Reihe ›Poètes d'aujourd'hui‹* (Bd. 55, Paris: Seghers 1957) *erschienene Portrait- und Auswahlband ›Emily Dickinson‹, der hundert Gedichte zweisprachig vorstellt. Die Übertragung einer amerikanischen Autorin ins Deutsche auch auf dem Umweg über die französische Sprache – eine komparatistisch gewiß reizvolle Situation.*
Neben der Ausgabe von 1927 gibt es noch weitere englischsprachige Anthologien und Ausgaben mit Dickinson-Gedichten unter Celans Büchern.
Als Textgrundlage seiner ersten Übersetzung kommen die antiquarisch gekaufte Ausgabe von 1927 und ein 1958 in Paris erworbener, noch nicht auf der dreibändigen Ausgabe beruhender Band in Frage. (Selected Poems of Emily Dickinson. With an introduction by Conrad Aiken. New York: The Modern Library/Random House o. J.) *Das übersetzte Gedicht ist in beiden Büchern angestrichen.*

2 The Complete Poems of Emily Dickinson

With an Introduction by her Niece Martha Dickinson Bianchi
Boston: Little, Brown, and Company 1927
(Aus der Bibliothek Paul Celan)
Aufgeschlagen ist Seite 194/195: »BECAUSE I could not stop for Death«
Großes Eselsohr Seite 193/194 oben; Markierungsstriche am Anfang und Schluß des Gedichts

BECAUSE I could not stop for Death,
He kindly stopped for me;
The carriage held but just ourselves
And Immortality.

We slowly drove, he knew no haste,
And I had put away
My labor, and my leisure too,
For his civility.

We passed the school were children played
At wrestling in a ring;
We passed the fields of gazing grain,
We passed the setting sun.

We paused before a house that seemed
A swelling of the ground;
The roof was scarcely visible,
The cornice but a mound.

Since then 't is centuries; but each
Feels shorter than the day
I first surmised the horses' heads
Were toward eternity.

Wie die kritische Ausgabe von 1955 zeigt, entspricht dieser Text dem handschriftlichen Original so wenig, daß man fragen kann, ob Celan hier (ohne von der Abweichung zu wissen) überhaupt ein Dickinson-Gedicht übersetzt hat. Zwischen den Strophen 3 und 4 nämlich fehlt die eigentliche, ganz hübsch sinnliche vierte Strophe:

Or rather – He passed Us –
The Dews drew quivering and chill –
For only Gossamer, my Gown –
My Tippet – only Tulle –

In der Übersetzung durch Werner von Koppenfels:

Vielmehr – Sie zog an Uns vorbei –
Tau troff schauernd und kühl –

Ein Gazestoff nur, mein Gewand –
Mein Überwurf – nur Tüll –

(Emily Dickinson: Dichtungen. Ausgewählt, übertragen und mit einem Nachwort versehen von Werner von Koppenfels. Mainz: Dieterich'sche Verlagsbuchhandlung 1995, S. 207)

Auch die dritte Strophe bietet nicht Dickinsons Text: »We passed the School, where Children strove / At Recess – in the Ring –« muß es nach der Ausgabe von Thomas H. Johnson heißen. Weitere Abweichungen wären aufzuspießen. Nicht zuletzt fehlen in Celans Vorlage die den Rhythmus prägenden, für Emily Dickinson geradezu typischen Gedankenstriche.

3 Emily Dickinson: Der Tod, da ich nicht halten konnt

Deutsch von Paul Celan
Sonderdruck aus: S. Fischer Verlag Almanach. Das dreiundsiebzigste Jahr. Redaktion: Hans-Geert Falkenberg. Frankfurt am Main: S. Fischer 1959
Mit handschriftlichem Zusatz von Paul Celan

Keine Frage, daß es sich bei dieser Arbeit auch um einen Gegenentwurf zu der Übersetzung von Hans Hennecke (1897–1977) handelt. Übersehen haben dürfte Celan die 1937 unter dem Titel ›Der Wagen‹ (nach dem seit 1890 üblichen englischen Titel ›The Chariot‹) gedruckte Übertragung kaum, denn in seiner Bibliothek ist sie (mindestens) dreimal vorhanden:

Dem ich mich nie gestellt, der Tod,
Stand gütig mir bereit;
Und sein Gefährt trug nur uns zwei
Und die Unsterblichkeit.

Wir fuhren langsam, ohne Hast,
Und ich tat von mir weit
Mein Mühen und mein Müßigsein
Dank seiner Freundlichkeit.

Wir sahen die Schule, wo das Spiel
Der Kinder laut erklang;
Sahen Felder starrenden Getreids,
Sahen Sonnenuntergang.

Er hielt vor einem Haus, das war
Wie schwellender Erdengrund;
Das Dach war kaum zu sehen, das
Gesims ein Hügelrund.

Äonen sind's seitdem, doch sie
Sind kürzer als die Zeit,
Da ich geahnt, der Pferde Trab
Ging in die Ewigkeit.

Das allegorisch-lebensgeschichtliche Verständnis der kleinen lyrischen Erzählung in Henneckes Übertragung könnte Celan zu einem Konkurrenzunternehmen angeregt haben. Die Lösung stellt sich nicht sofort ein. Im Nachlaß sind mindestens fünf Anläufe zur Übersetzung des Gedichtanfangs überliefert. Celan hat sich die erste Strophe zunächst separat vorgenommen, denn die beiden vermutlich frühesten Versuche stehen zusammen auf einem Blatt. Der erste, ersichtlich rasch in die Maschine geschriebene Ansatz lautet:

239–241 Aus den Entwürfen (29. 3 und 29. 4)

```
Da ich nicht halten konnt, so hielt
der Tod und nahm mich mit.
Er, ich und die Unsterblichkeit:
man fuhr zu dritt.
```

Der wahrscheinlich nächste, das Enjambement zwischen der ersten und zweiten Zeile vermeidende Versuch steht – handgeschrieben – darunter:

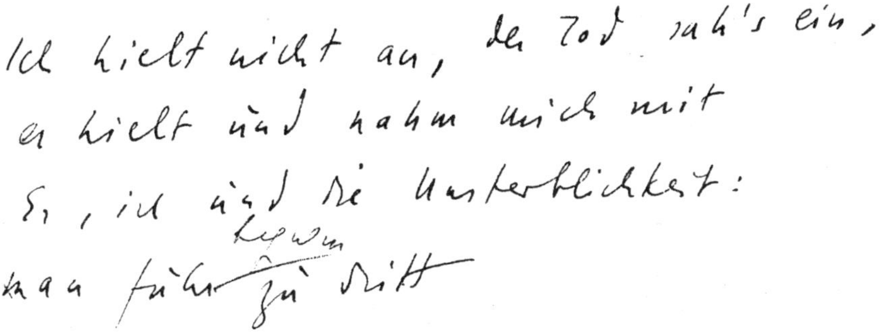
Ich hielt nicht an, der Tod sah's ein,
er hielt und nahm mich mit
Er, ich und die Unsterblichkeit:
man fuhr zu dritt

Auf einem anderen Blatt derselben Papiersorte, auf dem bereits eine erste vollständige, dann aber durch handschriftliche Veränderungen und Alternativvarianten wieder in die Schwebe gebrachte Schreibmaschinenfassung steht (aber nicht genau der im S. Fischer Almanach publizierte Text), setzt Celan ein drittes Mal an, auch hier offenbar noch im Bewußtsein von Vorläufigkeit:

4 Emily Dickinson: Because I could not stop for Death

Deutsch von Paul Celan. Entwurf. Typoskript mit handschriftlichen Korrekturen und Zusätzen, 1 Blatt

Die Strophen zwei bis fünf folgen erst nach einem größeren Zwischenraum, so daß der Eindruck entsteht, Celan habe schon bei der Niederschrift der ersten Strophe Raum gelassen für eine erste Revision:

```
Ich konnt nicht halten, merkt der Tod,
        sah          gern
so ~~fand~~ er ~~sich~~ bereit;
                      nun
Im Wagen sassen er und ich
und die Unsterblichkeit
```

Als Alternative dazu entwickelt Celan eine vierte Version, die rechts darunter mit blauem Kugelschreiber ins Reine geschrieben wird; links davon steht eine weitere, Zeile 2 verändernde (Bleistift-)Fassung.

Erst auf dem nächsten Blatt, einem Durchschlag, der oben mit der Angabe der Autorin, unten mit dem Übersetzungsvermerk »Deutsch von Paul Celan« versehen ist (also bereits zur Weitergabe bestimmt war), wird der Drucktext im Prinzip hergestellt: Er ersetzt in der ersten Zeile »Wagen« durch das altmodischere »Fuhrwerk«. Daß dieser Ersatz auch in der am 22. Mai 1959 an den S. Fischer Verlag geschickten Druckvorlage schon eingetragen war, ist Celan offensichtlich nicht mehr gegenwärtig, als er in Briefen an Rudolf Hirsch (3. Juni 1959) und Hans-Geert Falkenberg (19. Juni 1959) entsprechende Korrekturanweisungen gibt. Der Durchschlag enthält noch einen anderen, von Celan nicht korrigierten oder bemerkten, den Fluß des Textes empfindlich störenden Fehler: Statt »das Fronen und das Müßiggehn« steht in der zweiten Strophe: »das Fronen und Müssiggehn«. Und auch die mit der Maschine geschriebene Druckvorlage hat an dieser Stelle eine versehentliche Variante. Falkenberg, als sorgfältiger Lektor, macht den Übersetzer darauf aufmerksam. Der befindet sich in der oberösterreichischen Sommerfrische im Gasthof ›Walderwirt‹ in Wald bei Krimm:

Ich freue mich sehr, daß ich das Dickinson-Gedicht in den Almanach aufnehmen kann. Auch hier eine Frage: in der zweiten Strophe, 3. Zeile, heißt es: »das Fronen und mein Müßiggehn«, englisch: We slowly drove, he knew no haste

And I had put away
My labor, and my leisure, too,
For his civility.

Sollte nicht um des Rhythmus willen in der dritten Strophe vor »Müßiggehn« auch ein »das« eingeschoben werden? Ich glaube fast, daß hier ein Schreibfehler vorliegt, oder? *(An Paul Celan, 24. Juni 1959)*

Eine Antwort Celans ist nicht bekannt. Im Fahnenabzug ist der Fehler beseitigt. Doch mit dem Druck des Gedichts ist die Textgeschichte noch nicht abgeschlossen – kommt sie überhaupt zu einem Ende?

Auf einem ihm am 20. Oktober zugesandten Sonderdruck hat Celan rechts neben der zweiten Zeile der zweiten Strophe (»und ich hatt fortgetan«) mit

Tinte eine Alternativübersetzung notiert (»und ich gab alles dran«), mit der er auf eine früher erwogene Version zurückgreift. Aufgehoben wird dadurch die Druckversion nicht; die Übersetzung gerät vielmehr (wieder) in die Schwebe. Freilich hat die handschriftliche Variante den Vorzug einer reineren Reimkombination (statt »fortgetan / Mann« »dran / Mann«), – jedenfalls dann, wenn man sich wie Celan und die meisten anderen deutschen Dickinson-Übersetzer nicht für eine Nachahmung der unreinen, assonantischen Reime der Vorlage entscheidet. Wodurch allerdings die übersetzten Gedichte konventioneller als die englische Vorlage, weniger modern erscheinen können. Kommt dieser Umstand Celan entgegen? Man könnte bei seinen Dickinson-Übersetzungen von einer generellen Tendenz zur Konventionalisierung, zur Glättung der amerikanischen Gedichte sprechen. Geht die Vermutung zu weit, wenn man sagt, er versuche trotz oder auch wegen der Nähe Emily Dickinson in ihr neunzehntes Jahrhundert zurückzuübersetzen?

Die nächste Übersetzung regt wiederum Celan an. Am 10. Dezember 1960 offeriert er Rudolf Hirsch »mit ruhiger Hand: Acht Gedichte von Emily Dickinson« für die ›Neue Rundschau‹. (Dem Schreiben liegen auch fünf übersetzte Gedichte von Jules Supervielle bei.) Am »3. Jänner 1961« heißt es dann in einem Brief, in dessen Zentrum die Jessenin-Übersetzungen und die Drucklegung der ›Meridian‹-Rede stehen:

Sehr freuen würde es mich, wenn die Dickinson-Übertragungen in der nächsten Nummer der ›Rundschau‹ stünden. (Die englischen Überschriften bitte ich beizubehalten.)

Am 2. Februar nimmt Hirsch Celans Vorschlag an. Die Druckfahnen gehen ab am 5. April; Celan schickt sie korrigiert am 16. April zurück und am 5. Juni 1961 treffen Belegexemplar und Sonderdrucke in Paris ein:

5 Emily Dickinson, Acht Gedichte

Ins Deutsche übertragen von Paul Celan
Sonderdruck aus: Die Neue Rundschau, Jg. 72, 1961, Heft 1, Seite 36–39
Mit handschriftlicher Widmung: »Für Nelly Sachs,/ zum 10. XII. 1961/ diese Übertragungen der am 10. XII. 1830/ geborenen Emily Dickinson,/ who dwelled in Possibilty,/ a fairer house than Prose,/ More numerous of windows,/ Superior of doors – / Mit den herzlichsten Wünschen/ Paul Celan/ 8. XII. 1961.«
Leihgabe: Nelly-Sachs-Archiv, Königliche Bibliothek Stockholm

242 Widmung an Nelly Sachs (29. 5)

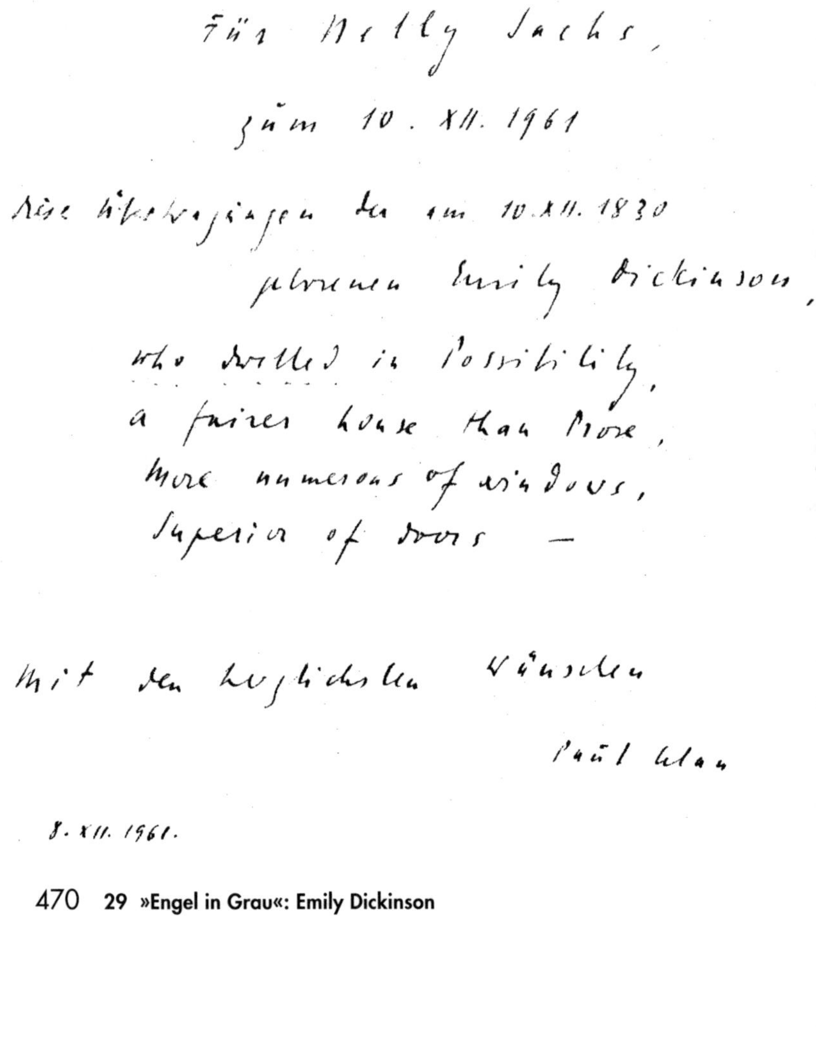
Für Nelly Sachs,
zum 10. XII. 1961
diese Übertragungen der am 10. XII. 1830
geborenen Emily Dickinson,
who dwelled in Possibility,
a fairer house than Prose,
More numerous of windows,
Superior of doors –
Mit den herzlichsten Wünschen
Paul Celan
8. XII. 1961.

Der von Celan unterpunktete Beginn des Zitats wandelt den Dickinson-Text ab und identifiziert das sprechende »Ich« ausdrücklich mit der Verfasserin selbst: wodurch er noch deutlicher als Äußerung übers Dichten lesbar und so zum kleinen Dickinson-Portrait Celans wird. Es handelt sich um die ersten Zeilen des Gedichts ›I dwell in Possibility‹, an dessen Übersetzung er sich einige Tage zuvor, am 28. November 1961, gemacht hatte.

6 Emily Dickinson: I dwell in Possibility

Deutsch von Paul Celan. Typoskript, 1 Blatt
Mit dem Titelzusatz: »Aubier 156«

Diesen Versuch, der bislang unpubliziert ist, hat Celan vermutlich gleich und ohne weitergehende Vorarbeiten in die Maschine hinein übersetzt – einige Sofortkorrekturen erwecken zumindest diesen Eindruck. Entstanden ist dabei der folgende Text:

Mein Haus, das ist die Möglichkeit,
– schöner als Prosa ist's –,
mehr Fenster als das andre hats,
an Türen ists ihm über.
an Zimmern alswie Zedern –
Fürs Auge uneinnehmbar;
Und hat ein Dach, das hält und hält:
das sind des Himmels Giebel.
Die schönsten Gäste von der Welt –
und was wird hier betrieben?
Dies und nur dies,
tagaus, tagein:
die Hände öffn ich weit, dich ein-
zubringen, Paradies.

Überschrieben ist diese Rohfassung mit dem englischen Gedichttitel und dem Zusatz: »Aubier 156«, was auf die benutzte Quelle hinweist.

›Die Neue Rundschau‹ zieht neugierige Leser an. Fritz Arnold vom Insel-Verlag fragt:

Mit großer Zustimmung habe ich auch Ihre Emily Dickinson-Übertragungen in der Neuen Rundschau gelesen. Haben Sie Lust, sich damit weiter zu beschäftigen und könnte sich daraus vielleicht ein Band der Insel-Bücherei ergeben? *(1. August 1961)*

Am 26. September des Jahres kommt Arnold noch einmal auf diesen Vorschlag zurück. Celan antwortet erst zwei Monate später, am 27. November:

Es ist nicht leicht, eine größere Emily-Dickinson-Übertragung zu planen, Sie wissen ja, daß es mir bei der Jeune Parque genau so ging, d. h. das [!] ich, ehe ich Bindendes zu sagen wagte, auf das warten wollte, was Heidegger [...] [!] den Zuspruch der Sprache nennt. Aber ich glaube, daß auch die Dickinson-Pläne Aussicht auf Verwirklichung haben. Dankbar wäre ich, wenn Sie mir jetzt schon Näheres über Ihre Vorstellungen vom Umfang des Bändchens mitteilen und mir einen Honorarvorschlag machen wollten.

Aus den Nachlaßmaterialien ergibt sich, daß Celan in der Tat gleichzeitig um »Verwirklichung« bemüht war: neben ›Mein Haus, das ist die Möglichkeit‹ sind weitere Dickinson-Übersetzungen auf den folgenden Tag, den 28. November 1961, datiert. Und Arnold macht aus »Plänen« gleich den konkreten Vorschlag zu einem Band:

Wenn er in der Insel-Bücherei erscheint, können wir Ihnen 5 % vom Ladenpreis bieten, der z. Zt. DM 3,– beträgt, wobei wir Ihnen eine Auflage von 5000 Exemplaren garantieren und voraus honorieren. Man könnte sich jedoch auch überlegen, ob wir nicht einen »normalen« Gedichtband machen, zweisprachig, der dann einen Ladenpreis von DM 10,– bis 12,– bei einer Auflage von etwa 2000 Exemplaren haben würde. Dafür können wir Ihnen ein Honorar von 10 % bieten. *(1. Dezember 1961)*

Trotzdem ist von einem eigenen Dickinson-Band vorerst nicht mehr die Rede. Es kommt lediglich, im ›Insel-Almanach‹ des folgenden Jahres, zum Druck eines einzigen Textes: ›Um halb vier‹ / ›At half past three‹, eine der am 28. No-

vember 1961 abgeschlossenen Übersetzungen. *(Paul Celan: Übertragene Gedichte. In: Insel-Almanach auf das Jahr 1963, S. 65)*

Weitere Übersetzungen sind nicht erschienen. Neben den zehn gedruckten Gedichten finden sich im Nachlaß indes Entwürfe für insgesamt fünfzehn weitere Gedichte; nur wenige sind datiert, das späteste (›I'm nobody!‹) auf den 2. September 1967.

Aus dem Sommer jenes Jahres stammt auch eine Aktennotiz von Siegfried Unseld, die Klaus Reichert am 8. August 1967 an Celan schickt. In ihr sind sechs am 26. Juli 1967 getroffene Vereinbarungen festgehalten. An erster Stelle steht der Abschluß des neuen Gedichtbandes »mit dem Titel ›Fadensommer‹ [!]. Der Band soll zum 1. September 1968 erscheinen«. Zweitens wird das Zustandekommen von Supervielle-Übertragungen Celans in der Insel-Bücherei in Aussicht gestellt. Und drittens:

Ebenfalls für die Insel-Bücherei kommt in Frage ein Band mit Übertragungen von Emilie [!] Dickinson. *(27. Juli 1967)*

Der alte Plan eines eigenen Dickinson-Bändchens ist nicht ad acta gelegt. Um die Ergänzung der Arbeitsgrundlage kümmert sich Klaus Reichert:

Die Bücher des Insel-Verlages sind bestellt und müßten bald bei Ihnen sein. Die Suhrkampliste habe ich an Walter Boehlich weitergegeben. Das Dickinson-Bändchen aus dem Henssel Verlag ist bestellt, wegen der dreibändigen amerikanischen Ausgabe muß ich noch mit Herrn Unseld reden. *(8. August 1967)*

Kein Zweifel, daß nur noch die kritische Edition als Textgrundlage in Frage kam. Ein Zeitungsblatt vom 21. September 1967, das sich unter Celans Papieren in der École Normale Superieure befand und einen Artikel zur Geschichte der Dickinson-Ausgaben enthält, wird ihn darin bestärkt haben. *(R. W. Franklin: Emily Edites. The Editions of Emily Dickinson. A Reconsideration. In: Times Literary Supplement)* *Spätestens seit 1965 steht die Ausgabe von Johnson auf Celans Desiderata-Liste.*

7 Notizbuch von Paul Celan

Arbeitsheft I, 14

Aufgeschlagen ist Seite [36/37]

Im Anschluß an Entwurfs-Notizen zu dem auf den 6. September 1965 datierten Gedicht ›Frankfurt, September‹, das Celan 1968 in ›Fadensonnen‹ veröffentlicht, sind in diesem Heft einige Punkte für das Gespräch im Suhrkamp Verlag stichwortartig festgehalten. Darunter »Emily Dickinson (3 Bde)«.

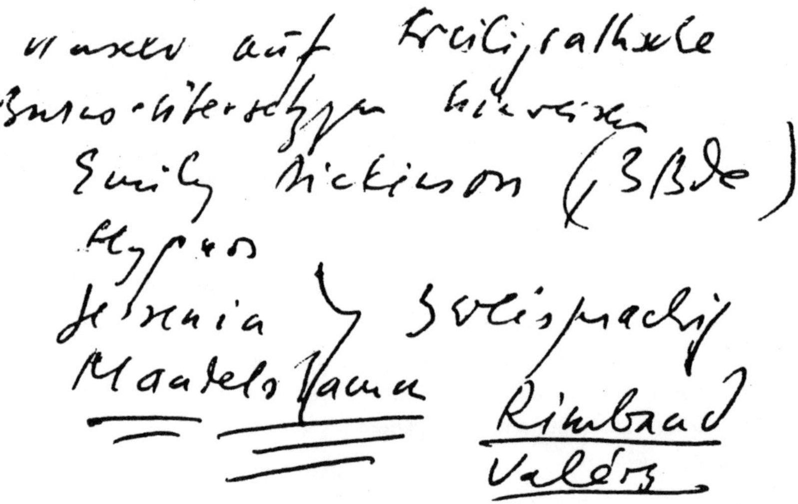
Emily Dickinson (3 Bde)
Rimbaud
Valéry

243 Aus Celans Notizbuch

Vorerst aber, auf dem Weg über Klaus Reichert, gelangt 1967 nur die bereits zum Ende der fünfziger Jahre erschienene, auf der Harvard-Ausgabe beruhende Dickinson-Ausgabe von Lola Gruenthal in Celans Hand. (Gedichte. Ausgewählt und übersetzt von Lola Gruenthal. Berlin: Karl H. Henssel Verlag [1959]) *Dem Band ist ein Hinweis darauf zu entnehmen, daß Celan für einen Insel-Band bereits publizierte Übersetzungen auch dann revidiert hätte, wenn dies durch eine veränderte Textbasis nicht nötig geworden wäre. Dort findet sich eine Übersetzung* (S. 67) *der ersten Zeile von ›Let down the Bars, Oh Death‹, die sich vom*

in der ›Neuen Rundschau‹ gedruckten Text unterscheidet. 1961 heißt es »Fort mit der Schranke, Tod!«; jetzt: »Die Schranken nieder, Tod!«.
Um diese Zeit dürfte Celan übrigens auch die erste deutschsprachige Dickinson-Ausgabe erstanden haben: Emily Dickinson, ›Der Engel in Grau‹. (Aus dem Leben und Werk der amerikanischen Dichterin Emily Dickinson. Eingeleitet, ausgewählt und übertragen von Maria Mathi. Mannheim: Kessler 1956) Diese Ausgabe ist 1967 verramscht worden. Die letzte von Celan benutzte (den gesicherten Text bietende) Dickinson-Ausgabe steht nicht in seiner Bibliothek; auf ihrer Grundlage sind 1967 zwei offenbar »fertige« Übersetzungen entstanden (›So give me back to death‹, ›Purple is fashionable twice‹).

8 The Complete Poems of Emily Dickinson

Edited by Thomas H. Johnson. Second Printing
Boston, Toronto: Little, Brown and Company [1960]
»The only one-volume edition containing all of Emily Dickinson's poems.«
Leihgabe: André du Bouchet

Das Exemplar André du Bouchets ist Celan 1968 in der Klinik zur Hand. »Annoté par Paul Celan / (Ste Anne – 68)« hat du Bouchet im Buch vorn vermerkt. Es ist mit zahlreichen, z. T. mit Notizen versehenen Zetteln bzw. Zettelabrissen beider Autoren geradezu gespickt und außerdem mit Anstreichungen versehen – auch die vierte Strophe von »Because I could not stop… « (S. 350f.), die Celan 1959 noch unbekannt war, ist am Rand markiert. Die Begegnung des Dichters und Übersetzers mit Emily Dickinson hat ein offenes Ende.

30 Giuseppe Ungaretti in Deutschland

Die Entdeckung Italiens in seiner Literatur ist für den deutschen Leser manchen Zufälligkeiten ausgesetzt. Zeiten neugierigen Verlegerinteresses wechseln mit Phasen weitgehender Abstinenz. Der Zeitgeist kostümiert sich modern – und nichts ist so schnell vergessen wie die Mode vom vergangenen Jahr. Da hilft es wenig, wenn Dante, Petrarca, Michelangelo, Manzoni und Leopardi als Klassiker der europäischen Literatur unbestritten sind. Die Autoren des zwanzigsten Jahrhunderts brauchen oft Jahrzehnte, um ihre Leser in Übersetzungen zu erreichen.

244 Auf der gegenüberliegenden Seite: Giuseppe Ungaretti auf der Spanischen Treppe in Rom, 1967 Photographie von Leonore Mau (30.1)

Giuseppe Ungaretti (1888–1970) feiert in Italien während des Ersten Weltkriegs erste literarische Erfolge. ›L'Allegria di naufragi‹/›Die Freude der Schiffbrüche‹ kommt 1919 (Firenze: Vallecchi) heraus.

Doch lange Zeit erscheinen nur vereinzelt deutsche Übersetzungen von ihm in Anthologien und Zeitschriften. Hans Leifhelm (1891–1947), der vor den Sanktionen der Reichskulturkammer nach Italien ausweicht und als Lektor in Palermo, Rom und Padua lebt, veröffentlicht die bekanntesten dieser frühen Übersetzungen 1938 in der Zeitschrift ›Das Innere Reich‹. Weitere Übertragungen in dieser frühen Zeit sind vor allem im Rahmen wissenschaftlicher Beschäftigung mit Ungaretti und der modernen italienischen Lyrik zu finden.

Seit dem Ende der fünfziger Jahre läßt sich jedoch ein bemerkenswertes Interesse an seinen Gedichten feststellen. In kurzen Abständen erscheinen Übersetzungen, die alle wesentlichen Bereiche des Ungarettischen Œuvres berücksichtigen. Auffällig ist indessen dabei die Vorliebe für das Spätwerk. Seine frühen Gedichte werden erst durch Ingeborg Bachmann bekannt.

Ein genauer Blick auf die Geschichte seiner Entdeckung zeigt den langen Weg, den die Übersetzung der späten Gedichte Ungarettis in Deutschland genommen hat.

1 Giuseppe Ungaretti auf der Spanischen Treppe

Photographie von Leonore Mau, Rom 1967
Leihgabe: Volker Kahmen

Der in Alexandria/Ägypten als Sohn von lucchesischen Eltern geborene Giuseppe Ungaretti verbringt die ersten Jahre seines Lebens in seinem Geburtsland. 1915 geht er zum Studium nach Frankreich; 1916 läßt er sich in Rom nieder. 1938 nimmt er eine Professur für Italienische Literaturgeschichte an der Universität São Paulo an, bevor er 1942 als Professor für moderne italienische Literatur endgültig nach Rom zurückkehrt. Sein literarisches Werk, aber auch seine literaturgeschichtlichen Vorlesungen begründen seine hohe Anerkennung. Das lyrische Œuvre wird zum Synonym für die italienische Dichtung der Moderne schlechthin. Zur Beschreibung seiner dunklen, lyrischen Sprache hatte der Literaturtheoretiker Francesco Flora 1936 den Begriff des »Hermetismus« geprägt. Dieser Begriff war seither ein Schlagwort für Unverständliches und Dunkles in der Dichtung geworden; er wandelte sich immer mehr zu einer Gattungsbezeichnung. In der konservativen Literaturkritik der fünfziger und sechziger Jahre lädt sich der Begriff »Hermetismus« mit negativen Vorurteilen weiter auf. Er steht für »modisches Gebaren« und, schlimmer noch, dichterische »Charlatanerie«. (Hugo Friedrich: Die Struktur der modernen Lyrik. Hamburg: Rowohlt 1956, S. 132) Diesem Vorwurf sieht sich auch Celan in seinen späten Gedichten ausgesetzt. Vergeblich setzt er sich dagegen zur Wehr. Celans Begegnung mit Ungaretti scheint daher besonders durch dessen Rolle als »Ahnherr des Hermetismus« motiviert zu sein. Und durch die Notwendigkeit, sich gegen den Vorwurf des »Unverständlichen« zu behaupten.

Einer der frühen Übersetzer Ungarettis, Viktor Wittkowski (1909–1960), entwirft dagegen ein gänzlich anderes Bild: Er stellt einen Autor vor, der – traditionsbewußt und doch der Gegenwart zugewandt – in einer Reihe mit den bedeutendsten Dichtern der europäischen Literatur steht:

Die dichterischen Leitsterne seiner Jugend waren Mallarmé, Valéry, Apollinaire, zu denen in späterer Zeit Leopardi, Vergil, Racine und Gongora – die er auch meisterhaft übertragen hat – traten. Als mitstrebende Zeitgenossen bewundert er den erst kürzlich verstorbenen Umberto Saba, Nestor und Nachtigallenmund der neueren italienischen Dichtung, sowie

Eugenio Montale, mit denen Freundschaft ihn verband. Von den älteren deutschen Dichtern schätzt Ungaretti besonders Hölderlin, von den neueren das, was er vom Werke Gottfried Benns kennt. *(Typoskript, DLA)*

Wittkowski, dessen Wege sich im Italienischen und brasilianischen Exil mit denen Ungarettis kreuzten, hat sich nachhaltig für den Italiener eingesetzt:

2 Giuseppe Ungaretti: Coro XIV

Deutsch von Viktor Wittkowski. Manuskript auf einer Einladungskarte des Österreichischen Kulturinstituts in Rom vom 22. Februar 1958

In einer im Nachlaß erhaltenen, um 1957 zusammengestellten Anthologie moderner italienischer Dichtung gilt das besondere Augenmerk Wittkowskis Ungaretti und – überraschend genug – Pier Paolo Pasolini. Er übersetzt von Ungaretti die 19 ›Cori di Didone‹ aus der Sammlung ›La Terra promessa‹ von 1950. Nach vergeblichen Versuchen, einen Verlag für seine Anthologie zu finden, überläßt er 1959 seine Arbeiten Horst Bienek und Hans Platschek für ihre Zeitschrift ›Blätter und Bilder‹. (H. 4, September / Oktober 1959, S. 31–35) Paul Celan hat diese Übersetzung für seine Arbeit an den ›Cori di Didone‹ herangezogen.

*Wittkowski hatte mit seinen Bemühungen um Ungaretti wenig Glück. Auch vom Insel-Verlag wurde er in den späten fünfziger Jahren negativ beschieden. Erfolgreicher operiert da ein junger Italienenthusiast, Paul-Wolfgang Wührl (*1932), der fast gleichzeitig mit Wittkowski an der Übersetzung der ›Cori di Didone‹ arbeitet:*

Ich bin gelernter Germanist; Italienisch habe ich mir nur zum Spaß angeeignet, um bei meinen Faltboot-Wanderfahrten durch Oberitalien (1954/55) nicht wie ein Idiot dazustehen. Als Student in München (1956) lernte ich Angelica Comello aus Mailand kennen. Ich ging ihr bei ihrer Trakl-Dissertation (Bocconi / Mailand) beratend zur Hand. Sie hat mich dafür in die moderne italienische Lyrik eingeführt. Ihr Bruder Toni gründete damals mit Walter della Monica ›Il Trebbo Poetico‹, eine Art literarisches Theater, das sich auf Rezitationen moderner Lyrik, v. a. Ungaretti, spezialisierte und eine große Öffentlichkeit erreichte. Dieses Theater betreibt Toni (70) noch heute in Mailand; besonders in Schulen hat er enormen Erfolg. Zum Spaß versuchte ich damals, die Ungaretti-Gedichte, die mir Angelica auf einem abgezogenen Blatt mitgebracht hatte [...], in mein geliebtes Deutsch zu übertragen. [...] Zu meiner Verblüffung entdeckte ich, daß mir elegante Lösungen für die Übertragungen einfielen. *(Paul-Wolfgang Wührl an Peter Goßens, 18. Juli 1996)*

Als Wührl den Versuch unternimmt, Ungarettis Zustimmung für einen Druck bei der Janus-Presse einzuholen, erfährt er eine Ablehnung: Der Autor besteht darauf, vor allem mit den beiden Sammlungen ›Sentimento del tempo‹ (1936) und ›La Terra Promessa‹ (1950) vor die deutschen Leser zu treten. Wührl erweitert deshalb seine Auswahl der Übersetzungen und liefert einen Querschnitt durch das Werk mit einem Akzent auf dem Spätwerk.

3 Luigi Nono an Paul-Wolfgang Wührl

Giudecca, 19. Juli 1958. Brief, 1 Blatt
Leihgabe: Paul-Wolfgang Wührl

Als Luigi Nono (1924–1990) 1958 im Auftrag der ›Darmstädter Ferienkurse für Neue Musik‹ ein neues Werk komponieren soll, wählt er einige Gedichte aus dem Zyklus ›La Terra promessa‹ seines Landsmannes und Freundes Ungaretti. Durch die Vertonung Nonos, sein stark vom Existentialismus Camus' geprägtes Verständnis der Musik und das Bemühen um eine gesellschaftskritische musikalische Darstellung der ›Cori di Didone‹, wird das Bild Ungarettis nachhaltig geprägt. 1964 erklärt Nono:

Die besondere historische Bedeutung – die Liebesbeziehung zwischen Mann und Frau – des Mythos (oder die Wahrheit) über Dido ist hier erweitert auf die zwischenmenschlichen Beziehungen, was auch von tragischer Zeitgemäßheit ist: die Spannung eines Lebens, das mit heftigster Intensität menschlich schöpferisch empfindet und plötzlich tragisch explodiert oder zur Explosion neigt: Selbstmord oder *Mord der Gesellschaft* – um mit Camus zu sprechen? *(Luigi Nono: Texte. Studien zu seiner Musik. Herausgegeben von Jürg Stenzl. Zürich, Freiburg im Breisgau: Atlantis 1975, S. 122)*

Nono wurde durch Toni Comello auf Paul-Wolfgang Wührl aufmerksam und bittet ihn, für das Programmheft der ›Internationalen Ferienkurse‹, die von ihm ausgewählten Gedichte zu übersetzen.

von »laterra promessa« die Numer : 2/ 3/ 7/ 10/ 12/ und Finale. [...] sweil : ich habe mit diesen Texten ein Werk geschrieben fuer Chor und Schlagzeug. und es wird am 7 September in Darmstadt Ferienkurse fuer neue Musik uraufgefuehrt. (von WDRKoeln Chor°).
die Uebersetzung ist notwendig um sie auf dem Programm zu drucken. und auch das Chor moechte die haben.

Nonos Vertonung der ›Cori di Didone‹ und die umstrittene Verleihung des Nobelpreises an Salvatore Quasimodo verändern das Klima für italienische Autoren in Deutschland. Jetzt werden auch die Modernen entdeckt.

4 F. M.: Wieso Quasimodo? Italien mehr überrascht als erfreut

Zeitungsausschnitt
Aus: Die Welt, Jg. 14, 1959, Nr. 274, 23. Oktober

Mehr Kritik und peinliche Überraschung als Genugtuung hat in literarischen Kreisen Italiens die Verleihung des Literatur-Nobelpreises an den sizilianischen Lyriker Salvatore Quasimodo hervorgerufen.
Man ist zwar erfreut darüber, daß nach 25 Jahren endlich wieder ein Italiener diesen Preis erhalten hat – der letzte italienische Preisträger war Luigi Pirandello im Jahre 1934 –, nach weitverbreiteter Ansicht aber gibt es unter den italienischen Lyrikern der Gegenwart wesentlich bedeutendere Persönlichkeiten als Quasimodo. Besonders die Namen Montale und Ungaretti werden in diesem Zusammenhang genannt.

Wieso Quasimodo, wieso nicht Ungaretti? Das Interesse an moderner italienischer Lyrik ist erwacht. 1962 wird die Anthologie Wührls einem breiten Publikum vorgestellt:

5 Italienische Gedichte des XX. Jahrhunderts

Italienisch und Deutsch. Ausgewählt und übertragen von Paul-Wolfgang Wührl
Frankfurt am Main: Insel-Verlag 1962
(Insel-Bücherei Nr. 737)
(Aus der Bibliothek Paul Celan)

Im biographischen Anhang wird Wührl als Übersetzer einer Auswahl von Gedichten von Umberto Saba ›Triest und eine Frau‹ sowie der späten Gedichte Ungarettis genannt. Doch diese Übersetzung ist nie erschienen. Vielleicht ist der Suhrkamp Verlag den Projekten anderer Verlage zuvorgekommen:

6 Giuseppe Ungaretti: Gedichte

Italienisch und deutsch. Übertragung und Nachwort von Ingeborg Bachmann
Frankfurt am Main: Suhrkamp Verlag 1961
(Bibliothek Suhrkamp Bd. 70)
(Aus der Bibliothek Paul Celan)
Mit einer handschriftlichen Widmung der Übersetzerin an Paul Celan:
»Für Paul – / Ingeborg / Sommer 1961«

245 Ingeborg Bachmann: Widmung (30. 6)

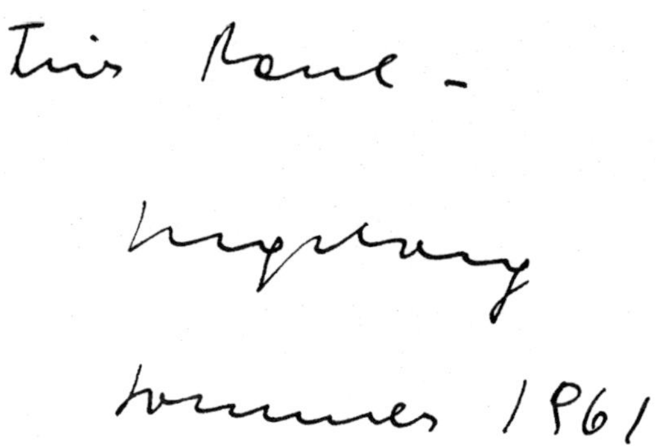
Für Paul –
Ingeborg
Sommer 1961

Ingeborg Bachmann (1926–1973) lebt seit 1953 als freie Schriftstellerin in Rom. Anfang der sechziger Jahre beginnt sie, frühe Gedichte Ungarettis zu übersetzen.

ITALIENISCHE GEDICHTE
DES XX. JAHRHUNDERTS

Ausgewählt und übertragen von Paul-Wolfgang Wührl
Erschienen im Insel-Verlag · 1962

Giuseppe Ungaretti

Gedichte

Italienisch und deutsch

Übertragung und Nachwort
von Ingeborg Bachmann

Suhrkamp Verlag

246/247 Titelblätter (30. 5 und 30. 6)

Denn in den frühen Gedichten sind alle die neuen Töne und Gesten da, die wir zuerst kennenlernen sollten, alle die neuen Möglichkeiten, die Ungaretti in seiner Sprache entdeckte. *(Nachwort, S. 154)*

Bachmann ist sich der Pionierarbeit ihrer Übersetzung bewußt: Sie stellt nicht nur eine beliebige Auswahl von Gedichten zusammen, sondern eröffnet die Reihe der Übertragungen mit dem für die Literatur der Moderne entscheidenden Gedichtzyklus ›L'Allegria‹ (1919). Für sie, die ebenso wie Celan von der Diskussion um die »Dunkelheit« und den »Hermetismus« in der Lyrik betroffen ist, steht das Außerordentliche von Ungarettis lyrischem Sprechen außer Frage. In ihrem Nachwort sagt sie:

Man sprach von einer »wiedereroberten lyrischen Primitivität«, von der Frische, der Unmittelbarkeit, der Grazie, der Begnadung Ungarettis. Neuerdings heißt es hingegen, er sei ein hermetischer Dichter – aber wer seine Gedichte liest, wird das kaum verstehen. *(S. 156)*

Die Wirkung seines Werks verbindet sich seither mit dem Namen der Übersetzerin. Sie erinnert sich:

Im Jahr 1961, nachdem ich die erste Auswahl der Gedichte von Ungaretti ins Deutsche übersetzt hatte, lernte ich den großen alten Mann kennen. Die Begegnung hatte ich die längste Zeit vermieden, nicht einmal zwei wunderbare Briefe von ihm beantwortet, weil ich fürchtete, mein fehlerhaftes Italienisch könne ihn erschrecken oder mißtrauisch machen. Allerdings hätte ich mir sagen müssen, daß niemand besser als Ungaretti verstehen würde, daß man in der eigenen Sprache zuhause sein muß, um ein Gedicht von einem Ufer ans andre ziehen zu können. Meine Furcht vor dem mostro sacro der italienischen Dichtung ist in einem der legendären Ungaretti-Gelächter vergangen: ich habe ihn nicht zuerst sprechen gehört, sondern lachen, lachen. *(Werke IV, S. 331)*

Aus heutiger Sicht könnte man annehmen, daß Ingeborg Bachmanns Eintreten für Ungaretti unmittelbare Folgen hatte. Jedenfalls kommt 1962 eine Übersetzung von Zeitungsberichten aus den dreißiger Jahren heraus, die Ungaretti in dem Band ›Il deserto e dopo‹ (1961) gesammelt hatte:

7 Giuseppe Ungaretti: Reisebilder

Deutsch von Silvia Hildesheimer
Frankfurt am Main: Suhrkamp Verlag 1962
(Bibliothek Suhrkamp Bd. 93)
Leihgabe: Reinhard Tgahrt

Für ein Verständnis der späten Gedichte sind diese Prosaskizzen von Ungaretti bedeutsam. Die autobiographische Perspektive erläutert etwa das von Celan übersetzte ›Rezitativ des Palinurus‹.
Ein Seitenblick sei noch gestattet, um das Vorhaben der Ungaretti-Ausgabe zu umreißen, das von den Verlagen Suhrkamp und Insel ins Auge gefaßt wird.

8 Giuseppe Ungaretti: Zur französischen Ausgabe seiner Gedichte

Aus dem Französischen übersetzt von Max Hölzer
In: Insel-Almanach auf das Jahr 1965. Frankfurt am Main: Insel-Verlag 1964, Seite 41–49
(Aus der Bibliothek Paul Celan)

Nachdem eine französische Werkauswahl erschienen war, übersetzt Max Hölzer deren Vorwort und wird vom Insel-Verlag für einen »Band ausgewählter Gedichte Ungarettis« (S. 129) vorgesehen. Diese Edition ist nicht zustande gekommen. Als Paul Celan 1965 in einem Gespräch mit Klaus Reichert Interesse an der Übersetzung der Gedichte äußert, greift die Lektorin Anneliese Botond den Faden auf:

Er sagte, es läge Ihnen an Ungaretti, er interessiere Sie. Seit über zwei Jahren haben wir die Rechte an seinen schönsten Gedichten: Terra promessa, Taccuino del vecchio und ein Teil aus Sentimento del tiempo [sic], und seit zwei Jahren suche ich, nach jedem missglückten Versuch widerstrebender, einen Übersetzer. Ich weiss längst, dass das ein aussichtsloses, also ein törichtes Unternehmen ist, denn man kann diese Gedichte nicht übersetzen, wie im allgemeinen übersetzt wird. Oder vielmehr, es könnte sie nur jemand übersetzen, der sie mit der notwendigen Freiheit und der notwendigen Strenge von innen wiederherstellt. [...] ich trage Ihnen diese Gedichte an. Widerstrebend gewiss nicht, zweifelnd allerdings, ob Sie sie annehmen werden. Die Voraussetzungen immerhin sind nicht ungünstig. Sie wissen, dass Ungaretti die französische Übersetzung seiner Gedichte nicht nur autorisiert, sondern auch überwacht hat, und ich bin sicher, dass Sie sich von hier aus auch in den italienischen Text einfinden würden. Was werden Sie mir antworten? *(An Paul Celan, 20. September 1965)*

Für die Antwort nimmt sich Celan zwei Jahre Zeit. Anneliese Botond reagiert begeistert:

Ein alter Wunsch ist mir damit erfüllt, Sie wissen es. Nachträglich bin ich froh, alle bisherigen Übersetzungsversuche – es waren viele – standhaft abgewiesen zu haben. Ich brauche Ihnen nicht zu sagen, wie gern ich diesen Band mit Ihnen machen werde. *(An Paul Celan, 20. Oktober 1967)*

248 Auf der gegenüberliegenden Seite: Das VIII. Gedicht aus Ungarettis ›Terra promessa‹ mit Celans erstem Übersetzungsversuch (30. 9)

Diesmal antwortet er postwendend:

Ich habe bereits angefangen, mich darin ein wenig zu orientieren: die ersten Hürden sind schon deutlich sichtbar. Nun, ich will's trotzdem versuchen – würden Sie bitte so liebenswürdig sein und mir für die Dauer der Übersetzung ein gutes italienisch-deutsches Wörterbuch und, wenn möglich, eine italienische Grammatik in deutscher Sprache zugänglich machen? Meinen Dank im voraus. *(An Anneliese Botond, 26. Oktober 1967)*

9 Giuseppe Ungaretti: La Terra Promessa

Vita d'un uomo. Poesie V. La Terra Promessa. Frammenti. Con l'apparato critico delle varianti e uno studio di Leone Piccioni. 2. Edizione
Milano: Arnoldo Mondadori Editore 1954
(Lo specchio. I poeti del nostro tempo)
Numerierte Auflage von 499 Exemplaren: No. 138
(Aus der Bibliothek Paul Celan)
Aufgeschlagen ist Seite 28/29: Coro VIII/IX

Celans Arbeitsweise läßt sich an den Handexemplaren der beiden Ungaretti-Zyklen gut zeigen. Die Übersetzungen werden, wo immer möglich, unter den gedruckten Text geschrieben und in eine, der endgültigen Textform nahekommende Gestalt gebracht. Einkreisungen bestimmter italienischer Wörter und Anstreichungen am Rand weisen auf Celan nicht unmittelbar zugängliche Vokabeln oder grammatikalische Konstruktionen hin. Für die Ungaretti-Übersetzung haben sich keine umfangreichen Vakabelnotizen erhalten. Dies ist um so erstaunlicher, da Celan des Italienischen nur begrenzt mächtig war. Es ist anzunehmen, daß problematische Stellen durch Grammatik und Wörterbuch oder unter Vergleichung der Wittkowskischen Übersetzungen aufgelöst wurden. Celan bleibt nahe an der Vorlage. Aber er versucht keine ›Wörtlichkeit‹ im oberflächlichen Sinne, sondern ist bemüht, eine den sprachlichen Strukturen des Originals nahestehende Form seines Sprechens zu finden. Später wird er von der Übersetzung sagen:

Ich habe mich vor allem darum bemüht, die Härten und Spannungen zu wahren, aus denen das Original lebt. Hoffentlich habe ich Ihre Erwartungen nicht enttäuscht. *(An Anneliese Botond, 7. Februar 1968)*

VIII

Viene dal mio al tuo viso il tuo segreto;
Replica il mio le care tue fattezze;
Nulla contengono di piú i nostri occhi
E, disperato, il nostro amore effimero
Eterno freme in vele d'un indugio.

~~Es kommt~~ Von meinem Gesicht zu ~~deine~~ deinem ~~gegangen~~
spricht ~~holt~~ ~~kommt~~ dein Geheimnis;
~~es sieht hold~~ das meine deine ~~geliebten Züge~~ ~~die geliebte~~,
Züge zurück, die geliebten ~~zurück~~,
~~nichts außer diesen~~ fassen unsere Augen,
außer dem
~~und unsere kurzlebige Liebe~~
~~es fassen~~ unsere Augen ~~das~~ eine, sonst nichts,
~~die flüchtige~~ Liebe
und unsere ~~Einhaltliebe~~ ~~kurzlebige~~ Liebe, die verzweifelte,
bebt in dem Segel Aufschub

Von meinem Gesicht zu deinem kommt dein
Geheimnis;
das meine spricht deine Züge nach, die
geliebten;

249 Auf der gegenüberliegenden Seite: Ungaretti: Widmung an Paul Celan (30.12)

10 Giuseppe Ungaretti: Das verheißene Land. Das Merkbuch des Alten

Deutsch von Paul Celan
Frankfurt am Main: Insel-Verlag 1968

11 Karl Krolow: Leuchtende Rätsel

Ungaretti in Celans Nachdichtung
Zeitungsausschnitt
Aus: Der Tagesspiegel (Berlin), Jg. 24, 1968, Nr. 51 (Nr. 7080), 22. Dezember, Seite 39

1968 erscheint Paul Celans Übersetzung der beiden Gedichtzyklen Giuseppe Ungarettis. Sie ist – neben der Auswahl Ingeborg Bachmanns – sicherlich die bekannteste Ausgabe der Gedichte des Italieners und schließt die Bemühungen des Suhrkamp Verlags um eine deutsche Auswahl seiner Werke ab. In der Kritik heißt es später:

Paul Celans Aufgabe war schwierig. Ein Gedicht wie das ›Lied, den Gemütszustand des Dichters beschreibend‹ in eine andere Sprache zu überführen, ist wahrscheinlich nur möglich, wenn man über einen so ungemein großen Vorrat an sensibelster Intelligenz erkennenden Einfühlungsvermögens – kraft der außerordentlichen Fähigkeiten eigener Poesie – verfügt, wie das bei Celan der Fall ist. Der bloß tüchtige Übersetzer von Lyrik scheitert hier, denn er kann nichts Adäquates an dichterisch zutreffender Sprache aufbieten.

12 Giuseppe Ungaretti: Il taccuino del vecchio

Con testimonianze di amici stranieri del poeta. Raccolte a cura di Leone Piccioni e uno scritto introduttivo di Jean Paulhan. 2. Edizione
Milano: Arnoldo Mondadori Editore 1960
Limitierte Auflage von 1000 nicht numerierten, 150 von 1 bis 150 numerierten und 20 von I bis XX numerierten Exemplaren: No. 110
(Aus der Bibliothek Paul Celan)
Mit einer handschriftlichen Widmung Giuseppe Ungarettis: »Caro Celan, / questo libro che non chiude ancora una / lunga carriera, che ha avuto la / fortuna di aver la Sua magistrale / interpretazione, che è tra le più alte / e la più lusinghiera che potessi / sperare. / Giuseppe Ungaretti / Parigi, à 27/2/1969«

GIUSEPPE UNGARETTI

IL TACCUINO DEL VECCHIO

CON TESTIMONIANZE DI AMICI STRANIERI DEL POETA
raccolte a cura di
LEONE PICCIONI

e uno scritto introduttivo di
JEAN PAULHAN

Caro Lelan,
questo libro che non chiude ancora una
lunga carriera, che ha avuto la
fortuna di avere la Sua magistrale
interpretazione, che è fra le più alte
e la più lusinghiera che potessi
sperare –
Giuseppe Ungaretti

Parigi, il 27/2/1969

ARNOLDO MONDADORI EDITORE

(Lieber Celan, dieses Buch, das noch keine sehr lange Karriere hinter sich hat, hatte das Glück Ihrer überragenden Interpretation, die eine der größten und die ehrenvollste ist, auf die ich hoffen konnte. Giuseppe Ungaretti. Paris, am 27. Februar 1969)

Ungaretti ist sich des Glücks bewußt, das er mit seinen Übersetzern hat. Im Mai 1969 schreibt er an Leone Piccioni:

Ho avuto fortuna con le traduzioni.
La Backmann [sic] e Celan, cioè i due migliori poeti tedeschi, Jaccottet, un ottimo poeta, è un Traduttore perfetto, ecc. ecc. ecc. *(Leone Piccioni: Ungaretti e il fascismo. In: Alexandra Zingone, Hrsg.: Giuseppe Ungaretti. 1888–1970. Napoli: Edizioni Scientifiche Italiane 1995, S. 167f.)*

Ich hatte Glück mit den Übersetzungen. Die Bachmann und Celan, also die beiden hervorragendsten deutschen Dichter, Jaccottet, ein sehr guter Dichter und ein perfekter Übersetzer, etc. etc. etc.

Als Ungaretti 1969 Paris besucht, widmet er Celan dessen Handexemplare mit den handschriftlichen Übersetzungen der Zyklen ›La Terra Promessa‹ und ›Il Taccuino del vecchio‹.

31 David Rokeah – Korrekturen

Das briefliche, gelegentlich auch persönliche Gespräch zwischen Paul Celan und dem nur wenig älteren hebräischen Dichter ging – angeregt durch die Lektüre von ›Mohn und Gedächtnis‹ und ›Von Schwelle zu Schwelle‹ – von David Rokeah (1916–1985) aus.

1 David Rokeah

Photographie
Leihgabe: Carl Hanser Verlag

Sehr groß scheint Celans Interesse an der Lyrik Rokeahs nicht gewesen zu sein. Einen ersten Brief des Dichters 1955 läßt er unbeantwortet. Der nie sehr intensive und von großen Pausen unterbrochene Briefwechsel beschränkt sich auf die kaum drei Jahre zwischen Mai 1958 und Februar 1961. Anfang 1970 wird er, wohl nach einer neuerlichen Begegnung im Oktober 1969 in Israel, noch einmal aufgenommen. Ein Gedicht Rokeahs mit dem Titel ›Paul Celan‹ spielt auf dieses Treffen an. (David Rokeah: Nicht Tag nicht Nacht. Übersetzt von Erich Fried. Frankfurt am Main: S. Fischer 1986, S. 23)

Möglicherweise hat Rokeah, als er sich 1958 – zum zweiten Mal – an Celan wendet, bereits eine erste Buchveröffentlichung seiner Gedichte in Deutschland im Sinn. Neben einigen persönlichen Freunden sucht er dafür eine ganze Reihe bekannter deutschsprachiger Autoren als Übersetzer zu gewinnen. Außer Paul Celan sind das zunächst Hans Magnus Enzensberger, Erich Fried, Friedrich Dürrenmatt und Nelly Sachs. Da er bei keinem von ihnen Hebräisch-Kenntnisse voraussetzt, legt er ihnen neben dem hebräischen Text jeweils Rohübersetzungen und hebräisch-deutsche Wortlisten vor. Er erwartet also im Grunde keine Übersetzung, sondern lediglich eine poetische Gestaltung des vorgefertigten Rohlings. Da in Celans Nachlaß auch eine ganze Reihe solcher »Rohlinge« von Gedichten erhalten sind, deren Übertragungen nicht unter seinem Namen erscheinen, kann wohl davon ausgegangen werden, daß die angesprochenen Autoren jeweils eine kleine Auswahl von Gedichten in dieser Form

bekamen und sich dann für das eine oder andere entschieden. Um eine persönliche Wahl handelt es sich also nur in diesem ganz begrenzten Rahmen – welche Gedichte überhaupt für eine Übersetzung zur Verfügung standen, entschied Rokeah. 250 Auf der gegenüberliegenden Seite: David Rokeah (31.1)

Die deutschen Leser – und auch Celan selbst! – erhalten 1961 zum erstenmal offiziell Kenntnis von der geplanten Auswahlausgabe.

2 Merkur

Deutsche Zeitschrift für europäisches Denken
Herausgeber: Joachim Moras (†) und Hans Paeschke
Stuttgart: Deutsche Verlagsanstalt. Jg. 15, 1961, Heft 165
(Heft 11, November)
(Aus der Bibliothek Paul Celan)
Mit handschriftlichen Anstreichungen von Paul Celan
Aufgeschlagen ist Seite 1100

Im Novemberheft des ›Merkur‹ werden vier Rokeah-Übertragungen von Erich Fried und Friedrich Dürrenmatt veröffentlicht (S. 1024f.); eine Notiz auf der letzten Seite des Heftes lautet:

Eine deutsche Ausgabe bereitet Hans Magnus Enzensberger für den Suhrkamp-Verlag vor. Zu den Übersetzern werden gehören: Friedrich Dürrenmatt, Ingeborg Bachmann, H. M. Enzensberger, Erich Fried, Sibylle Hinzinger *[richtig: Hunzinger, wie Celan handschriftlich korrigiert]*, Bukofzer, Nelly Sachs, Paul Celan u.a. Fast alle Übersetzungen kamen, mangels Kenntnis der hebräischen Sprache, im engsten Kontakt mit dem Autor zustande, der von Fall zu Fall mit Interpretationen der Etymologie und Grammatik der hebräischen Wörter in englischer oder deutscher Sprache behilflich war. *(S. 1100)*

Celan empfindet den Hinweis auf die angeblich mangelnde »Kenntnis der hebräischen Sprache«, der zudem gerade neben seinem Namen zu stehen kommt, als ungerecht. »Ich darf auch kein Hebräisch gelernt haben«, schreibt er am 26. Januar 1962 an einen nicht identifizierten Bekannten. Er bemüht sich darum, daß eine ähnliche Bemerkung im Buch unterbleibt – erfolglos, denn Hans Magnus Enzensberger schreibt dann im Nachwort für die Buchausgabe:

251 Auf der gegenüberliegenden Seite: Hebräische Wörterliste (31.3)

Die deutschen Versionen, die von seinen Gedichten vorgelegt werden, bedürfen einer Rechtfertigung. Für sie zeichnen nicht allein die Übersetzer verantwortlich, die in den meisten Fällen des Hebräischen nicht mächtig sind, sondern auch der Autor selbst. *(Poesie, S. 113f.)*

Noch in der Ausgabe der ›Gesammelten Werke‹ Celans kann man lesen:

Alle Gedichte wurden unter Mitwirkung des Autors übertragen. *(GW V, S. 628)*

Sicher ist Celans erhöhte Empfindlichkeit für derartige »Unterstellungen« im Zusammenhang mit der Goll-Affäre zu verstehen. Zudem ist sein Einwand sachlich durchaus begründet. Wir wissen von Celans frühem Interesse an hebräischer Dichtung durch die wohl bereits in Czernowitz entstandenen zwei Übersetzungen des mittelalterlichen jüdischen Dichters und Religionsphilosophen Jehuda Halevi. Auch die Vorarbeiten zu den Rokeah-Übertragungen zeigen anschaulich, daß es sich um hebräische Übersetzungen im eigentlichen Sinn des Wortes handelt: Übersetzungen eines Czernowitzer Juden, der sich in immerhin drei Jahren hebräischsprachiger Grundschule ausreichende Sprachkenntnisse erworben hat, um Rokeahs Materialien nutzen zu können.

3 David Rokeah: Fels, Welle, Gesang ...

Hebräisch-deutsche Wörterliste zu dem Gedicht ›שצה-על‹ / ›Stunde des Taus‹. Manuskript mit handschriftlichen Notizen von Paul Celan, 1 Blatt

Celan verwendet – wie er es immer tut, wenn er in Briefen etwa hebräisch oder jiddisch unterschreibt oder wenn er hebräische Zitate notiert – die hebräische Schreibschrift Raschi, die deutlich von der Druckschrift abweicht. Rokeahs Vokabellisten gleichen einem Wörterbuch der Grundstufe. Vereinzelt werden auch Wortbestandteile herausgegriffen und erklärt. Manchmal hat man, wie in diesem Fall, allerdings den Eindruck, daß ein anderer hebräischer Text zugrundelag als der dann mit der deutschen Übersetzung veröffentlichte. Neben den Bedeutungen »Gesang« bzw. »singen« für die Ableitung רין der Wurzel רנן – die im späteren Text genauso wenig vorkommt wie die Entsprechungen für »Blume« und »blühen« – notiert Celan mit הדד! (Hurra!) und

Fels = סלע

Welle = גל

Gesang s.
singen v. = שיר

Blume = פרח

blühen = פרח

Kasten = [illegible]

Spiel = [illegible]

Kälte = [illegible]

sind kalt, kälter = [illegible]

Blut = דם

Flamme, Brand
Glut = [illegible]

ADJECTIVE? = ? [illegible]

Chamsin = חמסין

rein, klar, lauter = [illegible]

sind krank = [illegible]

sind uns besessen
" an " krank = [illegible]

Nüchternheit = [illegible]

Religion? Wissen, Erkennen = דעת

TAU = טל

252 Auf der gegenüberliegenden Seite: David Rokeah: Zwischen Frühling und Sommer, mit Notizen von Celan (31.4)

מחרונן (er jubelt), das die Wurzel חן enthält, lexikalische Varianten. Die Erläuterung des hebräischen Wortes נגינה durch »Spiel« wird fragend ergänzt durch das verwandte נגון, »Melodie«; Celan möchte also wohl wissen, ob dieses »Spiel« im Sinne von »Musik machen« gemeint ist. Das von Rokeah nicht weiter kommentierte חמסין, der Name eines trockenen heißen Wüstenwindes, transkribiert Celan »Chamsin«. Im Zusammenhang mit dem hebräischen Wort für »Wissen, Erkennen«, דצח, interessiert ihn, ob es auch »Religion« heißen kann. Seine Fragen hat er wohl selbst mit Hilfe eines in einer Bibliothek oder anderswo eingesehenen Lexikons formuliert bzw. geklärt. Ein hebräisch-deutsches Wörterbuch ist in seiner Nachlaßbibliothek nicht erhalten.
In den Band ›Poesie‹ wird nicht Celans, sondern Frieds Übersetzung von ›Stunde des Taus‹ aufgenommen. Außer dem vorliegenden Zeugnis sind im Nachlaß Celan keine weiteren Spuren einer Übertragung dieses Gedichtes vorhanden.

4 David Rokeah: בין אביב לקיץ

›Zwischen Frühling und Sommer‹
Zeitungsausschnitt (ohne Herkunftsangabe)
Aufgeklebt auf einem Blatt mit handschriftlichen Randnotizen von Paul Celan
Beilage des Briefs von David Rokeah an Paul Celan, 12. August 1959

Den Zeitungsausschnitt mit dem wohl ersten Abdruck des Gedichts legt Rokeah seinem Brief an Celan vom 12. August 1959 bei. Der Brief enthält außerdem eine Rohübersetzung von ›Zwischen Frühling und Sommer‹ sowie Worterklärungen. Neben einigen präzisen lexikalischen und grammatikalischen Fragen zur zweiten Strophe notiert Celan, der unmittelbar vom hebräischen Text ausgeht, am linken Rand des Blattes ein Wort der dritten Strophe: Mit der noch fragend festgehaltenen Übersetzung »Eiche?« meint er das hebräische אל, das »Pistazienbaum«, aber auch »Göttin« heißen kann. Offensichtlich sucht er einen Baumnamen, der im Deutschen ebenfalls mythologische Assoziationen weckt.

Rokeah ist mit Celans Übertragung zufrieden:

דוד רוקח

בין אביב לקיץ

יונתי
בחגוי־הכף.
הסכרים החדשים
מלאו מים.
החול העתיק
ממשיך נ'ו
אל עיניך.

תני לחמה לשקע
בין פארות דליוקות
כשביבים.
לדממה לתת את פונה־העצב
של דקלים אבדו צלם
בין אביב לקיץ.

הקיץ ישטף. באחרים
חרושי־תולדות
האבנים תוספנה משקל.
העכביש ישזר קוריו
בין אלה לאלה.
הנרי החרב יצר
פעם לכתך לארץ תושים
מד גבולות־ים
עד יאחז צלך בצלם.
זה שירך שהלך
אסף פורי־גליו
מנשף.

5 David Rokeah an Paul Celan

Zürich, 24. September 1959. Brief, 2 Blatt

Deine Übertragung machte mir wahre Freude. Ja, das ist schwierig die Vie[?]dimensioniertheit des Hebräischen wiederzugeben. Ich las und las – und eingesehen wie Du gerade durch diese Umgruppierung & Einsetzung von Hilfsworten dem Original sehr nahe kamst.

Bei einer Stelle macht er ihn allerdings auf eine semantische Nuance im hebräischen Text aufmerksam. Er bezieht sich dabei auf die Bedeutung von »האבנים« im dritten Vers der dritten Strophe, das er mit »›in den Städten‹ oder ›in den Garten‹« übersetzt, und fragt

ob ein Identifizierungs-Wort wie WO DIE GESCHICHTE oder DEN STEINEN DORT nicht angebracht wäre.

Celan nimmt Rokeahs Anregung auf und verändert seinen Text. Aus »den Steinen / wächst ein Gewicht zu« wird nun »den Steinen dort / wächst ein Gewicht zu«. Eine solche deiktische Nuance entspricht durchaus Tendenzen in Celans Art zu übersetzen. Zum ersten Mal erscheint die Übersetzung am 17. Oktober 1959 in der Literaturbeilage der ›Neuen Zürcher Zeitung‹ – wahrscheinlich auf Betreiben Rokeahs selbst, der Celan im gleichen Brief schrieb: »Heute morgen traf Dr. Weber von der N. Z. Z. & zeigte ihm Deine Übertragung.«

6 David Rokeah: Zwischen Frühling und Sommer

Aus dem Hebräischen von Paul Celan
Ausschnitt aus: Neue Zürcher Zeitung (Fernausgabe), Nr. 285, 17. Oktober 1959, Blatt 11. Mit Anstreichung

So heißt nun die dritte Strophe:

Der Sommer hat Dauer. Die
  Geschichte, die Pflugschar
ging durch die Städte, den Steinen dort
  wächst ein Gewicht zu.
  Von Eiche zu Eiche
webt die Spinne den Faden.

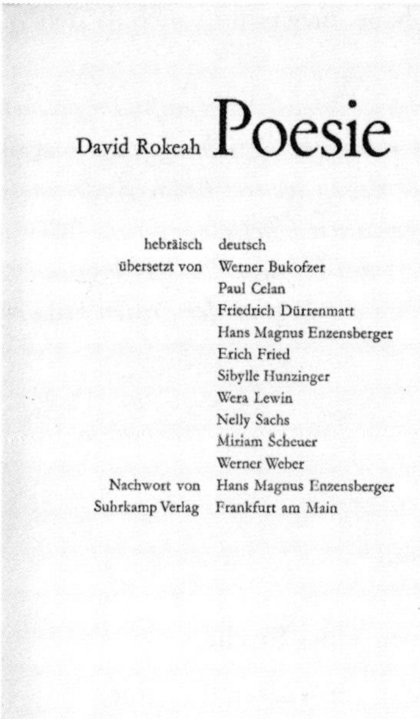
David Rokeah Poesie

hebräisch deutsch
übersetzt von Werner Bukofzer
Paul Celan
Friedrich Dürrenmatt
Hans Magnus Enzensberger
Erich Fried
Sibylle Hunzinger
Wera Lewin
Nelly Sachs
Miriam Scheuer
Werner Weber
Nachwort von Hans Magnus Enzensberger
Suhrkamp Verlag Frankfurt am Main

David Rokeah Poesie

Texte in zwei Sprachen
Herausgegeben von Hans Magnus Enzensberger
Suhrkamp Verlag Frankfurt am Main

253/254
Schutzumschlag und Titelblatt (31.7)

Das Gedicht wird in dieser Form in ›Poesie‹ (S. 70–73) übernommen.

7 David Rokeah: Poesie

Hebräisch-deutsch. Übersetzt von Werner Bukofzer, Paul Celan, Friedrich Dürrenmatt, Hans Magnus Enzensberger, Erich Fried, Sibylle Hunzinger, Wera Lewin, Nelly Sachs, Miriam Scheuer, Werner Weber. Nachwort von Hans Magnus Enzensberger
Frankfurt am Main: Suhrkamp Verlag 1962
(Aus der Bibliothek Paul Celan)

Weder der Autor Rokeah noch der Herausgeber Hans Magnus Enzensberger hatten Paul Celan vorher über das Erscheinen dieses Buches verständigt und darüber, daß darin seine Übersetzung veröffentlicht werden sollte. Erst am 22. Februar bittet ihn Walter Boehlich, der Cheflektor des Suhrkamp Verlages, um seine Einwilligung zum Druck. Der Ton seiner Zustimmung ist alles andere als herzlich:

Da ich jedoch dieses Gedicht übersetzt habe, mag es nun auch da stehen.
(An Walter Boehlich, 26. Februar 1962)

Schon vor dieser gewissermaßen stillschweigend vereinbarten Aufnahme seiner Übersetzung in den Auswahlband hatte Celan seine Beziehungen zu Rokeah abgebrochen. Der Grund waren vielleicht dessen weitreichende Änderungswünsche an der im Frühjahr 1960 fertiggestellten Übersetzung von ›חשון‹ / ›Der Monat Cheschwan‹, die Rokeah nicht am hebräischen Text begründet. Anfang und Schluß von Celans zweiter und der Beginn der dritten Strophe gefallen ihm nicht:

> Die stechenden Zäune in
> diesem Liebes-November.
> Der Apfel, gestohlen, der
> wie ein Apfel schmeckt und
> anders.
> Das gehäufte Stroh auf niemandes Brache.
>
> Disteln kommen gewirbelt – sie wecken dir deine
> Sinne.
>
> *(GW V, S. 609)*

Der Ton von Rokeahs Brief vom 1. Mai 1960 ist eher fordernd als vorsichtig:

das gedicht ›cheschwan‹, von dem du mir eine abschrift gabst – soll dem original noch etwas naeher kommen. die 2=te stanza soll ungefaer lauten:
  die stacheln der zaeune in diesem liebesnovember
dann die schliessende linie:
  strohlager im herrenlosen stoppelfeld.
weiter dann:
  im distelsturm schaerfen sich deine sinne.

Damit wiederholt er Formulierungen der Celan schon vorliegenden Rohübertragung. Am 2. Januar 1960 hatte Rokeah Celan bereits auf einen – allerdings relevanten – Schreibfehler darin in Vers 5 aufmerksam gemacht: Statt »Lagerstaedte« müsse es heißen »Lagerstätte«.

8 David Rokeah: Cheschvan (November)

Rohübersetzung von David Rokeah. Typoskript (Durchschlag) mit handschriftlichen Ergänzungen, 1 Blatt

CHESCHVAN (NOVEMBER)
Reisig wirst buendeln (anhaufen)
und gedenken deiner wunden.
das stechen der Zaeune im November der Liebe.
festlichen Geschmack des gestohlenen Apfels.
stroh=Lagerstaedte im herrlosen Brachfeld.

der Duestelsturm schaerft deine Sinne. (macht wachsam)
Verspaeteter Regen.
Reisig wirst buendeln (aufsammeln)
und gedenken deiner Wunden.

Die Rohübersetzung weist keinerlei Benutzungsspuren auf. Auch hier verwendet Celan vielmehr den hebräischen Ausgangstext:

9 David Rokeah: חשון Der Monat Cheschwan

Hebräisches Typoskript, 1 Blatt
Mit handschriftlicher Datierung durch David Rokeah: »1959« und handschriftlicher Übersetzung von Paul Celan

Celan reagiert nicht auf die Korrekturwünsche. Seine Fassung erscheint, genau dem Wortlaut des gezeigten Manuskriptes entsprechend, postum 1980 in der Zeitschrift ›Akzente‹. (Jg. 27, 1980, H. 1, S. 57) Bei dieser Übertragung hat er eine »Mitwirkung des Autors« also ausdrücklich abgelehnt.

32 »Dienst an der gemeinsamen Sache« – Paul Celan und Kurt Leonhard übersetzen Michaux

Ende der fünfziger Jahre beginnt die französische Literatur in zweisprachigen Werkausgaben die deutsche Verlagswelt zu erobern: Bei Luchterhand war ein deutsch-französischer Saint-John Perse (1957) und ein Paul Eluard (1963) erschienen. Der in seinem Programm amerika-orientierte S. Fischer Verlag bringt jetzt zweisprachige Editionen von René Char (1959), Francis Ponge (1965/1968), Antonin Artaud (1969) und Henri Michaux.
*Die Werkausgabe von Henri Michaux (1899–1984) sollte drei Bände mit 1.500 Seiten umfassen und Dichtungen von ›Qui je fus‹ (1927) bis ›Connaissances par les gouffres‹ (1961) einschließen. Um einen einheitlichen Ton der Übersetzungen zu ermöglichen, werden nur wenige Mitarbeiter beteiligt: Kurt Leonhard (*1910), der als Lektor des Esslinger Bechtle-Verlages bereits in den fünfziger Jahren Michaux übersetzt hatte, und Paul Celan als Übersetzer und verantwortlicher Herausgeber. Jean-Pierre Wilhelm ist der Dritte im Bunde; er tritt am 23. Mai 1964 aus gesundheitlichen Gründen zurück.*

1 Henri Michaux

Photographie von Karl Flinker, 1959
Leihgabe: Pierre Brullé

Der S. Fischer-Lektor Christoph Schwerin, der schon den zweisprachigen Char mit Jean-Pierre Wilhelm herausgegeben hatte, trifft gemeinsam mit Henri Michaux die Auswahl der Texte. Der erste Band kommt 1966 heraus, der zweite erst ein Jahr nach Paul Celans Tod, 1971. Der dritte Band ist nie erschienen. Obwohl die Ausgabe unvollständig bleibt, ist Michaux offensichtlich mit dem Ergebnis zufrieden:

255 Auf der gegenüberliegenden Seite: Henri Michaux. Photographie von Karl Flinker, 1959 (32.1)

Michaux […] hat anderen »Werkausgaben« seiner Texte, auch in Frankreich, nicht zugestimmt (mit Ausnahme einer von ihm selbst bestimmten Auswahl für Italien, die erst nach seinem Tode erschienen ist), so daß er

257 Auf der gegenüberliegenden Seite: Henri Michaux: Übersetzungslisten, erste Seite (32. 3)

Besuchern gern erzählte, er greife stets zur S. Fischer-Ausgabe, wenn er selbst einen Text suche. *(Christoph Schwerin: Editorische Hinweise. In: Henri Michaux: In der Gesellschaft der Ungeheuer. Ausgewählte Dichtungen. Französisch und deutsch. Mit einem Aufsatz von E. M. Cioran. Übertragen von Paul Celan und Kurt Leonhard, zusammengestellt von Christoph Schwerin. Frankfurt am Main: S. Fischer 1986, S. 243)*

Mit Kurt Leonhard als zweitem Übersetzer ist Celan sehr einverstanden:

Sie wissen, was mir die Schriften Henri Michaux's bedeuten (und wie lange schon) – lassen Sie mich Ihnen also vorerst, nicht ohne einige Emphase, sagen, wie sehr ich mich freue, Ihnen hier – denn dieses »Ailleurs« ist ja, realiter, ein Hier – wiederzubegegnen. [...] Henri Michaux ist – was Sie ja nicht überraschen kann – u. a. auch durchaus einverstanden, dass die deutsche Buchausgabe nicht zu einem Florilegium von allerlei Übersetzer-Künsten (und -Velleitäten) wird. – Als Erscheinungstermin für den ersten Band [...] ist das Frühjahr 1964 vorgesehen. Damit haben nun auch Sie Spielraum – für dieses so ernste »Spiel« –, ich hoffe, nein ich weiss, dass ich mit Ihrer Beteiligung an dieser Arbeit – die mir wie selten eine am Herzen liegt – rechenen [sic] darf. Mittlerweile habe ich mich auch mit dem ersten Fragment von ›chez les Hacs‹ beschäftigt – erlauben Sie mir, erst Ende dieser Woche – ich habe erst seit kurzem »schulfrei« – darauf zurückzukommen. *(An Kurt Leonhard, 2. Juli 1962)*

2 Mappendeckel

von Paul Celan mit »Henri Michaux« beschriftet

256 Vom Mappendeckel (32. 2)

3 Henri Michaux. I. Band

Liste der für die Werkauswahl des S. Fischer Verlags zu übersetzenden Texte.
Typoskript mit handschriftlichen Notizen und Anstreichungen von Paul Celan, 6 Blatt
Ausgestellt ist die erste Seite

Henri Michaux

I. Band

(Die angegebenen deutschen Übersetzungen von Kurt Leonhard finden sich in den Bänden 'Dichtungen', Bechtle Verlag, Esslingen 1954; und 'Plume und andere Prosa', Limes Verlag, Wiesbaden 1960. Die in der Übersetzung von Elisabeth Walther im Bechtle Verlag (o.J.) erschienene Ausgabe 'Passagen' ist unbrauchbar. Die Auszüge aus diesem Buch, die in Bd. II unserer Ausgabe erscheinen, müssen neu übersetzt werden. 'L'infini turbulent' (Bd. III unserer Ausgabe) erschien unter dem Titel 'Turbulenz im Unendlichen' in der Übersetzung von Kurt Leonhard 1961 im Suhrkamp Verlag, Frankfurt).

1.) QUI JE FUS (1927) En partie:

EdD S. 11

P.C. / + Enigmes ... ... p. 19

/ + Révélations sur l'homme qui s'est jeté du siozante deuzième étage de Kreekastel à Broadway et qui s'appelait Benson... ... p. 25

+ Évasion... ... p. 26

+ Les chutes... ... p. 28

+ Comme je mourrai... ... p. 28

+ L'étoile en bois... ... p. 32

Fatigue I, II ... ...pp. 33/34

+ Homme d'os... ... p. 35

+ Tels des conseils d'hygiène à l'ame... ... p. 36

+ Adieu à une ville et à une femme... ... p. 52

+ L'époque des illuminés... ... p. 55 EdD S. 18

X / — ~~Glu et Gli...~~ ... p. 60 EdD S. 14 übersetzbar?

/ — Bénédicition! ... ... p. 69 — " " ?

— Haine ... ... p. 70

KL / — Le grand combat ... (K. Leonhard Dichtungen, S. 42/43) ... p. 74 EdD S. 66

an S. Fischer: 3. VIII. 65

frei 56 Seiten [KL]

2.) ECUADOR (1929)

/ — Arrivée à Quito... ... p. 33 Ec

/ — La Cordillera de Los Andes... ... p. 34

/ — Mirage d'une ville indienne... ... p. 36

/ — La crise de la dimènsion (en partie: supprimer à partir de 'mardi en février' le texte de la page 39 à la page 43 incl.) ...pp. 36-39

/ Arrivée à la ferme du Guadalupe... ...pp. 45-57

/ Sérénade à l'Américaine... ...pp. 72-73

/ — Nausée ou C'est la mort qui vient?... ... p. 101

mit KL durchgesehen April 65

Die im Nachlaß überlieferten Papiere geben eine Vorstellung vom Umfang der herausgeberischen und übersetzerischen Arbeit, der Aufteilung der Werkkomplexe zwischen Leonhard und Celan, der Revision vorhandener Übersetzungen, der Rechtsfragen etc.

Ende des Jahres 1964, als der Band eigentlich schon fertig sein sollte, stecken die beiden Übersetzer noch mitten in der Arbeit. Celan geht es »nicht besonders«, er hat »allerlei Ärger« und ist mit seiner Arbeit »sehr ins Hintertreffen geraten«, gesteht er Leonhard. Gallimard, der französische Verleger von Michaux, mahnt S. Fischer zur Einhaltung der Lizenzfrist. Aus diesem Grund bittet Celan den Lektor Petru Dumitriu, ihn von der Herausgeberschaft zu entbinden und die noch unübersetzten Teile Leonhard anzutragen. Dieser Vorschlag löst entschiedenen Widerspruch aus:

Gestatten Sie mir, Ihnen zu sagen, daß das ein so großer Verlust für unsere Michaux-Ausgabe wäre, daß sie überhaupt nicht mehr denselben Sinn und denselben Wert für uns hätte und haben könnte. Ihre dichterische Statur paßt zu derjenigen Henri Michaux'. Es gibt keine Ihnen vergleichbare Gestalt in der deutschen Lyrik heute, und keiner könnte durch seine bloße Präsenz so wie Sie Michaux in Deutschland einführen. Aber hier kommt etwas, worüber sich weder Ihre Skrupel noch Ihre Bescheidenheit hinwegsetzen können: Sie sind der Herausgeber, insofern, als Sie die Auswahl der Texte getroffen haben, als diese Auswahl von Ihnen unter persönlicher Anteilnahme von Henri Michaux geschah. Diese Michaux-Ausgabe ist Ihr Werk, und es wäre nicht nur ungerecht, es wäre unkorrekt von uns, wenn wir das nicht auch öffentlich würdigten. Erlauben Sie mir also in aller Liebe und Verehrung für Sie, darauf zu bestehen, daß Sie als Herausgeber fungieren und zwar für die gesamten drei Bände. […] Herrn Leonhard werde ich Ihren Wunsch mitteilen, daß er als Herausgeber figuriert. Zugleich aber auch unsere ganz entschiedene Stellungnahme dazu. Er schätzt Sie zu hoch, um Ihren Vorschlag annehmen zu können.
(Petru Dumitriu an Paul Celan, 18. Dezember 1964)

Die Reaktion des Verlags und ein Gespräch mit Henri Michaux stimmen Celan um. 1966 schließlich, nach seinem Verlagswechsel zu Suhrkamp, erscheint endlich der erste Band der zweisprachigen Michaux-Werkausgabe.

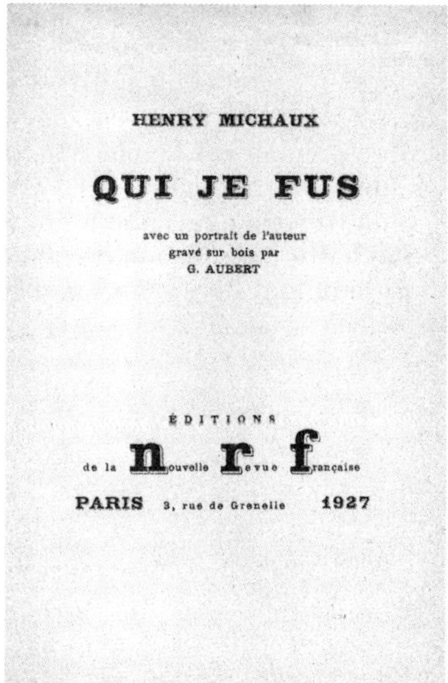

4 Henri Michaux: Dichtungen, Schriften I

258/259 Schutzumschlag / Broschur (32.4 und 32.5)

Aufgrund der von Henri Michaux unter Mitwirkung von Christoph Schwerin getroffenen Auswahl in Übertragungen von Kurt Leonhard und eigenen Übertragungen herausgegeben von Paul Celan
Frankfurt am Main: S. Fischer Verlag 1966
(Aus der Bibliothek Paul Celan)

5 Henry Michaux: Qui je fus

Avec un portrait de l'auteur gravé sur bois par G. Aubert
Paris: Éditions de la nouvelle revue française 1927
(Aus der Bibliothek Paul Celan)
Aufgeschlagen ist Seite 24 mit einer handschriftlichen Notiz von Paul Celan

Das Übersetzen ist eine Herausforderung, der sich Celan gerne stellte. Das zeigt sich hier an dem ersten Gedicht des Zyklus ›Qui je fus‹, das treffenderweise den Titel ›Enigmes‹ / ›Rätsel‹ trägt. Genauso wie bei der Übersetzung der ›Jungen Parze‹ gelingt Celan die Übersetzung einer Stelle, die er selbst zu-

260 Der Kommentar des Übersetzers (32. 5)

nächst für unübersetzbar hält. Er notiert in seinem Handexemplar: »~~unübersetzbar~~ übersetzt!«.

Mon premier est touché à mort
Mon deuxième se brosse en attendant
Mon troisième ramasse les noyaux
Est battu par mon quatrième
Et mon tout dit : « C'est moi le bon juge. »

6 Kurt Leonhard an Paul Celan

Postkarte mit einem Motiv von Willi Baumeister (›Fantom‹, 1953)

1955 / Wünschend, / daß umstehende schwarze Kulisse / von einem möglichst farbenfrohen / Ensemble zur Seite geschoben werde / K. L.

Diese Postkarte ist das erste Zeugnis der Begegnung zwischen Kurt Leonhard und Paul Celan, die vermutlich von Anfang an im Zeichen des Übersetzens steht. »[E]s ist Ihre schöne Valéry-Übersetzung im jüngsten Insel-Almanach, die mich an Sie […] denken läßt« – so beginnt ein Brief an Leonhard im Jahr 1961. Auch von Leonhards Seite ist das Verhältnis der beiden stark von der gemeinsamen Übersetzertätigkeit geprägt: »Paul Celan / aufrichtig verbunden / im Dienst / an der gemeinsamen Sache / K. L. / Paris, 7. 5. 63« lautet eine Widmung. Diese Zusammenarbeit ist bis zum Schluß und trotz aller Verzögerung von gegenseitiger Hochachtung, von Austausch und Kooperation geprägt.

Ich ermesse erst jetzt, wie schwer es ist, Michaux zu übersetzen, und heute, nachdem ich die Lektüre Ihrer Übertragung von ›Au Pays de la

Magie‹ beendet habe, bin ich doppelt froh darüber, dass Sie auch den ursprünglich Jean-Pierre Wilhelm zugedachten Teil übernommen haben. *(An Kurt Leonhard, 28. Dezember 1964)*

Celan bekommt als verantwortlicher Herausgeber die fertigen Übersetzungen von Leonhard zugeschickt und überarbeitet sie. Die z. T. starken Abweichungen nimmt er aber nicht auf, ohne sie vorher noch einmal mit Leonhard besprochen zu haben:

Es schien mir einfacher, die Änderungsvorschläge, die ich Ihnen unterbreiten möchte, in den Text selbst aufzunehmen – bitte erblicken Sie darin nichts anderes als Vorschläge und Anregungen. *(An Kurt Leonhard, 16. Juli 1962)*

In dem Henri Michaux gewidmeten Band der ›Cahiers de L'Herne‹ (Band 8, 1966) berichtet Kurt Leonhard über die Zusammenarbeit mit Celan:

Cependant, pour la grande édition bilingue de chez S. Fischer, je me suis senti obligé de faire plusieurs concessions au sens littéral, en partie sur la demande de mon ami Paul Celan qui avait dirigé l'édition du premier volume. Ainsi ai-je scrupuleusement, avec l'inappréciable stimulation de Celan, remis en chantier des morceaux que j'avais déjà publiés dans des éditions antérieures. Des passages entiers sont nés de ce travail commun et j'ose espérer qu'ils sont mieux réussis qu'ils ne l'auraient été par chacun de nous s'il avait travaillé seul.

Jedoch habe ich mich anläßlich der großen zweisprachigen Ausgabe bei S. Fischer verpflichtet gefühlt, manche Zugeständnisse an den genauen Wortsinn zu machen, teilweise auf Celans Forderung hin, der die Herausgabe des ersten Bandes geleitet hatte. Mit der unschätzbaren Anregung durch Celan habe ich demzufolge peinlich genau die Arbeit an Textteilen erneut aufgenommen, die ich in früheren Ausgaben bereits veröffentlicht hatte. Ganze Textpassagen entstanden aus dieser gemeinsamen Arbeit, und ich wage zu hoffen, daß sie besser geglückt sind als sie es wären, hätte ein jeder von uns für sich gearbeitet.

Paul Celan schreibt Leonhard am 24. September 1962, zu Beginn des gemeinsamen Vorhabens:

Dass es mir bei all dem einzig und allein darum geht, dem deutschen Leser eine dem Original möglichst adäquate Übersetzung vorlegen zu helfen, brauche ich Ihnen gegenüber ja kaum hervorzuheben. Ich hoffe sehr, dass wir zusammenarbeiten können.

Eine »dem Original möglichst adäquate Übersetzung« bedeutet, den Text »noch einmal in seiner – dichterischen – Wörtlichkeit zu aktualisieren«, wie Celan (dessen Übersetzungen man gerne »Manierismus« vorwirft) an Werner Weber schreibt. (26. März 1960) »Rilkerei!« wirft Paul Celan dementsprechend Rilkes Übersetzung des ›Cimetière Marin‹ vor.

Die Konzessionen an die Wörtlichkeit, zu denen Celan Leonhard veranlaßt hat, lassen sich in verschiedenen Abstufungen in der Übersetzung des Textes ›Conseils aux malades‹ nachvollziehen. Die Korrektur von Leonhards »Flußpferd« zu Celans »Seepferdchen« basiert auf einem offensichtlichen Übersetzungsfehler. Michaux schreibt »hippocampes«, dessen wörtliche Übersetzung »Seepferdchen« lautet (Flußpferd hieße auf französisch »hippopotâme«). »Hippocampes« tauchen bereits in einer früheren Übersetzung Celans auf, in dem Gedicht ›Bateau Ivre‹ von Rimbaud: Das trunkene Schiff wird natürlich auch von Seepferdchen und nicht von Flußpferden eskortiert.

Schwieriger ist die Erhaltung der Wörtlichkeit an einer anderen Stelle. Das französische Original lautet: »Le premier jour, je plantai des pâquerettes.« »Pâquerette« ist das französische Wort für Gänseblümchen. Kurt Leonhard übersetzt es aber zunächst mit »Osterglocke«: Er stellt die Konnotation

261 Die Zusammenarbeit der Übersetzer Celan und Leonhard (32.6)

Am ersten Tage pflanzte ich ~~Osterglocken~~ Gänseblümchen. Alle Vorhänge waren voll davon.

"Ihr Blumen mit euren Handtellerchen", sprach ich zu ihnen, "könnt ihr nichts für mich tun?" Doch sie waren selber dermaßen am Zittern, daß ich sie wegschicken mußte.

Ich ersetzte sie durch Elefanten (kleinen Formats), die stiegen auf und ab wie ~~Flußpferde~~ Seepferdchen, dann hingen sie sich mit dem Rüssel an eine Falte und blickten mich mit kleinen verständnisvollen Augen an.

»Ostern«, die in dem französischen Wort »pâquerette« enthalten ist (Pâques = franz. Ostern) über den botanisch korrekten Namen. So ist die Übersetzung »Osterglocken« angemessen, obwohl sie im semantischen Sinne falsch ist. Celan gibt in diesem Fall dennoch der Wörtlichkeit den Vorrang, obwohl sie für ihn keine Doktrin ist, an die er sich sklavisch hält. So übersetzt er in ›Enigmes‹ / ›Rätsel‹ die Zahl »soixante-dix«, welche dem numerischen Zahlenwert 70 entspricht, zunächst im Manuskript mit »siebenzig«, später im Typoskript aber mit »zweiundsechzig«. Nach dem Zwischenschritt »siebenzig«, in dem er noch versucht, durch eine zusätzliche Silbe Rhythmik mit Wörtlichkeit zu vereinbaren, löst er sich von der letzteren: 70 wird zu 62. Hier gibt Celan offensichtlich lautlichen, rhythmischen Qualitäten den Vorzug gegenüber der, im Falle einer Zahl ja sogar exakt bestimmbaren Bedeutung.
Was ist »dichterische Wörtlichkeit«? Diese Frage muß im Laufe einer Übertragung immer wieder neu gestellt und beantwortet werden. Der Übersetzer, dessen Arbeit laut Celan ein »Fergendienst« ist, muß sich – wenn Sinn, Nebensinn und Rhythmik nicht zugleich auf die Fähre passen und nicht gemeinsam das Ufer der anderen Sprache erreichen können – entscheiden, was er zurückläßt.

7 Henri Michaux: Nausea… oder Kommt da der Tod?

Deutsch von Kurt Leonhard. Typoskript (Durchschlag) mit handschriftlichen Korrekturen von Paul Celan, 1 Blatt

Bei Michaux lauten die ersten Zeilen dieses Gedichtes:

Nausée ou C'est la mort qui vient?

Rends-toi, mon cœur.
Nous avons assez lutté […]

(Michaux: Dichtungen, Schriften, S. 72)

Kurt Leonhard wagt hier eine kühne Eindeutschung. ›Speiübel … oder Kommt der Tod?‹ lautet bei ihm der Titel, »Übergib dich, mein Herz. / Wir

haben genug gekämpft« die ersten Zeilen. Durchaus so im Text angelegt, entwickelt er die Begriffe »Nausée« (Übelkeit, Ekel) und »se rendre« (wiedergeben, sich ergeben, (wieder) von sich geben) weiter. Leonhards erste Übersetzung (Esslingen: Bechtle 1954) lautete damals ›Krankheit zum Tode‹ (der Titel) und »Ergib dich, mein Herz. / Wir haben ausgekämpft« der Anfang.

Celan korrigiert Leonhards zweite Übersetzung in die ursprüngliche Form zurück. Aus »Übergib dich« wird wieder »Ergib dich«. Der Joyce-Biograph Richard Ellmann, dessen englische Übersetzungen Celan ebenfalls konsultiert, deutet die Stelle ebenso: »Nausea or is it Death coming? Give up, my heart. We have battled enough.«

In einem Arbeitsheft von 1957 mit Vorarbeiten zu eigenen Gedichten und Übersetzungen hat Celan selbst die erste Zeile etwas anders übersetzt: »Gib dich geschlagen, Herz«.

8 Henri Michaux: Gastfreundlichkeit

Deutsch von Kurt Leonhard. Typoskript (Durchschlag) mit handschriftlichen Korrekturen von Kurt Leonhard und Paul Celan, 3 Blatt
Ausgestellt ist die letzte Seite

Der letzte Satz dieses Textes lautet im Original »...et cet homme avait un air mauvais...«. (Michaux: Dichtungen, Schriften, S. 94) »Avoir l'air« gehört zu den französischen Wendungen, die kein Äquivalent im Deutschen haben. »Den Eindruck machen«, »den Anschein haben«, »so wirken, als ob...«, »aussehen wie«, – ein unspezifischer, nicht konkreter Eindruck wird damit bezeichnet. Hinzu kommt, daß durch den unbestimmten Artikel »un« auch tatsächlich »air« als »Miene«, »Ansehen« gelesen werden kann. Diese Schwierigkeit ist bei Leonhard bereits in mehreren Korrekturschichten sichtbar; dann versuchen sich beide gemeinsam an einer adäquaten Übertragung:

... und dieser Mann sah irgendwie böse aus... schien böse zu sein... hatte einen bösen Zug... machte eine böse Miene... machte eine so böse Miene... sah böse aus... *[letzte Korrektur von Celans Hand:]* es lag etwas Böses im Ausdruck dieses Mannes.

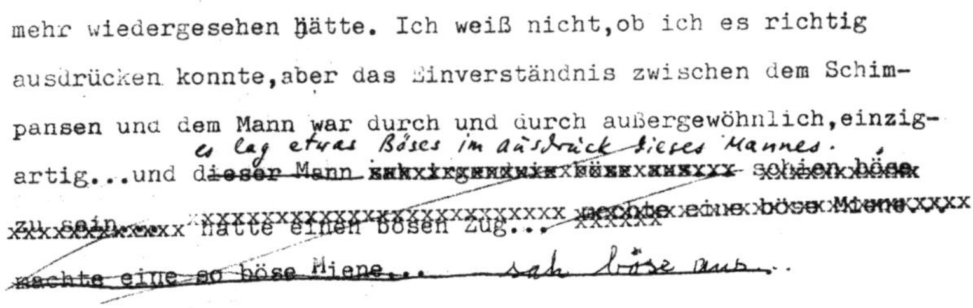
mehr wiedergesehen hätte. Ich weiß nicht,ob ich es richtig
ausdrücken konnte,aber das Einverständnis zwischen dem Schim-
pansen und dem Mann war durch und durch außergewöhnlich,einzig-
es lag etwas Böses im Ausdruck dieses Mannes.
artig...und dieser Mann xxxxxxxxxxxxxxxxxxxxxxxx schien böse
zu sein xxxxxxxxxxxxxxxxxxxxxxxxxxxxxxxxxx machte eine böse Miene xxxx
xxxxxxxxxxxxxx hatte einen bösen Zug... xxxxxx
machte eine so böse Miene... sah böse aus...

262 Die Zusammenarbeit der Übersetzer Celan und Leonhard (32. 8)

9 Kurt Leonhard / Paul Celan: Ein- und Ausfahrt freihalten! Gedicht!

Manuskript auf Briefpapier des Hotel Intercontinental, Frankfurt am Main, 1 Blatt
Leihgabe: Linde Birk-Schlesak

Zur Schlußredaktion treffen sich Kurt Leonhard und Paul Celan in ihrem Frankfurter Verlag. Nach der Arbeit, die mittlerweile sechs Jahre dauert, hinterlassen sie dieses Gedicht zusammen mit dem satzfertigen Manuskript auf dem Schreibtisch von Linde Birk, der damaligen Sekretärin im französischen Lektorat des S. Fischer Verlags. Das Datum läßt sich aus der Widmung Celans in dem Band ›Sprachgitter‹ an die Tochter Kurt Leonhards erschließen:

am Tage, an dem ich zusammen mit Ihrem Vater die Arbeit am ersten Band zu beenden hoffe, dankbar für diese Zusammenarbeit und mit herzlichen Grüßen und Wünschen, Paul Celan, Frankfurt am Main, am 9. IX. 1965 *(In: Paul Celan: Die Gedichte aus dem Nachlaß. Herausgegeben von Bertrand Badiou, Jean-Claude Rambach und Barbara Wiedemann. Frankfurt am Main: Suhrkamp 1997, S. 301 und 526)*

Als krönenden Abschluß ihrer übersetzerischen Zusammenarbeit schreiben die Dichter Paul Celan und Kurt Leonhard ein gemeinsames Gedicht. Bis auf Titel, Untertitel und Datierung, die von der Hand Celans stammen, sind die Zeilen abwechselnd geschrieben. Die Erleichterung der Übersetzer ist dem Gedicht ebenso anzumerken wie die heiter-ironische Betrachtung ihrer

263–265 Das von Celan und Leonhard gemeinsam verfaßte Scherzgedicht (32. 9)

Mühen und Nöte. So bezieht sich z. B. der Untertitel »Fuß- und zehnötlich geschützt« auf die Überlegung, Fußnoten zur Erläuterung heranzuziehen. Eine Möglichkeit, die sie nur bei ›Idées de traverse‹ / ›Quergedanken‹ in die Tat umsetzen.

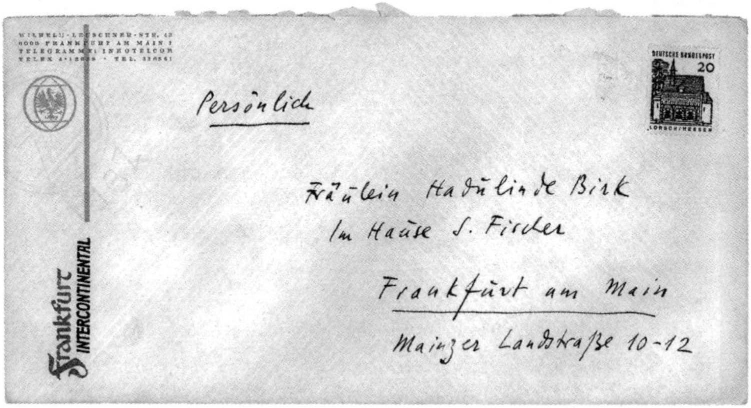

Kurt Leonhard   Paul Celan

EIN- UND AUSFAHRT FREIHALTEN! GEDICHT!
(Füß- und zehnötlich geschützt)

Die Weichen sind gestellt,
die Würfel sind gefallen.

Die Weichen sind gefallen,
die Würfel sind gestellt.

Die Fallen sind gestellt,
die Würfel sind gewichen.

franco, FORTE

AM
NEUNTEN NEUNTEN
NEUNTAUSEND
NEUNHUNDERT
NEUNUND
NEUNZ
IG

Paul Celan   Kurt Leonhard

Bei der Übersetzung des französischen Wortes »hommisme« stellt sich dasselbe Problem wie im Lateinischen: Der Übersetzer muß zwischen den Bedeutungen »Mann« und »Mensch« entscheiden, eine Schwierigkeit vor allem, weil es sich bei »hommisme« um einen Neologismus von Michaux handelt. Wie sie diese Schwierigkeit lösen, erläutern sie in der Fußnote:

Die französische Wortprägung »hommisme« (von homme) suchen wir, in Analogie zu »Egoismus«, mit Hilfe des lateinischen »homo« nachzubilden. (Anm. d. Übers.) *(Michaux: Dichtungen, Schriften, S. 533)*

10 Stéphane Mallarmé: Poésies

Choix de vers de circonstance. Poèmes d'enfance et de jeunesse. Préface de Jean-Paul Sartre
Paris: Gallimard / nrf 1966
(Aus der Bibliothek Paul Celan)
Mit dem Datum der Erwerbung: »17. 3. 1966«
Aufgeschlagen ist Seite 142/143

1966 ist die Arbeit an der Übersetzung von ›Idées de traverse‹ zwar abgeschlossen, aber die Beschäftigung mit dem Text geht weiter. In Mallarmés ›Poésies‹ entdeckt er die Formulierung: »être femmiste« und notiert darüber den Verweis »vgl. Michaux: hommisme«.

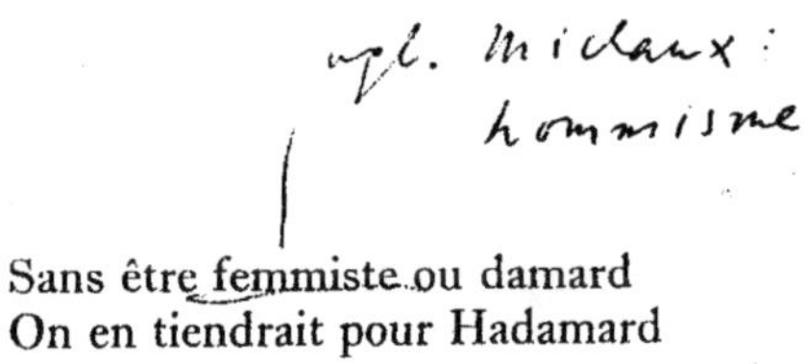
vgl. Michaux:
hommisme

Sans être femmiste ou damard
On en tiendrait pour Hadamard

266 Lesespur mit Hinweis auf Michaux

33 Paul Celan und Henri Michaux: »Das Gedicht wird Gespräch«

1 Henri Michaux

Photographie von Gisèle Freund
Leihgabe: S. Fischer Verlag

Ach ja, das Übersetzen von Gedichten...

Erlauben Sie mir, da Sie selbst darauf zu sprechen kommen, in aller Kürze von meinen eigenen Erfahrungen zu berichten. (Und entschuldigen Sie, bitte, dass ich diese Erfahrungen auf das Eigene beziehe.) Uebersetzen – das bedeutet einen langen Umgang mit dem zu Uebersetzenden, mit dessen Sprache überhaupt und mit dessen Sprache im besonderen, d.h. im Gedicht. *(An Adolph Hofmann, 18. Mai 1960)*

Von dem »langen Umgang« Paul Celans mit Henri Michaux und dessen Sprache zeugen über 50 Michaux betreffende Bücher in der Bibliothek Celans: Da sind die französischen Originalausgaben, die deutschen und englischen Übersetzungen, Kataloge und Bildbände über den Maler Michaux. Auch persönlich begegnen sich beide, die in derselben Stadt, in Paris, leben. Paul Celan wohnt im 16. Arrondissement, zwischen Eiffelturm, Bois de Boulogne und Arc de Triomphe, Henri Michaux auf der anderen Seite der Seine, nahe der Île de la Cité und unweit der École Normale Supérieure, in der Celan unterrichtet. Sie haben gemeinsame Bekannte, wie etwa den Lyriker André du Bouchet, der Celan im Dezember 1968 mitteilt, wie freundschaftlich Michaux sich Celan verbunden fühle. Fast zehn Jahre vorher hatte Paul Celan zum ersten Mal den 20 Jahre älteren Michaux besucht. Später dann, 1962, kommt er – als Übersetzer und Herausgeber – noch einmal mit Christoph Schwerin zusammen, um die Werkausgabe bei S. Fischer zu besprechen. Briefe haben sie nur wenige gewechselt. Das sprechendste Zeugnis für die Begegnung der beiden Dichter bleiben die Texte ihres eigenen Werkes, die sie einander zueignen.

2 Henri Michaux an Paul Celan

Paris, 11. Februar 1959 (Poststempel). Brief, 1 Blatt, 2 Seiten

Am Schluß dieses frühesten Briefes kommt Michaux auf ihre persönliche Begegnung zu sprechen:

J'ai gardé en moi l'impression de notre rencontre mais pourquoi est-il si incroyablement difficile de trouver des traductions de vos poèmes?

Ich bewahre in mir den Eindruck von unserer Begegnung – aber warum ist es so unglaublich schwierig, Übersetzungen von Ihren Gedichten zu finden?

Es begegnen sich zwei Dichter, die sich gegenseitig lesen, wobei Michaux – im Gegensatz zu Celan – offensichtlich auf Übersetzungen angewiesen ist.
Als Paul Celan 1966 von Raymond Bellour, dem Herausgeber der ›Cahiers de l'Herne‹, gebeten wird, für das Henri Michaux gewidmete Sonderheft etwas beizutragen, tut er das auf seine Weise. Verspätet, kurz vor Drucklegung des Bandes, schickt er ein Gedicht für Henri Michaux:

Die entzweite Denkmusik

schreibt die unendlich gedoppelte
Schleife, durch die
lodernden
Null-Augen hindurch,

der drüber
zeltende Schrei
hebt sich auf, die Düne,
endlich geortet,
wirft sich hinüber zu ihm, ins Neue,
zieht ihn zu Rate, einmal,
andachtumsprungen, für immer,

das trunken-
gebrannte
Kainszeichen im sprühenden,
halblaut hämmernden Holzschnee,

angestrahlt, aus-
geleuchtet vom jähen,
beharrlichen
Glockenspiel hinterm Holunder,
entschlummert, entschläft.

Entwegtes Übermass speist
eine rauchige
Quelle.

(GW III, S. 135)

Das Gedicht entsteht – so geht aus einem Typoskript hervor – am 28./29. Juni 1966 in Moisville, im Haus der Celans in der Normandie. Im Druck erscheint es zweisprachig, übersetzt von Jean-Claude Schneider, der auch dem ›Éphémère‹-Umkreis angehört und dort u.a. Hugo von Hofmannsthal übersetzt. Celans Gedicht für Michaux ist auf ganz besondere Weise Geschenk und Dialog. Von einem Dichter für den Dichter der von ihm übersetzten Werke bestimmt, der aber kein Deutsch lesen kann und es – von jemand anderem – übersetzt bekommt.

3 Paul Celan: Die entzweite Denkmusik

Manuskript, 1 Blatt
Mit der Widmung »/Für Henri Michaux/« und dem Vermerk: »/Abschrift für André Bouchet, Paris, 23.1.1967 Paul Celan«
Leihgabe: André du Bouchet

Mit dieser Abschrift ist das Gedicht nun »Für Henri Michaux« und »für André du Bouchet« – diese Doppelwidmung öffnet das Gespräch auch für den gemeinsamen Freund und Dichter André du Bouchet, dessen Texte Celan ebenfalls übersetzt hat. Und du Bouchet überträgt Celans Gedichte für die Zeitschrift ›L'Éphémére‹. Er beginnt – in Zusammenarbeit mit Celan – eine Übersetzung der ›Entzweiten Denkmusik‹:

4 Paul Celan: Die entzweite Denkmusik

Übersetzungsversuch. Typoskript mit handschriftlichen Korrekturen von André du Bouchet
Leihgabe: André du Bouchet

5 Henri Michaux: Les jours, le jour, la fin des jours

In: La Revue de Belles-Lettres, année 96, 1972, No 2/3: Paul Celan, Seite 113

Sechs Jahre nach der Veröffentlichung der ›Entzweiten Denkmusik‹, nach Celans Tod erst, erscheint in einem Celan gewidmeten Band der westschweizerischen ›Revue de Belles-Lettres‹ folgendes Gedicht von Henri Michaux für Celan:

LES JOURS, LE JOUR, LA FIN DES JOURS

. . . .

Sans qu'ils parlent, lapidé par leurs pensées

Encore un jour de moindre niveau. Gestes sans ombres
A quel siècle faut-il se pencher pour s'apercevoir?

Fougères, fougères, on dirait des soupirs, partout des soupirs
Le vent éparpille les feuilles détachées

Force de brancards, il y a dix huit cent mille ans on naissait
déjà pour pourrir, pour périr, pour souffrir

Ce jour, on en a déjà eu de pareils
quantité de pareils

jour où le vent s'engouffre
jour aux pensées insoutenables

Je vois les hommes immobiles
couchés dans des chalands

Partir.
De toute façon partir.

Le long couteau du flot de l'eau arrêtera la parole.

DIE TAGE, DER TAG, DAS ENDE DER TAGE

....

Ohne daß sie redeten, gesteinigt von ihren Gedanken

Noch ein Tag von der geringeren Art. Schattenlose Gebärden
An welches Jahrhundert soll man sich lehnen, um wahrzunehmen?

Farn, Farn, als wären es Seufzer, überall
Der Wind zerstreut die losgelösten Blätter

Stärke der Tragbahren, schon vor achtzehnhunderttausend Jahren
kam man zur Welt, um zu faulen, zu vergehen, zu leiden.

Dieser Tag, man hat schon solche gehabt
viele solche

Tag, wo der Wind sich fängt
Tag der nichtauszuhaltenden Gedanken

Ich sehe die Menschen unbeweglich
in flachen Kähnen liegen

Fortgehen.
In jedem Fall fortgehen.

Das lange Messer der Flut wird das Wort aufhalten.

(Übersetzung in: Bernhard Böschenstein: Paul Celan und die französische Dichtung. In: B. Böschenstein: Leuchttürme. Von Hölderlin zu Celan. Wirkung und Vergleich. Studien. Frankfurt am Main: Insel 1977, S. 320–322)

Henri Michaux hat damals auch ein Erinnerungsblatt niedergeschrieben, das er den ›Études Germaniques‹, einer französischen Zeitschrift für Germanistik, zum Erstdruck überläßt (Jg. 25, 1970, Nr. 3, S. 250):

Sur le chemin de la vie, Paul Celan trouva des grands obstacles, de très grands, plusieurs presqu'insurmontables, un dernier vraiment insurmontable. En cette pénible période, nous nous sommes rencontrés… sans nous rencontrer. On a parlé pour n'avoir pas à parler. C'était trop grave en

267 Auf der gegenüberliegenden Seite: Zeichnung auf der Einladungskarte (33.6)

lui, ce qui était grave. Il n'eût pas permis qu'on y pénétrât. Pour arrêter, il avait un sourire, souvent, un sourire qui avait passé par beaucoup de naufrages.
Nous faisions semblant d'avoir avant tout des problèmes touchant le verbe.
Dans un lit de neige, dans son »schneebett« désolé, désespérant, admirablement dur, le poète inégalé repose et fera à jamais reposer d'une étrange, particulière façon ceux qui en tout repos gardent malaise.
La cure, venue de l'écriture, ne suffisait pas, n'a pas suffi. Bonds inutiles. Toujours dans la salle des cris, enserré dans les instruments de torture. Un ciel d'encre de plus en plus. Chaque jour finit par frapper.
Il s'en est allé. Choisir, il pouvait encore choisir. La fin ne serait pas si longue. Au fil de l'eau, le cadavre aisé.

Auf seinem Weg stieß Paul Celan auf große Hindernisse, sehr große, auf mehrere fast unübersteigbare, ein letztes wahrhaft unübersteigbares. In dieser schwierigen Zeit sind wir uns begegnet… ohne uns zu begegnen. Wir redeten, um nicht reden zu müssen. Es war zu ernst in ihm, was ernst war. Er hätte nicht zugelassen, daß man dort eindrang. Um Einhalt zu gebieten, hatte er oft ein Lächeln, ein Lächeln, das viele Untergänge hinter sich hatte.
Wir taten so, als hätten wir vor allem Fragen über das Wort.
In seinem verzweifelten, hoffnungslosen, bewundernswert harten »Schneebett« ruht der unvergleichliche Dichter und wird die für immer zur Ruhe bringen, in fremder, seltsamer Art, die mitten in aller Ruhe ein Unbehagen bewahren.
Die Heilung, die vom Schreiben ausging, genügte nicht, hat nicht genügt. Vergebliche Sprünge. Ständig im Saal der Schreie, eingezwängt in die Folterwerkzeuge. Ein Tintenhimmel, mehr und mehr. Jeder Tag schlägt schließlich zu.
Er ist davongegangen. Wählen, das konnte er noch, wählen. Damit das Ende nicht so lang dauere. Stromabwärts, die schwerelose Leiche. *(In: B. Böschenstein: Leuchttürme, S. 319f.)*

Dieses Erinnerungsblatt ist später in ›L'Éphémère‹ nachgedruckt worden. (No 17, printemps/été 1971, S. 116) In der Nummer 14 dieser Zeitschrift, deren Mitherausgeber Paul Celan war, präsentieren sich der Maler Michaux und der Dichter Celan Seite an Seite: Auf einer Doppelseite (S. 184/185) stehen sich eine französische faksimilierte Textzeile Celans und eine Zeichnung von Michaux gegenüber.

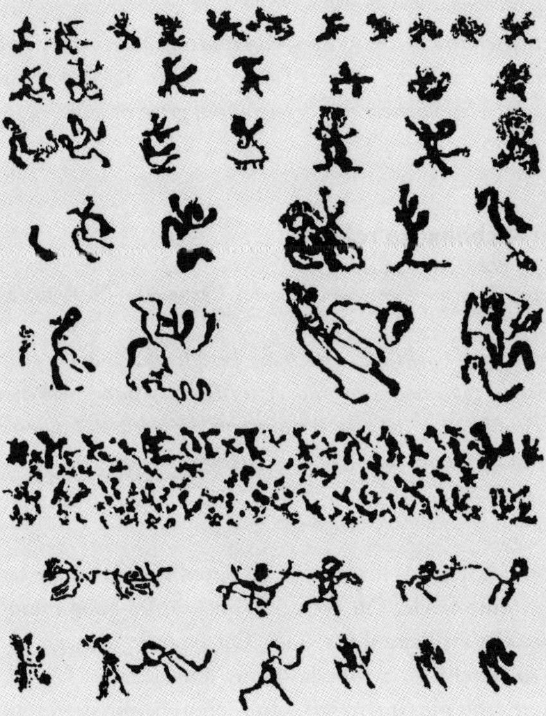

6 Einladungskarte zu der Ausstellung ›Henri Michaux. Parcours‹

presentée par René Bertelé
Galerie ›Le Point Cardinal‹, Paris 1967

Unter den Briefen von Michaux an Celan findet sich auch diese Einladung zu einer Ausstellungseröffnung in einer Pariser Galerie. Solche Vernissagen dürften wohl auch Gelegenheiten von Begegnungen gewesen sein.

7 Henri Michaux: La ralentie

Frottage. 1945. 31 x 24 cm
Leihgabe: Collection Geneviève Bonnefoi, Centre d'Art Contemporain, Abbaye de Beaulieu

Die Frottage entsteht acht Jahre nach der Veröffentlichung des gleichnamigen Gedichts. Bereits 1963, noch bevor der erste Michaux-Band 1966 erscheint, veröffentlicht Paul Celan seine Übersetzung von ›La ralentie‹ / ›Die Verlangsamte‹ in der ›Neuen Rundschau‹ (Jg. 74, 1963, H. 2, S. 194–200).

La Ralentie

Ralentie, on tâte le pouls des choses; on y ronfle; on a tout le temps; tranquillement, toute la vie. On gobe les sons, on les gobe tranquillement; toute la vie. On vit dans son soulier. On y fait le ménage. On n'a plus besoin de se serrer. On a tout le temps. On déguste. On rit dans son poing. On ne croit plus qu'on sait. On n'a plus besoin de compter. On est heureuse en buvant; on est heureuse en ne buvant pas. On fait la perle. On est, on a le temps. On est la ralentie.

Die Verlangsamte

Verlangsamt fühlt man den Dingen den Puls; schnarcht in ihnen; läßt sich Zeit; in aller Ruhe, sein Leben lang. Schlürft die Töne und Laute, schlürft sie in aller Ruhe; sein Leben lang. Man lebt in einem Schuh. Besorgt sein Hauswesen darin. Braucht sich nicht mehr zusammenzudrücken. Hat Zeit und Zeit. Probiert, wie's schmeckt. Lacht sich ins Fäustchen. Glaubt nicht mehr, daß man Bescheid weiß. Braucht nicht mehr zu zählen. Ist glücklich, wenn man trinkt; ist glücklich, wenn man nicht trinkt. Verperlt sich. Ist, hat Zeit. Ist die Verlangsamte. *(GW IV, S. 694f.)*

8 Paul Celan: Lektürenotizen

im hinteren Buchdeckel von Joseph Conrad: Der Verdammte der Inseln. Almayers Wahn. Deutsch von G. Danehl. Frankfurt am Main: S. Fischer Verlag 1964
(Aus der Bibliothek Paul Celan)
Mit dem handschriftlichen Vermerk: »erh.: 11. 8. 65«

9 Meister Franz Rabelais der Arzeney Doctoren: Gargantua und Pantagruel

Aus dem Französischen verdeutscht durch Gottlob Regis. Neu herausgegeben von Wilhelm Weigand. Zweiter Band. Viertes und fünftes Buch. Dritte Auflage Berlin: Propyläen-Verlag [1924]
(Aus der Bibliothek Paul Celan)
Aufgeschlagen ist Seite 76/77 mit Anstreichungen von Paul Celan

Diese beiden sehr unterschiedlichen Bücher aus Celans Bibliothek weisen auf den letzten Seiten ähnliche Anstreichungen auf. In dem Conrad-Band finden sich fünf Vokabelnotizen, die mit »Michaux« markiert sind, auf den vorhergehenden Seiten Anstreichungen, das eigene Werk betreffend. Auf der letzten Doppelseite des Rabelais-Bandes zeigt sich besonders deutlich, wie vielschichtig diese Verweise sind. Offensichtlich steht Celan hier in einem gleichzeitigen Austausch mit dem Text, mit der Übersetzung (deren Eigenarten ihm auffallen), mit den Werken befreundeter Dichter und auch mit ihnen als Person: »für Michaux: s. 76,77« verweist z. B. auf eine Doppelseite mit halsbrecherischen 20silbigen Wortkonstruktionen, die Celan Michaux, für dessen Dichtung Rhythmik und Lautlichkeit auch bedeutend sind, zeigen wollte. Darüber hinaus finden sich auch Notizen und Ideen für eigene Gedichte.

268 Vermerk im hinteren Vorsatzblatt (33.9)

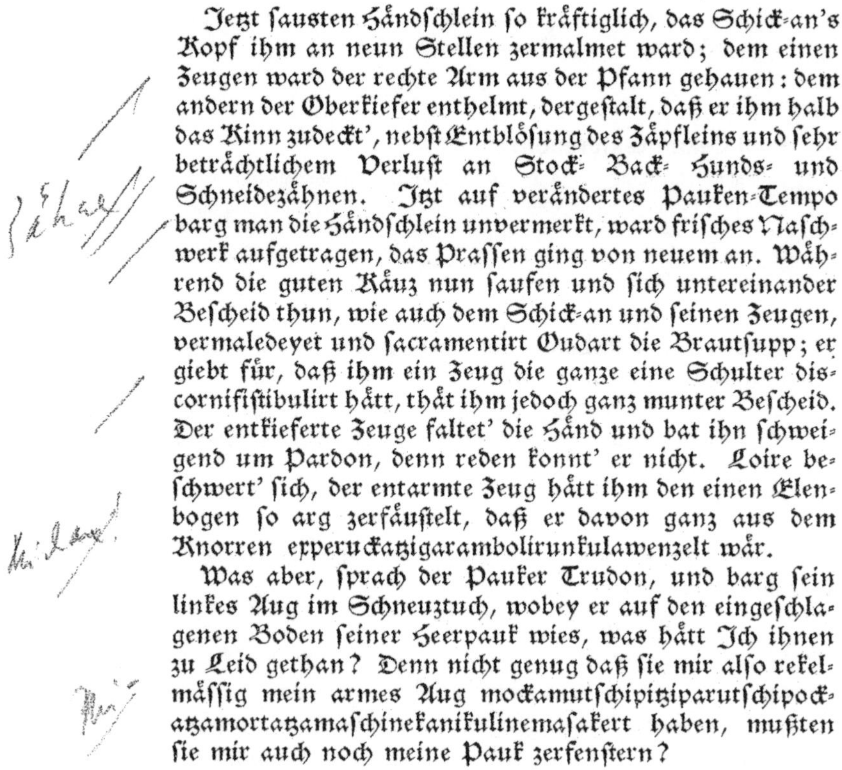
Jetzt sausten Händschlein so kräftiglich, das Schick-an's Kopf ihm an neun Stellen zermalmet ward; dem einen Zeugen ward der rechte Arm aus der Pfann gehauen: dem andern der Oberkiefer enthelmt, dergestalt, daß er ihm halb das Kinn zudeckt', nebst Entblösung des Zäpfleins und sehr beträchtlichem Verlust an Stock- Back- Hunds- und Schneidezähnen. Jtzt auf verändertes Pauken-Tempo barg man die Händschlein unvermerkt, ward frisches Naschwerk aufgetragen, das Prassen ging von neuem an. Während die guten Käuz nun saufen und sich untereinander Bescheid thun, wie auch dem Schick-an und seinen Zeugen, vermaledeyet und sacramentirt Oudart die Brautsupp; er giebt für, daß ihm ein Zeug die ganze eine Schulter discornifistibulirt hätt, thät ihm jedoch ganz munter Bescheid. Der entkieferte Zeuge faltet' die Händ und bat ihn schweigend um Pardon, denn reden konnt' er nicht. Loire beschwert' sich, der entarmte Zeug hätt ihm den einen Elenbogen so arg zerfäustelt, daß er davon ganz aus dem Knorren experuckatzigarambolirunkulawenzelt wär.

Was aber, sprach der Pauker Trudon, und barg sein linkes Aug im Schneuztuch, wobey er auf den eingeschlagenen Boden seiner Heerpauk wies, was hätt Ich ihnen zu Leid gethan? Denn nicht genug daß sie mir also rekelmässig mein armes Aug mockamutschipitzipärutschipockatzamortatzamaschinekanikulinemasakert haben, mußten sie mir auch noch meine Pauk zerfenstern?

269 Lesefrüchte für Michaux bei Rabelais, aus S. 76 (33. 9)

Der Austausch Paul Celans mit Henri Michaux beschränkt sich nicht nur auf die Übersetzung seiner Werke und gelegentliche Besuche. Die Begegnung mit Henri Michaux durchdringt sein Lesen und Schreiben, seine Wahrnehmung der Welt. Die Bände in seiner Bibliothek sind voll von handschriftlichen Notizen, Hinweisen, Verweisen und Bezügen, Ideensammlungen, Gedichtzeilen. Paul Celan hat nicht nur mit, sondern auch in den Büchern gelebt. »Es war eine Gegend, in der Menschen und Bücher lebten« – so beschreibt er die Gegend, aus der er kam. Dieses Gespräch mit Menschen und Büchern hat Paul Celan versucht, in Paris weiterzuführen.

34 »Einer der unseren«: Paul Celan im Kreis von ›L'Éphémère‹

Unter dem Titel ›L'Éphémère‹, der ›Das Vergängliche‹ zum Programm erhebt, gründen 1966 französische Dichter und Schriftsteller eine Zeitschrift, die bis 1972 in 20 Nummern erscheint. Paul Celan wird eingeladen, der Zeitschrift Texte zum Abdruck in französischer Übersetzung zu überlassen. Durch ›L'Éphémère‹ wird der Dichter – und Übersetzer aus dem Französischen – für französische Leser entdeckt. Nicht von Anfang an, aber zwischen 1968 und 1970, tritt er als Herausgeber in den Kreis der ihm seit langem befreundeten Autoren. Besonders mit André du Bouchet ist er seit den fünfziger Jahren eng befreundet. Du Bouchet setzt sich für die Veröffentlichung von Celans Werk in der Zeitschrift ein; von ihm stammen die meisten Übersetzungen.
Das erste Heft wird geplant – Celan ist eingeladen, den poetologischen Himmelskreis durch Zenit und Pol, seinen ›Meridian‹, und Gedichte den französischen Lesern vorzustellen:

1 André du Bouchet an Paul Celan

[Paris,] 14. März 1966. Brief, 1 Blatt

Voici longtemps, cher Paul Celan, que je souhaitais vous écrire. Je le fais aujourd'hui pour vous dire que la revue ou cahier trimestriel projetée avec Yves Bonnefoy, Louis-René des Forêts et Gaëtan Picon, a, cette fois, pris corps (je vous avais déjà parlé de ce projet, je crois) – et doit sortir dès octobre prochain sous le titre de ›L'Éphémère‹. Pour durer quelque temps, je l'espère... A tous, il nous paraît essentiel que quelque texte de vous y figure dès l'un des premiers numéros – en français. Et je songe, de nouveau, à votre admirable Méridien, auquel peut-être pouvait s'adjoindre une traduction de quelques poèmes –

Lange schon, lieber Paul Celan, wollte ich Ihnen schreiben. Ich tue es heute, um Ihnen zu sagen, daß die Zeitschrift (oder Vierteljahresschrift), die ich mit Yves Bonnefoy, Louis-René

270 Yves Bonnefoy. Photographie von Lucy Vines (Leihgabe: Yves Bonnefoy) (34. 2)

des Forêts und Gaëtan Picon entworfen habe, diesmal Gestalt angenommen hat (ich glaube, ich hatte Ihnen schon von diesem Vorhaben erzählt) – und vom nächsten Oktober an unter dem Titel ›L'Éphémère‹ erscheinen soll. Ich hoffe, für eine ganze Weile … Wir alle halten es für wesentlich, daß einer Ihrer Texte von einem der ersten Hefte an erscheint – auf Französisch. Und ich denke erneut an Ihren wunderbaren Meridian, an den sich vielleicht die Übersetzung einiger Gedichte anschließen könnte –

Wer waren die Gründer dieser Zeitschrift?

271 Louis-René des Forêts.
Photographie von Jacques Robert
(34. 3)

2 Yves Bonnefoy
Photographie von Lucy Vines
Leihgabe: Yves Bonnefoy

3 Louis-René des Forêts
Photographie von Jacques Robert
Leihgabe: Louis-René des Forêts

4 Gaëtan Picon
Photographie
Leihgabe: Pierre André Picon

5 André du Bouchet
Photographie
Leihgabe: André du Bouchet

6 Jacques Dupin
Photographie von Karl-Heinz Bast
Leihgabe: Lotte Wünsche

7 Paul Celan
Photographie von Renate von Mangoldt
Leihgabe: Renate von Mangoldt

272 Jacques Dupin. Photographie von Karl-Heinz Bast (34. 6)

8 Michel Leiris

Photographie von Jerry Bauer
Leihgabe: Suhrkamp Verlag

*Die Gründer (und Herausgeber) der Zeitschrift sind: Der Lyriker, Essayist und Übersetzer Yves Bonnefoy (*1923), der Shakespeare-Dramen, William Butler Yeats, aber auch Giorgos Seferis ins Französische übertragen hat. – Der Schriftsteller Louis-René des Forêts (*1918). – Der Literatur- und Kunstkritiker Gaëtan Picon (1915–1976). – Der Lyriker André du Bouchet (*1924), der auch Übersetzer von Hölderlin, Shakespeare und James Joyce ist.*

*Jacques Dupin (*1927), Dichter und Essayist, Biograph und Freund von Joan Miró und Alberto Giacometti ist seit Beginn an an ihrem Zustandekommen beteiligt. Da er jedoch gleichzeitig als Direktor des Verlags der Fondation Maeght, dem Verleger von ›L'Éphémère‹, tätig ist, tritt Dupin erst ab Heft 7 im Herbst 1968 als Mitherausgeber auf, übrigens neben Paul Celan, der bis zum letzten Heft 1970 im Impressum genannt bleibt.*

273 André du Bouchet (34. 5)

Nach dem achten Heft im Frühjahr 1969 verläßt Picon im Streit die Zeitschrift. Im Sommer 1969 beginnt mit Heft 10 die Beteiligung des Schriftstellers, Essayisten und Ethnologen Michel Leiris (1901–1990).

9 Das Programm von ›L'Éphémère‹

Karte mit programmatischen Erklärungen der Redaktion
Auf der Vorderseite eine Zeichnung von Alberto Giacometti aus der Serie ›nue debout‹
Leihgabe: Gabriele Bruckschlegel

Das Redaktionsstatut bestimmt, daß jeder Beitrag die Zustimmung aller Herausgeber haben muß. Zeitgenössisches ist gegenüber älteren Texten stärker repräsentiert. ›L'Éphémère‹ versteht sich als internationale Zeitschrift: Fremdsprachige Beiträge werden eigens übersetzt. Dem ersten Heft der Zeit-

274 Titelschriftzug von ›L'Éphémère‹ auf dem Umschlag (34.10)

schrift sind drei »Lesezeichen« beigelegt, Karten mit einer später auf allen Heften abgedruckten Figur Alberto Giacomettis. Auf der Rückseite einer Karte steht ein Motto von Plotin, auf einer anderen die folgende »prise de position«:

›L'Éphémère‹ a pour origine le sentiment qu'il existe une approche du réel dont l'œuvre poétique est seulement le moyen. En d'autres mots: il ne faut pas consentir à reduire l'œuvre – acte, dépassement, devenir – à la nature d'un objet, où cet au-delà se dérobe.

Le but de ›L'Éphémère‹, c'est de créer un lieu où ce souci de la vrai [sic] fin poétique, d'être le seul accepté, pourrait se retrouver plus intense. Et ce sera aussi d'élucider à plusieurs et les diverses conditions de l'acte de poésie et les notions, les mots, que chacun de nous emploie pour les dire.

Il s'ensuit que ›L'Éphémère‹, ce ne sera que quelques personnes, mais ensemble, et durablement, pour une recherche en commun par leurs voies certes fort différentes.

Et on le voit: aucune critique, au sens appréciatif ou descriptif ou analytique de ce mot, n'a place dans ›L'Éphémère‹. Pourtant les œuvres de la poésie et des arts y seront interrogées; mais sous le signe toujours de cette instauration d'absolu où l'extériorité se résorbe.

L'éphémère est ce qui demeure, dès lors que sa figure *visible* est sans cesse réeffacée.

275 Auf dem Umschlag von ›L'Éphémère‹ abgedruckte Zeichnung Giacomettis (34.10)

Am Anfang von ›L'Éphémère‹ steht das Gefühl, daß es eine Annäherung an die Wirklichkeit gibt, für die das poetische Werk allein das Mittel ist. In anderen Worten: Das Werk – Handlung, Überschreitung, Werden – auf das Wesen eines Objektes zu verkürzen, in welchem sich ein solches Mehr entzieht: man darf dem nicht zustimmen.

Das Ziel von ›L'Éphémère‹ ist es, einen Ort zu schaffen, wo dieses Bemühen um die eigentliche poetische Aufgabe, die einzig anerkannte zu sein, sich verdichteter wiederfinden könnte. Und es wird auch das Ziel sein, zu mehreren sowohl die mannigfaltigen Bedingungen des poetischen Handelns zu erhellen, als auch die Begriffe, die Wörter, die ein jeder von uns gebraucht, um sie auszusprechen.

Daraus folgt, daß ›L'Éphémère‹ nur einige wenige sein werden, zusammengekommen zu einer beständigen und gemeinsamen Suche auf ihren sicher sehr unterschiedlichen Wegen.

Und man sieht es: Für Kritik, sei sie anerkennend oder beschreibend oder analysierend, gibt es keinen Ort in ›L'Éphémère‹. Dennoch werden hier Werke der Dichtung und der Kunst befragt; allerdings stets unter dem Zeichen dieser Einsetzung von Absolutem, worin Äußerlichkeit sich auflöst.

Das Vergängliche ist das, was bleibt, während seine *sichtbare* Gestalt immer und immer wieder ausgelöscht wird.

Als erstes Heft erscheint im zeitigen Frühjahr 1967:

10 L'Éphémère

Revue trimestrielle
Rédaction: Yves Bonnefoy, André du Bouchet, Louis-René des Forêts, Gaëtan Picon. No. 1
Paris: Éditions de la Fondation Maeght 1967
Auf dem Umschlag: Zeichnung aus der Serie ›nue debout‹ von Alberto Giacometti
Ausgestellt sind der Umschlag sowie das Inhaltsverzeichnis eines zweiten Exemplares
Leihgabe (zweites Exemplar): Andreas Lohr

Paul Celans ›Meridian‹-Rede in der Übersetzung von André du Bouchet eröffnet die Zeitschrift. Sie erscheint als Hauptstück neben den Beiträgen von Gaëtan Picon, André du Bouchet, Yves Bonnefoy, Michel Leiris und Alberto Giacometti. Du Bouchets Übersetzung der Darmstädter Preisrede ist bereits im Sommer 1965 abgeschlossen; sie wird dann aber für den Druck noch einmal gründlich revidiert.

Beiträge von Celan erscheinen in den Heften 1, 4, 7, 8, 13, 14 und im Doppelheft 19/20, übersetzt von André du Bouchet, Jean Daive, John Edwin Jackson, sowie Jean und Mayotte Bollack. Du Bouchet tritt entschieden für Celans Mitwirken ein und erreicht schließlich dessen Eintritt in die Redaktion. Am 10. Juni 1968 heißt es in einem Brief:

la parution du groupe de vos poèmes et de leur traduction a été reporté au numéro d'octobre finalement – je conserve donc les épreuves de votre texte jusqu'à votre retour. Tout le monde ici est très heureux que vous ayez bien voulu vous joindre aux rédacteurs de l'Éphémère – Daive m'a apporté l'autre jour quelques traductions de poèmes dont je prenais ainsi connaissance pour la première fois – entrant, comme chaque fois qu'il m'a été donné d'aborder un de vos textes, au cœur muet de tout ce qui est vivant – muet et dit pourtant.

L'ÉPHÉMÈRE

CAHIERS TRIMESTRIELS DE LITTÉRATURE

RÉDACTION :
YVES BONNEFOY ANDRÉ DU BOUCHET
LOUIS-RENÉ DES FORÊTS GAËTAN PICON

HIVER 1966
Nº 1

PAUL CELAN	*Le Méridien*
GAËTAN PICON	*Comme si en secret...*
ANDRÉ DU BOUCHET	*Poèmes*
YVES BONNEFOY	*L'Ordalie*

ALBERTO GIACOMETTI
par Michel Leiris Gaëtan Picon
Yves Bonnefoy André du Bouchet

ALBERTO GIACOMETTI
Notes sur les copies
Écrits et dessins

ÉDITIONS DE LA FONDATION MAEGHT
06-SAINT-PAUL 32 81 63
9, RUE BERRYER PARIS 8 267 16 92

France et pays Marché Commun :	le numéro	9 F	l'abonnement	32 F
les autres pays :	le numéro	10 F	l'abonnement	36 F

276 Inhaltsübersicht mit Impressum auf einer der drei dem ersten Heft beigelegten Karten (34. 9)

das Erscheinen der Auswahl Ihrer Gedichte und ihrer Übersetzungen ist nun doch auf das Oktoberheft verschoben worden – ich verwahre also die Fahnen Ihres Textes bis zu Ihrer Rückkehr. Alle hier sind sehr glücklich, daß Sie sich gern den Redakteuren von L'Éphémère anschließen wollten – Daive hat mir neulich einige Übersetzungen von Gedichten gebracht, die ich auf diese Weise zum ersten Male kennenlernte – und ich betrat, wie noch jedes Mal, wenn es mir gegeben war, mich einem Ihrer Texte anzunähern, das stumme Herzland all dessen, was lebt – stumm und dennoch ausgesprochen.

*Der erwähnte Jean Daive (*1941), Literaturwissenschaftler und angehender Schriftsteller, ist seit einiger Zeit mit Celan befreundet. Du Bouchets Brief führt zu einer Verstimmung, denn die Redakteure hatten sich während Celans Abwesenheit darauf verständigt, seine Gedichte, die zweisprachig erscheinen sollten, auf das nächstfolgende Heft zu verschieben. Celan mißversteht diese Entscheidung und zieht seine Beiträge zurück.*

Yves Bonnefoy versucht, das Mißverständnis aufzuklären:

11 Yves Bonnefoy an Paul Celan

Paris, [20. Juni 1968]. Brief, 1 Blatt

André vient de me dire que vous aviez repris vos poèmes. J'en suis consterné, autant que lui. Vous ne pouvez savoir à quel point nous étions encouragés, pour L' Éphémère, par la pensée que vous vouliez bien nous rejoindre au comité de rédaction. En fait, nous avions pris, depuis les premiers jours, l'habitude de vous tenir pour un de ses membres, et c'est malheureusement cela même qui a causé le malentendu d'aujourd'hui. Il a été décidé, en effet, du report de vos poèmes, comme on l'aurait fait pour un de nos textes de collaborateurs réguliers, un de ceux pour lesquels il n'y a pas lieu de penser qu'un jugement soit en jeu. Il va de soi, d'ailleurs, que nous pensions tous le numéro de septembre plus important, par le moment et la diffusion, que celui qui va paraître cette semaine. – Vous avez certes raison de nous reprocher d'avoir agi sans vous consulter. Mais je souhaite vraiment beaucoup, cher Paul, qu'au delà de ce fait, vous acceptiez de voir notre admiration pour vous, et de croire à notre amitié!

André [du Bouchet] teilt mir soeben mit, daß Sie Ihre Gedichte zurückgezogen haben. Ich bin darüber ebenso bestürzt wie er. Sie ahnen ja nicht, in welchem Maß wir für L'Éphémère durch die Vorstellung ermutigt waren, daß Sie gerne zu unserer Redaktion hinzukommen wollten. Eigentlich hatten wir uns seit den ersten Tagen daran gewöhnt, Sie als einen der unseren zu betrachten, und es ist unglücklicherweise dies, was das heutige Mißverständnis verursacht hat. Ja, der Aufschub Ihrer Gedichte ist beschlossen worden, wie wir es bei einem unserer Texte der ständigen Mitarbeiter getan hätten, also einem der Texte, bei dem es keinen Anlaß gibt zu denken, daß ein Urteil im Spiel sei. Es versteht sich im übrigen von selbst, daß wir alle die September-Nummer hinsichtlich Zeitpunkt und Absatz als wichtiger einschätzen als die, die nächste Woche erscheinen wird. – Sie haben sicher recht mit Ihrem Vorwurf, wir hätten gehandelt, ohne Sie zu Rate zu ziehen. Aber ich wünsche mir wirklich sehr, lieber Paul, Sie möchten, jenseits dieses Umstands, unsere Bewunderung für Sie sehen und unserer Freundschaft Glauben schenken!

Die Gedichte erscheinen im siebten Heft, eingerahmt von ›Le cri-cerveau‹, einem Gedicht von Jean Daive und Henri Michaux' ›Apparitions-Disparitions‹.

12 »L'Éphémère a publié«

Einlegeblätter der Hefte 9 und 14
Gezeigt wird das Inhaltsverzeichnis der Hefte 1 bis 8

Die Übersicht führt alle bis zum achten Heft gedruckten Texte und Bilder auf.

Das achte Heft vom Winter 1968 enthält unter anderem: Antonin Artaud, ›Lettres à André Breton‹; Jacques Dupin, ›Moraines‹; André du Bouchet, ›... Qui n'est pas tourné vers nous‹; Paul Celan, ›Flügelnacht‹ / ›Aile la nuit‹, ›Der mit Himmeln Geheizte‹ / ›Elle, de tels cieux chauffée‹, ›Erblinde schon heut‹ / ›Sois en ce jour aveugle‹ in der Übersetzung von André du Bouchet.

Celan kann an den Vorbereitungen für dieses Heft nicht teilnehmen. Du Bouchet teilt Celan am 10. Dezember 1968 mit, daß seine Gedichte für ihn im Zentrum des kommenden Heftes stünden. Er schreibt:

Ce cahier à lui seul (il s'ouvre sur un texte essentiel d'Artaud) devrait rendre évident ce que nous avons entrepris ensemble.

Schon dieses Heft für sich allein (es beginnt mit einem wesentlichen Text von Artaud) müßte offenkundig machen, was wir zusammen unternommen haben.

Die Nummer 8 stellt, in du Bouchets Augen, zum ersten Mal so etwas wie eine Summe – oder Zwischensumme – der gesamten Unternehmung dar. Nur fünf Tage später schreibt er erneut an Celan:

Je pense que vous serez content de ce huitième cahier de l'Éphémère – le premier à mes yeux, dans sa totalité, de ce qui devrait être – si possible, poursuivi.

Ich denke, daß Sie zufrieden sein werden mit diesem achten Heft von L'Éphémère – das erste in meinen Augen, dem man, insgesamt betrachtet, wenn möglich, folgen sollte.

Die Hefte 9 bis 12 enthalten keine Beiträge von Celan. Das 13. Heft ist auf »Printemps 1970« datiert, kommt aber, wohl wegen Celans Tod, erst im Juni 1970 heraus. Sieben Gedichte von Paul Celan in der Übersetzung du Bouchets eröffnen es. Das darauffolgende Heft 14 vom »Été 1970« kann als Hommage an Celan angesehen werden.

13 Henri Michaux: Ohne Titel. Désagrégation

Buntstift und Pastell auf Papier. 1969
32 x 23 cm
Leihgabe: Galerie Fred Jahn, München

14 L'Éphémère

Cahiers trimestriels
Rédaction: Yves Bonnefoy, André du Bouchet, Paul Celan (1920–1970), Jacques Dupin, Louis-René des Forêts, Michel Leiris
No. 14, Été 1970
Aufgeschlagen ist Seite [176/177]: Radierung von Gisèle Celan-Lestrange und Faksimile der Gedichthandschrift ›Beidhändige Frühe‹ von Paul Celan

Im März 1970 waren Celan und du Bouchet noch zur Feier von Hölderlins 200. Geburtstag gemeinsam nach Stuttgart gefahren. Das Heft enthält einige Hölderlin-Übersetzungen du Bouchets und den Text des Vortrags, den er in Stuttgart gehalten hat.

Darauf folgen vier Gedichte Celans in deutscher Sprache, ohne Übersetzung. Es sind die Faksimiles von datierten Handschriften des Dichters, die zusam-

men mit drei Radierungen von Gisèle Celan wiedergegeben werden. Daran schließt die Übersetzung des ›Gesprächs im Gebirg‹ an. Übersetzung auf mehreren Ebenen bestimmt also strukturell dieses Dokument, das man auch als Vermächtnis aus fremder Hand bezeichnen könnte. Der Übersetzungsbogen spannt sich über Sprach- und Zeitgrenzen hinweg, die zwischen Hölderlin und du Bouchet, Hölderlin und Celan liegen, aber auch zwischen Deutschem und Französischem, zwischen Literatur und bildender Kunst.

Eine Doppelseite des Heftes (S. 184/185) komprimiert in diesem Sinne die Aussage des ganzen Bandes: Eine Zeichnung von Michaux steht einer faksimilierten Handschrift mit Datierung gegenüber. Es ist Celans, in französischer Sprache geschriebene, berühmte Äußerung über die Dichtung:

La poésie ne s'impose plus, elle / s'expose. / 26.3.69.

Exkurs: Bildende Kunst in Leben und Werk Celans

Der Einfluß von bildender Kunst auf Leben und Werk Paul Celans stellt eine »Übersetzungsstruktur« dar, auf die einzugehen wichtig, aber nicht unproblematisch ist. Eine Beurteilung wird auch nicht durch das Wissen erleichtert, daß Celan über zwanzig Jahre lang in der Metropole Paris lebte, deren Kulturangebot manchmal sogar dazu zwingt, sich ihm zu entziehen. Gemeint ist damit nicht nur die bisweilen überfordernde Fülle des Angebots, sondern auch ein gewisser Habitus (man denke nur an die Selbstgefälligkeit des Vernissagebetriebs), eine Facette der Kultur, die Celan mehr gemieden als gesucht haben dürfte.
Viel wichtiger als die Einflüsse eines schwer rekonstruierbaren Umfeldes sind die menschlichen Begegnungen, die Celan von sich aus sucht. Hier ist vor allem die Graphikerin Gisèle de Lestrange zu nennen, mit der Celan seit 1952 verheiratet ist. Schon die Titel ihrer Radierungen, die vielfach Gedichten Celans entnommen sind, dokumentieren den intensiven Austausch, der nicht nur zwischen zwei miteinander lebenden Menschen, sondern auch zwischen zwei künstlerischen Ausdrucksformen stattfindet. Die Zusammenarbeit zwischen Dichter und bildender Künstlerin führt zudem zu zwei bibliophilen Einzelausgaben, ›Atemkristall‹ (Paul Celan: Atemkristall. [8] Radierungen von Gisèle Celan-Lestrange. [Vaduz:] Brunidor 1965) und ›Schwarzmaut‹ (Paul Celan: Schwarzmaut. [15] Radierungen von Gisèle Celan-Lestrange. Vaduz: Brunidor 1969), die zeigen, daß Gisèle und Paul Celan anderes anstreben als glanzvolle Illustration von schöner Poesie.
Schon in Wien sucht Celan Verbindung zu nicht nur literarischen Künstlerkreisen. Aus Bukarest kommend, wird er im Hause des Malers Edgar Jené aufgenommen. Hier findet seine Begegnung mit dem Wiener Surrealismus statt, und hier erfolgt schließlich auch seine Abkehr von dieser Kunstrichtung und Geisteshaltung. Einer der wenigen von Celan publizierten Prosatexte, ›Edgar Jené. Der Traum vom Traume‹ (Wien: Agathon-Verlag) aus dem Jahre 1948, erwächst aus dieser Beziehung.
In vielen Fällen ist zu vermuten, daß die Künstler als Menschen und in ihrer gesellschaftlichen Gesinnung eine größere Rolle für Celan spielen als deren

Werke. Dies dürfte für Picasso und dessen Haltung gegenüber dem spanischen Faschismus gelten wie für van Gogh, dessen angeblicher Wahnsinn mehr über diejenigen aussagt, die ihn bezeugen, als über van Gogh selbst. Spuren der Auseinandersetzung mit dem Schicksal van Goghs finden sich verstreut über fast zwei Jahrzehnte in Celans Lyrik.

1953 erscheinen die ›Notes sur la peinture d'aujourd'hui‹ von Jean Bazaine. Das Buch des der École de Paris zugehörigen Malers und Bildhauers löst in den Kreisen der Avantgarde beachtliche Diskussionen aus, die auch Celan miterlebt. Im folgenden Jahr äußert er gegenüber Rudolf Hirsch vom S. Fischer Verlag den Wunsch, das Werk ins Deutsche zu übersetzen. 1959 bringt Fischer die ›Notizen zur Malerei der Gegenwart‹ in der Übersetzung Paul Celans heraus. Wenn das Interesse Celans an der Malerei hier nicht konkret durch Kunstgegenstände angeregt ist, so wird es doch über den Gegenstand »Kunst« und auf jeden Fall theoretisch motiviert.

Auch der Pariser Dichter- und Freundeskreis um Celan – André du Bouchet, René Char und Jacques Dupin, um nur einige Namen zu nennen – hat engen Kontakt zu den berühmtesten Malern und Bildhauern der Zeit. Dupin leitet den Verlag der Galerie Maeght. Michel Leiris ist mit Picassos Galerie Kahnweiler/Louise Leiris verbunden. Alberto Giacometti, Joan Miró, Pierre Tal-Coat, Antoni Tàpies tragen dazu bei, daß Dichterportraits und groß- wie kleinformatige Buchausgaben mit Originallithographien entstehen. Eine Frauenfigur Giacomettis wird zur Titelgestalt der Zeitschrift ›L'Éphémère‹, die zugleich Forum für zeitgenössische Literatur wie bildende Kunst ist. Celan ist an diesem Projekt durch eigene Beiträge, später auch redaktionell beteiligt.

Man darf annehmen, daß Celans Verhältnis zur bildenden Kunst, ähnlich dem zur Literatur, entscheidend geprägt ist durch das jeweils vorgefundene Verhältnis eines Werkes zu der ihm vorausgehenden und der nun durch Rezeption möglich gewordenen Realität. Metapher, Bild, Abbild – ein jedes Momentaufnahme von Wirklichkeit und: Passage.

35 »Je vous serre la main« André du Bouchet und Paul Celan

Keine Frage: der Lyriker und Übersetzer André du Bouchet, der heute in Vanves im Süden von Paris und in Truinas im Département Drôme in Südfrankreich lebt, kann zu den wenigen gerechnet werden, die mit Celan in seinen Pariser Jahren, bis zum seinem Tod, befreundet waren und befreundet blieben. Beide begegnen sich bei den verschiedensten Gelegenheiten – und oft ist der Aspekt der Übersetzung von großer Wichtigkeit.

277 André du Bouchet, nahe seinem Wohnsitz in Truinas Photographie von François Lagarde (35.1)

1 André du Bouchet

Photographie, aufgenommen von François Lagarde in Truinas
Leihgabe: Mercure de France, Paris

Ein besonderes Licht auf ihre Verbindung wirft ein Geschenk, das Celan dem Freunde 1968 mit einem der fünfzig Exemplare des bibliophilen Druckes ›Todtnauberg‹ macht. Das Gedicht war in Vaduz als selbständige Veröffentlichung herausgekommen. Celan entwirft nun im Beisein du Bouchets eine »Wort-für-Wort«-Übersetzung seines eigenen Gedichtes ins Französische, die dieser sofort mitprotokolliert. Es ist eine der wenigen »Übertragungen« ins Französische, die von Celan bekannt sind.

2 Paul Celan: Todtnauberg

Vaduz: Brunidor 1968
Nr. 39 einer bibliophilen Ausgabe von 50 Exemplaren, signiert von Paul Celan.
Mit der handschriftlichen Widmung: »Dem Dichter André du Bouchet, / in Dankbarkeit / Paul Celan«
Aufgeschlagen ist Seite [8/9]
Leihgabe: André du Bouchet

3 Paul Celan: Todtnauberg

»Traduction dictée par Paul Celan« in der Handschrift André du Bouchets

1 Blatt (einliegend in Nr. 2)
Leihgabe: André du Bouchet

Für diese eher roh als wörtlich gebliebene Übersetzung paßt in mehrfacher Weise der dem Jargon des Lateinunterrichts entliehene Ausdruck »Holzübersetzung«: Wie heute weithin bekannt, hat ›Todtnauberg‹ Celans Erinnerung an seine Begegnung mit Martin Heidegger zum Vorwurf, an die gemeinsam beschrittenen »Knüppel-/pfade im Hochmoor«, an die Hoffnung auf ein Gespräch, das nicht stattfand, an die »Hoffnung, heute, / auf eines Denkenden / kommendes / Wort«. Statt dessen stellte sich »Krudes« ein. (GW II, S. 255f.)

Diese Erinnerung, dem Gedicht eingeschrieben, hat Celan für du Bouchet nicht übersetzt; er hat ihm auch nicht erzählt, vor welchen biographischen Hintergründen der Text steht. Was du Bouchet heute über das Gedicht weiß, weiß er aus seiner eigenen Lektüre, und Celan läßt dem Beschenkten die Freiheit, selbst die Knüppelpfade einer Aneignung durch das Gedicht zu beschreiten.

An anderer Stelle ist schon beschrieben worden, welches Gewicht die Freundschaft beider dadurch erhielt, daß du Bouchet Celan in den Jahren 1967–1970 für ›L'Éphémère‹ übersetzt, aber auch umgekehrt: Celan übersetzt du Bouchet.

Veröffentlichungen folgen im Jahr 1967. In diesem Jahr erscheinen im ersten Heft der Zeitschrift ›Akzente‹ zunächst die Übertragungen von vier Gedichten. Am 19. August 1967 veröffentlicht Celan in der ›Neuen Zürcher Zeitung‹ die fünfzehnteilige Gedichtfolge mit dem Titel ›Le moteur blanc‹/›Der weiße Motor‹. In beiden Fällen wählt Celan Gedichte aus, die ihrerseits in einen größeren Zusammenhang gestellt sind: Sie stammen aus dem Band ›Dans la chaleur vacante‹. (Paris: Mercure de France 1961)

278/279 Auf der gegenüberliegenden Seite: Celans Ansatz zu einer deutsch-französischen Übersetzung von ›Todtnauberg‹, niedergeschrieben von du Bouchet (35. 3)

Hatte Celan für ›Akzente‹ noch einzelne Gedichte ausgewählt, so überträgt er für die ›Neue Zürcher Zeitung‹ ein mehrteiliges »Großgedicht«. Die intensive Beschäftigung mündet schließlich in die Übersetzung und Veröffentlichung des ganzen Buches: ›Vakante Glut‹ erscheint 1968 bei Suhrkamp. Bearbeitet hat Celan die französische Vorlage, zwischen die Zeilen schreibend, seit dem 12. Juli 1967, dem Tag, an dem der Autor es ihm widmet. Am 1. November

Traduction dictée par Paul Celan

Arnica, euphraise, la

la gorgée de puits avec la

[étoile sculptée dans le bois — cube-dé]

cube-étoilé   au-dessus.

dans la

maison [hutte]

les   dans le livre

— de qui les noms transcrivit.

avant ~~[illegible]~~ le mien ? —

les lignes dans le livre

inscrites au - jour

d'un espoir, aujourd'hui,

d'une parole à venir (à venir incessamment)

d'un être qui pense

au coeur —

Terreau [de forêt] qu'ici pas aplanie,

Orchidée – orchidée –
s] s)

singulier, (un à un)

cru, plus tard, dans le trajet,

clairement,

celui qui nous voiture,

l'homme,

qui ~~l'ent~~ écoute ~~en~~ porte l'oreille [au Krudes],

le chemin de rondins à moitié foulé dans le marais des hauteurs
marécage

humide,

beaucoup.

1967 vermerkt Celan den Abschluß der Übersetzungsarbeiten unter dem letzten Gedicht.

4 André du Bouchet: Dans la chaleur vacante

Paris: Mercure de France 1961
Nr. 381 von 520 Exemplaren, mit der handschriftlichen Widmung André du Bouchets: »pour Paul Celan avec l'admiration et l'affection de André du Bouchet / 12 juillet 1967«
Mit Interlinearübersetzungen Celans
Aufgeschlagen ist Seite 102/103
Leihgabe: André du Bouchet

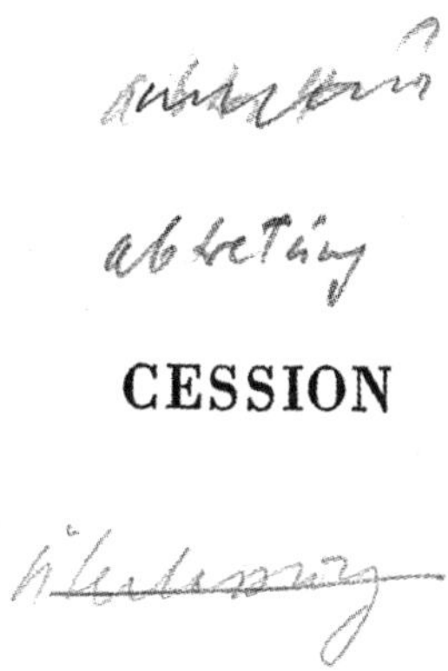

Die Doppelseite zeigt einen Moment des Zögerns. Celan ist unsicher, welchen Titel er dem letzten Gedicht, ›Cession‹, geben soll, bis er sich nach zwei Streichungen schließlich für den Titel ›Abtretung‹ entscheidet. Der Umgang mit dem französischen Text wird noch an anderer Stelle auf symptomatische Weise sichtbar. Die Doppelzeile

280 Übersetzung eines Gedichttitels (35. 4)

> J'accède à ce sol qui ne parvient pas à notre
> bouche, le sol qui étreint la rosée.

übersetzt er handschriftlich

> Ich gelange auf diesen Boden, der nicht heraufreicht
> bis an unsern Mund, den Boden, der [?] den Tau umschlingt.

In der gedruckten Fassung heißt es dann:

> Ich gelange auf diesen Boden, der nicht heraufreicht bis
> an unsern Mund, den Boden, den der Tau umschlingt.
>
> *(GW IV, S. 341)*

Erscheint die Placierung von »bis« an das Ende der oberen Zeile noch als eine geringfügige Veränderung der Druckfassung gegenüber der Handschrift, so ist die Subjekt/Objekt-Umstellung im letzten Nebensatz bereits markanter. Die Handschrift legt nahe, daß Celan zunächst an die wörtliche Übersetzung des französischen Textes dachte, zumal der Bezug »sol/qui« (»Boden/der«) eindeutig ist. Gedruckt liest sich das »deutsche« Bild als Umkehrung des »französischen«, und man mag sich fragen, warum Celan offenbar sehr bewußt dem Bild in seiner Übersetzung eine derartige Dynamik einschreibt. Die Bedeutung dieser Handschrift weist jedenfalls weit über ihren bibliophilen Status hinaus.

Du Bouchet und Celan haben viele Briefe gewechselt, auch wenn sie beide in einer Stadt wohnten. Allein aus den letzten drei Lebensjahren Celans sind über vierzig Briefe du Bouchets erhalten. Sie vergegenwärtigen die gemeinsame Arbeit, die gemeinsamen Lebensstationen, die Orte und Augenblicke ihrer Begegnungen. »Votre amitié«, schreibt du Bouchet am 9. August 1967, »est pour moi le grand signe positif de ces dernières années«. Das »grand signe positif« widerspricht beredt dem Vorurteil vom misanthropen, hermetischen Celan.

Daß Übersetzungen ein stets wiederkehrendes Thema dieses Briefwerks sind, versteht sich fast von selbst. Und es gibt keinen Ort, an dem sich die Korrespondenten aufhalten, der dieses Thema ausschlösse. Aus der Dordogne bedankt sich du Bouchet für die Übertragung seines ›Moteur blanc‹:

Merci, cher Paul, pour l'envoi de votre admirable traduction – dans laquelle je me retrouve comme depuis longtemps il ne m'avait pas été
281 Celan grüßt du Bouchet (35. 5) donné de le faire en français. Je serai rentré la semaine prochaine – et vous fais signe dès mon retour. Je vous serre la main. André

Je vous serre la main

Paul

Danke, lieber Paul, für Ihre bewundernswerte Übersetzung – in welcher ich mich wiederfinde, wie es mir im Französischen seit langer Zeit nicht mehr vergönnt war. Ich werde nächste Woche zurück sein – und melde mich sofort nach meiner Rückkehr. Ich drücke Ihnen die Hand. André

Die Briefe du Bouchets enden meist mit einem »Händedruck«. Für Celan hat diese Geste eine große Bedeutung. So kann man in einem Brief an Hans Bender vom 18. Mai 1960 lesen: »Nur wahre Hände schreiben wahre Gedichte. Ich sehe keinen prinzipiellen Unterschied zwischen Händedruck und Gedicht.« *(GW III, S. 177)*

Der hohe Ton reicht manchmal an Dichtung – Celan am 5. Januar 1969 an du Bouchet:

Instants majeurs, mon cher André, que j'ai passés et que je passerai encore au gré (sévère) de »...qui n'est pas tourné vers nous« – paroles ayant – oserai-je le dire? par deux fois – traversé le Chant, oui, lui, le seul accomodé à la vue vouée aux sceaux inaugurés par le paysage de l'autre côté, par la matière, soustraite et restituée mais toujours initiale, de ses phrases et frémissements. Je me suis, de nouveau, senti vivant et redevable à la Poésie.

Überwältigende Momente, mein lieber André, die sowohl hinter als auch vor mir liegen, im (strengen) Einvernehmen mit den Worten von »... qui n'est pas tourné vers nous« [»...was uns nicht zugewandt ist«] – Worten, die – wag ich es zu sagen? zweimal – das Feld des Gesangs durchquert haben, der, ja, der als einziger dem den Siegeln geweihten Blick angemessen ist, die, ihrerseits, eingeweiht sind durch die Landschaft der anderen Seite und durch den entwendeten und wieder ersetzten, allezeit jedenfalls initialen Stoff ihrer Sätze und ihres Zitterns. Ich fühlte mich aufs Neue am Leben und der Poesie zu Dank verpflichtet.

Mit »...qui n'est pas tourné vers nous« zitiert Celan den Titel eines soeben im achten Heft von ›L'Éphémère‹ erschienenen Gedichtes von du Bouchet. In seinem zwei Tage später geschriebenen Antwortbrief lüftet dieser fast nebenbei ein von ihm bis dahin durch Auslassungen gehütetes Geheimnis:

5 André du Bouchet an Paul Celan

[Paris], 7. Januar [1969]. Brief, 1 Blatt

Votre mot, cher Paul, aura déchiré en me parvenant cette brume au milieu de laquelle notre effort se poursuit si aveuglément: tout ce qui provient de vous a pour moi valeur de certitude et de confirmation. »Ce qui n'est pas n'est pas tourné vers nous« – n o u s le partageons du moins, et c'est par là que s'établit la vérité de notre rencontre. Voici l'instant dont je suis à la poésie – et à la poésie par vous – redevable.

Ihr Wort, lieber Paul, wird, indem es zu mir kommt, diese Nebelschwaden zerrissen haben, in deren Mitte sich unsere Anstrengung auf so blinde Weise fortsetzt: Alles, was von Ihnen ausgeht, ist mir von sicherndem und bestätigendem Wert. »Was nicht ist, ist uns nicht zugewandt« – w i r, zumindest, teilen dies, und genau von hier aus gilt die Wahrheit unserer Begegnung. Hier ist der Moment, der mich – und dies durch Sie – der Poesie zu Dank verpflichtet.

Die drei Auslassungspunkte des Titels werden nun durch »Ce qui n'est pas« / »Was nicht ist« ersetzt. Möglicherweise begegnen sich hier zwei verschiedene Auffassungen von Wirklichkeit. 1967 äußert du Bouchet in ›L'Éphémère‹ einen poetologischen Grundsatz: »Am Anfang von ›L'Éphémère‹ steht das Gefühl, daß es eine Annäherung an die Wirklichkeit gibt, für die das poetische Werk allein das Mittel ist.« Wirklichkeit existiert also für sich betrachtet, und sie entspringt nicht erst dem dichterischen Kunstwerk. Celans Auskunft 1958 der Librairie Flinker gegenüber rückt dazu in kontrastierende Nähe: Der Sprache der deutschen Lyrik

geht es, bei aller unabdingbaren Vielstelligkeit des Ausdrucks, um Präzision. Sie verklärt nicht, »poetisiert« nicht, sie nennt und setzt, sie versucht, den Bereich des Gegebenen und des Möglichen auszumessen. Freilich ist hier niemals die Sprache selbst, die Sprache schlechthin am Werk, sondern immer nur ein unter dem besonderen Neigungswinkel seiner Existenz sprechendes Ich, dem es um Kontur und Orientierung geht. Wirklichkeit ist nicht, Wirklichkeit will gesucht und gewonnen sein. *(GW III, S. 167f.)*

Bei aller Unterschiedlichkeit ihres Verständnisses von Wirklichkeit, die die beiden fast zehn Jahre auseinanderliegenden Zitate erkennen lassen, bleibt doch für du Bouchet wie für Celan die Poesie überhaupt – vor allem aber:

jetzt – ein Weg, dem es zu danken, den es dann neu zu gehen gilt. Und dieser Weg kann, wie gesehen, auch ein poetisch-poetologischer Engpaß in Briefen sein.

6 Hölderlin

Jahresversammlung der Hölderlin-Gesellschaft zum 200. Geburtstag von Friedrich Hölderlin (1770–1843) vom 20. bis 22. März 1970 in Stuttgart
Programmheft

Bei der Tagung der Hölderlin-Gesellschaft, die sich zwischen dem 20. und 22. März 1970 zur Feier von Hölderlins 200. Geburtstag in Stuttgart versammelt, treten du Bouchet, als französischer Hölderlin-Übersetzer, und Celan gemeinsam auf. Das Programm sieht vor, daß am 21. März um 17 Uhr Celan aus seinen jüngsten Gedichten liest, gefolgt von André du Bouchet, der einen Hölderlin-Vortrag halten wird. Du Bouchet entspricht dann aber der Bitte Celans, der lieber im Anschluß an den Vortrag lesen möchte, und tauscht mit ihm.

Du Bouchet hält seinen Vortrag auf Französisch. Die Anwesenden können ihn in der Übersetzung von Renate Böschenstein auf Deutsch mitlesen. Aber nicht nur auf diese Weise wird allen Beteiligten das Problem der Übersetzbarkeit vorgeführt. Der Vortrag selbst spricht von der Vielzahl von Sprachgrenzen, die sich dem Übersetzer als zum großen Teil unüberwindlich darstellen. Sie finden in dem von du Bouchet zitierten Hölderlin-Wort vom »Schwalbengeschrei« ihren poetischen Ausdruck.

In der Tagespresse, die den Schwerpunkt der Veranstaltung in der Auseinandersetzung mit Hölderlin sieht und nicht in der Lesung Celans, geschweige denn in den Bezügen zwischen seiner Lesung und dem Vortrag du Bouchets, werden diese beiden Programmpunkte nur am Rande erwähnt, wenn überhaupt. Gegen Celans Lesung wird das Argument der »Schwerverständlichkeit« vorgebracht (Frankfurter Allgemeine Zeitung, 24. März 1970); von »verrätseltem Sprachmaterial« ist an anderer Stelle die Rede (Süddeutsche Zeitung, 24. März 1970). Ein Rezensent glaubt zu wissen, daß »die Sprache des allerspätesten Hölderlin in der Sprache eines Dichters unserer Zeit, wenn das zu sagen erlaubt ist, ein endgültiges Ende findet« (Die Tat, 31. März 1970). *Eike Wolff in der ›Stuttgarter Zeitung‹ beschäftigt sich hingegen intensiv mit Vortrag und Lesung. Der Zusammenhang zwischen beiden Beiträgen wird hier zumindest angedeutet, und die Gewichtigkeit des poetisch Überlieferten bleibt, der Veranstaltung entsprechend, fast bedrohlich gegenwärtig.*

7 Eike Wolff: Rückwärtsgesprochene Namen

Paul Celan liest neue Gedichte
Ausschnitt aus: Stuttgarter Zeitung, Jg. 26, 1970, Nr. 68, S. 24

Hölderlin und Celan. Eine beschworene Gleichzeitigkeit kann beiden Dichtern zu feierlichem Anlaß immer gewiß sein. In deutschen Festakten wird das zu gern und allzu beredt als »innerliche« Koexistenz, Sache eines absoluten Vehikels namens »Genius« ausgewiesen, was gewöhnlich in reichem Maße maßvolle Ansprachen und gemessene Andächtigkeiten zur Folge haben muß. Die Ausnahme ereignete sich zu Ehren Hölderlins im Silchersaal der Stuttgarter Liederhalle. André du Bouchets Reflexionen über ›Hölderlin heute und das Ende der Dichtung‹ sowie Paul Celans Lesung eigener, bisher unveröffentlichter Gedichte kommentierten ihr Eins-Sein im Schweigen – durch Verschweigen.
André du Bouchet, französischer Lyriker, Literaturwissenschaftler und Freund Celans, sprach von Hölderlin als dem Setzer von »Zeichen ... deutungslos«. Von der Chiffre Hölderlin, durchsichtig von Schweigen, dunkel von Mühe, dem nichts bedeutenden »Barbarenwort« für die Dauer eines Atems Bedeutung, Leben, Licht zu geben. Das Wort: Fluchtpunkt zwischen Stummheit und Vergessen, keine Stätte des Verweilens, ungewisser Umkehrpunkt zu einer unbekannten Station, »wo das Schweigen, vielleicht als ein festes Ding wird erblickt werden« können.
Paul Celans Gedichte sind zu Worten kristallisiertes Schweigen. Celan las Gedichte aus einem Gedichtband, der im Herbst bei Suhrkamp erscheinen soll. Sein Titel ist ›Lichtzwang‹. Nie zuvor scheint Paul Celan so bedrängend, bestürzend jener Grenze nahe gekommen zu sein, an der

sich dem Leser und Hörer seiner Gedichte Echo und Interpretation verschließen.

Vieles von dem, was du Bouchet und Celan verbindet, kann zurecht im Schweigen angesiedelt werden. Doch darf man dieses Schweigen nicht allein im Weiß von Papierseiten in Büchern oder Briefen vermuten. Wo man danach suchen muß, hat Yves Peyré erkannt, der über du Bouchets Gedichte schreibt:

Das Weisse, die Leerstellen am Rand, die Leerstellen oder Zwischenräume zwischen den Wörtern sind nicht das Schweigen, sondern ganz einfach die Syntax, die dem Zwang des Rhythmus nachgegeben hat; Gelenk- oder Bruchstellen, die im Hinblick zunächst auf die Sprache und dann die Typographie Tatsachen des Lichts sind. Das Schweigen liegt anderswo, denn auch wenn es in den Gedichten André du Bouchets unfehlbar anwesend ist, so hält es sich doch in den Wörtern auf, die sich ihrerseits im Zustand einer übergroßen Spannung zwischen Schweigen und Sprechen befinden. Der Buchdruck macht es freilich deutlich genug, während es das Sprechen beseitigt, auch wenn es auf seinem Höhepunkt, in einer Übersteigerung seiner selbst, das Schweigen lesbar macht. *(In der Richtigkeit einer Gefühlsbewegung. Übersetzt von Max Looser. In: Hommage an André du Bouchet. Katalog der Kunsthalle Schirn, Frankfurt am Main 1989, S. 34f.)*

36 »Begegnungen im Gedicht« – Robert Desnos und Jules Supervielle

In seiner Dankrede für den Bremer Literaturpreis sagt Celan:

Das Gedicht kann, da es ja eine Erscheinungsform der Sprache und damit seinem Wesen nach dialogisch ist, eine Flaschenpost sein, aufgegeben in dem – gewiß nicht immer hoffnungsstarken – Glauben, sie könnte irgendwo und irgendwann an Land gespült werden, an Herzland vielleicht. Gedichte sind auch in dieser Weise unterwegs: sie halten auf etwas zu. *(GW III, S. 186)*

Zu Herzland für ein Gedicht kann jeder werden. Wie gerät man an ein Gedicht? Es kommt mit der Post. Es steht in einem Buch, einer Anthologie oder Zeitschrift – es kommt dem Leser entgegen, und wenn dieser aufmerksam genug ist, wird er die Botschaft in Empfang nehmen. Für Celan ist die Dichtung ein Ort, an dem sich Menschen begegnen, selbst wenn sie sich im Leben vielleicht nicht begegnen konnten, und als Sinnbild für die verbindende Kraft der Dichtung gilt ihm eine gedachte Himmelslinie: der Meridian. In seiner ›Meridian‹-Rede sagt er über das Gedicht, es sei die »gestaltgewordene Sprache eines Einzelnen« (GW III, S. 198). Wie bei einer Flaschenpost kann es allerdings sein, daß der Absender bereits gestorben ist, wenn seine Nachricht gelesen wird. Die Lektüre wird so zu einem Gespräch über die Zeiten hinweg, und das Übersetzen zu einer Form des Gedenkens.

Zwei Namen gehören in diesen Zusammenhang: Robert Desnos (1900–1945) und Jules Supervielle (1884–1960). Seine Übertragungen von Gedichten dieser Autoren begreift Celan ausdrücklich als Hommage an die Verstorbenen. Supervielle hatte er kurz vor dessen Tod noch kennengelernt, Desnos war als Opfer der nationalsozialistischen Verfolgung umgekommen.

282 Auf der gegenüberliegenden Seite: Robert Desnos (36.1)

1 **Cinq poètes assassinés**
Saint-Pol-Roux, Max Jacob, Robert Desnos, Benjamin Fondane, André Chennevière
Textes choisis et préfacés par Robert Ganzo
Paris: Éditions de Minuit 1947
(Aus der Bibliothek Paul Celan)
Mit dem Datum der Erwerbung: »1. X. 1964«
Aufgeschlagen ist Seite 89: Robert Desnos. Photographie

Keinem imaginären Opfer (wie in Guillaume Apollinaires Erzählung ›Le poète assassiné‹), sondern fünf tatsächlich »Gemordeten Dichtern« widmet Robert Ganzo im zweiten Nachkriegsjahr ein Epitaph. Saint-Pol-Roux (1861–1940), einer der führenden Symbolisten, stirbt an den Folgen der Verletzungen, die ihm ein betrunken in sein Haus eingedrungener deutscher Soldat zufügte. Der Poet und Picasso-Freund Max Jacob (1876–1944) kommt nach seiner Verhaftung als Jude kurz vor seiner Deportation im französischen Lager Drancy ums Leben. Benjamin Fondane (1898–1944), Essayist und Kritiker, wird als Jude denunziert und in Birkenau getötet. André Chennevière (1908–1944), Zeitungsredakteur und Dichter, wird während des Pariser Befreiungskampfes von einem deutschen Soldaten als Kommunist erkannt und erschossen. Robert Desnos war in den zwanziger Jahren Mitglied der Pariser Surrealisten. Er entpuppt sich bei den von ihnen gepflegten und geliebten Traum-Sitzungen als geradezu ideales Medium, dichtet in Trance Alexandriner, gibt die unwahrscheinlichsten Wortspiele von sich und kritzelt ebenso symbolische wie prophetische Zeichnungen auf bereitliegendes Papier. Er ist einer der ersten Radioregisseure Frankreichs und arbeitet während des Krieges als Journalist, Film-, Schallplatten- und Kunstkritiker. Als Mitglied einer Widerstandsgruppe wird er am 22. Februar 1944 verhaftet, in ein Gefängnis nach Fresnes, dann in das Lager bei Compiègne gebracht und schließlich über Auschwitz, Buchenwald und Flossenbürg in das Arbeitslager von Flöha in Sachsen transportiert. Von dort schreibt er mehrere Briefe an seine Freundin Youki, darunter einen am 15. Juli 1944, in dem er ihr zum Geburtstag gratuliert und hoffnungsvoll von seinen Plänen erzählt:

Unser Leiden wäre unerträglich, wenn wir es nicht als vorübergehende Gefühlskrankheit ansehen könnten. Unser Wiedersehen wird unser

Leben mindestens dreißig Jahre lang verschönern. Ich für meinen Teil trinke einen großen Schluck Jugend, voller Liebe und Kraft werde ich zurückkommen! Bei der Arbeit ließ mich ein Geburtstag, mein Geburtstag, lange an Dich denken. Wird Dich dieser Brief zu Deinem Geburtstag rechtzeitig erreichen? Ich wollte Dir 100.000 Zigaretten schenken, zwölf Kleider von großen Modeschöpfern, die Wohnung in der Rue de Seine, ein Auto, das kleine Haus im Wald von Compiègne, das von Belle-Isle und einen kleinen Strauß für drei Groschen. Da ich nun nicht da bin, kauf Dir zumindest die Blumen, das Geld bekommst Du dann zurück. Den Rest verspreche ich Dir für später. [...] Was machen meine Bücher in der Druckerei? Ich habe viele Ideen für Gedichte und Romane. Es tut mir leid, weder die Möglichkeit noch die Zeit zum Schreiben zu haben. Du kannst Gallimard trotzdem schon einmal sagen, daß er ungefähr drei Monate nach meiner Rückkehr einen Liebesroman ganz neuer Art erhalten wird. Für heute beende ich diesen Brief. [...] Mein Liebes, ich küsse Dich so zärtlich, wie es die Ehrbarkeit in einem Brief gestattet, der durch die Hände der Zensur geht. *(Domaine public. Paris: Gallimard 1953, S. 406f.)*

Kurz nach Kriegsende, am 8. Juni 1945, stirbt Robert Desnos an den Folgen der Internierung, an Typhus und Entkräftung, in Theresienstadt. Celan wird von einem Bekannten auf ein Gedicht Desnos' aufmerksam gemacht und bietet es Alfred Andersch zum Abdruck in dessen Zeitschrift ›Texte und Zeichen‹ an.

2 Paul Celan an Alfred Andersch

[Paris], 18. Juli 1957. Brief, 1 Blatt

Sagten Sie nicht, ›Texte und Zeichen‹ gehe ein? Nun, ich bin kein Feind von Untergängen, ich war im ersten Heft mit dabei, ich will gern auch im letzten mit dabei sein.

Heute schickte man mir ein Gedicht von Robert Desnos, eines seiner letzten, geschrieben kurz vor seinem Untergang. Ich war sehr ergriffen, Sie wissen, dass Robert Desnos wenige Tage nach Kriegsende in Theresienstadt starb. Theresienstadt: Welcher anständige Mensch ist n i c h t in Theresienstadt gestorben?

Ich habe dieses Gedicht, es heisst ›Epitaph‹, übersetzt: die Uebersetzung ist nicht schlechter als das Original – you will easily understand, why. Drucken Sie nicht auf der ersten Seite von ›Texte und Zeichen‹ Worte ab, die von Toten stammen und trotzdem von heute sind? ›Epitaph‹ von Robert Desnos, geschrieben anno Domini 1944, gehört hierher. Ich tippe es in der Originalfassung für Sie ab – lesen Sie es. Wenn Sie finden, dass es in der letzten Nummer von ›Texte und Zeichen‹ seinen Platz hat, so gebe ich es Ihnen dann in der deutschen Fassung.

In die ersten beiden Hefte der 1955 gegründeten Zeitschrift hatte Andersch bereits Gedichte Celans und seine Übertragung von René Chars ›Der Schlange zum Wohl‹ aufgenommen. Auch für das letzte Heft nimmt er die ihm angebotene Desnos-Übertragung an; sie bleibt dennoch ungedruckt. Andersch erklärt am 28. Oktober 1957:

ich reiste Ende September in die Schweiz, bekam dort die asiatische Grippe und bin erst vor wenigen Tagen wieder zurückgekehrt. Daher ist Ihre Mahnung vom 26. September, das Gedicht von Robert Desnos betreffend, erst heute in meinen Besitz gelangt. Ich habe es im letzten Heft von ›Texte und Zeichen‹ nicht mehr untergebracht. Eine Masse Stehsatz bleibt übrig, und ich muß Sie bitten, dies zur Misere eines verfrüht aufgegebenen Unternehmens zu rechnen.

Der ›Brief eines Dichters an einen anderen‹ von Kleist eröffnet im ersten Heft die Reihe der »Worte, die von Toten stammen und trotzdem von heute sind«. Auf ihn folgen Kafka, Rimbaud, Büchner, Carlo Gozzi, Brecht, Nietzsche, Goethe und Gertrude Stein. Auch Lebende dürfen hier sprechen: Arp, Benn, Picasso, Saint-John Perse, Annette Kolb und Aragon. Im letzten Heft 1957 beschließen nun, anstelle von Robert Desnos, zwei Gedichte von Johannes Ernst Seiffert diese Reihe.

Am 1. Juni 1958 bittet Hans Magnus Enzensberger Celan um übersetzerische Mitarbeit an seinem Plan,

eine Chrestomathie der neueren Dichtkunst zusammenzurichten, also einen Band, der das Verständnis einer Sprache fördern soll, indem er Beispiele davon vorstellt.

Die »Chrestomathie« (darunter versteht man eine Sammlung nützlicher Texte oder Textauszüge für den Unterricht), die 1960 unter dem Titel ›Museum der modernen Poesie‹ erscheint, enthält Übertragungen Celans aus dem Russischen, Englischen und Französischen. Am 15. Juli 1960 teilt Enzensberger Celan mit, er habe jeweils vier Übersetzungen von Mandelstamm und Jessenin, zwei von Marianne Moore und zwei von Robert Desnos ausgewählt: ›Epitaph‹ sowie eine weitere mit dem Titel ›Das letzte Gedicht‹. Celan gibt seine Zustimmung – mit einer Ausnahme:

3 Paul Celan an Hans Magnus Enzensberger

Paris, 1. August 1960. Brief, 1 Blatt

›Das letzte Gedicht‹ von Desnos ist ... keineswegs sein l e t z t e s G e d i c h t; es ist vielmehr – aber das fiel mir erst später auf – ein Bruchstück eines früheren Gedichts, dem dann 1945, als man Desnos in der Nähe von Theresienstadt in einem sterbenden KZ-Häftling wiedererkannte, eine – angesichts der Umstände leicht zu verstehende – Selbständigkeit und »Letztheit« zuwuchs. Ich bin kein Freund solcher Mythen, auch da nicht, wo ihr Entstehen so verständlich bleibt; ich bitte Sie also, dieses Gedicht nicht aufzunehmen.

Das »frühere Gedicht« war bereits am 15. Juni 1926 unter dem Titel ›J'ai tant rêvé de toi‹ in der von den Pariser Surrealisten herausgegebenen Zeitschrift ›La révolution surréaliste‹ abgedruckt worden. Enzensberger antwortet am 12. August 1960:

Es gefällt mir gut, daß Sie Robert Desnos gegen die falsche Mythologisierung in Schutz nehmen, der sein sogenanntes »Letztes Gedicht« ausgesetzt ist. Davon wußte ich nichts. Und das war keineswegs der Grund, warum ich das Gedicht gewählt habe. Es ist mir lieb, und außerdem in der Komposition des ganzen Buches schwer entbehrlich. Deshalb möchte ich Ihnen den folgenden Ausweg vorschlagen: Offensichtlich stammt die Überschrift nicht vom Dichter selbst. Wir brauchen uns also nicht daran gebunden fühlen und können das Gedicht ohne diesen Titel abdrucken.

Damit wäre der Legende, besonders hier zulande, wo sie sich noch gar nicht herumgesprochen hat, der Boden entzogen; das Gedicht wäre so zu retten.

Celan schlägt am 16. August einen anderen Ausweg vor:

Ja, was kann nun getan werden, um das Desnos-Gedicht zu retten? ich glaube, es gibt nur einen Weg: den Titel in Anführungszeichen zu setzen (»Le dernier Poème« / »Das letzte Gedicht«).

Außerdem bittet er noch um die Korrektur zweier Zeilen. Beide Wünsche wird der Herausgeber berücksichtigen.

»Das letzte Gedicht«

Vor lauter Von-dir-Träumen,
lauter Gehn, lauter Sprechen
mit deinem Schatten,
lauter Ihn-Lieben,
bleibt mir nun nichts mehr von dir,
bleibt mir nur dies:
der Schatten Schatten zu sein,
der Schatten-Schemen,
der ein und aus geht
bei deinem sonnigen Leben. *(GW IV, S. 803)*

4 Museum der modernen Poesie

eingerichtet von Hans Magnus Enzensberger
Erstes bis siebentes Tausend
Frankfurt am Main: Suhrkamp Verlag 1960
(Aus der Bibliothek Paul Celan)

Das ›Museum der modernen Poesie‹ ist kein Mausoleum. Ausgestellt wird hier eine poetische Epoche, die uns noch brennend nah und doch schon historisch ist. Diese mittlere Distanz macht es möglich, sie kritisch und aufmerksam, jenseits von blinder Feindschaft und blinder Parteinahme zu sehen: im Ganzen. […]

283 Umschlag
(36. 4)

284 Auf der gegenüberliegenden Seite: Jules Supervielle, seine Frau und Jean Paulhan in Saint-Gervais-la-Forêt

Von den Gedichten dieses Buches erscheint die kleinere Hälfte überhaupt zum erstenmal in deutscher Sprache. Weiteres ist hier aufbewahrt, was nur durch Zeitschriften oder verschollene Bücher bekannt geworden ist, anderes mußte für die Zwecke des Museums neu übersetzt werden. Wer unbefangen aber genau hinblickt, wird in den Stücken dieses Museums nicht leere Spielerei, sondern neue Ordnungen der Sprache, der Welterfahrung sehen: jedes dieser dreihundertfünfzig Gedichte spricht von etwas, spricht aus, was uns betrifft. *(Museum, Klappentext)*

Auch Jules Supervielle, Autor von Romanen, Erzählungen, Kindergeschichten, Theaterstücken und, vor allem doch, Gedichten, gehört zu den 96 Autoren dieses Bandes. Wie zwei weitere Dichter Frankreichs, Lautréamont und Jules Laforgue, wird er als Kind französischer Einwanderer in Montevideo geboren. Im Alter von acht Monaten verliert er bei einer Reise der Familie nach Frankreich beide Eltern. Er wächst in Uruguay auf, absolviert seine Schulzeit und sein Studium in Paris und überquert sodann regelmäßig – außer während des Krieges, den er in Uruguay verbringt – zweimal im Jahr den Atlantik. Seine Veröffentlichungen sowie seine Freundschaft mit Jean Paulhan, dem Leiter der einflußreichen Zeitschrift ›La Nouvelle Revue Française‹, verschaffen ihm Zutritt zu den literarischen Kreisen. Er korrespondiert mit Valéry, Gide und Rilke, schließt Freundschaft mit dem jungen Henri Michaux und wird so gewissermaßen zu einem Bindeglied zwischen zwei Dichtergenerationen. Rilke, den Supervielle 1924 kennengelernt hatte, schreibt ihm nach der Lektüre seines 1925 erschienenen Bandes ›Gravitations‹ einen bewundernden Brief, worin er ihn als »großen Brückenbauer im Raum« bezeichnet. Auch in der Zeit – hätte er hinzufügen können.

5 Jules Supervielle, seine Frau Pilar und ihre jüngste Tochter Anne Marie

Photographie (Reproduktion). Montevideo, um 1944
Leihgabe: Denise Bertaux

Jules Supervielle, sa femme et Jean Paulhan à St Gervais et Forêt (Loire)

6 Jules Supervielle, seine Frau Pilar und Jean Paulhan in Saint-Gervais-la-Forêt

Photographie (Reproduktion), um 1957
Leihgabe: Denise Bertaux

Henri Michaux, später ein guter Freund des rund zwanzig Jahre jüngeren Paul Celan, würdigt den wiederum fünfzehn Jahre älteren Jules Supervielle:

Wie viele junge Menschen, die ihrer selbst noch unsicher waren, die aus der Provinz kamen, wo die Poesie als schlechtes Alibi galt, als Drückebergerei, als ein Laster, dessen man sich schämte, sind in Paris zu ihrer Überraschung und Freude Jules Supervielle begegnet!

Sie fanden einen Mann vor, umgeben von einer Frau und Töchtern von bemerkenswerter spanischer Schönheit – einer idealen Familie, in der seine Gaben verehrt wurden –, der von Sympathie, Poesie, Großzügigkeit durchdrungen war, der nicht von Vergeltung, sondern von einem geschenkespeienden Vulkan *(L'Homme de la Pampa)* träumte, der nicht von einem Elfenbeinturm träumte, sondern davon, er stehle Kinder *(Der Kinderdieb)*, um den wohltuenden Anblick einer großen Familie noch zu vergrößern. [...] Mehr und mehr verließ er die gefährlichen Wege, handelte nach Art der Völker, die denjenigen »Schöner Herr! Guter Herr! Edler Freund!« nennen, den nur die Unvorsichtigen als »Tiger« bezeichnen, und gefiel sich darin, liebenswürdig und höflich zu sein mit Worten, Zuständen, Lebewesen, in einem unermeßlichen Bedürfnis, zu beruhigen, zu befrieden und mit dem Zauber der Worte, die das Reale ungefährlich machen, zu erreichen, daß die Dinge einfach und nicht furchterregend sind.

So macht er in aller Unschuld die Dinge sichtbar, eine Art von verstreutem Schatz, der bei einem allgemeinen Schiffbruch gerettet wurde, wie sie dem Blick eines erschöpften Genesenden erscheinen, fast ohne Zusammenhang, ohne Verbindung, wie sie einzig das wunderbare Ergriffensein nähren, daß man auf der Welt ist. Dann entschädigt ihn die Dichtung. Wer zu den unbelebten Wesen genauso ist wie zu den Menschen, verdiente mehr als jeder andere das Paradies auf Erden. *(In: La Nouvelle Revue Française, August 1954; zitiert nach: Vive la littérature! Französische Literatur der Gegenwart. Hrsg. von Verena von der Heyden-Rynsch. München: Hanser 1989, S. 181f. Übers. von Kristian Wachinger)*

Celan, der bereits 1957 ›Airs‹ von Jules Supervielle übersetzt hatte, will den Dichter gerne persönlich kennenlernen. Dank der Vermittlung durch Jean Bollack kommt es im Frühjahr 1960 zu einer Begegnung; kurz darauf, am 17. Mai 1960, stirbt Supervielle. Anfang Juni beginnt Celan, weitere Gedichte zu übertragen, zunächst vor allem aus dem 1925 erschienenen Band ›Gravitations‹, den schon Rilke bewundert hatte. Madame Pilar Supervielle bedankt sich am 23. Juni 1960 für Celans Beileidsbrief; zwei Tage später antwortet er ihr und legt die am selben Tag entstandene Übersetzung des Gedichtes ›Vivre‹ bei: ›Leben‹. Der Briefentwurf ist erhalten:

7 Paul Celan an Pilar Supervielle

Paris, 25. Juni 1960. Briefentwurf auf Büttenkarte

[Votre lettre] m'a conduit vers ce poème de Jules Supervielle: Vivre. J'ai essayé de cheminer à ses côtés, fidèlement, dans cette langue qui est la mienne. Je vous prie d'accepter cette traduction, avec mes très respectueux hommages.

[Ihr Brief] hat mich zu diesem Gedicht von Jules Supervielle geführt: Vivre. Ich habe versucht, treu, in dieser Sprache, die die meine ist, an seiner Seite zu gehen. Ich bitte Sie, diese Übersetzung mit dem Ausdruck meiner vorzüglichen Hochachtung anzunehmen.

8 Pilar Supervielle an Paul Celan

[Paris], 1. Juli 1960. Brief, 1 Blatt mit Umschlag

Cher Poète

Rien ne pouvait me toucher mieux que de vous savoir si près de mon mari. Merci pour ›Vivre‹ et le manuscrit qui l'accompagne que je garderai précieusement. Hier, à déjeuner, nous avons parlé longuement de vous avec Paulhan et Pierre Bertaux qui vous tient pour le plus grand poète de votre génération. Mais je ne vous apprends rien. Bien amicalement à vous

Pilar Jules Supervielle

285 Auf der gegenüberliegenden Seite: Sonderdruck der ›Neuen Rundschau‹ mit Celans Widmung an Beda Allemann (36.9)

Lieber Dichter, nichts konnte mich mehr berühren, als Sie meinem Mann so nah zu wissen. Danke für ›Vivre‹ und das Manuskript, das es begleitet und das ich sorgsam aufbewahren werde. Gestern beim Essen haben wir lange von Ihnen mit Paulhan und Pierre Bertaux gesprochen, der Sie für den größten Dichter Ihrer Generation hält. Doch ich erzähle Ihnen nichts Neues. In Freundschaft Ihre Pilar Jules Supervielle

Angeregt durch die Zustimmung von Pilar Supervielle und im Gedenken an den verstorbenen Dichter übersetzt Celan eine Anzahl weiterer Gedichte, wie er Rudolf Hirsch am 5. Juli 1960 wissen läßt:

Ich selbst habe in den letzten Tagen etwa zehn Gedichte von Jules Supervielle übersetzen können: ein Brief von Madame Supervielle hat das, neben der Erinnerung an meinen späten, ersten und leider auch einzigen Besuch bei Jules Supervielle, ausgelöst.

Noch in Supervielles Todesjahr druckt die ›Neue Zürcher Zeitung‹ in ihrer Sonntagsausgabe vom 4. Dezember 1960 sieben Übertragungen. Unter der Überschrift ›Begegnungen im Gedicht‹, eingeleitet von ›Vivre‹, stehen sie neben Gedichten von Nelly Sachs, von Giuseppe Ungaretti (übersetzt von Ingeborg Bachmann) und von David Rokeah (übersetzt von Erich Fried). Die Beschäftigung mit Supervielle wird schließlich zu einem ganzen Band mit 35 übersetzten Gedichten führen, der 1968 in der Insel-Bücherei erscheint. Zuvor noch veröffentlicht Celan 1961 elf Übersetzungen in der ›Neuen Rundschau‹:

9 Jules Supervielle: Gedichte

Sonderdruck aus: Die Neue Rundschau, Jg. 72, 1961, Heft 4, Seite 845–851
Mit handschriftlicher Widmung: »Für Beda Allemann, in Erinnerung an den Rilke-Brief vom 21. Dezember 1926, mit herzlichen Grüßen und Wünschen Paul Celan 27.3.62«
Leihgabe: Doris Allemann

In der Widmung dieser Übertragungen an Beda Allemann bezieht sich Celan auf einen der letzten Briefe Rilkes, den dieser am 21. Dezember 1926, kurz vor seinem Tod, aus der Klinik von Val-Mont an Supervielle geschrieben hatte. Der schwerkranke Rilke bedankt sich für eine Sendung, die ihm Supervielle ins Krankenhaus geschickt hatte. So schließt sich ein Kreis, so entsteht ein

 27.3.62

Vivre

Ich habe meinen Fuß
aufs Herz der Nacht gesetzt:
nun komm ich nicht mehr frei,
ich häng im Sternennetz.

Die Fernen zwischen mir
und meiner Hand, die schreibt.
Fern leb ich, fern dem Bett,
das Form und Stütze bleibt.

Du und dein Duft, du Tag
in Kreuzesnot! Und ihr,
ihr Vögel aus dem Wald,
ihr lau Umwehten friert!

Aus den Bäumen, ach, fallt ihr und fallt.

Chanson

Jesus, du kennst sie alle:
das Blatt, das Waldgrün bringt,
die Wurzel, die ihr Tiefstes
aufsammelt und vertrinkt,
die Angst des Taggeschöpfes,
wenn es sich nachthin neigt,
das Seufzen dieser Erde
im Raum, der sie umschweigt.
Du kannst den Fisch begleiten,

/ Ich habe Jules Supervielle kurz vor seinem Tode persönlich kennengelernt. Diese Übersetzungen wollen als Hommage à Supervielle gedacht. Das Kärest des

Briefes – "A Monsieur Monsieur Jules Supervielle" – habe ich vor Jahren anläßlich einer Rilke-Ausstellung in der Bibliothèque Ste Geneviève gesehen. – Ja, heißt's …/

Meridian, eine ideelle Verbindung von Rilke über Supervielle zu Celan. Dieser ergänzt die Widmung durch eine Erinnerung:

/ Ich habe Jules Supervielle kurz vor seinem Tode persönlich kennengelernt. Diese Übersetzungen waren als Hommage à Supervielle gedacht. Das Kuvert des Briefes – »A Monsieur

/ Monsieur Jules Supervielle« – habe ich vor Jahren, anläßlich einer Rilke-Ausstellung in der Bibliothèque Ste Geneviève, gesehen. – Der Meridian… /

37 Letzte Spuren: Jacques Dupin und Jean Daive

*Die Übertragungen der Gedichte von Jacques Dupin (*1927) und Jean Daive (*1941) gehören zu den letzten Arbeiten, die Celan vor seinem Tod fertigstellen kann. Er war mit beiden, in Paris lebenden Dichtern, vor allem mit Dupin, schon seit längerer Zeit bekannt und befreundet. Zu Celans Übertragungen der französischen Texte ins Deutsche kommt es aber erst Ende der sechziger Jahre.*
Am 13. April 1970 wird in der Bonner Galerie Wünsche eine Ausstellung über Jacques Dupin eröffnet. Im dazu erschienenen Katalog wird dem Besucher das Werk Dupins auf besondere Weise vorgestellt:

1 Jaques Dupin

Lyrik, Poèmes Illustrés, Partituren, Illustrierte Bücher, Lithographien, Monographien, Aufsätze, Ausstellungskataloge
Galerie Wünsche Bonn. 13. April bis 6. Juni 1970
Bonn 1970: Universitäts-Buchdruckerei
Nr. 294 von 500 Exemplaren
Auf dem Umschlag: Alberto Giacometti: Jacques Dupin. Lithographie, 1961

Der Katalog stellt die Poesie des Franzosen vor und läßt dessen schöpferische Nähe zu anderen Künstlern erkennen. Dupin hat sich in Aufsätzen und Monographien mit dem Werk vieler zeitgenössischer Maler auseinandergesetzt, darunter Max Ernst, Alberto Giacometti, Wassily Kandinsky, Joan Miró und Antoni Tàpies.
Bis 1970 sind zahlreiche Künstler-Illustrationen einzelner Gedichte und ganzer Lyrikbände entstanden, auch Komponisten nahmen sich seines Werkes an: es gibt zwei Vertonungen.

2 Antoni Tàpies und Hermann Wünsche

bei der Eröffnung der Ausstellung ›Jacques Dupin‹ in der Galerie Wünsche, Bonn, 13. April 1970. Photographie von Karl-Heinz Bast
Leihgabe: Lotte Wünsche

Der in seinen Anfängen surrealistische, später abstrakte Maler Antoni Tàpies illustriert Dupins Gedichtzyklus ›La nuit grandissante‹ für eine bibliophile Ausgabe; die Lithographien sind in der Bonner Ausstellung zu sehen.

286 Auf der gegenüberliegenden Seite: Jacques Dupin. Lithographie von Alberto Giacometti, auf dem Umschlag des Katalogs (37.1)

3 Jacques Dupin, Antoni Tàpies: La nuit grandissante

Mit 11 Originallithographien von Antoni Tàpies
St. Gallen: Erker-Presse 1968
Exemplar No IV von XXX
Mit handschriftlichen Korrekturen von Jacques Dupin
Aufgeschlagen ist Seite 38/39
Leihgabe: Collection Christine et Jacques Dupin

Es ist dieser Gedichtzyklus, den Paul Celan ins Deutsche überträgt und der unter dem Titel ›Die Nacht größer und größer‹ im Ausstellungskatalog der Galerie Wünsche an erster Stelle und erstmalig veröffentlicht wird. Paul Celans Übertragungen der Dupin-Gedichte sind eigenwillig. Die Wörtlichkeit bei der Bearbeitung verbunden mit Celans Selbständigkeit in bezug auf die äußere Form, geben den Gedichten in ihrer deutschen Fassung stellenweise einen neuen Sprachduktus. Trotzdem verteidigen die Übertragungen vielleicht gerade in dieser Form den Anspruch, eine angemessene Entsprechung der französischen Vorlage zu sein. Dies belegt beispielhaft das ausgestellte Doppelblatt der St. Gallener Ausgabe im Zusammenhang mit dem Katalog und dem darin abgedruckten Gedicht ›Ich werde mich hinausstürzen‹. Die zugehörige Tàpies-Lithographie erkennt man auf der ausgestellten Photographie.

4 Jacques Dupin, Hermann Wünsche, Antoni Tàpies und Paul Rebeyrolle

bei der Eröffnung der Ausstellung ›Jacques Dupin‹ in der Galerie Wünsche, Bonn, 13. April 1970. Photographie von Karl-Heinz Bast
Leihgabe: Lotte Wünsche

Im Bonner ›General-Anzeiger‹ kann man am 14. April 1970 lesen:

Die Austellung Jacques Dupin […] trägt den Stempel des Außergewöhnlichen. Zum einen der Präsentation wegen, zum anderen, weil neben dem

französischen Lyriker Jacques Dupin vier international bedeutende Künstler den Weg in die Bundeshauptstadt fanden – ein nicht gerade häufiges Ereignis und ein Künstlertreffen, vergleichbar jenem, das einst August Macke in Bonn mit Robert und Sonja Delaunay, Franz Marc und Appollinaire [sic] arrangierte.
Antoni Tapies [sic], der für die Bonner Ausstellung das Originalplakat schuf, kam und wurde nicht müde – ebenso wie Dupin – zu signieren [...], nicht anders Valerio Adami, der derzeit in Ulm ausstellt und vorher in Paris einen großen Ausstellungserfolg verzeichnen konnte, weiterhin Giuseppe Santomaso, der berühmte Venezianer, der im Sommer bei Wünsche seine Bilder zeigt und Paul Rebeyrolle, den Maeght im Oktober in Paris ausstellt. *(Künstlertreffen in der Galerie Wünsche. In: General-Anzeiger (Bonn), 14. April 1970, S. 9)*
Anders als Jacques Dupin, Paul Rebeyrolle, Antoni Tàpies, Valerio Adami und Giuseppe Santomaso erscheint Celan nicht zur Vernissage. Sein Ausstellungsbeitrag entgeht der Aufmerksamkeit des Feuilletonisten.
Nach seiner Rückkehr von der Ausstellungseröffnung telefoniert Jacques Dupin am 17. April mit Paul Celan, vielmehr er versucht dies, denn, nachdem der Telefonhörer von Celan abgehoben wird (und Dupin zweifelt nicht, daß er es tatsächlich gewesen ist), ist es nur noch Dupin, der spricht. Celan legt schließlich auf. Am folgenden Tag schreibt Dupin ihm einen Brief, in dem er mögliche Unstimmigkeiten zwischen beiden ausschalten will, die er anläßlich des Ausstellungskatalogs bei Wünsche in Bonn vermutet, und bekräftigt Celan seine Freundschaft:
je regrette de vous avoir appelé au téléphone à un moment sans doute inopportun, et je préfère cette fois vous écrire. Votre silence m'a inquieté et fait craindre de vous avoir irrité ou blessé, de manière en tout cas bien involontaire. J'ai cherché en vain une explication. Ce ne peut être la façon dont votre traduction a été présentée dans le catalogue de Bonn car, si l'on peut préférer une autre typographie, on ne peut pas reprocher à l'éditeur son manque de soins ou de goût dans l'impression de ces textes. Que peut-il y avoir d'autre entre nous? Je n'ai pas le sentiment d'avoir manqué à l'amitié que je vous porte, et dont je vous renouvelle l'assurance. J'ai été

très touché que vous, Paul Celan, vous ayez traduit en allemand cette suite de poèmes dont je connais les insuffisances. J'espère vivement que vous me ferez un signe et que vous dissiperez le malaise et l'incertitude dans lesquelles je suis.

ich bedauere, Sie zu einem sicherlich ungelegenen Zeitpunkt angerufen zu haben, und ich ziehe es dieses Mal vor, Ihnen zu schreiben. Ihr Schweigen hat mich beunruhigt und ließ mich fürchten, Sie verärgert oder verletzt zu haben und dies ganz und gar ohne Absicht. Ich habe vergeblich nach einer Erklärung gesucht. Es kann nicht an der Art und Weise der Gestaltung Ihrer Übersetzung im Bonner Katalog liegen, denn, wenn man eine andere Typographie vorziehen kann, so kann man dem Herausgeber nicht fehlende Sorgfalt oder fehlenden Geschmack beim Abdruck dieser Texte vorwerfen. Was sonst könnte zwischen uns

287 Jacques Dupin, Hermann Wünsche, Antoni Tàpies, Paul Rebeyrolle bei der Ausstellungseröffnung. Photographie von Karl-Heinz Bast (37. 4)

stehen? Ich habe nicht das Gefühl, die Freundschaft verletzt zu haben, die ich Ihnen entgegenbringe und derer ich Sie erneut versichere. Es hat mich sehr berührt, daß Sie, Paul Celan, daß Sie diese Gedichtfolge, deren Unzulänglichkeiten ich kenne, ins Deutsche übersetzt haben. Ich hoffe innigst, daß Sie sich bei mir melden und das Unbehagen und die Unsicherheit vertreiben werden, in denen ich gefangen bin.

Auf die Umstände seiner Begegnungen mit Celan seit Anfang der fünfziger Jahre geht Dupin in einem kurzen Beitrag ein, den er in der spanischen Literaturzeitschrift ›Rosa cúbica‹ veröffentlicht:

Nous nous sommes vus souvent, tus souvent. Parfois un mot essentiel parmi des propos qui ne pesaient pas, crissement d'insectes, frottement de pierres. Je l'ai vu régulièrement quand il s'est joint à quelques amis écrivains qui faisaient, presque à contre-courant, la revue L'Éphémère. Aux côtés d'André du Bouchet, d'Yves Bonnefoy, de Louis-René des Forêts, de Michel Leiris et de moi, la présence de Paul Celan, ses contributions, sa vigilance ont été essentielles.

Il accepta, la dernière année de sa vie, de traduire une suite de mes poèmes. Il choisit des poèmes qui lui semblaient proches et qu'il désirait traduire. Mais leur titre ›La nuit grandissante‹ m'a paru, après coup, rejoindre ses hantises profondes. Plusieurs séances de travail chez lui, non loin de la Seine. Nous nous sommes penchés sur sa table. Il tenait à m'associer à son travail sur la langue, la double langue dont il cherchait jusqu'au vertige à trouver l'accord, les équivalences. Moments bouleversants pour moi où l'acuité de son écoute et de ses questions, les dérives nécessaires, la pesée du mot sur le trébuchet des correspondances, la saisie des sonorités et des rythmes me forcaient à relire, à redécouvrir, à récrire pour lui des poèmes presque déjà évaporés. *(In: Rosa cúbica. Revista de poesia. Invierno 1995–96: Paul Celan: Rosa de nadie. Barcelona 1996, S. 15)*

Wir sahen uns oft, schwiegen oft. Manchmal ein gewichtiges Wort in Zusammenhängen ohne wirkliche Bedeutung, Insektengeraschel, Steingeknirsche. Ich sah ihn regelmäßig, seit er sich einigen Dichterfreunden anschloß, die, fast entgegen allen Zeitströmungen, die Zeitschrift L'Éphémère machten. An der Seite von André du Bouchet, Yves Bonnefoy, Louis-René des Forêts, Michel Leiris und mir war die Gegenwart Paul Celans, waren seine Beiträge, seine Wachheit wesentlich.
Im letzten Jahr seines Lebens nahm er es auf sich, eine Folge meiner Gedichte zu übersetzen.

Er entschied sich für Gedichte, denen er sich nahe fühlte und die er zu übersetzen wünschte. Aber es schien mir später, als geselle sich ihr Titel ›La nuit grandissante‹ (›Die Nacht größer und größer‹) seinem abgründigsten Entsetzen bei. Mehrere Arbeitssitzungen in seiner Wohnung, nicht weit von der Seine. Wir beugten uns über seinen Tisch. Ihm lag viel daran, mich an seiner Arbeit an der Sprache zu beteiligen, der gedoppelten Sprache, für die er bis zum Schwindeligwerden den Einklang zu finden suchte, die Entsprechungen. Für mich: aufwühlende Momente, in denen die Genauigkeit seines Zuhörens und seiner Fragen, die notwendigen Abschweifungen, das Gewichten des Wortes auf der Goldwaage der Übereinstimmungen, das Erfassen der Klänge und Rhythmen mich zwangen, für ihn Gedichte wieder neu zu lesen, erneut zu entdecken, noch einmal zu schreiben, die sich schon fast verflüchtigt hatten.

Die gemeinsame Arbeit von Dupin und Celan an der Übersetzung führt zu Veränderungen des französischen Textes. Außerdem werden drei Gedichte für die Übersetzung gestrichen. Weitere Spuren sind nur durch Celans Typoskriptkorrekturen überliefert.

5 Jean Daive

Photographie von John Foley – Studio Opale
Leihgabe: Frédéric Maria/P. O. L.

Von der Übersetzungsarbeit mit Jean Daive sind mehr schriftliche Zeugnisse überliefert. Verschiedene Anlässe führen die beiden zusammen. Zunächst spielen Übersetzungen ins Französische die größere Rolle. Daive übersetzt, mit Hilfe des Verfassers, Celans Gedicht ›Engführung‹ / ›Strette‹ für das vierte Heft der Zeitschrift ›L'Éphémère‹. (S. 74–89) Von der Arbeit am Gedicht ›Chymisch‹ besitzt Daive jeweils zwei Blätter eines Typoskripts, mit Durchschlägen, die Korrekturen beider zeigen: Daive nimmt handschriftliche Streichungen und Ergänzungen auf dem Durchschlag auf Anweisungen von Celan vor.
*Wiederum eine Arbeit für ›L'Éphémère‹, diesmal erscheint sie im zwölften Heft (Hiver 1969, S. 520–531), bringt Daive und Celan zu einer dritten deutsch-französischen Übersetzung an einen Tisch. Es handelt sich dabei um die Gedichtsammlung ›Solange das Spiel dauert‹ von dem heute in Stuttgart lebenden Dichter Johannes Poethen (*1928). Daive und Celan bearbeiten gemeinsam den von Poethen zugesandten Durchschlag eines Typoskripts und übersetzen nach einer Auswahl Celans acht Gedichte, wovon dann fünf in*

288 Auf der gegenüberliegenden Seite: Jean Daive (37. 5)

›L'Éphémère‹ abgedruckt werden. Auf Wunsch von Celan wurde sein Name in der Zeitschrift nicht genannt, weshalb bis heute Daive als alleiniger Übersetzer gilt.

Dieses Zeugnis nimmt eine ausgesprochene Sonderstellung ein. Es ist schon außergewöhnlich, daß Celan an deutsch-französischen Übersetzungen mitwirkt. Diesmal betrifft Celans Mitarbeit aber nicht einen seiner eigenen Texte, sondern den eines Dritten. Der Titel der französischen Veröffentlichung, ›L'espace d'un jeu‹, geht auf einen Vorschlag Celans zurück. Daive hätte, so seine Auskunft vom 2. Februar 1997, wörtlicher übersetzt, etwa: »Aussi longtemps que dure le jeu«.

6 Johannes Poethen: Mère

Französisch von Paul Celan und Jean Daive
Typoskript (Durchschlag) mit handschriftlicher Korrektur von Paul Celan, 2 Blatt
Gemeinsam übersetzte Auswahl von Gedichten aus der Sammlung ›Solange das Spiel dauert‹ (I–VIII)
Ausgestellt ist die erste Seite von III
Leihgabe: Jean Daive

Celan schlägt in der Korrektur als wörtliche Entsprechung für »Nährmutter« die französische »mère nourricière« vor, wo im Typoskript verkürzend »mère« steht. Dem wird im ›L'Éphémère‹-Abdruck nicht entsprochen; hingegen werden zur Annäherung an den deutschen Text zwei Verse getauscht.

Die umfangreichste Zusammenarbeit mit Jean Daive ist die Übertragung von dessen ›Décimale blanche‹, sie wird – laut Daive – gegen Ende des Jahres 1969 beendet. Zuvor hatte Celan bereits am 14. Dezember 1969 in der ›Neuen Zürcher Zeitung‹ fünf Übersetzungen von Daives Gedichten veröffentlicht. (Jean Daive: Décimale blanche. In: Neue Zürcher Zeitung, Nr. 726, 14. Dezember 1969, S. 49)

1970: ein Neujahrsanruf bei Daive meldet die zweite abgeschlossene Übertragung ins Deutsche. Fertiggestellt hat Celan inzwischen wohl zumindest seine Interlinearübersetzung, angeblich ist kurze Zeit später sogar ein Typoskript an den Suhrkamp Verlag abgeschickt worden. Am 9. Februar 1970 schreibt Celan an Siegfried Unseld, daß er ›Décimale blanche‹ übersetzt habe und diese Arbeit dem Verlag demnächst vorlegen wolle. Von einem Typoskript fehlt aller-

dings bis heute jede Spur; das einzige Zeugnis ist Celans handschriftliche Interlinearübersetzung in der Originalausgabe von 1967. (Paris: Mercure de France 1967) *Diese ist durch ihre Farbigkeit (Kugelschreiber- und Bleistifteintragungen in Blau, Grau und Schwarz) auch graphisch so interessant, daß Gisèle Celan-Lestrange sie 1977 vom Suhrkamp Verlag faksimilieren läßt.*

7 Jean Daive: Decimale Blanche

Poème
Band 1: Faksimile der Ausgabe Paris: Mercure de France 1967
Band 2: Übertragung von Paul Celan. Transkription der Handschrift
Vorbemerkung: Rolf Bücher
Frankfurt am Main: Suhrkamp Verlag 1977
Nr. 144 von 500 Exemplaren
Aufgeschlagen ist Band 1, Seite 20/21

Daive hatte Celan schon Anfang der sechziger Jahre Typoskripte der ›Décimale blanche‹ zugesandt, auf die Celan zunächst nicht reagierte. Erst als er den Text erneut liest, wird er aufmerksam und versucht über André du Bouchet, mit Daive in Kontakt zu kommen. Eine Freundschaft entsteht jedoch erst nach einer persönlichen Begegnung.

In Celans Besitz befindet sich ein Typoskript-Durchschlag, der Gedichtfolge, die allein durch ihre Farbigkeit schon als Illustration und zugleich Übersetzung des Textes in ein anderes Medium wirkt.

Die abgebildete Seite ist eine der wenigen aus dem Typoskriptkonvolut, die im Vergleich zu der Buchausgabe ›Décimale blanche‹ keine allzu großen Änderungen aufweist.

Jean Daive gehört in den letzten Jahren zu Celans engerem Freundeskreis. Er trifft ihn häufig, und so erkundigt sich Gisèle Celan-Lestrange auch bei Daive, als sie das Verschwinden ihres Mannes in der Nacht zum 20. April 1970 bemerkt, ob er vielleicht Genaueres wisse. Nachdem nahezu alle Hoffnungen, Paul Celan doch noch zu finden, aufgegeben werden, bleibt die zwar unwahrscheinliche, aber immerhin kleine Möglichkeit, daß er sich in seiner Wohnung abgeschottet hat. Daive schreibt infolgedessen am 24. April 1970 noch einen kurzen Brief:

289 Auf der gegenüberliegenden Seite: Celans Typoskriptdurchschlag von Daives ›Décimale blanche‹ (37.7)

Man sagt die Durchsichtigkeit komme vom Norden

on dit que la transparence vient du nord

la sienne venait du sel   die seine kam vom Salz

apparut   erschien

à la lumière des quatre décimales du nom

im Licht der vier Dezimalen des Namens

vu   appelé   malgré

gesehen   gerufen   trotz

Blau   hinunter

puis das Blau - das Blau im ~~Hinab~~ der Namens-

le bleu-le bleu et la descente dans la spirale du nom   spirale

par le contrepoids du cri   durchs Gegengewicht des Schreis

j'ai appelé C.   ich habe C. gerufen

oh l'alternance du bleu et du blanc dans l'heure

o das Alternieren von Blau und Weiß in der Stunde

puis

dann

8 Jean Daive an Paul Celan

Paris, 24. April 1970, 17.15 Uhr (Poststempel). »Pneumatique« (Rohrpostbrief)
1 Blatt mit Umschlag
Beiliegend das Typoskript des Gedichtes ›Ungewaschen, unbemalt‹ von Paul Celan und das Typoskript von Jean Daives Übersetzung, 2 Blatt

290/291 Jean Daive an Celan. Briefumschlag und Brief (37. 8)

292/293 Auf den nachfolgenden Seiten: Celans Gedicht ›Ungewaschen, unbemalt‹ in der Übersetzung von Daive (37. 8)

Der Brief wird mit der Rohrpost (»pneumatique«) zugestellt, was nicht nur die Auslieferung beschleunigt, sondern auch garantiert, daß die Post im Normalfall persönlich überreicht wird. Daive legt seinem Schreiben das Typoskript und die Übersetzung des ersten Gedichts aus dem ›Schneepart‹-Zyklus ›Ungewaschen, unbemalt‹ (GW II, S. 333) *Celan zur nochmaligen Ansicht bei. Er weist auf die Publikation der Übersetzung in dem – im Druck befindlichen – ersten Heft der Zeitschrift ›fragment‹ hin und fragt nach, ob er etwas für Celan tun könne:*

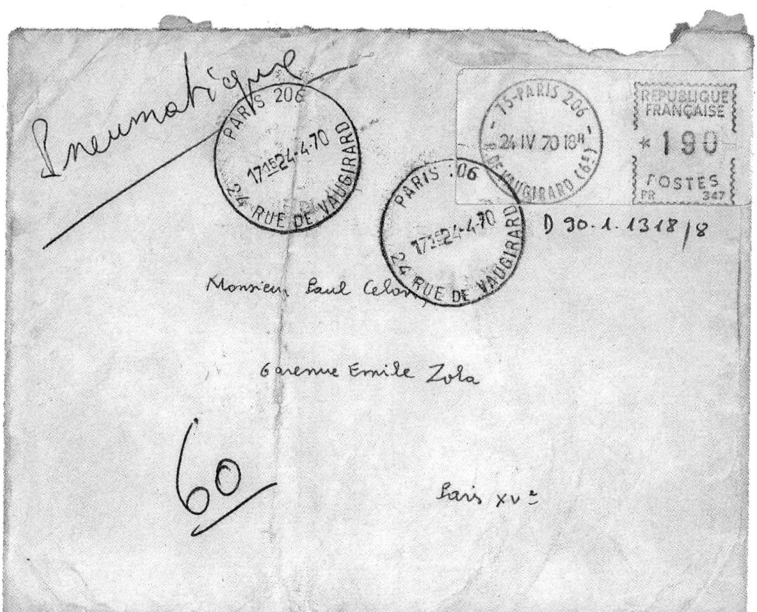

Cher Paul Celan

Voudriez-vous avoir la gentillesse de relire ce poème que vous m'aviez donné à traduire pour Fragment – sous presse.

J'espère que vous allez mieux : puis-je faire quelque chose ?

Ma fidèle amitié

Jean Daive

Ungewaschen, unbemalt,
in der Jenseits-
Kaue:

da,
wo wir uns finden,
Erdige, immer,

ein
verspätetes
Becherwerk geht
durch uns Zerwölkte hindurch,
nach oben, nach unten,

aufrührerisch
flötets darin, mit Narren-
beinen,

der Flugschatten im
irisierenden Rund
heilt uns ein, in der Sieben-
höhe,

eiszeitlich nah
steuert das Filzschwanenpaar
durch die schwebende
Stein-Ikone

NON LAVÉ, non maquillé,
dans la resserre
de l'au-delà,

où
nous nous trouvons,

toi,
terreuse, toujours,

une
drague lentement passe
à travers nous, nuée ardente,
du haut vers le bas,

quelque chose
d'insoumis siffle à l'intérieur sur
jambes de fou,

l'ombre qui fuit dans
le rond chatoyant
s'enracine en nous, dans les Sept-
Monts,

vers les périodes glaciaires
s'avance le couple de cygnes en feutre
dans la pierre-icône
suspendue.

voudriez-vous avoir la gentillesse de relire ce poème que vous m'aviez donné à traduire pour Fragment – sous presse.
J'espère que vous allez mieux: puis-je faire quelque chose?

hätten Sie die Freundlichkeit, dieses Gedicht noch einmal zu lesen, das Sie mir für ›Fragment‹ – im Druck – zum Übersetzen gegeben haben?
Ich hoffe, es geht Ihnen besser: kann ich etwas tun?

Anhang

Zum Katalog

Die ohne Angabe von Drucken oder Standorten zitierten Texte enstammen den Nachlässen des Deutschen Literaturarchivs. Zitate folgen möglichst den ausgestellten Originalen. Exponate aus den Beständen des Nachlasses von Yvan und Claire Goll sowie aus den Buchbeständen der Bibliothek Paul Celans wurden gesondert genannt. Der Abdruck handschriftlicher Dokumente folgt den Schreibgewohnheiten der jeweiligen Autoren; offensichtliche Schreibversehen wurden stillschweigend korrigiert. Eine Ausnahme bilden »Schreibfehler«, die für den jeweiligen Kontext von besonderem Interesse sind. Hier wurde versucht, eine vereinfachte »textkritische« Transkriptionsform zu finden, die jedoch eine präzisere Darstellung im Rahmen »historisch-kritischer Editionen« nicht ersetzen kann.

Die Übersetzungen der fremdsprachigen Textstellen stammen, sofern nicht anders angegeben, vom Verfasser des jeweiligen Kapitels.

Das Ausstellungsteam dankt allen Mitarbeitern des Deutschen Literaturarchivs für die engagierte und überaus freundliche Unterstützung bei den Vorbereitungen. Hervorgehoben seien an dieser Stelle besonders Ute Bruchhardt und Thomas Kemme, ohne deren Organisationstalent die große Zahl der eingesehenen handschriftlichen Materialien nicht mehr überschaubar gewesen wäre, Erich Wahl für zahlreiche Fahrten, sowie Eva Dambacher für ihre Hilfe bei den Korrekturen des »Satzes« und die »preußische« Titelaufnahme.

Für sachkundige, wissenschaftliche Beratung, briefliche Hinweise und lange Gespräche danken die Autoren – neben den Leihgebern – Jean-Paul Avice (Paris), Nicole Boyer (Paris), Gerhard Fritsch (Wien), André Guyaux (Paris), Hans Heinz Hahnl (Wien), Christoph König (Marbach), Jean-Pierre Lefebvre (Paris), Frédérique Maria (Paris), Elisabeth Raabe (Hamburg), Klaus Reichert (Frankfurt am Main), Wilhelm Schlüter (Darmstadt), Christine Schmidjall (Wien), Joachim Seng (Maintal), Alain Tourneux (Charleville) und Hermann H. Wetzel (Regensburg). Archiv-Recherchen vor Ort unternahmen Florence de Lussy und Nicole Prévôt (Paris).

Tatkräftige Unterstützung, persönliches Entgegenkommen und praktische Hilfe bei der Beschaffung der Leihgaben erfuhren wir vom Rumänischen Literaturmuseum (Bukarest), von Othmar Andrée (Berlin), Édith Bénézet (Paris), Zinaida Bonami (Moskau), Theo Buck (Aachen), Michael Dobstadt (Bonn), Lucian Geier (Augsburg), Jean Hugues (Paris), Herrn Kotzian (Augsburg), Utta Lange (Mainz), Alexander Laptchenko (St. Petersburg), Mariana und Ioan Gabriel Làzàrescu (Bukarest), Anna Lebedkova (St. Petersburg), François Maréchal (Paris), Gabriel Marcuson (Bukarest), Elena Mikhailova (Moskau), Isabelle Morengo (Paris), Gellu Naum (Bukarest), Herrn und Frau Petot-Saignes (Paris), Hans Werner Saß (München), Natalia Shakhalova (Moskau), Thomas Sparr (Frankfurt am Main) und vielen anderen, denen hiermit unser herzlicher Dank ausgesprochen sei.
Schließlich danken wir all denjenigen, die wir trotz intensiver Bemühungen nicht mehr rechtzeitig ausfindig machen und um die Abdruckrechte bitten konnten.

Das Ausstellungsteam

Abgekürzt zitierte Literatur

GW I–V: Paul Celan: Gesammelte Werke in fünf Bänden. Herausgegeben von Beda Allemann und Stefan Reichert unter Mitwirkung von Rolf [Bd.1: Rudolf] Bücher. Frankfurt am Main: Suhrkamp Verlag 1983.

Band I: Gedichte I. Mohn und Gedächtnis; Von Schwelle zu Schwelle; Sprachgitter; Die Niemandsrose.

Band II: Gedichte II. Atemwende; Fadensonnen; Lichtzwang; Schneepart.

Band III: Gedichte III. Der Sand aus den Urnen; Zeitgehöft; Verstreute Gedichte. Prosa. Reden.

Band IV: Übertragungen I. Zweisprachig. Übertragungen aus dem Französischen.

Band V: Übertragungen II. Zweisprachig. Übertragungen aus dem Russischen, Englischen und Amerikanischen, Italienischen, Rumänischen, Portugiesischen, Hebräischen.

FW: Paul Celan: Das Frühwerk. Herausgegeben von Barbara Wiedemann. Die rumänischen Texte wurden von Barbara Wiedemann ins Deutsche übertragen. Frankfurt am Main: Suhrkamp Verlag 1989.

BCA 10.2: Paul Celan: Schneepart. Historisch-kritische Ausgabe. 10. Band 2. Teil. Herausgegeben von Rolf Bücher unter Mitarbeit von Axel Gellhaus und Andreas Lohr-Jasperneite. Frankfurt am Main: Suhrkamp Verlag 1994.

Briefwechsel Celan/Sachs: Paul Celan; Nelly Sachs: Briefwechsel. Herausgegeben von Barbara Wiedemann. Frankfurt am Main: Suhrkamp Verlag 1993.

Briefwechsel Celan / Wurm: Paul Celan; Franz Wurm: Briefwechsel. Herausgegeben von Barbara Wiedemann in Verbindung mit Franz Wurm. Frankfurt am Main: Suhrkamp Verlag 1995.

W. Hamacher / W. Menninghaus: Paul Celan: Paul Celan: Herausgegeben von Werner Hamacher und Winfried Menninghaus. Frankfurt am Main: Suhrkamp Verlag 1988. (Suhrkamp Taschenbuch. Materialien. 2083)

Weitere verkürzt zitierte Quellen:

Werke Bd. 4: Ingeborg Bachmann: Werke. Band 4. Essays, Vermischte Schriften, Anhang. Herausgegeben von Christine Koschel; Inge von Weidenbaum; Clemens Münster. München, Zürich: R. Piper Verlag 1978.

Ivanović: Christine Ivanović: Das Gedicht im Geheimnis der Begegnung. Paul Celans Dichtung und Poetik im Kontext seiner russischen Lektüren. Tübingen: Max Niemeyer Verlag 1996. (Studien zur deutschen Literatur. Bd. 141)

Verzeichnis der Leihgeber

Pierre-Marcel Adéma, Paris
Doris Allemann, Bonn
Denise Bertaux, Sèvres
Linde Birk-Schlesak, Camaiore
Geneviève Bonnefoi, Centre d'Art Contemporain, Ginals
Yves Bonnefoy, Paris
Gabriele Bruckschlegel, Markt Indersdorf
Pierre Brullé, Paris
Rolf Bücher, Bonn
Eric Celan, Paris
Micheline Catti, Paris
Jean Daive, Paris
Nani und Klaus Demus, Wien
Stefan Eggert, Berlin
Louis-René des Forêts, Paris
Milo Dor, Wien
André du Bouchet, Vanves
Christine und Jacques Dupin, Paris
Guy Flandre, Paris
Dr. med. Walter Georgi, Berlin
Peter Goßens, Bonn
Volker Kahmen, Werner-Kraft-Archiv, Rheinbach
Noëmi Ruth Kraft, Köln
Andreas Lohr, Berlin
Renate von Mangoldt, Berlin
Claudia Mertz-Rychner, Frankfurt am Main
Pierre André Picon, Paris
Veit Relin, Sommerhausen am Main
Dierk Rodewald, Berlin
Clemens Schülgen, Köln/Wien

Edith Silbermann, Düsseldorf
Reinhard Tgahrt, Marbach
Erika Tophoven, Straelen
Barbara Wiedemann, Pfäffingen
Paul-Wolfgang Wührl, Cham
Lotte Wünsche, Bonn
Franz Wurm, Zürich
Privatsammlung

Bibliothèque littéraire Jacques Doucet, Paris
Bukowina-Institut, Augsburg
Casa Fernando Pessoa, Lissabon
École Normale Supérieure, Paris
S. Fischer Verlag, Frankfurt am Main
Carl Hanser Verlag, München
Heinrich-Heine-Institut, Düsseldorf
Historisches Archiv der Stadt Köln
Galerie Fred Jahn, München
Kunstsammlung Nordrhein-Westfalen, Düsseldorf
Mercure de France, Paris
Musée Arthur Rimbaud, Charleville-Mézières
Musée d'art et d'histoire, Saint-Denis
Musée d'art moderne Richard Anacréon, Granville
Nelly-Sachs-Archiv, Königliche Bibliothek Stockholm
Pharus Verlag, Berlin
P. O. L., Paris
Puschkinske dom, St. Petersburg
Rumänisches Literaturmuseum, Bukarest
Staatliches Literaturmuseum, Moskau
Stiftung Deutsche Kinemathek, Berlin
Stiftung Schweizerische Theatersammlung, Bern
Suhrkamp Verlag, Frankfurt am Main
Université de Tours, Faculté de Médecine

Personenregister

Die Ziffern verweisen auf die Seitenzahlen, die kursiv gesetzten auf die Abbildungen. Indirekte Erwähnungen wurden berücksichtigt.

Inhalt

Fünfzig ›Marbacher Kataloge‹

Begründet unter dem Titel ›Sonderausstellungen des Schiller-Nationalmuseums‹, 1956ff., hrsg. von Bernhard Zeller; 1986 ff. hrsg. von Ulrich Ott; 1990ff. hrsg. von Ulrich Ott und Friedrich Pfäfflin. – Die Ziffern bezeichnen die Bände in der fortlaufenden Reihennumerierung.

1 Heinrich Heine als Publizist. Gedächtnisausstellung zu seinem 100. Todestag am 17. Februar 1956. Ausstellung und Katalog: Liselotte Lohrer. Vergriffen.

2 Deutsche Dichtung um 1900. Handschriften, Bildnisse, Drucke. Ausstellung und Katalog: Walther Migge. Vergriffen.

3 Hermann Hesse. Werk und Persönlichkeit. Ausstellung und Katalog: Bernhard Zeller und Walther Migge. Vergriffen.

3b Ricarda Huch. Gedächtnisausstellung zum 10. Todestag. Ausstellung und Katalog: Mitarbeiter der Handschriften-Abteilung. Vergriffen.

4 Rudolf Alexander Schröder. Zum 80. Geburtstag. Katalog: Hans-Henrik Krummacher. Vergriffen.

5 Die Großen und Vergessenen. Gestalten der deutschen Literatur zwischen 1870 und 1933. Handschriften, Bildnisse, Drucke aus dem Literaturarchiv der Deutschen Schillergesellschaft. Ausstellung und Katalog: Walther Migge. Vergriffen.

6 Friedrich Schiller, Leben und Wirkung. Eine Ausstellung zum Gedächnis der 200. Wiederkehr seines Geburtstages. Ausstellung und Katalog: Archivare und Bibliothekare des Schiller-Nationalmuseums. Vergriffen.

7 **Expressionismus. Literatur und Kunst. 1910–1923.** Ausstellung und Katalog: Paul Raabe und H. L. Greve unter Mitarbeit von Ingrid Grüninger. 5., nicht gekennzeichnete Auflage 1990. 22.-23. Tausend. 356 Seiten, 29 Abbildungen. DM 25,–. ISBN 3-928882-76-7

8 Albrecht Schaeffer. 1885–1950. Eine Gedächnisausstellung zum 75. Geburtstag des Dichters. Ausstellung und Katalog: Rosemarie Lorenz und Werner Volke. Vergriffen.

9 Weimar zur Goethezeit. Bilder, Drucke und Handschriften aus der Sammlung Erwin Redslob. Ausstellung und Katalog: Walther Migge und Rosemarie Lorenz. Vergriffen.

10 Gerhart Hauptmann. Leben und Werk. Eine Gedächtnisausstellung des Deutschen Literaturarchivs zum 100. Geburtstag des Dichters. Ausstellung und Katalog: Bernhard Zeller in Verbindung mit Anneliese Hofmann, Walther Migge, Erna Knorpp u. a.. Vergriffen.

11 Jean Paul. 1763–1963. Eine Gedächtnisausstellung zum 200. Geburtstag des Dichters. Ausstellung und Katalog: Eduard Berend, Werner Volke unter Mithilfe von Hilde Vater. Vergriffen.

12 Oskar Loerke. 1884–1964. Eine Gedächtnisausstellung zum 80. Geburtstag des Dichters. Ausstellung und Katalog: Reinhard Tgahrt, Tilman Krömer. Vergriffen.

13 Gestalten und Begegnungen. Deutsche Literatur seit dem Ausgang des 19. Jahrhunderts. Ausstellung und Katalog: Bernhard Zeller in Zusammenarbeit mit den Archivaren und Bibliothekaren des Deutschen Literaturarchivs. Vergriffen.

14 Dichter aus Schwaben. Ein Führer durch das Schiller-Nationalmuseum. Ausstellung und Katalog: Walther Migge unter Mitwirkung von Tilman Krömer, Werner Volke und Walter Scheffler. Vergriffen.

15 Die Insel. Eine Ausstellung zur Geschichte des Verlages unter Anton und Katharina Kippenberg. Ausstellung und Katalog: Bernhard Zeller in Verbindung mit Anneliese Hofmann, Tilman Krömer, Walther Migge, Werner Volke u.a. Vergriffen.

16 Auch ich in Arcadien. Kunstreisen nach Italien 1600–1900. Ausstellung und Katalog: Dorothea Kuhn unter Mitarbeit von Anneliese Hofmann und Anneliese Kunz. 3. Auflage. Vergriffen.

17 Theodor Heuss. Der Mann, das Werk, die Zeit. Ausstellung und Katalog: Eberhard Pikart unter Mitarbeit von Dirk Mende. Vergriffen.

18 Wilhelm Hausenstein. Wege eines Europäers. Ausstellung und Katalog: Walther Migge. Vergriffen.

19 Stefan George. 1868–1968. Der Dichter und sein Kreis. Ausstellung und Katalog: Bernhard Zeller, Werner Volke, Gerhard Hay unter Mitarbeit von Ingrid Kussmaul, Frauke von Tilly und Hildegard Tschirner. 2. Auflage. Vergriffen.

20 Theodor Fontane. 1819–1969. Stationen seines Werkes. Ausstellung und Katalog: Walther Migge unter Mitarbeit von Anneliese Hofmann und Ingrid Bode. Vergriffen.

21 Hölderlin. 1770–1970. Ausstellung und Katalog: Werner Volke unter Mitarbeit von Heidi Dick, Barbara Götschelt und Ingrid Kussmaul. 2. Auflage. Vergriffen.

22 Buchumschläge. 1900–1950. Aus der Sammlung Curt Tillmann. Ausstellung und Katalog: Walter Scheffler und Gertrud Fiege. Vergriffen.

23 **»Als der Krieg zu Ende war«. Literarisch-politische Publizistik 1945–1950.** Ausstellung und Katalog: Gerhard Hay, Hartmut Rambaldo, Joachim W. Storck. 4. Auflage 1995. 571 Seiten. 60 Abbildungen. DM 30,–. ISBN 3-929146-27-4

24 Jugend in Wien. Literatur um 1900. Ausstellung und Katalog: Ludwig Greve, Werner Volke. Unter Mitarbeit von Gudrun Gertschat, Birgit Kramer, Margot Pehle und Jutta Salchow. 2. Auflage. Vergriffen.

25 **Eduard Mörike. 1804 · 1875 · 1975.** Gedenkausstellung zum 100. Todestag. Texte und Dokumente. Ausstellung und Katalog: Bernhard Zeller, Walter Scheffler, Hans-Ulrich Simon, Anneliese Hofmann, Anneliese Kunz, Jutta Salchow. 2., durchgesehene Auflage 1990. 4.–5. Tausend. 528 Seiten, 49 Abbildungen. DM 30,–. ISBN 3-928882-79-1

26 Rainer Maria Rilke. 1875–1975. Ausstellung und Katalog: Joachim W. Storck in Zusammenarbeit mit Eva Dambacher und Ingrid Kussmaul. Vergriffen.

27 **Hätte ich das Kino! Die Schriftsteller und der Stummfilm.** Ausstellung und Katalog: Ludwig Greve, Margot Pehle, Heidi Westhoff. 1976. 444 Seiten, 16 unpag. Seiten. 85 Abbildungen. DM 25,–. ISBN 3-928882-80-5

28 Hermann Hesse. 1877 · 1977. Stationen seines Lebens, des Werkes und seiner Wirkung. Ausstellung und Katalog: Friedrich Pfäfflin, Albrecht Bergold, Viktoria Fuchs, Birgit Kramer, Ingrid Kussmaul in Verbindung mit Bernhard Zeller. 2. Auflage. Vergriffen.

29 **Rudolf Borchardt · Alfred Walter Heymel · Rudolf Alexander Schröder.** Ausstellung und Katalog: Reinhard Tgahrt und Werner Volke, Eva Dambacher, Hildegard Dieke. 1978. 640 Seiten, 265 Abbildungen. DM 25,–. ISBN 3-928882-82-1

30 Alfred Döblin. 1878 · 1978. Ausstellung und Katalog: Jochen Meyer in Zusammenarbeit mit Ute Doster. 3. Auflage. Vergriffen.

31 **Wieland · Schubart.** Ausstellung und Katalog: Dieter Sulzer und Werner Volke in Zusammenarbeit mit Heidi Westhoff. 3. Auflage 1993. 8. und 9. Tausend. 116 Seiten, 15 Abbildungen. DM 10,–. ISBN 3-92882-84-8

32 **Schiller.** Ausstellung und Katalog: Friedrich Pfäfflin in Zusammenarbeit mit Eva Dambacher. 2., durchgesehene Auflage 1990. 11.–13. Tausend. 236 Seiten, 71 Abbildungen. DM 15,–. ISBN 3-928882-85-6

33 **Hölderlin.** Ausstellung und Katalog: Werner Volke in Zusammenarbeit mit Adelheid Westhoff. 3., durchgesehene Auflage 1992. 10.–11. Tausend. 115 Seiten, 20 Abbildungen. DM 10,–. ISBN 3-928882-86-4

34 **Kerner · Uhland · Mörike. Schwäbische Dichtung im 19. Jahrhundert.** Ausstellung und Katalog: Albrecht Bergold, Jutta Salchow und Walter Scheffler. 3., durchgesehene Auflage 1992. 9.–10. Tausend. 207 Seiten, 72 Abbildungen. DM 12,–. ISBN 3-928882-87-2

35 **Cotta und das 19.Jahrhundert. Aus der literarischen Arbeit eines Verlages.** Ausstellung und Katalog: Dorothea Kuhn in Zusammenarbeit mit Anneliese Kunz und Margot Pehle. 2.Auflage 1995. 9.–10. Tausend. 160 Seiten, 58 Abbildungen. DM 15,–. ISBN 3-928882-88-0

36 **Das 20. Jahrhundert. Von Nietzsche bis zur Gruppe 47.** Ausstellung und Katalog: Ludwig Greve und Jochen Meyer in Zusammenarbeit mit Antje Bonitz, Viktoria Fuchs und Irina Renz. 2., durchgesehene Auflage 11.–12. Tausend. 336 Seiten, 82 Abbildungen. DM 20,–. ISBN 3-928882-89-9

Bernhard Zeller. Das Schiller-Nationalmuseum und seine Ausstellungen. 2. Auflage 1981, 16 Seiten, 11 Abbildungen. Dazu die Kataloge 31–36 in Kassette. DM 70,–. ISBN 3-928882-90-2

37 **Weltliteratur. Die Lust am Übersetzen im Jahrhundert Goethes.** Ausstellung und Katalog: Reinhard Tgahrt in Zusammenarbeit mit Ingrid Belke, Viktoria Fuchs, Huguette Herrmann, Irina Renz und Dieter Sulzer. 2., durchgesehene Auflage 1989. 4.–5. Tausend. 712 Seiten, 285 Abbildungen. DM 36,–. ISBN 3-928882-91-0

38 Klassiker in finsteren Zeiten. 1933–1945. Ausstellung und Katalog: Bernhard Zeller in Zusammenarbeit mit Friederike Brüggemann, Eva Dambacher, Hildegard Dieke und Friedrich Pfäfflin. Vergriffen.

39 **Schau-Bühne. Schillers Dramen 1945-1984.** Eine Ausstellung des Deutschen Literaturarchivs und des Theatermuseums der Universität zu Köln. Ausstellung und Katalog: Hans-Dieter Mück und Helmut Grosse in Zusammenarbeit mit Viktoria Fuchs und Margot Pehle (Deutsches Literaturarchiv Marbach am Neckar), Ulrike Köhler, Uwe Schareck, Sabine Barth und Horst Rondorf, (Theatermuseum der Universität Köln). 1984. 707 Seiten. 111 z.T. farbige Abbildungen. DM 30,–. ISBN 3-928882-92-9

40 S. Fischer, Verlag. Von der Gründung bis zur Rückkehr aus dem Exil. Ausstellung und Katalog: Friedrich Pfäfflin und Ingrid Kussmaul. 2. Auflage. Vergriffen.

41 **Gottfried Benn. 1886–1956.** Ausstellung und Katalog: Ludwig Greve in Zusammenarbeit mit Ute Doster und Jutta Salchow. 3., durchgesehene Auflage 1987. 7.–8. Tausend. 400 Seiten, 145 Abbildungen. DM 20,–. ISBN 3-928882-94-5

42 **Literatur im Industriezeitalter.** Ausstellung und Katalog: Peter-Paul Schneider, Hildegard Dieke, Helmut Gold, Irina Renz, Norbert J. Schürgers unter Mitarbeit von Klaus Beyrer. 2., durchgesehene Auflage 1987. 5.–6. Tausend. Zwei Bände mit der Eröffnungsrede von Carl Friedrich von Weizsäcker als Beilage. 1118 Seiten, 377 Abbildungen. DM 40,–. ISBN 3-928882-95-3

43 **Harry Graf Kessler. Tagebuch eines Weltmannes.** Ausstellung und Katalog: Gerhard Schuster und Margot Pehle. 3., durchgesehene Auflage 1996. 6.–7. Tausend. 544 Seiten, 216 z.T. farbige Abbildungen. DM 35,–. ISBN 3-928882-96-1

44 **»O Freyheit! Silberton dem Ohre ...« Französische Revolution und deutsche Literatur. 1789–1799.** Ausstellung und Katalog: Werner Volke, Ingrid Kussmaul und Brigitte Schillbach. 2., durchgesehene Auflage 1989. 4.–5. Tausend. 528 Seiten, 185 z.T. farbige Abbildungen. DM 30,–. ISBN 3-928882-97-X

45 **»Entlaufene Bürger«. Kurt Tucholsky und die Seinen.** Ausstellung und Katalog: Jochen Meyer in Zusammenarbeit mit Antje Bonitz. 1990. 732 Seiten. 225 z.T. farbige Abbildungen. DM 40,–. ISBN 3-928882-98-8

46 **Johannes Bobrowski oder Landschaft mit Leuten.** Ausstellung und Katalog: Reinhard Tgahrt in Zusammenarbeit mit Ute Doster. 1993. 834 Seiten, 277 z.T. farbige Abbildungen. DM 40,–. ISBN 3-928882-99-6

47 **Ricarda Huch. 1867–1947.** Ausstellung und Katalog: Jutta Bendt und Karin Schmidgall. Unter Mitarbeit von Ursula Weigl. 1994. 464 Seiten, 185 z.T. farbige Abbildungen. DM 30,–. ISBN 3-929146-13-4

48 **Konstellationen. Literatur um 1955.** Ausstellung und Katalog: Michael Davidis, Bernhard Fischer, Gunther Nickel, Brigitte Raitz. 1995. 479 Seiten, 180 Abbildungen, DM 36,–. ISBN 3-929146-28-2

49 **Carl Zuckmayer. 1896–1977. »Ich wollte nur Theater machen«.** Ausstellung und Katalog: Gunther Nickel und Ulrike Weiß. 1996. 528 Seiten, 176 z. T. farbige Abbildungen. DM 32,–. ISBN 3-929146-48-7

50 **»Fremde Nähe«. Celan als Übersetzer.** In Verbindung mit dem Präsidialdepartement der Stadt Zürich. Ausstellung und Katalog: Axel Gellhaus und Rolf Bücher, Sabria Filali, Peter Goßens, Ute Harbusch, Thomas Heck, Christine Ivanović, Andreas Lohr, Barbara Wiedemann unter Mitarbeit von Petra Plättner. 607 Seiten, 293 Abbildungen. DM 40,–. ISBN 3-929146-66-5

Neunundsiebzig ›Marbacher Magazine‹

Hrsg. von Bernhard Zeller; 1986 ff. hrsg. von Ulrich Ott. Redaktion: Friedrich Pfäfflin. 1976 ff. Abonnement über die Deutsche Schillergesellschaft möglich

1/1976 Goethe und Cotta. Bearbeitet von Dorothea Kuhn. Vergriffen.

2/1976 Hermann Kasack. Bearbeitet von Reinhard Tgahrt und Jutta Salchow. Vergriffen

3/1976 Gertrud von le Fort. Bearbeitet von Werner Volke. Vergriffen.

4/1977 Quodlibet. Bearbeitet von Dorothea Kuhn. Vergriffen.

5/1977 Lenau in Schwaben. Bearbeitet von Walter Scheffler. 3. Auflage. Vergriffen.

6/1977 Christian Wagner aus Warmbronn. Bearbeitet von Huguette Herrmann und Friedrich Pfäfflin. 3. Auflage. Vergriffen

7/1977 Heinrich v. Kleist. Zum 200. Geburtstag. Eine Privatsammlung. Vorgestellt von Helmut Sembdner. Vergriffen

8/1978 Franziska Gräfin v. Reventlow. Schwabing um die Jahrhundertwende. Bearbeitet von Hans Eggert Schröder. 2. Auflage. Vergriffen.

9/1978 Berthold Viertel im amerikanischen Exil. Bearbeitet von Friedrich Pfäfflin. 1978. Vergriffen.

10/1978 Hermann Sudermann, Portrait und Selbstportait. Bearbeitet von Dorothea Kuhn unter Mitwirkung von Anneliese Kunz aus den Beständen des Cotta-Archivs. Vergriffen.

11/1978 **Hölderlin in Tübingen.** Bearbeitet von Werner Volke. 3., durchgesehene Auflage 1990. 10.–13. Tausend. 80 Seiten, 9 Abbildungen (Sonderheft). DM 8,–. ISBN 3-928882-02-3

12/1979 Hermann Hesse. Bearbeitet von Walter Staudenmeyer. Vergriffen.

13/1979 **Die Scherenschneiderin Luise Duttenhofer.** Bearbeitet von Gertrud Fiege. 2., durchgesehene Auflage 1990. 6.–7. Tausend. 32 Seiten, 18 Abbildungen. Mit dem Marbacher Scherenschnitt-Büchlein als Beilage. (Sonderheft). DM 6,–. ISBN 3-928882-03-1

Extra-Ausgabe. Aus dem Marbacher Magazin gehobene Daten & Fakten, Reden, Verlautbarungen & Veröffentlichungen. Bernhard Zeller überreicht von seinen Mitarbeitern zum 19.9.1979. Vergriffen.

14/1979 Wilhelm Waiblinger. 1804–1830. Bearbeitet von Hans-Ulrich Simon. Vergriffen.

15/1980 **Der Dichter Konrad Weiß. 1880–1940.** Bearbeitet von Friedhelm Kemp und Karl Neuwirth. 2., durchgesehene Auflage 1980. 3. Tausend. 80 Seiten, 40 Abbildungen. (Sonderheft) DM 4,–. ISBN 928882-04-X

16/1980 Carl Sternheim. Aus dem bürgerlichen Heldenleben. Bearbeitet von Hans-Dieter Mück unter Mitwirkung von Fritz Leopold. Vergriffen.

17/1980 Texte und Zeichen. Für Alfred Andersch. Bearbeitet von Thomas Scheuffelen. Vergriffen.

18/1981 Wilhelm Hauff und der Lichtenstein. Bearbeitet von Friedrich Pfäfflin. Vergriffen.

19/1981 Eugen Claassen. Bearbeitet von Reinhard Tgahrt unter Mitarbeit von Huguette Herrmann, Gudrun Karlewski und Monika Waldmüller. Vergriffen.

20/1981 Wilhelm Raabe in Stuttgart. Bearbeitet von Jochen Meyer. Vergriffen.

21/1982 Karl May. Bearbeitet von Hans-Otto Hügel. Vergriffen.

22/1982 Wilhelm Lehmann. Bearbeitet von Ute Doster. Vergriffen.

23/1982 »Den Blick zum Belchen gewendet.« Johann Peter Hebel im Markgräflerland. Bearbeitet von Gerhard Moehring. Vergriffen.

24/1982 Jean Améry. Bearbeitet von Friedrich Pfäfflin. 2. Auflage. Vergriffen.

25/1983 In den Katakomben. Jüdische Verlage in Deutschland. 1933–1938. Bearbeitet von Ingrid Belke. 2. Auflage. Vergriffen.

26/1983 Das Innere Reich. 1934–1944. Eine »Zeitschrift für Dichtung, Kunst und deutsches Leben«. Bearbeitet von Werner Volke. Verzeichnis der Beiträge. Bearbeitet von Adelheid Westhoff. Vergriffen.

27/1983 **Mörike in Ochsenwang**. Bearbeitet von Thomas Scheuffelen. 2. Auflage 1987. 8.–11. Tausend. 80 Seiten, 30. z.T. mehrfarbige Abbildungen. (Sonderheft) DM 8,–. ISBN 3-928882-10-4

28/1983 **Der Dichter Christian Wagner.** Bearbeitet von Harald Hepfer und Friedrich Pfäfflin. Mit einem Beitrag von Peter Härtling. 2., durchgesehene Auflage 1990. 4.–5. Tausend. 80 Seiten, 18 Abbildungen. (Sonderheft) DM 8,–. ISBN 3-928882-11-2

29/1984 Malgré tout. Grieshaber mit seinen Freunden. Bearbeitet von Ludwig Greve. Vergriffen.

30/1984 Theodor Däubler. Bearbeitet von Friedhelm Kemp und Friedrich Pfäfflin. Vergriffen.

31/1984 »Von Schwarz zu Weiß«. Frans Masereel im literarischen Deutschland. Bearbeitet von Gertrud Fiege. Vergriffen.

32/1984 **»Mein ganzer Name ist Balthasar Friedrich Wilhelm Zimmermann«.** Bearbeitet von Günther Randecker und Thomas Scheuffelen. 1984. 15 Seiten, 22 Abbildungen, 1 Beilage. (Sonderheft) DM 3,–. ISBN 3-928882-13-9

33/1985 Broch · Canetti · Jahnn. Willi Weismann und sein Verlag. 1946–1954. Mit einer Bibliographie der Verlagsproduktion. Bearbeitet von Jochen Meyer. Vergriffen.

34/1985 **Max Kommerell. 1902–1944.** Bearbeitet von Joachim W. Storck. Mit einer Bibliographie von Eva Dambacher. 112 Seiten, 39 z. T. farbige Abbildungen, 1 Beilage. DM 8,–

35/1985 **Berlin – Provinz. Literarische Kontroversen um 1930.** Bearbeitet von Jochen Meyer. 2., durchgesehene Auflage 1988. 7. Tausend. 128 Seiten. 37 Abbildungen. DM 8,–. ISBN 3-92882-14-7

36/1985 **Berthold Auerbach. 1812–1882**. Bearbeitet von Thomas Scheuffelen. 1986. 112 Seiten, 47 Abbildungen, 1 Beilage. (Sonderheft) DM 10,–. ISBN 3-928882-15-5

37/1986 Ottilie Wildermuth. 1817–1877. Bearbeitet von Rosemarie Wildermuth. Vergriffen.

38/1986 Josef Hofmiller. Kritiker, Übersetzer, Essayist. Bearbeitet von Werner Volke in Verbindung mit Heidrun Güttinger. Vergriffen.

39/1986 **Justinus Kerner. Dichter und Arzt. 1786–1862.** Mit Einladungen, Gedichte von Justinus Kerner zu lesen von Hans Bender, Hans Magnus Enzensberger, Albrecht Goes, Peter Härtling, Ludwig Harig, Günter Herburger, Wulf Kirsten, Karl Krolow, Michael Krüger, Kurt Marti, Christoph Meckel, Peter Rühmkorf, Martin Walser, Werner Weber sowie Beiträgen von Uwe Henrik Peters, Thomas Scheuffelen und Kurt Seeber. Bearbeitet von Friedrich Pfäfflin und Reinhard Tgahrt. 2., durchgesehene Auflage 1990. 7.–10. Tausend. 112 Seiten, 87 Abbildungen, 1 Beilage. (Sonderheft) DM 10,–. ISBN 3-928882-17-1

40/1986 Gärten in Wielands Welt. Bearbeitet von Heinrich Bock und Hans Radspieler. Vergriffen.

41/1987 **Max Rychner und Zürich zum Beispiel**. Bearbeitet von Gerhard Schuster. 1987. 80 Seiten, 55 Abbildungen. Mit dem Beiheft: Aus dem Briefwechsel Max Rychner/Ernst Robert Curtius. Bearbeitet von Claudia Mertz-Rychner. 64 Seiten, 7 Abbildungen. DM 8,–. ISBN 3-928882-19-8

42/1987 Ludwig Uhland. 1787–1862. Dichter, Germanist, Politiker. Bearbeitet von Walter Scheffler und Albrecht Bergold. Mit einer Bibliographie von Monika Waldmüller. Vergriffen.

43/1987 Kurt Wolff. Ernst Rowohlt. Bearbeitet von Friedrich Pfäfflin. 2. Auflage. Vergriffen.

44/1987 Friedrich Theodor Vischer. 1807–1887. Bearbeitet von Heinz Schlaffer und Dirk Mende. Vergriffen

45/1988 Günter Eich. Bearbeitet von Joachim W. Storck. 2. Auflage. Vergriffen.

46/1988 Schillers Geburtshaus in Marbach am Neckar. Bearbeitet von Albrecht Bergold und Friedrich Pfäfflin. Vergriffen.

47/1988 **Siegfried Kracauer. 1889–1966.** Bearbeitet von Ingrid Belke und Irina Renz. 3. Auflage 1994. 7. und 8. Tausend. 128 Seiten, 56 Abbildungen, 1 Beilage, DM 20,–. ISBN 3-928882-24-4

48/1988 Albert Dulk, ein Achtundvierziger. Aus dem Lebensroman eines Radikalen. Bearbeitet von Jochen Meyer. Vergriffen.

49/1889 Theodor Haecker. Bearbeitet von Hinrich Siefken. Mit einer Bibliographie von Eva Dambacher. Vergriffen.

50/1989 **Abt Benedikt Knittel und das Kloster Schöntal als literarisches Denkmal.** Bearbeitet von Friedrich Albrecht. 1989. 112 Seiten, 40. z.T. farbige Abbildungen. (Sonderheft) DM 8,–. ISBN 3-928882-26-0

51/1989 Der photographierte Dichter. Bearbeitet von Michael Davidis und Mathias Michaelis. Vergriffen.

52/1990 **Franz Kafka. Der Proceß. Die Handschrift redet.** Bearbeitet von Malcolm Pasley, mit einem Beitrag von Ulrich Ott. 2., durchgesehene Auflage 1991. 7.–9. Tausend. 104 Seiten, 45 z.T. farbige Abbildungen. DM 10,–. ISBN 3-928882-27-9

53/1990 »Zweimal ist kein Traum zu träumen«. Die Weiber von Weinsberg und die Weibertreu. Bearbeitet von Rosemarie Wildermuth. Vergriffen.

54/1990 **Hermann Hesse. 1877–1962.** Bearbeitet von Volker Michels, Paul Rathgeber und Eugen Würzbach. 96 Seiten, 42 z.T. farbige Abbildungen, 1 Stoffmuster als Beilage. (Sonderheft) DM 10,–. ISBN 3-928882-29-5

55/1990 **Walter Benjamin. 1892–1940.** Eine Ausstellung des Theodor W. Adorno Archivs in Verbindung mit dem Deutschen Literaturarchiv. Bearbeitet von Rolf Tiedemann, Christoph Gödde und Henri Lonitz. 3., durchgesehene Auflage 1991. 10.–13. Tausend. 360 Seiten, 122 z.T. farbige Abbildungen. 2 Beilagen. (Dreifachnummer) DM 25,–. ISBN 3-928882-30-9

56/1991 **Von Stuttgart nach Berlin. Die Lebensstationen Hegels.** Bearbeitet von Friedhelm Nicolin. 1991. 100 Seiten, 64. z.T. farbige Abbildungen, 2 Beilagen. (Sonderheft) DM 10,–. ISBN 3-92882-31-7

57/1991 **Ludovike Simanowiz. Eine schwäbische Malerin zwischen Revolution und Restauration.** Bearbeitet von Gertrud Fiege. 1991. 80 Seiten, 36 z.T. farbige Abbildungen, 1 Beilage. DM 10,–. ISBN 3-92882-32-5

58/1991 **Prachtausgaben. Literaturdenkmale in Quart und Folio.** Bearbeitet von Ira Diana Mazzoni. 1991. 80 Seiten,. 34 z.T. farbige Abbildungen, 1 Beilage. DM 10,–. ISBN 3-92882-33-3

59/1991 **Der Stuttgarter Hoppenlau-Friedhof als literarisches Denkmal.** Bearbeitet von Udo Dickenberger, Waltraud und Friedrich Pfäfflin. 1992. 296 Seiten. 75 Abbildungen. Mit farbigen Vorsatzblättern von Josua Reichert und einer Beilage. (Doppel- und Sonderheft) DM 20,–. ISBN 3-92882-34-1

60/1992 **In der Sache Heinar Kipphardt.** Bearbeitet von Uwe Naumann und Michael Töteberg. Mit einer Bibliographie von Nicolai Riedel. 1992. 96 Seiten, 67 z.T. farbige Abbildungen, 1 Beilage. DM 10,–. ISBN 3-92882-35-X

61/1992 **Gustav Schwab. 1792–1850. Aus seinem Leben und Schaffen.** Bearbeitet von Brigitte Schillbach und Eva Dambacher. 1992. 96 Seiten, mit 70 z.T. farbige Abbildungen. DM 10,–. ISBN 3-92882-36-8

62/1992 **Taschenbücher im 19. Jahrhundert.** Bearbeitet von Karl-Heinz Fallbacher. 1992. 128 Seiten. 52 z.T. farbige Abbildungen. DM 12,–. ISBN 3-92882-37–6

63/1993 **Gertrud Kolmar. 1894–1943.** Bearbeitet Johanna Woltmann. 3., durchgesehene Auflage 1997. 7. Tausend. 184 Seiten, 93 z.T. farbige Abbildungen, 1 Beilage. (Doppelheft) DM 20,–. ISBN 3-92882-06-6.

64/1993 Mechtilde Lichnowsky. Bearbeitet von Wilhelm Hemecker. Vergriffen.

65/1993 **»Alles ... von mir«. Therese Huber (1764–1829). Schriftstellerin und Redakteurin.** Bearbeitet von Andrea Hahn und Bernhard Fischer. 2., durchgesehene Auflage 1995. 5. Tausend. 96 Seiten,. 32 z.T. farbige Abbildungen, 1 Beilage. DM 12,–. ISBN 3-929146-05-3

66/1993 **Annette von Droste Hülshoff und ihre literarische Welt am Bodensee.** Bearbeitet von Ulrich Gaier. 4., durchgesehene Auflage 1997. 12.–14. Tausend. 96 Seiten,. 47 z.T. farbige Abbildungen. (Sonderheft) DM 12,–. ISBN 3-929146-06-1

67/1994 **Ludwig Pfau. Ein schwäbischer Radikaler. 1821–1894.** Bearbeitet von Michael Kienzle und Dirk Mende. 1994. 120 Seiten. 68 Abbildungen. 2 Beilagen. (Sonderheft) DM 12,–. ISBN 3-929146-19-3

68/1994 **Vom Schreiben 1: Das weiße Blatt oder Wie anfangen?** Mit dem ersten Kapitel eines neuen Romans von Ludwig Harig. Bearbeitet von Friedrich Päfflin. 3., durchgesehene Auflage 1997. 7. Tausend. 112 Seiten. 73 Abbildungen. DM 12,–. ISBN 3-929146-20-7

69/1994 **Vom Schreiben 2: Der Gänsekiel oder Womit schreiben?** Mit einem Essay von Peter Härtling über Dichter und ihre Schreibgeräte. Bearbeitet von Sabine Fischer. 2., durchgesehene Auflage 1995. 5. und 6. Tausend. 92 Seiten. 58 Abbildungen. DM 12,–. ISBN 3-929146-21-5

70/1994 **Carl Julius Weber, der Demokrit aus Hohenlohe. 1767 – 1832.** Bearbeitet von Martin Blümcke. Mit der Diskussion über den Büchernachdruck in der Zweiten Württembergischen Kammer im Jahre 1821. Photographien von Roland Bauer. 1996. 108 Seiten,. 58 Abbildungen. (Sonderheft) DM 12,–. ISBN 3-929146-22-3

71/1995 **Else Lasker-Schüler. 1869 – 1945.** Bearbeitet von Erika Klüsener und Friedrich Pfäfflin. Mit einer Auswahl aus den Tagebüchern von Werner Kraft 1923-1945. Von Volker Kahmen. 3., durchgesehene und ergänzte Auflage 1997. 12. und 13. Tausend. 376 Seiten, 351 Abbildungen, farbige Vorsatzblätter. 1 Beilage. (Doppelheft) DM 25,–. ISBN 3-929146-26-6

72/1995 **Vom Schreiben 3: Stimulanzien oder Wie sich zum Schreiben bringen?** Mit einem Essay von Peter Rühmkorf: Durchgangsverkehr - Über das Verhältnis von Dichtkunst und Drogengenuß. Bearbeitet von Petra Plättner. 3., durchgesehene Auflage 1996. 7. Tausend. 112 Seiten. 46 Abbildungen. DM 12,–. ISBN 3-929146-29-0

73/1996 **Mord in der Bibliothek.** Eine Ausstellung des Studienganges Kulturpädagogik der Universität Hildesheim. Bearbeitet von Hans-Otto Hügel, Regina Urban und Hermann Hoffmann. 1995. 104 Seiten, 8 Abbildungen, 1 Bilderbogen als Beilage. DM 12,–. ISBN 3-929146-30-4

74/1996 **Vom Schreiben 4: Im Caféhaus oder Wo schreiben?** Mit einem Essay von Ursula Krechel über Schreiborte in Shanghai und anderswo. Bearbeitet von Rudi Kienzle. 2., durchgesehene Auflage 1996. 5. und

6. Tausend. 128 Seiten. 73 z.T. farbige Abbildungen. DM 12,–. ISBN 3-929146-42-8

75/1996 **Werner Kraft: 1896–1991.** Bearbeitet von Jörg Drews. 1996. 192 Seiten, 79 z.T. farbige Abbildungen. Mit dem Beiheft **Werner Kraft Eines schönen Tages.** Gedichte und Prosa. Ausgewählt von Volker Kahmen und Friedrich Pfäfflin. Mit Bildern von Ulrich Erben. 72 Seiten, 4 farbige Abbildungen. DM 18,–. ISBN 3-929146-47-9

Vorzugsausgabe: **Werner Kraft: Eines schönen Tages.** Gedichte und Prosa. Ausgewählt von Volker Kahmen und Friedrich Pfäfflin. Mit Bildern von Ulrich Erben. 72 Seiten auf 135 g schwerem Papier. 4 farbige Abbildungen. Ein signiertes Photo Werner Krafts / ein Manuskriptblatt als Beilage. DM 100,– / 120,–

76/1996 **Sebastian Sailer. 1714–1777. Chorherr, Dorfpfarrer, Dichter.** Bearbeitet von Hans Albrecht Oehler. 64 Seiten, 24 z.T. farbige Abbildungen. (Sonderheft) DM 12,–. ISBN 3-929146-49-5

77/1997 **Aus dem Hausrat eines Hofrats. Die Ausstellung in Schillers Geburtshaus.** Bearbeitet von Michael Davidis und Sabine Fischer. Photographien von Mathias Michaelis. 88 Seiten, 73 farbige Abbildungen, 1 Stammtafel. DM 12,–. ISBN 3-929146-63-0

78/1997 **Fritz H. Landshoff und der Querido-Verlag. 1933–1950.** Bearbeitet von Hans-Albert Walter. Mit einer Verlagsbibliographie. 288 Seiten, 192 Abbildungen. DM 18,–. ISBN 3-929146-62-2

79/1997 **Der Badische Hof. 1807–1830. Cottas Hotel in Baden-Baden.** Bearbeitet von Bernhard Fischer. 102 Seiten, 52. z.T. farbige Abbildungen. Mit einem Schattenwasserzeichen J. F. Cottas als Beilage. DM 12,–. ISBN 3-929146-61-4

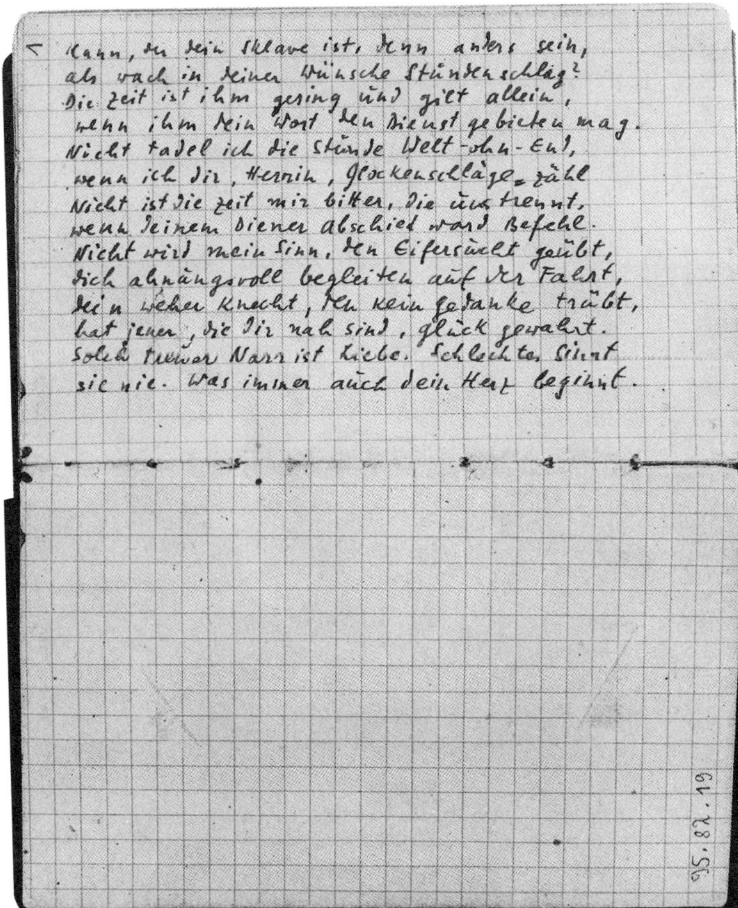
kann, der dein Sklave ist, denn anders sein,
als wach in deiner Wünsche Stundenschläg?
Die Zeit ist ihm gering und gilt allein,
wenn ihm dein Wort den Dienst gebieten mag.
Nicht tadel ich die Stunde Welt-ohn-End,
wenn ich dir, Herrin, Glockenschläge zähl
Nicht ist die Zeit mir bitter, die uns trennt,
wenn deinem Diener Abschied ward Befehl.
Nicht wird mein Sinn, den Eifersucht geübt,
dich ahnungsvoll begleiten auf der Fahrt,
dein weher Knecht, den kein Gedanke trübt,
hat jenen, die dir nah sind, Glück gewahrt.
Solch treuer Narr ist Liebe. Schlechtes sinnt
sie nie. Was immer auch dein Herz beginnt.

95.82.19

33 Notizbuch von 1942 mit dem Eintrag des 57. Sonetts von Shakespeare

34 Auf den folgenden Seiten: Celan und Rose Ausländer übersetzen Shakespeare, um 1944 (Leihgabe: Heinrich-Heine-Institut, Düsseldorf)

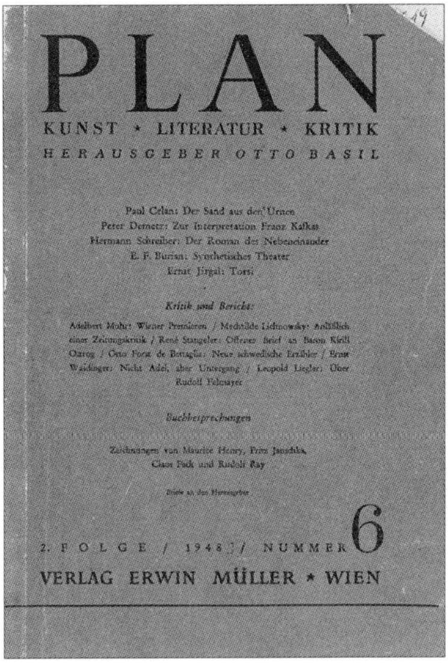
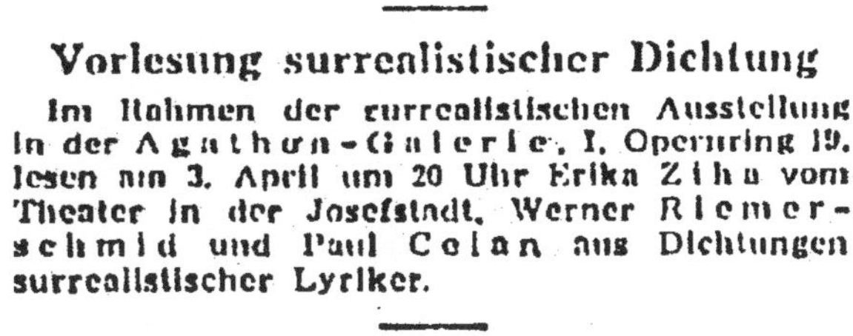
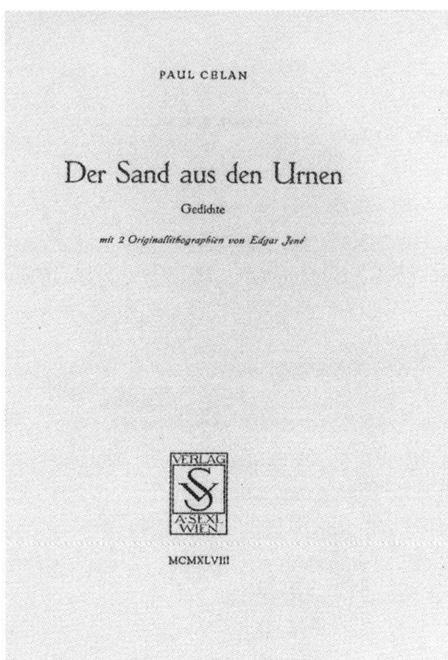

30.XI.60

SAINT-SIMON, Vendôme

Il était d'une taille ordinaire pour la hauteur, un peu gros, mais vigoureux, fort et alerte; un visage fort noble et l'air haut; de la grâce naturelle dans le maintien et la parole; beaucoup d'esprit naturel qu'il n'avait jamais cultivé, une énonciation facile, soutenue d'une hardiesse naturelle, qui se tourna depuis en audace la plus effrénée; beaucoup de connaissance du monde, de la cour, des personnages successifs, et sous une apparente incurie, un soin et une adresse continuelle à en profiter en tout genre; surtout admirable courtisan, et qui sut tirer avantage jusque de ses plus grands vices, à l'abri du faible du roi pour sa naissance; poli par art, mais avec un choix et une mesure avare; insolent à l'excès dès qu'il crut le pouvoir oser impunément, et en même temps familier et populaire avec le commun, par une affectation qui voilait sa vanité et le faisait aimer du vulgaire; au fond, l'orgueil même, et un orgueil qui voulait tout, qui dévorait tout. A mesure que son rang s'éleva et que sa faveur augmenta, sa hauteur, son peu de ménagement, son opiniâtreté jusqu'à l'entêtement, tout cela crût à proportion, jusqu'à se rendre inutile toute espèce d'avis, et se rendre inaccessible qu'à un nombre très petit de familiers et à ses valets. La louange, puis l'admiration, enfin l'adoration furent le canal unique par lequel on put approcher ce demi-dieu, qui soutenait des thèses ineptes sans que personne osât, non pas contredire, mais ne pas approuver.

Sa paresse était à un point qui ne se peut concevoir. Il a pensé être enlevé plus d'une fois pour s'être opiniâtré dans un logement plus commode, mais trop éloigné, et risqué les succès de ses campagnes, donné même des avantages considérables à l'ennemi, par ne se pouvoir résoudre à quitter un camp où il se trouvait logé à son aise. Sa saleté était extrême, il en tirait vanité; les sots le trouvaient un homme simple. Il était plein de chiens et de chiennes dans son lit, qui y faisaient leurs petits à ses côtés.

Bewunderung, endlich die Anbetung waren die einzigen Mittel, sich diesem Halbgott zu nähern, der ungereimte Sätze aufstellte, ohne daß jemand es wagte, ihnen nicht zuzustimmen, geschweige denn zu widersprechen.

12A
12
11
11A
ADOX R 17
10
10A
9

l'oignon — Le choix de cet hôtel comme lieu de rendez-vous et place publique de nos ébats et faire de cette endroit n'est pas encore fait et nous devons examiner au microscope d'ambre pareille à pareille les poils follets du sujet encore bien indécis

ACTE IIe

~~Scène~~ II

Le gros pied — Ne nous cachons pas d'ailleurs derrière le derrière de l'histoire que tout nous intéresse et nous imaginons les choix des témoins est fait et bien fait nous d'une tringle et nous tous les [illegible] s'échapper la fumée sur l'ardoise portée du compte à régler au propriétaire

Le silence — enchantant ses habitants — qu'il fait chaud nom de dieu

La cousine — Je ai déjà mis le chauffage tout à l'heure mais ça ne marche pas c'est renversant

l'oignon — il faudrait ramoner cette cheminée lumière elle fume

l'oignon — il serait préférable de construire l'année prochaine une plus jeune et avec en plus de souris et crapauds

La tarte — moi je aime mieux le chauffage central c'est plus propre

l'angoisse maigre — Ah que je m'ennuie

l'angoisse grasse — tais-toi on vient en visite

Le bout rond — au dodo au dodo savez-vous l'heure il est 2 hs — 1/4

Scène II

(changement de lumière)
lumière l'orage

Les rideaux s'agitant — quel orage quel nuit une véritable ~~[illegible]~~ une pestilencielle nuit de chine nuits ~~[illegible]~~ au porcelaine de chine. ~~obstinément [illegible]~~ nuit calme une nuit de chine nuit de tonnerre dans mon ventre maigre ~~[illegible]~~ nuit de ~~[illegible]~~ (musique de Saint Saëns (la danse macabre) (riant et pétant) ~~[illegible]~~ (des pieds la même romance à tomber sur le plancher et des feux follets courent sur la scène) ~~[illegible]~~

~~[illegible]~~

AE 18.3,1 I

~~Oh, quand refleuriront les roses de septembre~~

... à l'allemande, avant ...

Schwer-, Schwer-, Schwer-
fälliges, auf
Vorwegen. – Die
Söhne der Feme-Poeten verspeisen, lurchen und jiepern,
episteln. Geunktes, von Händen, bereift
der Name Samuel spürt, als Ab-schrift
datiert vom ~~Nimmerleinstag~~ Nimmermehrtag im September

– wann blühen, wann,
wannabblühendie, wannabblühenwirdiedie
Septemberrosen? Du tue, zitiert ein
Groß ~~[illegible]~~ gespiegelter, ~~Klein-~~ les
~~rose, les~~
poètes pour
les cités après, – wann? Wahnwann, Wan, Wans,
Wansbek, ein Beil, die Erde, Tellus, ~~ein~~
Planet, – Brüder ~~du liest~~ arnold, Brüder
Greif, du liest, mitgeblendeten, hell-
sichtigen Augen ~~Disparates~~ Dis-parates –: wann blüht das Wann, ~~[illegible]~~
das Woher und Wohin und was
sich aus- ~~und~~ und ~~an~~ an- und dahin- und zu sich lebt
~~[illegible]~~ im Ohr ~~des~~ den Achsenton tief im Innern
immer ründen wohnstatt zerknirschung

D 90. 1. 112

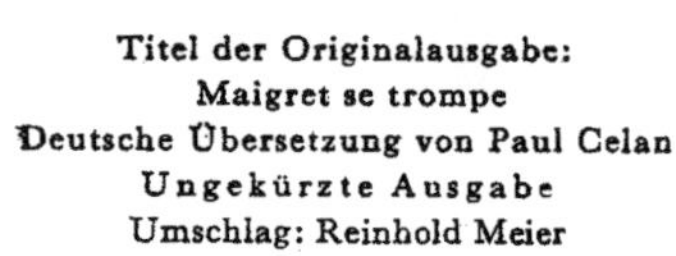

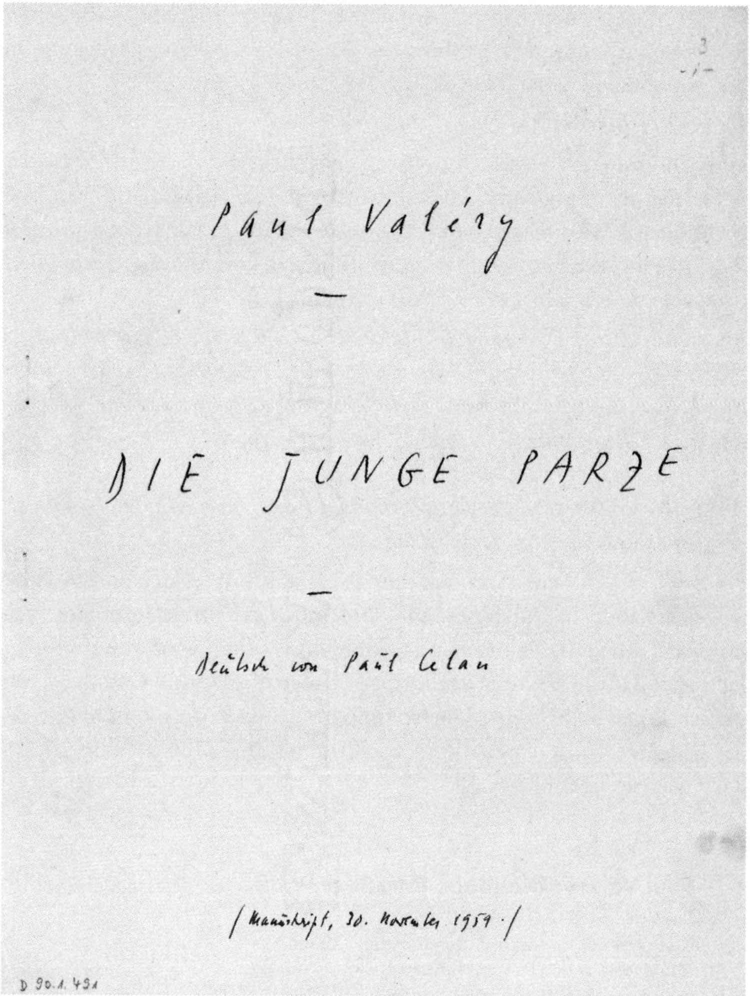

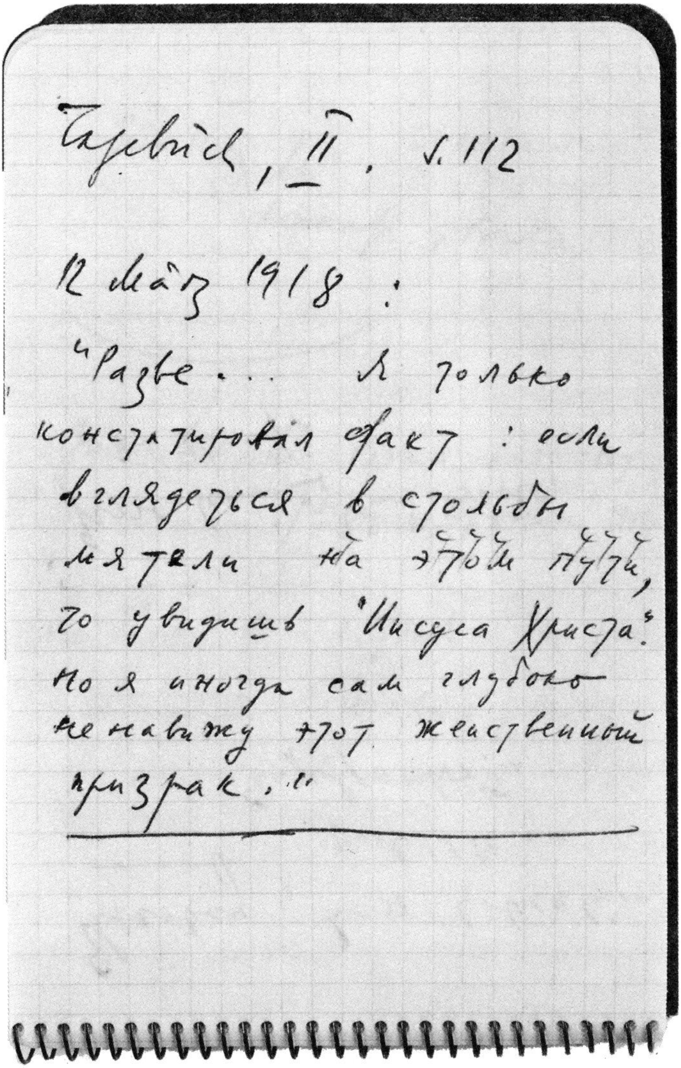

Tagebuch, II, S. 112

12 мая 1918:

«Разве... Я только констатировал факт: если вглядеться в столбы метели на этом пути, то увидишь "Иисуса Христа". Но я иногда сам глубоко ненавижу этот женственный призрак.»

»Vielleicht... Ich habe nur die Tatsache festgestellt: wenn man sich die ›Säulen‹ genau anschaut, die auf diesem Weg zerdrückt wurden, dann schaut man ›Jesus Christus‹. Aber manchmal hasse ich selbst diese frauenhafte Erscheinung.«

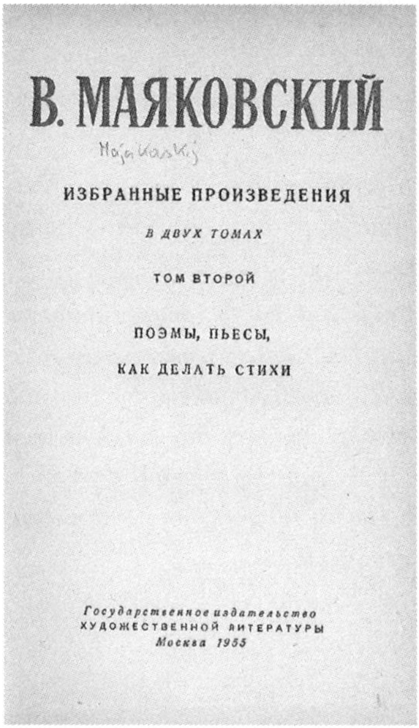
В. МАЯКОВСКИЙ

Majakovskij

ИЗБРАННЫЕ ПРОИЗВЕДЕНИЯ

В ДВУХ ТОМАХ

ТОМ ВТОРОЙ

ПОЭМЫ, ПЬЕСЫ,

КАК ДЕЛАТЬ СТИХИ

Государственное издательство
ХУДОЖЕСТВЕННОЙ ЛИТЕРАТУРЫ
Москва 1955

ВЛАДИМИР МАРКОВ

ПРИГЛУШЁННЫЕ ГОЛОСА

ПОЭЗИЯ ЗА ЖЕЛЕЗНЫМ ЗАНАВЕСОМ

ИЗДАТЕЛЬСТВО ИМЕНИ ЧЕХОВА
Нью-Йорк

175 Titelblatt des 2. Bandes der Majakowskij-Ausgabe von 1955 (19.1)

176 Umschlag von Vladimir Markov: Unterdrückte Stimme von 1955 (19.2)

Und doch ist es ein anderer Band, der ihn zum Übersetzen anregt und dem für Celans Rezeption russischer Dichtung überhaupt wohl eine Schlüsselrolle zukommt:

2 Vladimir Markov: Priglušënnye golosa. Poèzija za železnym zanavesom

(Unterdrückte Stimmen. Poesie hinter dem Eisernen Vorhang)
N'ju-Jork: Izdatel'stvo imeni Čechova 1952
(Aus der Bibliothek Paul Celan)
Mit dem Datum der Erwerbung: »Paris, 2. Dezember 1958.«
Nach Seite 200 eingelegt ein Zeitungsausschnitt mit dem handschriftlichen Vermerk »T[imes]L[iterary]S[upplement]«; es handelt sich um einen Leserbrief des Slawisten und Mandelstamm-Herausgebers Gleb Struve, der darin auf die wichtige Rolle der vorliegenden Sammlung für die Verbreitung »unterdrückter« Dichter hinweist.

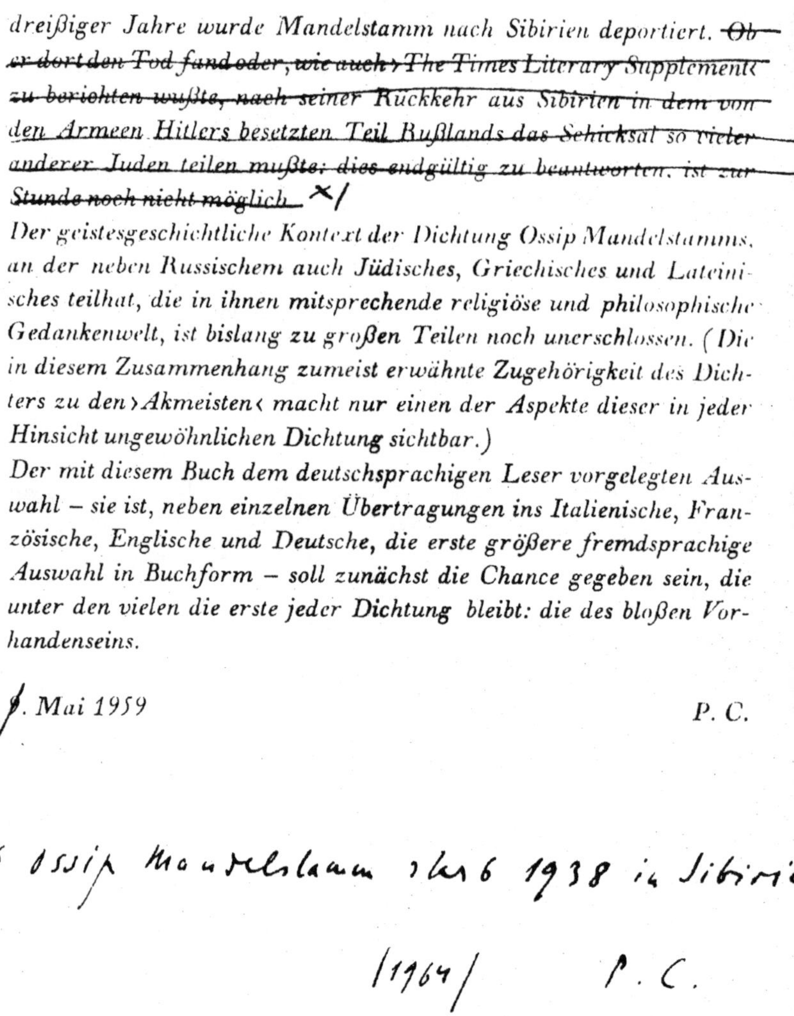

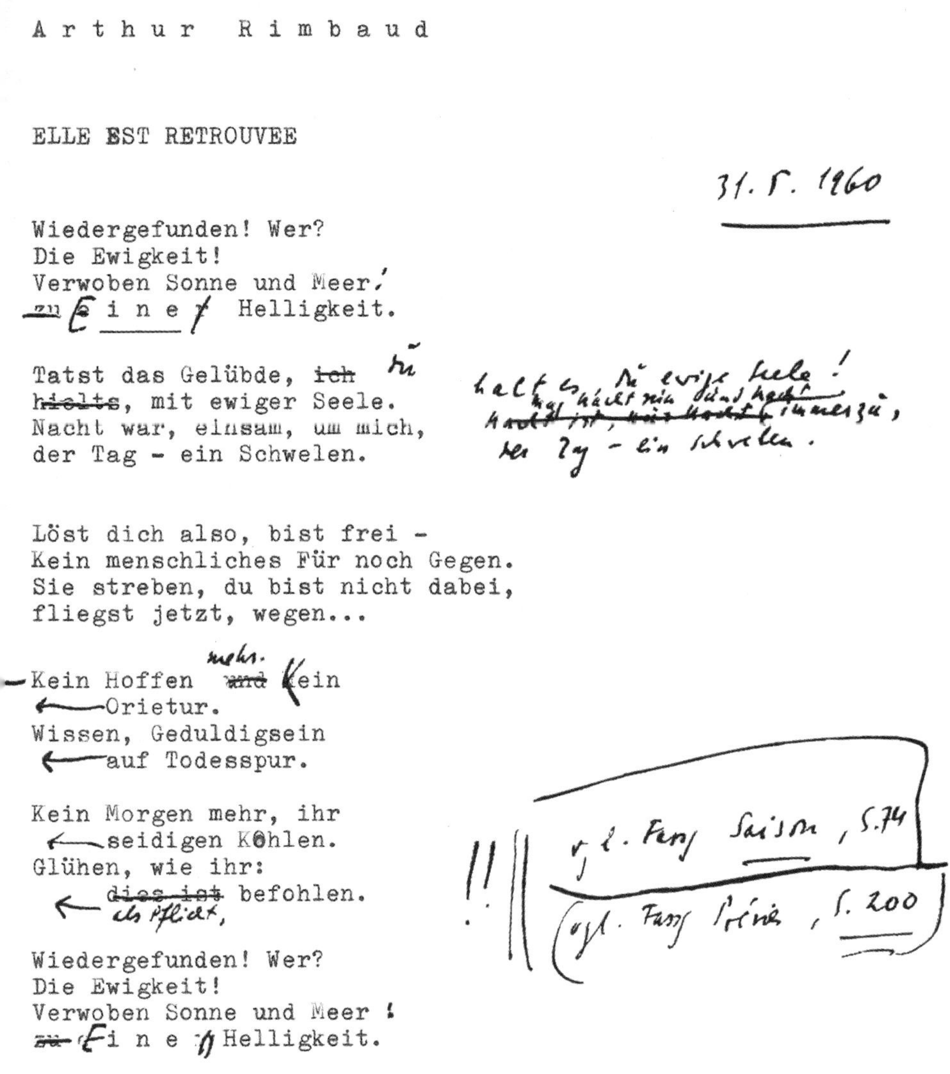
Arthur Rimbaud

ELLE EST RETROUVEE

31. 5. 1960

Wiedergefunden! Wer?
Die Ewigkeit!
Verwoben Sonne und Meer.
~~zu~~ Eine~~r~~ Helligkeit.

Tatst das Gelübde, ~~ich~~ du
~~hielts~~, mit ewiger Seele.
Nacht war, einsam, um mich,
der Tag - ein Schwelen.

hältst es, du ewige Seele!
~~Nacht ist, wie Nacht~~ immerzu,
der Tag - ein Schwelen.

Löst dich also, bist frei -
Kein menschliches Für noch Gegen.
Sie streben, du bist nicht dabei,
fliegst jetzt, wegen...

Kein Hoffen ~~und~~ mehr. Kein
Orietur.
Wissen, Geduldigsein
auf Todesspur.

Kein Morgen mehr, ihr
seidigen Kohlen.
Glühen, wie ihr:
~~dies ist~~ als Pflicht, befohlen.

!! vgl. Fassung Saison, S. 74
(vgl. Fassung Poésie, S. 200)

Wiedergefunden! Wer?
Die Ewigkeit!
Verwoben Sonne und Meer!
~~zu~~ Eine~~r~~ Helligkeit.

205 Arthur Rimbaud: Elle est retrouvée *(GW IV, S. 111)*

Dichters Geheimnis

Ich habe die Nacht zur Freundin, nur sie.
Die ich mit ihr durchmessen kann, immer,
von Nu zu Nu, es sind unvergeßliche Stunden;
eine Zeit, die mein Herzschlag durchsagt,
wie's mir gefällt, ablenkungslos

Es geschieht, daß ich spüre,
während sie ~~neu unternimmt~~
von den Schatten loszukommen sucht, [wieder,]
wie die Hoffnung, unwandelbar,
in mir aufs neue das Feuer aufspürt
und in der Stille
deinen Erden-Gesten
– so sehr geliebt, daß sie mir unsterblich schienen –
zurück- und zurückreicht:
das Licht.

x

213 Giuseppe Ungaretti: Dichters Geheimnis *(GW V, S. 473)*

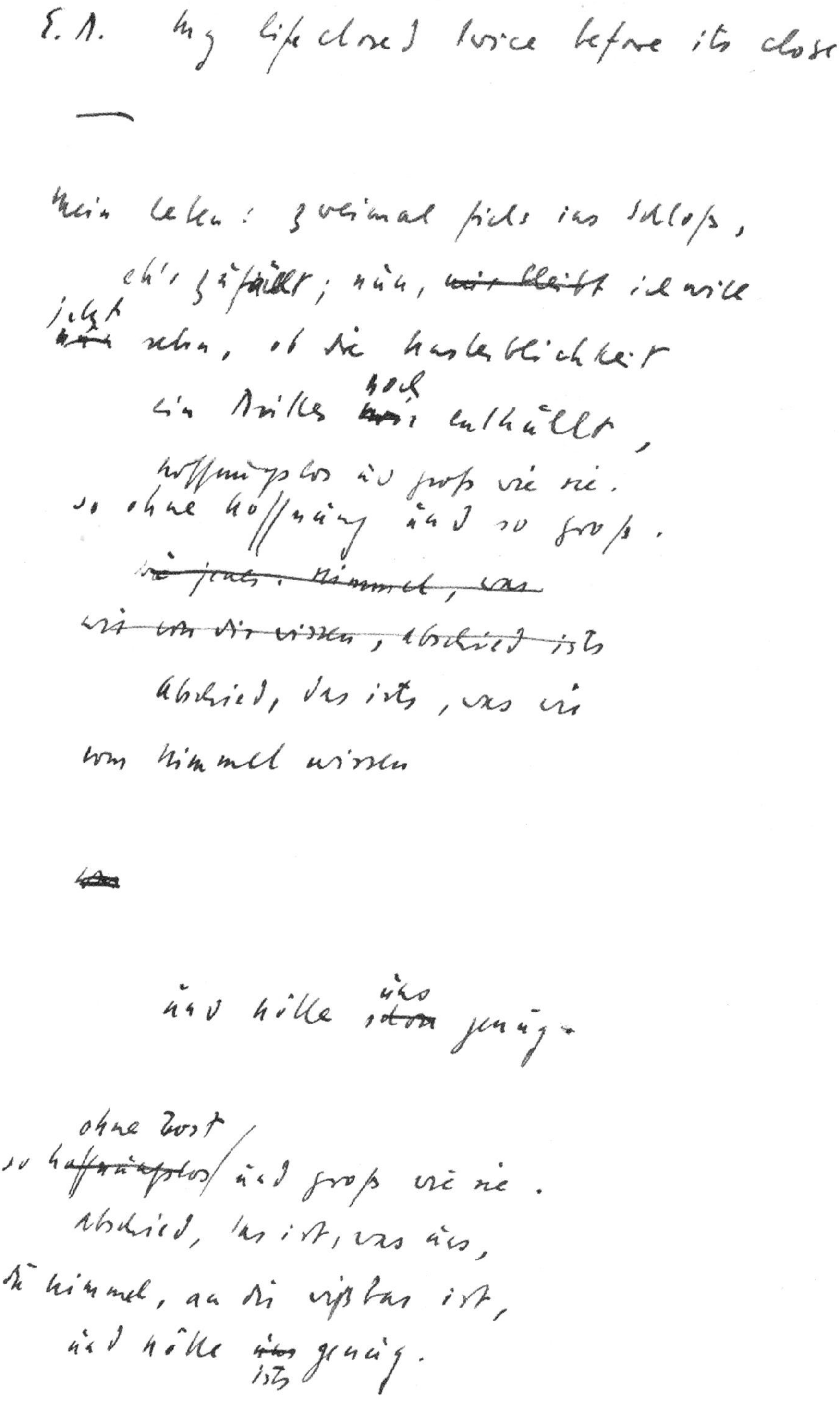

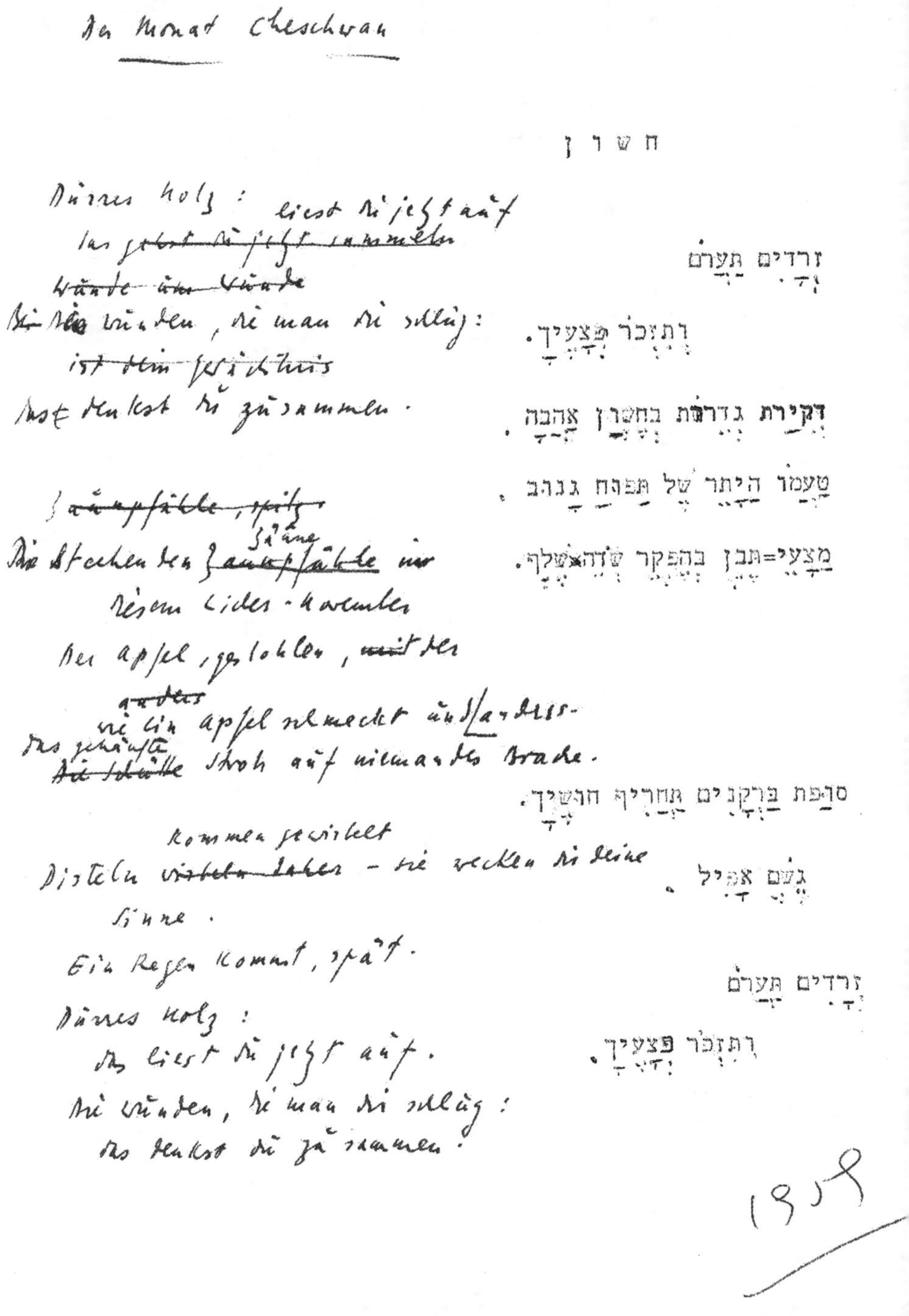

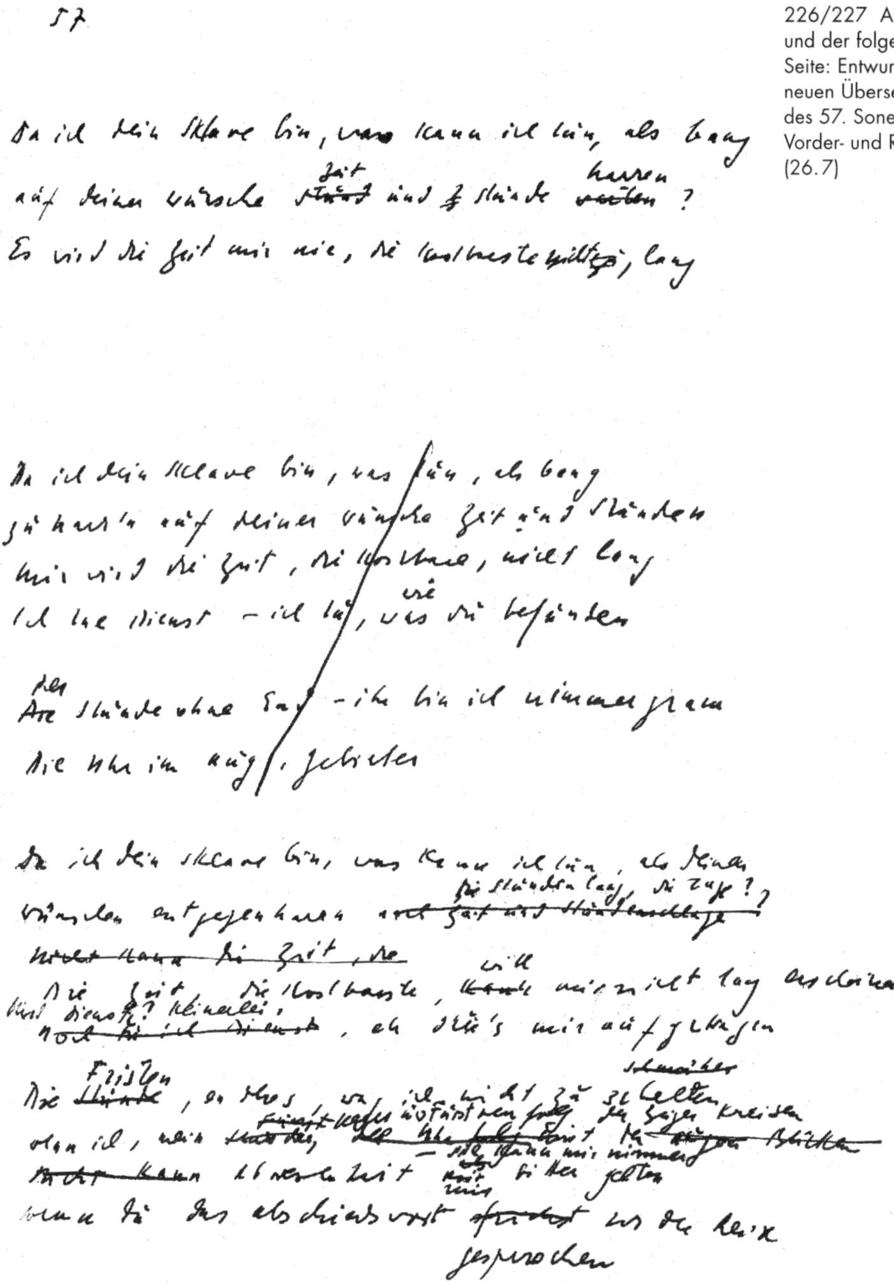

Offenbar ist es das, was Celan als Übersetzer vorschwebt: die Transposition einer vorgefundenen sprachlichen Wirklichkeit in eine andere – die eigene – als »geistige Tat«; Übersetzung als eine der eigenen Dichtung selbst völlig gleichwertig zugeordnete kreative Handlung. Nicht die Herstellung einer in irgendeinem sprachtechnischen Sinn wörtlichen Entsprechung scheint sein Anliegen – bei aller deutlichen Bemühung um philologische Genauigkeit, die nicht unbedingt mit einem Begriff vordergründiger »Originaltreue« gleichzusetzen wäre. Auch die vielsprachige Ausrichtung macht dies deutlich: Übersetzung kann sprachliche Identität kaum herstellen – wohl aber sprachliche Äquivalenzen, die, für den Fall einer möglichen Aneignung, das neue Gedicht nach Maßgabe seines Vorbildes als gültig, die Übersetzung dann als geglückt erscheinen ließen.

Zeitig schon sehen wir Celan darum bemüht, seine Arbeit einem Empfängerkreis bekannt zu machen, von dem er sich gutwillige Aufnahme und Verständnis erhoffen kann. Keineswegs handelt es sich dabei nur um persönliche Freunde, von denen eine wohlwollende Aufnahme ohnehin zu erwarten ist. Stets und mit beachtlichem Geschick ist er bestrebt, direkt in den literarischen Betrieb hinein zu wirken – keineswegs resigniert in einem ihm ja nicht nur wohlgesonnenen Umfeld. Auf einer vorläufigen Empfängerliste notiert er sich am 19. Januar 1967, Monate vor Erscheinen des Insel-Bändchens, erste Namen für die Versendung von Beleg- oder Widmungsexemplaren. 231 (27.7)

7 Paul Celan: Empfängerliste für die »Shakespeare-Sonette«

Manuskript, 1 Blatt

Shakespeare-Sonette
19. 1. 67
Hans Mayer
M[ichael] Hamburger
Dorothy Orgler
K[arl] L[udwig] Schneider
Nani von Schweinitz

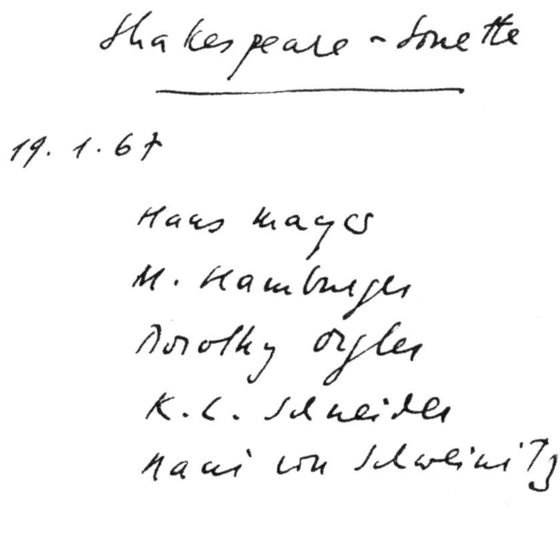
Shakespeare-Sonette
19. 1. 67
Hans Mayer
M. Hamburger
Dorothy Orgler
K. L. Schneider
Nani von Schweinitz

Fels = סלע

Welle = גל

Gesang s. / singen v. = [illegible] — (margin: [illegible])

Blume = פרח

blühen = פרח

Kasten = [illegible]

Spiel = [illegible] — (margin: [illegible]?)

Kälte = [illegible]

sind kalt, kälter = [illegible]

Blut = דם

Flamme, Brand = [illegible]

Glut

ADJECTIVE?? = ? [illegible]

Chamsin = [illegible]

rein, klar, lauter = [illegible]

sind kommen = [illegible]

sind uns besessen
u an u kommen = [illegible]

Nüchternheit = [illegible]

Religion? — Wissen, Erkennen = דעה

TAU = טל

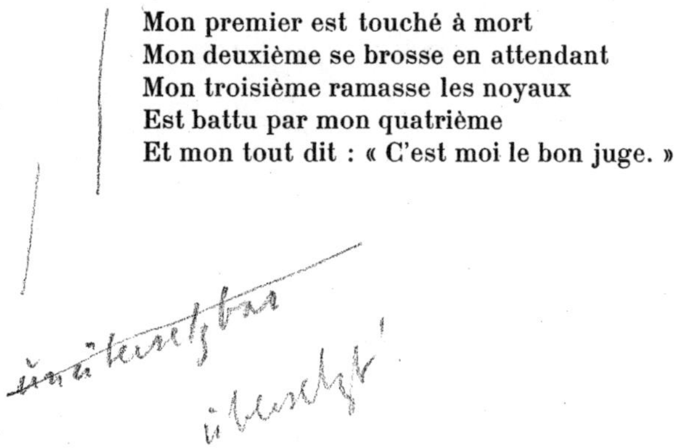

Tenson [de fond] qui n'est pas plus plans,

Orchidée – orchidée –
s] s)

singulier, (moi-même)

cru, pas bord, dans le trajet ,

clairement ,

celui qui nous voisine,

l'homme,

qui ~~[illegible]~~ écoute ~~[illegible]~~ porte l'oreille [au [illegible]],

le chemin de rondin à mi-côte foulé dans le
marais des [illegible]
[illegible]

humide,
beaucoup.

© Oschatz

ISBN 3-552-04814-6

„Ein Denkanstoß für jeden Celan-Kenner"

(arcadia)

„Leonard Olschners Studie leistet viel mehr, als der bescheidene Untertitel ankündet, der eher Absicht und Haltung des Verfassers charakterisiert als das Ergebnis der Untersuchung; denn Olschners ‚Erläuterungen' beleuchten Zusammenhänge im Gesamtwerk Celans, die zwar vereinzelt in der bisherigen Celanforschung erwähnt werden, deren Ausmaß und Bedeutung jedoch unbekannt waren. Die enorme Fülle des dargebotenen Primär- und Sekundärmaterials, die auch viele bislang unbeachtet gebliebene, mühevoll zusammengetragene Fakten, z.B. aus Briefen und Gesprächen umfaßt und keineswegs auf das engere Thema begrenzt ist, erlaubt es dem Verfasser beim Aufbau seiner Untersuchung völlig souverän zu verfahren. Die Arbeit besticht durch einen hohen Grad an sprachlicher Sensibilität, mit der der Autor auf feinste Nuancen des poetischen Ausdrucks reagiert und ihre Bedeutung innerhalb des jeweiligen Gedichts analysiert. Die Arbeit zeichnet sich ferner aus durch die behutsam-taktvolle Annäherung an das problemreiche, komplexe Thema."
The German Quarterly

Leonard Moore Olschner

Der feste Buchstab

Erläuterungen zu Paul Celans Gedichtübertragungen
1985. 341 Seiten, kartoniert
DM 64,– / öS 467,– / SFr 58,–
ISBN 3-525-20760-3

Zum Thema ist außerdem erschienen:

Peter H. Neumann

Zur Lyrik Paul Celans

Eine Einführung
Kleine Vandenhoeck-Reihe 1286.
2., erweiterte Auflage 1990.
116 Seiten, kartoniert
DM 14,80 / öS 108,– / SFr 14,–
ISBN 3-525-33567-9

V&R
Vandenhoeck & Ruprecht